Kohlhammer

Das Werk erschien in seiner 1.–5. Auflage unter dem Titel
„Praktische Einführung in den Zivilprozess.
Ein Grundriss des Zivilprozessrechts an Hand von Akten"
von Hermann Förschler

Es erschien in 6. Auflage unter dem Titel
„Der Zivilprozess.
Ein Lehrbuch für die Praxis mit Aktenfall"
von Peter Förschler

Der Zivilprozess

Ein Lehrbuch für die Praxis

von
Professor Dr. Peter Förschler
Professor für Bürgerliches Recht,
Handelsrecht und Zivilprozessrecht
an der Hochschule für Wirtschaft und Umwelt
Nürtingen-Geislingen
Richter am Landgericht a.D.

und

Dr. Hermann Steinle
Vorsitzender Richter am Landgericht Ulm
Ausbildungsleiter für Rechtsreferendare

begründet von
Professor Dr. Hermann Förschler
Vorsitzender Richter am Oberlandesgericht a.D.
Honorarprofessor an der Universität Hohenheim
Ehem. Ausbildungsleiter für Rechtsreferendare

Verlag W. Kohlhammer

7. vollkommen neu bearbeitete und erweiterte Auflage

Alle Rechte vorbehalten
© 1973/2010 W. Kohlhammer GmbH Stuttgart
Gesamtherstellung:
W. Kohlhammer Druckerei GmbH + Co. Stuttgart
Printed in Germany

ISBN 978-3-17-021254-1

Vorwort zur 7. Auflage

Die in vielen Bereichen des Prozessrechts einschneidenden Gesetzesänderungen seit der letzten Auflage haben das Erscheinen der 7. Auflage dringend erforderlich gemacht. So wurden zwischenzeitlich die BRAGO durch das RVG, das RBerG durch das RDG, das ZSEG durch das JVEG und schließlich das FGG durch das FamFG ersetzt. Gerade das Inkrafttreten des FamFG zum 1.9.2009, in welchem das familienrechtliche Verfahren und die Verfahrensvorschriften über die Angelegenheiten der freiwilligen Gerichtsbarkeit in einem umfangreichen Gesetzeswerk konzentriert wurden, hatte die Änderung zahlreicher Gesetze wie der ZPO, des GVG oder des RPflG zur Folge. All diese Rechtsentwicklungen sind in die neue Auflage eingearbeitet.

Darüber hinaus sind weitere Änderungen im Vergleich zur Vorauflage vorgenommen worden: Der umfangreich kommentierte Aktenteil ist entfallen, weil die mit dem Werk angesprochene Lesergruppe der Rechtsreferendare, jungen Richterinnen und Richter sowie Anwältinnen und Anwälte keine Not leidet an Originalakten, sodass die Konfrontation mit einem fiktiven Fall entbehrlich ist. Bei der Überarbeitung wurde vor allem auf sprachliche Prägnanz geachtet und Fundstellen wurden statt in Fußnoten in den Text integriert, sodass auch insoweit der Umfang des Werkes reduziert werden konnte, ohne dass in nennenswertem Umfang inhaltliche Verkürzungen hätten erfolgen müssen.

Die bedeutendste Veränderung hat das Buch jedoch durch die Mitautorenschaft von Dr. Hermann Steinle erfahren, der – wie einst der Begründer dieses Buches Prof. Dr. Hermann Förschler – als Vorsitzender Richter am Landgericht und Ausbildungsleiter für Rechtsreferendare die Bearbeitung auf die für Rechtsreferendare wichtigen Schwerpunkte fokussieren konnte.

So bleibt das Werk mehr denn je eine praxisorientierte Darstellung des Zivilprozesses, die den logischen Gang einer gerichtlichen Auseinandersetzung von der Auslotung der Prozesschancen bis zum Revisionsurteil nachvollzieht. Weiterhin ist das Buch an den praktischen Bedürfnissen orientiert: Die chronologische Entwicklung des Prozesses ist streng eingehalten und die Probleme sind an der Stelle abgehandelt, an der sie in logischer Folge im Prozess vorkommen. Besonderer Wert wurde auf die Besprechung typischer Fallkonstellationen der juristischen Praxis gelegt. Dies wird durch zahlreiche Beispiele, Musterentwürfe von Verfügungen, Beschlüsse oder Urteile sowie durch zahlreiche Verweisungen auf weiterführende Quellen unterstützt. Bei der Problemlösung erfolgte weitgehend wie in der Vorauflage eine Orientierung an der obergerichtlichen und höchstrichterlichen Rechtsprechung.

Trotz großer Sorgfalt bei Einarbeitung der Änderungen lassen sich nicht immer Fehler vermeiden. Für Resonanz und Verbesserungsvorschläge sind wir dankbar.

Esslingen und Ulm, im September 2009

Die Verfasser

Gliederungsübersicht

1. Teil   Die Einleitung des zivilprozessualen Verfahrens   1

1. Kapitel   Entstehung von Rechtsstreitigkeiten und Möglichkeiten
                   der Rechtsverfolgung   1
2. Kapitel   Prozessvorbereitung   7
3. Kapitel   Das gerichtliche Mahnverfahren   22

2. Teil   Die Durchführung des zivilprozessualen Verfahrens   42

1. Kapitel   Prozessvertreter, Postulationsfähigkeit und Prozessvollmacht .   42
2. Kapitel   Die Bestimmung des zuständigen Gerichts   61
3. Kapitel   Die Klage   87
4. Kapitel   Die Anhängigkeit der Klage   103
5. Kapitel   Die Organe der Gerichtsbarkeit   108
6. Kapitel   Richterliche Eingangsverfügungen   120
7. Kapitel   Eintritt der Rechtshängigkeit durch Klageerhebung   130
8. Kapitel   Die Einlassung des Beklagten auf die Klage   145
9. Kapitel   Die Verweisung   151
10. Kapitel   Prozessaufrechnung und Widerklage   156
11. Kapitel   Die richterliche Vorbereitung des Verhandlungstermins   162
12. Kapitel   Gütliche Streitbeilegung und Güteverhandlung   173
13. Kapitel   Der Termin zur mündlichen Verhandlung beim Ausbleiben
                   von Parteien   180
14. Kapitel   Der Termin zur mündlichen Verhandlung bei Erscheinen
                   beider Parteien in besonderen Fällen   203
15. Kapitel   Der Termin zur mündlichen Verhandlung bei Erscheinen
                   beider Parteien   207
16. Kapitel   Das Sitzungsprotokoll   216
17. Kapitel   Praktische Bedeutung von Verfahrensgrundsätzen   223

3. Teil   Das Beweisverfahren   244

1. Kapitel   Beweisverfahren, Beweisantrag und Beweisanordnung   244
2. Kapitel   Die Beweisaufnahme   258
3. Kapitel   Die einzelnen Beweismittel   263
4. Kapitel   Das Beweisergebnis   289

4. Teil   Die Beendigung des zivilprozessualen Verfahrens   298

1. Kapitel   Prozessbeendigung ohne Urteil   298
2. Kapitel   Die gerichtlichen Entscheidungen   318

5. Teil   Eilverfahren   340

1. Kapitel   Arrest und einstweilige Verfügung   340
2. Kapitel   Selbstständiges Beweisverfahren   352

6. Teil   Rechtsmittel und Rechtsbehelfe   357

1. Kapitel   Rechtsmittel und Rechtsbehelfe im Allgemeinen   357
2. Kapitel   Die einzelnen Rechtsmittel   366

7. Teil   Anleitung zur Bearbeitung zivilrechtlicher Aktenstücke   374

1. Kapitel   Einführung in die richterliche Arbeitsmethode   374
2. Kapitel   Der Bericht   379
3. Kapitel   Das Gutachten   382
4. Kapitel   Das Zivilurteil   390
5. Kapitel   Checklisten für die richterliche Bearbeitung von
                Rechtsfällen   400

Inhaltsverzeichnis

Vorwort zur 7. Auflage		V
Gliederungsübersicht		VII
Verzeichnis der Abkürzungen		XXXIX
Verzeichnis der Musterbeispiele		XLIII
Vorbemerkung		XLV

1. Teil   Die Einleitung des zivilprozessualen Verfahrens 1

**1. Kapitel   Entstehung von Rechtsstreitigkeiten und Möglichkeiten
der Rechtsverfolgung** 1

I.	Rechtskonflikte	1
II.	Vor- und außergerichtliche Möglichkeiten der Streitbeilegung	1
	1. Schiedsgerichtsbarkeit	1
	a) Voraussetzungen des schiedsrichterlichen Verfahrens	2
	b) Durchführung des schiedsrichterlichen Verfahrens	2
	c) Beendigung des schiedsrichterlichen Verfahrens	3
	d) Rechtsbehelfe gegen den Schiedsspruch	3
	2. Mediation	3
	3. Obligatorische außergerichtliche Streitschlichtung	4
III.	Möglichkeiten der Rechtsverfolgung	4
	1. Das gerichtliche Mahnverfahren	4
	a) Vorzüge	4
	b) Verfahrensablauf im Überblick	4
	2. Das Klageverfahren	5
	a) Zivilprozess nach der ZPO	5
	b) Verfahren der freiwilligen Gerichtsbarkeit	5
	3. Das selbstständige Beweisverfahren	6

2. Kapitel   Prozessvorbereitung 7

I.	Die Beurteilung der Prozesschancen	7
	1. Prüfung der Rechtslage	7
	a) Prüfung der Schlüssigkeit des Klagebegehrens	7
	b) Berücksichtigung des Verteidigungsvorbringens	7
	c) Prüfung der Beweismöglichkeiten	8
	2. Richtiger Zeitpunkt für die gerichtliche Geltendmachung	8
	a) Fälligkeit	8
	b) Maßnahmen vor Klageerhebung	8
II.	Die Kosten eines Rechtsstreits im Überblick	9
	1. Gerichtsgebühren	9
	a) Gegenstand	9
	b) Höhe	10
	c) Anzahl	10
	2. Rechtsanwaltsgebühren	10
	a) Entgeltliche Geschäftsbesorgung	10
	b) Außergerichtliche Tätigkeit	11

      c) Gerichtliche Tätigkeit 11
    3. Gerichtliche Auslagen 12
III. Die Prozesskostenhilfe (PKH) 12
    1. Das Bewilligungsverfahren 12
        a) Sachlicher Geltungsbereich der Prozesskostenhilfe 12
        b) Antragsprinzip 13
        c) Antragsberechtigte Personen 15
    2. Materielle Voraussetzungen eines Prozesskostenhilfeanspruchs . . 16
        a) Persönliche und wirtschaftliche Verhältnisse 16
        b) Hinreichende Erfolgsaussicht der Rechtsverfolgung/Rechts-
           verteidigung 17
        c) Keine Mutwilligkeit 17
    3. Die Entscheidung 17
        a) Vorbereitende Maßnahmen 17
        b) Beschlussverfahren 18
    4. Wirkungen der Prozesskostenhilfe 20
        a) Kostenbefreiung gegenüber Rechtsanwalt und Staatskasse . . 20
        b) Erstattungsanspruch des siegreichen Gegners 20
        c) Kostenbefreiung des Gegners 20
    5. Nachträgliche Änderungen 20
        a) Nachträgliche Aufhebung der Bewilligung 20
        b) Änderung der festgesetzten Zahlungen 21
IV. Die Beratungshilfe 21

3. Kapitel   Das gerichtliche Mahnverfahren 22

I.   Bedeutung und wesentliche Merkmale 22
    1. Bedeutung 22
    2. Wesentliche Merkmale des gerichtlichen Mahnverfahrens 22
        a) Einfachheit 22
        b) Effektivität 22
        c) Kostengünstigkeit 22
II.   Voraussetzungen für den Erlass eines Mahnbescheids 23
    1. Zulässigkeitsvoraussetzungen 23
        a) Mahnfähiger Anspruch 23
        b) Keine Mahnverfahrenssperre 23
        c) Güteverfahren 24
    3. Zuständigkeit des Mahngerichts 24
        a) Sachliche Zuständigkeit 24
        b) Örtliche Zuständigkeit 24
        c) Funktionelle Zuständigkeit 25
    4. Der Mahnantrag und sein Inhalt 25
        a) Form 25
        b) Inhalt 25
        c) Rücknahme des Mahnantrags 26
III. Die Entscheidung über den Mahnantrag 27
    1. Die Monierung 27
        a) Rechtliches Gehör 27
        b) Prüfungsumfang 27
    2. Die Zurückweisung des Antrags 27
        a) Zurückweisungsgründe 27
        b) Zurückweisungsbeschluss 28
        c) Fristwahrung bei Zurückweisung 28

     d) Anfechtbarkeit der Zurückweisung 28
  3. Erlass des Mahnbescheids 28
     a) Rechtsnatur 28
     b) Inhalt 28
     c) Kostenrechnung 29
     d) Zustellung des Mahnbescheids 29
     e) Verjährungshemmung 29
IV. Das weitere Verfahren nach Zustellung des Mahnbescheids 30
  1. Erledigung des Verfahrens durch Zahlung 30
  2. Widerspruch des Antragsgegners 31
     a) Inhalt 31
     b) Form 31
     c) Frist 31
     d) Sperrwirkung 31
     e) Widerspruchsnachricht 31
     f) Rücknahme 32
  3. Erlass eines Vollstreckungsbescheids auf Antrag 32
     a) Antragsvoraussetzungen und Inhalt 32
     b) Erlass des Vollstreckungsbescheids 32
     c) Wirkungen 33
     d) Zustellung des Vollstreckungsbescheids 33
     e) Einspruch 33
V. Übergang vom Mahnverfahren in das Streitverfahren nach Widerspruch gegen den Mahnbescheid 34
  1. Antrag auf Durchführung des streitigen Verfahrens 34
     a) Streitantrag 34
     b) Rücknahme des Streitantrags 34
  2. Abgabe an das Streitgericht 35
     a) Abgabeverfügung 35
     b) Empfangsgericht 35
     c) Wirkungen der Abgabe 36
  3. Die Anspruchsbegründung 36
     a) Aufforderung zur Anspruchsbegründung 36
     b) Fristsetzung und Ausbleiben der Anspruchsbegründung . . . 37
     c) Form und Inhalt der Anspruchsbegründung 37
  4. Durchführung des Streitverfahrens 37
VI. Übergang vom Mahnverfahren in das Streitverfahren nach Einspruch gegen den Vollstreckungsbescheid 38
  1. Abgabe an das Streitgericht 38
  2. Zustellung des Einspruchs und Zulässigkeitsprüfung 38
     a) Einspruchszustellung 38
     b) Einspruchsprüfung 38
     c) Rechtskraft des Vollstreckungsbescheids 39
  3. Aufforderung zur Anspruchsbegründung 39
  4. Säumnis des Antragsgegners im Termin 39
     a) Zweites Versäumnisurteil 39
     b) Unechtes Versäumnisurteil 40
     c) Erstes Versäumnisurteil 40
     d) Rechtsmittel 40
VII. Europäisches Mahnverfahren 41

2. Teil   Die Durchführung des zivilprozessualen Verfahrens   42

1. Kapitel   Prozessvertreter, Postulationsfähigkeit und Prozessvollmacht .   42

I.   Der Rechtsanwalt   42
 1. Stellung und Organisationsformen   42
   a) Organ der Rechtspflege   42
   b) Rechtsanwaltsgesellschaften   42
 2. Zulassung   42
   a) Voraussetzungen   42
   b) Zulassungsstelle   42
   c) Simultanzulassung, Singularzulassung   43
   d) Fachanwalt   43
 3. Gesetzliche Pflichten   43
   a) Kanzleipflicht   43
   b) Grundpflichten   43
   c) Pflicht zur Mandatsübernahme   44
   d) Berufshaftpflichtversicherung   45
 4. Verhältnis zum Mandanten   45
   a) Vertragsbeziehung   45
   b) Vertragliche Pflichten   45
   c) Vergütung   46
   d) Festsetzung der Vergütung des Rechtsanwalts   46
II. Andere Rechtsvertreter   47
 1. Außergerichtliche Rechtsdienstleistungen   47
   a) Begriff der Rechtsdienstleistung   47
   b) Erlaubte Rechtsdienstleistungen ohne Registrierung   47
   c) Rechtsdienstleistung durch registrierte Personen   48
 2. Gerichtliche Vertretung und Beistand   48
   a) Vertretung   48
   b) Beistand   48
 3. Rechtsberatung nach Spezialvorschriften   49
   a) Steuerberater, Wirtschaftsprüfer   49
   b) Notare   49
   c) Hochschullehrer   49
   d) Versicherungsvermittler   49
III. Die Postulationsfähigkeit   49
 1. Begriff   49
 2. Grundsatz   50
   a) Eigene Postulationsfähigkeit der Partei   50
   b) Prozesshandlungsvoraussetzung   50
 3. Der Anwaltszwang und seine Ausnahmen   50
   a) Der Anwaltszwang   50
   b) Ausnahmen vom Anwaltszwang   51
 4. Einzelheiten zum Anwaltszwang beim Familiengericht   52
   a) Zweck   52
   b) Erfasste Familiensachen   52
   c) Beiordnung eines Rechtsanwalts   53
   d) Antragsgegner ohne Rechtsanwalt   53
 5. Einzelfälle zum Anwaltszwang   53
IV. Die Prozessvollmacht   54
 1. Bestellung zum Prozessbevollmächtigten   54
   a) Mandatsvertrag   54
   b) Weisungen   54

		c)	Bestellung eines Prozessbevollmächtigten.	55
	2.		Erteilung der Vollmacht	55
		a)	Empfangsbedürftige Willenserklärung	55
		b)	Gesellschaften	55
		c)	Besondere Vertreter	56
	3.		Umfang und Beschränkbarkeit von Prozessvollmachten	56
		a)	Regel	56
		b)	Gesetzlicher Umfang	56
		c)	Beschränkbarkeit im Parteiprozess	57
	4.		Wirkung der Prozessvollmacht	57
		a)	Zurechnung von Erklärungen	57
		b)	Zurechnung von Verschulden	57
	5.		Prüfung und Nachweis der Vollmacht	58
		a)	Anwaltlicher Vertreter	58
		b)	Nichtanwaltlicher Vertreter	58
		c)	Vollmachtloser Vertreter	58
	6.		Erlöschen und Fortbestand der Prozessvollmacht	59
		a)	Erlöschen der Vollmacht	59
		b)	Vollmacht bei Tod der Partei oder des Anwalts	59

2. Kapitel   Die Bestimmung des zuständigen Gerichts 61

I.			Zuständigkeit als Sachurteilsvoraussetzung	61
II.			Deutsche Gerichtsbarkeit und internationale Zuständigkeit	61
	1.		Deutsche Gerichtsbarkeit	61
		a)	Immunität	61
		b)	Exterritoriale	61
	2.		Internationale Zuständigkeit	62
		a)	Bedeutung	62
		b)	Regeln	62
III.			Der Rechtsweg	63
	1.		Ordentliche Gerichtsbarkeit	63
		a)	Ordentliche Gerichte	63
		b)	Bürgerliche Rechtsstreitigkeiten	63
		c)	Anderweitige Zuweisungen	64
	2.		Gleichrangige Rechtswege	65
		a)	Verwaltungsgerichtsbarkeit	65
		b)	Arbeitsgerichtsbarkeit	65
		c)	Finanzgerichtsbarkeit	65
		d)	Sozialgerichtsbarkeit	65
	3.		Rechtswegprüfung durch das Gericht	66
		a)	Prüfung von Amts wegen	66
		b)	Klagevortrag als Prüfungsgrundlage	66
	4.		Einzelfragen	67
		a)	Entscheidungskompetenz des zuständigen Gerichts	67
		b)	Perpetuatio fori	67
		c)	Rechtswegsperre	67
		d)	Rechtsmittelverfahren	67
		e)	Verhältnis allgemeines Referat zu Familiengericht u.a.	67
IV.			Die sachliche Zuständigkeit	68
	1.		Zuständigkeit des Amtsgerichts	68
		a)	Wertgrenze bis 5000,– €	68
		b)	Wertunabhängige besondere Streitgegenstände	70

		c) Familiensachen, Angelegenheiten der freiwilligen Gerichtsbarkeit	71
		d) Sonstige Zuständigkeit	71
	2.	Zuständigkeit des Landgerichts	71
		a) Wertgrenze über 5.000,– €	72
		b) Wertunabhängige besondere Streitgegenstände	72
		c) Kammer für Handelssachen	72
	3.	Die ausschließliche sachliche Zuständigkeit	73
V.	Die örtliche Zuständigkeit		73
	1.	Der allgemeine Gerichtsstand	74
		a) Natürliche Personen	74
		b) Insolvenzverwalter	74
		c) Wohnsitzlose	74
		d) Rechtsfähige Personenmehrheiten	74
		e) Fiskus, Behörden	75
	2.	Besondere Gerichtsstände	75
		a) Gerichtsstand des Aufenthaltsorts, § 20 ZPO	75
		b) Gerichtsstand der Niederlassung, § 21 ZPO	76
		c) Gerichtsstand des Vermögens, § 23 ZPO	76
		d) Gerichtsstand des Erfüllungsortes, § 29 ZPO	76
		e) Gerichtsstand für Haustürgeschäfte, § 29 c ZPO	77
		f) Gerichtsstand der unerlaubten Handlung, § 32 ZPO	77
		g) Gerichtsstand der Widerklage, § 33 ZPO	78
		h) Gerichtsstand des Hauptprozesses, § 34 ZPO	78
		i) Sonstige besondere Gerichtsstände	79
	3.	Wahlgerichtsstände	79
	4.	Die ausschließliche örtliche Zuständigkeit	79
		a) Dinglicher Gerichtsstand, § 24 ZPO	79
		b) Gerichtsstand bei Miet- und Pachträumen, § 29 a ZPO	79
		c) Gerichtsstand für Haustürgeschäfte, § 29 c Abs. 1 Satz 2 ZPO	80
		d) Ehe-, Kindschafts-, Unterhaltssachen, §§ 122, 152, 232 FamFG	80
		e) Mahnsachen, § 689 Abs. 2 ZPO	80
		f) Zwangsvollstreckungssachen, § 802 ZPO	80
VI.	Die funktionelle Zuständigkeit		80
VII.	Gerichtsstandsvereinbarung		81
	1.	Rechtswegvereinbarung	81
	2.	Gerichtsstandsvereinbarung	81
		a) Grundsatz	81
		b) Prorogation durch Kaufleute, § 38 Abs. 1 ZPO	82
		c) Prorogation bei fehlendem Gerichtsstand im Inland, § 38 Abs. 2 ZPO	83
		d) Prorogation nach Entstehen der Streitigkeit, § 38 Abs. 3 Nr. 1 ZPO	83
		e) Prorogation bei Sitzverlegung des Beklagten ins Ausland oder unbekanntem Aufenthalt, § 38 Abs. 3 Nr. 2 ZPO	84
		f) Rügelose Verhandlung, § 39 ZPO	84
		g) Schranken einer an sich zulässigen Gerichtsstandsvereinbarung, § 40 ZPO	85
		h) Gerichtsstandsvereinbarung durch gemeinsames Abgabeverlangen, § 696 ZPO	85

VIII. Gerichtliche Gerichtsstandsbestimmung 85
    1. Fallgruppen 85
    2. Bestimmendes Gericht 86
    3. Verfahren 86

3. Kapitel   Die Klage 87

I.   Die Parteien des Rechtsstreits 87
    1. Die Bezeichnung der Partei im Zivilprozess 87
      a) Formeller Parteibegriff 87
      b) Bezeichnung der Partei 87
    2. Die Parteifähigkeit 88
      a) Begriff 88
      b) Unbeschränkte Parteifähigkeit 88
      c) Beschränkte Parteifähigkeit 88
      d) Fehlende Parteifähigkeit 88
      e) Beginn und Ende der Parteifähigkeit 89
    3. Die Prozessfähigkeit 89
      a) Begriff 89
      b) Fehlende Prozessfähigkeit 89
    4. Die Parteiänderung 90
      a) Die Parteierweiterung 90
      b) Der Parteiwechsel kraft Gesetzes 90
      c) Der gewillkürte Parteiwechsel 90
    5. Sachlegitimation, Prozessführungsbefugnis und Prozessstand-
      schaft 91
      a) Prozessführungsbefugnis und Sachlegitimation 91
      b) Gesetzliche Prozessstandschaft 91
      c) Gewillkürte Prozessstandschaft 92
    6. Beteiligung Dritter am Rechtsstreit 93
      a) Die Streitgenossenschaft 93
      b) Nebenintervention und Streitverkündung 94
      c) Die Hauptintervention 96
II. Gegenstand und Grund 96
    1. Der Streitgegenstand 96
    2. Bestimmte Angabe von Gegenstand und Grund des Anspruchs . 97
      a) Gegenstand 97
      b) Grund 97
III. Der Klageantrag 98
    1. Bestimmtheit des Antrags 98
    2. Verschiedene Klageantragsarten 98
      a) Der Leistungsantrag allgemein 98
      b) Der Unterlassungsantrag 98
      c) Der Herausgabeantrag 99
      d) Der Zahlungsantrag 99
      e) Die Stufenklage 100
      f) Der Feststellungsantrag 101
      g) Die Teilklage 101
    3. Weitere Angaben in der Klageschrift 102
IV. Form der Klageschrift 102

4. Kapitel   Die Anhängigkeit der Klage   103

I.   Der Eingang der Klage   103
     1. Zeitpunkt des Eingangs   103
         a) Eingangsstellen   103
         b) Eingangsdatum   103
     2. Abschriften und Anlagen   103
II. Die Anhängigkeit   104
     1. Begriff der Anhängigkeit   104
     2. Wirkungen der Anhängigkeit   104
         a) Rückwirkung der Zustellung   104
         b) Zuständigkeitsbegründende Wirkung für Eilverfahren   104
         c) Wegfall des Klageanlasses während Anhängigkeit   105
III. Geschäftsverteilung und gesetzlicher Richter   105
     1. Die Registrierung der Klage   105
     2. Gesetzlicher Richter   105
         a) Definition   105
         b) Zuständigkeitsbestimmung   106
         c) Rechtfolgen bei Verstoß   106
     3. Geschäftsverteilungsplan (GVP)   106
         a) Geschäftsverteilung durch das Präsidium   106
         b) Grundsätze   106
         c) Änderung der Geschäftsverteilung   106
         d) Kammer für Handelssachen (KfH)   107
         e) Geschäftsverteilung im Spruchkörper   107

5. Kapitel   Die Organe der Gerichtsbarkeit   108

I.   Der Richter   108
     1. Die Besetzung der Gerichte   108
         a) Spruchkörper   108
         b) Richterliche Funktionen   108
     2. Der Einzelrichter   109
         a) Der erstinstanzliche Einzelrichter beim Landgericht   109
         b) Besonderheit: Der Vorsitzende der Kammer für Handelssachen   111
         c) Der Einzelrichter beim Berufungsgericht   112
         d) Der Einzelrichter beim Beschwerdegericht   112
     3. Der kommissarische Richter   112
         a) Beauftragter Richter   113
         b) Ersuchter Richter   113
     4. Ausschließung von Richtern   113
         a) Grundsatz der Unparteilichkeit   113
         b) Ausschließungsgründe   113
         c) Verfahren   114
     5. Ablehnung von Richtern   114
         a) Ablehnungsgründe   114
         b) Besorgnis der Befangenheit   114
         c) Ablehnungsgesuch   115
         d) Verlust des Ablehnungsrechts   115
         e) Entscheidung über das Ablehnungsgesuch   115
         f) Rechtsmittel   116
II. Der Rechtspfleger   117
     1. Stellung   117

    2. Kompetenzen 117
    3. Rechtsmittel gegen Entscheidungen 118
      a) Sofortige Beschwerde 118
      b) Erinnerung 118
III. Der Urkundsbeamte der Geschäftsstelle 118
    1. Stellung 118
    2. Kompetenzen 118
IV. Der Gerichtsvollzieher 119
    1. Stellung 119
    2. Kompetenzen 119

6. Kapitel   Richterliche Eingangsverfügungen 120

I.   Die Streitwertfestsetzung 120
II. Anordnung des schriftlichen Vorverfahrens 120
    1. Einleitung: Eingangsverfügungen 120
    2. Bedeutung des schriftlichen Vorverfahrens 120
      a) Begriff 120
      b) Vorteile und Nachteile 120
    3. Gegenstand der Anordnung des schriftlichen Vorverfahrens . . . 121
      a) Freie Entscheidung des Richters 121
      b) Aufforderung zur Verteidigungsanzeige 121
      c) Aufforderung zur Klageerwiderung 122
    4. Anordnungen für den Termin zur mündlichen Verhandlung . . . 123
III. Anordnung des frühen ersten Termins 123
    1. Bedeutung des frühen ersten Termins 123
      a) Begriff 123
      b) Vorteile und Nachteile 123
      c) Abgrenzung zu anderen Terminen 124
    2. Gegenstand der Anordnung des frühen ersten Termins 124
      a) Terminsbestimmung und Ladung 124
      b) Aufforderung zur Klageerwiderung an den Beklagten 126
    3. Anordnungen zur Vorbereitung des Termins 126
      a) Replikfrist 126
      b) Vorbereitungsmaßnahmen 126
IV. Besondere Verfahrensgestaltung vor dem Amtsgericht 127
    1. Bagatellverfahren 127
    2. Gesetzliche Vorgaben 127
V.   Fristen und deren Berechnung 128
    1. Die Einlassungsfrist 128
    2. Die Ladungsfrist 128
    3. Die Fristverkürzung 128
    4. Die Fristberechnung 128

7. Kapitel   Eintritt der Rechtshängigkeit durch Klageerhebung 130

I.   Die Zustellung der Klageschrift 130
    1. Voraussetzungen der Klagezustellung 130
      a) Fehlender Gebührenvorschuss 130
      b) Vorliegen eines allgemeinen Verfahrenshindernisses 130
      c) Mängel der Klageschrift 130

2. Die Zustellung 131
   a) Definitionen und Zwecke 131
   b) Zustellungsarten 131
   c) Zustellungsorgane 132
3. Durchführung der Amtszustellung 132
   a) Aufgaben der Geschäftsstelle 132
   b) Zustellungsadressaten 133
   c) Zustellungswege 133
   d) Öffentliche Zustellung 136
   e) Heilung von Zustellungsmängeln 137
4. Zustellung auf Betreiben der Parteien 138
   a) Anwendungsbereich 138
   b) Durchführung der Zustellung im Parteibetrieb 138
5. Zustellung von Anwalt zu Anwalt 139
6. Die Auslandszustellung 139
   a) Zustellungen nach Verordnung 1393/07/EG 139
   b) Zustellungen im sonstigen Ausland 139
   c) Zustellungsbevollmächtigter 140
II. Die Rechtshängigkeit 140
   1. Begriff der Rechtshängigkeit, Beginn und Ende 140
      a) Begriff 140
      b) Eintritt der Rechtshängigkeit 140
      c) Ende der Rechtshängigkeit 142
   2. Wirkungen der Rechtshängigkeit 142
      a) Materiellrechtliche Wirkungen 142
      b) Prozessrechtliche Wirkungen 142

8. Kapitel   Die Einlassung des Beklagten auf die Klage 145

I. Säumnis und Anerkenntnis 145
   1. Situation vor frühem ersten Termin 145
      a) Versäumen der Klageerwiderungsfrist 145
      b) Anerkenntnis 145
   2. Situation im schriftlichen Vorverfahren 145
      a) Versäumen der Verteidigungsanzeige 145
      b) Anerkenntnis 145
II. Rüge fehlender Sachurteilsvoraussetzungen 146
   1. Von Amts wegen zu beachtende Sachurteilsvoraussetzungen . . . 146
      a) Begriff der Sachurteilsvoraussetzung 146
      b) Arten der Sachurteilsvoraussetzungen 146
      c) Prüfung von Amts wegen 147
      d) Zeitpunkt der Rüge 148
      e) Zwischenstreit 148
   2. Verzichtbare Sachurteilsvoraussetzungen 148
      a) Einteilung der verzichtbaren Sachurteilsvoraussetzungen . . . 148
      b) Zeitpunkt der Rüge 149
III. Der Klageabweisungsantrag in der Sache 149
   1. Reine Rechtsausführungen 149
   2. Das Bestreiten von Tatsachen 149
   3. Einreden gegen die Klage 149

9. Kapitel   Die Verweisung   151

I.   Die Verweisung nach § 281 ZPO   151
      1. Anwendungsbereich   151
           a) Verfahrensarten   151
           b) Abgrenzungen   151
           c) Spezialfall: Verweisung an die Kammer für Handelssachen
                (KfH)   152
      2. Voraussetzungen   152
           a) Zulässigkeit der Verweisung   152
           b) Umfang der Verweisung   152
           c) Antragsprinzip   152
      3. Entscheidung über den Verweisungsantrag   153
           a) Beschlussverfahren   153
           b) Eigene Unzuständigkeit und Empfangsgericht   153
           c) Unabänderbarkeit   153
           d) Unanfechtbarkeit   153
      4. Rechtsfolgen   154
           a) Einheit des Verfahrens   154
           b) Bindungswirkung   154
      5. Kosten der Verweisung   154
II. Die Rechtswegverweisung   155
      1. Die Verweisung nach § 17 a GVG   155
      2. Vorabentscheidung   155

10. Kapitel   Prozessaufrechnung und Widerklage   156

I.   Die Aufrechnung im Prozess   156
      1. Die Aufrechnung als bürgerlich-rechtliches Rechtsgeschäft   156
      2. Die Geltendmachung der Prozessaufrechnung   156
           a) Rechtsnatur der Prozessaufrechnung   156
           b) Zeitpunkt der Prozessaufrechnung   156
           c) Formen der Prozessaufrechnung   156
           d) Prüfungsreihenfolge bei Prozessaufrechnung   157
           e) Getrennte Verhandlung   157
      3. Rechtskräftige Entscheidung über die Aufrechnungsforderung . .   157
           a) Gerichtliche Entscheidungsbefugnis   157
           b) Das Vorbehaltsurteil   158
           c) Rechtskraftfähige Entscheidung   158
           d) Kostenfolge bei Aufrechnung im Prozess   158
           e) Streitwert bei Prozessaufrechnung   158
II. Die Widerklage   159
      1. Begriff der Widerklage   159
           a) Wesen der Widerklage   159
           b) Erhebung der Widerklage   159
      2. Allgemeine Sachurteilsvoraussetzungen der Widerklage   159
           a) Sachliche Zuständigkeit   159
           b) Örtliche Zuständigkeit   160
      3. Besondere Sachurteilsvoraussetzungen der Widerklage   160
           a) Rechtshängigkeit der Klage   160
           b) Parteien und Dritte   160
           c) Gleiche Prozessart   161

4. Die Eventualwiderklage 161
5. Kostenentscheidung bei Widerklage 161

11. Kapitel Die richterliche Vorbereitung des Verhandlungstermins . . . 162

I.   Zeitbedarf im Verhandlungstermin 162
II. Die vorbereitenden Maßnahmen 162
     1. Bedeutung 162
     2. Zuständigkeit und Form 162
        a) Vorsitzender oder Berichterstatter 162
        b) Verfügung oder Beschluss 162
     3. Inhalt 163
        a) Aufforderung zur Ergänzung vorbereitender Schriftsätze . . . 163
        b) Anforderung amtlicher Urkunden oder Auskünfte 163
        c) Anordnung des persönlichen Erscheinens der Parteien 163
        d) Ladung von Zeugen und Sachverständigen 165
        e) Aufforderung zur Vorlage von Urkunden 165
III. Der vorterminliche Beweisbeschluss nach § 358a ZPO 166
     1. Der vorterminliche Erlass des Beweisbeschlusses 166
     2. Die vorterminliche Ausführung des Beweisbeschlusses 166
     3. Das Recht auf Parteiöffentlichkeit 167
IV. Rechtliche Hinweise 167
     1. Erörterung und Fragerecht 167
        a) Erörterung 167
        b) Neutralitätsgebot 167
        c) Fragerecht 167
     2. Pflicht zur Hinwirkung auf rechtzeitige und vollständige
        Erklärung 167
     3. Hinweis auf übersehene oder scheinbar unerhebliche
        Gesichtspunkte 168
        a) Keine Überraschungsentscheidungen 168
        b) Entscheidungserheblichkeit 168
     4. Hinweispflicht bei Zulässigkeitsbedenken 168
     5. Rechtzeitigkeit der Hinweise und Dokumentationspflicht 169
        a) Frühzeitige Hinweise 169
        b) Aktenkundigkeit 169
     6. Fristsetzung 169
     7. Verstöße und ihre Folgen 169
        a) Wiedereröffnung der mündlichen Verhandlung 169
        b) Beanstandung der Prozessleitung 170
        c) Richterablehnung 170
        d) Berufung, Revision 170
V.   Aufhebung, Verlegung, Vertagung von Terminen 170
     1. Terminsaufhebung 170
        a) Definition 170
        b) Erheblicher Grund 170
     2. Terminsverlegung 171
        a) Definition 171
        b) Anspruch auf Verlegung 171
     3. Terminsvertagung 172

12. Kapitel   Gütliche Streitbeilegung und Güteverhandlung   173

I.   Gütliche Streitbeilegung   173
   1. Verfahrenssituationen   173
   2. Mittel der gütlichen Streitbeilegung   173
      a) Ausgangspunkt für einen Vergleichsvorschlag   173
      b) Formen der gütlichen Streitbeilegung   174
II. Die obligatorische Güteverhandlung   174
   1. Begriff   174
      a) Grundsatz   174
      b) Ausnahmen   175
   2. Anordnung des persönlichen Erscheinens   176
      a) Regelfall   176
      b) Ausnahme: Unzumutbarkeit   176
      c) Maßnahmen bei Ausbleiben der Partei   176
   3. Statt Güteverhandlung: Außergerichtliche Streitschlichtung . . .   176
      a) Richterlicher Vorschlag   176
      b) Ruhen   177
      c) Fortführung des Rechtsstreits   177
   4. Ablauf der Güteverhandlung   177
      a) Erscheinen beider Parteien   177
      b) Erscheinen nur einer Partei   178
      c) Keine Partei erscheint   179

**13. Kapitel   Der Termin zur mündlichen Verhandlung beim Ausbleiben
         von Parteien**   180

I.   Ausbleiben beider Parteien   180
   1. Säumnis beider Parteien in der Güteverhandlung   180
   2. Säumnis beider Parteien im Verhandlungstermin   180
      a) Säumnis beider Parteien   180
      b) Gerichtliche Möglichkeiten   180
   3. Die Entscheidung nach Lage der Akten   180
      a) Beschluss   180
      b) Urteil   180
   4. Das Ruhen des Verfahrens   181
      a) Ruhen bei beiderseitiger Säumnis   181
      b) Ruhen auf beiderseitigen Antrag bei Zweckmäßigkeit   181
      c) Wirkung des Ruhens   181
II. Ausbleiben des Beklagten und Versäumnisverfahren   181
   1. Säumnis im Verhandlungstermin   182
      a) Säumnis   182
      b) Verhandlungstermin   182
   2. Die allgemeinen Sachurteilsvoraussetzungen   183
   3. Die Schlüssigkeit der Klage   183
      a) Vortrag rechtfertigt Klageanspruch   183
      b) Teilunschlüssigkeit   183
   4. Der Antrag auf Erlass eines Versäumnisurteils   184
   5. Die Säumnisentscheidung   184
      a) Das echte Versäumnisurteil   184
      b) Zurückweisung des Antrags auf Erlass eines Versäumnisurteils   185
      c) Das unechte Versäumnisurteil   186

		6. Praktische Probleme im Versäumnisverfahren gegen den Beklagten	187
		a) Erledigung der Hauptsache	187
		b) Sofortige Fortsetzung nach Säumnis	187
III.		Versäumnisurteil gegen den Kläger	187
	1.	Voraussetzungen	188
		a) Säumnis im Termin	188
		b) Sachurteilsvoraussetzungen	188
		c) Keine Schlüssigkeit der Klage	188
	2.	Form	188
	3.	Rechtsmittel und Rechtsbehelfe	188
IV.		Einspruch und Einspruchsverfahren	189
	1.	Statthaftigkeit und Wesen des Einspruchs	189
		a) Rechtsbehelf	189
		b) Vorläufige Vollstreckbarkeit	189
	2.	Die Einspruchsschrift	190
		a) Adressat und Form	190
		b) Inhalt	190
		c) Zustellung	191
	3.	Die Einspruchsfrist	191
	4.	Die Einspruchsprüfung	191
	5.	Die Einspruchsentscheidung	191
		a) Verwerfung des Einspruchs als unzulässig	191
		b) Zulässiger Einspruch und Terminsbestimmung	192
	6.	Verfahren nach zulässigem Einspruch gegen ein Versäumnisurteil	193
		a) Prozessstand	193
		b) Neue Antragstellung	194
		c) Die Entscheidung in der Hauptsache	194
		d) Die Nebenentscheidungen nach vorangegangenem Versäumnisurteil	195
		e) Weitere Fälle der Berücksichtigung eines Versäumnisurteils	196
	7.	Das zweite Versäumnisurteil	197
		a) Säumnis im Einspruchstermin	197
		b) Zulässiger Einspruch	197
		c) Weitere Voraussetzungen	198
		d) Entscheidung und Rechtsmittel	198
V.		Die Entscheidung nach Lage der Akten	198
VI.		Wiedereinsetzung in den vorigen Stand	199
	1.	Versäumung von fristgebundenen Prozesshandlungen	199
		a) An Verfahrensstadium oder Frist gebundene Prozesshandlungen	199
		b) Folgen der Fristversäumnis	199
	2.	Wiedereinsetzung in den vorigen Stand	200
		a) Grundsatz	200
		b) Notfrist, Begründungsfrist, Wiedereinsetzungsfrist	200
		c) Kein Verschulden an Fristversäumung	200
		d) Wiedereinsetzungsantrag	201
	3.	Verfahren bei Wiedereinsetzung	202
		a) Isolierte oder gemeinsame Entscheidung	202
		b) Rechtsmittel	202
		c) Kosten der Wiedereinsetzung	202

14. Kapitel   Der Termin zur mündlichen Verhandlung bei Erscheinen beider Parteien in besonderen Fällen   203

I.   Anerkenntnis und Anerkenntnisurteil   203
  1. Das Anerkenntnis   203
    a) Wesen des Anerkenntnisses   203
    b) Unzulässigkeit des Anerkenntnisses   203
    c) Form des Anerkenntnisses   204
  2. Das Anerkenntnisurteil   204
    a) Voraussetzungen   204
    b) Umfang gerichtlicher Prüfung   204
    c) Anerkenntnisentscheidung   204
    d) Rechtsmittel   206
II. Verzicht und Verzichtsurteil   206
  1. Der Verzicht   206
  2. Das Verzichtsurteil   206

15. Kapitel   Der Termin zur mündlichen Verhandlung bei Erscheinen beider Parteien   207

I.   Der frühe erste Termin und der Haupttermin   207
  1. Inhaltliche Identität   207
  2. Tatsächliche Unterschiede   207
  3. Selektions- und Vorbereitungseffekt   207
II. Terminsablauf   207
  1. Funktionen des Vorsitzenden in der mündlichen Verhandlung . .   207
    a) Verhandlungsleitung des Vorsitzenden   207
    b) Sitzungspolizei   208
    c) Beanstandung von Maßnahmen des Vorsitzenden   209
  2. Aufruf der Sache   209
  3. Feststellung der Erschienenen   209
    a) Protokollfeststellung   209
    b) Verweisung von Zeugen aus dem Saal   210
    c) Ordnungsgeld   210
  4. Beginn der mündlichen Verhandlung   210
    a) Antragstellung   210
    b) Wirkungen der Antragstellung   211
  5. Erörterung des Streitverhältnisses   211
    a) Einführung in den Sach- und Streitstand   211
    b) Erörterung   212
  6. Beweisaufnahme   213
  7. Schlussverhandlung   213
    a) Gelegenheit zur Stellungnahme für die Parteien   213
    b) Information über Beweisergebnis   214
    c) Außerprozessgerichtliche Beweisaufnahme   214
  8. Schluss des Verhandlungstermins und Verkündung der Entscheidungen   214
    a) Schluss der mündlichen Verhandlung   214
    b) Verkündung der Entscheidung   214
    c) Ausnahmsweise: Wiedereröffnung der mündlichen Verhandlung   215

16. Kapitel Das Sitzungsprotokoll 216

I.   Die Aufgabe der Protokollführung 216
      1. Protokollzwang 216
      2. Die Protokollführer 216
      3. Funktionen des Protokolls 216
          a) Öffentliche Urkunde und Beweiskraft 216
          b) Beweisregel 216
      4. Vorläufige Protokollaufzeichnung 217
          a) Begriff 217
          b) Protokollerstellung und Ausnahmen 217
          c) Tonaufzeichnung 217
          d) Aufbewahrung vorläufiger Aufzeichnungen 217
II.   Der Inhalt des Protokolls 218
      1. Förmlichkeiten und äußere Gegebenheiten 218
      2. Wesentliche Vorgänge in der Verhandlung 218
      3. Notwendige Feststellungen 219
      4. Protokollanlagen 220
      5. Anträge zum Protokoll 220
      6. Besonderheiten beim Amtsgericht 220
III. Fertigstellung des Protokolls 221
      1. Genehmigung des Protokolls 221
      2. Unterschreiben des Protokolls 221
      3. Protokollberichtigung 221
          a) Unrichtigkeiten 221
          b) Berichtigungsbefugnis 221
          c) Entscheidung 222
          d) Rechtsmittel 222

17. Kapitel Praktische Bedeutung von Verfahrensgrundsätzen 223

I.   Dispositionsgrundsatz und Beibringungsgrundsatz 223
      1. Der Dispositionsgrundsatz 223
          a) Begriff 223
          b) Ausprägungen 223
          c) Ausnahmen 223
      2. Der Beibringungsgrundsatz 223
          a) Begriff 223
          b) Ausprägungen 224
          c) Durchbrechungen 224
      3. Untersuchungsgrundsatz und Prüfung von Amts wegen 226
          a) Der Untersuchungsgrundsatz 226
          b) Die Prüfung von Amts wegen 226
II.   Der Mündlichkeitsgrundsatz 227
      1. Bedeutung des Mündlichkeitsgrundsatzes 227
          a) Grundsatz der mündlichen Verhandlung 227
          b) Gegenstand der mündlichen Verhandlung als Entscheidungs-
              grundlage 228
          c) Vortrag nach Schluss der mündlichen Verhandlung 228
      2. Durchbrechungen des Mündlichkeitsgrundsatzes 228
          a) Zugelassene nachgereichte Schriftsätze 228
          b) Das schriftliche Verfahren nach § 128 Abs. 2 ZPO 229

III. Der Grundsatz der Unmittelbarkeit 230
    1. Begriff 230
    2. Durchbrechungen 231
       a) Besondere Verfahren 231
       b) Richterwechsel 231
    3. Verhandlung im Wege der Bild- und Tonübertragung 231
IV. Der Grundsatz der Öffentlichkeit 231
    1. Begriff und Bedeutung 231
    2. Umfang der Öffentlichkeit 232
       a) Öffentlichkeit in der Verhandlung 232
       b) Erkennendes Gericht 232
       c) Bekanntmachung der Verhandlung 232
       d) Beschränkungen der Öffentlichkeit 232
       e) Verletzungsfolge 233
    3. Ausschließung der Öffentlichkeit 233
       a) Familiensachen und freiwillige Gerichtsbarkeit 233
       b) Schutz des persönlichen Lebensbereichs 233
       c) Gefährdung der Sicherheit und Geheimnisschutz 233
    4. Verbot von Fernseh- oder Rundfunkübertragungen 233
V. Der Konzentrationsgrundsatz 233
    1. Begriff und Bedeutung 233
       a) Konzentration und Beschleunigung 233
       b) Pflichten für Gericht und Parteien 234
    2. Prozessförderungspflicht des Gerichts 234
    3. Prozessförderungspflicht der Parteien 234
       a) Allgemeine Prozessförderungspflicht 235
       b) Pflicht zur Einhaltung von Fristen 236
    4. Zurückweisung verspäteten Vorbringens: Präklusion 236
       a) Begriff und Bedeutung 236
       b) Voraussetzungen der Präklusion nach § 296 Abs. 1 und 2
          ZPO 237
       c) Voraussetzungen der Präklusion nach § 296 Abs. 3 ZPO . . 239
       d) Form der Präklusion 239
       e) Zurückweisung in der Berufungsinstanz 239
    5. Exkurs: Verlust von Verfahrensrügen nach § 295 ZPO 240
       a) Begriff und Bedeutung 240
       b) Verzichtbare Verfahrensvorschriften 240
       c) Unverzichtbare Verfahrensvorschriften 241
       d) Rügezeitpunkt 241
VI. Das rechtliche Gehör 241
    1. Begriff und Bedeutung 241
       a) Möglichkeit der Äußerung 241
       b) Hinweise des Gerichts 242
       c) Recht auf Kenntnisnahme 242
    2. Ausnahmen 242
    3. Verstoß gegen den Grundsatz des rechtlichen Gehörs 242
       a) Allgemeine Rechtsmittel 242
       b) Gehörsrüge nach § 321a ZPO 243

3. Teil Das Beweisverfahren 244

1. Kapitel Beweisverfahren, Beweisantrag und Beweisanordnung 244

I. Zweck des Beweisverfahrens 244
II. Notwendigkeit der Beweiserhebung und Beweisarten 244
   1. Feststehende Tatsachen 244
      a) Zugestandene und nicht bestrittene Tatsachen 244
      b) Offenkundige Tatsachen 246
      c) Bestrittene Tatsachen 246
   2. Beweisarten 247
      a) Der Strengbeweis 247
      b) Der Freibeweis 247
      c) Die Glaubhaftmachung 247
   3. Die Beweislast 248
      a) Bedeutung im Prozess 248
      b) Beweislastregeln 248
III. Der Beweisantrag 249
   1. Antragsprinzip 249
   2. Beweisantritt durch Bezeichnung von Beweisthema und
      Beweismittel 249
   3. Beweisantragsrücknahme 250
IV. Prüfung des Beweisantrags 251
   1. Ablehnungsgründe 251
      a) Fehlende Entscheidungserheblichkeit 251
      b) Unzulässiger Beweis 251
      c) Ausforschungsbeweis 252
      d) Ungeeigneter Beweis 252
      e) Bewiesene Behauptung 253
      f) Unerreichbares Beweismittel 253
      g) Verspäteter Beweisantrag 253
   2. Die Ablehnung 254
V. Die Anordnung der Beweisaufnahme 254
   1. Die formlose Beweisanordnung 254
      a) Anwendungsbereich 254
      b) Praktische Durchführung 254
      c) Ausnahme Parteivernehmung 254
   2. Der förmliche Beweisbeschluss 254
      a) Anwendungsbereiche 254
      b) Der Inhalt des Beweisbeschlusses 255
      c) Weitere Regelungen des Beweisbeschlusses 255
      d) Vorschuss 255
      e) Änderung eines Beweisbeschlusses 256
   3. Umfang der Beweisanordnung 256

2. Kapitel Die Beweisaufnahme 258

I. Verfahrensgrundsätze zur Beweisaufnahme 258
   1. Der Unmittelbarkeitsgrundsatz 258
      a) Bedeutung 258
      b) Ausnahmen 258
   2. Grundsatz der Parteiöffentlichkeit 259
      a) Bedeutung 259

		b)	Mitteilung des Beweistermins	260
		c)	Rechtsfolgen bei Verstoß	260
II.	Die Beweisaufnahme vor dem Prozessgericht			260
	1.	Die Terminsbestimmung		260
	2.	Fortsetzung der mündlichen Verhandlung		260
III.	Beweisaufnahme im Wege der Rechtshilfe			261
	1.	Rechtshilfe durch deutsche Gerichte		261
		a)	Rechtshilfehandlungen	261
		b)	Zuständigkeit	261
		c)	Rechtshilfeersuchen	261
	2.	Der Rechtshilfeverkehr mit dem Ausland		261
		a)	Tätigkeit deutscher Gerichte im Ausland	261
		b)	Tätigkeit deutscher Konsularbeamter im Ausland	262
		c)	Rechtshilfeersuchen an ausländischen Staat	262

3. Kapitel Die einzelnen Beweismittel 263

I.	Der Urkundenbeweis			263
	1.	Begriff und Bedeutung		263
	2.	Arten von Urkunden und ihre Beweiskraft		263
		a)	Öffentliche Urkunden	263
		b)	Privaturkunden	265
		c)	Insbesondere: Aktenbeiziehung	265
	3.	Beweisführung durch Urkunden		266
		a)	Urkunden im Besitz des Beweisführers	266
		b)	Urkunden im Besitz des Gegners	266
		c)	Urkunden im Besitz eines Dritten	267
	4.	Vereitelung des Urkundenbeweises		267
II.	Der Beweis durch richterlichen Augenschein			267
	1.	Begriff		267
	2.	Beweisantritt		267
	3.	Durchführung des Augenscheins		267
		a)	Richterlicher Augenschein und Sachverständige	267
		b)	Vereitelung der Einnahme des Augenscheins	268
		c)	Abstammungsfeststellung	268
III.	Der Zeugenbeweis			269
	1.	Begriff des Zeugen		269
		a)	Definition	269
		b)	Abgrenzung	269
	2.	Der Beweisantritt		270
	3.	Die Zeugenpflichten		270
		a)	Die Pflicht zum Erscheinen	270
		b)	Die Pflicht zur Aussage	271
		c)	Die Pflicht zur Eidesleistung	272
	4.	Das Zeugnisverweigerungsrecht		273
		a)	Zeugnisverweigerung aus persönlichen Gründen	273
		b)	Zeugnisverweigerung aus sachlichen Gründen	274
		c)	Glaubhaftmachung	274
		d)	Belehrung über das Zeugnisverweigerungsrecht	274
		e)	Umfang des Zeugnisverweigerungsrechts	275
		f)	Zwischenstreit wegen Zeugnisverweigerung	275
	5.	Ablauf der Zeugenvernehmung		276
		a)	Aufruf des zu vernehmenden Zeugen	276

      b) Zeugenbelehrung 276
      c) Vernehmung des Zeugen über seine persönlichen Verhältnisse 276
      d) Vernehmung des Zeugen zur Sache 276
      e) Befragung des Zeugen durch die Parteien 277
      f) Aufnahme der Zeugenaussage ins Protokoll 277
      g) Verlesen und Genehmigung des Vernehmungsprotokolls . . . 277
      h) Beeidigung des Zeugen 278
    6. Besondere Formen der Zeugenvernehmung 278
      a) Gegenüberstellung von Zeugen 278
      b) Wiederholte und nachträgliche Vernehmung eines Zeugen . . 278
      c) Schriftliche Zeugenbefragung 278
    7. Die Entschädigung der Zeugen 278
      a) Entschädigungsberechtigung 279
      b) Das Maß der Entschädigung 279
IV. Der Sachverständigenbeweis 279
    1. Begriff 279
      a) Definition 279
      b) Abgrenzungen 280
    2. Stellung des Sachverständigen 280
      a) Gehilfe des Richters 280
      b) Auswahl und Beauftragung, Auftragsannahme 280
      c) Ausschluss, Ablehnung und Gutachtenverweigerungsrecht . . 281
    3. Gerichtliche Leitung der Tätigkeit des Sachverständigen 282
      a) Pflichten des Gerichts 282
      b) Säumige Gutachtenerstattung 282
      c) Beeidigung 283
      d) Ergänzung des Gutachtens und neues Gutachten 283
    4. Der sachverständige Zeuge 283
    5. Die Entschädigung des Sachverständigen 283
      a) Leistungsentschädigung 283
      b) Vereinbarte Entschädigung 284
      c) Notwendige Fahrtkosten 284
      d) Besondere Aufwendungen 284
      e) Abrechnung 284
V. Die Parteivernehmung 284
    1. Der Parteivortrag 285
    2. Die Parteivernehmung 285
      a) Begriff und Bedeutung 285
      b) Vernehmungsfähige Parteien 285
    3. Voraussetzungen der Parteivernehmung 285
      a) Parteivernehmung auf Antrag 285
      b) Parteivernehmung von Amts wegen 286
    4. Die Anordnung der Parteivernehmung 286
    5. Durchführung der Parteivernehmung 286
    6. Beweiswürdigung 287
      a) Würdigung der Parteiaussagen in der Parteivernehmung . . . 287
      b) Würdigung der Weigerung einer Parteivernehmung 287
VI. Vernehmungslehre 287
    1. Bedeutung 287
    2. Grundregeln 287
      a) Anpassung 287
      b) Selbstbeherrschung 287
      c) Besonnene Fragetechnik 288
      d) Gewissenhafte Niederschrift 288

4. Kapitel   Das Beweisergebnis   289

I.   Die freie Beweiswürdigung   289
   1.   Beweisregeln   289
   2.   Freie Beweiswürdigung   289
   3.   Beweismaß   289
      a)   Persönliche Gewissheit   289
      b)   Beweismaßreduzierung   290
II.   Die Verwertung des Zeugenbeweises   291
   1.   Qualität und Verwertbarkeit beim Zeugenbeweis   291
      a)   Erwartungen und Realität   291
      b)   Glaubwürdigkeitskriterien   292
   2.   Unbewusste Fehlerquellen beim Zeugenbeweis (Irrtum)   292
      a)   Die Wahrnehmung   292
      b)   Gedächtnisspeicherung   292
      c)   Die Wiedergabe des Erinnerungsbildes (Aussage) und seine
         Niederschrift   293
   3.   Die bewusste Falschaussage (Lüge)   294
      a)   Beweggründe   294
      b)   Die Aufdeckung der Lüge   294
      c)   Lüge durch Selbstsuggestion   295
III.   Die Würdigung des Sachverständigenbeweises   296
   1.   Freie Beweiswürdigung   296
   2.   Erörterungstermin   296
   3.   Neues Gutachten   296
IV.   Die Beweisvereitelung   296
   1.   Ausgangslage   296
   2.   Voraussetzungen und Folgen   297
V.   Entscheidung nach der Beweislast   297

4. Teil   Die Beendigung des zivilprozessualen Verfahrens   298

1. Kapitel   Prozessbeendigung ohne Urteil   298

I.   Der Prozessvergleich   298
   1.   Begriff und Rechtsnatur   298
   2.   Voraussetzungen des Prozessvergleichs   298
      a)   Materiellrechtliche Voraussetzungen   298
      b)   Prozessuale Voraussetzungen   298
   3.   Die Wirkungen des Prozessvergleichs   300
      a)   Materiellrechtliche Wirkungen   300
      b)   Prozessrechtliche Wirkungen   300
   4.   Die Aufgabe des Gerichts beim Prozessvergleich   301
      a)   Hinwirken auf gütliche Einigung   301
      b)   Förderung einer gütlichen Einigung durch prozessuale Maß-
         nahmen   301
      c)   Formulierung des Vergleichstextes   301
   5.   Besondere Varianten bei Prozessvergleichen   302
      a)   Der Ratenzahlungsvergleich   302
      b)   Die Erledigungsklausel   303
      c)   Der widerrufliche Vergleich   303
   6.   Die Kostenregelung bei Prozessvergleich   304
      a)   Vereinbarung im Vergleich   304

b) Gesetzliche Regelung 304
c) Gerichtliche Kostenentscheidung 305
7. Die Unwirksamkeit des Prozessvergleiches und ihre Geltendmachung 305
a) Unwirksamkeit aus prozessualen Gründen 305
b) Ursprüngliche Unwirksamkeit aus materiellrechtlichen
Gründen 305
c) Fortsetzung des Rechtsstreits 306
d) Nachträgliche Unwirksamkeit aus materiellrechtlichen
Gründen 306
8. Der außergerichtliche Vergleich 306
II. Die Klagerücknahme 307
1. Begriff und Bedeutung 307
a) Begriff 307
b) Abgrenzungen 307
c) Zeitpunkt 308
2. Erklärung der Klagerücknahme 308
a) Wesen 308
b) Empfänger 308
c) Form 308
3. Einwilligung des Beklagten 308
a) Erforderlichkeit 308
b) Form, Frist und Verweigerung 309
4. Folgen der Klagerücknahme 309
a) Wegfall der Rechtshängigkeit 309
b) Wirkungslosigkeit von Entscheidungen 309
c) Kostentragungspflicht 309
d) Einrede mangelnder Kostenerstattung 310
III. Erledigung des Rechtsstreits in der Hauptsache 311
1. Problemlage 311
2. Die einseitige Erledigungserklärung des Klägers 311
a) Begriff 311
b) Hauptsache 311
c) Erledigungsereignis 311
d) Erledigungserklärung 312
e) Entscheidung des Gerichts 312
f) Streitwert 313
g) Hauptsachenerledigung vor Rechtshängigkeit 313
3. Die übereinstimmende Erledigungserklärung 314
a) Bedeutung 314
b) Anwendungsbereich des § 91 a ZPO 314
c) Abgabe der Erklärungen 314
d) Form 314
e) Folgen 314
f) Gerichtlicher Kostenbeschluss 315
IV. Ruhen des Verfahrens und Weglegen der Akten 317
1. Ruhen des Verfahrens 317
a) Anordnung 317
b) Beendigung 317
2. Weglegen der Akten 317

2. Kapitel   Die gerichtliche Entscheidungen   318

I.   Arten gerichtlicher Entscheidungen   318
   1. Urteile   318
   2. Beschlüsse   318
      a) Prozessabschließende Beschlüsse   318
      b) Prozessleitende Beschlüsse   318
      c) Verkündung und Zustellung   318
   3. Richterliche Verfügungen   319
II. Das Urteil   319
   1. Urteilsentschluss   319
   2. Besondere Arten von Urteilen   319
      a) Das Endurteil   319
      b) Das Teilurteil   319
      c) Das Vorbehaltsurteil bei Aufrechnung   320
      d) Das Vorbehaltsurteil im Urkundenprozess   321
      e) Das Zwischenurteil   321
      f) Das Grundurteil   322
   3. Form und Inhalt von Urteilen   323
      a) Urteilskopf   323
      b) Tenor   323
      c) Tatbestand   323
      d) Entscheidungsgründe   324
   4. Die Kostenentscheidung   325
      a) System des Kostenrechts   325
      b) Grundsätze der Kostengrundentscheidung   326
      c) Ausnahmen vom Grundsatz   328
   5. Die Entscheidung über die Vollstreckbarkeit   329
      a) Bedeutung   329
      b) Die Regelung der Vollstreckbarkeit   329
      c) Die Vollstreckbarerklärung ohne Sicherheitsleistung   329
      d) Die Vollstreckbarerklärung gegen Sicherheitsleistung   330
      e) Die Vollstreckbarerklärung bei teilweisem Obsiegen und
         Unterliegen   331
   6. Die Urteilsverkündung   331
      a) Begriff und Bedeutung   331
      b) Durchführung der Verkündung   332
      c) Zustellung statt Verkündung   332
   7. Bindung des Gerichts an seine Entscheidung   332
   8. Ausfertigung und Zustellung des verkündeten Urteils   332
   9. Urteilsberichtigung   333
      a) Anwendungsbereich   333
      b) Durchführung der Berichtigung   333
   10. Urteilsergänzung   333
      a) Anwendungsbereich   333
      b) Durchführung   333
III. Urteilswirkungen   334
   1. Die formelle Rechtskraft   334
   2. Die materielle Rechtskraft   334
      a) Begriff und Bedeutung   334
      b) Rechtskraftfähigkeit   334
      c) Wirkungen nach den Rechtskrafttheorien   334
      d) Der objektive Umfang der Rechtskraft   335
      e) Der subjektive Bereich der Rechtskraft   336

3. Rechtskrafterweiterung durch Zwischenfeststellungsklage   336
IV. Durchbrechung der Rechtskraft   336
   1. Die Abänderungsklage   337
     a) Ausgangslage   337
     b) Voraussetzungen   337
     c) Andere Titel   337
   2. Die Wiederaufnahme des Verfahrens   337
   3. Die Wiedereinsetzung in den vorigen Stand   338
   4. Rechtskraftdurchbrechung über § 826 BGB   338
     a) Anwendungsbereich   338
     b) Voraussetzungen   339
     c) Rechtsfolgen   339

5. Teil Eilverfahren   340

1. Kapitel Arrest und einstweilige Verfügung   340

I.   Vorläufiger Rechtsschutz   340
II. Der Arrest   340
   1. Gegenstand des Arrests   340
   2. Arten des Arrests   340
     a) Dinglicher Arrest   340
     b) Persönlicher Arrest   341
   3. Voraussetzungen für die Arrestanordnung   341
     a) Arrestanspruch   341
     b) Arrestgrund   341
   4. Der Arrestprozess   342
     a) Zuständiges Arrestgericht   342
     b) Das Arrestgesuch   343
     c) Die Entscheidung des Gerichts   343
   5. Rechtsbehelfe des Antragsgegners gegen die Arrestanordnung . .   345
     a) Widerspruch   345
     b) Antrag auf Anordnung der Klageerhebung   345
     c) Antrag auf Aufhebung des Arrests wegen veränderter
       Umstände   346
   6. Die Arrestvollziehung   346
     a) Vollziehbarkeit   346
     b) Vollziehungsmöglichkeiten   346
     c) Vollziehungsfrist   346
   7. Aufhebung der Arrestvollziehung und Schadensersatzpflicht . . .   347
III. Einstweilige Verfügung   347
   1. Gegenstand der einstweiligen Verfügung   347
   2. Arten und Voraussetzungen der einstweiligen Verfügung   347
     a) Sicherungsverfügung   347
     b) Regelungsverfügung   348
     c) Leistungsverfügung   348
   3. Das Verfahren der einstweiligen Verfügung   349
     a) Zuständiges Verfügungsgericht   349
     b) Das Verfügungsgesuch   349
     c) Die Entscheidung des Gerichts   349
   4. Aufhebung der einstweiligen Verfügung   350
   5. Vollziehung der einstweiligen Verfügung   350
   6. Die Schutzschrift   350

2. Kapitel   Das selbstständige Beweisverfahren   352

I.   Zweck   352
   1.   Drohender Verlust eines Beweismittels   352
   2.   Rechtliches Interesse an Sachverständigenbegutachtung   352
II. Verfahren   352
   1.   Zuständiges Gericht   352
     a) Anhängiger Rechtsstreit   352
     b) Kein anhängiger Rechtsstreit   352
     c) Eilzuständigkeit des Amtsgerichts   353
   2.   Antrag   353
     a) Inhaltliche Angaben   353
     b) Rechtliches Interesse nach § 485 Abs. 2 ZPO   354
   3.   Entscheidung über den Antrag   354
     a) Beschlussverfahren   354
     b) Rechtsmittel   355
   4.   Beweisaufnahme und Benutzung im Prozess   355
     a) Durchführung der Beweisaufnahme   355
     b) Verwertung des Beweisergebnisses   356
   5.   Kosten des Beweisverfahrens   356
     a) Gerichtskosten   356
     b) Verfahrenskosten als Teil der Prozesskosten   356

6. Teil   Rechtsmittel und Rechtsbehelfe   357

1. Kapitel   Rechtsmittel und Rechtsbehelfe im Allgemeinen   357

I.   Bedeutung und Arten   357
II.   Umfang der Nachprüfung   357
   1.   Prüfungsumfang allgemein   357
   2.   Tatsachengrundlage in Berufung, Revision und Beschwerde . . .   357
     a) Berufung   357
     b) Revision   358
     c) Beschwerde   358
III. Allgemeine Zulässigkeitsvoraussetzungen   359
   1.   Statthaftigkeit   359
   2.   Beschwer   359
     a) Begriff   359
     b) Rechtsmittelziel   359
     c) Einzelfälle   360
   3.   Beschwerdesumme oder Zulassung   360
     a) Berufung   360
     b) Revision   361
     c) Beschwerde   361
   4.   Formerfordernisse   362
     a) Berufungsschrift   362
     b) Revisionsschrift   362
     c) Beschwerdeschrift   362
   5.   Rechtsmittelfristen   362
     a) Berufungsfrist   362
     b) Revisionsfrist   363
     c) Frist für sofortige Beschwerde   363
     d) Frist für Rechtsbeschwerde   363

IV. Instanzenzug bei Anfechtung von Urteilen 363
   1. Rechtsmittelgerichte bei Entscheidungen des Amtsgerichts 363
     a) Landgericht 363
     b) Oberlandesgericht 363
     c) Bundesgerichtshof 364
   2. Rechtsmittelgerichte bei Entscheidungen des Landgerichts 364
     a) Oberlandesgericht 364
     b) Bundesgerichtshof 364
   3. Rechtsmittelgericht bei Entscheidungen des Oberlandesgerichts . 364
V. Begründetheit des Rechtsmittels 364
VI. Die Anschließung 364
VII. Verzicht und Rücknahme bei Rechtsmitteln 365
   1. Rechtsmittelverzicht 365
   2. Rechtsmittelrücknahme 365

2. Kapitel Die einzelnen Rechtsmittel 366

I. Die Berufung 366
   1. Wesen und Anwendungsbereich 366
   2. Berufungsbegründung 366
     a) Weitere Zulässigkeitsvoraussetzung 366
     b) Berufungsbegründungsfrist 366
     c) Notwendiger Inhalt der Berufungsbegründungsschrift 366
   3. Zulässigkeitsprüfung und Verwerfung 367
   4. Vorabprüfung und Zurückweisung 367
   5. Fortgang des Verfahrens 368
     a) Einzelrichter oder Kammer bzw. Senat 368
     b) Terminsbestimmung 368
   6. Entscheidung in der Sache 368
     a) Prüfungsumfang und Berufungsurteil 368
     b) Entscheidungsmöglichkeiten 368
II. Die Revision 369
   1. Wesen und Anwendungsbereich 369
   2. Revisionsbegründung 369
     a) Zulässigkeitsvoraussetzung 369
     b) Revisionsbegründungsfrist 369
     c) Notwendiger Inhalt 369
   3. Zulässigkeitsprüfung und Verwerfung 369
   4. Entscheidung in der Sache 370
     a) Prüfungsumfang 370
     b) Revisionsgründe 370
     c) Entscheidungsmöglichkeiten 370
   5. Nichtzulassungsbeschwerde 370
III. Die sofortige Beschwerde 371
   1. Wesen und Anwendungsbereich 371
   2. Beschwerdebegründung 371
   3. Wirkung der Beschwerde 371
   4. Abhilfeverfahren 371
   5. Entscheidung durch das Beschwerdegericht 372
     a) Einzelrichter 372
     b) Verwerfung 372
     c) Zurückweisung 372
     d) Abhilfe 372

  6. Die Erinnerung 372
   a) Rechtsbehelf 372
   b) Fälle der Erinnerung 372
IV. Die Rechtsbeschwerde 373
  1. Wesen und Anwendungsbereich 373
  2. Rechtsbeschwerdebegründung 373
   a) Zulässigkeitsvoraussetzung 373
   b) Notwendiger Inhalt 373
  3. Zulässigkeitsprüfung und Verwerfung 373
  4. Entscheidung in der Sache 373

7. Teil Anleitung zur Bearbeitung zivilrechtlicher Aktenstücke 374

1. Kapitel Einführung in die richterliche Arbeitsmethode 374

I. Abgrenzung der Arbeitsweise an der Universität und in der Praxis . 374
  1. Arbeitsweise an der Hochschule 374
  2. Arbeitsweise in der Praxis 374
II. Rechtsanwendung in der richterlichen Praxis 374
  1. Das Gutachten 374
  2. Das Urteil 374
III. Die Etappen der richterlichen Arbeitsweise 375
  1. Verlauf beim Kollegialgericht 375
   a) Gutachtenphase 375
   b) Urteilsphase 375
  2. Verlauf beim Einzelrichter 375
   a) Gutachtenphase 375
   b) Urteilsphase 375
  3. Parallelität und Unterschiede der Entscheidungsstadien 376
IV. Der Aktenvortrag 376
  1. Allgemeines 376
  2. Bericht 376
  3. Gutachten 377

2. Kapitel Der Bericht 379

I. Erfassen des Sachverhalts 379
II. Stoffordnung 379
  1. Trennung von streitigem und unstreitigem Parteivortrag 379
  2. Unstreitiger Parteivortrag 379
  3. Streitiger Parteivortrag 380
  4. Muster Stoffordnung 380
III. Vermerke zur Prozessgeschichte 380
IV. Aufbau und Gestaltung des Berichts 380

3. Kapitel Das Gutachten 382

I. Der Gutachtenstil 382
II. Prüfung der Sachurteilsvoraussetzungen und Prozesshindernisse . . . 382
  1. Die unzulässige Klage 382
  2. Die wichtigsten Sachurteilsvoraussetzungen 383

		a)	Persönliche Sachurteilsvoraussetzungen	383
		b)	Sachliche Sachurteilsvoraussetzungen	383
		c)	Verzichtbare Sachurteilsvoraussetzungen	383
III.	Die Schlüssigkeitsprüfung			384
	1.	Schlüssigkeitsprüfung des Klägervortrages		384
		a)	Begriff	384
		b)	Durchführung der Schlüssigkeitsprüfung	384
		c)	Verwertung des Ergebnisses der Schlüssigkeitsprüfung	385
	2.	Prüfung der Erheblichkeit des Beklagtenvortrags		385
		a)	Begriff	385
		b)	Rechtsausführungen	385
		c)	Erheblichkeitsprüfung	385
		d)	Verwertung des Ergebnisses der Erheblichkeitsprüfung	386
IV.	Die Tatsachenfeststellung			386
	1.	Ohne Beweiserhebung feststehende Tatsachen		386
	2.	Tatsachenfeststellung		386
		a)	Anordnung der Beweiserhebung	387
		b)	Tatsachenfeststellung durch Beweiswürdigung	387
	3.	Entscheidung nach der Beweislast		387
V.	Entscheidungsvorschlag			387
	1.	Begriff		387
	2.	Der Beweisbeschluss als Entscheidungsvorschlag		388
	3.	Der Urteilstenor (Urteilsformel) als Entscheidungsvorschlag		388
		a)	Begriff	388
		b)	Die Entscheidung zur Hauptsache	388
		c)	Die Kostenentscheidung	389
		d)	Die Entscheidung über die vorläufige Vollstreckbarkeit des Urteils	389

4. Kapitel Das Zivilurteil 390

I.	Form und Verkündung des Urteils			390
II.	Rubrum und Tenor des Zivilurteils			390
	1.	Der Urteilskopf		390
	2.	Der Urteilstenor		390
III.	Der Tatbestand			390
	1.	Bedeutung und Inhalt		390
		a)	Bedeutung des Tatbestandes	390
		b)	Tatbestand als Tatsachensammlung	390
		c)	Farblosigkeit des Tatbestandes	391
	2.	Der Aufbau des Tatbestandes		391
		a)	Der unstreitige Sachverhalt	391
		b)	Der einseitige, streitig gebliebene Vortrag des Klägers	392
		c)	Antrag des Klägers	392
		d)	Antrag des Beklagten	392
		e)	Der einseitige, streitig gebliebene Vortrag des Beklagten	393
		f)	Replik und Duplik	393
		g)	Bezugnahmen	393
		h)	Prozessgeschichte	393
	3.	Allgemeine Bemerkungen zum Tatbestand		394
IV.	Die Entscheidungsgründe			395
	1.	Der Stil der Entscheidungsgründe		395
	2.	Der Inhalt der Entscheidungsgründe		395

    3. Der Aufbau der Entscheidungsgründe 396
       a) Einleitung 396
       b) Die Zulässigkeit der Klage 396
       c) Die Begründetheit der Klage 396
V. Unterschriften der Richter 398
VI. Aufbau des Zivilurteils in der Übersicht 399

5. Kapitel   Checklisten für die richterliche Bearbeitung von Rechtsfällen .   400

I. Checkliste für die Bearbeitung von Prozesskostenhilfegesuchen . . . 400
II. Richterliche Tätigkeit vom Klageeingang bis zur Vorbereitung des
    Termins 402
III. Richterliche Tätigkeit im Termin mit Güteverhandlung, aber ohne
    Beweisaufnahme 403
IV. Richterliche Tätigkeit im Beweisaufnahmetermin 404
V. Die Durchführung des Verkündungstermins 406

Sachverzeichnis   407

Verzeichnis der Abkürzungen

a.A.	andere Ansicht
a.a.O.	am angegebenen Ort
AG	Aktiengesellschaft
AG	Amtsgericht
AGB	Allgemeine Geschäftsbedingungen
AGH	Anwaltsgerichtshof
AktG	Aktiengesetz
AktO	Aktenordnung
alt.	alternativ
AnwBl.	Anwaltsblatt
AO	Abgabenordnung
AöR	Archiv des öffentlichen Rechts
ArbGG	Arbeitsgerichtsgesetz
arg.	argumentum
Art.	Artikel
ArzneiMG	Arzneimittelgesetz
BAG	Bundesarbeitsgericht
BAnzeiger	Bundesanzeiger
Baumbach-Lauterbach	Baumbach-Lauterbach-Albers-Hartmann, Kommentar zur ZPO, 67. Auflage 2009
BauR	Zeitschrift für das gesamte öffentliche und zivile Baurecht
BayObLG	Bayerisches Oberstes Landesgericht
BayObLGZ	Bayerisches Oberstes Landesgericht, amtl. Entscheidungssammlung
BayVerfGH	Bayerischer Verfassungsgerichtshof
BB	Betriebsberater
BBG	Bundesbeamtengesetz
BeamtStG	Beamtenstatusgesetz
BezG	Bezirksgericht
BFH	Bundesfinanzhof
BFHE	Bundesfinanzhof, amtliche Entscheidungssammlung
BGB	Bürgerliches Gesetzbuch
BGBl.	Bundesgesetzblatt
BGHReport	Schnelldienst der Zivilrechtsprechung des BGH
BGHSt	Bundesgerichtshof, amtliche Entscheidungssammlung in Strafsachen
BGHZ	Bundesgerichtshof, amtliche Entscheidungssammlung in Zivilsachen
BMJ	Bundesministerium der Justiz
BNotO	Bundesnotarordnung
BO	Berufsordnung für Rechtsanwälte
BORA	Berufsordnung für Rechtsanwälte
BRAK-Mitt.	Mitteilungen der Bundesrechtsanwaltskammer
BRAO	Bundesrechtsanwaltsordnung
BRRG	Beamtenrechtsrahmengesetz
BSG	Bundessozialgericht
BSHG	Bundessozialhilfegesetz
BT-Drs.	Bundestagsdrucksache
BVerfG	Bundesverfassungsgericht
BVerfGE	Bundesverfassungsgericht, amtliche Entscheidungssammlung
BVerfGG	Bundesverfassungsgerichtsgesetz
BVerwG	Bundesverwaltungsgericht
BW	Baden-Württemberg
DB	Der Betrieb
DGVZ	Deutsche Gerichtsvollzieherzeitung
DNotZ	Deutsche Notarzeitschrift

DRiG	Deutsches Richtergesetz
DtAnwVerein	Deutscher Anwaltsverein
DVBl.	Deutsches Verwaltungsblatt
EGGVG	Einführungsgesetz zum Gerichtsverfassungsgesetz
EGStGB	Einführungsgesetz zum Strafgesetzbuch
ERVVOBGH	Verordnung z. Einführung d. elektronischen Schriftverkehrs beim BGH
EuGH	Europäischer Gerichtshof
EuGVÜ	Übereinkommen über die gerichtliche Zuständigkeit und die Vollstreckung gerichtlicher Entscheidungen in Zivil- und Handelssachen, 26.5.1989
EuGVVO	Verordnung (EG) Nr. 44/2001 des Rates vom 22.12.2000 über die gerichtliche Zuständigkeit und die Anerkennung und Vollstreckung von Entscheidungen in Zivil- und Handelssachen
EuRAG	Gesetz über die Tätigkeit europäischer Rechtsanwälte in Deutschland
EuMahnVO	Verordnung (EG) Nr. 1896/2006 des Europäischen Parlaments und des Rates zur Einführung des Europäischen Mahnverfahrens vom 12.12.2006
EuZustVO	Verordnung (EG) Nr. 1393/2007 des Europäischen Parlaments und des Rates über die Zustellung gerichtlicher und außergerichtlicher Schriftstücke in Zivil- und Handelssachen vom 13.11.2007
EWiR	Entscheidungen zum Wirtschaftsrecht
FamFG	Gesetz über das Verfahren in Familiensachen und in den Angelegenheiten der freiwilligen Gerichtsbarkeit
FamRZ	Zeitschrift für das gesamte Familienrecht
FAO	Fachanwaltsordnung
FGG	Gesetz für die Angelegenheiten der Freiwilligen Gerichtsbarkeit
FGO	Finanzgerichtsordnung
FGPrax	Praxis der Freiwilligen Gerichtsbarkeit
FRES	Entscheidungssammlung zum gesamten Bereich von Ehe und Familie
GemS	Gemeinsamer Senat
GG	Grundgesetz
GKG	Gerichtskostengesetz
GmbH	Gesellschaft mit beschränkter Haftung
GmbHG	Gesetz betreffend die Gesellschaften mit beschränkter Haftung
GRUR	Gewerblicher Rechtsschutz und Urheberrecht
GrZSen	Großer Zivilsenat
GVG	Gerichtsverfassungsgesetz
h.M.	herrschende Meinung
HaftpflG	Haftpflichtgesetz
HausratVO	Hausratverordnung
HBÜ	Haager Beweisübereinkommen
HGB	Handelsgesetzbuch
HS	Halbsatz
HZPÜ	Haager Zivilprozessübereinkommen
I.d.R.	In der Regel
InsO	Insolvenzordnung
IPrax	Praxis des internationalen Privat- und Verfahrensrechts
JR	Juristische Rundschau
JurBlätter	Juristische Blätter
JurBüro	Juristisches Büro
JuS	Juristische Schulung
Justiz	Die Justiz
JVEG	Justizvergütungs- und -entschädigungsgesetz
JW	Juristische Wochenschrift
JZ	Juristenzeitung

KfH	Kammer für Handelssachen
KG	Kammergericht
KG	Kommanditgesellschaft
KGR	Kammergerichtsreport Berlin
KostO	Kostenordnung
LAG	Landesarbeitsgericht
lat.	lateinisch
LG	Landgericht
LM	Lindenmaier/Möhring, Nachschlagewerk des Bundesgerichtshofs
Lugano Über- einkommen	Übereinkommen vom 16.9.1988 über die gerichtl. Zuständigkeit und die Voll- streckung gerichtlicher Entscheidungen in Zivil- und Handelssachen
m.w.N.	Mit weiteren Nachweisen
MDR	Monatsschrift für Deutsches Recht
MittBayNot	Mitteilungen des Bayerischen Notarvereins
MMR	Multimedia und Recht
NdsRPfl	Niedersächsische Rechtspflege
NJW	Neue Juristische Wochenschrift
NJW-RR	Neue Juristische Wochenschrift, Rechtsprechungsreport
NStZ	Neue Zeitschrift für Strafrecht
NStZ-RR	Neue Zeitschrift für Strafrecht, Rechtsprechungsreport
NVwZ	Neue Zeitschrift für Verwaltungsrecht
NVwZ-RR	Neue Zeitschrift für Verwaltungsrecht, Rechtsprechungsreport
NZA	Neue Zeitschrift für Arbeitsrecht
NZI	Neue Zeitschrift für Insolvenzrecht
OGB	Oberste Gerichtshöfe des Bundes
OHG	Offene Handelsgesellschaft
OLG	Oberlandesgericht
OLGR	Oberlandesgerichtsreport
OLGZ	Entscheidungen der Oberlandesgerichte in Zivilsachen
OVG	Oberverwaltungsgericht
OWiG	Ordnungswidrigkeitengesetz
Palandt	Palandt, Bürgerliches Gesetzbuch, Kommentar, 68. Auflage 2009
PartGG	Partnerschaftsgesellschaftsgesetz
PflVG	Pflichtversicherungsgesetz
PKH	Prozesskostenhilfe
ProdHG	Produkthaftpflichtgesetz
RAK	Rechtsanwaltskammer
RBerG	Rechtsberatungsgesetz
RBerV	Verordnung zur Ausführung des Rechtsberatungsgesetzes
RDG	Rechtsdienstleistungsgesetz
RGZ	Reichsgericht, amtliche Entscheidungssammlung
RIW	Recht der internationalen Wirtschaft
Rn.	Randnummer
RPfleger	Der Rechtspfleger
RPflG	Rechtspflegergesetz
RVG	Rechtsanwaltsvergütungsgesetz
SchGO	Schiedsgerichtsordnung
SchleswH	Schleswig-Holstein
SchlHA	Schleswig-Holsteinische Anzeigen
SchlG BW	Schlichtungsgesetz BW
SEAG	Gesetz zur Ausführung der Verordnung (EG) Nr. 2157/2001 des Rates vom 8. Oktober 2001 über das Statut der Europäischen Gesellschaft (SE)
SGB	Sozialgesetzbuch

SGG	Sozialgerichtsgesetz
SigG	Signaturgesetz
SpruchG	Gesetz über das gesellschaftsrechtliche Spruchverfahren
st.Rspr.	Ständige Rechtsprechung
StGB	Strafgesetzbuch
StPO	Strafprozessordnung
str.	Streitig
StrV	Der Strafverteidiger
StVG	Straßenverkehrsgesetz
Thomas-Putzo	Thomas-Putzo, ZPO-Kommentar, 30. Auflage, 2009
TranspR	Zeitschrift für Transportrecht
u.a.	unter anderem
UKlaG	Unterlassungsklagengesetz
UmwG	Umwandlungsgesetz
u.U.	unter Umständen
UWG	Gesetz gegen den unlauteren Wettbewerb
VAG	Versicherungsaufsichtsgesetz
VersAusglG	Versorgungsausgleichsgesetz
VersR	Versicherungsrecht
VerwRspr	Verwaltungsrechtsprechung in Deutschland
VGH	Verwaltungsgerichtshof
vgl.	Vergleiche
VGrS	Vereinigte Große Senate
VO	Verordnung
VOB/B	Verdingungsordnung für Bauleistungen, Teil B
VRS	Verkehrsrechtssammlung
VV	Vergütungsverzeichnis in Anlage zum RVG
VwGO	Verwaltungsgerichtsordnung
Warn	Warneyer, Rechtsprechung des Reichsgerichts oder Bundesgerichtshofs
WEG	Wohnungseigentumsgesetz
WGG	Wegfall der Geschäftsgrundlage
WM	Wertpapiermitteilungen
WoM	Wohnungswirtschaft und Mietrecht
WPM	wie WM, Wertpapiermitteilungen
WpÜG	Wertpapiererwerbs- und –übernahmegesetz
z.B.	Zum Beispiel
ZIP	Zeitschrift für Wirtschaftsrecht und Insolvenzpraxis
ZMR	Zeitschrift für Miet- und Raumrecht
Zöller	Zöller, Zivilprozessordnung, 27. Auflage 2009
ZPO	Zivilprozessordnung
ZRHO	Rechtshilfeordnung für Zivilsachen
ZustDG	Zustellungsdurchführungsgesetz
ZustRG	Zustellungsreformgesetz 2002
ZustVO	Zustellungsverordnung
ZVG	Zwangsversteigerungsgesetz
ZZP	Zeitschrift für Zivilprozess

Verzeichnis der Musterbeispiele

Randnummer

Anerkenntnis-Vorbehaltsurteil im Urkundenprozess 680
Arrest, Widerspruchsentscheidungen 1152
Arrestbeschluss 1151
Beweisanordnung, formlos 834
Beweisbeschluss 840
Eidesleistung 893, 894
Einspruchsverwerfung durch Urteil 639
Einspruchsverwerfung nach Vollstreckungsbescheid 160
Einstweilige Einstellung der Zwangsvollstreckung 630
Einstweilige Verfügung 1170
Einzelrichter: Kammerübernahmebeschluss 372
Einzelrichterübertragungsbeschluss 374
Entscheidungsgründe, Verhinderungsvermerk 1082
Entscheidungsvorschlag 1309
Erledigung der Hauptsache, Feststellungsurteil 1036
Erledigung der Hauptsache, übereinstimmende, Kostenbeschluss 1051
Früher erster Termin, Anordnung 422
Grundurteil 1075
Klagerücknahme, Kostenbeschluss 1028
Ordnungsgeldbeschluss 899
Prozesskostenhilfe-Bewilligungsbeschluss 80
Prozesskostenhilfegesuch, Checkliste 1335
Prozesskostenhilfe-Zurückweisungsbeschluss 80
Prozessvergleich . . . . 992 ff.
Prozessvergleich, Beitritt eines Dritten 981
Rechtswegverweisungsbeschluss 514
Richterablehnung, stattgebender Beschluss 388
Richterablehnung, Zurückweisungsbeschluss 388
Richterablehnung, Zurückweisungsbeschluss bei Rechtsmissbrauch 389
Richterliche Durchführung einer Beweisaufnahme, Checkliste 1338
Richterliche Durchführung eines Verkündungstermins, Checkliste 1339
Richterlicher Terminsablauf, Checkliste 1337
Richterliche Terminsvorbereitung, Checkliste 1336
Schriftliches Verfahren, Anordnung 758
Schriftliches Vorverfahren, Anordnung 408
Selbstständiges Beweisverfahren, Antrag 1179
Selbstständiges Beweisverfahren, Anordnungsbeschluss 1183
Stofforordnung, Aktenauszug 1283
Stufenklage, Antragstellung 350
Tatbestand des Urteils . . . . 1315 ff.
Teilanerkenntnis- und Endurteil bei Verwahrung gegen die Kostenlast . . . 679
Terminsaufhebungsbeschluss 566
Urteilskopf 1077
Urteilstenor 1078
Versäumnisurteil, echtes 610
Versäumnisurteil, echtes, bei einseitiger Hauptsacheerledigung 620
Versäumnisurteil, unechtes, nach Vollstreckungsbescheid 165

Versäumnisurteil, zweites   655
Versäumnisurteil, zweites, nach Vollstreckungsbescheid   164
Verweisung, Kostenentscheidung   552
Verweisungsbeschluss wegen örtlicher Unzuständigkeit   508
Vollstreckbarkeitserklärung des Urteils mit Abwendungsbefugnis . . .   1100, 1106
Vorbehaltsurteil   1069
Vorbehaltsurteil aufhebendes Endurteil   1070
Vorbehaltsurteil aufrecht erhaltendes Endurteil   1070
Wiedereröffnungsbeschluss mündliche Verhandlung   561
Zeugenbelehrung   891
Zeugenaussage, Protokollierung   907
Zwischenurteil über Zeugnisverweigerungsrecht   903

Vorbemerkung

Häufig wird darüber geklagt, dass die theoretischen Unterweisungen im Zivilprozessrecht dem jungen Juristen weithin unverständlich bleiben, weil die gerade für diesen Rechtsbereich unentbehrliche Anschauung fehlt. Die Folge ist, dass prozessuale Probleme zusammenhanglos gelernt werden, um das erforderliche Prüfungswissen bereit zu haben. Ein Verständnis oder gar ein nachhaltiges Interesse für das Zivilprozessrecht kann auf diese Weise nicht erlangt werden. Völlig versagt dann dieses bruchstückhafte theoretische Wissen, wenn es darum geht, in der Praxis damit zurecht zu kommen.

Mit dem vorliegenden „Lehrbuch für die Praxis" soll diesem herkömmlichen Mangel begegnet werden. Es sollen die oft unzulänglichen theoretisch angeeigneten Prozessrechtskenntnisse entlang des sich entwickelnden Rechtsstreits fundiert ergänzt und praktisch verwertbar gemacht werden. Dem dienen auch die zahlreichen Muster für Beschlüsse und Verfügungen. Insbesondere sollen angehende Juristen, sei es als Rechtsreferendare, Richter oder als Rechtsanwälte, in die Grundlagen zivilrechtlicher Arbeitstechniken wie Schlüssigkeits- und Erheblichkeitsprüfung, Abfassung von Klageschriften, richterlichen Verfügungen, Beschlüssen, Gutachten oder Urteilen eingewiesen werden. Dafür sind vor allem die praktischen Hinweise im 7. Teil gedacht.

Der **theoretische Lehrbuchteil** in Teilen 1 bis 6 lehnt sich an den Ablauf eines Prozesses an. Er kann und will selbstverständlich keine lückenlose Darstellung des Zivilprozessrechts sein. Es sollen jedoch diejenigen Bereiche eines Verfahrens, denen in der täglichen Prozesspraxis besonderes Gewicht zukommt, eingehend dargestellt und einer fundierten, praxisgerechten Lösung zugeführt werden. Einer vertieften Problembefassung dienen die zahlreichen Verweise auf Rechtsprechung, Literatur und gängige Kommentare.

Teil 7 gibt **praktische Hinweise**, insbesondere für Rechtsreferendare, und unterweist in der Anfertigung von Gutachten, Berichten und Urteilen. Für Berufsanfänger mögen die Checklisten für die richterliche Bearbeitung von Rechtsfällen dienen.

Es besteht die Erwartung, dass derjenige, der die Ausführungen mit Interesse verfolgt und jeweils die zugehörenden Unterweisungen gewissenhaft erarbeitet, von dem gewonnenen Verständnis her leicht in der Lage ist, anhand weiterführender Literatur und Rechtsprechung sich auch mit hier nicht behandelten, in der Praxis immer wieder neu entstehenden Problemen zurechtzufinden. Besonders wichtig ist es jedoch, dass bei der Durcharbeitung des Lehrbuches jede zitierte gesetzliche Bestimmung gewissenhaft nachgelesen und verstanden wird.

Da viele Probleme des Zivilprozessrechts in verschiedenen Stadien des Verfahrensganges wiederholt praktische Bedeutung erlangen, so zum Beispiel die Schlüssigkeitsprüfung bei Beurteilung der Prozesschancen und Abfassung der Klageschrift, beim Prozesskostenhilfeantrag, vor Erlass eines Versäumnisurteils, bei Prüfung der Beweiserheblichkeit von Tatsachen oder im Gutachten zur Vorbereitung der richterlichen Entscheidung, ist es nicht ohne Absicht geschehen, das solche Fragen auch mehrfach in einschlägigem Zusammenhang angesprochen werden und wegen der Details auf die erstmalige Erwähnung und umfassende Abhandlung verwiesen wird.

Das Hauptanliegen vorliegender Abhandlung ist es, den Zivilprozess als den normalen, sinnvollen und regelmäßig auch unkomplizierten Weg vom entstandenen Rechtskonflikt bis zu seiner richterlichen Klärung in seinem natürlichen Ablauf verständlich zu machen und so die nicht begründete Scheu vor dieser Rechtsmaterie abzubauen.

1. Teil Die Einleitung des zivilprozessualen Verfahrens

1. Kapitel   Entstehung von Rechtsstreitigkeiten und Möglichkeiten der Rechtsverfolgung

I. Rechtskonflikte

Es entspricht allgemeinem Rechtsempfinden, dass Ansprüche erfüllt werden: Rech- **1** nungen werden bezahlt, Waren geliefert und Beanstandungen behoben. Bei Schwierigkeiten in der Durchführung von Rechtsverhältnissen ist das Bemühen um eine gütliche außergerichtliche Regelung vorrangig. Es spart Zeit, Geld und Kraft und eröffnet die Chance für den Fortbestand bestehender Geschäftsbeziehungen.

Demgegenüber ist der Prozess das letzte Mittel zur Klärung oder Durchsetzung von Ansprüchen.

Es gibt allerdings auch Situationen, in denen ein gerichtliches Verfahren unvermeidlich ist, z.B.:

– beim Scheitern außergerichtlicher Vergleichsbemühungen, § 779 BGB;
– zur Beschaffung eines Titels für die Zwangsvollstreckung, §§ 704, 794 ZPO;
– zur Erreichung von Hemmung oder Neubeginn der Verjährung, wenn deren Eintritt droht, §§ 204, 212 BGB;
– zur Gestaltung von Rechtsverhältnissen, wie z.B. Ehescheidung, § 1564 BGB; Herabsetzung einer unverhältnismäßig hohen Vertragsstrafe durch Urteil, § 343 BGB; Anfechtungsklage gegen Hauptversammlungsbeschlüsse einer Aktiengesellschaft, § 246 AktG.

II. Vor- und außergerichtliche Möglichkeiten der Streitbeilegung

Die allgemeine Überlastung von Gerichten und Rechtsanwälten mit Streitfällen, die für **2** den Rechtsuchenden lange **Wartezeiten** bis zu einer gerichtlichen Entscheidung zur Folge hat, aber auch die hohen **Kosten** eines mit anwaltlicher Hilfe geführten Rechtsstreits mit aufwändiger Beweisaufnahme, zwingen dazu, außerhalb von staatlichen Gerichten bestehende Konfliktlösungsmodelle zu nutzen.

1. Schiedsgerichtsbarkeit

Rechtsprechung kann auch außerhalb der staatlichen Rechtspflege im Rahmen eines **3** **schiedsrichterlichen Verfahrens**, §§ 1025 ff. ZPO, stattfinden. Von dieser Möglichkeit wird im Geschäftsleben verbreitet Gebrauch gemacht, weil ein Schiedsgericht meist schneller **über Rechtsstreitigkeiten entscheidet** als das staatliche Gericht und keine „Öffentlichkeit" besteht. Durch das Fehlen von Rechtsmittelinstanzen ist das Verfahren für gewöhnlich auch billiger. Schließlich kann durch Auswahl fachkundiger Schiedsrichter die sonst oft langwierige und kostspielige Zuziehung besonderer Sachverständiger erspart werden.

Unterscheide: Vom schiedsrichterlichen Verfahren ist das **Schiedsgutachterverfahren** zu unterschei- **4** den. Es bezieht sich auf die Feststellung von **Tatumständen und Tatfragen**, nicht auf die Entscheidung einer Rechtsstreitigkeit. Der Schiedsgutachter befindet über Ursache und Umfang eines Schadens, nicht aber über die Verpflichtung, den Schaden ersetzen zu müssen.

a) Voraussetzungen des schiedsrichterlichen Verfahrens

5 **aa) Schiedsfähigkeit.** Die Parteien können vereinbaren, dass an Stelle des staatlichen Gerichts ein aus einer oder mehreren Personen bestehendes privates Schiedsgericht den Streit entscheiden soll, soweit es sich bei dem Streit um **vermögensrechtliche Ansprüche** handelt oder **nichtvermögensrechtliche Streitigkeiten vergleichsfähig** sind, § 1030 Abs. 1 ZPO. Einem Vergleich nicht zugänglich und damit nicht schiedsfähig sind solche Streitgegenstände, bei denen ein staatliches Rechtsschutzmonopol besteht (z.B. Ehe- und Kindschaftssachen; aktienrechtliche bzw. GmbH-rechtliche Nichtigkeits- und Anfechtungsklagen, streitig, vgl. Zöller-Geimer, § 1030 Rn. 10) Neben anderen sind Mietstreitigkeiten über den **Bestand eines Wohnraummietverhältnisses** i.d.R. ebenfalls nicht schiedsfähig, § 1030 Abs. 2 und 3 ZPO.

6 **bb) Schiedsvereinbarung.** Erforderlich ist der Abschluss einer Schiedsvereinbarung, also einer Vereinbarung der Parteien, in welcher sie alle oder einzelne Streitigkeiten, die zwischen ihnen entstanden sind oder künftig entstehen können, der Entscheidung durch ein Schiedsgericht zu unterwerfen. Sie kann als selbstständige vertragliche Vereinbarung (**Schiedsabrede**) oder in Form einer Vertragsklausel (**Schiedsklausel**) geschlossen werden, § 1029 ZPO.
Die Schiedsvereinbarung bedarf der besonderen **Form** des § 1031 ZPO: Sie muss in einem unterzeichneten Dokument (Abs. 1, 1. Alt.) oder in einem Schriftwechsel (Abs. 1, 2. Alt.) enthalten sein, sie kann durch stillschweigende Zustimmung, z.B. in einem „kaufmännischen Bestätigungsschreiben" (Abs. 2) oder durch vertragliche Bezugnahme auf eine schriftliche Schiedsklausel (Abs. 3) geschlossen werden.
Soweit **Verbraucher** an Schiedsvereinbarungen beteiligt sind, muss das die Schiedsvereinbarung enthaltende Schriftstück von den Parteien **eigenhändig unterzeichnet** sein (elektronische Form nach § 126a BGB erlaubt!) und darf keine anderweitigen Vereinbarungen enthalten, § 1031 Abs. 5 ZPO.

7 **cc) Prozesshindernis.** Das Bestehen einer Schiedsvereinbarung zwischen den Parteien wird jedoch nicht von Amts wegen beachtet, wenn der Streit vom Kläger gleichwohl beim staatlichen Gericht anhängig gemacht wird. Es ist vielmehr Sache des Beklagten, auf ihre Berücksichtigung hinzuwirken, indem er dies vor Beginn der mündlichen Verhandlung zur Hauptsache rügt, § 1032 ZPO (**Prozesshindernis** oder **verzichtbare Sachurteilsvoraussetzung**). Die Klage ist dann als unzulässig abzuweisen, falls sie der Kläger nicht zurücknimmt.

b) Durchführung des schiedsrichterlichen Verfahrens

8 **aa) Schiedsgericht.** Die Zusammensetzung des Schiedsgerichts und die Zahl der **Schiedsrichter** werden von den Parteien bestimmt, §§ 1034, 1035 ZPO. Sie können den Schiedsrichter einvernehmlich ernennen oder auch jeder Partei das Recht einräumen, einen Schiedsrichter zu ernennen. Der Schiedsrichter benötigt keine besondere richterliche Qualifikation, jedoch muss er unparteilich (neutral) und unabhängig (weisungsfrei) sein (BGH NJW 1986, 3029).
Zwischen den Parteien und dem Schiedsrichter wird ein **Schiedsrichtervertrag** (i.d.R. Geschäftsbesorgungsvertrag) abgeschlossen, der beiderseits Rechte und Pflichten – für den Schiedsrichter insbesondere den Anspruch auf Vergütung und Auslagenersatz – begründet. Als Vergütung für die Schiedsrichter werden meist die Gebührensätze des RVG vereinbart (vgl. Mustervereinbarungen des DtAnwVereins und nach der SchGO für das Bauwesen, Heiermann BB 1974, 1507; OLG Stuttgart NZA 1988, 215).

9 **bb) Verfahren.** Das schiedsrichterliche Verfahren kann durch die Parteien in einer Verfahrensordnung festgelegt werden. Im Übrigen ist es an das Verfahren vor den ordentlichen Gerichten angelehnt, vgl. § 1051 Abs. 1 und 2 ZPO:

– Bei berechtigten Zweifeln an der **Unparteilichkeit** oder Unabhängigkeit eines Schiedsrichters kann er **abgelehnt** werden, §§ 1036 ff. ZPO.
– **Gleiche Behandlung** der Parteien und **rechtliches Gehör** müssen gewährleistet sein, § 1042 Abs. 1 ZPO.
– Die **Mitwirkung von Rechtsanwälten** darf nicht ausgeschlossen werden, § 1042 Abs. 2 ZPO, jedoch besteht kein Anwaltszwang.
– Anspruch und Anspruchsbegründung sind in einer **Klageschrift** darzulegen; der Beklagte soll dazu Stellung nehmen, § 1046 ZPO.
– Eine **mündliche Verhandlung** muss auf Antrag, sonst nach Ermessen des Schiedsgerichts stattfinden. Soweit erforderlich, sind **Beweise zu erheben**, § 1047 ZPO. Werden Ausübung von **Zwangsgewalt** gegen Zeugen oder Sachverständige (z.B. Erzwingung einer Aussage durch Ordnungsgeld) oder eine **Beeidigung** notwendig, so kann die **Hilfe des staatlichen Gerichts** (Amtsgericht, § 1062 Abs. 4 ZPO) in Anspruch genommen werden, § 1050 ZPO.

c) Beendigung des schiedsrichterlichen Verfahrens

aa) Schiedsspruch. Die Entscheidung ergeht durch einen Schiedsspruch, § 1054 ZPO. **10** Der Schiedsspruch – nebst Kostenentscheidung – beendet das Verfahren und hat die **Wirkung eines rechtskräftigen gerichtlichen Urteils**, §§ 1055–1057 ZPO. Da der Schiedsspruch jedoch die Meinungsäußerung von Privatpersonen darstellt, fehlt ihm die Eigenschaft eines zur Zwangsvollstreckung geeigneten Titels. Diese kann aus dem Schiedsspruch erst stattfinden, wenn er vom zuständigen Oberlandesgericht **für vollstreckbar erklärt** ist, §§ 1060 Abs. 1, 1062 Abs. 1 Nr. 4 ZPO.

bb) Vergleich. Wie im Verfahren vor den staatlichen Gerichten können die Parteien während des schiedsrichterlichen Verfahrens einen Vergleich schließen, den das Schiedsgericht in Form und mit Wirkung eines Schiedsspruches mit dem vereinbarten Wortlaut auf Antrag festhält. Die Vollstreckbarerklärung kann in diesem Fall auch von einem Notar abgegeben werden, § 1053 ZPO.

d) Rechtsbehelfe gegen den Schiedsspruch

Bei schweren Verstößen gegen grundsätzliche Regelungen des Schiedsverfahrensrechts **11** (abschließende Aufzählung in § 1059 ZPO) kann durch **Aufhebungsantrag** beim **Oberlandesgericht** gegen den Schiedsspruch angegangen werden, § 1062 Abs. 1 Nr. 2 ZPO. Grundsätzlich ist aber das staatliche Gericht keine Rechtsmittelinstanz gegen Entscheidungen des Schiedsgerichts. Gegen eine Entscheidung des Oberlandesgerichts ist die Rechtsbeschwerde statthaft, § 1065 ZPO.

2. Mediation

In jüngerer Zeit hat sich mit der „**Mediation**" eine neue Form der aktiven Streitbei- **12** legung etabliert. Unter Vermittlung eines professionellen „Mediators", der häufig über psychologische und juristische Fähigkeiten verfügt, ringen die Parteien in mehreren Sitzungen unter Beachtung selbst aufgestellter Regeln mit eigener Kraft um eine ausgleichende Lösung ihres Problems. Dabei durchlaufen sie unter Anwendung besonderer **Verhandlungstechniken** („Harvard-Methode") **fünf Phasen** (Abschluss des Mediationsvertrages, Ermittlung der Verhandlungsthemen und Parteiinteressen, Klärung der Sach- und Rechtslage, Verhandlung und Lösungssuche, ggf. Abschluss eines Vergleichsvertrages). Besonders erfolgreich wird diese Methode im Bereich der „Wirtschaftsmediation" und im Bereich familienrechtlicher Auseinandersetzungen praktiziert; sie ist jedoch angesichts der Honorare des Mediators und der Kosten des eigenen begleitenden Rechtsanwalts nicht ganz billig.

Auch der moderne Gesetzgeber bekennt sich ausdrücklich in § 278 Abs. 5 Satz 2 ZPO zu dieser außergerichtliche Streitschlichtung, wenn er dem Richter das Recht einräumt, in geeigneten Fällen trotz des bereits begonnenen Rechtsstreits den Parteien den Weg der gerichtsinternen oder außergerichtlichen Mediation vorzuschlagen.

3. Obligatorische außergerichtliche Streitschlichtung

13 Der Gesetzgeber hat manchem zivilgerichtlichen Streitverfahren einen zwingenden „Güteversuch" vorgeschaltet:
In § 15a EGZPO wird den Bundesländern ermöglicht, bei Vorliegen bestimmter Voraussetzungen den Zugang zu den **Amtsgerichten** von einem vorhergehenden Einigungsversuch vor einer **eingerichteten** oder **anerkannten Gütestelle** abhängig zu machen. Bisher haben acht Bundesländer von der „obligatorischen außergerichtlichen Streitschlichtung" in **Schlichtungsgesetzen** Gebrauch gemacht. Danach kann die Zulässigkeit der Erhebung einer Klage vor den Amtsgerichten bei vermögensrechtlichen Streitigkeiten bis 750 €, bei bestimmten nachbarrechtlichen Streitigkeiten, bei bestimmten Ehrverletzungen und bei Ansprüchen nach dem AGG davon abhängig gemacht werden, dass vor einer Gütestelle der erfolglose Versuch einer Einigung unternommen und bescheinigt worden ist.

All diese vor- und außergerichtlichen Streitschlichtungsverfahren setzen jedoch den **Einigungswillen** und damit die Bereitschaft der Kontrahenten voraus, von der eigenen – vermeintlich starken – Rechtsposition abzurücken und in Wahrnehmung der Vorteile einer Einigung den „Vergleich" zu suchen. Wo diese Bereitschaft fehlt, bleibt zur Rechtsverfolgung nur der Weg ins förmliche Gerichtsverfahren.

III. Möglichkeiten der Rechtsverfolgung

14 An Verfahren vor staatlichen Gerichten stehen im Wesentlichen zur Verfügung:
– **Gerichtliches Mahnverfahren** nach Stellung eines Mahnantrags, §§ 688 ff. ZPO,
– **Klageverfahren** durch Erhebung einer Klage, §§ 253, 261 ZPO,
– **Selbstständiges Beweisverfahren**, §§ 485 ff. ZPO.

1. Das gerichtliche Mahnverfahren

a) Vorzüge

Das gerichtliche Mahnverfahren bietet einen einfachen, schnellen und kostengünstigen, im Rechtsalltag gebräuchlichen Weg zur Geltendmachung von Zahlungsansprüchen, ist durch **einfache formulargestützte Antragstellung** einzuleiten, kennt **keine mündliche Verhandlung** und erfordert **auch keine Beweisführung** hinsichtlich der erhobenen Forderung.

b) Verfahrensablauf im Überblick

15 Auf den **Mahnantrag** des Gläubigers ergeht – in der Regel computergestützt maschinell – ein gerichtlicher **Mahnbescheid**, §§ 688–692 ZPO. Leistet der Schuldner nach Zustellung des Mahnbescheids die verlangte Zahlung, so ist damit der Zweck des Verfahrens erreicht und es **endet** ohne weiteres.
Erbringt der Schuldner die verlangte Leistung nicht, ohne sich jedoch gegen die im Mahnbescheid enthaltene Aufforderung durch Widerspruch zur Wehr zu setzen, so kann der Gläubiger zügig einen **Vollstreckungsbescheid**, § 699 ZPO, erlangen und ihn

zur **Zwangsvollstreckung** gegen den Schuldner verwenden, vgl. § 794 Abs. 1 Nr. 4 ZPO.

Wehrt sich der Schuldner gegen den erhobenen Anspruch durch Einlegung eines **Widerspruchs** gegen den Mahnbescheid oder eines **Einspruchs** gegen den bereits ergangenen Vollstreckungsbescheid, so kann das gerichtliche Mahnverfahren direkt in ein gerichtliches Streitverfahren, den Zivilprozess, übergeleitet werden, §§ 696–700 ZPO.

2. Das Klageverfahren

a) Zivilprozess nach der ZPO

aa) Klageerhebung. Der Zivilprozess wird durch Einreichung einer Klageschrift bei Gericht **anhängig**. Sobald sie dem Gegner förmlich zugestellt ist, tritt **Rechtshängigkeit** ein, § 253 Abs. 1 ZPO. Die Klagezustellung erfolgt entweder nach vorheriger richterlicher Bestimmung eines **frühen ersten Termins** zusammen mit einer Ladung zum Termin oder – ohne Terminsbestimmung – nach Anordnung des **schriftlichen Vorverfahrens**, § 275 ZPO. **16**

bb) Beibringung der Tatsachen. Der Sachverhalt, der nach dem Willen der Parteien bei der vom Gericht erbetenen Entscheidung berücksichtigt werden soll, ist ausgehend von der Klageschrift in weiteren Schriftsätzen **von den Parteien** dem Gericht zu unterbreiten (**Beibringungsgrundsatz**). Die Parteien müssen sich wahrheitsgemäß erklären, § 138 Abs. 1 ZPO, und auch die ihnen geeignet erscheinenden **Beweismittel** vorbringen, insbesondere Zeugen benennen und Urkunden vorlegen, §§ 373, 420 ZPO. **17**

cc) Mündliche Verhandlung. Die mündliche Verhandlung ist ein wesentliches Merkmal des Zivilprozesses, § 128 Abs. 1 ZPO. Sie ist – unbeschadet der gebotenen Prozessvorbereitung durch Schriftsätze – das Ereignis, bei dem die Parteien den Sachverhalt und ihren Standpunkt vortragen können und auf dessen Grundlage die Entscheidung ergeht (**Mündlichkeitsgrundsatz**). Die mündliche Verhandlung kann nur ausnahmsweise entfallen, vgl. § 128 ZPO. Jeder mündlichen Verhandlung hat grundsätzlich eine **Güteverhandlung** zur gütlichen Beilegung des Rechtsstreits voraus zu gehen, zu der die Parteien persönlich erscheinen sollen, § 278 Abs. 2 ZPO. **18**

dd) Entscheidung. Die Entscheidung wird regelmäßig in der Form des **streitigen Urteils** erlassen, §§ 300 ff. ZPO. Es kann auch auf Grund formaler Verhaltensweise der Parteien in **nicht streitiger** Form ergehen bei Anerkenntnis, § 307 ZPO, Verzicht, § 306 ZPO, oder Säumnis einer Partei, §§ 330 f. ZPO. **19**

Die Parteien haben es jedoch in der Hand, den Rechtsstreit anderweitig zu beenden (**Dispositionsgrundsatz**), entweder durch **Prozessvergleich** bei gegenseitigem Nachgeben, §§ 794 Abs. 1 Nr. 1 ZPO, 779 BGB, durch **Klagerücknahme**, wenn der Kläger von der begonnenen Rechtsverfolgung wieder Abstand nehmen will, § 269 ZPO, oder durch übereinstimmende **Erledigungserklärung**, wenn das Ziel des Rechtsstreits durch ein anderweitiges Ereignis vorweg genommen oder überholt wird, § 91 a ZPO.

b) Verfahren der freiwilligen Gerichtsbarkeit

Außer den bürgerlichen Rechtsstreitigkeiten, die nach den Bestimmungen der ZPO und unter Beachtung der dort geltenden Verfahrensgrundsätze durchzuführen sind, haben die Gerichte der ordentlichen Gerichtsbarkeit auch noch sog. „**Angelegenheiten der freiwilligen Gerichtsbarkeit**" zu erledigen, die nach den Bestimmungen des FamFG zu behandeln sind. **20**

21 aa) **Anwendungsbereich.** In welchen Fällen eine Angelegenheit der freiwilligen Gerichtsbarkeit nach FGG vorliegt, ist allein den **gesetzlichen Bestimmungen** zu entnehmen, vgl. § 23 a Abs. 2 GVG:
- Betreuungs- und Unterbringungssachen, §§ 271 ff. FamFG,
- Nachlass- und Teilungssachen, §§ 432 ff. FamFG,
- Registersachen, §§ 374 ff. FamFG,
- weitere Angelegenheiten, § 410 FamFG,
- Freiheitsentziehungssachen, §§ 415 FamFG,
- Aufgebotssachen bzgl. Ausschließung von Grundeigentümern, Grundpfand- oder Nachlassgläubigern sowie die Kraftloserklärung von (verloren gegangenen) Urkunden, §§ 433 FamFG,
- Beratungshilfesachen, § 5 BerHG.

Die Begriffe „**freiwillige**" und „**streitige**" Gerichtsbarkeit tragen insoweit nichts zur Klarstellung bei, weil auch im Zivilprozess nicht stets gestritten wird und andererseits bei den Angelegenheiten der freiwilligen Gerichtsbarkeit sogenannte „echte Streitsachen" vorkommen.

22 bb) **Verfahrensrecht.** Für ihre verfahrensrechtliche Behandlung gilt das **Gesetz über das Verfahren in Familiensachen und in den Angelegenheiten der freiwilligen Gerichtsbarkeit (FamFG).** Nach diesem Verfahrensgesetz hat der Richter den Sachverhalt in Abweichung zum zivilprozessualen Beibringungsgrundsatz in eigener Verantwortung zu ermitteln (**Untersuchungsgrundsatz**), § 26 FamFG. Er ist in der Verfahrensgestaltung, insbesondere bei der Erhebung der Beweise **freier** gestellt als in bürgerlichen Rechtsstreitigkeiten nach der ZPO. Bei seinen Entscheidungen hat er meist auch einen weiteren Spielraum, z.B. Entscheidungen nach **billigem Ermessen** (z.B. § 2 Hausrat-VO). Die Einleitung eines Verfahrens erfolgt nicht selten auch ohne Antrag einer Partei von Amts wegen (z.B. gerichtliche Maßnahmen bei Gefährdung des Kindeswohls, § 1666 BGB). Der Familienrichter hat neben dem Verfahrensrecht der freiwilligen Gerichtsbarkeit teilweise auch dasjenige der ZPO anzuwenden, vgl. § 113 FamFG.

3. Das selbstständige Beweisverfahren

23 Ohne dass zwingend ein Zivilprozess bereits anhängig ist, kann durch einen gerichtlich bestellten Sachverständigen die **Begutachtung einer Person oder Sache** erfolgen, wenn zu befürchten ist, dass das Beweismittel verloren geht oder dadurch ein Rechtsstreit vermieden werden kann, §§ 485 ff. ZPO.

> **Beispiel:**
> Gerichtsverwertbare Feststellung der Schadhaftigkeit eines Daches infolge mangelhafter Dachdeckerarbeiten, damit mit der Reparatur nicht zugewartet werden muss.

2. Kapitel **Prozessvorbereitung**

Vor Einleitung eines gerichtlichen Verfahrens ist es sinnvoll, die Prozesschancen **24** gründlich auszuloten, also die **Rechtslage** grob zu überprüfen, den **richtigen Zeitpunkt** für die gerichtliche Geltendmachung zu wählen und auch das **Kostenrisiko** und die Möglichkeit einer **Prozesskostenhilfe** zu bedenken.

I. Die Beurteilung der Prozesschancen

1. Prüfung der Rechtslage

Eine Klage kann nur zum Erfolg führen, wenn der vorzutragende **Sachverhalt das** **25** **Klagebegehren rechtfertigen** kann, nachteilige Behauptungen der Gegenseite **abgewehrt** werden können und eventuell erforderliche **Beweismittel** zur Verfügung stehen.

a) Prüfung der Schlüssigkeit des Klagebegehrens

Ein schlüssiges Klagebegehren liegt vor, wenn die erstrebte **Rechtsfolge** (Zahlung, Schadensersatz, Unterlassung) auf der Grundlage der vorzutragenden **Tatsachen** (Geschäftsabschluss, Unfallgeschehen, störende Einflussnahme in fremde Belange) durch eine einschlägige **gesetzliche Bestimmung** angeordnet ist. Der Tatsachenvortrag, seine Richtigkeit unterstellt, muss geeignet sein, den Klageantrag sachlich zu rechtfertigen (BGH NJW 1984, 2889), sog. **Schlüssigkeitsprüfung.**

> **Beispiele:**
> – Der Verkehrsteilnehmer S ist infolge zu geringen Abstands mit seinem PKW auf das Fahrzeug des G aufgefahren. Dieses wurde dabei erheblich beschädigt, G musste sich wegen eines HWS-Syndroms in ärztliche Behandlung begeben. Er verlangt jetzt von S Ersatz der Kfz-Reparaturkosten, Bezahlung seiner Arztrechnung.
> Die erstrebte **Rechtsfolge Schadensersatz** ergibt sich aus der **gesetzlichen Bestimmung** des **§ 823 Abs. 1 BGB,** weil deren **tatbestandlichen Voraussetzungen** (**vorsätzliche** oder **fahrlässige** und **rechtswidrige Verletzung** des **Eigentums** und der **Gesundheit** des G) erfüllt sind, folglich ist sein Begehren **schlüssig.**
> – G hat dem S für seine Party fünf CD's ausgeliehen, die dieser trotz Aufforderung bisher nicht zurückgegeben hat. Den Wert dieser CD's beziffert G mit 50,– €. G verlangt von S Bezahlung der 50,– €.
> Dem G wäre von einer **Klage auf Wertersatz** in Höhe des Kaufpreises abzuraten: Eine solche Klage müsste als unbegründet, da **unschlüssig,** abgewiesen werden: Es gibt **keine gesetzliche Bestimmung,** die als **Rechtsfolge Wertersatz** bei **tatsächlich verzögerter Rückgabe einer ausgeliehenen Sache** vorsieht.
> Eine **Herausgabeklage** dagegen wäre **schlüssig:** § 604 Abs. 2 BGB bestimmt, dass der Verleiher die ausgeliehene Sache **zurückfordern** kann, wenn der Entleiher den sich aus dem Zweck der Leihe ergebenden **Gebrauch** (Party!) **gemacht** hat.

b) Berücksichtigung des Verteidigungsvorbringens

aa) Einwendungen. In die Prüfung der Rechtslage sind auch mögliche **Verteidigungs-** **26** **strategien** des Gegners einzubeziehen. Diese lassen sich gelegentlich bereits aus dem vorgerichtlichen **Schriftwechsel** erkennen, wenn dabei schon die streitigen Fragen aufgeworfen worden sind.

> **Beispiele:**
> Zahlungsverweigerung wegen Verjährung, §§ 195, 199 BGB; wegen eines Mangels der Kaufsache, § 434 BGB; wegen Abstreitens einer Skontovereinbarung.

Nicht selten können allerdings Abwehrmöglichkeiten des Beklagten auch erst **im Verlaufe eines Rechtsstreits** zutage treten:

Beispiel:
Bei einem Verbraucherdarlehen nach § 491 BGB war die durch § 355 BGB vorgeschriebene Widerrufsbelehrung des Kunden vergessen worden und dies kommt erst im Verhandlungstermin zur Sprache. Dann kann u.U. auch in diesem Stadium der Widerruf noch wirksam erklärt werden. Gegebenenfalls empfiehlt es sich, die Belehrung vor Klageerhebung noch nachzuholen, um die nötige Klärung der Rechtslage herbeizuführen. Allerdings besteht dann das Risiko, dass der Widerruf tatsächlich erklärt wird.

27 **bb) Einrede der Verjährung.** Ergibt die Prüfung der Rechtslage, dass die Forderung verjährt ist, so ist die Überlegung angebracht, ob der Gegner voraussichtlich zur Abwehr des Anspruchs die **Einrede der Verjährung** erheben wird oder nicht (insbesondere, weil er sie vermutlich gar nicht kennt). Denn die Verjährung als solche behindert eine gerichtliche Geltendmachung eines verjährten Anspruchs nicht, sie gewährt lediglich ein **Leistungsverweigerungsrecht**, § 214 Abs. 1 BGB. Zur Abweisung der Klage kommt es daher erst nach Erhebung der Verjährungseinrede.

c) Prüfung der Beweismöglichkeiten

28 Schließlich kann der Prozessausgang noch davon abhängen, ob die den Anspruch begründenden Tatsachen auch bewiesen werden können. Eine **Beweisführung** ist dann erforderlich, wenn der Gegner die zur Schlüssigkeit der Klage erforderlichen Tatsachen **bestreitet**.

Eine weitgehend zuverlässige Beweisführung ermöglicht der **Besitz von Urkunden** (Vertragsurkunde, Schuldschein, Quittung, Korrespondenz). Demgegenüber ist es oft recht fragwürdig, auf vorhandene **Zeugen** zu bauen. Diese können nicht auffindbar sein, unter Gedächtnisschwund leiden oder durch „Gegenzeugen" entkräftet werden.

2. Richtiger Zeitpunkt für die gerichtliche Geltendmachung

29 Vor Erhebung einer Klage ist es ratsam, die außergerichtlichen Möglichkeiten zur Streitbeilegung durch Kontaktaufnahme mit dem Gegner zu nutzen bzw. die Voraussetzungen für eine erfolgreiche Klage zu schaffen, damit nicht die Kostenlast des begonnenen Prozesses den Kläger trifft.

a) Fälligkeit

In erster Linie sollte grundsätzlich die Fälligkeit der erstrebten Leistung bereits eingetreten sein, weil der Gläubiger vor diesem Zeitpunkt die Leistung nicht verlangen kann, § 271 BGB.

Dennoch wird in der Praxis in bestimmten Situationen prozesstaktisch davon Gebrauch gemacht, bei mehreren unterschiedlich fälligen Forderungen auch eine erst zukünftig fällig werdende Forderung schon einzuklagen, wenn damit zu rechnen ist, dass sich der Gegner auch gegen diese Forderung wehren wird und die Fälligkeit bis zu dem vom Gericht anzusetzenden Termin zur mündlichen Verhandlung eingetreten sein wird. Dies erspart dem Kläger dann den Aufwand einer späteren Klageerweiterung.

b) Maßnahmen vor Klageerhebung

30 Gewöhnlich wird der Gläubiger den Schuldner zur Leistung auffordern, ehe er Klage erhebt. Damit besteht die Chance, ohne teuren Prozess zum Erfolg zu kommen.

aa) Mahnung. Wenigstens sollte der Schuldner vor Klageerhebung nach § 286 BGB durch eine Mahnung, infolge vertraglich vereinbarter Kalenderfälligkeit oder durch

Ablauf von 30 Tagen seit Zugang einer Rechnung in **Verzug** geraten sein. Dies hat für den Gläubiger den Vorteil, dass er bei Geldforderungen sofort **Verzugszinsen** mindestens in gesetzlicher Höhe nach § 288 BGB verlangen kann. Es gibt jedoch keine gesetzliche Bestimmung, dass eine Klageerhebung erst nach ein- oder mehrmaliger Mahnung zugelassen wäre.

Der „voreilige" Kläger läuft auch Gefahr, unter Umständen entgegen der Regel des § 91 ZPO selbst die **Kosten** des Rechtsstreits nach § 93 ZPO tragen zu müssen, wenn der Beklagte den Klageanspruch in frühem Prozessstadium „sofort anerkennt". Diese Kostenfolge tritt jedoch nur ein, wenn der Schuldner nicht durch sein Verhalten Veranlassung zur Klageerhebung gegeben hat, d.h. keine Verhaltensweise an den Tag gelegt hat, die den Kläger annehmen ließ, er könne sein Ziel nur durch einen Prozess erreichen. Befindet sich der Schuldner indes schon in Verzug, so wird man ein späteres Anerkenntnis nicht mehr als „sofortiges" ansehen können (vgl. Rn. 677).

> **Beispiel:**
> Malermeister M hat bei der Lackfabrik L Farbe bestellt. Zwei Wochen nach Lieferung gegen Rechnung erhebt L ohne vorherige Mahnung Klage gegen M auf Zahlung des Kaufpreises von 500,– €. Einer Zahlungsklage vor Verzugseintritt fehlt nicht etwa das Rechtsschutzinteresse; sie wird nicht als unzulässig abgewiesen. Vielmehr wird der Beklagte antragsgemäß verurteilt, da der Anspruch ja besteht und nach § 271 BGB fällig ist. Wenn M sofort nach Erhalt der Klageschrift ein Anerkenntnis abgibt, so kann Anerkenntnisurteil ergehen, jedoch fallen die Kosten des „voreilig" angestrengten Rechtsstreits nach § 93 ZPO dem Kläger zur Last.

bb) Fristsetzung. Im Bereich der Sachmangelgewährleistung nach §§ 434 ff., 633 ff. **31** BGB empfiehlt es sich, bereits mit dem Nacherfüllungsverlangen nach §§ 439, 635 BGB dem Verkäufer/Unternehmer eine **Frist zur Nacherfüllung** zu setzen, damit nach deren fruchtlosem Ablauf sofort Rücktritt (§ 323 BGB) Minderung (§§ 441, 638 BGB) oder Schadensersatz (§§ 280, 281 BGB) verlangt werden kann. Damit sind auch die Voraussetzungen für eine gerichtliche Geltendmachung dieser Ansprüche gegeben.

Bei Unterlassungsansprüchen wird durch das Verlangen einer Unterlassungserklärung, die dann innerhalb der gesetzten Frist vom Gegner nicht abgegeben wird, die nach § 1004 BGB erforderliche **Wiederholungsabsicht** dokumentiert (z.B. Wettbewerbssachen).

II. Die Kosten eines Rechtsstreits im Überblick

Der Einleitung eines gerichtlichen Verfahrens gehen gewöhnlich Überlegungen zu dem **32** damit verbundenen Kostenrisiko voraus. Dabei hat der Rechtsuchende im Wesentlichen drei verschiedene Kostenursachen zu berücksichtigen: Die **Gerichtsgebühren**, die **Rechtsanwaltskosten** sowie die im Zusammenhang mit dem Fortgang des Prozesses – etwa durch Beweisaufnahmen – entstehenden **Auslagen**.

1. Gerichtsgebühren

a) Gegenstand

Gerichtsgebühren sind die Gegenleistung für die Inanspruchnahme der Gerichte, § 1 **33** GKG. Sie sind mit **Einreichung** einer Klage-, Antrags-, Einspruchs- oder Rechtsmittelschrift als Vorschuss fällig, § 6 GKG. Vor ihrer Bezahlung soll regelmäßig das angestrebte Verfahren nicht in Gang kommen, § 12 GKG.

> **Beispiele:**
> In bürgerlichen Rechtsstreitigkeiten **soll** die Klage erst nach Zahlung der erforderlichen Gebühr für das Verfahren im Allgemeinen **zugestellt** werden (§ 12 Abs. 1 GKG). Bei maschineller Erstellung des Mahnbescheids **soll** der Vollstreckungsbescheid erst nach Zahlung der

dafür vorgesehenen Gebühr **erlassen** werden (§ 12 Abs. 3 GKG). Eine Ausnahme besteht etwa bei der Erhebung einer Widerklage (§ 12 Abs. 2 GKG).

b) Höhe

34   Die Höhe der einzelnen Gebühr bestimmt sich gemäß § 34 GKG nach dem Wert des der Klage zugrunde liegenden Streitgegenstandes (**Streitwert**) und ist der dort abgedruckten **Tabelle** bzw. der Anlage 2 zum GKG zu entnehmen.

Beispiele:
- Bei einem Streitwert bis 5.000,– € beträgt eine volle Gerichtsgebühr 121,– €.
- Bei einem Streitwert bis 500.000,– € beträgt eine volle Gerichtsgebühr 2.956,– €.

c) Anzahl

35   Die Anzahl der in verschiedenen gerichtlichen Verfahren anfallenden Gebühren ist dem **Kostenverzeichnis** in Anlage 1 zum GKG zu entnehmen (§ 3 Abs. 2 GKG).

Beispiele:
- Für das **Klageverfahren im Allgemeinen: drei** Gebühren (Nr. 1210); für das **Mahnverfahren** zunächst nur eine **halbe** Gebühr (Nr. 1110), nach Widerspruch oder Einspruch vor Abgabe an das Streitgericht weitere **zweieinhalb** Gebühren.
- Bei Prozessbeendigung durch **Klagerücknahme, Anerkenntnis- oder Verzichtsurteil**, Abschluss eines **Prozessvergleiches** oder **Hauptsacheerledigung** ermäßigen sich die Gerichtsgebühren – rückwirkend – auf **eine** Gebühr (Nr. 1211), die überzahlten Gebühren werden erstattet.

2. Rechtsanwaltsgebühren

a) Entgeltliche Geschäftsbesorgung

36   **aa) Gesetzliche Vergütung.** Wer einen Rechtsanwalt beauftragt, schuldet diesem auf Grundlage eines entgeltlichen **Geschäftsbesorgungsvertrages** nach § 675 BGB sowohl für dessen außergerichtliche Bemühungen wie auch für dessen Tätigkeit im Rahmen eines Prozesses eine Vergütung. Dabei ist der Rechtsanwalt in der Festsetzung seiner **Gebühren** nicht frei, sondern an die Vorschriften des Rechtsanwaltsvergütungsgesetzes (**RVG**) gebunden.

37   **bb) Honorarvereinbarung.** Jedoch sind auch individuelle Honorarvereinbarungen zulässig: Nach § 3 a Abs. 1 RVG kann der Rechtsanwalt mit dem Ratsuchenden auch eine **über** den Gebührensätzen des RVG liegende Vereinbarung treffen. In außergerichtlichen Angelegenheiten darf der Rechtsanwalt die Gebührensätze des RVG durch Honorarvereinbarung ausnahmsweise **unterschreiten**, solange das Honorar in einem angemessenen Verhältnis zu Leistung, Verantwortung und Haftungsrisiko steht, § 4 RVG. Und schließlich ist im Einzelfall auch ein **Erfolgshonorar** möglich, wenn der Mandant sonst aufgrund seiner schlechten wirtschaftlichen Verhältnisse von einer Rechtsverfolgung abgehalten würde, § 4 a RVG.

Für einen „isolierten" mündlichen oder schriftlichen Rat (**Beratung**), ein Gutachten oder die Tätigkeit als Mediator ist der Rechtsanwalt sogar gehalten, eine Gebührenvereinbarung mit dem Mandanten zu treffen, will er nicht nur auf die übliche Vergütung nach § 612 Abs. 2 BGB angewiesen sein, § 34 RVG.

Bei der Prozessvorbereitung ist im Rahmen der Rechtsanwaltskosten jedoch auch zu bedenken, dass im Falle des ganzen oder anteiligen Prozessverlusts auch die Kosten des gegnerischen Rechtsanwalts zu tragen sind.

b) Außergerichtliche Tätigkeit

38 Besteht keine Honorarvereinbarung hat der Rechtsanwalt nach **gesetzlichen Gebührensätzen** abzurechnen. Für die einzelnen Tätigkeiten des Anwalts ist dem RVG in Anlage 1 ein **Vergütungsverzeichnis** angehängt. Dort ist für die einzelnen Gebührentatbestände der jeweilige Gebührensatz aufgeführt.

39 **aa) Gebührentatbestände.** Wird der Rechtsanwalt – über eine Beratung hinaus – weitergehend außergerichtlich mit der Geschäftsbesorgung in einer Rechtsache beauftragt, entsteht dafür – unter Einschluss der Besprechung mit dem Mandanten und der Anfertigung von Schriftsätzen – eine **Geschäftsgebühr.** Dafür sieht Nr. 2300 des Vergütungsverzeichnisses einen Gebührenrahmen von **0,5 bis 2,5** vor. Bei einer solchen **Rahmengebühr** bestimmt der Rechtsanwalt die exakte Höhe der Gebühr im Einzelfall nach Bedeutung der Angelegenheit, Umfang und Schwierigkeit seiner anwaltlichen Tätigkeit und den wirtschaftlichen Verhältnisse des Mandanten, indem er diese Umstände in den vorgegebenen Rahmen einordnet, § 14 RVG. Im Normalfall beträgt die Gebühr jedoch **1,3,** eine höhere Gebühr kann nur bei umfangreicher oder schwieriger Tätigkeit gefordert werden. Wird bereits vor Anrufung eines Gerichts unter Mitwirkung des Rechtsanwalts eine Einigung erzielt, so entsteht nach Nr. 1000 VV-RVG zusätzlich eine außergerichtliche **Einigungsgebühr** von **1,5.**

40 **bb) Gebührenhöhe.** Der vom Mandanten zu zahlende Euro-Betrag für eine 1,0 Gebühr ergibt sich i.d.R. aus dem **Gegenstandswert** der anwaltlichen Tätigkeit und einer **Gebührentabelle** nach § 13 RVG in Anlage 2 zum RVG.

> Beispiele:
> – Bei einem Gegenstandswert bis 5.000,– € beträgt eine 1,0 Gebühr 301,– €. Dies ergibt für eine 1,3 fache Geschäftsgebühr einen Betrag in Höhe von 391,30 €.
> – Bei einem Gegenstandswert bis 500.000,– € beträgt eine volle Gebühr 2.996,– €. Eine 1,5 Einigungsgebühr errechnet sich mit 4.494,– €.

41 **cc) Auslagen.** Zusätzlich hat der Rechtsanwalt einen Anspruch auf Ersatz **von Post- und Telekommunikationsdienstentgelten** nach Nr. 7001, 7002 VV-RVG (auf Nachweis die tatsächlich entstandenen Kosten oder pauschal 20 %, höchstens 20,– €), auf eine **Dokumentenpauschale** nach Nr. 7000 VV-RVG und auf **Reisekosten** nach Nr. 7003 bis 7006 VV-RVG. Darüber hinaus kann der Rechtsanwalt auf seine Leistungen **Umsatzsteuer** verlangen, Nr. 7008 VV-RVG.

> Beispiel:
> Für die außergerichtliche vergleichsweise Abwicklung eines Verkehrsunfalls über Ansprüche in Höhe von 7.800 € hat der Anwalt einen Anspruch auf eine 1,3 Geschäftsgebühr in Höhe von 535,60 €, eine 1,5 Einigungsgebühr über 618,– € und 20 € Auslagenpauschale nebst 19 % MwSt., insgesamt also eine Honorarforderung über 1.396,58 €.

c) Gerichtliche Tätigkeit

42 **aa) Gebührentatbestände.** Für das Betreiben eines gerichtlichen Verfahrens steht dem Rechtsanwalt eine **Verfahrensgebühr** von **1,3** nach Nr. 3100 VV-RVG zu. Allerdings ist eine zuvor entstandene außergerichtliche Geschäftsgebühr auf diese Verfahrensgebühr zur Hälfte, höchstens mit 0,75 Gebühren, **anzurechnen** (vgl. § 15a RVG und Vorbemerkung 3 Abs. 4 zu Teil 3 VV-RVG). Für die Vertretung in einem Verhandlungs-, Erörterungs- oder Beweisaufnahmetermin erhält er nach Nr. 3104 VV-RVG eine **Terminsgebühr** von **1,2** (vgl. Vorbemerkung 3 Abs. 3 zu Teil 3 VV-RVG). Endet der Prozess mit einem Prozessvergleich, so kann der Anwalt für seine Mitwirkung eine **Einigungsgebühr** in Höhe von jetzt nur noch **1,0** verlangen, Nr. 1003 VV-RVG.

43   **bb) Gebührenhöhe und Auslagen.** Die **Höhe der Gebühren** orientiert sich am **Gegenstandswert** der anwaltlichen Tätigkeit und ist wiederum der Gebührentabelle in Anlage 2 zum RVG zu entnehmen. Ebenfalls kann der Rechtsanwalt für gerichtliche Tätigkeit erneut **Auslagen** und **Umsatzsteuer** nach Maßgabe der Nr. 7000 ff. VV-RVG verlangen.

> **Beispiel:**
> Finden die außergerichtlichen Verhandlungen über Ansprüche aus einem Verkehrsunfall über 7.800 € keinen einvernehmlichen Abschluss, so entstehen für die gerichtliche anwaltliche Tätigkeit eine 1,3 Verfahrensgebühr in Höhe von 535,60 €, auf die die halbe Geschäftsgebühr angerechnet wird, sodass 267,80 € verbleiben. Daneben fallen eine 1,2 Terminsgebühr von 494,40 € und im Falle eines Prozessvergleichs, als 1,0 Einigungsgebühr, weitere 412,– € an. Mit Auslagenpauschale in Höhe von 20,– € und 19 % Umsatzsteuer ergibt dies eine Honorarforderung über 1.421,10 €. Addiert man außergerichtliche Kosten des Rechtsanwalts in dieser Sache (ohne außergerichtliche Einigungsgebühr) in Höhe von 661,16 € hinzu, so kostet die anwaltliche Tätigkeit insgesamt 2.082,26 € – ohne Kopier- und Reisekosten des Anwalts.

3. Gerichtliche Auslagen

44   Zusätzlich zu den Gerichtsgebühren und Rechtsanwaltskosten fallen in einem Rechtsstreit weitere **Auslagen** an, Anlage 1 zum GKG Nr. 9000 bis 9019 GKG. Neben Dokumentenpauschalen, Kosten von Rechtshilfeersuchen oder für Aktenversendung fallen besonders Kosten der **Beweisaufnahme** durch Vernehmung von **Zeugen** und Erstellung von **Sachverständigengutachten** ins Gewicht, die nach **JVEG** zu regulieren sind (vgl. Rn. 931 ff.).

Die **Entschädigung von Sachverständigen** orientiert sich an dem zur Erstellung des Gutachtens erforderlichen **Zeitaufwand** (Aktenstudium, Augenschein vor Ort, technische Versuche, Literaturrecherche, Abfassung des Gutachtens, Erscheinen und Erläuterung im Verhandlungstermin etc.). Dabei beträgt der vom Gericht zu bemessende Entschädigungsbetrag je nach Honorargruppe, in die der Sachverständige einzuordnen ist, zwischen 50,– und 85,– € je Stunde, § 9 JVEG. Die Parteien können aber auch einen abweichenden Stundensatz vereinbaren, § 13 JVEG.

Auch hier gilt das Vorschussprinzip, wonach das Gericht etwa die Beauftragung von Sachverständigen vom Eingang eines **Vorschusses** abhängig machen soll, §§ 17 GKG, 13 Abs. 1 JVEG.

III. Die Prozesskostenhilfe (PKH)

45   Die Prozesskostenhilfe nach §§ 114 ff. ZPO gewährleistet, dass der Zugang zu den Gerichten jedermann in gleicher Weise offen steht (BVerfG FamRZ 2008, 131). Weder die Durchsetzung berechtigter Ansprüche im Klagewege noch die Rechtsverteidigung im Prozess soll an fehlenden finanziellen Mitteln der Partei scheitern. Der **Staat gewährt** der mittellosen Partei bei Vorliegen der Bewilligungsvoraussetzungen **Freiheit** hinsichtlich der **Gerichtskosten** oder gestattet ihr **Ratenzahlung.** Er ordnet ihr einen **Rechtsanwalt** bei und zahlt seine **Vergütung** aus der Staatskasse.

1. Das Bewilligungsverfahren

a) Sachlicher Geltungsbereich der Prozesskostenhilfe

46   PKH kann in **allen selbstständigen Verfahren der ZPO** vor deutschen staatlichen Gerichten bewilligt werden, so für das Mahnverfahren, für das selbstständige Beweisverfahren (h.M., OLG Oldenburg MDR 2002, 910), für die Zwangsvollstreckung im Inland, § 119 Abs. 2 ZPO, sowie für das Arrest- und einstweilige Verfügungsverfahren. Lediglich für das PKH-Verfahren selbst kann regelmäßig keine PKH bewilligt werden

(BGH NJW 2004, 2595). Ausnahme: Das Gericht **verlagert** den **Hauptsacheprozess** durch extensive Anwendung des § 118 Abs. 1 Satz 3, Abs. 2 Satz 3 ZPO **ins PKH-Verfahren** (vgl. KG FamRZ 2006, 1284). Wird im Rahmen des PKH-Verfahrens ein **Vergleich** geschlossen, wird PKH jedenfalls für den Vergleich bewilligt (BGH NJW 2004, 2595).

In **Familiensachen und in Angelegenheiten der freiwilligen Gerichtsbarkeit** sind für die Verfahrenskostenhilfe die Vorschriften über die PKH entsprechend anwendbar, § 76 FamFG.

b)   Antragsprinzip

PKH wird grundsätzlich nur auf **Antrag** bewilligt (Ausnahme: § 9 AUG). Er ist bei dem   **47** für die Klage **zuständigen Prozessgericht** unter **Darstellung des rechtlichen Begehrens,** § 117 Abs. 1 ZPO, und unter Verwendung eines **Formulars über die persönlichen und wirtschaftlichen Verhältnisse** des Antragstellers zu stellen, § 117 Abs. 2–4 ZPO.

aa) Antrag. Der Antrag auf Gewährung von PKH unterliegt nicht dem Anwaltszwang,   **48** er kann bei der **Rechtsantragsstelle** eines jeden beliebigen Amtsgerichts zu Protokoll gegeben werden, §§ 117 Abs. 1 Satz 1, HS 2, 78 Abs. 5, 129a Abs. 1 ZPO. Er muss vom Antragsteller oder seinem Bevollmächtigten **unterzeichnet** sein, sofern die Person des Antragstellers nicht eindeutig feststeht (BGH FamRZ 2006, 1269). Der Antrag kann nicht nur durch den zukünftigen Kläger vor Klageerhebung gestellt werden, sondern **in jedem Stadium des Rechtsstreits** und auch durch den Beklagten.

bb) Zuständiges Prozessgericht. Der PKH-Antrag muss bei dem für die Hauptsache   **49** **örtlich** und **sachlich zuständigen** Prozessgericht des zuständigen **Rechtsweges** einge-reicht werden. Fehlt die Zuständigkeit, so **verweist** das Gericht das PKH-Verfahren analog § 281 ZPO auf Antrag und nach Anhörung des Gegners an das zuständige Gericht (OLG Köln FamRZ 2000, 364); bleibt der Antrag aus, wird der PKH-Antrag abgelehnt (OLG Karlsruhe FamRZ 2003, 621). Entsprechend § 281 Abs. 2 Satz 4 ZPO ist das Gericht, an das verwiesen wurde, **für das PKH-Verfahren, nicht aber für die Hauptsache** an die Verweisung **gebunden** (BGH NJW-RR 1994, 706). Hält hingegen das angegangene Gericht den beschrittenen **Rechtsweg** für nicht gegeben, so wird der PKH-Antrag abgelehnt, eine Verweisung nach §§ 17a Abs. 2 GVG, 48 ArbGG analog kommt nicht in Frage (OLG Karlsruhe MDR 2007, 1390).

cc) Klageentwurf. Im Antrag ist das Streitverhältnis unter Angabe der Beweismittel   **50** darzustellen, § 117 Abs. 1 Satz 2 ZPO. In der Praxis wird dem Antrag ein Klageent-wurf beigefügt, der nach PKH-Bewilligung erneut als unterzeichnete Klageschrift eingereicht wird.

dd) Klage und Prozesskostenhilfegesuch. Probleme entstehen jedoch, wenn der Antrag   **51** als „Klage und Prozesskostenhilfegesuch" bezeichnet wird. In diesem Fall kann bei Zustellung an den Gegner bereits eine unbedingte **Klageerhebung** vorliegen (BGH FamRZ 1996, 1142), wodurch dem Antragsteller bei Ablehnung der PKH ein Kos-tenrisiko entsteht. Der Antragsteller sollte diese Situation durch eindeutige Klarstel-lung, dass er den Klageantrag nur unter der **Bedingung** der Bewilligung von PKH stellen will, vermeiden (BGH FamRZ 2007, 1726). Das Gericht kann eine Klage-zustellung verhindern, wenn es beim Antragsteller Rückfrage hält oder Klageschrift und PKH-Antrag formlos an den Gegner zur Stellungnahme mit dem Vermerk „ohne Klagezustellungsabsicht" übersendet.

ee) Erklärung über die persönlichen und wirtschaftlichen Verhältnisse. Nach § 117   **52** Abs. 2 ZPO sind dem Antrag eine Erklärung der Partei über ihre persönlichen und wirtschaftlichen Verhältnisse (Familienverhältnisse, Beruf, Vermögen, Einkommen und Lasten) sowie **Belege** beizufügen. Geschieht dies trotz Nachfristsetzung nicht, wird der Antrag zurückgewiesen.

Es stehen **Vordrucke** zur Verfügung, die der Antragsteller zu verwenden hat, § 117 Abs. 4 ZPO. **Unvollständiges Ausfüllen** eines Vordruckes ist nur dann unschädlich, wenn sich das Gericht dennoch ein zuverlässiges Bild über die Verhältnisse des Antragstellers machen kann (OLG Naumburg JurBüro 1994, 231) oder fehlende Angaben beigefügten Unterlagen entnommen werden können (OLG München FamRZ 1996, 418). Es ist aber nicht Sache des Gerichts, nach der Bedürftigkeit des Antragstellers zu fahnden.

ff) Wirkungen.

53 – Verjährung: Die **Veranlassung der Bekanntgabe** des erstmaligen Antrags gegenüber dem Schuldner bewirkt die **Hemmung** der **Verjährung,** § 204 Abs. 1 Nr. 14, HS 1 BGB. Sie tritt schon mit **Einreichung** des Antrags bei Gericht ein, wenn die Bekanntgabe „**demnächst**" veranlasst wird, § 204 Abs. 1 Nr. 14, HS 2 BGB. Diese Wirkung hat auch der unzulässige und unbegründete Antrag. Er muss aber in beiden Fällen den wesentlichen Voraussetzungen des § 117 ZPO entsprechen, d.h. er muss die Parteien und das Gericht bezeichnen, einen bestimmten Antrag und Anspruchsgrund enthalten und mit einer ausgefüllten Erklärung über die persönlichen und wirtschaftlichen Verhältnisse eingereicht sein (OLG Hamm FamRZ 2006, 1616). Nur der **erste** PKH-Antrag hemmt die Verjährung, nicht seine Wiederholung, auch wenn der erste Antrag die Voraussetzungen der §§ 114ff. ZPO nicht erfüllte. Die Hemmung **endet** nach § 204 Abs. 2 BGB **6 Monate nach** der letzten Verfahrenshandlung der Beteiligten, sobald das Verfahren durch Nichtbetreiben in **Stillstand** gerät, sonst **6 Monate nach Beendigung** des Verfahrens, also mit Bewilligung oder Ablehnung der PKH, nach Ablauf der 2-Wochenfrist der sofortigen Beschwerde, §§ 127 Abs. 2, 567 ZPO, mit Antragsrücknahme oder Vergleich.

Beispiel:
Am 1.2. wird PKH-Antrag gestellt. Hemmung tritt am 1.2. ein. Der Antrag wird am 1.5. zurückgewiesen, der Antragsteller legt gegen die ihm am 15.5. zugestellte Entscheidung keine sofortige Beschwerde ein: Die Hemmung endet am 29.5. zzgl. 6 Monaten, also am 29.11. Stellt der Antragsteller am 15.12. neuen Antrag auf PKH, führt dies zu keiner weiteren Hemmung.

54 – **Fristwahrung bei Prozesshandlungen.** Die fristgerechte Einreichung des vollständigen PKH-Antrags wahrt die Einhaltung der **Rechtsmittelfrist** (BGH MDR 2008, 946); bei unverschuldeter Fristversäumung kann Wiedereinsetzung in den vorigen Stand gewährt werden, §§ 233ff. ZPO (BGH MDR 2008, 760).

55 – **Versäumnisurteil im schriftlichen Vorverfahren.** Beantragt der Beklagte innerhalb der Frist zur Abgabe einer Verteidigungsanzeige nach § 276 Abs. 1 ZPO im Anwaltsprozess PKH, so ist entsprechend § 337 Satz 1 ZPO der Erlass eines Versäumnisurteils solange **ausgeschlossen**, bis über den PKH-Antrag entschieden ist und der Beklagte sich auf die neue Prozesslage einstellen konnte (Schneider, MDR 1985, 377; Zöller, § 117 Rn. 4a).

56 gg) **Rechtliches Gehör und Datenschutz.** Obwohl es sich streng genommen um ein Verwaltungsverfahren handelt, bei dem über den Einsatz von Steuergeldern entschieden wird, ist die **Anhörung des Gegners** im Regelfall zwingend vorgeschrieben, sofern dies nicht aus besonderen Gründen (z.B. Eilverfahren) unzweckmäßig ist, § 118 Abs. 1 Satz 1 ZPO. Die Stellungnahme des Gegners kann insbesondere für die Bewertung der Erfolgsaussicht bedeutsam sein. Aus Gründen des Datenschutzes dürfen ihm jedoch die Angaben über die persönlichen und wirtschaftlichen Verhältnisse ohne Zustimmung des Antragstellers nicht zur Kenntnis zu gebracht werden, § 117 Abs. 2 Satz 2 ZPO. Diese Unterlagen sind daher nicht in die Prozessakte, sondern in das PKH-Heft zu geben.

c) Antragsberechtigte Personen

aa) Natürliche Personen. Antragsberechtigt nach § 114 ZPO sind alle **natürliche Personen**, unabhängig davon, ob als Kläger, Beklagter, Streitgenosse oder Streithelfer (OLG Koblenz FamRZ 1986, 1233). Es kommt auch nicht darauf an, ob sie ihren Wohnsitz im Inland oder Ausland haben.   **57**

bb) Vertreter. Bei Vertretungsfällen sind die **Verhältnisse des Vertretenen** maßgebend. Beantragt der Nachlasspfleger PKH, so ist auf den Bestand des Nachlasses abzustellen (BGH NJW 1964, 1418). Bei der Unterhaltsklage eines Elternteils als gesetzlicher Vertreter des Kindes ist die Vermögenslage des Kindes maßgeblich (OLG Jena FamRZ 1998, 1302). Bei der Unterhaltsklage eines Elternteils in Prozessstandschaft für sein Kind nach § 1629 Abs. 3 BGB hat **er** aber für die Kosten aufzukommen, weshalb es in diesem Fall auf **seine** Vermögensverhältnisse ankommt (BGH FamRZ 2006, 32).   **58**

cc) Zessionare. Bei der Geltendmachung von **abgetretenen** Forderungen kommt es grundsätzlich auf die persönlichen und wirtschaftlichen Verhältnisse des Klägers an. Ist jedoch **kein triftiger Grund** für die Abtretung zu erkennen, ist auf die Bedürftigkeit des Zedenten abzustellen (KG MDR 2004, 710). Bei **rechtsmissbräuchlichem Vorschieben** eines Hilfsbedürftigen, um Prozesskosten zu sparen, ist die Abtretung nichtig, die Klage schon deshalb ohne Aussicht auf Erfolg (OLG Stuttgart FamRZ 1994, 384).   **59**

dd) Parteien kraft Amtes. Parteien kraft Amtes (Testamentsvollstrecker, Nachlass-, Zwangs- oder Insolvenzverwalter) wird PKH nach § 116 Satz 1 Nr. 1 ZPO gewährt, wenn die Kosten nicht aus der verwalteten Vermögensmasse aufgebracht werden können und es den am Gegenstand des Rechtsstreits wirtschaftlich Beteiligten nicht zuzumuten ist, die Kosten zu leisten.   **60**

ee) Juristische Personen. Inländischen und europäischen juristischen Personen kann PKH nach § 116 Satz 1 Nr. 2 ZPO gewährt werden, wenn die Kosten weder von ihnen noch von den am Gegenstand des Rechtsstreits wirtschaftlich Beteiligten aufgebracht werden können und wenn die Unterlassung der Rechtsverfolgung oder Rechtsverteidigung allgemeinen Interessen zuwiderlaufen würde. Dies gilt ebenso für die **parteifähigen Vereinigungen** OHG, KG, Reederei und die Außen-GbR (BGH NJW 2001, 1056).   **61**
Wirtschaftlich beteiligt sind diejenigen, auf deren Vermögenslage sich der Prozessausgang wirtschaftlich auswirkt (OLG Bamberg NJW-RR 1990, 638), also bei GmbH, OHG und KG die Gesellschafter (OLG Stuttgart NJW 1975, 2022), bei der AG jedenfalls die Großaktionäre.
Die Berührung **allgemeiner Interessen** hängt im Wesentlichen von den sozialen Auswirkungen ab. Sie liegt insbesondere vor, wenn die gerichtliche Entscheidung größere Kreise der Bevölkerung oder des Wirtschaftslebens (BGH WM 1986, 405) oder zahlreiche Kleingläubiger der juristischen Person (BGH NJW 1991, 703) anspricht, ferner wenn durch sie eine Gesellschaft erhalten werden kann, die eine große Zahl von Arbeitnehmern beschäftigt (BFH RPfleger 1993, 290). In der Praxis scheitert die Bewilligung von PKH für eine juristische Person häufig an der fehlenden Berührung dieser allgemeinen Interessen. Umgehungsversuche durch Abtretung von Ansprüchen einer GmbH an den Gesellschafter-Geschäftsführer, der PKH beantragt, werden durch

die entsprechende Anwendung des § 116 ZPO verhindert (OLG Köln VersR 1989, 277).

2. Materielle Voraussetzungen eines Prozesskostenhilfeanspruchs

62 Die Bewilligung von PKH setzt nach § 114 ZPO voraus, dass der Antragsteller nach seinen **wirtschaftlichen und persönlichen Verhältnissen** die Kosten der Prozessführung nicht, nur zum Teil oder nur in Raten aufbringen kann, die beabsichtigte Rechtsverfolgung oder Rechtsverteidigung hinreichende **Aussicht auf Erfolg** bietet und **nicht mutwillig** erscheint.

a) Persönliche und wirtschaftliche Verhältnisse

63 **aa) Einkommen.** Hierzu gehören alle **Einkünfte in Geld** oder **Geldeswert**, also Löhne, Gehälter, Urlaubs- und Weihnachtsgeld, Kapital- oder Mieterträge, Unterhaltsrenten und Sozialleistungen. Maßgeblich ist nur das **Einkommen der Partei**, nicht das Familieneinkommen (BAG FamRZ 2006, 1117) oder das Einkommen des Ehepartners. Auch wenn Ehegatten gemeinsam einen vermögensrechtlichen Anspruch einklagen und beide PKH beantragen, ist die PKH für jeden Einzelnen aufgrund seines eigenen Einkommens zu berechnen. Grundlage für die Berechnung des Einkommens von **Freiberuflern und Gewerbetreibenden** können Steuerbescheide, Bilanzen, Einnahme-/Überschussrechnungen und Entnahmen aus dem Betriebsvermögen für persönliche Bedürfnisse sein (OLG Frankfurt FamRZ 1987, 179).

64 **bb) Abzüge.** Vom Einkommen sind die in § 115 Abs. 1 Nr. 1–4 ZPO abschließend genannten Aufwendungen für Steuern und Abgaben, Unterhalt, Unterkunft und Heizung sowie besondere Belastungen abzuziehen (vgl. Checkliste, Rn. 1335). Hierdurch kommt die sozial-rechtliche Ermittlung des Einkommens zum Ausdruck. Wegen der Unübersichtlichkeit der unterschiedlichen Berechnungsfaktoren arbeiten die Gerichte mit speziellen **Computerprogrammen**.

65 **cc) Tabelle.** Die in § 115 Abs. 2 ZPO aufgeführte Tabelle bestimmt auf der Grundlage des **einzusetzenden Monatseinkommens** die **Höhe** der auf die Prozesskosten zu leistenden **Monatsraten**, wobei bei einem einzusetzenden Einkommen von bis zu 15,– € keine Raten zu bezahlen sind. Die **Anzahl** der an die Staatskasse zu leistenden Raten orientiert sich an den voraussichtlichen Verfahrenskosten, sie ist jedoch auf **48 Raten** beschränkt, auch wenn die tatsächlichen Prozesskosten höher sind. Den übersteigenden Betrag trägt die Staatskasse.

66 **dd) Vermögen.** Nach § 115 Abs. 3 ZPO hat der Antragsteller zur Aufbringung der Prozesskosten auch sein Vermögen einzusetzen, soweit ihm dies zumutbar ist. Die Bezugnahme auf § 90 SGB XII stellt klar, dass damit grundsätzlich sein **gesamtes verwertbares Vermögen** betroffen ist. **Ansprüche gegen Dritte auf Vorleistung**, etwa ein Anspruch auf **Prozesskostenvorschuss** gegen Ehegatten (§ 1360 a Abs. 4 BGB), Lebenspartner (§ 5 LPartG) oder Eltern wegen persönlicher Angelegenheiten, rechnen zum Vermögen und sind in zumutbarer Weise zu realisieren (BAG FamRZ 2006, 1117). Besteht eine **Rechtsschutzversicherung**, die Deckungszusage erteilt hat, besteht ab diesem Zeitpunkt keine Bedürftigkeit mehr (BGH NJW 1991, 109).

67 **ee) Sonderfall.** Liegt eine Hilfsbedürftigkeit im Sine des § 114 ZPO vor, so wird dennoch keine PKH bewilligt, wenn dies im Einzelfall unbillig wäre. Die Ablehnung kommt in Betracht, wenn der Antragsteller seine Hilfsbedürftigkeit absichtlich selbst herbeigeführt hat (BGH MDR 2007, 366).

b) Hinreichende Erfolgsaussicht der Rechtsverfolgung/Rechtsverteidigung

aa) Rechtsverfolgung. Hinreichende Erfolgsaussicht der Rechtsverfolgung liegt vor, **68** wenn die beabsichtigte Klage **zulässig** und **schlüssig** ist und die erforderlichen **Beweismittel** zur Verfügung stehen, das Gericht also Beweis zu erheben hat (BVerfG MDR 2008, 518; OLG Karlsruhe NJW-RR 2006, 205).
Die **Zuständigkeit** des angegangenen Gerichts für die Hauptsache ist demnach nicht nur Voraussetzung eines ordnungsgemäßen PKH-Antrags (vgl. Rn. 49), sondern ebenso **materielle Voraussetzung für die Erfolgsaussicht der Hauptsache.** Im Falle einer PKH-Verweisung erstreckt sich die Bindungswirkung des § 281 Abs. 2 Satz 4 ZPO zwar nicht auf die Zuständigkeit im Hauptsacheverfahren (BGH NJW-RR 1994, 706), die Bindungswirkung der Verweisungsregel im PKH-Verfahren würde aber ihren Sinn verlieren, wenn das Gericht deswegen die Hauptsache verweisen dürfte. Die Erfolgsaussichten bestimmen sich in diesem Fall allein nach dem materiellen Begehren, unabhängig davon, vor welchem Gericht die PKH-Sache derzeit anhängig ist (BAG NJW 1993, 751; wohl auch BGH NJW-RR 1991, 1342).

bb) Rechtsverteidigung. Die Rechtsverteidigung des Beklagten ist aussichtsreich, wenn **69** er rechtsbegründende Behauptungen des Klägers **bestreitet** oder **erhebliche Einwendungen bzw. Einreden** mit entsprechendem **Beweisangebot** vorträgt.

cc) Prüfungsmaßstab. Bei der Prüfung der Erfolgsaussicht soll **nicht kleinlich** verfahren **70** werden. Sie ist auch dann zu bejahen, wenn **Rechtsfragen** zu entscheiden sind, die in Rechtsprechung und Lehre noch **nicht eindeutig geklärt** sind, auch wenn das angerufene Gericht eine dem Antragsteller ungünstige Ansicht vertritt (BGH FamRZ 2007, 1006). Eine erforderliche Beweisaufnahme darf nur in besonders gelagerten Fällen antizipiert werden (BVerfG NJW-RR 2005, 140).

dd) Einzelfälle. Bei **Erledigung der Hauptsache** hat die Prozessführung keine Aussicht **71** auf Erfolg mehr (OLG Braunschweig FamRZ 2006, 961), ebenso wenig, wenn der PKH-Antrag erst in einem **Verfahrensstadium** gestellt wird, in dem für den bedürftigen Antragsteller keine weiteren Kosten entstehen können (KG FamRZ 2000, 839). Für die in erster Instanz obsiegende Partei ist in der **Rechtsmittelinstanz** ohne weitere Prüfung die Erfolgsaussicht anzunehmen, wenn der Gegner das Rechtsmittel eingelegt hat, § 119 Abs. 1 Satz 2 ZPO.

c) Keine Mutwilligkeit

Mutwillig ist eine Rechtsverfolgung, wenn eine Partei, die selbst für die Kosten **72** aufkommen muss, **vernünftigerweise von der Prozessführung absehen** würde (BGH NJW 2003, 2668).

> Beispiele:
> Klage gegen einen verarmten, schwerkranken Schuldner ohne jede Chance, den Titel jemals vollstrecken zu können (OLG Koblenz FamRZ 2001, 234); Wahl des teureren von zwei gleichwertigen prozessualen Wegen (OLG Zweibrücken FamRZ 2000, 756); Klage statt Mahnbescheid, obwohl der Gegner seine Schuld anerkannt hat und es nur auf die Erlangung eines Titels ankommt; erneute Klage statt Klageerweiterung (OLG Bamberg FamRZ 1990, 187).

3. Die Entscheidung

a) Vorbereitende Maßnahmen

Zur Vorbereitung der Entscheidung kann das Gericht gemäß § 118 ZPO folgende **73** **Maßnahmen** durchführen, die es auch dem Rechtspfleger übertragen kann, § 20 Nr. 4 RPflG:

74 aa) **Rechtliches Gehör.** Vor Bewilligung oder Ablehnung der PKH ist dem Gegner Gelegenheit zur Stellungnahme zu geben, sofern dies nicht aus besonderen Gründen unzweckmäßig erscheint, § 118 Abs. 1 Satz 1 ZPO.

75 bb) **Glaubhaftmachung.** Das Gericht kann die Glaubhaftmachung tatsächlicher Angaben durch den Antragsteller anordnen, § 118 Abs. 2 Satz 1 ZPO, etwa bei Zweifeln über die Richtigkeit der Angaben. Die Anordnung wie auch die Art und Weise der Glaubhaftmachung stehen im Ermessen des Gerichts. Eine eidesstattliche Versicherung sollte jedoch hier nicht verlangt werden, da diese einer vorweggenommenen Parteivernehmung gleichkäme. Zur Glaubhaftmachung kann eine Frist gesetzt werden, nach deren fruchtlosem Ablauf die Bewilligung der PKH abzulehnen ist, § 118 Abs. 2 Satz 4 ZPO.

76 cc) **Erhebungen.** Nur ausnahmsweise wird das Gericht Erhebungen anstellen, z.B. durch Vorlage von Urkunden, Beiziehen von **Strafakten** oder Einholung von Behördenauskünften, § 118 Abs. 2 Satz 2 ZPO, weil es der Mitwirkungspflicht des Antragstellers obliegt, vollständig und glaubhaft vorzutragen. Auch die Vernehmung von Zeugen und Sachverständigen kommt ebenfalls nur ganz ausnahmsweise in Betracht, wenn eine anderweitige Klärung der Erfolgsaussicht oder Mutwilligkeit nicht möglich ist, § 118 Abs. 2 Satz 3 ZPO.

77 dd) **Mündlicher Erörterungstermin.** Das Gericht kann die Parteien des PKH-Verfahrens zur mündlichen Erörterung laden, wenn eine **Einigung zu erwarten** ist, § 118 Abs. 1 Satz 3 ZPO. Ihr Erscheinen kann aber nicht erzwungen werden. Die mündliche Erörterung soll eine Ausnahme bleiben und darf nicht dazu dienen, die mündliche Verhandlung und damit wesentliche Teile des Hauptprozesses vorwegzunehmen. Kommt es im Termin zum erwarteten **Vergleich**, so ist er zu Protokoll zu nehmen. Er ist Vollstreckungstitel nach § 794 Abs. 1 Nr. 1 ZPO.
Der Vergleich ist gerichtsgebührenfrei. Mitwirkende Rechtsanwälte erhalten von ihren Mandanten jedoch mindestens eine 0,5 Verfahrens- und eine 1,0 Einigungsgebühr, Nr. 1003, 3335, 3337 VV-RVG (OLG München FamRZ 2008, 628).

b)   **Beschlussverfahren**

78 aa) **Beschleunigungsgebot.** Für die Beurteilung der Erfolgsaussicht ist grundsätzlich die Sach- und Rechtslage im **Zeitpunkt der Entscheidung** über den PKH-Antrag maßgeblich. Die Entscheidung muss **alsbald ergehen** und darf keinesfalls bis zur Entscheidungsreife des Prozesses nach Verhandlung und Beweiserhebung hinausgezögert werden. Der PKH-Antrag ist entscheidungsreif, wenn der Antrag schlüssig unter Vorlage der Erklärung über die persönlichen und wirtschaftlichen Verhältnisse dargelegt ist und der Gegner in einer angemessenen Frist Gelegenheit zur Stellungnahme hatte (OLG Karlsruhe FamRZ 1997, 375). Das Gericht hat hierbei grundsätzlich nach seinem letzten Erkenntnisstand zu entscheiden.
Wird die Entscheidung des Gerichts pflichtwidrig verzögert, tritt an dessen Stelle der Zeitpunkt, in dem bei richtiger Behandlung des Antrags hätte entschieden werden müssen (h.M., OLG Stuttgart FamRZ 2005, 1266). Wird eine Beweisaufnahme vor Entscheidung über den PKH-Antrag des Beklagten durchgeführt, so ist im Hinblick auf die Erfolgsaussicht der Rechtsverteidigung nachträglich PKH zu gewähren, auch wenn die Beweisaufnahme für das Vorbringen des Beklagten ungünstig verlaufen ist. Ausnahmsweise kann die PKH auch nach Beendigung der Instanz **rückwirkend** bewilligt werden, sofern der Antrag zuvor entscheidungsreif war (OLG Hamm FamRZ 2005, 463).

79 bb) **Beiordnung eines Rechtsanwalts.** Im bewilligenden Beschluss ist dem Antragsteller nach § 121 Abs. 1 ZPO zwingend ein zur Vertretung bereiter Rechtsanwalt beizuord-

nen, soweit eine Vertretung durch Rechtsanwälte vorgeschrieben ist, also im Anwaltsprozess, auch wenn er selbst Rechtsanwalt ist (BGH NJW 2002, 2179). Im Übrigen
wird der Partei ein zur Vertretung bereiter Rechtsanwalt nur beigeordnet, wenn sie es
beantragt und die Vertretung durch einen Rechtsanwalt **erforderlich** erscheint bzw. der
Gegner durch einen Rechtsanwalt vertreten ist, § 121 Abs. 2 ZPO. Der Begriff der
Erforderlichkeit ist weit auszulegen, weshalb i.d.R. ein Rechtsanwalt beigeordnet
werden sollte (OLG Brandenburg FamRZ 2007, 57).

cc) Beschluss. Über den PKH-Antrag wird ohne mündliche Verhandlung durch **80**
Beschluss entschieden, § 127 Abs. 1 ZPO. Der ablehnende Beschluss ist zu **begründen.**
Werden mit Bewilligung der PKH Monatsraten festgesetzt, sollte die Entscheidung die
Berechnungsgrundlage enthalten, da hierin eine Teilabweisung liegt, sofern der Antrag-
steller PKH ohne Raten beantragt hatte. Der Beschluss enthält **keine Kostenentschei-
dung.** Es entstehen weder Gerichtsgebühren, noch findet eine Kostenerstattung statt,
§ 118 Abs. 1 Satz 4 ZPO. Der Beschluss sollte im Hinblick auf die Gebühren des
Rechtsanwalts nach Nr. 3335 VV-RVG den **Streitwert** festsetzen.

Beispiel für bewilligenden Beschluss:

> Beschluss
> 1. Dem Antragsteller wird für den ersten Rechtszug Prozesskostenhilfe bewilligt.
> 2. Ihm wird Rechtsanwalt Scharf, Stuttgart, beigeordnet.
> 3. Der Antragsteller hat ab 1.11.2009 monatliche Raten von 45,– € an die Gerichtskasse zu
>   zahlen.
> 4. Streitwert: 20.000,– €
>
> Gründe
> Dem Antragsteller war nach §§ 114 ff. ZPO Prozesskostenhilfe zu bewilligen, allerdings hat
> er aufgrund seiner persönlichen und wirtschaftlichen Verhältnisse Raten zu 45,– € monatlich
> auf die Prozesskosten zu bezahlen.…

Beispiel für ablehnenden Beschluss:

> Beschluss
> 1. Der Antrag des Antragstellers Ziff. 1 auf Bewilligung von Prozesskostenhilfe vom
>   1.6.2009 wird zurückgewiesen.
> 2. Streitwert.: 20.000,– €
>
> Gründe:
> Dem Antragsteller Ziff. 1 war nach §§ 114 ff. ZPO keine Prozesskostenhilfe zu bewilligen,
> da die beabsichtigte Klage keine hinreichende Aussicht auf Erfolg hat (1.) und die Bedürftig-
> keit des Antragstellers nicht glaubhaft gemacht werden konnte (2.)…

dd) Rechtsmittel. Der **bewilligende** Beschluss ist für Antragsteller und Antragsgegner **81**
unanfechtbar, § 127 Abs. 2 Satz 1 ZPO. Nur der **Staatskasse** steht unter den Voraussetzungen des § 127 Abs. 3 ZPO die sofortige Beschwerde zu. Gegen den vollständig
oder teilweise (Festsetzung von Raten) **ablehnenden** Beschluss ist **sofortige Beschwerde**
statthaft, §§ 127 Abs. 2 Satz 2, 567 ff. ZPO, ebenso gegen die Verzögerung einer
Entscheidung, wenn dies einer Ablehnung gleichkommt (OLG Köln MDR 1999, 444).
Beruht die Ablehnung auf fehlender Erfolgsaussicht, ist die Beschwerde nur zulässig,
wenn der Streitwert in der Hauptsache 600,– € übersteigt, § 127 Abs. 2 Satz 2 ZPO.
Die Beschwerdefrist beträgt 1 Monat, § 127 Abs. 2 Satz 3, Abs. 3 Satz 3 ZPO. Für den
Antragsteller beginnt sie mit Zustellung des Beschlusses, §§ 127 Abs. 2 Satz 3, 569
Abs. 1 Satz 2 ZPO. Bei Bewilligung der PKH beginnt die Frist für die Gerichtskasse mit
der Bekanntgabe des Beschlusses an den zuständigen Revisor und endet spätestens

3 Monate nach Verkündung bzw. Übermittlung an die Geschäftsstelle, § 127 Abs. 3 Satz 3 ZPO.

4. Wirkungen der Prozesskostenhilfe

a) Kostenbefreiung gegenüber Rechtsanwalt und Staatskasse

82   Der Antragsteller wird von der Zahlung von **Prozesskosten** (Gerichtsgebühren, Auslagen, Anwaltskosten) **befreit** bzw. nur im Rahmen der Anordnung der Ratenzahlung verpflichtet, § 122 Abs. 1 ZPO. Der **beigeordnete Rechtsanwalt** erhält seine Gebühren und Auslagen aus der Staatskasse, §§ 45 Abs. 1, 48 RVG. Er kann seine Gebühren nicht gegenüber der eigenen Partei geltend machen, § 122 Abs. 1 Nr. 3 ZPO. Nach § 126 ZPO hat der Rechtsanwalt aber einen direkten **Erstattungsanspruch** gegenüber dem **unterlegenen Gegner**. Soweit der Rechtsanwalt aus der Staatskasse befriedigt wird, gehen seine Vergütungsansprüche gegen die Partei oder einen ersatzpflichtigen Gegner auf diese über, § 59 Abs. 1 RVG.

b) Erstattungsanspruch des siegreichen Gegners

83   Hat der **siegreiche Gegner** aufgrund der Kostenentscheidung im Urteil oder einer Kostenübernahme im Prozessvergleich einen **Kostenerstattungsanspruch**, so kann er diesen trotz bewilligter PKH gegen die bedürftige Partei geltend machen, d.h. PKH **befreit nicht von** der Verpflichtung, im Falle des Unterliegens die **Kosten der Gegenseite** tragen zu müssen, § 123 ZPO.
Bei den **verauslagten Gerichtskosten** ist hingegen zu differenzieren: Wird die Partei, die PKH erhalten hat, durch eine **Entscheidung** des Gerichts kostenfällig verurteilt, so kann die siegreiche Partei im Kostenfestsetzungsbeschluss, § 104 ZPO, die von ihr bezahlten Gerichtskosten nicht festsetzen lassen, da der Gegner auch hiervon befreit ist, § 122 Abs. 1 Nr. 1a ZPO. Sie hat stattdessen einen Erstattungsanspruch gegen die Gerichtskasse, § 31 Abs. 3 Satz 1, HS 2 GKG.
Soweit die bedürftige Partei aber im **Vergleich** die Kosten übernimmt, muss sie der anderen Partei auch die verauslagten Gerichtskosten nach § 123 ZPO erstatten, da § 31 Abs. 3 Satz 1 GKG nur für den **Entscheidungsschuldner** nach § 29 Nr. 1 GKG, wegen der Manipulationsgefahr zulasten der Staatskasse aber nicht (analog) für den **Übernahmeschuldner** nach § 29 Nr. 2 GKG gilt (BGH NJW 2004, 366).

c) Kostenbefreiung des Gegners

84   Die PKH, die ohne Ratenzahlung gewährt worden ist, befreit aus Gründen der Waffengleichheit auch den **Gegner** einstweilen von der Kostenzahlung an das Gericht (z.B. Auslagenvorschuss für Zeugen), §§ 122 Abs. 2, 125 Abs. 2 ZPO.

5. Nachträgliche Änderungen

a) Nachträgliche Aufhebung der Bewilligung

85   Sie kommt nur unter den Voraussetzungen des § 124 Nr. 1–4 ZPO in Betracht:
- **Nr. 1:** die Partei hat durch **unrichtige Darstellung des Streitverhältnisses** die Voraussetzungen der PKH-Bewilligung vorgetäuscht;
- **Nr. 2:** die Partei hat **absichtlich oder grob nachlässig unrichtige Angaben** über ihre **persönlichen und wirtschaftlichen Verhältnisse** bzw. über deren Änderung gemacht;
- **Nr. 3:** die persönlichen oder wirtschaftlichen **Voraussetzungen für die PKH-Bewilligung haben nicht vorgelegen**, es sei denn, seit der rechtskräftigen Entscheidung oder sonstigen Beendigung des Prozesses sind 4 Jahre vergangen. Dies gilt nicht für

Fehler des Gerichts bei Würdigung der zutreffenden Angaben (OLG Frankfurt MDR 2002, 785);

– **Nr. 4:** die Partei ist länger als 3 Monate mit der Zahlung einer Rate oder eines sonstigen Betrags im **Rückstand**. Es bedarf keines Verschuldens.

b) Änderung der festgesetzten Zahlungen

Nach § 120 Abs. 4 Satz 1 ZPO darf bei **wesentlicher Änderung der wirtschaftlichen** **86** **Verhältnisse** der Partei auch die Entscheidung über die zu leistenden Zahlungen zu Lasten der Partei **geändert** werden. Auf Verlangen des Gerichts hat sich die Partei dazu zu **erklären**, § 120 Abs. 4 Satz 2 ZPO.

aa) Verbesserung der wirtschaftlichen Verhältnisse. Eine **wesentliche** Änderung zugunsten des Antragstellers liegt vor, wenn eine den wirtschaftlichen und sozialen **Lebensstandard prägende und verändernde Verbesserung** eintritt (OLG München FamRZ 1998, 631). Bei **Änderungen des Einkommens** können die Raten erhöht oder erstmals Raten bestimmt werden (OLG Karlsruhe FamRZ 1994, 1268). Eine wesentliche wirtschaftliche Verbesserung kann aber auch durch **unerwarteten Vermögenserwerb** geschehen. In diesem Fall kann zwar die PKH nicht mehr entzogen werden (BGH NJW 1994, 3292; OLG Karlsruhe MDR 1999, 1408), jedoch die volle Zahlung aller bereits fällig gewordenen Kosten angeordnet (OLG Köln AnwBl. 1993, 298) und teilweiser Einsatz des Vermögens nach § 115 Abs. 2 ZPO verlangt werden. Eine nachteilige Änderung der Bewilligung ist **ausgeschlossen**, wenn seit der rechtskräftigen Entscheidung oder sonstigen Beendigung des Verfahrens **4 Jahre** vergangen sind, § 120 Abs. 4 Satz 3 ZPO.

bb) Verschlechterung der wirtschaftlichen Verhältnisse. Hier kann die Partei für die **87** Zukunft Neufestsetzung beantragen, sobald eine **günstigere Anwendung der Tabelle** nach § 115 Abs. 1 ZPO in Frage kommt. Die Änderung wirkt dann jedoch nur für die Zukunft, bezogen auf den Zeitpunkt der Veränderung (OLG Köln FamRZ 1987, 1167).

IV. Die Beratungshilfe

Außerhalb eines gerichtlichen Verfahrens erhält der Rechtsuchende **Beratungshilfe**, **88** wenn er die erforderlichen Mittel hierfür nicht aufbringen kann. Die Voraussetzungen nach § 1 Beratungshilfegesetz (**BerHG**) entsprechen denen der §§ 114, 115 ZPO bei PKH-Bewilligung ohne Raten, § 1 Abs. 2 BerHG.
Die Beratungshilfe wird durch **Rechtsanwälte** und Rechtsbeistände oder, soweit möglich, durch das **Amtsgericht** erteilt. Über den **Antrag** entscheidet der **Rechtspfleger** des zuständigen Amtsgerichts im Verfahren der freiwilligen Gerichtsbarkeit, §§ 4, 5 BerHG.

Wenn die Voraussetzungen für die Gewährung von Beratungshilfe gegeben sind, stellt **89** das Amtsgericht einen **Berechtigungsschein** aus, § 6 BerHG. Der Rechtsuchende kann den Rechtsanwalt selbst wählen. Die Vergütung des Rechtsanwalts erfolgt im Rahmen des § 44 RVG, Nr. 2500 bis 2508 VV-RVG. Dem Rechtsanwalt steht **gegen den Rechtsuchenden** eine Gebühr von 10,– € zu, die er auch erlassen kann. Im Übrigen erhält der Rechtsanwalt aus der **Staatskasse** eine **Beratungsgebühr** in Höhe von 30,– bzw. 60,– €, eine **Geschäftsgebühr** ab 70,– € sowie eine **Einigungs- und Erledigungsgebühr** von 125,– €.

3. Kapitel   **Das gerichtliche Mahnverfahren**

I. Bedeutung und wesentliche Merkmale

1. Bedeutung

90 Ziel des Mahnverfahrens ist der Vollstreckungsbescheid. Er ist Vollstreckungstitel, § 794 Abs. 1 Nr. 4 ZPO, benötigt aber im Gegensatz zum Urteil weder eine schlüssige Begründung noch eine mündliche Verhandlung. Das Mahnverfahren ist deshalb gegenüber der Klage von Vorteil, wenn der Zahlungsanspruch voraussichtlich unbestritten bleibt. In Deutschland werden jährlich ca. 8 Mio. Mahnverfahren durchgeführt. Zur Bewältigung dieser Masse haben alle Bundesländer von der Ermächtigungsgrundlage des § 703 c Abs. 3 ZPO für die maschinelle Bearbeitung des Mahnverfahrens Gebrauch gemacht. Es wird deshalb im Folgenden nur das automatisierte Mahnverfahren dargestellt. Die Mahngerichte der Bundesländer informieren in ihrem gemeinsamen Internet-Mahnportal „www.mahngerichte.de" umfassend über die Anwendung des Verfahrens. Sämtliche Vordrucke sind dort abrufbar, weshalb eine gesonderte Darstellung hier nicht mehr erfolgt.

2. Wesentliche Merkmale des gerichtlichen Mahnverfahrens

a) Einfachheit

91 Das Mahnverfahren ist einfach und bürgerfreundlich. Es besteht **kein Anwaltszwang,** vgl. § 78 ZPO. Der Mahnantrag wird auf einem besonderen **Vordruck** gestellt, § 703 c Abs. 2 ZPO. Er ist im Handel und über das Internet erhältlich. Beigefügt ist ein **Merkblatt mit Ausfüllhinweisen.** Ein Katalog enthält Kennziffern für die häufigsten Anspruchsbezeichnungen, die in den Vordruck eingetragen werden, z.B. Nr. 11 für Kaufvertrag. Auch für das weitere Verfahren stehen Vordrucke zur Verfügung. Die anfallenden Rechtsanwalts- und Gerichtskosten werden automatisch errechnet und im Mahn- bzw. Vollstreckungsbescheid erfasst und müssen vom Antragsteller nicht ausgerechnet werden.

b) Effektivität

92 Das automatisierte Mahnverfahren ist ein rein schriftliches, computergestütztes Verfahren. Der geltend gemachte Anspruch wird durch das Mahngericht weder auf **Schlüssigkeit** noch auf **Begründetheit** überprüft. Der Mahnbescheid wird aufgrund der Daten des Mahnantrags **umgehend,** spätestens am nächsten Werktag nach Eingang des Antrags erlassen, vgl. § 689 Abs. 1 Satz 3 ZPO. Erfolgt innerhalb der **zweiwöchigen** Frist kein Widerspruch, kann der Gläubiger den Erlass des Vollstreckungsbescheids beantragen. Im günstigsten Fall dauert somit die Titelbeschaffung nur wenige Wochen.

c) Kostengünstigkeit

93 aa) Gerichtskosten. Sie entstehen nur in Höhe **einer halben Gebühr,** § 3 Abs. 2 GKG, Nr. 1100 KV-GKG. Es fällt **kein Vorschuss** an, § 12 Abs. 3 GKG. Dem Mahnantrag sind deshalb **keine Gebührenmarken oder Schecks** beizufügen. Erst mit Erlass des Mahnbescheids erhält der Antragsteller eine Kostenrechnung über die Verfahrensgebühr, die er vor Zustellung des Vollstreckungsbescheids bezahlen muss, § 12 Abs. 3 Satz 2 GKG. Die Gebühr umfasst sämtliche Aufwendungen im Rahmen des Mahnverfahrens einschließlich Auslagen für bis zu 10 Zustellungen.

bb) Rechtsanwaltskosten. Sie entstehen für den **Antrag auf Mahnbescheid** mit einer **94** **vollen Gebühr,** § 17 Nr. 2 RVG, Nr. 3305 VV-RVG, und für den **Antrag auf Vollstreckungsbescheid** in Höhe einer **halben Gebühr,** Nr. 3308 VV-RVG. Die Mahnantragsgebühr wird nach Widerspruch auf die Verfahrensgebühr des Rechtsanwalts im nachfolgenden Rechtsstreit angerechnet, Nr. 3305 VV-RVG.

II. Voraussetzungen für den Erlass eines Mahnbescheids

1. Zulässigkeitsvoraussetzungen

Neben den **allgemeinen Sachurteilsvoraussetzungen** wie Partei- und Prozessfähigkeit, **95** Prozessführungsbefugnis, Zulässigkeit des ordentlichen Rechtswegs, Rechtsschutzbedürfnis oder Zuständigkeit des Mahngerichts (vgl. Rn. 101 ff) hat der Erlass des Mahnbescheids **besondere Zulässigkeitsvoraussetzungen:**

a) Mahnfähiger Anspruch

Gegenstand des gerichtlichen Mahnverfahrens können grundsätzlich nur bezifferte **96** **Geldforderungen in Euro** sein, § 688 Abs. 1 ZPO. Ausnahmsweise ist auch eine ausländische Währung möglich, wenn die Zustellung des Mahnbescheids in einem anderen Vertrags- oder Mitgliedstaat im Sinne des AVAG erfolgen muss, § 32 Abs. 1 AVAG. Der Anspruch muss **fällig** sein, jedenfalls innerhalb der zweiwöchigen Widerspruchsfrist fällig werden, weil der Gegner im Mahnbescheid zur Zahlung innerhalb dieser Frist aufgefordert wird, vgl. § 692 Abs. 1 Nr. 3 ZPO. Zukünftige Zahlungsansprüche sind im Mahnverfahren somit unzulässig.

b) Keine Mahnverfahrenssperre

aa) Verbraucherdarlehen mit überhöhtem Zins. Nach § 688 Abs. 2 Nr. 1 ZPO sind **97** Ansprüche eines Unternehmens aus einem **Verbraucherdarlehensvertrag** gemäß § 491 ff. BGB oder einer **Verbraucherfinanzierungshilfe** gemäß §§ 499 BGB im Mahnverfahren ausgeschlossen, sofern der **effektive Jahreszins** den bei Vertragsschluss geltenden Basiszinssatz um mehr als 12 % übersteigt. Nach § 690 Abs. 1 Nr. 3 ZPO ist bei solchen Ansprüchen im Mahnantrag das Datum des Vertragsschlusses und der effektive Jahreszins anzugeben. Das Computerprogramm kann so einen Abgleich mit dem jeweils geltenden Basiszins nach § 247 BGB vornehmen und die Erschleichung von Vollstreckungstiteln mit sittenwidrigen Zinssätzen verhindern.

bb) Abhängigkeit von Gegenleistung. Die Geldforderung darf von keiner Gegenleistung **98** abhängig sein oder es muss die Gegenleistung bereits erbracht worden sein, § 688 Abs. 2 Nr. 2 ZPO. Im Mahnantrag sind die entsprechenden Angaben zu machen, § 690 Abs. 1 Nr. 4 ZPO. Eine Nachprüfung durch das Mahngericht erfolgt aber nicht. Der Rechtspfleger prüft nur, ob der Vordruck formell ordnungsgemäß ausgefüllt ist.

cc) Öffentliche Zustellung des Mahnbescheids. Das Mahnverfahren ist unzulässig, **99** wenn die zustellungsfähige Anschrift des Antragsgegners von vorn herein nicht bekannt ist und der Mahnbescheid daher **durch öffentliche Zustellung,** § 185 ZPO, bekannt gemacht werden müsste, § 688 Abs. 2 Nr. 3 ZPO. Ist der Mahnbescheid wider Erwarten nicht zustellbar, kommt eine Abgabe des unzulässig gewordenen Mahnverfahrens analog § 696 ZPO unter Wahrung der Verfahrenseinheit an das Streitgericht nicht in Betracht; der Mahnantrag ist nach § 691 Abs. 1 ZPO zurückzuweisen (BGH NJW 2004, 2453).

c)   Güteverfahren

100   Soweit vor einem Klageverfahren das landesrechtliche Güteverfahren (z.B. SchlG BW) durchzuführen wäre, besteht diese Prozessvoraussetzung ausnahmsweise nicht, wenn der Anspruch zunächst im Mahnverfahren geltend gemacht und nach Widerspruch in das streitige Verfahren übergeleitet wird, § 15a Abs. 2 Satz 1 Nr. 5 EGZPO. Der Gläubiger kann das Güteverfahren somit **vermeiden**, indem er den Rechtsstreit über den Mahnantrag einleitet, z.B. § 1 Abs. 2 Nr. 5 SchlG BW.

3.   Zuständigkeit des Mahngerichts

a)   Sachliche Zuständigkeit

101   Sachlich zuständig ist **stets das Amtsgericht** ohne Rücksicht auf den Streitwert, § 689 Abs. 1 Satz 1 ZPO. Es besteht deshalb in keinem Fall Anwaltszwang, vgl. § 78 ZPO.

b)   Örtliche Zuständigkeit

102   aa) **Das zentrale Mahngericht** des jeweiligen Bundeslands ist ausschließlich zuständig, da die Länder aufgrund § 689 Abs. 3 ZPO die Mahnsachen zur rationelleren Erledigung – teilweise über die Landesgrenzen hinaus – hierauf **konzentriert** haben. § 689 Abs. 2 Satz 1 ZPO, wonach an sich das Amtsgericht zuständig wäre, bei dem der **Antragsteller** seinen allgemeinen Gerichtsstand hat, findet somit keine Anwendung mehr. Der Mahnantrag kann zwar nicht nur beim zuständigen Mahngericht, sondern gemäß §§ 702 Abs. 1, 129a ZPO auch bei jedem Amtsgericht zu **Protokoll der Geschäftsstelle** eingereicht werden. Wirkung entfaltet der Antrag jedoch erst, wenn er beim zuständigen Mahngericht nach **formloser Weiterleitung** eingeht, § 129a Abs. 2 Satz 2 ZPO.
Ausnahmen: Für Zahlungsansprüche der Gemeinschaft der Wohnungseigentümer aus dem **WEG** ist das Amtsgericht ausschließlich zuständig, in dessen **Bezirk** das Grundstück liegt, § 43 Nr. 6 WEG. Im **arbeitsgerichtlichen Mahnverfahren** bleibt das Arbeitsgericht örtlich zuständig, welches im Klageverfahren zuständig wäre, § 46a Abs. 2 ArbGG.

103   bb) **Ausländischer Wohnsitz.** Hat der Antragsteller im Inland **keinen allgemeinen Gerichtsstand**, so ist das Mahngericht beim Amtsgericht **Wedding** in **Berlin** für das Mahnverfahren ausschließlich zuständig, § 689 Abs. 2 Satz 2 ZPO. § 689 ZPO setzt aber voraus, dass wenigstens der **Antragsgegner** seinen allgemeinen Gerichtsstand im Inland hat. Ist das nicht der Fall, gelten die Regelungen des § 703d ZPO. So hat z.B. eine nach englischem Recht gegründete Limited nur in Ausnahmefällen einen allgemeinen Gerichtsstand im Inland, Art. 60 I EuGVVO, weshalb hier i.d.R. nach § 703d Abs. 2 ZPO die Zuständigkeit des Amtsgerichts in Betracht kommt, an dem die deutsche Niederlassung der Limited ihren Sitz hat, § 21 ZPO (Frankfurt OLGR 2007, 557).

104   cc) **Ausschließlichkeit.** Die Zuständigkeit des Mahngerichts ist **ausschließlich**, § 689 Abs. 2 Satz 1 ZPO, weshalb abweichende Gerichtsstandsvereinbarungen unwirksam sind (BGH NJW 1985, 322). Anderweitige ausschließliche Zuständigkeiten treten ebenfalls zurück, § 689 Abs. 2 Satz 3 ZPO.

105   dd) **Zuständigkeitsprüfung.** Das angegangene Amtsgericht prüft seine Zuständigkeit von Amts wegen. Bei fehlender Zuständigkeit erfolgt eine **Monierung**, § 691 Abs. 1,2 Nr. 1 ZPO. Der Antragsteller kann die Abänderung des im Mahnantrag einzutragenden Amtsgerichts beantragen, an welches dann der Mahnantrag **formlos weitergeleitet** wird.

c) Funktionelle Zuständigkeit

Die Bearbeitung der Mahnsachen obliegt dem **Rechtspfleger,** § 20 Nr. 1 RPflG. Anträge **106** und Erklärungen der Parteien nehmen jedoch auch die **Urkundsbeamten** der Geschäftsstelle eines jeden Amtsgerichts entgegen und übermitteln sie unverzüglich an das zuständige Mahngericht, §§ 702 Abs. 1 Satz 1, 129a Abs. 2 ZPO.

4. Der Mahnantrag und sein Inhalt

a) Form

Mahnanträge können in schriftlicher Form unter Verwendung von Vordrucken, im **107** Wege des elektronischen Datenaustauschs (EDA) oder „online" gestellt werden.

aa) Vordrucke. Die für den Mahnantrag eingeführten Vordrucke müssen von den **108** Parteien **zwingend verwendet** werden, § 703c Abs. 1, 2 ZPO. Bedient sich der Antragsteller nicht des **Originalvordrucks,** so ist sein Mahnantrag nach § 691 Abs. 1 Nr. 1 ZPO zurückzuweisen. Dasselbe gilt auch für die Vordrucke für Folgeanträge, wie etwa den Antrag auf Erlass eines Vollstreckungsbescheids. Der Mahnantrag muss **handschriftlich** unterschrieben sein, § 690 Abs. 2 ZPO.

bb) Elektronischer Datenaustausch (EDA). Der Mahnantrag kann auch in einer nur **109** maschinell lesbaren Form im Wege des elektronischen Datenaustauschs übermittelt werden, § 690 Abs. 3, HS 1 ZPO. Möglich ist die Datenübermittlung auf Magnetbandkassetten, Disketten oder im Wege der Datenfernübertragung, sog. WEB-DFÜ. In diesen Fällen bedarf der Antrag einer digitalen Signatur § 690 Abs. 3 HS 2 ZPO. Rechtsanwälte und Inkassodienstleister können seit 1.12.2008 den Mahnbescheid nur noch in elektronischer Form stellen, § 690 Abs. 3 ZPO.

cc) Online-Antrag. Schließlich kann der Mahnantrag auch unmittelbar im Internet auf **110** ein interaktives Antragsformular eingegeben werden. Das ausgefüllte Formular kann dann entweder ausgedruckt, unterzeichnet und per Post als „Barcode-Antrag" oder direkt „online" versandt werden. Im letzteren Fall ist wieder § 690 Abs. 3, HS 2 ZPO zu beachten.

b) Inhalt

Die inhaltlichen **Erfordernisse des Antrags** ergeben sich aus § 690 Abs. 1 Nr. 1 bis 5 **111** ZPO. Der Antrag muss enthalten:

aa) Nr. 1: Die Bezeichnung der **Parteien,** ihrer **gesetzlichen Vertreter** und der **Prozessbevollmächtigten.** Gerade der Antragsgegner muss unzweifelhaft identifizierbar sein, damit nicht Verfahrensfremde einbezogen werden (BGH NJW-RR 1995, 764) und eine spätere Vollstreckung möglich ist. Die genaue Postanschrift ist anzugeben, ein Postfach genügt nicht.
Bei **Prozessunfähigen** und **juristischen Personen** ist die Angabe des **gesetzlichen Vertreters** bzw. der vertretungsberechtigten Organe erforderlich, allerdings ist bei gesetzlichen Vertretern einer juristischen Person die Angabe der Organstellung ohne namentliche Nennung („vertr. d.d. GF") ausreichend (BGH NJW 1993, 2813). Wird der Mahnantrag vom **Bevollmächtigten** gestellt, muss er seine **Vollmacht** nicht nachweisen, sondern lediglich **versichern,** §§ 703, 88 ZPO.

112   **bb) Nr. 2:** Die Bezeichnung des **Gerichts,** bei dem der Antrag gestellt wird. Dies ist das zentrale Mahngericht des jeweiligen Bundeslandes.

113   **cc) Nr. 3:** Die Bezeichnung des **Anspruchs** unter bestimmter Angabe der verlangten Leistung. Der **Anspruch** muss im Mahnantrag lediglich bezeichnet, d.h. so **hinreichend individuell bestimmt** werden, dass er durch den Vollstreckungsbescheid Gegenstand einer Zwangsvollstreckung sein kann und der Gegner entscheiden kann, ob er Widerspruch gegen den Mahnbescheid einlegt (st. Rspr., vgl. BGH WM 2007, 1084). Die Angabe von anspruchsbegründenden Tatsachen wird nicht verlangt, da eine Schlüssigkeitsprüfung nicht stattfindet. Allerdings ist für den Anspruchsgrund eine **Katalognummer** aus den Ausfüllhinweisen anzugeben. Bei **Gesamtforderungen,** die aus Einzelforderungen bestehen, ist die jeweilige Einzelforderung zu bezeichnen (BGH WM 2007, 1084), um die erforderliche Individualisierung zu erreichen, vgl. § 690 Abs. 1 Nr. 3 HS 2 ZPO. Soweit der Antragsvordruck für Angaben nicht ausreicht, kann ein **Ergänzungsblatt,** das ebenfalls als Vordruck vorhanden ist, beigefügt werden. **Nebenforderungen** sind gesondert aufzuführen und individualisierbar zu bezeichnen, z.B. Zinsen, Mahn- und Inkassokosten. Bei Forderungen aus **Verbraucherdarlehen** und **Finanzierungshilfen** sind aus o.g. Gründen das **Datum des Vertragsschlusses** und der **effektive Jahreszins** anzugeben.

114   **dd) Nr. 4:** Erklärung über die **Nichtabhängigkeit** des Anspruchs von einer **Gegenleistung** bzw. Angabe, dass die Gegenleistung erbracht ist.

115   **ee) Nr. 5:** Bezeichnung des **Gerichts,** das für ein **streitiges Verfahren** zuständig ist. Dorthin erfolgt die Abgabe nach Widerspruch oder Einspruch, §§ 696 Abs. 1, 700 Abs. 3 ZPO. Der Antragsteller muss also bereits das zuständige Prozessgericht kennen. Der Rechtspfleger überprüft aber nur die Existenz des Gerichts für den angegebenen Ort und die Auswahl eines offensichtlich unzuständigen Gerichts. Das Gericht, an das angeben wird, ist deshalb in seiner Zuständigkeit nicht gebunden, § 696 Abs. 5 ZPO. Es prüft seine Zuständigkeit wie nach Eingang einer Klage von Amts wegen und verweist den Rechtsstreit ggf. nach § 281 ZPO.

116   **ff) Antrag auf Durchführung des Streitverfahrens nach Widerspruch.** Dieser Antrag **kann** bereits im Mahnantrag enthalten sein, § 696 Abs. 1 Satz 2 ZPO. Der Antrag auf Erlass des Vollstreckungsbescheids kann hingegen erst nach Ablauf der Widerspruchsfrist gestellt werden, § 699 Abs. 1 Satz 2 ZPO

   c)   Rücknahme des Mahnantrags

117   Der Mahnantrag kann analog § 269 ZPO **zurückgenommen** werden. Die Rücknahme ist ohne Zustimmung des Antragsgegners **bis zur Rechtskraft des Vollstreckungsbescheids** möglich, nach Widerspruch oder Einspruch **bis zur Abgabe** des Mahnverfahrens **an das Streitgericht** (OLG Köln NJW-RR 1999, 1737). Sie ist **schriftlich oder mündlich** zu Protokoll der Geschäftsstelle zu erklären, § 702 ZPO. Mit Rücknahme wird der Mahn- bzw. Vollstreckungsbescheid **wirkungslos,** analog § 269 Abs. 3 Satz 1, HS 2 ZPO. Der Antragsgegner kann analog § 269 Abs. 3 Satz 2, Abs. 4 ZPO Kostenantrag stellen. Zuständig für den Kostenbeschluss ist der Rechtspfleger des Mahngerichts. Begehrt der Antragsteller aber eine Kostenentscheidung nach billigem Ermessen, weil der Anlass zur Einreichung des Mahnantrags vor Rechtshängigkeit entfallen sei, § 269 Abs. 3 Satz 3 ZPO, liegt die Entscheidung beim Streitgericht (BGH NJW 2005, 512; OLG Hamm NJW-RR 2007, 424). Die Mahnsache ist hierzu nach Widerspruch an das Streitgericht abzugeben. Im Kostenantrag liegt zugleich der Antrag auf Durchführung des streitigen Verfahrens nach § 696 Abs. 1 ZPO (BGH a.a.O.).

III. Die Entscheidung über den Mahnantrag

Das Mahngericht muss einen fehlerhaften Mahnantrag monieren und dem Antragsteller Gelegenheit zur Richtigstellung geben. Bleibt die Monierung fruchtlos, ist der Antrag zurückzuweisen. Die Zurückweisung ist grundsätzlich unanfechtbar. Erfolgt in den Grenzen der Prüfungsbefugnis des Rechtspflegers keine Beanstandung, wird der Mahnbescheid erlassen und dem Antragsgegner zugestellt. **118**

1. Die Monierung

a) Rechtliches Gehör

Nach § 691 Abs. 1 Satz 2 ZPO ist der Antragsteller vor Zurückweisung des Mahnantrags **zu hören**. Den Anspruch auf rechtliches Gehör erfüllt der Rechtspfleger durch das **Monierungsschreiben**, in dem die Beanstandung konkret aufgeführt ist. Dem Schreiben ist ein Formular „**Monierungsantwort**" beigefügt, in welches die Berichtigung eingetragen werden muss. **119**

b) Prüfungsumfang

Eine Schlüssigkeitsprüfung findet im Mahnverfahren nicht statt, dennoch hat der Rechtspfleger eine begrenzte Prüfungspflicht (BGH NJW 1984, 242). Das EDV-Programm prüft die Angaben im Mahnantrag auf **Vollständigkeit**, **Zulässigkeit** und **Richtigkeit**. Zusätzlich sind im EDV-Programm teilweise **Grenzwerte** vorgegeben, bei deren Überschreiten der Verfahrensablauf unterbrochen und eine Prüfung durch den Rechtspfleger veranlasst wird. Das Mahnverfahren dient lediglich der Durchsetzung „eindeutig gegebener Ansprüche" (BGHZ 101, 388). **Offensichtlich** unbegründete oder gerichtlich nicht durchsetzbare Ansprüche sollen nicht auf dem einfachen Weg des Mahnverfahrens tituliert werden können (OLG Karlsruhe RPfleger 1987, 422). Schreibfehler und offensichtliche Versehen werden von Amts wegen ohne Monierung behoben. **120**

2. Die Zurückweisung des Antrags

a) Zurückweisungsgründe

aa) Eine Zurückweisung des Mahnantrages ist nach § 691 Abs. 1 Satz 1 Nr. 1 ZPO geboten, wenn die gesetzlichen Voraussetzungen für den Erlass des Mahnbescheids fehlen und auch nach Monierung nicht hergestellt werden, so z.B. wenn **121**
– eine allgemeine Zulässigkeitsvoraussetzung wie Prozess- und Parteifähigkeit, das Rechtsschutzinteresse oder die Zuständigkeit des Mahngerichts gemäß § 689 ZPO fehlt;
– eine besondere Zulässigkeitsvoraussetzung fehlt, weil ein nicht zugelassener Anspruch wie die Herausgabe einer Sache oder ein von einer Gegenleistung abhängiger Anspruch geltend gemacht wird, § 688 ZPO;
– der Antrag nicht alle nach § 690 Abs. 1 Nr. 1–5 ZPO notwendigen Angaben enthält oder gemäß § 690 Abs. 2 ZPO nicht handschriftlich unterzeichnet ist, sofern nicht die Voraussetzungen des § 690 Abs. 3 ZPO vorliegen;
– der eingeführte Vordruck nicht verwendet wurde, § 703 c Abs. 2 ZPO.

bb) Die Zurückweisung findet nach § 691 Abs. 1 Satz 1 Nr. 2 ZPO ferner statt, wenn nur wegen eines **Teiles des Anspruchs** der Mahnbescheid nicht erlassen werden kann, etwa bei überhöhten Forderungen aus Verbraucherkredit. Bei mehreren Haupt- oder Nebenforderungen, deren einzelne unbegründet, andere aber begründet sind, oder bei überhöhten Nebenforderungen wird der Mahnbescheid wegen der begründeten **122**

Ansprüche oder in Höhe der berechtigten Nebenforderungen erlassen und im Übrigen zurückgewiesen.

b) Zurückweisungsbeschluss

123 Die Zurückweisung erfolgt durch **Beschluss**. Er muss dem Antragsteller wegen der Fristen nach § 691 Abs. 2 und 3 ZPO **förmlich zugestellt** werden. Der Antragsgegner erhält hiervon keine Nachricht. Nach Zurückweisung des Mahnantrages steht dem Antragsteller die Geltendmachung seiner Forderung durch Klage beim Prozessgericht frei.

c) Fristwahrung bei Zurückweisung

124 Wird der Mahnantrag zurückgewiesen, so ist das Mahnverfahren beendet, die fristwahrenden Wirkungen der Antragseinreichung nach § 167 ZPO (vgl. Rn. 360 ff) können mangels Zustellung eines Mahnbescheids nicht mehr eintreten. Der Antragsteller soll aber durch die Wahl des Mahnverfahrens nicht schlechter als bei Klageerhebung gestellt sein, weshalb nach § 691 Abs. 2 ZPO die Rückwirkung des § 167 ZPO trotz Zurückweisung des Mahnantrages erhalten bleibt. Voraussetzung ist nur, dass **innerhalb 1 Monats** seit der Zustellung des Zurückweisungsbeschlusses **Klage eingereicht** und diese **demnächst zugestellt** wird.

> **Beispiel:**
> Der Antragsteller reicht am 1.3. seinen unzulässigen Mahnantrag ein. Dieser Antrag wird wegen Unzulässigkeit zurückgewiesen, der Beschluss wird ihm am 3.4. zugestellt. Die Verjährungshemmung am 1.3. bleibt erhalten, wenn der Kläger spätestens am 3.5. Klage auf Herausgabe einreicht, die dem Beklagten am 9.5. zugestellt wird.

d) Anfechtbarkeit der Zurückweisung

125 Gegen den Zurückweisungsbeschluss des Rechtspflegers steht dem Antragsteller grundsätzlich nur die **Erinnerung** binnen 2 Wochen seit Zustellung zu, § 11 Abs. 2 Satz 1 RPflG, §§ 691 Abs. 3 Satz 2, 569 Abs. 1 ZPO. Hilft der Rechtspfleger nicht ab, so legt er dem Amtsrichter zur Entscheidung vor, der selbst entscheiden muss und nicht dem Landgericht vorlegen darf, § 11 Abs. 2 Satz 3 RPflG. Lediglich wenn der nur in maschinell lesbarer Form übermittelte Antrag zurückgewiesen wurde, weil er sich im maschinellen Verfahren nicht eigne, steht dem Antragsteller die **sofortige Beschwerde** zu, § 691 Abs. 3 Satz 1 ZPO.

3. Erlass des Mahnbescheids

a) Rechtsnatur

126 Ist eine Zurückweisung des Mahnantrags nicht geboten, wird der beantragte Mahnbescheid erlassen, § 692 ZPO. Der Mahnbescheid ist ein gerichtlicher **Beschluss**. Die Unterschrift bzw. der entsprechende Stempel, § 692 Abs. 2 ZPO, werden bei maschineller Bearbeitung durch ein **Gerichtssiegel** ersetzt, § 703 b Abs. 1 ZPO.

b) Inhalt

127 Der Mahnbescheid enthält folgende Bestandteile nach § 692 Abs. 1 Nr. 1–6 ZPO:
- **Nr. 1:** die **Angaben des Antragstellers** im Mahnantrag;
- **Nr. 2:** den **Hinweis des Gerichts**, dass es das Bestehen des Anspruchs **nicht geprüft** hat;
- **Nr. 3:** die **Aufforderung des Gerichts**, innerhalb von **2 Wochen** seit Zustellung des Mahnbescheids die behauptete Schuld **zu zahlen** oder mitzuteilen, ob und in welchem Umfang **Widerspruch** erhoben wird;

- **Nr. 4**: den **Hinweis des Gerichts**, dass ein **Vollstreckungsbescheid ergehen** kann, wenn ein rechtzeitiger Widerspruch unterbleibt;
- **Nr. 5**: den **Hinweis des Gerichts**, dass der **Widerspruch** auf dem **beigefügten Formular** erhoben werden **soll** (Verwendung ist hier nicht zwingend!);
- **Nr. 6**: den **Hinweis des Gerichts**, an welches **Streitgericht** nach den Angaben des Antragstellers die Sache bei Widerspruch abgegeben wird, welchem jedoch die Prüfung seiner Zuständigkeit vorbehalten bleibt.

c) Kostenrechnung

Mit dem Erlass des Mahnbescheids wird maschinell eine Kostenrechnung für den **128** Antragsteller gefertigt. Sie enthält die **vom Antragsteller zu zahlenden Gerichtskosten** in Höhe der halben Gerichtsgebühr nach § 3 Abs. 2 GKG, Nr. 1110 KV-GKG. Bei Beteiligung eines Rechtsanwalts auf Antragstellerseite sind auch dessen Gebühren nach § 17 Nr. 2 RVG, Nr. 3305 VV-RVG und Auslagen aufgeführt. Das Mahnverfahren wird also zunächst ohne Kostenvorschuss in Gang gesetzt. Der Vollstreckungsbescheid wird jedoch erst erlassen, wenn die Gerichtskosten bezahlt sind. Hierzu ist ein **Zahlungsvordruck** beigefügt, sofern der Landesoberkasse vom Antragsteller nicht Einzugsermächtigung erteilt worden war. In diesem Fall erhält der Antragsteller die Kostenrechnung mit der Nachricht über die Zustellung des Mahnbescheids.

d) Zustellung des Mahnbescheids

Der Mahnbescheid wird dem Antragsgegner zugestellt, § 693 Abs. 1 ZPO. Die Zustel- **129** lung macht den Mahnbescheid erst wirksam. Der Antragsteller wird über die Zustellung und das Zustellungsdatum **benachrichtigt**, § 693 Abs. 2 ZPO. Gleichzeitig erhält er auch den Vordruck für den Antrag auf Erlass eines Vollstreckungsbescheids übersandt. Konnte der Mahnbescheid nicht zugestellt werden, erhält der Antragsteller eine **Nichtzustellungsnachricht** nebst dem Vordruck „**Antrag auf Neuzustellung eines Mahnbescheids**", den er zur Ergänzung oder Korrektur der Angaben zwingend zu verwenden hat.

e) Verjährungshemmung

aa) Voraussetzungen. Durch Zustellung des Mahnbescheids tritt **Hemmung der Ver-** **130** **jährung** des geltend gemachten Anspruchs nach § 204 Abs. 1 Nr. 3 BGB ein, sofern nicht schon Rückwirkung auf den Zeitpunkt des Antragseingangs nach § 167 ZPO stattfindet. Diese Wirkung existiert jedoch nur im Umfang der sich aus dem Streitgegenstand des Mahnbescheids ergebenden Anspruchs, der ggf. durch Auslegung analog §§ 133, 157 BGB zu ermitteln ist (Karlsruhe OLGR 2008, 537).
Die Verjährung wird nur dann gehemmt, wenn der geltend gemachte Anspruch nach § 690 Abs. 1 Nr. 3 ZPO **hinreichend individualisiert** ist (vgl. BGH NJW 2008, 1220). Er muss durch seine Kennzeichnung von anderen Ansprüchen so unterscheidbar sein, dass er Grundlage der Vollstreckung sein kann. Der Antragsgegner muss beurteilen können, ob und in welchem Umfang er sich zur Wehr setzen will (st. Rspr., vgl. BGH NJW 2008, 3498). Ohne Bedeutung ist, ob die hierzu erforderlichen Angaben bereits im Mahnantrag fehlen oder erst in der zugestellten Ausfertigung des Mahnbescheids nicht enthalten sind (BGH NJW 1995, 2230).
Bei einer **Mehrzahl von Einzelforderungen** muss deren Bezeichnung im Mahnbescheid dem Antragsgegner ermöglichen, die Zusammensetzung des verlangten Gesamtbetrages aus für ihn unterscheidbaren Ansprüchen zu erkennen. Hierzu kann auf Rechnungen oder andere Schriftstücke Bezug genommen werden (BGH NJW 2008, 1220). Rechtsfehlerhafte, nicht individualisierte Mahnbescheide hemmen die Verjährung auch dann nicht, wenn die Individualisierung nach Ablauf der Verjährungsfrist im anschlie-

ßenden Streitverfahren nachgeholt wird, sofern nicht die Zustellung der Anspruchsbegründung demnächst im Sinne des § 167 ZPO erfolgt (BGH WM 2000, 2375; Köln
OLGR 2006, 550).

131 **bb) Rückwirkung.** Für die Frage, ob die Zustellung **demnächst** i.S.d. § 167 ZPO
erfolgt ist, wird nicht der Zeitraum vom Tage des Eingangs des Mahnantrags, sondern
erst vom Tage des **Ablaufs der Verjährungsfrist** an gemessen (BGH NJW 1995, 2230).
Die Hemmung wirkt in diesem Fall auch dann auf den Zeitpunkt des Eingangs des
Mahnantrags zurück, wenn er zunächst unwirksam war, z.B. bei Verwendung unzulässiger Formulare, dieser Mangel aber nach Monierung behoben wurde (BGH NJW
1999, 3717).
Die Zustellung ist dann **nicht mehr** als **demnächst** erfolgt anzusehen, wenn ein nach-
lässiges Verhalten der Partei zu einer nicht nur geringfügigen Verzögerung der Zustellung beigetragen hat. Der auf vermeidbare Verzögerungen im Geschäftsablauf des
Gerichts zurückzuführende Zeitraum wird nicht angerechnet. Eine **Verzögerung** des
Antragstellers wird allerdings nicht mehr bereits dann als **nicht geringfügig** angesehen,
wenn sie mehr als 2 Wochen beträgt (im Gegensatz zur Klagezustellung, BGH FamRZ
2004, 21), sondern im Blick auf die Regelung in § 691 Abs. 2 ZPO erst dann, wenn das
nachlässige Verhalten zu einer Verzögerung von mehr als **1 Monat** führt (BGH NJW-
RR 2006, 1436).
Die verjährungshemmende Wirkung der Zustellung bzw. der Antragseinreichung bleibt
unberührt, wenn die Streitsache anschließend **nicht „alsbald" nach Widerspruch** abgegeben wird, § 696 Abs. 3 ZPO. Die Verjährungshemmung knüpft nämlich nicht an die
Rechtshängigkeit, sondern an die Zustellung bzw. Einreichung des Mahnantrags an,
während die nicht alsbaldige Abgabe i.S.d. § 696 Abs. 3 ZPO sich nur auf die Folgen
der Rechtshängigkeit auswirkt (Saarbrücken OLGR 2006, 204).

132 **cc) Beendigung der Hemmung.** Die Hemmung **endet**, wenn das Mahnverfahren nach
Zustellung des Mahnbescheids nicht weiterbetrieben oder der Mahnantrag **zurückgenommen wird** („anderweitige Beendigung"), § 204 Abs. 2 BGB. Die Rücknahme
steht allerdings wegen der Wirkungen des § 691 Abs. 2 ZPO einer Zurückweisung des
Mahnantrages gleich (vgl. Zöller, § 691 Rn. 5 m.w.N.). Im Übrigen entfallen die
Wirkungen des Mahnbescheids, wenn nicht innerhalb von **6 Monaten** nach Zustellung
und fehlendem Widerspruch Antrag auf Erlass eines Vollstreckungsbescheids gestellt
oder der rechtzeitige Antrag **zurückgewiesen** worden ist, § 701 ZPO.

IV. Das weitere Verfahren nach Zustellung des Mahnbescheids

133 Durch die Zustellung des Mahnbescheides erlangt der Antragsgegner Kenntnis vom
gerichtlich geltend gemachten Anspruch. Er hat drei Möglichkeiten, darauf zu reagieren: Er kann die geforderten Beträge ganz oder teilweise **bezahlen**, ganz oder teilweise
Widerspruch einlegen oder überhaupt **nicht reagieren**. Im letzten Fall wird der Antragsteller einen Vollstreckungsbescheid beantragen.

1. Erledigung des Verfahrens durch Zahlung

Bei Zahlung tritt eine **Erledigung** des Mahnverfahrens nur ein, wenn die Haupt- und
Nebenforderungen sowie die ausgewiesenen Kosten **insgesamt** bezahlt sind. Soweit der
Antragsgegner Teile nicht bezahlt, muss er Widerspruch einlegen oder es wird insoweit
das Mahnverfahren fortgesetzt. Dabei muss er beachten, dass eine Zahlung nach § 367
Abs. 1 BGB im Zweifel zunächst auf die Kosten, dann auf die Zinsen und zuletzt auf
die Hauptforderung verrechnet wird.

2. Widerspruch des Antragsgegners

a) Inhalt

Der Widerspruch kann sich gegen den **gesamten Anspruch**, bestehend aus Haupt- und   **134** Nebenforderung und Kosten, richten oder auf **einzelne Teile des Anspruchs**, z.B. auf die Zinsen beschränkt sein, § 694 Abs. 1 ZPO. Er kann sich auch nur gegen die Kosten richten (str., vgl. OLG Koblenz JurBüro 1995, 323).

b) Form

Der Widerspruch ist **schriftlich** einzulegen, § 694 Abs. 1 ZPO. Die Verwendung des   **135** **Vordrucks** ist **nicht zwingend**, ermöglicht jedoch eine zügigere Bearbeitung beim Mahngericht, da er gleichzeitig als Erfassungsbeleg dient. Es kommt nicht auf die Verwendung des Wortes „Widerspruch" an, da die Willensäußerung der **Auslegung** zugänglich ist. Auch die **Unterschrift ist nicht zwingend**, solange der Urheber erkennbar ist (vgl. BGHZ 97, 253; BVerfGE 15, 292). Der Widerspruch durch **Telegramm oder Telefax** ist ebenfalls zulässig (BGH NJW 2000, 2340). Der Widerspruch kann auch gegenüber dem Urkundsbeamten der Geschäftsstelle eines jeden Amtsgerichts mündlich erklärt werden, der ihn an das zuständige Mahngericht weiterleitet, §§ 702, 129a ZPO. Eine **Begründung** ist nicht erforderlich, zumal eine Anspruchsbegründung noch nicht vorliegt.

c) Frist

Nach § 692 Abs. 1 Nr. 3 ZPO ist der Widerspruch dem Gericht binnen **2 Wochen** seit   **136** Zustellung des Mahnbescheids mitzuteilen, im arbeitsgerichtlichen Mahnverfahren innerhalb **1 Woche**, § 46a Abs. 3 ArbGG. Diese Frist ist jedoch keine Ausschlussfrist, denn nach § 694 Abs. 1 ZPO kann der Antragsgegner **solange** Widerspruch erheben, **wie der Vollstreckungsbescheid nicht verfügt** ist. Sie bedeutet also nur, dass vor ihrem Ablauf kein Vollstreckungsbescheid erteilt werden darf.

d) Sperrwirkung

Der Erlass des **Vollstreckungsbescheids** ist **insoweit gehindert**, als Widerspruch erhoben   **137** ist, d.h., sobald er bei Gericht eingegangen ist (BGH NJW 1982, 888). Bezüglich Forderungsteilen, auf die sich der Widerspruch nicht erstreckt, nimmt das Mahnverfahren seinen Fortgang. Ein Widerspruch, der erst **nach** Erlass des Vollstreckungsbescheids, also **verspätet** eingeht, wird als **Einspruch** gegen den Vollstreckungsbescheid behandelt, § 694 Abs. 2 ZPO. Auch bei einer fehlerhaften Entscheidung ist er in einen Einspruch umzudeuten (BGHZ 85, 34; Frankfurt OLGR 1997, 60). Ein Antrag auf Wiedereinsetzung analog § 233 ZPO kommt wegen des Ausnahmecharakters dieser Vorschrift nicht in Betracht.

> **Beispiel:**
> Der Rechtspfleger deutet einen unklaren Teilwiderspruch nicht als unbeschränkten Widerspruch und erlässt Teil-Vollstreckungsbescheid. Richtigerweise hätte er den Antragsgegner befragen müssen, wie der Teilwiderspruch zu verstehen sei (KG JurBüro 1984, 136). Bis zur Klarstellung ist der unklare Teilwiderspruch als unbeschränkter Widerspruch zu behandeln, ein Vollstreckungsbescheid hätte nicht ergehen dürfen (BGH MDR 1983, 224). Der klargestellte Widerspruch muss nun als Einspruch gegen den Teil-Vollstreckungsbescheid behandelt werden.

e) Widerspruchsnachricht

Die Einlegung des Widerspruchs wird dem Antragsteller vom Gericht mitgeteilt, § 695   **138** ZPO. Die **Widerspruchsnachricht** enthält die Daten der **Person** des Widersprechenden, das **Datum des Eingangs** beim Mahngericht, den **Umfang des Widerspruchs** sowie die weiteren Angaben des Antragsgegners, z.B. über seinen Rechtsanwalt. Die Widerspruchsnachricht enthält ferner die Angabe des Gerichts für das streitige Verfahren und den Hinweis, dass die Abgabe erst nach Zahlung der weiteren Gerichtskosten erfolgt, die aus dem Wert des Widerspruchs nach § 12 Abs. 3 GKG, Nr. 1210 KV-GKG berechnet wurden. Ein vorbereiteter Zahlungsvordruck ist bereits beigefügt.

f) Rücknahme

139 Der Antragsgegner kann den **Widerspruch** bis zum Beginn seiner mündlichen Verhandlung zur Hauptsache vor dem Streitgericht (§ 137 Abs. 1 ZPO) **zurücknehmen**, sofern nicht bereits **Versäumnisurteil** gegen ihn ergangen war, dem er sich sonst durch Rücknahme wieder entziehen könnte, § 697 Abs. 4 Satz 1 ZPO. Die Rücknahme des Widerspruchs kann wiederum schriftlich oder zu Protokoll der Geschäftsstelle erfolgen, §§ 697 Abs. 4 Satz 2, 129a Abs. 1 ZPO.

3. Erlass eines Vollstreckungsbescheids auf Antrag

a) Antragsvoraussetzungen und Inhalt

140 **aa) Wartefrist.** Erfolgt kein Widerspruch, so kann der **Antragsteller** den Erlass des **Vollstreckungsbescheids beantragen**, § 699 ZPO. Der Antrag kann aber **nicht vor Ablauf der Widerspruchsfrist**, § 699 Abs. 1 Satz 2 ZPO, und **nicht mehr nach Ablauf von 6 Monaten** ab Zustellung des Mahnbescheids gestellt werden, § 701 Satz 1 ZPO.

bb) Inhaltliche Angaben. In dem **Antragsformular** ist zwingend anzugeben, **ob** und **welche Zahlungen** auf den Mahnbescheid geleistet worden sind, § 699 Abs. 1 Satz 2, HS 2 ZPO. Damit soll eine Titulierung von Ansprüchen vermieden werden, die bereits erloschen sind. Der Antragsteller hat auch anzugeben, ob er den Vollstreckungsbescheid **selbst** dem Antragsgegner **zustellen** lassen möchte oder ob das Gericht die Zustellung veranlassen soll, § 699 Abs. 4 Satz 1 ZPO. Schließlich kann er noch **weitere Auslagen**, die nach Erlass des Mahnbescheids entstanden sind, aufnehmen lassen.

b) Erlass des Vollstreckungsbescheids

141 **aa) Voraussetzungen.** Sind sämtliche Gerichtsgebühren durch den Antragsteller entrichtet, § 12 Abs. 3 Satz 2 GKG, so wird der Vollstreckungsbescheid auf der **Grundlage des Mahnbescheids** erlassen, § 699 Abs. 1 Satz 1 ZPO. Das bedeutet, dass der Mahnbescheid zulässig gewesen sein muss, zu Recht ergangen ist und ordnungsgemäß zugestellt worden ist (h.M., vgl. BGH NJW 1990, 1119). Ein Vollstreckungsbescheid kann nicht ergehen, wenn nach Zustellung des Mahnbescheids ein Parteiwechsel erfolgte. Der neue Gläubiger muss einen neuen Mahnbescheid erwirken, weil dieser Grundlage des Vollstreckungsbescheids ist (h.M., vgl. OLG Hamm ZIP 2008, 188). Der Vollstreckungsbescheid wird i.d.R. **durch das Mahngericht erlassen.** Ist das Verfahren aber bereits an ein **Prozessgericht** abgegeben bzw. verwiesen worden, so erlässt dieses den Vollstreckungsbescheid, § 699 Abs. 1 Satz 3 ZPO. Funktionell zuständig ist auch hier der Rechtspfleger.

> **Beispiel:**
> Nach Widerspruch gegen den Mahnbescheid wird das Verfahren an das Landgericht zur Durchführung des Streitverfahrens abgegeben. Im Termin zur mündlichen Verhandlung nimmt der Beklagte seinen Widerspruch gegen den Mahnbescheid zurück. Nun kann der Rechtspfleger des Landgerichts den Vollstreckungsbescheid erlassen.

Das Prozessgericht bleibt auch dann für den Erlass des Vollstreckungsbescheids zuständig, wenn sich der Widerspruch bei nachträglicher Prüfung als unwirksam erweist, das Mahngericht aber nach dem äußeren Erscheinungsbild von einer wirksamen Einlegung des Widerspruchs ausgehen durfte (BGH NJW 1998, 235).

bb) Kosten. Wurde der Vollstreckungsbescheid durch einen Rechtsanwalt beantragt, so ist eine weitere **5/10 Gebühr** nach § 17 Nr. 2 RVG, Nr. 3308 VV-RVG entstanden, welche im maschinellen Mahnverfahren automatisch errechnet und den bisherigen Kosten hinzuaddiert wird. Diese Kosten werden im Vollstreckungsbescheid ausgewiesen, § 699 Abs. 3 ZPO.

cc) Keine Unterschrift. Die Ausfertigungen des maschinell erstellten Vollstreckungsbescheids tragen das **Gerichtssiegel** und sind ohne Unterschrift gültig. Sie sind auch ohne Ausfertigungsvermerk des Urkundsbeamten, § 703 b Abs. 1 ZPO.

dd) Hinweise. Die Rückseite des Vollstreckungsbescheids enthält an den Antragsgegner gerichtete Hinweise des Gerichts zu Zahlungen, Zahlungsaufschub, Ratenzahlung, Zahlungsunfähigkeit und zur Möglichkeit der Erhebung eines Einspruchs, für den kein Vordruck eingeführt ist.

c)   Wirkungen

Der Vollstreckungsbescheid steht einem für **vorläufig vollstreckbar** erklärten **Versäum-**   **142**
nisurteil gleich, § 700 Abs. 1 ZPO. Mit seinem Erlass gilt die Streitsache rückwirkend auf den Zeitpunkt der Zustellung des Mahnbescheids als rechtshängig geworden, § 700 Abs. 2 ZPO.

d)   Zustellung des Vollstreckungsbescheids

Der Vollstreckungsbescheid wird dem Antragsgegner **von Amts wegen** zugestellt, wenn   **143**
nicht der Antragsteller die Übergabe an sich zur **Zustellung im Parteibetrieb** gemäß §§ 191 ff. ZPO beantragt hat, § 699 Abs. 4 ZPO. Im letzteren Fall erhält er mit dem Übersendungsschreiben nicht nur eine, sondern zwei Ausfertigungen des Vollstreckungsbescheids. Kann die Zustellung nicht bewirkt werden, erhält der Antragsteller eine **Nichtzustellungsnachricht** mit einem Vordruck „**Antrag auf Neuzustellung**", den er zwingend zu verwenden hat. Im Gegensatz zum Mahnbescheid ist nun auch eine **öffentliche Zustellung** nach §§ 185 ff. ZPO möglich. Der Aushang an der Gerichtstafel erfolgt dann bei dem im Mahnbescheid angegebenen **Streitgericht**, § 699 Abs. 4 Satz 3 ZPO.

e)   Einspruch

aa) Begriff. Dem Antragsgegner steht wegen der **Gleichstellung** mit dem **Versäumnis-**   **144**
urteil gegen den **Vollstreckungsbescheid** der **Einspruch** zu, §§ 700 Abs. 1, 338 ZPO. Die Erhebung des zulässigen Einspruchs verhindert die Rechtskraft des Vollstreckungsbescheids und sichert dem Antragsgegner, mit seinen Einwendungen gegen den geltend gemachten Anspruch noch gehört zu werden.

bb) Frist. Die Einspruchsfrist beträgt **2 Wochen** ab Zustellung des Vollstreckungs-   **145**
bescheids an den Antragsgegner, §§ 700 Abs. 1, 339 Abs. 1 ZPO; im arbeitsgerichtlichen Mahnverfahren beträgt die Frist **1 Woche**, §§ 46 a Abs. 1, 59 ArbGG. Der Einspruch kann eingelegt werden, sobald der Vollstreckungsbescheid erlassen ist, also auch schon vor dessen Zustellung.

cc) Form. Der Einspruch, für den **kein Vordruck** vorgesehen ist, wird durch Einrei-   **146**
chung der **Einspruchsschrift** bei dem Mahngericht eingelegt, §§ 700 Abs. 1, 340 Abs. 1 ZPO. Streitig ist, ob der schriftliche Einspruch der Unterschrift des Antragsgegners

bedarf (h.M., BGH NJW 1987, 2588) oder ob die Erleichterungen, die für den Widerspruch gelten, ebenfalls Anwendung finden (z.B. LG Köln NJW 2005, 79). Eine Einspruchseinlegung per Fax ist zulässig (BGH NJW 2000, 2340). Schließlich kann der Einspruch auch zu Protokoll des Urkundsbeamten der Geschäftsstelle eingelegt werden, §§ 702 Abs. 1 Satz 1, 129 a Abs. 1 ZPO, wohl aber nicht telefonisch (str., vgl. BGH NJW 1981, 1627; OLG Schleswig ZIP 1984, 1017). Für die Einlegung eines Einspruchs besteht **kein Anwaltszwang**, §§ 78 Abs. 5, 702 Abs. 1 ZPO. Dies gilt auch, wenn der Vollstreckungsbescheid im Fall des § 699 Abs. 1 Satz 3 ZPO vom Landgericht erlassen wurde.

147   dd) **Inhalt.** Der Einspruch bedarf der **Bezeichnung** des angegriffenen **Vollstreckungsbescheids** und der Erklärung, dass und ggf. in welchem **Umfang Einspruch** eingelegt wird, §§ 700 Abs. 1, 340 Abs. 2 ZPO. Er kann auf einen Teil des Anspruchs (Teil der Hauptsumme, nur Nebenforderung oder Kosten, vgl. Zweibrücken OLGZ 71, 383) beschränkt werden, der Vollstreckungsbescheid wird dann im Übrigen rechtskräftig. Er braucht **nicht begründet** zu werden, da auch für den Vollstreckungsbescheid die einfache Bezeichnung des Anspruchs im Mahnantrag genügt, §§ 700 Abs. 3 Satz 3, 340 Abs. 3 ZPO.

148   ee) **Rücknahme.** Der Beklagte kann den Einspruch bis zu seiner mündlichen Verhandlung zur Hauptsache schriftlich oder zu Protokoll des Urkundsbeamten der Geschäftsstelle zurücknehmen, §§ 700 Abs. 3 Satz 2, 697 Abs. 4 ZPO.

V. Übergang vom Mahnverfahren in das Streitverfahren nach Widerspruch gegen den Mahnbescheid

149   Beantragt eine Partei die Durchführung des streitigen Verfahrens, erfolgt Abgabe an das Streitgericht, deren Geschäftsstelle den Antragsteller zur Anspruchsbegründung auffordert. Nach deren Eingang bestimmt das Gericht frühen ersten Termin oder es ordnet das schriftliche Vorverfahren an. Bleibt die Anspruchsbegründung aus, wird Termin nur auf Antrag des Beklagten bestimmt, ansonsten werden die Akten weggelegt.

1. Antrag auf Durchführung des streitigen Verfahrens

a) Streitantrag

Nach rechtzeitigem Widerspruch kann **jede Partei**, also auch der Antragsgegner, die Durchführung des streitigen Verfahrens **beantragen**, § 696 Abs. 1 Satz 1, HS 1 ZPO. Der Antragsteller kann diesen Antrag für den Fall des Widerspruchs bereits im Mahnantrag stellen, § 696 Abs. 1 Satz 2 ZPO. Der Antrag ist schriftlich oder zu Protokoll des Urkundsbeamten der Geschäftsstelle zu stellen, § 702 Abs. 1 Satz 1 ZPO. In der Einzahlung des weiteren Vorschusses durch den Antragsteller liegt aber i.d.R. noch kein konkludenter Streitantrag (OLG München MDR 1997, 890). Das Gericht fordert die Parteien nicht auf, den Streitantrag zu stellen. Beantragt keine der Parteien die Abgabe des Verfahrens, so kommt es zum Stillstand (BGH MDR 1992, 1198), sodass nach 6 Monaten die Akten weggelegt werden, § 7 AktO.

b) Rücknahme des Streitantrags

Der Antrag auf Durchführung des Streitverfahrens kann bis zur **Verhandlung des Beklagten** zur Hauptsache vor dem Streitgericht – in den üblichen Formen und ohne Rechtsanwalt – **zurückgenommen** werden, § 696 Abs. 4 Satz 1, 2 ZPO. Das Mahnverfahren wird dadurch wieder in die Lage vor Stellung des Streitantrages zurückversetzt, es ruht ggf. bis zur Stellung eines erneuten Streitantrages.

Der Antragsgegner kann **keinen Kostenantrag** analog § 269 Abs. 3 Satz 2, Abs. 4 ZPO stellen, da die Zurücknahme des Antrags auf Durchführung des streitigen Verfahrens der Klagerücknahme nicht gleichsteht; nur die Rechtshängigkeit beim Streitgericht entfällt, das Mahnverfahren bleibt anhängig (BGH NJW-RR 2006, 201). Von der Rücknahme des Antrags auf Durchführung des streitigen Verfahrens sind die Rücknahme des Mahnantrages und die Rücknahme des Widerspruchs deutlich zu unterscheiden. Sie werden von der Rücknahme des Streitantrages regelmäßig nicht mit umfasst (OLG Stuttgart MDR 1990, 557).

2. Abgabe an das Streitgericht

a) Abgabeverfügung

aa) Abgabe. Das Mahngericht **gibt** das Verfahren auf Antrag **an das Streitgericht ab,** **150** § 696 Abs. 1 Satz 1 ZPO. Hat der **Antragsteller** den Antrag gestellt, erfolgt die Abgabe erst, wenn die Verfahrensgebühren einbezahlt sind, §§ 12 Abs. 3 Satz 3 GKG, Nr. 1210 KV-GKG. Dies gilt nicht beim Abgabeantrag des Antragsgegners.

bb) Abgabeverfügung und Aktenausdruck. Das Mahngericht erstellt eine „Abgabeverfügung", welcher ein maschinell erstellter Aktenausdruck für das Prozessgericht beigefügt wird, der alle elektronisch gespeicherten Daten des Mahnverfahrens enthält, § 696 Abs. 2 Satz 1 ZPO. Im ersten Teil des Aktenausdrucks wird der Mahnbescheid dargestellt, im zweiten Teil ist der Verfahrensablauf in chronologischer Reihenfolge dokumentiert. Dem Ausdruck werden – außer einem individuellen Widerspruchsschreiben – keine Originalbelege beigefügt, da für ihn die Vorschriften über die **Beweiskraft öffentlicher Urkunden** gelten, § 696 Abs. 2 Satz 2 ZPO.

cc) Mitteilung. Die Abgabe ist den Parteien mitzuteilen, § 696 Abs. 1 Satz 3 ZPO. Die Abgabenachricht enthält das Datum des Eingangs des Widerspruchs und der Abgabe sowie die Bezeichnung des Streitgerichts.

b) Empfangsgericht

aa) Bezeichnetes Streitgericht. Die Abgabe erfolgt grundsätzlich an **das im Mahn-** **151** **bescheid** als Streitgericht **bezeichnete Amts- oder Landgericht,** §§ 696 Abs. 1 Satz 1, 690 Abs. 1 Nr. 5, 692 Abs. 1 Nr. 6 ZPO, auch wenn dieses für die Entscheidung des Rechtsstreits unzuständig sein sollte. Hat sich der Streitwert aber nachträglich auf einen Betrag unter 5.000,01 € reduziert, dürfte es zulässig sein, auf Antrag des Antragstellers statt an das im Mahnantrag bezeichnete Landgericht an das nunmehr zuständige Amtsgericht abzugeben (Frankfurt OLGZ 93, 91).

bb) Übereinstimmendes anderweitiges Abgabeverlangen. Die Abgabe erfolgt ausnahmsweise an ein anderes Gericht, wenn dies beide Parteien übereinstimmend verlangen, § 696 Abs. 1 Satz 1 ZPO. Die gleichzeitig oder nacheinander erklärten Abgabeanträge müssen aber beim Mahngericht vorliegen, **bevor die Abgabe vollzogen** ist (BGHReport 2003, 42).

cc) Zuständigkeitsprüfung. Sie erfolgt durch das Empfangsgericht, es ist an die Abgabe **152** **nicht gebunden,** § 696 Abs. 5 ZPO. Es kann den Rechtsstreit ggf. nach § 281 ZPO verweisen. Das zuständige Empfangsgericht darf aber den Rechtsstreit nicht an ein anderes ebenfalls zuständiges Gericht verweisen, wenn beide Parteien dies erst nach Abgabe übereinstimmend beantragen. Das Wahlrecht der Parteien nach § 696 Abs. 1

Satz 1 ZPO **erlischt mit Abgabe** des Mahngerichts (BGHReport 2003, 42). Auch das
Wahlrecht des Klägers nach § 35 ZPO **erlischt** bereits **mit Zustellung des Mahnbescheids** (BGH NJW 1993, 1273), nachdem er seine Wahl bereits im Mahnantrag
bindend getroffen hat.
Ist das im Mahnantrag bezeichnete Streitgericht erst **nach Zustellung des Mahnbescheids unzuständig** geworden, weil sich der Wohnsitz des Beklagten verändert
hat, bleibt das Empfangsgericht **nicht** nach § 261 Abs. 3 Nr. 2 ZPO an die im Zeitpunkt der **Rechtshängigkeit** gegebene Zuständigkeit gebunden (perpetuatio fori). Die
Rechtshängigkeit tritt zwar regelmäßig bereits mit Zustellung des Mahnbescheids ein,
§ 696 Abs. 3 ZPO. Nach herrschender Ansicht ist diese rückbezogene Rechtshängigkeit (vgl. Rn. 474) für die Zuständigkeitsprüfung des Empfangsgerichts aber nicht
maßgebend (vgl. KG NJW-RR 1999, 1011). Nach hier vertretener Ansicht (vgl. Rn.
468) tritt Rechtshängigkeit erst mit **Zustellung** einer den Anforderungen des § 253
ZPO entsprechenden **Anspruchsbegründung** an den Beklagten ein (OLG Frankfurt
NJW-RR 1992, 448; „spätestens": BGH NJW 1993, 1071; a.A. vgl. BayObLG NJW-
RR 1995, 635).
Ist das mit dem Mahnverfahren befasste Amtsgericht zugleich das Streitgericht, so
gelten die Vorschriften über die Abgabe sinngemäß, § 698 ZPO. Das Verfahren ist
dann von der Mahnabteilung an die Prozessabteilung abzugeben.

c)   **Wirkungen der Abgabe**

153   **aa) Ende des Mahnverfahrens.** Mit **Abgabe** des Verfahrens an das Streitgericht endet
das Mahnverfahren (OLG München NJW-RR 1998, 504). Mit Eingang der Akten
beim Empfangsgericht wird der Rechtsstreit dort **anhängig**, § 696 Abs. 1 Satz 4
ZPO.

bb) Rechtshängigkeit. Sie gilt rückwirkend mit der Zustellung des Mahnbescheids als
eingetreten, wenn die **Abgabe** an das Streitgericht **alsbald** erfolgt, § 696 Abs. 3 ZPO.
Diese Fiktion gilt mit Ausnahme der „perpetuatio fori" mit allen Konsequenzen. So
dürfte z.B. auch ein Parteiwechsel ohne Zustimmung des Beklagten ab Zustellung des
Mahnbescheids nach § 265 Abs. 2 Satz 2 ZPO ausgeschlossen sein (vgl. OLG Hamm
ZIP 2008, 1880). Erfolgt die Abgabe **nicht** alsbald, so ist streitig, zu welchem Zeitpunkt Rechtshängigkeit eintritt (BGH NJW 1991, 171: „nicht vor Abgabe"). Nach
hier vertretener Meinung ist auf den Zeitpunkt der **Zustellung der Anspruchsbegründung** abzustellen, da der Mahnbescheid hier nur eine besondere Art der Verfahrens-
einleitung darstellt.

cc) Wegfall der Wirkungen. Die Wirkungen entfallen wieder, wenn der Antrag auf
Durchführung des streitigen Verfahrens bis zum Beginn der mündlichen Verhandlung
des Antragsgegners zur Hauptsache zurückgenommen wird, § 696 Abs. 4 ZPO.

3.   **Die Anspruchsbegründung**

a)   **Aufforderung zur Anspruchsbegründung**

154   Nach Eingang des Aktenauszuges beim Empfangsgericht erhält die Sache ein Aktenzeichen und wird dem nach dem Geschäftsverteilungsplan zuständigen Richter bzw.
Spruchkörper zugeteilt. Die **Geschäftsstelle** des Gerichts, nicht etwa der Richter, gibt
dem Antragsteller unverzüglich auf, seinen Anspruch, ggf. durch einen Rechtsanwalt,
§ 78 ZPO, zu begründen, § 697 Abs. 1 Satz 1 ZPO. Die Aufforderung erfolgt **formlos**
durch Übersendung mit der Post, vgl. §§ 697 Abs. 1 Satz 2, 270 Satz 2 ZPO. Sie ist nicht
erforderlich, wenn der Antragsteller den Anspruch bereits mit einem an das Mahngericht gerichteten Schriftsatz begründet hat (OLG Hamm TranspR 2000, 366).

b) Fristsetzung und Ausbleiben der Anspruchsbegründung

Die Geschäftsstelle setzt dem Antragsteller für die Anspruchsbegründung eine **Frist von** **155** **2 Wochen,** § 697 Abs. 1 Satz 1 ZPO. Lässt er die Frist verstreichen, so hat das für ihn keine nachteiligen Folgen. Reicht er bis zum Ablauf der gesetzten Frist **keine Anspruchsbegründung** ein, so ruht der Vorgang bei Gericht. Trifft sie **innerhalb von 6 Monaten** ein, so nimmt das Verfahren wie nach Eingang einer Klage seinen Fortgang.

Allerdings kann der **Antragsgegner** den früheren Fortgang des Verfahrens auch ohne Vorliegen einer Anspruchsbegründung erreichen, indem er den **Antrag auf Bestimmung eines Termins zur mündlichen Verhandlung** stellt, § 697 Abs. 3 Satz 1 ZPO. Dieser Antrag ist **nicht** schon im Antrag auf Durchführung des streitigen Verfahrens nach § 696 Abs. 1 Satz 1 ZPO enthalten (München OLGR 1992, 15). Mit der Terminsverfügung setzt der Vorsitzende dem Antragsteller eine **richterliche** Frist zur Begründung des Anspruchs, § 697 Abs. 3 Satz 2 ZPO. Versäumt der Antragsteller auch diese Frist, läuft er Gefahr, dass sein Vorbringen als verspätet zurückgewiesen wird, §§ 697 Abs. 3 Satz 2, 296 Abs. 1, 4 ZPO. Die Klage ist dann im Termin als unbegründet, da unschlüssig, abzuweisen (wie hier Zöller, § 697 Rn. 10, a.A. Abweisung als unzulässig: vgl. OLG München NJW-RR 1989, 1405; LG Gießen NJW-RR 1995, 62). Wird innerhalb von 6 Monaten **keine Anspruchsbegründung** eingereicht und stellt der Antragsgegner **keinen Antrag auf Terminsbestimmung,** so werden die **Akten** nach Ablauf des halben Jahres **weggelegt,** § 7 AktO.

c) Form und Inhalt der Anspruchsbegründung

Die Anspruchsbegründung muss nach Form und Inhalt einer **Klageschrift** nach § 253 **156** Abs. 2 ZPO entsprechen. Sie muss einen **Antrag** enthalten; ob die Bezugnahme auf den Mahnantrag zulässig ist, ist umstritten (vgl. Zöller, § 697 Rn. 2), der Klarheit wegen sollte der Antrag formuliert werden. Vor allem aber sind die dem Antrag zugrunde liegenden **Tatsachen** vorzutragen und **Beweismittel** zu benennen.

Vor dem Amtsgericht kann die Anspruchsbegründung zu **Protokoll** des Urkundsbeamten der Geschäftsstelle gegeben werden, §§ 496, 129a ZPO. Im Anwaltsprozess ist sie **durch einen zugelassenen Rechtsanwalt** einzureichen, § 78 ZPO. Eine **vor** Abgabe an das Landgericht bereits beim Mahngericht eingereichte Anspruchsbegründung der Partei selbst bleibt aber wirksam, da sich das Verfahren bei deren Eingang noch im Stadium des Mahnverfahrens befunden hat (BGH NJW 1982, 2002; offen: BGH NJW-RR 1994, 889). Eine **nach** Abgabe an das Landgericht von der Partei selbst gefertigte Anspruchsbegründung hat nur „vorläufige" Bedeutung, der später beauftragte Rechtsanwalt kann aber hierauf Bezug nehmen (vgl. OLG Karlsruhe NJW 1988, 2806).

4. Durchführung des Streitverfahrens

Nach § 697 Abs. 2 Satz 1 ZPO ist bei Eingang der Anspruchsbegründung wie nach **157** Eingang einer Klage weiter zu verfahren. Der Vorsitzende kann nach § 272 Abs. 2 ZPO entweder den **frühen ersten Termin** zur mündlichen Verhandlung gemäß § 275 ZPO anberaumen oder das **schriftliche Vorverfahren** gemäß § 276 ZPO veranlassen. Der weitere Verfahrensablauf ist derselbe wie nach Einleitung durch die Klageschrift mit folgenden Besonderheiten im schriftlichen Vorverfahren:

Der Widerspruch gegen den Mahnbescheid ist **nicht** als **Anzeige der Verteidigungsabsicht** zu werten, weil sie keine Reaktion auf die erst danach eingehende Anspruchsbegründung darstellt. Diese gibt dem Beklagten erst Gelegenheit, seine Prozessaussichten zu beurteilen. Er muss deshalb seine fortbestehende Verteidigungsabsicht dem Gericht erneut mitteilen (Düsseldorf OLGR 2000, 360). Nach § 697 Abs. 2 Satz 2 ZPO **kann** die Frist zur Klageerwiderung nach einem vorangegangenen Mahnverfahren auch an die Zustellung der Anspruchsbegründung geknüpft werden, sodass die Frist für die Verteidigungsanzeige und die Frist zur Klageerwiderung parallel laufen und **insgesamt nur 2 Wochen** betragen können.

VI. Übergang vom Mahnverfahren in das Streitverfahren nach Einspruch gegen den Vollstreckungsbescheid

1. Abgabe an das Streitgericht

158 Nach Eingang des Einspruchs erfolgt die **Abgabe** des Verfahrens durch das Mahngericht **von Amts wegen** an das im Mahnbescheid als **Streitgericht** bezeichnete Gericht oder an das von den Parteien übereinstimmend bezeichnete andere Gericht, § 700 Abs. 3 Satz 1 ZPO. Ein ausdrücklicher **Antrag** auf Durchführung des streitigen Verfahrens ist hier **nicht erforderlich**, er ist vom Einspruch bereits umfasst. Die Abgabe erfolgt auch, wenn die weiteren Kosten noch nicht einbezahlt sind. Mit Eingang des Aktenausdrucks mit dem Einspruchsschreiben beim Empfangsgericht wird der Rechtsstreit dort **anhängig**, §§ 700 Abs. 3 Satz 2, 696 Abs. 1 Satz 4 ZPO. Für **das weitere Verfahren** gelten die Vorschriften für das Verfahren nach Widerspruch mit nachfolgend aufgeführten Besonderheiten entsprechend, § 700 Abs. 3 Satz 2 ZPO.

2. Zustellung des Einspruchs und Zulässigkeitsprüfung

a) Einspruchszustellung

159 Das Empfangsgericht **stellt** dem Kläger die **Einspruchsschrift zu** und teilt ihm das Datum der Zustellung des Vollstreckungsbescheids und das Datum der Einspruchseinlegung mit, §§ 700 Abs. 1, 340 a ZPO.

b) Einspruchsprüfung

160 Das Gericht prüft die **Zulässigkeitsvoraussetzungen** des Einspruchs nach §§ 339, 340, 341 ZPO. Er muss binnen **2 Wochen** seit Zustellung des Vollstreckungsbescheids eingelegt sein, § 339 Abs. 1 ZPO. Das gilt auch dann, wenn der Vollstreckungsbescheid an eine nicht erkennbar prozessunfähige Partei unter Verstoß gegen § 170 Abs. 1 ZPO zugestellt wurde (BGH NJW 2008, 2125). Ferner muss eine Einspruchsschrift vorliegen, die den angegriffenen Vollstreckungsbescheid bezeichnet und die Erklärung enthält, dass und ggf. in welchem Umfang Einspruch eingelegt werde, § 340 Abs. 1, 2 ZPO. Eine **Begründung** ist nicht erforderlich, da der Antragsteller den Anspruch ja noch gar nicht begründet hat, §§ 700 Abs. 3 Satz 3, 340 Abs. 3 ZPO. Ist der Einspruch unstatthaft oder nicht form- und fristgerecht eingelegt, ist er – nach rechtlichem Gehör – als **unzulässig zu verwerfen**, §§ 700 Abs. 1, 341 Abs. 1 Satz 2 ZPO. Die Verwerfung muss immer durch **Urteil** erfolgen, auch wenn das Gericht von mündlicher Verhandlung absieht, § 341 Abs. 2 ZPO.

Muster für Verwerfung des Einspruchs

Urteil
1. Der Einspruch des Beklagten vom 27.10.2009 gegen den Vollstreckungsbescheid des AG Stuttgart vom 9.10.2009 -02-0.004.230-0-5- wird als unzulässig verworfen.
2. Der Beklagte trägt die Kosten des Einspruchsverfahrens.
3. Das Urteil ist vorläufig vollstreckbar.

---

c) Rechtskraft des Vollstreckungsbescheids

aa) Materielle Rechtskraft. Ist der Vollstreckungsbescheid nicht form- und fristgerecht **161** durch Einspruch angefochten worden, kommt ihm **volle materielle Rechtskraft** zu (h.M., vgl. BGH NJW 2005, 2991). Der titulierte Anspruch kann nicht Gegenstand einer weiteren gerichtlichen Entscheidung sein, die Klage wäre unzulässig.

bb) Rechtskraftdurchbrechung. Die Möglichkeit, einen auf dem ordentlichen Klage- **162** wege nicht durchsetzbaren Anspruch im Wege des Mahnverfahrens ohne richterliche Prüfung tituliert zu erhalten, ist für unseriöse Antragsteller verlockend. Die Recht- sprechung bejaht daher in verschiedenen Fallgruppen eine **Rechtskraftdurchbrechung**. Bei **sittenwidrigen Ratenkreditverträgen** (BGH NJW 2005, 2994) und **sittenwidrigen Bürgschafts-** bzw. **Mithaftungsverträgen** vermögensloser naher Angehöriger (BGH NJW 2005, 971) kann über § 826 BGB wegen sittenwidriger Erschleichung eines Titels unter erleichterten Bedingungen die Feststellung der **Unzulässigkeit der Zwangsvoll- streckung** und die Herausgabe des Titel erreicht werden. Darüber hinaus ist die Durchbrechung der Rechtskraft über § 134 BGB geboten bei **Umgehung** der vom Gesetz in § 688 Abs. 2 Nr. 1 ZPO statuierten Unzulässigkeit des Mahnverfahrens bei **Verbraucherdarlehen** gemäß §§ 491 ff. BGB, schließlich bei nicht klagbaren Ansprü- chen aus **Heirats-** oder **Partnerschaftsvermittlung nach** § 656 BGB (OLG Stuttgart NJW 1994, 330).

3. Aufforderung zur Anspruchsbegründung

Bei zulässigem Einspruch wird der Antragsteller durch die **Geschäftsstelle** zur Vorlage **163** einer **Anspruchsbegründung** binnen 2 Wochen **aufgefordert**, sofern nicht bereits eine solche vorliegt, §§ 700 Abs. 3 Satz 2, 697 Abs. 1 ZPO. Nach fristgerechtem **Eingang der Anspruchsbegründung** ist wie nach Eingang einer Klage weiter zu verfahren, § 700 Abs. 4 Satz 1 ZPO, jedoch mit folgender Besonderheit: Bei Anordnung des schriftlichen Vorverfahrens kann **keine Frist zur Anzeige der Verteidigungsabsicht** gesetzt werden, weil hier kein zweites „schriftliches" Versäumnisurteil ergehen könnte, § 700 Abs. 4 Satz 2 ZPO. Der Antragsgegner soll einmal die Gelegenheit haben, seine Rechte in einem mündlichen Verhandlungstermin geltend zu machen (OLG Nürnberg MDR 1996, 311). Der Vorsitzende setzt nur eine mindestens zweiwöchige Frist zur Kla- geerwiderung, nach deren Ablauf er dann Haupttermin bestimmt. Sinnvoller erscheint jedoch, sogleich einen frühen ersten Termin zur mündlichen Verhandlung über Ein- spruch und Hauptsache zu bestimmen, §§ 700 Abs. 1, 4, 341 a, 275 ZPO.
Geht die **Anspruchsbegründung** innerhalb der von der Geschäftsstelle gesetzten Frist **nicht ein**, so bestimmt der Vorsitzende **unverzüglich von Amts wegen Termin**, § 700 Abs. 5 ZPO. Der Antragsteller soll die Verhandlung über den Einspruch nicht durch Unterlassen einer Anspruchsbegründung verzögern dürfen, da bereits ein vollstreck- barer Titel vorliegt. Mit der Terminsverfügung wird dem Antragsteller nochmals eine Frist zur Vorlage der Anspruchsbegründung gesetzt, deren Versäumung zur Zurück- weisung späteren Tatsachenvortrags führen kann, §§ 700 Abs. 5, 697 Abs. 3 Satz 2, 296 ZPO.

4. Säumnis des Antragsgegners im Termin

a) Zweites Versäumnisurteil

Ist der Beklagte im Termin zur mündlichen Verhandlung säumig, so kann gegen ihn **164** unter den Voraussetzungen der §§ 700 Abs. 6, HS 1 ZPO ein **„zweites" Versäumnis- urteil** ergehen. Im jetzigen Verfahrensstadium ist jedoch eine richterliche Prüfung geboten, da sie im bisherigen Verfahren bei Erlass des Mahn- und Vollstreckungsbescheids nicht stattgefunden hat. Der Richter hat nun die **allgemeinen Zulässigkeitsvoraussetzungen,** die **Schlüssigkeit** der Klage und die **Gesetzmäßigkeit des Vollstreckungsbescheids** zu prüfen (BGH NJW 1999, 2599). Nur wenn das zugestandene tatsächliche Vorbringen des Klägers den Klageantrag rechtfertigt, kann der Vollstreckungsbescheid Bestand haben. In dem zweiten Versäumnisurteil ist der **Einspruch zu verwerfen,** § 345 ZPO.

Muster für Zweites Versäumnisurteil

II. Versäumnisurteil
1. Der Einspruch des Beklagten gegen den Vollstreckungsbescheid des AG Stuttgart vom 10.9.2009 – 02-0.004.230-0-5 – wird verworfen.
2. Der Beklagte trägt die weiteren Kosten des Rechtsstreits.
3. Das Urteil ist vorläufig vollstreckbar.
---

b)   Unechtes Versäumnisurteil

165 Fehlt es trotz Säumnis des Beklagten an einer **Zulässigkeitsvoraussetzung** oder ist die Klage **unschlüssig,** so ist der **Vollstreckungsbescheid aufzuheben** und die **Klage** durch „unechtes Versäumnisurteil", das der Sache nach ein **Endurteil** ist, **abzuweisen,** § 700 Abs. 6, HS 2 ZPO.

Muster für „unechtes" Versäumnisurteil

Urteil
1. Der Vollstreckungsbescheid des AG Stuttgart vom 10.9.2009 -02-0.004.230-0-5- wird aufgehoben.
2. Die Klage wird abgewiesen.
3. Der Kläger trägt die Kosten des Rechtsstreits.
4. Das Urteil ist gegen Sicherheitsleistung von …. vorläufig vollstreckbar.
---

c)   Erstes Versäumnisurteil

166 Führt die Prüfung des Richters zum Ergebnis, dass der Vollstreckungsbescheid **verfahrensmäßig unzulässig** war, etwa weil **vor** seinem Erlass bereits Widerspruch eingelegt worden war, der bereits in der Posteingangsstelle des Mahngerichts, nicht jedoch beim Rechtspfleger vorlag (BGH NJW 1982, 888), so wäre eine Verurteilung des Beklagten bei Säumnis im Termin durch „II. Versäumnisurteil" ungerecht. Es wäre nämlich kein weiterer Einspruch gegeben, obwohl bereits eine erste Säumnis gar nicht vorgelegen hatte. In diesem Fall ergeht deshalb ein Erstes Versäumnisurteil. Der Tenor ändert sich hierdurch aber nicht, da der Vollstreckungsbescheid die Säumnisentscheidung inhaltlich zutreffend wiedergibt. Lediglich die Bezeichnung des Urteils muss auf „I. Versäumnisurteil" lauten.

d)   Rechtsmittel

167 aa) **Berufung, Einspruch. Gegen das Zweite Versäumnisurteil** steht dem Beklagten kein weiterer Einspruch zu. Es kann lediglich unter den Voraussetzungen des § 514 Abs. 2 ZPO mit der **Berufung** und der Behauptung angegriffen werden, ein Fall der schuldhaften Säumnis habe nicht vorgelegen. Das „**unechte Versäumnisurteil"** gegen den Kläger ist Endurteil und unterliegt unter allgemeinen Voraussetzungen der **Berufung** nach § 511 ZPO. Das **Erste Versäumnisurteil** hingegen kann wiederum durch **Einspruch** nach § 338 ZPO angegriffen werden.

bb) Meistbegünstigungsgrundsatz. Hat das Gericht den Einspruch zu Unrecht durch Zweites Versäumnisurteil verworfen, obwohl ein Erstes Versäumnisurteil geboten war, so kann dagegen nach dem Grundsatz der **Meistbegünstigung** sowohl Einspruch als auch Berufung eingelegt werden (Dresden OLGR 1996, 239); ebenso im umgekehrten Fall (BGH NJW 1997, 1448).

VII. Europäisches Mahnverfahren

Mit der seit 12.12.2008 geltenden **Verordnung (EG) Nr. 1896/2006 (EuMahnVO)** **168** wurde das **Europäische Mahnverfahren** eingeführt. Es ermöglicht jetzt den Gläubigern, unbestrittene Geldforderungen in Zivil- und Handelssachen nach einem einheitlichen, formalisierten Verfahren beizutreiben.

Das Verfahren findet Anwendung bei grenzüberschreitenden Rechtssachen, wenn also mindestens eine der Parteien ihren Wohnsitz oder gewöhnlichen Aufenthalt in einem anderen Mitgliedstaat als dem des befassten Gerichts hat.

Der **Europäische Zahlungsbefehl wird** in allen Mitgliedstaaten – mit Ausnahme Dänemarks – **anerkannt und vollstreckt, ohne** dass es einer **Erklärung der Vollstreckbarkeit** bedarf. Eine Anwesenheit der Parteien bei Gericht ist bei diesem Verfahren nicht erforderlich. Für die Anträge sind Formblätter vorgesehen.

2. Teil Die Durchführung des zivilprozessualen Verfahrens

1. Kapitel Prozessvertreter, Postulationsfähigkeit und Prozessvollmacht

169 Vor Einleitung des zivilprozessualen Verfahrens ist zu klären, ob sich die Beauftragung eines **Rechtsanwalts** oder eines **anderen Rechtsvertreters** empfiehlt, welche Rechte und Pflichten dieser wahrzunehmen hat, ob ggf. sogar **Anwaltszwang** besteht, um vor Gericht **postulationsfähig** zu sein, und welchen Umfang die **Prozessvollmacht** hat.

I. Der Rechtsanwalt

1. Stellung und Organisationsformen

a) Organ der Rechtspflege

Der Rechtsanwalt ist der berufene unabhängige Berater und Vertreter in allen Rechtsangelegenheiten, § 3 BRAO. Er übt kein Gewerbe, sondern einen **freien Beruf** aus, § 2 Abs. 1 BRAO. Als unabhängiges Organ der Rechtspflege hat er nicht nur einseitig die Interessen seiner Partei zu verfolgen, sondern ist auch **der Rechtswahrung verantwortlich**, § 1 BRAO.

b) Rechtsanwaltsgesellschaften

170 Häufig schließen sich Rechtsanwälte mit Berufskollegen, Steuerberatern oder Wirtschaftsprüfern zur gemeinschaftlichen Ausübung ihrer Berufstätigkeit in einer **Sozietät** zusammen, § 59a BRAO. Sie unterliegt den Grundsätzen einer Gesellschaft bürgerlichen Rechts nach § 705 BGB, der Mandatsvertrag kommt in der Regel mit allen Mitgliedern der Sozietät zustande (BGH NJW 2000, 1560). Diese Form gemeinsamer Tätigkeit ist von der bloßen **Bürogemeinschaft** zu unterscheiden, bei der lediglich eine gemeinsame Büroorganisation besteht. Daneben ist die gemeinschaftliche Tätigkeit auch im Rahmen einer im Partnerschaftsregister eingetragenen **Partnerschaft** nach dem PartGG oder in der Form einer **Rechtsanwalts-GmbH** möglich, §§ 59c ff. BRAO.

2. Zulassung

a) Voraussetzungen

171 Als Rechtsanwalt kann nur tätig sein, wer eine **Zulassung** besitzt. Die Zulassung erfordert nach § 4 BRAO im Normalfall die **Befähigung zum Richteramt** nach dem Deutschen Richtergesetz, § 5 DRiG. Innerhalb der Bundesrepublik herrscht Freizügigkeit: Wer in einem Bundesland die Befähigung zum Richteramt erlangt hat, kann auch in einem anderen Bundesland Anwalt werden, § 5 BRAO.

b) Zulassungsstelle

172 Die Zulassung erfolgt auf Antrag durch die **Rechtsanwaltskammer**, in deren Bezirk der Bewerber zugelassen werden will, § 6 Abs. 1, 2 BRAO. Die Zulassung wird mit Aushändigung der **Zulassungsurkunde** wirksam, sofern zuvor die **Vereidigung** des Rechtsanwalts, § 12a BRAO, erfolgt und der Abschluss einer Berufshaftpflichtversicherung, § 51 BRAO, nachgewiesen ist, § 12 BRAO. Die Rechtsanwaltskammer führt ein elektronisches Verzeichnis aller in ihrem Bezirk zugelassenen Rechtsanwälte, § 31 BRAO.

c) Simultanzulassung, Singularzulassung

Der zugelassene Rechtsanwalt darf bei allen Amts- und Landgerichten der Bundes- **173** republik auftreten, vgl. § 225 Abs. 2 BRAO. Daneben kann der Anwalt die Zulassung bei dem jeweils übergeordneten Oberlandesgericht beantragen, wenn er **fünf Jahre** lang bei einem Gericht des ersten Rechtszuges zugelassen war (sog. **Simultanzulassung**). Dies gilt entgegen des Wortlauts von § 226 Abs. 2 BRAO für alle Bundesländer (BVerfG NJW 2001, 353; 1562). Der an einem OLG zugelassene Rechtsanwalt kann auch **vor jedem anderen OLG** auftreten.
Vor dem Bundesgerichtshof kann hingegen nur auftreten, wer als **Rechtsanwalt bei dem Bundesgerichtshof** zugelassen ist, § 78 Abs. 1 Satz 3 ZPO (sog. **Singularzulassung**). Als Bundesanwalt zugelassen wird, wer – aufgrund Vorschlags der Bundesrechtsanwaltskammer oder der Rechtsanwaltskammer bei dem Bundesgerichtshof – durch den Wahlausschuss für Rechtsanwälte beim BGH gewählt wird, §§ 164 ff. BRAO. Die beim BGH zugelassenen Rechtsanwälte dürfen nur vor den obersten Bundesgerichten auftreten, § 172 BRAO, umgekehrt ist allen anderen zugelassenen Rechtsanwälten ein Auftreten vor dem BGH verwehrt.

d) Fachanwalt

Rechtsanwälten, die besondere Kenntnisse in einem Rechtsgebiet erworben haben, **174** kann die Befugnis verliehen werden, eine **Fachanwaltsbezeichnung**, zu führen, § 43 c Abs. 1 BRAO. Einzelheiten regelt die Fachanwaltsordnung (FAO). Fachanwaltsbezeichnungen für folgende Rechtsgebiete sind derzeit zulässig, § 1 FAO:

Agrarrecht, Arbeitsrecht, Bank- und Kapitalmarktrecht, Bau- und Architektenrecht, Erbrecht, Familienrecht, Gewerblicher Rechtsschutz, Handels- und Gesellschaftsrecht, Informationstechnologierecht, Insolvenzrecht, Medizinrecht, Miet- und Wohnungseigentumsrecht, Sozialrecht, Steuerrecht, Strafrecht, Transport- und Speditionsrecht, Urheber- und Medienrecht, Verkehrsrecht, Versicherungsrecht, Verwaltungsrecht.

Die Befugnis zur Führung einer Fachanwaltsbezeichnung wird von der zuständigen Rechtsanwaltskammer verliehen, nachdem ein Ausschuss der Kammer die Nachweise über den Erwerb der besonderen Kenntnis geprüft hat. Sie darf einem Rechtsanwalt für höchstens drei Gebiete erteilt werden, § 43 c Abs. 1–3 BRAO.

3. Gesetzliche Pflichten

Der Rechtsanwalt hat nach der BRAO bestimmte Berufspflichten. **175**

a) Kanzleipflicht

Der Rechtsanwalt muss im Bezirk der Rechtsanwaltskammer, bei der er zugelassen ist, eine **Kanzlei einrichten**, § 27 Abs. 1 BRAO. Er muss dort aber nicht wohnen, es besteht also keine „Residenzpflicht".

b) Grundpflichten

Der Rechtsanwalt hat seinen Beruf **gewissenhaft auszuüben** und gewisse **Standespflich-** **176** ten zu wahren: „Er hat sich innerhalb und außerhalb des Berufes der Achtung und des Vertrauens, welches die Stellung des Rechtsanwalts erfordert, würdig zu erweisen", § 43 BRAO:

– **Unabhängigkeit.** Er darf **keine Bindungen** eingehen, die seine berufliche Unabhängigkeit gefährden, § 43 a Abs. 1 BRAO. Damit ist die wirtschaftliche und gesellschaftliche Unabhängigkeit ebenso wie die Unabhängigkeit von der vertretenen Partei betroffen. Ausfluss dieses Gebots sind die **Tätigkeitsverbote** nach §§ 45, 46 BRAO, wonach etwa der in einer Rechtsabteilung fest angestellte Anwalt seinen Arbeitgeber nicht vor Gericht anwaltlich vertreten darf.

– **Verschwiegenheit.** Er ist zur Verschwiegenheit über alles, was ihm in Ausübung seines Berufes bekannt geworden ist verpflichtet, § 43 a Abs. 2 BRAO. Dies gilt auch nach Mandatsbeendigung. Mit der Verschwiegenheitspflicht korrespondiert ein Recht auf Verschwiegenheit, welches im **Zeugnisverweigerungsrecht** nach § 383 Abs. 1 Nr. 6 ZPO seine Ausprägung findet.

– **Sachlichkeit.** Er darf sich bei seiner Berufsausübung **nicht unsachlich** verhalten. Das heißt, er darf keine bewussten Unwahrheiten verbreiten und keine solchen herabsetzenden Äußerungen tun, zu denen andere Beteiligte oder der Prozessverlauf keinen Anlass gegeben haben § 43 a Abs. 3 BRAO (BVerfG NJW 1988, 191).

– **Kein Parteiverrat.** Der Rechtsanwalt darf keine widerstreitenden Interessen vertreten, § 43 a Abs. 4 BRAO. Dieses Verbot erstreckt sich auch auf Kollegen in derselben Sozietät, § 3 Abs. 2 BORA. In Scheidungsverfahren ist daher die Vertretung beider Ehepartner durch einen Anwalt nicht zulässig, ein Anwalt darf auch nicht zugleich für den Insolvenzverwalter und einen Insolvenzgläubiger tätig werden (weitere Beispiele in Feuerich/Weyland BRAO § 43 a Rn. 67–83).

– **Sorgfalt bei fremdem Vermögen.** Der Rechtsanwalt ist bei der Behandlung der ihm anvertrauten Vermögenswerte zur erforderlichen Sorgfalt verpflichtet: Mandantengelder sind weiterzuleiten oder auf ein Anderkonto einzuzahlen, § 43 a Abs. 5 BRAO.

– **Fortbildung.** Der Rechtsanwalt muss sich zur **Qualitätssicherung** anwaltlicher Leistung fortbilden, § 43 a Abs. 6 BRAO.

– **Werbung.** Werbung ist ihm nur erlaubt, soweit sie über die berufliche Tätigkeit in Form und Inhalt sachlich unterrichtet und nicht auf die Erteilung eines Auftrags im Einzelfall gerichtet ist, § 43 b BRAO. Unabhängig von Fachanwaltsbezeichnungen darf nach § 7 BORA Teilbereiche der Berufstätigkeit nur benennen, wer seinen Angaben entsprechende Kenntnisse nachweisen kann, die in der Ausbildung, durch Berufstätigkeit, Veröffentlichungen oder in sonstiger Weise erworben wurden (z.B. „AGB-Recht"). Wer qualifizierende Zusätze verwendet, muss zusätzlich über entsprechende theoretische Kenntnisse verfügen und auf dem benannten Gebiet in erheblichem Umfang tätig gewesen sein. Dabei ist aber eine Verwechslung mit Fachanwaltsbezeichnungen zu vermeiden. Mediator darf sich nur nennen, wer eine entsprechende Ausbildung absolviert hat.

– **Tragen der Amtstracht.** Nach § 20 BORA trägt der Rechtsanwalt vor Gericht als Berufstracht die **Robe**, soweit dies üblich ist. Eine Berufspflicht zum Erscheinen in Robe besteht beim Amtsgericht in Zivilsachen jedoch nicht. Ein Anwalt ohne Robe kann dort, wo die Berufspflicht besteht, zurückgewiesen werden (OLG München NJW 2006, 3079).

c)   **Pflicht zur Mandatsübernahme**

177   Der Rechtsanwalt hat in besonderen Fällen gegen seinen Willen außergerichtliche Beratung ebenso zu erteilen wie gerichtliche Vertretung wahrzunehmen:

aa) Beratungshilfesachen. Er ist verpflichtet, die in dem Beratungshilfegesetz vorgesehene Beratungshilfe zu übernehmen, er kann dies im Einzelfall **nur aus wichtigem Grund ablehnen**, § 49 a BRAO.

178   **bb) Prozessvertretung.** In **Prozesskostenhilfeverfahren** hat das Gericht dem Bedürftigen einen zur Vertretung bereiten Rechtsanwalt nach Wahl der Partei beizuordnen, wenn dies wegen Anwaltszwanges oder wegen Schwierigkeit des Falles oder weil der Gegner anwaltlich vertreten ist, notwendig erscheint, § 121 Abs. 1, 2 ZPO. Findet die bedürftige Partei keinen Anwalt, ordnet der Vorsitzende einen Rechtsanwalt bei, der das Mandat i.d.R. übernehmen muss, § 48 Abs. 1 Nr. 1, Abs. 2 BRAO. Gleiches gilt im **Anwaltsprozess** auch außerhalb eines PKH-Verfahrens, wenn die Partei keinen vertretungsbereiten Anwalt findet und die Rechtsverfolgung nicht aussichtslos oder mutwillig erscheint (**Notanwalt**), §§ 78 b ZPO, 48 Abs. 1 Nr. 2 BRAO. Schließlich besteht die Pflicht zur Mandatsübernahme auch in **Scheidungssachen**, wenn der Antragsgegner keinen Rechtsanwalt bestellt, dies jedoch zu seinem Schutz erforderlich scheint, §§ 138 Abs. 1 FamFG, 48 Abs. 1 Nr. 3 BRAO.

d) Berufshaftpflichtversicherung

Angesichts der beachtlichen Haftungsrisiken bei fehlerhafter Beratung oder Vertretung hat der Rechtsanwalt zum Schutz seiner Existenz und zur Sicherung seiner Unabhängigkeit eine Berufshaftpflichtversicherung abschließen, § 51 BRAO. **179**

4. Verhältnis zum Mandanten

a) Vertragsbeziehung

aa) Mandatsvertrag. Das Verhältnis des Rechtsanwalts zur Partei ist in der Regel ein privatrechtlicher, entgeltlicher **Geschäftsbesorgungsvertrag** nach § 675 BGB, der in der Regel aber **Dienstvertragscharakter** aufweist. Bei Erstattung eines Gutachtens oder Erteilung einer Einzelauskunft ist von einem **Werkvertrag** auszugehen (BGH NJW 1996, 661). Das Mandatsverhältnis wird durch Bestimmungen der BRAO, der BORA und des RVG modifiziert. **180**

bb) Auftragsablehnung. Das Rechtsverhältnis kommt durch Vertragsschluss zustande. Der Rechtsanwalt muss die **Ablehnung** eines Auftrages **unverzüglich erklären**, andernfalls macht er sich schadensersatzpflichtig, § 44 BRAO. Kündigung ist für beide Teile jederzeit möglich, für den Anwalt jedoch nicht zur Unzeit.

b) Vertragliche Pflichten

Der Anwalt hat die Partei über Notwendigkeit, Aussichten und Kosten eines Prozesses zu informieren und sie vor Schädigungen zu bewahren. Bei Vertragsverletzungen setzt er sich Schadensersatzansprüchen nach § 280 BGB aus: **181**
– **Sachverhaltsermittlung.** Der Rechtsanwalt hat zunächst durch Befragung des Mandanten den für die rechtliche Beurteilung wesentlichen Sachverhalt zu **klären**; dabei darf er den tatsächlichen Angaben des Mandanten trauen (BGH NJW 1994, 2293), hat aber bei Lücken nachzufragen (BGH NJW 1982, 437).
– **Rechtsprüfung.** Sodann hat der Anwalt den Sachverhalt in **rechtlicher Hinsicht** zu **prüfen**. Dabei hat er die neueste Gesetzeslage zu berücksichtigen und muss den aktuellen Stand der höchstrichterlichen Rechtsprechung kennen (BGH NJW 2001, 675; OLG Zweibrücken NJW 2005, 3358 – in diesem Zusammenhang ist die anwaltliche Fortbildungspflicht zu beachten, § 43 a Abs. 6 BRAO). Übernimmt er ein Mandat auf einem ihm weniger vertrauten Gebiet, so muss er sich Kenntnis verschaffen (BGH NJW 2001, 675).
– **Beratung.** Der Mandant ist **umfassend** und möglichst erschöpfend unter Aufzeigen der Gefahren und unter Hinweis auf erforderliche Vorsichtsmaßnahmen (BGH NJW 1998, 900) zu **beraten** (BGH NJW-RR 1990, 1241). Bei Wahrnehmung der Interessen des Mandanten gegenüber Dritten hat der Anwalt den – sich an der herrschenden Rechtsprechung zu orientierenden (BGH NJW 1993, 3324) – **sichers-**

ten **Weg** zu empfehlen (BGH NJW-RR 1990, 205). Gibt der Mandant dennoch einer abweichenden Ansicht den Vorzug, so hat der Anwalt der Weisung zu folgen, ohne dass er dann pflichtwidrig handelt, muss aber den Mandanten umfassend und eindringlich über mögliche Konsequenzen belehren (BGH NJW 1985, 42; BGH NJW-RR 1990, 1243).

– **Prozessführung.** Im Rahmen einer Prozessführung sind die Erfolgsaussichten sorgfältig zu prüfen und ist dem Mandanten das **Prozessrisiko wahrheitsgemäß mitzuteilen** (BGHZ 1989, 182). Dabei sind alle prozessual erforderlichen Maßnahmen vom Anwalt zu treffen, insbesondere ist **notwendiger Vortrag** im Prozess **rechtzeitig** (OLG Düsseldorf, NJW-RR 1989, 1197), ggf. auch vorsorglich zu halten (BGH NJW-RR 990, 1242). Der Rechtsanwalt muss den Mandanten auch vor **Kostennachteilen** infolge nicht gebotenen prozessualen Verhaltens bewahren. Es ist insoweit bedenklich, wenn auf eine Klage stereotyp mit einem Antrag auf „Klageabweisung" reagiert wird.

c)   Vergütung

182   Die Vergütung des Rechtsanwalts ist im Rechtsanwaltsvergütungsgesetz geregelt. Inwieweit vertragliche Abweichungen von den gesetzlichen Gebühren zulässig sind, richtet sich nach §§ 3 a, 4, 4 a RVG sowie nach § 49 b BRAO (vgl. Rn. 37).

d)   Festsetzung der Vergütung des Rechtsanwalts

183   aa) **Anwaltsgebühren für außergerichtliche Tätigkeit.** Die außerhalb eines Rechtsstreits entstandenen Gebühren muss der Anwalt notfalls in einem ordentlichen Rechtsstreit durch **Klage** oder gerichtliches Mahnverfahren gegenüber seinem Mandanten geltend machen.

bb) **Anwaltsgebühren in einem gerichtlichen Verfahren.** Auch wenn die vom Rechtsanwalt vertretene Partei im Rechtsstreit obsiegt, hat der Anwalt aus dem abgeschlossenen Geschäftsbesorgungsvertrag direkt nur gegen den eigenen Mandanten einen Honoraranspruch. Die obsiegende Partei kann aber ihre Aufwendungen für anwaltliche Inanspruchnahme dem Prozessgegner gegenüber im **Kostenfestsetzungsbeschluss** gemäß §§ 103 ff. ZPO zur Erstattung festsetzen lassen.

184   cc) **Festsetzung gegen die eigene Partei.** Der Rechtsanwalt kann die im gerichtlichen Verfahren entstandenen gesetzlichen Gebühren notfalls gegen die eigene Partei in einem einfachen Kostenfestsetzungsverfahren durch den Rechtspfleger festsetzen lassen, § 11 Abs. 1 RVG. Wegen dieser Möglichkeit würde einer Geltendmachung im ordentlichen Klageverfahren das **Rechtsschutzbedürfnis** fehlen. Der Rechtspfleger entscheidet in diesem Verfahren darüber, welche Gebühren ggf. in welcher Höhe entstanden sind.
Erhebt der Mandant jedoch **Einwendungen,** die **nicht im Gebührenrecht ihren Grund** haben, so können die Gebühren nicht nach § 11 Abs. 1 RVG festgesetzt werden; vielmehr ist der Rechtsanwalt nun auf den ordentlichen Rechtsweg zu verweisen, vgl. § 11 Abs. 5 RVG. Zuständig ist für diesen Rechtsstreit örtlich und sachlich das Gericht des Hauptprozesses, § 34 ZPO.

Beispiele:
– Der Mandant behauptet, das Honorar bereits bezahlt oder Stundung erhalten zu haben;
– Der Mandant rechnet mit einem Schadensersatzanspruch nach § 280 BGB wegen schlechter Vertretung durch den Anwalt auf.

II. Andere Rechtsvertreter

Rechtsanwälte sind die berufenen Vertreter in allen gerichtlichen wie außergericht- **185** lichen Angelegenheiten. Daneben kann es jedoch auch anderen Personen erlaubt sein, fremde Rechtsangelegenheiten zu besorgen.

1. Außergerichtliche Rechtsdienstleistungen

Nach der Gewerbeordnung vom 21.6.1869 galt der Grundsatz der Gewerbefreiheit auch für das Gebiet der Rechtsberatung. Dies führte zu unerträglichen Missständen („Winkeladvokatentum"). Erst das „Gesetz zur Verhütung von Missbräuchen auf dem Gebiet der Rechtsberatung" (Rechtsberatungsgesetz) vom 13.12.1935 brachte eine allgemeine Erlaubnispflicht für die Ausübung der Rechtsberatung. Dieses Gesetz wurde durch das **Rechtsdienstleistungsgesetz** vom 12.12.2007 abgelöst, welches ebenfalls die Rechtssuchenden, den Rechtsverkehr und die Rechtsordnung vor unqualifizierten Rechtsdienstleistungen zu schützen sucht, § 1 RDG.

a) Begriff der Rechtsdienstleistung

Als Rechtsdienstleistung wird jede **außergerichtliche** Tätigkeit angesehen, bei der eine **186** **rechtliche Prüfung des Einzelfalls** in einer **konkreten fremden Rechtsangelegenheit** erforderlich ist, § 2 Abs. 1 RDG. In jedem Fall ist auch die gewerbliche Einziehung fremder oder zur Einziehung abgetretener Forderungen, also das klassische **Inkasso-geschäft**, eine Rechtsdienstleistung i.S. des RDG, § 2 Abs. 2 RDG, nicht jedoch der Forderungskauf im Rahmen des Factoring (vgl. RegE zum RDG, S. 69–73).
Nicht als Rechtsdienstleistungen werden die Erstattung wissenschaftlicher Gutachten, die Tätigkeit von Einigungs-, Schlichtungsstellen, Schiedsgerichten, die Durchführung einer Mediation oder die Darstellung von Rechtsfällen in den Medien angesehen, vgl. § 2 Abs. 3 RDG.

b) Erlaubte Rechtsdienstleistungen ohne Registrierung

aa) Nebenleistungen. Allgemein erlaubt sind Rechtsdienstleistungen als typische **187** Nebenleistungen, die zum Berufs- oder Tätigkeitsbild einer anderen Haupttätigkeit gehören, vgl. § 5 Abs. 2 RDG. Drei wirtschaftlich besonders bedeutsame Fälle stets zulässiger Rechtsdienstleistungen im Zusammenhang mit einer solchen anderen Tätig-keit hat der Gesetzgeber in § 5 Abs. 2 RDG ausdrücklich geregelt, nämlich Rechts-dienstleistung im Zusammenhang mit **Testamentsvollstreckung, Haus- und Wohnungs-verwaltung** oder Fördermittelberatung.

bb) Unentgeltliche Rechtsdienstleistungen. Gänzlich unentgeltliche Rechtsdienstleis- **188** tungen sind ebenfalls unproblematisch möglich im **Familien- und Bekanntenkreis**. Hier wird unterstellt, dass der Ratsuchende die Risiken der aus der Gefälligkeit erfolgenden Rechtsberatung kennt, vgl. § 6 Abs. 1, 2 RDG. Im Übrigen ist unent-geltliche Rechtsberatung durch nicht behördlich registrierte Personen nur erlaubt, wenn sichergestellt ist, dass der Ratgeber eine **juristisch qualifizierte Person** ist oder die Rechtsberatung **unter Anleitung** einer solchen Person erfolgt.

> Beispiel:
> Richter in Pension berät Sozialhilfeempfänger bei Antragstellung für Sozialleistungen.

cc) Berufs- und Interessenvereinigungen. Erlaubt sind auch Rechtsdienstleistungen **189** durch Berufs- und Interessengemeinschaften sowie Genossenschaften, jedoch nur im Rahmen der satzungsmäßigen Aufgabenbereiche gegenüber ihren Mitgliedern, § 7

Abs. 1 RDG. Dabei muss die Beratung aber durch eine juristisch qualifizierte Person erfolgen, § 7 Abs. 2 RDG.

Beispiele:
– ADAC berät seine Mitglieder im Bereich des Straßenverkehrsrechts;
– Mieterverein gibt Auskünfte zu mietrechtlichen Fragen.

190 **dd) Öffentliche und anerkannte Stellen.** Schließlich dürfen die in § 8 Abs. 1 genannten öffentlichen oder öffentlich anerkannten Stellen weiterhin rechtsberatend tätig sein, das sind im Einzelnen **gerichtlich** oder behördlich **bestellte Personen** wie Insolvenzverwalter, Betreuer, Pfleger oder Vormund (Nr. 1), sodann **Behörden** und juristische **Personen des öffentlichen Rechts** in Form von Körperschaften, Anstalten oder Stiftungen, etwa auch die Industrie und Handelskammern (Nr. 2), weiterhin **Insolvenzberater** (Nr. 3), **Verbraucherzentralen** bzw. -verbände (Nr. 4) und schließlich Verbände der **Wohlfahrtspflege**, Träger der Jugendhilfe und Verbände zur Förderung der Belange Behinderter (Nr. 5), so etwa Beratung durch die das Diakonische Werk, die Caritas, die Arbeiterwohlfahrt oder das Deutsche Rote Kreuz.

c) Rechtsdienstleistung durch registrierte Personen

191 Rechtsdienstleistungen im Bereich des **Inkasso,** der **Rentenberatung** und des **ausländischen Rechts** dürfen im Gegensatz zu den genannten Tätigkeiten nur durch behördlich **registrierte Personen** ausgeübt werden, § 10 RDG. Die Registrierung erfolgt gemäß § 12 Abs. 1 RDG auf Antrag jedoch nur, wenn eine persönliche **Eignung und Zuverlässigkeit** besteht (Nr. 1), theoretische und praktische **Sachkunde** durch Zeugnisse und eine mindestens zweijährige Berufspraxis oder praktische Ausbildung nachgewiesen (Nr. 2) und eine **Berufshaftpflichtversicherung** abgeschlossen worden ist (Nr. 3). Für den Bereich der **Inkassodienstleistungen** ist eine besondere Sachkunde auf allen Gebieten des **Wirtschaftsrechts** erforderlich, § 11 Abs. 1 RDG. Die genannten registrierten Personen sind in einem **Rechtsdienstleistungsregister** unter www.rechtsdienstleistungs-register.de veröffentlicht, § 16 Abs. 1 RDG.

2. Gerichtliche Vertretung und Beistand

a) Vertretung

192 Den **Parteiprozess** vor dem **Amtsgericht,** bei dem – mit Ausnahme der Familiensachen – eine Vertretung durch Rechtsanwälte nicht geboten ist, kann jede Partei **selbst** führen, § 79 Abs. 1 ZPO. Bei Verhinderung allerdings soll die **Vertretung** im Regelfall durch einen **Rechtsanwalt** erfolgen. Stattdessen dürfen aber auch folgende Personen als Vertreter vor dem Amtsgericht auftreten, ohne dass sie einer besondere Erlaubnis bedürften, § 79 Abs. 2 ZPO: **Beschäftigte** der Partei, also Arbeitnehmer oder Beamte einer Behörde (Nr. 1), volljährige **Familienangehörige** wie Verlobte, Ehegatten, Kinder, Geschwister oder Schwager sowie **Volljuristen** oder **Streitgenossen,** sofern sie **unentgeltlich** tätig werden (Nr. 2), **Verbraucherzentralen** (Nr. 3) und registrierte **Inkassodienstleister,** jedoch nur im gerichtlichen Mahnverfahren bis zur Abgabe an das Streitgericht und im Zwangsvollstreckungsverfahren (Nr. 4). Die betreffende Person muss allerdings bei Gericht eine schriftliche Prozessvollmacht vorlegen, vgl. §§ 80, 88 Abs. 2 ZPO.

b) Beistand

193 Im Gegensatz zum Vertreter erscheint der Beistand im Prozess **neben** der selbst anwesenden Partei zu deren Unterstützung. Beistandschaft ist den Personen erlaubt, die nach § 79 Abs. 2 ZPO auch **zur Vertretung** im Parteiprozess **befugt** sind, § 90 Abs. 1 ZPO.

Das Gericht kann bei Bedarf und Sachdienlichkeit aber auch andere Personen zulassen. Vortrag des Beistands wird der Partei zugerechnet, § 90 Abs. 2 ZPO.

3. Rechtsberatung nach Spezialvorschriften

Neben den Rechtsanwälten und den in RDG und ZPO erfassten Rechtsdienstleistern **194** eröffnen **spezialgesetzliche Vorschriften** auch noch anderen Personen die Befugnis, Rechtsdienstleistungen zu erbringen; diese Vorschriften lässt das RDG unberührt, § 1 Abs. 2 RDG. Als Beispiele sollen folgende Berufe dienen:

a) Steuerberater, Wirtschaftsprüfer

In **steuerlichen Angelegenheiten** dürfen Steuerberater, Steuerbevollmächtigte, Wirtschaftsprüfer oder vereidigte Buchprüfer geschäftsmäßig Rechtsangelegenheiten besorgen, § 3 StBerG, § 2 Abs. 2 WPO.

b) Notare

Den Notaren obliegt die Betreuung und Beratung der Beteiligten auf dem Gebiet der **vorsorgenden Rechtspflege**, §§ 1, 24 Abs. 1 BNotO. Sie sind befugt, die Beteiligten insoweit vor Gericht und Behörden zu vertreten, § 24 Abs. 2 BNotO.

c) Hochschullehrer

Hochschullehrer mit Befähigung zum Richteramt sind zur Vertretung in Rechtsstreitigkeiten ausdrücklich nur in allgemeinen Strafsachen oder Steuerstrafsachen, vor dem Bundesverwaltungsgericht und vor dem Bundesverfassungsgericht befugt (§ 138 Abs. 1 StPO, § 392 Abs. 1 AO, § 67 Abs. 1 VwGO, § 22 Abs. 1 BVerfGG). Zur Vertretung in Zivilsachen sind sie – auch nicht gewohnheitsrechtlich – nicht befugt (BVerfG NJW 1988, 2535). Wegen § 7 Nr. 10 BRAO können beamtete Hochschullehrer auch keine Zulassung als Rechtsanwalt erhalten.

d) Versicherungsvermittler

Wer als Versicherungsvermittler oder -berater Rechtsdienstleistungen erbringen will, bedarf nach §§ 34 d, e GewO der Erlaubnis der zuständigen Industrie- und Handelskammer.

III. Die Postulationsfähigkeit

Die Entscheidung des Rechtssuchenden, einen anwaltlichen Prozessbevollmächtigten **195** zu beauftragen, wird nicht zuletzt dadurch bestimmt, ob das Gesetz vor Gericht die Vertretung durch einen Rechtsanwalt gebietet, will man sich **wirksam zur Sache äußern können**. Dies betrifft die sog. **Postulationsfähigkeit**: Vor den Landgerichten, allen Gerichten der höheren Rechtszüge sowie in bestimmten Familiensachen vor dem Amtsgericht („**Anwaltsprozess**") muss sich die Partei durch einen beim Prozessgericht zugelassenen Rechtsanwalt vertreten lassen (sog. **Anwaltszwang**), um postulationsfähig zu sein. In allgemeinen Zivilsachen vor dem Amtsgericht („**Parteiprozess**") ist die Partei selbst postulationsfähig.

1. Begriff

Postulationsfähigkeit (von lateinisch ‚postulare': beanspruchen, fordern, anklagen, **196** gerichtlich verlangen), auch **Verhandlungsfähigkeit**, bedeutet die Fähigkeit, **in eigener

Person wirksam mit dem Gegner und dem Gericht **im Prozess verhandeln** zu können (OLG Hamm MDR 1998, 286). Sie ist Voraussetzung dafür, dass Schriftsätze, mündlicher Parteivortrag oder Anträge vor Gericht Beachtung finden.

2. Grundsatz

a) Eigene Postulationsfähigkeit der Partei

197 Jede Person, die **Partei** in einem Rechtsstreit sein kann („parteifähig" ist, vgl. Rn. 306 ff.), ist grundsätzlich auch **selbst** postulationsfähig. Unabhängig davon sind **Rechtsanwälte** oder nach § 79 Abs. 2 ZPO zugelassene **Prozessvertreter** und **Beistände** nach § 90 ZPO postulationsfähig (vgl. Rn. 193). Bei Rechtsanwaltsgesellschaften ist es das jeweilige Organ oder der mit der Prozessführung beauftragte Vertreter, § 79 Abs. 2 Satz 3 ZPO. Dieser Grundsatz der eigenen Postulationsfähigkeit wird durch gesetzlich angeordneten **Anwaltszwang** durchbrochen (vgl. Rn. 199 ff.)

b) Prozesshandlungsvoraussetzung

198 Postulationsfähigkeit ist **keine Sachurteilsvoraussetzung** bzw. „Prozessvoraussetzung" (wie etwa Partei- und Prozessfähigkeit des Klägers oder Zuständigkeit des Gerichts) mit der Folge, dass die Klage des **nicht** postulationsfähigen Klägers als unzulässig abzuweisen wäre, sondern sie ist **Prozesshandlungsvoraussetzung**. Fehlt die Postulationsfähigkeit, so ist die Prozesshandlung **wirkungslos**: Die Klage wird nicht bearbeitet, die Antragstellung gilt als nicht erfolgt, die im Termin erschienene nicht postulationsfähige Partei kann nicht verhandeln und gilt – trotz körperlicher Anwesenheit – als säumig. Eine Sachentscheidung gegen die verhandlungsunfähige Partei ist also möglich.

> **Beispiel:**
> Im Termin zur mündlichen Verhandlung vor dem Landgericht erscheint der Beklagte – trotz Anwaltszwanges – ohne Anwalt, ist also nicht postulationsfähig. Stellt er Klageabweisungsantrag, so wird dieser Antrag vom Gericht nicht beachtet. Er wird nach § 333 ZPO als nicht erschienen angesehen, weshalb der Kläger ein Sachurteil in Form eines Versäumnisurteils erfolgreich beantragen kann.

3. Der Anwaltszwang und seine Ausnahmen

a) Der Anwaltszwang

199 **aa) Anwendungsbereich.** Der Anwaltszwang beschreibt die Notwendigkeit der Vertretung der Partei durch einen zugelassenen Rechtsanwalt für alle Prozesshandlungen gegenüber dem Prozessgericht.

> **Beispiele:**
> Einreichung einer Klageschrift, Antragstellung im Termin, Stellen von Beweisanträgen, Anerkenntnis, Verzicht, Abschluss eines Prozessvergleiches, Klagerücknahmeerklärung, Einlegung von Einspruch oder Rechtsmitteln.

Anwaltszwang besteht:
- bei den **Kollegialgerichten** (Landgericht, Oberlandesgericht) sind nur allgemein zugelassene **Rechtsanwälte**, am **Bundesgerichtshof** nur dort zugelassene Rechtsanwälte postulationsfähig, §§ 78 Abs. 1 ZPO, 10 Abs. 4 FamFG.

   Dem Anwaltszwang unterliegt **nicht** der einem Prozessvergleich vor dem Landgericht beitretende Dritte (BGH NJW 1983, 1433).

- in **Familiensachen** vor dem **Amtsgericht** und den **Rechtsmittelgerichten** herrscht in den in § 114 Abs. 1, 2 FamFG aufgezählten Fällen ebenfalls **Anwaltszwang**: Ehesachen, Folgesachen und selbstständige Familienstreitsachen.

– im **Parteiprozess vor dem Amtsgericht** bei Geltendmachung einer **fremden** oder zur Einziehung auf fremde Rechnung **abgetretenen Geldforderung** muss ein Rechtsanwalt auftreten, sofern der Kläger den Forderungsinhaber nicht auch nach § 79 Abs. 2 ZPO vertreten dürfte oder selbst – nach Sicherungsabtretung – der frühere Gläubiger war, § 79 Abs. 1 Satz 2 ZPO.

Eine allgemeine **Hinweispflicht** des Gerichts über den Anwaltszwang besteht gegenüber der Partei grundsätzlich **nicht** (BGH NJW 1997, 1989), soweit nicht das Gesetz wegen des Anwaltszwanges zur Aufforderung, einen Anwalt zu bestellen, zwingt, vgl. §§ 215 Abs. 2, 271 Abs. 2 ZPO.

bb) Anwaltsprozess und Parteiprozess. Wo Anwaltszwang herrscht spricht man vom **200** Anwaltsprozess, § 78 ZPO. Wo eine Vertretung durch Anwälte nicht geboten ist, liegt ein Parteiprozess vor, § 79 ZPO. Die verfahrensrechtliche **Mitwirkung der Partei** ist im Anwaltsprozess jedoch nicht ausgeschlossen:

Das Gericht soll zur Sachverhaltsaufklärung das **persönliche Erscheinen** der Partei anordnen, §§ 141 Abs. 1, 273 Abs. 2 Nr. 3 ZPO, und die Parteien in der Güteverhandlung **persönlich anhören**, § 278 Abs. 2 Satz 3 ZPO, die Partei kann ein **Geständnis** ihres Rechtsanwalts **sofort widerrufen** oder tatsächlichen Ausführungen des anwaltlichen Bevollmächtigten **sofort widersprechen**, § 85 Abs. 1 Satz 2 ZPO. Schließlich ist der Partei neben dem Anwalt auf Antrag das **Wort zu erteilen**, § 137 Abs. 4 ZPO.

cc) Zwecke. Der Anwaltszwang dient sowohl einer **geordneten Rechtspflege** wie auch **201** dem **Rechtsschutzinteresse** der rechtsunkundigen Partei. Durch den Rechtsanwalt wird der Prozessstoff im Hinblick auf die juristischen Anspruchsvoraussetzungen oder erheblichen Einwendungen gefiltert und aufbereitet. Die Rechtskundigkeit des Prozessvertreters ermöglicht eine effektive und prozessual reibungslose Verhandlung. Die anwaltlich vertretene Partei hat die Gewähr, weder verfahrensrechtlich noch materiell in juristische Fallstricke zu geraten. Der Rechtsanwalt übt insoweit auch Schutz-, Warn- und Beratungsfunktion aus.

dd) Verstoß. Die im Anwaltsprozess von der Partei selbst vorgenommene Prozesshand- **202** lung ist **unwirksam** (BGH NJW 1990, 3086). Sie kann auch nicht durch Rügeverzicht des Gegners (vgl. § 295 Abs. 2 ZPO) geheilt werden, da der Anwaltszwang **von Amts wegen** zu berücksichtigen ist und nicht der Parteidisposition unterliegt (BGH NJW 1992, 2706). Allerdings kann die von einem etwa am OLG nicht zugelassenen Rechtsanwalt vorgenommene Prozesshandlung durch einen dort zugelassenen Bevollmächtigten **nachträglich genehmigt** und damit geheilt werden (BGH NJW-RR 2007, 278). Bei fristgebundenen Handlungen, z.B. Berufungseinlegung, tritt die Heilung jedoch nur ein, wenn die Genehmigung noch **innerhalb der Frist** erteilt wird (BGH a.a.O.).

b)   Ausnahmen vom Anwaltszwang

Ausnahmsweise ist die Partei auch im Anwaltsprozess selbst postulationsfähig: **203**
– Im Verfahren vor einem **beauftragten** oder **ersuchten Richter**, § 78 Abs. 3, HS 1 ZPO (vgl. Rn. 380 f.). Vor dem Einzelrichter des Landgerichts (§§ 348, 348 a ZPO) besteht dagegen Anwaltszwang, denn er ist das Prozessgericht.

Beispiel:
Das Gericht ersucht einen Richter an einem fremden Amtsgericht um Vernehmung eines dort wohnenden Zeugen (§ 362 ZPO). Sind die Parteien bei dieser Zeugenvernehmung ohne ihre Anwälte anwesend, können sie einen wirksamen Prozessvergleich abschließen, § 78 Abs. 3 ZPO.

– Prozesshandlungen, die vor dem **Urkundsbeamten der Geschäftsstelle** nach § 129 a ZPO vorgenommen werden können, § 78 Abs. 3, HS 2 ZPO. Diese Fälle sind im Gesetz jeweils besonders angesprochen.

Beispiele:
- **Richterablehnungsgesuch**, § 44 Abs. 1 ZPO,
- **Erledigungserklärung** hinsichtlich der Hauptsache, § 91 a ZPO (auch in der mündlichen Verhandlung: OLG Schleswig MDR 1999, 252),
- Antrag auf Bewilligung von **Prozesskostenhilfe**, § 117 Abs. 1 ZPO,
- **Verweisungsantrag** bei Unzuständigkeit des Gerichts, § 281 Abs. 2 ZPO,
- Antrag auf Einleitung des **selbstständigen Beweisverfahrens**, § 486 Abs. 4 ZPO,
- **Einlegung der sofortigen Beschwerde** beim Kollegialgericht, wenn der Rechtsstreit in erster Instanz Parteiprozess war, PKH betraf oder die Beschwerde von Dritten, Zeugen oder Sachverständigen erhoben wird, § 569 Abs. 3 ZPO,
- **Rücknahme des Antrags** auf Durchführung des **streitigen Verfahrens** nach Widerspruch im Mahnverfahren, § 696 Abs. 4 ZPO,
- Antrag auf **Arrest und einstweilige Verfügung**, §§ 920 Abs. 3, 936 ZPO; für ein sich etwa anschließendes Hauptsacheverfahren beim Landgericht besteht dann wieder Anwaltszwang.

- Ein jeweils zugelassener **Rechtsanwalt** kann sich auch **selbst** vertreten, § 78 Abs. 4 ZPO. Er kann dafür wie für ein Fremdmandat Gebühren und Auslagen abrechnen, § 91 Abs. 2 Satz 3 ZPO.
- Verfahren vor dem **Rechtspfleger** unterliegen nicht dem Anwaltszwang, § 13 RPflG.

Beispiele:
Im Mahnverfahren Antrag auf Neuzustellung des Mahnbescheids oder Antrag auf Abgabe an das Streitgericht.

4. Einzelheiten zum Anwaltszwang beim Familiengericht

a) Zweck

204 Wegen der Bedeutung der Regelungsmaterie für die Betroffenen besteht auch in Familiensachen, für die das Amtsgericht nach § 23 a GVG ausschließlich zuständig ist, Anwaltszwang.

b) Erfasste Familiensachen

Folgende Personen werden in bestimmten Familiensachen vom Anwaltszwang vor den **Familiengerichten** und **Oberlandesgerichten** nach § 114 Abs. 1 FamFG erfasst:
- **Ehegatten** in **Ehesachen**, § 121 FamFG (Scheidung, Eheaufhebung, Feststellung des Bestehens oder Nichtbestehens der Ehe) bzw. entsprechendes bei Lebenspartnerschaften, § 270 Abs. 1 FamFG;
- **Ehegatten** in **Folgesachen** im Verbund mit der Ehesache, § 137 Abs. 1, 2 FamFG (Versorgungsausgleich, Kindes- und Ehegattenunterhalt, Wohnungszuweisung und Hausrat, Güterrecht);
- **Ehegatten** und **beteiligte Dritte** in **selbstständigen Familienstreitsachen**, § 112 FamFG (Unterhaltsachen nach § 231 Abs. 1 FamFG, Güterrechtssachen nach § 261 Abs. 1 FamFG, sonstige Familiensachen nach § 266 Abs. 1 FamFG).

Vor dem **Bundesgerichtshof** besteht für alle Beteiligten Anwaltszwang, § 114 Abs. 2 FamFG. Allerdings können sich Behörden und juristische Personen des öffentlichen Rechts dort durch Vertretungsberechtigte mit Befähigung zum Richteramt vertreten lassen, §§ 78 Abs. 2, 114 Abs. 3 Satz 2 FamFG.

Ausnahmen vom Anwaltszwang bestehen in den Fällen des § 114 Abs. 4 Nr. 1 bis 7 FamFG:
- Im Verfahren der **einstweiligen Anordnung**, § 49 ff. FamFG;
- wenn ein Beteiligter durch das **Jugendamt als Beistand** vertreten ist;

- für die **Zustimmung zur Scheidung** und zur Rücknahme des Scheidungsantrages sowie für den Widerruf der Zustimmung zur Scheidung;
- für einen **Antrag auf Abtrennung** einer Folgesache von der Scheidung;
- im Verfahren der Verfahrenskostenhilfe, §§ 76 ff. FamFG;
- bei Prozesshandlungen vor dem **kommissarischen** Richter und solchen, die vor dem Urkundsbeamten der **Geschäftsstelle** vorgenommen werden können, § 78 Abs. 3 ZPO;
- für den Antrag auf Durchführung des Versorgungsausgleichs und Erklärungen zum Wahlrecht nach dem VersAusglG.

c) Beiordnung eines Rechtsanwalts

Dem Antragsgegner in einer Scheidungssache kann das Prozessgericht **von Amts wegen** **205** hinsichtlich des **Scheidungsantrages** und einer **Kindschaftssache** als Folgesache (Antrag auf alleiniges Sorgerecht für ein gemeinsames Kind) einen Rechtsanwalt beiordnen, wenn dies zu seinem Schutz unabweisbar erscheint, § 138 Abs. 1 FamFG. Damit soll der unwissende oder hilflose Gegner vor unangemessenen Nachteilen bewahrt werden.

d) Antragsgegner ohne Rechtsanwalt

aa) Keine Vornahme von Prozesshandlungen. Bestellt der Antragsgegner keinen Pro- **206** zessbevollmächtigten und unterbleibt die Beiordnung eines Rechtsanwalts gemäß § 138 FamFG, so kann er wirksam **keine Prozesshandlungen** vornehmen. Er kann nicht verhandeln und insbesondere keine Sachanträge stellen (vgl. Jost NJW 1980, 327). Seine **Mitwirkung** im Verfahren beschränkt sich auf die Anhörung nach § 128 Abs. 1 FamFG, er kann die Zustimmung zur Scheidung und zu Folgesachen erklären, die Ehe erhaltende Tatsachen vortragen, Beweisanträge stellen und sich auf die Härteklausel nach §§ 1568 BGB, 127 Abs. 3 FamFG berufen. Einen Scheidungsfolgenvergleich kann er nicht abschließen (BGH NJW 1991, 1743).

bb) Versäumnisurteil. Ein Versäumnisurteil kann gegen den anwaltlosen **Antragsgegner** nicht ergehen, wenn er zum Termin nicht erscheint, § 130 Abs. 2 FamFG. Es findet dann eine einseitige mündliche Verhandlung mit dem Kläger statt. Es ergeht ein kontradiktorisches („streitiges") Urteil auf Grund des unter Berücksichtigung des Untersuchungsgrundsatzes, §§ 26, 127 Abs. 1 FamFG, erkannten Sachverhalts. Das Urteil kann daher auch auf Abweisung des Scheidungsantrages lauten. Ein Versäumnisurteil auf Zurückweisung des Antrags gegen den in einer Scheidungssache nicht erschienenen **Antragsteller** ist **zulässig**, § 130 Abs. 1 FamFG (vgl. Rn. 745).

5. Einzelfälle zum Anwaltszwang

Nachfolgend werden einige typische Fallkonstellationen zum Anwaltszwang erläutert: **207**
- **Anwaltloser Einzelrichtervergleich vor LG.** Vor dem Einzelrichter beim Landgericht schließen die im Termin ohne Anwälte erschienenen Parteien einen Vergleich.

  Lösung: Dieser Vergleich ist **als** den Rechtsstreit beendender **Prozessvergleich unwirksam**, da vor dem Einzelrichter (der ja das Prozessgericht darstellt) Anwaltszwang besteht und der Abschluss eines Prozessvergleiches dem Anwaltszwang unterliegende Prozesshandlungen erfordert. Er beendet daher den Rechtsstreit in prozessualer Hinsicht nicht. Er ist aber **materiellrechtlich** nach § 779 BGB **wirksam** (vgl. BGH NJW 1985, 1963 für anwaltlosen Beklagten in einer Scheidungssache). Einer Fortführung des Rechtsstreits auf alter Grundlage ist damit der Boden entzogen. Vielmehr ist der Rechtsstreit nun übereinstimmend für **erledigt** zu erklären. Das können die Parteien nach §§ 91a Abs. 1, 78 Abs. 3 ZPO – ohne Anwalt – zu Protokoll der Geschäftsstelle tun (vgl. Rn. 203).

- **Einseitig anwaltloser Vergleich vor beauftragtem Richter.** Im Verhandlungstermin vor der Zivilkammer des Landgerichts ist der Kläger anwaltlich vertreten. Der

Beklagte ist persönlich, aber ohne Anwalt anwesend. Die Parteien wollen einen Vergleich abschließen. Die Kammer verweist deshalb den Rechtsstreit zum Zwecke eines Güteversuchs gemäß § 278 Abs. 5 ZPO an den Berichterstatter als beauftragten Richter. Hier wird der Vergleich abgeschlossen und protokolliert.

Lösung: Der Vergleich ist nach §§ 278 Abs. 5, 78 Abs. 3 ZPO ein **wirksamer Prozessvergleich** (vgl. Zöller-Vollkommer § 78 Rn. 46; zweifelnd BGH FamRZ 1986, 458). Die Verweisung an den beauftragten Richter setzt einen **Beschluss** des Prozessgerichts, also der Kammer, voraus. Der Berichterstatter kann sich daher nicht selbst zum beauftragten Richter machen. Auch der Einzelrichter kann sich nicht zum beauftragten Richter für einen Sühneversuch nach § 278 Abs. 5 ZPO bestellen.

–   **Anwaltlose Klagerücknahme vor dem LG.** Der Kläger entzieht im landgerichtlichen Verfahren seinem Anwalt das Mandat und erklärt dann selbst die Klagerücknahme gegenüber dem Prozessgericht.

Lösung: Die Klagerücknahmeerklärung nach § 269 ZPO ist **unwirksam**, da sie eine dem Anwaltszwang unterliegende Prozesshandlung ist.

–   **Anwaltloser Beitritt eines Dritten zum Zwecke des Vergleichsabschlusses.** Die Parteien eines Bauprozesses einigen sich vor Gericht und schließen einen Prozessvergleich. Der als Zeuge anwesende Architekt, der wegen eines Planungsfehlers den streitigen Mehraufwand mitzuverantworten hat, übernimmt einen Teil der Klagesumme und tritt zum Zwecke des Vergleichsabschlusses dem Rechtsstreit bei.

Lösung: Auch ein **Dritter** kann sich gemäß § 794 Abs. 1 Nr. 1 ZPO an einem Prozessvergleich beteiligen. Der Dritte, der dem Prozessvergleich beitritt, muss auch im Anwaltsprozess **nicht durch** einen bei dem Prozessgericht zugelassenen **Rechtsanwalt vertreten** sein (BGH NJW 1983, 1433).

IV. Die Prozessvollmacht

208 Soll eine andere Person für die Partei den Prozess führen, so muss sie dazu **beauftragt** und mit einer **Vollmacht** ausgestattet werden. Handelt ein Vertreter im Prozess ohne Vollmacht, so fehlt es an der erforderlichen **Prozesshandlungsvoraussetzung** – die Tätigkeit ist ohne Wirkung.

1.   Bestellung zum Prozessbevollmächtigten

Bei der Tätigkeit des Prozessbevollmächtigten für die Partei ist zwischen dem internen Vertragsverhältnis zwischen diesen Beteiligten (Grundverhältnis) und der Vertretungsmacht nach außen (Vollmacht) zu unterscheiden.

a)   Mandatsvertrag

Im Innenverhältnis beruht die Tätigkeit des Prozessvertreters i.d.R. auf einem Geschäftsbesorgungsvertrag, auf einem Dienstvertrag oder auf einem Auftragsvertrag (vgl. Rn. 180).

b)   Weisungen

Während die Vollmacht das „rechtliche Können" nach außen betrifft, ergibt sich aus dem Innenverhältnis das „**rechtliche Dürfen**" des Vertreters, nämlich inwieweit der Bevollmächtigte von den Befugnissen, die ihm die Vollmacht verleiht, Gebrauch machen darf. Im Innenverhältnis kann die Partei also ihren Prozessbevollmächtigten durch bestimmte Weisungen binden, z.B. keinen Vergleich abzuschließen, kein Anerkenntnis abzugeben oder in bestimmter Weise vorzutragen.

Beispiel:
Der Anwalt hat intern von seinem Mandanten Anweisung, sich im Prozess nicht zu vergleichen.

c) Bestellung eines Prozessbevollmächtigten.

Die ZPO spricht an verschiedenen Stellen von der „Bestellung" eines Bevollmächtig- **209**
ten.

Beispiele:
Möglichkeit der Zustellung an einen rechtsgeschäftlich **bestellten** Vertreter, § 171 Abs. 1 ZPO;
zwingende Zustellung an den für den Rechtszug **bestellten** Prozessbevollmächtigten im
anhängigen Verfahren, § 172 Abs. 1 ZPO; Aufforderung im Anwaltsprozess, einen Anwalt
zu **bestellen**, §§ 215 Abs. 2, 271 Abs. 2 ZPO; Unterbrechung des Verfahrens nach dem Tod
des Anwalts bis zur Anzeige der **Bestellung** eines neuen Anwalts, § 244 Abs. 1 ZPO.

Damit stellt das Gesetz lediglich auf die **rechtsgeschäftliche Beauftragung** eines Bevollmächtigten ab, die **dem Gericht gegenüber** in irgendeiner Weise **zum Ausdruck** kommen muss, **ohne** dass es insoweit jedoch auf die **Erteilung der Vollmacht** ankäme.
„Bestellt" ist jemand schon dann, wenn er durch ausdrückliche oder schlüssige Handlung dem Gericht oder dem Gegner gegenüber als Prozessbevollmächtigter gekenn-
zeichnet ist, z.B. wenn er für die Partei im Termin auftritt oder wenn er mitteilt, er
„bestelle" sich als Prozessbevollmächtigter des Klägers.

2. Erteilung der Vollmacht

a) Empfangsbedürftige Willenserklärung

Die – vom Grundgeschäft unabhängige – Erteilung der Prozessvollmacht erfolgt durch **210**
einseitige, empfangsbedürftige Willenserklärung. Sie wird wirksam mit **Zugang** und
kann gegenüber dem Bevollmächtigten (Normalfall), gegenüber dem Gericht oder auch
gegenüber dem Gegner erfolgen (BGH FamRZ 1995, 1484). Die Prozessvollmacht ist
abstrakt, d.h. gegenüber dem Grundverhältnis rechtlich verselbstständigt. Mängel des
Grundverhältnisses berühren daher nicht notwendig auch die Vollmacht (Ausnahmen:
Innenverhältnis verstößt gegen ein den Schutz des Vertretenen bezweckendes Gesetz
wie RBerG oder RDG, dann ist auch die Vollmacht nichtig, vgl. BGH NJW 2006,
2260, BGH BB 2007, 2088).

Die Beiordnung eines Rechtsanwalts, etwa nach §§ 121 ZPO, 138 FamFG, umfasst noch nicht die
Vollmachtserteilung (BGHZ 60, 258). Vielmehr muss die Partei mit dem – im Wege der Prozesskostenhilfe oder in Scheidungssachen – beigeordneten Anwalt noch einen Mandatsvertrag
abschließen und ihm Vollmacht erteilen, soll er wirksam für den Mandanten handeln können.

Die Bevollmächtigung kann **formlos** erfolgen. Da der Bevollmächtigte jedoch dem
Gericht eine schriftliche Vollmacht vorlegen muss, § 80 Satz 1 ZPO, ist Schriftform
für die Prozessvollmacht angebracht.

b) Gesellschaften

Wird eine Sozietät beauftragt, so liegt nach der Verkehrsauffassung in der Regel **211**
Gesamtvollmacht für alle Sozien vor, selbst wenn die Vollmacht nur auf ein Mitglied
ausgestellt ist (vgl. BGH NJW 2000, 1334; 2001, 1056; 1994, 257). Diese mehreren
Bevollmächtigten sind nach der Regel des § 84 ZPO berechtigt, den Mandanten
gemeinschaftlich oder **einzeln** zu vertreten. Bei der **Rechtsanwalts-GmbH** und der
Partnerschaftsgesellschaft ist nur der Gesellschaft Vollmacht zu erteilen, vgl. § 59 l
BRAO, § 7 Abs. 4 PartGG).

c) Besondere Vertreter

Generalbevollmächtigte, Prokuristen, Handlungsbevollmächtigte oder gesetzliche Vertreter bedürfen keiner besonderen Prozessvollmacht, sofern sie anderweitig Nachweis ihrer Vertretungsmacht führen.

Beispiel:
Der Prokurist kann zum Nachweis seiner Prokura einen Handelsregisterauszug vorlegen. Die Vollmacht zur Prozessführung ergibt sich dann aus § 49 Abs. 1 HGB.

3. Umfang und Beschränkbarkeit von Prozessvollmachten

a) Regel

212 Während sich grundsätzlich der Umfang einer **außergerichtlichen** Vollmacht nach der vom Vollmachtsgeber auf den Bevollmächtigten übertragenen Rechtsmacht bestimmt, bestimmt § 81 ZPO den gesetzlichen Umfang einer **Prozessvollmacht**. Danach ist die Prozessvollmacht immer **Generalvollmacht**, d.h. die Prozessvollmacht ist Vollmacht für den Prozess als Ganzes und enthält **alle prozessual notwendigen Befugnisse** (BGH NJW 1994, 320). Lediglich in Scheidungssachen bedarf es einer **Spezialvollmacht**, die aber über die Ehesache hinaus auch die Folgesachen umfasst, § 114 Abs. 5 FamFG.

b) Gesetzlicher Umfang

213 aa) **Prozesshandlungen.** Die Prozessvollmacht umfasst alle den Rechtsstreit betreffenden Prozesshandlungen, § 81 ZPO. Das sind alle Handlungen, die das Betreiben des Verfahrens, seine Durchführung und seine Beendigung betreffen:
- **Allgemeine Verfahrenshandlungen:** z.B. Klageeinreichung, -erweiterung, -änderung, -rücknahme, Zuständigkeitsvereinbarung, Geständnis, Widerklage, Antragstellung im Termin, Empfang von Zustellungen, Wiederaufnahme des Verfahrens, Anhörungsrüge nach § 321a ZPO;
- **Zwangsvollstreckung:** z.B. Erhebung einer Vollstreckungsgegenklage, Klage auf Erteilung der Vollstreckungsklausel;
- **Vergleich, Anerkenntnis, Verzicht:** Prozessbeendigung durch Prozessvergleich, Anerkenntnis des gegnerischen Anspruchs, Verzicht auf den Klageanspruch;
- **Untervollmacht:** Der Hauptbevollmächtigte kann für einzelne Prozesshandlungen bzw. zur Terminswahrnehmung (BGH NJW-RR 2007, 356) einen Unterbevollmächtigten bestellen. Auch für die höhere Instanz ist eine Unterbevollmächtigung möglich, sog. Instanzvollmacht (BGH NJW 2006, 2334); er darf jedoch nicht die Prozessvollmacht insgesamt weitergeben (BGH NJW 1981,1727). Der Unterbevollmächtigte vertritt dann die Partei, nicht den Prozessbevollmächtigten (BGH NJW-RR 2003, 51).
- **Empfang von Kosten.** Die vom Gegner oder aus der Staatskasse zu erstattenden Kosten darf der Anwalt entgegennehmen, den Forderungsbetrag der Klage jedoch nur, wenn das in der Vollmacht – in Erweiterung des gesetzlichen Umfangs – besonders erwähnt ist (OLG Frankfurt NJW-RR 1986, 1501). Die von Rechtsanwälten in der Praxis verwendeten Formulare enthalten durchweg diese zusätzliche „Inkassovollmacht". Umfasst ist auch die Vertretung im Kostenfestsetzungsverfahren.

214 bb) **Materiellrechtliche Erklärungen.** Zu **rechtsgeschäftlichen Erklärungen** ist der Prozessbevollmächtigte befugt, soweit diese zum Gegenstand des Rechtsstreits einen Bezug haben (BGH NJW 2003, 964), z.B. Aufrechnung, Anfechtung, Kündigung, Rücktritt, Widerruf. Andere Rechtsgeschäfte mit Dritten sind i.d.R. von der Prozessvollmacht nicht umfasst, z.B. Abschluss eines Schiedsvertrages.

c) Beschränkbarkeit im Parteiprozess

Während im **Innenverhältnis** zwischen Anwalt und Mandant im Parteiprozess wie auch **215**
im Anwaltsprozess Einschränkungen möglich sind, ist die Beschränkung **nach außen**
nur im Parteiprozess zulässig:

Im **Parteiprozess** sind **beliebige Einschränkungen** möglich. Nachdem die Partei hier
auch ohne Rechtsanwalt agieren kann, kann sie Vollmacht auch nur für **einzelne
Prozesshandlungen** erteilen, § 83 Abs. 2 ZPO. So ist nur eine Terminsvollmacht
möglich, die nur zur Vornahme der im Termin erforderlichen sachgemäßen Handlungen ermächtigt. Mit Ablauf des Termins ist die Vollmacht dann erloschen.
Im **Anwaltsprozess** kann die Vollmacht **dem Gegner gegenüber** nur dahingehend
eingeschränkt werden, dass ihm der Abschluss eines **Vergleichs**, eine **Verzichtserklärung**
bzgl. des Streitgegenstandes (§ 306 ZPO) oder das **Anerkenntnis** des gegnerischen
Anspruchs (§ 307 ZPO) **untersagt** werden, § 83 Abs. 1 ZPO.

> **Beispiel:**
> Der Kläger untersagt seinem Prozessbevollmächtigten den Abschluss eines Vergleiches im
> Termin. Schließt der Anwalt in Abwesenheit des Klägers trotzdem einen Vergleich ab, so ist
> dieser wirksam. Der Mandant hat allenfalls aus dem Innenverhältnis einen Regressanspruch
> gegen seinen Anwalt.

Die Beschränkung erfolgt im Text der Vollmachtsurkunde oder durch ausdrückliche
Erklärung gegenüber dem Prozessgegner oder dem Gericht.

4. Wirkung der Prozessvollmacht

a) Zurechnung von Erklärungen

Durch die Vollmacht wird der Prozessvertreter in den Stand gesetzt, **mit Wirkung für** **216**
die Partei zu handeln. Dieses Handeln muss sich die Partei aber umgekehrt dann auch
zurechnen lassen.

aa) Prozesshandlungen. Die von dem Bevollmächtigten vorgenommenen Prozesshandlungen sind für die Partei in gleicher Art verpflichtend, als wenn sie **von ihr selbst**
vorgenommen worden wären, § 85 Abs. 1 ZPO. Zwar kann die Partei im **Parteiprozess**
auch **selbst** Prozesshandlungen vornehmen, sie ist jedoch daneben an diejenigen ihres
Prozessbevollmächtigten gebunden. Bei widersprüchlichen Prozesshandlungen sind
diejenigen der Partei maßgebend (vgl. Zöller-Vollkommer, § 85 Rn. 5).

bb) Tatsachenerklärungen. Die Zurechnung erstreckt sich auch auf **Tatsachenerklärungen** und Zugestehen von Behauptungen der Gegenseite („**Geständnisse**"), soweit sie
nicht **sofort** von der anwesenden Partei **widerrufen** werden. Unwiderruflich ist jedoch
ein vom Prozessbevollmächtigten erklärtes Anerkenntnis nach § 307 ZPO, da es dabei
nicht um das Zugestehen einer Tatsachenbehauptung geht, sondern um das Zugestehen
eines Anspruches.

b) Zurechnung von Verschulden

Lässt die Partei ihren Rechtsstreit durch einen Vertreter führen, soll sie in jeder **217**
Prozesssituation so behandelt werden, als hätte sie ihn selbst geführt. Aus diesem
Grunde wird das **Verschulden** (Vorsatz, Fahrlässigkeit) **des Bevollmächtigten** der Partei
wie **eigenes Verschulden zugerechnet**, § 85 Abs. 2 ZPO. Die Zurechnung umfasst nach
dem Grundgedanken des § 166 BGB auch die **Kenntnis** des Bevollmächtigten (BGH
WM 1993, 973). Allerdings soll nicht jedes vorsätzlich sittenwidrig schädigende oder

gewissenlose Verhalten zugerechnet werden (vgl. Zöller-Vollkommer, § 85 Rn. 4, 13 m.w.N.).
Maßstab für das Handeln des Bevollmächtigten ist die **übliche, von einem ordentlichen Anwalt zu fordernde Sorgfalt** bei der Interessenswahrnehmung (BGH NJW2007, 2047, str.). Zurechenbar ist auch nur das Verschulden des **Bevollmächtigten** oder seiner selbstständig die Sache bearbeitenden **anwaltlichen Unterbevollmächtigten** (BGH NJW 90, 874), nicht das von Terminsvertretern (BGH NJW-RR 2007, 356). Von praktischer Bedeutung ist dabei, dass Verschulden von **Büropersonal** bzw. Angestellten des Rechtsanwalts der Partei nicht zugerechnet werden kann (BGH NJW 2007, 603). Allerdings liegt hier häufig ein Überwachungs- oder **Organisationsverschulden** des Rechtsanwalts selbst vor (BGH NJW 2006, 1520; 2007, 2559).

> **Beispiele für zuzurechnendes Verschulden** des Anwalts:
> – Vergessene Unterschrift unter Berufungsbegründung (BGH VersR 1980, 942),
> – Fristversäumnis infolge Überlassung der Berechnung ungewöhnlicher Fristen an Büropersonal (BGH NJW-RR 2004, 350),
> – mangelhafte Organisation des Fristenwesens (BGH NJW-RR 1998, 1526),
> – Nichtbemerken einer fehlerhaft oder unvollständig adressierten Berufungsschrift bei Unterschrift durch den Rechtsanwalt (BGH NJW-RR 1999, 1006),
> – fehlende eigenständige Prüfung des Fristablaufes bei Vorbereitung einer fristgebundenen Prozesshandlung (BGH NJW 2007, 2332).

> **Beispiele für fehlendes zurechenbares Verschulden:**
> – Fristversäumnis wegen Falschberechnung einer üblichen, einfach zu ermittelnden Frist durch ausgebildete und sorgfältig überwachte Büroangestellte (BGH NJW 2004, 350 f.),
> – Fristversäumnis bei rechtzeitiger Absendung des Schriftsatzes und Verlassen auf übliche Postlaufzeit im Normalfall (BGH NJW 2007, 2778; 2008, 587),
> – Vertrauen auf der Gerichtspraxis entsprechende positive Bescheidung eines Fristverlängerungsantrages (BGH NJW 1997, 400).

5. Prüfung und Nachweis der Vollmacht

218 Das Vorliegen einer Prozessvollmacht ist zwar Prozesshandlungsvoraussetzung, sie muss jedoch nicht in jedem Falle dem Gericht nachgewiesen werden. Dabei ist zu unterscheiden, ob der Bevollmächtigte ein Rechtsanwalt ist oder nicht.

a) Anwaltlicher Vertreter

Tritt als Bevollmächtigter ein Rechtsanwalt auf, so erfolgt die Überprüfung der Vollmacht i.d.R. nicht von Amts wegen, sondern **nur auf Rüge,** § 88 Abs. 1 ZPO. Zur Erhebung der Rüge ist der **Gegner,** aber auch die angeblich vertretene Partei selbst (BGH NJW 2007, 3640) in jeder Lage des Rechtsstreits befugt. Ausnahmsweise überprüft das Gericht von Amts wegen die Vollmacht, wenn begründete Zweifel an deren Vorliegen bestehen (BGH NJW 2001, 2095).

b) Nichtanwaltlicher Vertreter

Ist der Bevollmächtigte kein Rechtsanwalt, also regelmäßig nur am Amtsgericht denkbar, ist **von Amts wegen** auf das Vorliegen einer schriftlichen Vollmacht zu achten, § 88 Abs. 2 ZPO.

c) Vollmachtloser Vertreter

219 Ergibt die Rüge oder Prüfung das Fehlen einer wirksamen Prozessvollmacht, so bestehen folgende Möglichkeiten:

aa) **Nicht behebbarer Vollmachtsmangel.** Ist der Mangel der Vollmacht nicht behebbar, so muss das Gericht im Falle der **Klageerhebung** durch vollmachtlosen Vertreter die Klage sofort als unzulässig abweisen (GemS OGB NJW 1984, 2149), in anderen Fällen die vollmachtlos vertretene Partei als säumig behandeln.

bb) **Behebbarer Vollmachtsmangel Vertagung.** Ist der Mangel **behebbar,** kann sich das Gericht vertagen und dem vollmachtlosen Vertreter eine **Frist** zur Beibringung der Vollmacht oder der Genehmigung setzen.
– **Einstweilige Zulassung.** Das Gericht kann aber auch den vollmachtlosen Vertreter zur Prozessführung einstweilen zulassen, § 89 Abs. 1 ZPO. Die Zulassung erfolgt durch Beschluss des Gerichts oder stillschweigend, wenn der Gegner dem nicht widerspricht (OLG Koblenz NJW-RR 2006, 377). Dem vollmachtlosen Vertreter ist **Frist** zur Beibringung der Vollmacht zu setzen. Es darf während der einstweiligen Zulassung **keine Entscheidung** (Endurteil, Vorbehaltsurteil, Zwischenurteil, Versäumnisurteil, Verweisungsbeschluss) ergehen, § 89 Abs. 1 Satz 2 ZPO. Bringt der vollmachtlose Vertreter innerhalb der ihm gesetzten Frist bzw. bis zum Ende der mündlichen Verhandlung, auf die die Entscheidung ergeht (RGZ 30, 400), die Genehmigung für seine Prozessführung nicht bei, treten die unter aa) genannten Rechtsfolgen ein. Darüber hinaus wird der vollmachtlose Vertreter zur Tragung der **Kosten verurteilt,** die dem Gegner durch die einstweilige Zulassung entstanden sind, § 89 Abs. 1 Satz 3 ZPO.
– **Genehmigung.** Erteilt die Partei dem vollmachtlosen Vertreter nachträglich Vollmacht oder genehmigt sie die Prozessführung, so kann sich dies nur auf die **gesamte Prozessführung** des vollmachtlosen Vertreters beziehen, § 89 Abs. 2 ZPO. Regelmäßig wirkt die Genehmigung auf den Zeitpunkt der Vornahme der Prozesshandlung zurück (BGHZ 128, 283; OLGR Celle 2005, 64).

6.   **Erlöschen und Fortbestand der Prozessvollmacht**

a)   **Erlöschen der Vollmacht**

Die Vollmacht erlischt mit rechtskräftiger **Erledigung** des Rechtsstreits, durch **Kündi-** **220** **gung** des Vollmachtsvertrages oder **Widerruf** der Vollmacht seitens des Vollmachtgebers. Widerruf ist jederzeit möglich. War jedoch die Vollmacht dem Gegner oder dem Gericht mitgeteilt worden, so erlischt sie erst mit **Anzeige** gegenüber diesen.

Im Anwaltsprozess wird der Widerruf der Vollmacht jedoch erst **wirksam** mit der **Bestellung eines anderen** zugelassenen Rechtsanwalts, § 87 Abs. 1 ZPO. Bis zu diesem Zeitpunkt sind also auch die Zustellungen durch das Gericht noch an den bisherigen Prozessbevollmächtigten zu bewirken (vgl. § 172 ZPO). In der Bestellung eines anderen Prozessbevollmächtigten liegt wohl nicht auch die Widerrufsanzeige der Bevollmächtigung des bisherigen Vertreters (BGH NJW 2007, 3640). Es ist dem Gericht zu empfehlen, die Partei zur Klarstellung aufzufordern.

Kündigt der Bevollmächtigte das Mandatsverhältnis, so kann er gleichwohl noch **weiter** für den Mandanten **handeln,** bis dieser anderweitig für die Wahrnehmung seiner Rechte gesorgt hat, § 87 Abs. 2 ZPO. Er kann dadurch eine etwaige Haftung wegen unzeitiger Kündigung abwenden (§§ 671 Abs. 2, 675 BGB).

b)   **Vollmacht bei Tod der Partei oder des Anwalts**

Der **Tod der Partei** beendet die Vollmacht nicht, § 86 ZPO. Der Prozessbevollmächtigte **221** handelt für die Erben (BGHZ 121, 265). Es tritt dann auch keine Unterbrechung des Verfahrens ein. Die Erben können jedoch nach § 246 Abs. 1 ZPO **Aussetzung** des

Verfahrens beantragen. Tritt der Bevollmächtigte nach Beendigung der Aussetzung für den Nachfolger auf, so hat er dessen Vollmacht beizubringen, § 86 ZPO. Gleiches gilt bei **Wegfall der Prozessfähigkeit** der Partei.

Verstirbt der **Bevollmächtigte** oder verliert er seine Prozessfähigkeit, so tritt im Anwaltsprozess nach § 244 ZPO **Unterbrechung** des Verfahrens ein, bis sich ein neuer Anwalt legitimiert hat und dies dem Gegner angezeigt worden ist.

2. Kapitel   Die Bestimmung des zuständigen Gerichts

Das Auffinden des zuständigen Gerichts ist die Basis für einen erfolgreichen Rechts- **222**
streit. Die Zuständigkeit des angerufenen Gerichts ist **Sachurteilsvoraussetzung** für eine
Entscheidung in der Sache. Die Bestimmung des zuständigen Gerichts erfordert daher
Überlegungen zum Bestehen **deutscher Gerichtsbarkeit** sowie zur **internationalen**
Zuständigkeit des deutschen Gerichts, eine vorherige gewissenhafte Klärung des
Rechtswegs zu den ordentlichen Gerichten und der **gesetzlichen** Gerichtsstände in
sachlicher und **örtlicher** Hinsicht. Dabei sind **Wahlgerichtsstände** in Betracht zu ziehen
und ggf. ist ein **ausschließlicher** Gerichtsstand zu beachten. Schließlich gibt es die
Möglichkeit einer **Gerichtsstandsvereinbarung**. In Ausnahmefällen ist eine **gerichtliche**
Gerichtsstandbestimmung einzuholen.

I.   Zuständigkeit als Sachurteilsvoraussetzung

Die Vorschriften über die „Zuständigkeit von Gerichten" dienen der Durchsetzung des
verfassungsmäßigen Gebots des gesetzlichen Richters (vgl. Rn. 366), der Rechtssicherheit und der Prozesswirtschaftlichkeit. Die Zuständigkeit des angerufenen Gerichts ist
daher i.d.R. **Sachurteilsvoraussetzung** (Ausnahmen Rn. 223 f.): Nur das **zuständige**
Gericht ist zur Entscheidung in der Sache befugt. Die vor dem unzuständigen Gericht
erhobene Klage ist **unzulässig**. Man spricht von der Zuständigkeit auch als „Zulässigkeitsvoraussetzung" oder „Prozessvoraussetzung".
Die **Klageabweisung** als unzulässig kann u.U. vermieden werden, wenn sich der
Beklagte auf das unzuständige Gericht **rügelos einlässt**, § 39 ZPO, oder der Kläger
nach § 281 ZPO die **Verweisung** des Rechtsstreits an das zuständige Gericht **beantragt**
(vgl. Rn. 497 ff.). Bei Beschreiten des falschen Rechtswegs wird die Streitsache **von**
Amts wegen an ein Gericht des richtigen Rechtswegs verwiesen, § 17 a Abs. 2 GVG
(vgl. Rn. 239 f., 499).

II.   Deutsche Gerichtsbarkeit und internationale Zuständigkeit

1.   Deutsche Gerichtsbarkeit

a)   Immunität

Selbstständiges Hindernis prozessualer Art ist die Befreiung von der deutschen Gerichts- **223**
barkeit (h.M.; BGH NJW 1984, 2084; BayObLG NJW 1992, 641). Die in §§ 18 bis 20
GVG genannten **Personen** sind aufgrund persönlicher Exterritorialität („**Immunität**")
deutscher Gerichtsbarkeit **nicht unterworfen**. Dieses Prozesshindernis ist in jeder Lage des
Verfahrens von Amts wegen zu beachten (BGH NJW 1984, 2084; BayObLG NJW 1992,
641). Das Gericht darf bei Beteiligung Exterritorialer keinen Termin anberaumen, sofern
nicht über die Frage der Befreiung zu verhandeln ist (BGH MDR 2003, 1135), diese nicht
als Beteiligte oder Zeugen laden, anhören, gegen sie keine Entscheidungen erlassen und
keine Vollstreckung durchführen (BGH MDR 2003, 1135). Wird die Exterritorialität
vom Gericht nicht beachtet, so ist eine trotzdem erfolgte gerichtliche Handlung wirkungslos, eine – den Exterritorialen verurteilende – Entscheidung **nichtig** (h.M.).

b)   Exterritoriale

Von der deutschen Gerichtsbarkeit befreit sind zunächst die **Mitglieder diplomatischer** **224**
Missionen, § 18 GVG, also Botschafter, Diplomaten sowie nichtdeutsches und nicht

hier ansässiges Verwaltungs- und Dienstpersonal der Mission. Exterritoriale sind darüber hinaus die Konsularbeamten und Bediensteten **konsularischer Vertretungen** wegen Handlungen, die sie in Wahrnehmung konsularischer Aufgaben vorgenommen haben, § 19 GVG, außerdem **Staatsgäste** und deren Begleitung, die sich auf amtliche Einladung der Bundesrepublik Deutschland hier aufhalten, sowie Repräsentanten zwischenstaatlicher Organisationen (UN-Generalsekretär) bzw. Angehörige ausländischer Streitkräfte nach dem NATO-Truppenstatut, § 20 GVG.

2. Internationale Zuständigkeit

a) Bedeutung

225   Die Problematik der internationalen Zuständigkeit eines angerufenen Gerichts spielt in der gerichtlichen Praxis infolge Internationalisierung von Streitfällen zunehmend eine große Rolle. Sie betrifft die Frage, ob bei Streitigkeiten mit Auslandsbeziehung ein **deutsches** oder **ein ausländisches Gericht zur Entscheidung berufen** ist (BGH ZZP 112, 100). Die Verletzung der internationalen Zuständigkeit hat die praktisch bedeutsame Folge, dass eine ausländische Entscheidung in der Bundesrepublik **nicht anerkannt** werden kann und umgekehrt. Die Überprüfung der internationalen Zuständigkeit erfolgt daher in erster Linie durch den Richter des Anerkennungsstaates, etwa im Fall der Notwendigkeit der Vollstreckung eines ausländischen Urteils im Inland durch deutsche Gerichte.

b) Regeln

226   Maßstab für die Prüfung der internationalen Zuständigkeit sind für den Richter **europäisches Recht, zwischenstaatliche Abkommen** über die Anerkennung und Vollstreckung und **deutsches Recht.**

aa) EuGVVO. Umfangreiche Vorschriften über die gerichtliche Zuständigkeit sowie die Anerkennung und Vollstreckung von Entscheidungen in Zivil- und Handelssachen von Mitgliedstaaten der Europäischen Gemeinschaft finden sich in Art. 2–24 EuGVVO. Diese Regeln haben Vorrang vor nationalem deutschem Recht.
Die **allgemeine** Zuständigkeitsregel des Art. 2 EuGVVO knüpft die Zuständigkeit des Mitgliedsstaates an den **Wohnsitz des Beklagten** und schränkt insoweit innerstaatliche Gerichtsstandsvorschriften ein (Art. 3 Abs. 2 EuGVVO setzt § 23 ZPO außer Kraft). Daneben bestehen **besondere** Zuständigkeitsregeln für bestimmte Anspruchsarten oder Rechtsgebiete, die eine Klage auch in einem **anderen Mitgliedstaat** als dem Mitgliedsstaat des Wohnsitzes des Beklagten zulassen.

> Beispiele:
> – Vertragsansprüche: Erfüllungsort, Art. 5 Nr. 1 EuGVVO,
> – Unterhaltssachen: Wohnsitz des Unterhaltsberechtigten, Art. 5 Nr. 2 EuGVVO,
> – unerlaubte Handlungen: Ort des Schadenseintritts, Art. 5 Nr. 3 EuGVVO,
> – Versicherungssachen, vgl. Art. 8 ff. EuGVVO,
> – Verbrauchersachen, vgl. Art. 15 ff. EuGVVO,
> – Individualarbeitsrechtsstreitigkeiten, vgl. Art. 18 ff. EuGVVO,
> – Immobilienmietstreitigkeiten: ausschließlich Belegenheitsort, Art. 22 Nr. 1 Satz 1 EuGVVO.

227   **bb) Zwischenstaatliche Abkommen.** Im Verhältnis zu Nichtmitgliedsstaaten der EG sind bzgl. der internationalen Zuständigkeit zwischenstaatliche Abkommen heranzuziehen, wie etwa im Verhältnis zur **Schweiz** das **Lugano-Übereinkommen,** oder das „Abkommen zwischen der EG und dem Königreich **Dänemark** vom 19.10.2005 über die gerichtliche Zuständigkeit und die Anerkennung und Vollstreckung von Entscheidungen in Zivil- und Handelssachen".

cc) Deutsches Verfahrensrecht. Nur wenige Vorschriften über die internationale **228** Zuständigkeit finden sich in der ZPO oder im FamFG.

Beispiele:
– § 98 FamFG: Internationale Zuständigkeit deutscher Gerichte in
                       Ehesachen,
– § 232 Abs. 3 Nr. 3 FamFG: Besonderer Gerichtsstand für Unterhaltsklagen gegen
                       Personen ohne inländischen Gerichtsstand,
– § 328 Abs. 1 ZPO: Anerkennung ausländischer Urteile.

Obwohl die örtliche Zuständigkeit von der internationalen Zuständigkeit ihrem Wesen und ihrer Funktion nach deutlich zu unterscheiden ist (BGH ZZP 112, 100), können die Vorschriften über die **örtliche Zuständigkeit** als Anhalt für eine internationale Zuständigkeit dienen (sog. **Doppelfunktionalität** der deutschen Gerichtsstandsvorschriften) (BGH NJW 1999, 1396). Ist ein deutsches Gericht nach §§ 12 ff. ZPO örtlich zuständig, so ist damit in der Regel auch die internationale Zuständigkeit des Gerichts gegeben.

III. Der Rechtsweg

Weitere **Sachurteilsvoraussetzung** für eine erfolgreiche Klage ist die Wahl des zutref- **229** fenden Rechtsweges. Für bürgerlich-rechtliche Streitigkeiten ist der **ordentliche Rechtsweg** eröffnet. Andersartige Streitfälle (z.B. Arbeitsrecht, Verwaltungsrecht) sind vor spezifischen Gerichten anderer Rechtswege zu verfolgen.

1. Ordentliche Gerichtsbarkeit

Bürgerliche Rechtsstreitigkeiten, Familiensachen und Angelegenheiten der **freiwilligen Gerichtsbarkeit** sind den **ordentlichen Gerichten** zugewiesen, sofern nicht eine anderweitige Zuständigkeit eröffnet ist, § 13 GVG.

a) Ordentliche Gerichte

Der Begriff „ordentliche Gerichtsbarkeit" ist historischer Natur: Bei Einführung des GVG im Jahre 1879 existierte lediglich der „**ordentliche Rechtsweg**". Bis heute wird die ordentliche Gerichtsbarkeit daher durch die **Amtsgerichte, Landgerichte, Oberlandesgerichte** und den **Bundesgerichtshof** ausgeübt, § 12 GVG.

b) Bürgerliche Rechtsstreitigkeiten

aa) Grundsatz. Nach § 13 GVG ist der ordentliche Rechtsweg im Grundsatz für die **230** bürgerlichen Rechtsstreitigkeiten eröffnet. Sein Gegenstück findet sich in § 40 VwGO, nach dem öffentlich-rechtliche Streitigkeiten nichtverfassungsrechtlicher Art grundsätzlich auf dem **Verwaltungsrechtsweg** zu verfolgen sind.

bb) Abgrenzung. Keine Aussage trifft das Gesetz zur Abgrenzung der bürgerlichen von **231** den öffentlich-rechtlichen Streitigkeiten. Es haben sich daher verschiedene **Theorien** herausgebildet, die jedoch nur Anhaltspunkte für die im Einzelfall zu treffende Beurteilung bieten. Grundlage für die Zuordnung sind der durch die Klage gekennzeichnete **Streitgegenstand** und die am Streitverhältnis **Beteiligten.**
– Nach der neueren Rechtsprechung ist auf die **Natur des Rechtsverhältnisses** abzustellen, aus der sich der Klageanspruch rechtfertigen soll; dabei soll darauf abge-

stellt werden, welche **Rechtssätze** zur Klagebegründung herangezogen werden können (BGH NJW 2003, 433; BVerwG NJW 2007, 2275).

Beispiel:
Kaufpreisanspruch nach § 433 Abs. 2 BGB: Privatrecht

232 – Nach der **Subjektionstheorie** wird darauf abgestellt, ob im Streitfall die öffentliche Gewalt dem Privatrechtssubjekt im Verhältnis der **Überordnung** gegenübertritt, die ihr erlaubt, einseitig durch hoheitlichen Akt in den Rechtsbereich des Privaten einzugreifen (BGHZ 66, 229; BVerwG 2007, 2275). In Fällen der Über-/Unterordnung ist von einer öffentlich-rechtlichen Streitigkeit auszugehen.

Beispiel:
Streitigkeit über die Erteilung einer Baugenehmigung: Öffentliches Recht

233 Teilweise führt die Anwendung dieser Theorie jedoch zu falschen Ergebnissen, weil sich auch auf öffentlich-rechtlichem Grundverhältnis zivilrechtliche Rechtsbeziehungen ergeben können (z.B. im Bereich des Schadensersatzrechtes, BGHZ 35, 209), weil Träger öffentlicher Gewalt in zivilrechtlichen Formen „fiskalisch" handeln können (z.b. Materialbeschaffung durch Behörden) oder weil sich umgekehrt Träger öffentlicher Gewalt untereinander im Verhältnis der Gleichordnung gegenüberstehen können und dennoch eine öffentlich-rechtliche Streitigkeit vorliegt (z.B. streitiger Rundfunkstaatsvertrag zwischen zwei Bundesländern).

– Nach der **Subjekttheorie** ist darauf abzustellen, ob von den Rechtsnormen, die das streitige Rechtsverhältnis beherrschen, ein **Träger öffentlicher Gewalt** gerade in dieser **hoheitlichen Funktion** betroffen ist (BGH NJW 1976, 1941; BVerwG NJW 2007, 2275).

– In der Rechtsprechung gewinnt das Merkmal der **Sachnähe** Bedeutung (BGH NJW 2006, 65; 2002, 433; 1985, 2756). Es sollen die in einer Materie mit der **größten Sachkunde** ausgestatteten Gerichte befasst werden. Sie können effektiven Rechtsschutz gewährleisten. Dieses Kriterium spielt im Schnittbereich öffentlich-rechtlicher und bürgerlich-rechtlicher Rechtsverhältnisse eine wichtige Rolle.

Beispiele:
– Inanspruchnahme eines Bürgers für öffentlich-rechtliche Forderung vor ordentlichen Gerichten (BGHZ 90, 187);
– Eigentumsherausgabeanspruch nach Aufhebung einer Beschlagnahme vor ordentlichen Gerichten (KG NJW-RR 1995, 62).

c)   **Anderweitige Zuweisungen**

234 aa) **Bürgerliche Streitigkeiten vor anderen Gerichten.** Bürgerliche Rechtsstreitigkeiten können ausnahmsweise auch besonderen Gerichten, Verwaltungsbehörden oder Verwaltungsgerichten zugewiesen sein, § 13 GVG.

– **Arbeitsrecht.** Eine besondere Bedeutung hat hierbei die Zuweisung von arbeitsrechtlichen Streitigkeiten an die **Arbeitsgerichte**, die einen eigenständigen Rechtsweg bilden, § 2 ArbGG. Die Abgrenzung bereitet oft Schwierigkeiten.

– **Patentrecht.** Für patent- und markenrechtliche Streitigkeiten ist der Zugang zum **Bundespatentgericht** eröffnet, §§ 65 PatG, 66 ff. MarkenG.

– **Sondermaterien.** Ausgewählte Sondermaterien bürgerlichen Rechts sind – im Wege eines Vorverfahrens vor Zugang zu den ordentlichen Gerichten – den **Verwaltungsbehörden**

Beispiel:
Beschwerdestelle gegen Verweigerung der Herausgabe einer Sache durch die Hinterlegungsstelle ist der AG-/LG-Präsident; nach Ablehnung des Antrags ist der ordentliche Rechtsweg eröffnet, § 3 HinterlO.

oder den **Verwaltungsgerichten** zugeordnet.

Beispiel:
Streitigkeiten aus der privaten Pflegeversicherung sind vor das Sozialgericht zu bringen, § 51 Abs. 2 SGG.

bb) Nichtbürgerliche Streitigkeiten vor ordentliche Gerichte. Umgekehrt sind nichtbür **235** gerliche Rechtsstreitigkeiten in Einzelfällen den ordentlichen Gerichten zugewiesen:
– **Staatshaftung.** Art. 34 Satz 3 GG verweist Schadensersatzansprüche, die aus der Verletzung von Pflichten in einem öffentlichen Amt resultieren, § 839 BGB, an die ordentlichen Gerichte.
– **Enteignungsentschädigung.** Nach Art. 14 Abs. 3 Satz 4 GG sind für Entschädigungsforderungen aus staatlicher Enteignung die ordentlichen Gerichte zuständig.
– **Sondermaterien.** In weiteren Gesetzen finden sich Verweisungen auf den ordentlichen Rechtsweg.

Beispiele:
– **Ausgleichsansprüche** nach Beeinträchtigung durch staatliche Maßnahmen, z.B. §§ 18 Abs. 1 Nr. 5 AtomG, 39 WaStrG;
– Ansprüche aus **Aufopferung,** öffentlich-rechtlicher Verwahrung und Schadensersatzansprüche aus Verletzung öffentlich-rechtlicher Pflichten, § 40 Abs. 2 VwGO.

2. Gleichrangige Rechtswege

Seit der Einführung des GVG sind zum ordentlichen Rechtsweg weitere Rechtswege **236** hinzugekommen. Ein Streitfall ist also nach mehreren Seiten abzugrenzen:

a) Verwaltungsgerichtsbarkeit

Der Verwaltungsrechtsweg (Verwaltungsgerichte, Oberverwaltungsgerichte, Bundesverwaltungsgericht) ist nach § 40 Abs. 1 VwGO in allen **öffentlich-rechtlichen** Streitigkeiten **nichtverfassungsrechtlicher** Art eröffnet, soweit die Streitigkeit nicht durch Bundesgesetz einem anderen Gericht ausdrücklich zugewiesen ist.

b) Arbeitsgerichtsbarkeit

Aus dem Katalog des § 2 ArbGG ergibt sich die Zuständigkeit der Gerichte für **237** Arbeitssachen, die mit den Arbeitsgerichten, den Landesarbeitsgerichten und dem Bundesarbeitsgericht einen eigenen Rechtszug bilden, § 1 ArbGG. Die Zuständigkeit erfasst im Wesentlichen bürgerliche Rechtsstreitigkeiten zwischen Tarifvertragsparteien bzw. Arbeitgebern und Arbeitnehmern aus einem Arbeitsverhältnis, § 2 Abs. 1 Nr. 1–10 ArbGG. Die Zuständigkeit erfasst auch im Zusammenhang mit dem Arbeitsverhältnis stehende unerlaubte Handlungen und sonstige bürgerlich-rechtliche Ansprüche, soweit der rechtliche oder unmittelbar wirtschaftliche Zusammenhang mit einer vorher oder gleichzeitig beim Arbeitsgericht anhängigen Rechtssache besteht, § 2 Abs. 3 ArbGG.

c) Finanzgerichtsbarkeit

Der Finanzrechtsweg ist in öffentlich-rechtlichen Streitigkeiten über Abgabenangele **238** genheiten eröffnet, § 33 FGO. Die Finanzgerichtsbarkeit (Finanzgerichte der Länder, Bundesfinanzhof, § 2 FGO) wird durch – von den Verwaltungsbehörden getrennte – besondere Verwaltungsgerichte ausgeübt, § 1 FGO.

d) Sozialgerichtsbarkeit

Für sozialrechtliche Ansprüche ist der Rechtsweg zur Sozialgerichtsbarkeit (Sozialgericht, Landessozialgerichte, Bundessozialgericht) gegeben, §§ 1, 2 SGG.

3. Rechtswegprüfung durch das Gericht

a) Prüfung von Amts wegen

239   Die Zulässigkeit des Rechtsweges ist vom erstinstanzlichen Gericht **von Amts wegen** zu prüfen: Kommt die Prüfung zum Ergebnis, dass **unzweifelhaft** eine Rechtswegzuständigkeit **besteht**, kann das Gericht in der Sache entscheiden, ohne die Zulässigkeit ausdrücklich bejahen zu müssen (BGH NJW 1994, 387; OLG Düsseldorf FamRZ 2002, 1580).

Bestehen **Zweifel** an der Zulässigkeit des Rechtswegs, so **kann** das Gericht von Amts wegen die Zulässigkeit positiv in einer **Vorabentscheidung** im Wege eines zu begründenden Beschlusses aussprechen, § 17a Abs. 3 Satz 1 GVG. Das Gericht **muss** vorab entscheiden, wenn eine Partei die Zulässigkeit des Rechtswegs **rügt**, § 17a Abs. 3 Satz 2 GVG. In beiden Fällen steht den Parteien ein **Beschwerderecht** nach § 17a Abs. 4 Satz 3 GVG zu. Andere Gerichte sind nach Unanfechtbarkeit der Entscheidung an sie **gebunden**, § 17a Abs. 1 GVG.

Hält das Gericht den beschrittenen Rechtsweg für **unzulässig**, spricht es dies nach Anhörung der Parteien in einem Beschluss aus und **verweist** zugleich den Rechtsstreit von Amts wegen an das zuständige Gericht des zulässigen Rechtswegs, § 17a Abs. 2 GVG. Bei mehreren zuständigen Gerichten hat der Kläger die Wahl. Das Empfangsgericht ist an die Verweisung gebunden (vgl. Rn. 499).

b) Klagevortrag als Prüfungsgrundlage

240   Bei der Prüfung der Zulässigkeit des angerufenen Rechtswegs hat das Gericht i.d.R. vom **Sachvortrag des Klägers** auszugehen, ohne dass es auf die Einwendungen des Beklagten ankäme (BGH NJW 1985, 2820). Maßgeblich ist die **wirkliche Natur des Rechtsverhältnisses**, die rechtliche Qualifizierung durch den Kläger ist nicht maßgeblich (BGH NJW 1996, 3012). Die – nicht notwendig schlüssige – Klagebegründung muss mindestens die **Möglichkeit eines vor die ordentlichen Gerichte gehörenden Anspruchs** ergeben. Ob ein solcher Anspruch tatsächlich besteht, ist für die Rechtswegprüfung irrelevant, weil das Gericht auch für eine Klageabweisung zuständig sein muss.

Bei Zweifeln, ob eine Rechtssache vor die **ordentlichen** oder die **Arbeitsgerichte** gehört, ist der Prüfungsumfang umstritten. Schwierigkeiten bereiten die Fälle, in denen die Tatsachenbehauptungen des Klägers einerseits für die Rechtswegzuständigkeit, andererseits für die Begründetheit der Klage „doppelt-relevant" sind und der Anspruch **nur** auf eine arbeitsrechtliche Anspruchsgrundlage gestützt werden kann (sog. **Sic-non-Fall**).

> **Beispiel:**
> Klage auf Feststellung des Bestehens eines Arbeitsverhältnisses.

Mit Verneinung der Zuständigkeit ist in diesen Fällen der Rechtsstreit auch in der Sache praktisch entschieden. Das BAG lässt daher in diesen Fällen die bloße **Rechtsbehauptung des Klägers**, er sei **Arbeitnehmer**, zur Begründung der arbeitsgerichtlichen Zuständigkeit genügen, um bei Klärung der Rechtswegzuständigkeit eine Vorwegnahme der Sachprüfung zu vermeiden (BAG NJW 2007, 1227). Andere lassen **offensichtlich nicht gegebene Anspruchsgrundlagen** für die Rechtswegprüfung außer Betracht (BGH NJW 1995, 964; OLG Köln OLGR 2005, 685). Davon zu unterscheiden sind die Fälle, bei denen der Anspruch entweder auf eine arbeitsrechtliche **oder** auf eine bürgerlich-rechtliche Grundlage gestützt werden kann (sog. **Aut-aut-Fall**).

> **Beispiel:**
> Klage auf Zahlung des vereinbarten Entgelts aus einem Rechtsverhältnis, das der Kläger für ein Arbeitsverhältnis, der Beklagte für einen Geschäftsbesorgungsvertrag hält.

Schließlich gibt es die Fälle, in denen der Anspruch widerspruchslos auf arbeitsrechtlicher **und** nichtarbeitsrechtlicher Grundlage begründet sein kann (sog. **Et-et-Fall**). Überwiegend wird in diesen Fällen die arbeitsgerichtliche Zuständigkeit nur bejaht, wenn in tatsächlicher Hinsicht feststeht, dass ein als **arbeitsrechtlich zu qualifizierender Sachverhalt vorliegt** (vgl. BAG NJW 1996, 2949).

4. Einzelfragen

a) Entscheidungskompetenz des zuständigen Gerichts

Ist der beschrittene Rechtsweg aus mindestens **einem** Klagegrund zulässig, kann das **241** befasste Gericht den Klageanspruch aus allen in **Betracht kommenden rechtlichen Gesichtspunkten** prüfen, auch soweit eine in einen anderen Rechtsweg fallende Sachkompetenz erforderlich ist, § 17 Abs. 2 GVG. Dies gilt aber nur für einen **einheitlichen prozessualen Anspruch** (Konkurrenz mehrerer Anspruchsgrundlagen) und nicht bei mehreren selbstständigen, im Wege der Klagehäufung geltend gemachten Ansprüchen (BGH NJW 1998, 826; 2003, 282). Hier ist der in den Kompetenzbereich eines anderen Rechtsweges fallende Anspruch nach § 145 ZPO abzutrennen und an das zuständige Gericht des anderen Rechtswegs zu verweisen.

Richtigerweise erstreckt sich diese Prüfungskompetenz auch **nicht auf Aufrechnungsforderungen**, die einer Materie eines anderen Rechtsweges entstammen (BAG 2008, 1020; BFH NJW 2002, 3126, str.).

b) Perpetuatio fori

Aus prozessökonomischen Gründen wird die Zulässigkeit des beschrittenen Rechts **242** wegs durch eine nach Rechtshängigkeit eintretende Veränderung der sie begründenden tatsächlichen Umstände, Rechtsvorschriften oder Klageanträge nicht mehr berührt („**perpetuatio fori**": lat. Fortdauer der Gerichtsbarkeit), § 17 Abs. 1 Satz 1 GVG (vgl. § 261 Abs. 3 Nr. 2 ZPO).

c) Rechtswegsperre

Während der Rechtshängigkeit einer Streitsache vor einem Gericht kann diese Sache **243** nicht vor dem Gericht eines anderen Rechtswegs anhängig gemacht werden, § 17 Abs. 1 Satz 2 GVG. Das Prozesshindernis **anderweitiger Rechtshängigkeit** gilt daher über den Rechtsweg hinaus. Es führt zur Abweisung der Klage als unzulässig durch das später angerufene Gericht, unabhängig davon, ob der Rechtsweg zu diesem Gericht gegeben wäre oder nicht (BGH NJW 1998, 231). Zuständig für die Entscheidung über die Zulässigkeit des gewählten Rechtswegs ist allein das zuerst befasste Gericht. Dessen Entscheidung bindet andere Gerichte, § 17a Abs. 1, 2 Satz 3 GVG.

d) Rechtsmittelverfahren

Die erstinstanzlich festgestellte Rechtswegzuständigkeit kann – außerhalb des **244** Beschwerdeverfahrens gegen eine Vorabentscheidung nach § 17a Abs. 4 GVG – nicht mehr angegriffen werden. Die **Rechtswegprüfung** ist dem **normalen Rechtsmittelverfahren entzogen**, § 17a Abs. 5 GVG.

e) Verhältnis allgemeines Referat zu Familiengericht u.a.

Die Regelungen des § 17a Abs. 1–5 GVG gelten auch im Verhältnis der für bürgerliche Streitsachen, Familiensachen und Angelegenheiten der freiwilligen Gerichtsbarkeit zuständigen **Spruchkörper** untereinander, § 17a Abs. 6 GVG.

IV. Die sachliche Zuständigkeit

245   Die sachliche Zuständigkeit regelt die Frage, vor welches Eingangsgericht der ordentlichen Gerichtsbarkeit die Sache gehört. **Eingangsgerichte** der ordentlichen Zivilgerichtsbarkeit sind die **Amts- und Landgerichte.** Deren jeweilige sachliche Zuständigkeit ergibt sich aus §§ 1 ZPO, 23, 71 GVG.

1. Zuständigkeit des Amtsgerichts

Das Amtsgericht ist erstinstanzlich **streitwertabhängig** zuständig, sofern nicht besondere Rechtsmaterien den Landgerichten zugewiesen sind. Außerdem besteht eine Zuständigkeit **ohne Rücksicht auf den Streitwert** in enumerativ aufgeführten Fällen.

a) Wertgrenze bis 5000,– €

246   Die Amtsgerichtszuständigkeit umfasst Streitigkeiten über Ansprüche, deren Gegenstand „an Geld oder Geldeswert" die Summe von **5.000,– € nicht übersteigt,** § 23 Nr. 1 GVG.

aa) Anspruchsarten. Dazu gehören einerseits **vermögensrechtliche** Ansprüche (z.B. Zahlungsansprüche). Deren „Geldeswert" ergibt sich meist ausdrücklich aus dem Klageantrag. Andererseits sind auch **nichtvermögensrechtliche** Ansprüche erfasst (z.B. Unterlassung von Ehrverletzungen), sofern deren „Bewertung" einen Betrag von höchstens 5.000,– € ergibt.

247   **bb) Bedeutung des Streitwerts.** Der Streitwert hat im Zivilprozess in mehrfacher Hinsicht Bedeutung: Zunächst ist er für die Bestimmung der sachlichen Zuständigkeit maßgeblich (**Zuständigkeitsstreitwert**). Im weiteren Verlauf des Verfahrens gewinnt er Bedeutung für die Berechnung der Kosten, des Kostenvorschusses (**Gebührenstreitwert**) und der Anwaltsgebühren (**Gegenstandswert**). Schließlich ist er als Wert des Beschwerdegegenstandes oder der Beschwer ausschlaggebend für den Zugang zur Rechtsmittelinstanz (**Rechtsmittelstreitwert**).

> **Beispiele für Streitwertvorschriften:**
> – §§ 2 ff. ZPO: Zuständigkeitsstreitwertberechnung;
> – §§ 511 Abs. 2, 567 Abs. 2 ZPO: Rechtsmittelstreitwerte;
> – §§ 34 ff., 39 ff. GKG: Gebührenstreitwertberechnung;
> – §§ 2, 22 ff. RVG: Gegenstandswertberechnung.

Dabei gilt folgende **Systematik:** Die Vorschriften der §§ 2 ff. ZPO über die Wertberechnung sind maßgeblich für die Berechnung des **Zuständigkeitsstreitwerts** und der **Rechtsmittelstreitwerte.** Die Berechnung des **Gebührenstreitwerts** für Gerichtsgebühren in **bürgerlichen** Rechtsstreitigkeiten richtet sich ebenfalls nach diesen Vorschriften soweit nicht in den §§ 41 ff. GKG **Sonderregelungen** (z.B. für Mietverhältnisse, wiederkehrende Leistungen) vorgesehen sind, §§ 48 Abs. 1, 62 GKG. Die Bestimmung des für die anwaltliche Gebührenberechnung maßgeblichen **Gegenstandswerts** orientiert sich wiederum an den für die Gerichtsgebühren geltenden Vorschriften, §§ 23, 32, 33 RVG.

248   **cc) Streitwertberechnung.** Bei der Berechnung des Zuständigkeitsstreitwertes ist der vom Kläger unterbreitete **Antrag** zugrunde zu legen (BVerfG NJW 1997, 312). Das Gericht setzt den Wert – zum Zeitpunkt der Klageeinreichung – nach „freiem Ermessen" fest, §§ 3, 4 ZPO, sofern nicht gesetzliche Sonderregelungen nach §§ 4–9 ZPO eingreifen. Es hat sich am **objektiven Verkehrswert** einer Sache bzw. am **wahren Interesse** des Klägers zu orientieren (BGH MDR 2001, 292). Zwar soll der Kläger in der Klageschrift Streitwertangaben machen (§ 253 Abs. 3 ZPO), die für das Gericht ein wichtiger Anhaltspunkt sind, dennoch kommt es nicht auf ein **Liebhaberinteresse** des Klägers oder nur auf die von ihm beigemessene **wirtschaftliche Bedeutung** der Rechtssache an (LAG Köln MDR 1999, 1336). Ebenso hat die mutmaßliche **Uneinbringlichkeit** einer Forderung keine Auswirkung auf den Streitwert (LAG Hamm MDR 1991, 1204).

dd) Einzelfälle. Die Rechtsprechung zu Einzelfällen ist unübersichtlich. Es sollen nur **249** einige wichtige Konstellationen erwähnt werden:

– **Geldforderung:** Der Streitwert ergibt sich aus dem eingeklagten Hauptbetrag; Zins- oder Kostenforderungen bleiben außer Betracht, soweit sie als Nebenforderungen geltend gemacht werden, § 4 Abs. 1, HS 2 ZPO;
– **Herausgabe einer Sache:** Wertbestimmend ist der notfalls zu schätzende Verkehrswert der Sache, § 6 ZPO;
– **Unterlassungsklage:** Maßgeblich ist das wirtschaftliche Interesse des Klägers, ausgehend von zu erwartender Beeinträchtigung, die durch beanstandetes Verhalten zu besorgen ist (nichtvermögensrechtliche Ansprüche: § 48 Abs. 2 GKG, z.B. Beleidigung; E-Mail-Werbung: KG MDR 2007, 923; Telefonwerbung: LG Heidelberg MMR 2007, 805).
– **Mietzahlungs- oder -räumungsklage:** Der Zuständigkeitsstreitwert ergibt aus dem auf einen streitigen Zeitraum entfallende Mietzins (ohne Nebenkosten), höchstens jedoch aus dem 25fachen Betrag des einjährigen Mietzinses, § 8 ZPO (nur für Gebührenstreitwert gilt § 41 GKG: Mietzins für streitigen Zeitraum, maximal einjähriger Mietzins).
– **Feststellungsklage:** Bei der „behauptenden" **positiven** Feststellungsklage wird bei der Streitwertberechnung i.d.R. ein Abschlag von 20 % vom Wert des Leistungsanspruches vorgenommen (BGH MDR 2008, 829); dieser Abschlag kann im Einzelfall auch größer sein (z.B. bei zweifelhafter Realisierbarkeit des Anspruchs, BGH AnwBl. 1992, 451); bei „leugnender" **negativer** Feststellungsklage ist vom vollen Wert auszugehen, weil, dadurch eine Leistungsklage des Gegners ausgeschlossen werden soll (BGH WuM 2004, 352).
– **Insolvenzantrag:** Wertbestimmung nach § 58 GKG; bei Feststellungsantrag bzgl. bestrittener Forderung bestimmt sich der Wert nach dem bei Verteilung zu erwartenden Betrag, § 182 InsO (BGH NZI 2007, 175);
– **Klagehäufung:** Mehrere in einer Klage geltend gemachte, verschiedene Ansprüche sind bzgl. Zuständigkeitsstreitwert zusammenzurechnen, § 5, HS 1 ZPO; dies gilt **nicht** für **Haupt- und Hilfsanträge,** es zählt nur der höhere Anspruch. Anders für Gebührenstreitwert: Wurde der Hilfsantrag beschieden, so ist er nach § 45 Abs. 1 Satz 2 GKG zu berücksichtigen. Ebenfalls **keine** Zusammenrechnung erfolgt bei **wirtschaftlicher Identität** mehrerer Ansprüche (z.B: Leistungsklage und Duldung der Zwangsvollstreckung; Kaufpreiszahlung und Warenabnahme).
– **Stufenklage:** Bei Zusammentreffen von Vorbereitungs- und Leistungsansprüchen **250** Addition bzgl. Zuständigkeitsstreitwert, § 5 ZPO (OLG Brandenburg MDR 2002, 536); für Gebührenstreitwert ist auf den höchsten Anspruch abzustellen; das ist der Leistungsanspruch der dritten Stufe, der ggf. nach den Erwartungen des Klägers zu schätzen ist, § 44 GKG.
– **Widerklage:** **Keine** Zusammenrechnung der Werte bei Klage und Widerklage, sofern die Zuständigkeit in Frage steht, § 5, HS 2 ZPO; der höhere Wert ist entscheidend und kann ggf. zur Verweisung vom AG an das LG führen; anderes gilt für den Gebührenstreitwert: Zusammenrechnung nach § 45 Abs. 1 GKG, es sei denn sie betreffen den gleichen Streitgegenstand (z.B. Widerklage ist kontradiktorisches Gegenteil der Klage);
– **Wiederkehrende Leistungen:** Bei Klagen auf Zahlung von **Unterhalt** und **Renten** ist für die Zuständigkeitsbestimmung der Gesamtbetrag der Forderungen maßgebend,

höchstens jedoch der Betrag des dreieinhalbjährigen Bezugs, § 9 ZPO, für den Gebührenstreitwert gilt § 42 GKG; für familienrechtlichen Unterhalt gilt § 51 FamGKG.

- **Hauptsacherledigung:** Der Streitwert **übereinstimmender** Erledigungserklärungen bemisst sich nach den bis zu diesem Zeitpunkt entstandenen Kosten des Rechtsstreits, weil das Gericht nur hierüber zu entscheiden hat (BGH NJW-RR 1995, 1089). Bei **einseitiger** Erledigungserklärung des Klägers und aufrecht erhaltenem Abweisungsantrag muss noch über die Hauptsache entschieden werden. Daher soll sich nach einer Ansicht der Streitwert nach dem ursprünglichen Streitgegenstand richten (Baumbach-Lauterbach-Hartmann, Rn. 169 f.; OLG Schleswig OLGR 2005, 527). Zwar muss noch über die Hauptsache entschieden werden, die Entscheidung reduziert sich aber auf die Feststellung, ob die Klage zulässig und begründet war. Deshalb erscheint anderen eine angemessene Verminderung des ursprünglichen Hauptsachestreitwerts um ca. 50 % angezeigt (OLG München MDR 1998, 62; OLG Frankfurt MDR 1995, 207). Der Bundesgerichtshof bemisst den Streitwert nach den entstandenen **Verfahrenskosten** (BGH WuM 2008, 35). Dem ist zu folgen.

251   ee) **Streitwertänderungen.** Änderungen des Klageantrags im Laufe eines Rechtsstreits am Amtsgericht können zur Unzuständigkeit des angerufenen Gerichts führen, wenn die Klageänderung zu einem **höheren** Streitwert als 5.000 € führt.

Beispiele:
- Der Verpächter von Geschäftsräumen klagt drei Monatsmieten zu je 1.500,– €, also 4.500,– € ein. Im Laufe des Prozesses kommt eine weitere Monatsmiete hinzu.
- Der Beklagte erhebt gegen eine Klageforderung in Höhe von 4.000,– € eine Widerklage über 6.000,– €.

In diesen Fällen ist auf Antrag die Verweisung des Rechtsstreits an das Landgericht geboten, § 506 ZPO. Dies gilt jedoch **nicht** für den umgekehrten Fall der **Ermäßigung** eines Klageantrages vor dem Landgericht auf weniger als 5.000,– €. Nach § 261 Abs. 3 Nr. 2 ZPO bleibt die Zuständigkeit des Landgerichts bestehen („perpetuatio fori").

b) Wertunabhängige besondere Streitgegenstände

252   Ohne Rücksicht auf den Streitwert sind den Amtsgerichten folgende Rechtsmaterien zugewiesen, § 23 Abs. 1 Nr. 2 GVG:

aa) **Wohnraummietsachen.** Nr. 2 a hat erhebliche praktische Bedeutung: Danach sind alle Ansprüche zwischen Mieter und Vermieter eines Wohnraumes den Amtsgerichten zugewiesen (z.B. Klage auf Überlassung der Mietsache, Mietzinszahlung, Zustimmung zur Mieterhöhung, Mietminderung, Räumung, Schadensersatz). Nicht erfasst sind Pachtverhältnisse und Gewerbemietsachen. Für sie gelten die allgemeinen, streitwertabhängigen Regeln. Die Zuständigkeit für Wohnraummietsachen ist nach dem Gesetz „ausschließlich", d.h. sie ist zwingend und nicht durch Parteiwille zu ändern.

bb) **Reisestreitigkeiten.** Wegen der Eilbedürftigkeit von Klagen zwischen Reisenden und Wirten, Fuhrleuten u.a. etwa über Wirtszechen oder Fuhrlohn ist die Zuständigkeit des Amtsgerichts begründet, Nr. 2 b. Die Vorschrift ist nicht anwendbar auf entgangenen Gewinn bei Zimmerstornierung in einem Hotel (LG Frankfurt BB 1965, 268).

253   cc) **Wohnungseigentumssachen.** Eine **ausschließliche** Zuständigkeit des Amtsgerichts besteht nach Nr. 2 c für „Binnenstreitigkeiten" zwischen Wohnungseigentümern untereinander oder mit dem Verwalter von Wohnungseigentum nach § 43 Nr. 1–4, 6 WEG.

dd) Wildschadenstreitigkeiten. Maßgeblich für Nr. 2 d sind die §§ 29 ff. BJagdG mit einem Vorverfahren nach § 35 BJagdG.

ee) Streitigkeiten aus mit der Überlassung eines Grundstücks in Verbindung stehenden Verträge. Nr. 2 g.

c) Familiensachen, Angelegenheiten der freiwilligen Gerichtsbarkeit

§ 23 a Nr. 1, 2 GVG begründet die Zuständigkeit der Amtsgerichte für die im FamFG **254** geregelte Materie der Familiensachen und Angelegenheiten der freiwilligen Gerichtsbarkeit. Während die **Familiensachen** in § 111 FamFG definiert sind (Ehe-, Kindschafts-, Abstammungs-, Adoptions-, Wohnungszuweisungs- und Hausratssachen, Gewaltschutz-, Versorgungsausgleichs-, Unterhalts-, Güterrechts- und sonstige Familiensachen, Lebenspartnerschaftssachen), sind die Angelegenheiten der **freiwilligen Gerichtsbarkeit** in § 23 a Abs. 2 GVG genannt (Betreuungs- und Unterbringungssachen, Nachlass- und Teilungssachen, Registersachen, weitere Angelegenheiten der f.G., Freiheitsentziehungssachen, Aufgebotssachen, Grundbuchsachen, Landwirtschaftssachen, Schiffsregistersachen sowie sonstige spezialgesetzlich bestimmte Angelegenheiten).
§ 23 b GVG stellt keine Norm der sachlichen Zuständigkeit dar, sondern regelt die interne Zuweisung von Familiensachen auf eine spezielle Abteilung des Amtsgerichts, das **Familiengericht** (vgl. Rn. 285).

d) Sonstige Zuständigkeit

In weiteren Vorschriften des GVG, der ZPO und anderer Verfahrensordnungen werden **255** amtsgerichtliche Zuständigkeiten begründet, § 27 GVG. Die wichtigsten sind:

aa) Rechtshilfe. Nach § 157 GVG ist Rechtshilfegericht das Amtsgericht (sachlich), in dessen Bezirk die Rechtshandlung vorgenommen werden soll (örtlich), etwa die Vernehmung eines Zeugen durch den ersuchten Richter, § 362 ZPO.

bb) Mahnverfahren. Nach § 689 Abs. 1 Satz 1 ZPO wird das Mahnverfahren von den Amtsgerichten am Wohnsitz des Antragstellers (örtlich) durchgeführt, unabhängig von der Höhe des geltend gemachten Anspruchs (sachlich).

cc) Vollstreckungsgericht. Die Anordnung von Vollstreckungshandlungen fällt in die Zuständigkeit der Amtsgerichte (sachlich); in der Regel ist das Amtsgericht (örtlich) zuständig, in dessen Bezirk die Vollstreckungshandlung stattfinden soll, § 764 Abs. 1, 2 ZPO.

dd) Eilzuständigkeiten. Bei Arrest und einstweiliger Verfügung besteht eine sachliche Eilzuständigkeit des Amtsgerichts, in dessen Bezirk sich zu arretierendes Vermögen, zu verhaftende Person oder Streitgegenstand befinden (örtlich), §§ 919, 942 ZPO. Gleiches gilt im selbstständigen Beweisverfahren, § 486 Abs. 3 ZPO.

2. Zuständigkeit des Landgerichts

Die Zuständigkeit des Landgerichts bestimmt sich im Wesentlichen in Abgrenzung zur **256** amtsgerichtlichen Zuständigkeit: Alle bürgerlichen Rechtsstreitigkeiten, die **nicht** den Amtsgerichten zugewiesen sind, gehören vor das Landgericht. Daneben bestehen einzelne ausschließliche Sonderzuständigkeiten des Landgerichts.

a)   Wertgrenze über 5.000,– €

Das Landgericht ist erstinstanzlich zuständig für alle Rechtssachen, die nicht in die Zuständigkeit der Amtsgerichte fallen, § 71 Abs. 1 GVG. Daraus folgt, dass die Zuständigkeit des Landgerichts bei einem Streitwert in Höhe von 5.000,01 € beginnt.

b)   Wertunabhängige besondere Streitgegenstände

257   **aa) Amtshaftung, falsche Kapitalmarktinformationen.** Der Gesetzgeber hat den Landgerichten nach § 71 Abs. 2 Nr. 1–4 GVG streitwertunabhängige Zuständigkeiten gegeben.

Die Zuständigkeit nach Nr. 1 ist gegenstandslos geworden, nachdem in §§ 126 BRRG, 126 BBG, 46, 71 DRiG, 54 BeamtStG der Verwaltungsrechtsweg vorgeschrieben ist.

Nach Nr. 2 besteht für Ansprüche wegen **Amtspflichtverletzungen** von Beamten, Richtern und anderen Amtsträgern gem. § 839 BGB, auch soweit sie gegen den haftenden Dienstherrn gerichtet sind, eine **ausschließliche** Landgerichtszuständigkeit, ebenso für Schadensersatzansprüche auf Grund falscher, irreführender oder unterlassener **Kapitalmarktinformationen,** Nr. 3, und für in Nr. 4 genannte **spezielle Verfahren** nach HGB, AktG, SEAG, SpruchG, UmwG und WpÜG.

258   **bb) Verwaltungsverfügungen und öffentliche Abgaben.** Darüber hinaus bleibt es der Landesgesetzgebung überlassen, unter der Voraussetzung der Zulässigkeit des Zivilrechtsweges Ansprüche gegen den Staat wegen Verfügungen einer Verwaltungsbehörde und Ansprüche wegen öffentlicher Abgaben an öffentliche Verbände (z.B. Leistungen an gewerbliche Innungen, Zinsen aus Abgaben) den Landgerichten ausschließlich zuzuweisen, § 71 Abs. 3 GVG. Die praktische Bedeutung ist gering.

cc) Sonderzuständigkeiten. Schließlich sieht eine Reihe von Bundesgesetzen eine jeweils ausschließliche landgerichtliche Zuständigkeit vor, vgl. § 23 Abs. 1 GVG.

Beispiele:
- Anfechtungs- und Nichtigkeitsklage gegen Hauptversammlungsbeschluss der AG, Genossenschaft oder Versicherungsverein a.G., §§ 246, 249 AktG, 51 GenG, 36 VAG;
- Auflösungs- und Nichtigkeitsklage gegen GmbH oder AG, §§ 61, 75 GmbH, 396 AktG;
- Herausgabeklage wegen hinterlegter Gegenstände gegen Fiskus, § 3 HinterlO;
- Patent- und Gebrauchsmusterstreitsachen, §§ 143 PatG, 27 GebrMG;
- Baulandsachen, § 217 BauGB;
- Unterlassungsklagen bei Verbraucherrechtsverstößen, § 6 UKlaG;
- Schadensersatzansprüche aus Amtspflichtverletzung gegen Notare, § 19 BNotO.

c)   Kammer für Handelssachen

259   **aa) Abgrenzung.** § 71 Abs. 1 GVG weist die Streitsachen den „Zivilkammern, einschließlich der Kammern für Handelssachen" zu. Kammern für Handelssachen (**KfH**) werden bei den Landgerichten gebildet, § 93 GVG. Sie stehen gleichgeordnet neben den Zivilkammern. Das Verhältnis zwischen Zivilkammer und KfH ist somit kein Problem der sachlichen Zuständigkeit, sondern eine Frage der gesetzlich geregelten Geschäftsverteilung innerhalb des Landgerichts (Zöller-Lückemann, Vor § 93 GVG Rn. 1).

260   **bb) Zuständigkeit.** Wird die KfH angerufen (Wahlrecht!), entscheidet sie nur über „Handelssachen" gemäß § 95 GVG.

Beispiele für Handelssachen:
- Ansprüche gegen Kaufmann aus beiderseitigen Handelsgeschäften: Abs. 1 Nr. 1;
- Ansprüche aus Wechsel, Scheck oder kaufmännischem Orderpapier: Abs. 1 Nr. 2, 3;

- Ansprüche zwischen Mitgliedern einer Handelsgesellschaft, firmen-, marken- oder seerechtliche Ansprüche, Ansprüche aus Unternehmenserwerb: Abs. 1 Nr. 4;
- wettbewerbsrechtliche Ansprüche: Abs. 1 Nr. 5;
- Ansprüche nach §§ 44 bis 47 BörsG: Abs. 1 Nr. 6;
- Anfechtungs- und Aufhebungsklagen nach §§ 246, 396 AktG und gesellschaftsrechtliche Streitsachen nach § 71 Abs. 2 Nr. 4 GVG: Abs. 2.

cc) Antragsgrundsatz. Die Zuständigkeit der KfH wird nur begründet, wenn der **Kläger** **261** dies in der **Klageschrift** beantragt hat, § 96 GVG. Der Wunsch muss in irgendeiner Weise zum Ausdruck kommen, meist durch Adressierung der Klage an die „Kammer für Handelssachen", er kann aber auch anders offenbar werden (OLG Braunschweig NJW-RR 2001, 430). Bei vorangegangenem Mahnverfahren muss der Antrag noch in der Anspruchsbegründung zulässig sein. Hat der Kläger in Ausübung seines **Wahlrechts** eine Handelssache vor die allgemeine Zivilkammer gebracht, kann der Antrag nicht nachgeholt werden (OLG Brandenburg MDR 2000, 1029). Die allgemeine Zivilkammer ist nun für die Entscheidung der „Handelssache" zuständig. Eine Verweisung von Amts wegen an die KfH ist der Zivilkammer untersagt, § 98 Abs. 3 GVG.

dd) Verweisung. Nur der als Kaufmann ins Handelsregister eingetragene **Beklagte** **262** kann bei Vorliegen einer Handelssache die **Verweisung** von der Zivilkammer **an die KfH** beantragen, § 98 Abs. 1 GVG. Der Beklagte hat den Verweisungsantrag **vor einer Verhandlung** des Klägers zur Sache, insbesondere aber bereits **innerhalb einer Klageerwiderungsfrist** bzw. Berufungserwiderungsfrist zu stellen, § 101 Abs. 1 GVG. Fristversäumnis führt aber nur dann zur Zurückweisung des Antrags, wenn die Fristversäumnis nicht genügend entschuldigt wird, § 296 Abs. 3 ZPO. Die auf begründeten Antrag des Beklagten erfolgende Verweisung kann ohne mündliche Verhandlung ergehen, § 101 Abs. 2 GVG. Obwohl es sich nur um verschiedene Spruchkörper desselben Gerichts handelt, ergeht sie – wie zwischen verschiedenen Gerichten – durch **Verweisungsbeschluss** und **bindet** die KfH, § 102 GVG. Umgekehrt kann die KfH eine nicht vor sie gehörige Klage an die allgemeine Zivilkammer verweisen, § 97 GVG.

3. Die ausschließliche sachliche Zuständigkeit

In §§ 23, 71 GVG, aber auch in vielen anderen Vorschriften der ZPO werden **263** bestimmte sachliche Zuständigkeiten als „**ausschließliche**" bezeichnet. Das bedeutet, dass **zwingend** dieses Gericht für den Rechtsstreit zuständig ist, also auch kein anderes Gericht durch Parteieinbarung, § 38 ZPO, oder durch rügeloses Verhandeln, § 39 ZPO, zuständig gemacht werden könnte.

Beispiele:
- § 23 Nr. 2a GVG: Amtsgericht für Streitigkeiten über Wohnraummiete;
- § 71 Abs. 2 Nr. 2 GVG: Landgericht für Streitigkeiten aus Amtshaftung;
- § 246 Abs. 3 AktG: Landgericht für Anfechtungsklagen gegen Hauptversammlungsbeschlüsse einer AG (vgl. weitere Beispiele Rn. 258).

V. Die örtliche Zuständigkeit

Die **örtliche Zuständigkeit** wird auch als „**Gerichtsstand**" bezeichnet und bestimmt, an **264** welchem Ort der Bundesrepublik das ansässige Amts- oder Landgericht zu entscheiden hat. Der Kläger hat grundsätzlich die Wahl, ob er die Klage am **allgemeinen Gerichtsstand** des Beklagten erhebt oder ob er einem **besonderen Gerichtsstand** den Vorzug gibt. Kein Wahlrecht besteht bei **ausschließlicher Zuständigkeit** eines bestimmten Gerichts.

1. Der allgemeine Gerichtsstand

Das Gericht, das in örtlicher Hinsicht für alle **gegen** eine Person zu erhebenden Klagen zuständig ist, wird als **allgemeiner Gerichtsstand** bezeichnet, § 12 ZPO.

a) Natürliche Personen

aa) Regel. Nach dem Grundgedanken der gesetzlichen Zuständigkeitsregelung hat der Kläger die Klage **am Ort des Beklagten** zu erheben. Dies beruht darauf, dass der Angreifer nach der Natur der Sache den Angegriffenen an dessen Ort aufzusuchen hat (EuGH NJW 2002, 1409; BGHZ 115, 92) und entspricht dem Gerechtigkeitsgedanken, wonach der Kläger das Ob, Wie und den Zeitpunkt einer Klage bestimmt, der Beklagte dann aber nicht auch noch den Nachteil haben darf, den Streit an einem weit entlegenen Prozessort führen zu müssen (BGH NJW 1986, 3209).

265   **bb) Wohnsitz.** Der allgemeine Gerichtsstand einer **natürlichen Person** wird daher durch den **Wohnsitz** begründet, § 13 ZPO. Der Begriff ist in der ZPO nicht erläutert, weshalb die §§ 7–11 BGB heranzuziehen sind (BGH NJW-RR 1988, 387). **Selbstständiger** Wohnsitz ist der Ort im **Inland**, an dem sich eine Person **ständig niederlässt**, wo sie ihren gesellschaftlichen und wirtschaftlichen Mittelpunkt hat. Die polizeiliche Anmeldung beim Einwohnermeldeamt ist lediglich ein Indiz für den Wohnsitz (BGH NW 1995, 507). Davon zu unterscheiden ist der Ort des dauernden **Aufenthalts**, der **keinen** Wohnsitz begründet, so etwa der Studienort, der Arbeitsplatzort oder der Ort der Verbüßung einer Straf- oder Untersuchungshaft (BGH NJW-RR 1996, 1217). Daneben gibt es **abgeleiteten** Wohnsitz bei Kindern am Wohnsitz der Eltern, § 11 BGB. Soldaten haben ihren Wohnsitz am Truppenstandort, § 9 BGB. Auch mehrfacher Wohnsitz ist möglich, § 7 Abs. 2 BGB. Der Kläger kann dann wählen.

cc) Mehrere Gerichtsbezirke. Besteht die Wohnsitzgemeinde aus mehreren Gerichtsbezirken, so ist der Gemeindeteil, in dem der Beklagte seine Adresse hat, für die Gerichtszuständigkeit entscheidend.

Beispiel:
Der Beklagte wohnt in Stuttgart in der Badstraße 15. Stuttgart besteht aus den Amtsgerichtsbezirken Stuttgart und Stuttgart-Bad Cannstatt. Da die Badstraße 15 im Gerichtsbezirk Bad Cannstatt liegt, ist nur das AG Stuttgart Bad Cannstatt örtlich zuständig.

b) Insolvenzverwalter

266   Der allgemeine Gerichtsstand eines Insolvenzverwalters für Klagen, die sich auf die Insolvenzmasse beziehen (z.B. Aussonderungsklagen, Absonderungsklagen, Geltendmachung von Masseverbindlichkeiten), wird wegen des Sachzusammenhangs durch den **Sitz des Insolvenzgerichts** bestimmt, § 19 a ZPO.

c) Wohnsitzlose

Bei Wohnsitzlosen ohne Wohnsitz im In- oder Ausland (Landfahrer, umherziehende Artisten, politische Flüchtlinge) ist der allgemeine Gerichtsstand am **Aufenthaltsort**, wenn dieser nicht bekannt ist, am letzten Wohnsitz, § 16 ZPO.

d) Rechtsfähige Personenmehrheiten

267   Der allgemeine Gerichtsstand aller **nicht natürlichen Personen** wird durch ihren **Sitz** bestimmt, § 17 Abs. 1 Satz 1 ZPO. Erfasst sind die **juristischen Personen** des **öffentlichen Rechts** (z.B. öffentlich-rechtliche Körperschaften, Anstalten, Innungen) wie auch die des **Privatrechts** (AG, GmbH, Genossenschaft, e.V., rechtsfähige Stiftungen). Schließlich werden auch die **Personenmehrheiten** erfasst, die zwar keine juristische

Person sind, aber als rechtsfähig gelten (oHG, KG, GbR, Wohnungseigentümergemeinschaften, Gewerkschaften oder politische Parteien).

Der **Sitz** der genannten Personen ist i.d.R. **satzungsmäßig** festgelegt, ergibt sich aus staatlicher Verleihung oder aus dem Gesetz. Fehlt danach ein Sitz, so ist der **Ort, an dem die Verwaltung geführt** wird, maßgeblich, § 17 Abs. 1 Satz 2 ZPO, also dort, wo die Geschäftsführung agiert und die grundlegenden Entscheidungen effektiv in laufende Geschäftsführungsakte umgesetzt werden (KGR 2008, 312).

e) Fiskus, Behörden

Der allgemeine Gerichtsstand des **Staates**, wenn er als **privatrechtlicher Vermögensträger** und nicht in seiner Hoheitsfunktion in Anspruch genommen wird, ist der **Sitz der Behörde**, die den Staat in der betreffenden Streitigkeit nach verwaltungsrechtlichen Regelungsnormen zu **vertreten** hat, § 18 ZPO.   **268**

> **Beispiel:**
> Der **Bund** wird durch den jeweiligen Bundesminister in seinem Geschäftsbereich vertreten; ein **Bundesland** wird durch die oberste Landesbehörde in ihrem Geschäftsbereich vertreten, soweit keine Übertragung auf nachgeordnete Behörden erfolgte.

2. Besondere Gerichtsstände

Während am allgemeinen Gerichtsstand einer Person alle gegen sie gerichteten Klagen anhängig gemacht werden können, sind die **besonderen Gerichtsstände** nur für **bestimmte Arten von Klagen** gegeben. Besondere Gerichtsstände finden sich konzentriert in §§ 20–34 ZPO, darüber hinaus aber auch innerhalb der **besonderen Abschnitte** der ZPO.   **269**

> **Beispiel:**
> „**Vollstreckungsgericht**" nach § 764 ZPO ist das Amtsgericht (sachlich), in dessen Bezirk die **Vollstreckungshandlung stattfinden** soll (örtlich) (vgl. weitere Beispiele Rn. 255).

und verbreitet im **materiellen Recht**.

> **Beispiel:**
> Für Anfechtungsklage gegen Hauptversammlungsbeschlüsse einer AG gemäß § 246 AktG ist das Landgericht (sachlich), in dessen Bezirk die **Gesellschaft ihren Sitz hat** (örtlich) zuständig (vgl. weitere Beispiele Rn. 258).

Nachfolgend sollen die wichtigsten besonderen Gerichtsstände aus dem 1. Buch der ZPO erläutert werden.

a) Gerichtsstand des Aufenthaltsorts, § 20 ZPO

Bei Beklagten, die sich infolge besonderer Umstände an einem Ort länger aufhalten, besteht neben dem Wohnsitz wegen vermögensrechtlicher Ansprüche ein besonderer Gerichtsstand am **Aufenthaltsort**, § 20 ZPO (unanwendbar im Anwendungsbereich der EuGVVO bei Ausländern, die in einem Vertragsstaat einen Wohnsitz haben, Art. 2, 3, 5 ff., 59 EuGVVO). Die Verhältnisse des Aufenthalts müssen ihrer Natur nach **auf längere Dauer** angelegt sein, so nennt das Gesetz **Hausgehilfen, Arbeiter, Gewerbegehilfen, Studierende, Schüler** und **Lehrlinge**. Nicht ausreichend ist allerdings, dass sich die Person nur tagsüber oder vorübergehend am betreffenden (Arbeits-) Ort aufhält, auch darf dort kein Wohnsitz bestehen, insoweit sind § 13 und § 20 ZPO gegeneinander abzugrenzen. § 20 ZPO gilt auch für länger andauernde **Untersuchungs-** oder **Strafhaft**, weil in der JVA kein Wohnsitz begründet wird (BGH NJW-RR 1996, 1217; NJW 1997, 1154).   **270**

b) Gerichtsstand der Niederlassung, § 21 ZPO

271 Für Klagen **gegen** Gewerbetreibende schafft § 21 ZPO einen weiteren Gerichtsstand am Ort einer bestehenden (BGH WM 2007, 1586) **selbstständigen Niederlassung** des Gewerbetreibenden (auch Freiberuflers – BGHZ 88, 336). Davon ist bei einer **auf Dauer eingerichteten Geschäftsstelle** auszugehen, deren Leitung das Recht hat, aus eigener Entschließung **Geschäfte zu tätigen** (BGH MDR 1988, 122). Das sind Bankfilialen, Versicherungsgeneralagenturen, Filialdirektionen, Zweigniederlassungen einer Fabrik mit eigenem Kundenkreis. Keine selbstständigen Niederlassungen hingegen sind Messestände, Agenturen, Vermittlungsvertretungen, Reisebüros oder Filialen, die Vertragsangebote an die Hauptunternehmung weiterleiten. Der Gerichtsstand der Niederlassung ist nur für Klagen zugelassen, die zur jeweiligen Niederlassung einen **Bezug** haben (BGH NJW 1995, 1226).

Nach § 48 VVG besteht für Klagen aus einem **Versicherungsvertrag** gegen den Versicherer ein vertraglich nicht abdingbarer Gerichtsstand am **Ort der Versicherungsagentur**, die den betreffenden Vertrag vermittelt oder abgeschlossen hat.

c) Gerichtsstand des Vermögens, § 23 ZPO

272 Der Gerichtsstand des Vermögens besteht für **vermögensrechtliche Ansprüche** im Wesentlichen gegen Ausländer, die im Inland keinen Wohnsitz haben, an dem Ort, an dem sich **Vermögenswerte** befinden, sofern der Streit einen **hinreichenden Inlandsbezug** aufweist (BGH NJW 1987, 2886), § 23 ZPO (im Geltungsbereich des EuGVVO nach dessen Art. 5 Nr. 5 unanwendbar). Vermögen ist dabei jeder **geldwerte Gegenstand** mit selbstständigem Verkehrswert, der aber pfändbar und zur Befriedigung der Klageforderung annähernd ausreichen muss (BGH Report 2005, 1611, str.). Ort des Sachvermögens ist der Belegenheitsort, bei Forderungen der Wohnsitz des Schuldners, § 23 Satz 2, HS 1, bei Bankguthaben der Sitz der Bank (BGH NJW-RR 1988, 172).

> **Beispiel:**
> Der in Calgary wohnhafte Kanadier K hat eine Forderung gegen Herrn S aus Stuttgart oder Sicherungseigentum an einer Maschine in Stuttgart. Gläubiger G des K kann K in Stuttgart verklagen.

d) Gerichtsstand des Erfüllungsortes, § 29 ZPO

273 Für Streitigkeiten aus einem **Vertragsverhältnis** ist ein Gerichtsstand an dem Ort begründet, an dem die **streitige Verpflichtung zu erfüllen** ist, § 29 ZPO.

Damit sind alle **schuldrechtlichen Verpflichtungsverträge** (BGH NJW 1996, 1412) und auch **vertragsähnliche** Haftungsverhältnisse aus vorvertraglicher Rücksichtnahmepflichtverletzung, §§ 311 Abs. 2, 3, 241 Abs. 2, 280 BGB, erfasst. Keine Anwendung findet § 29 ZPO auf Verfügungsverträge, dingliche Rechtsgeschäfte, familien- und erbrechtliche Verträge und gesetzliche Schuldverhältnisse (vgl. Zöller-Vollkommer § 29 Rn. 8–15). Im besonderen Gerichtsstand des Erfüllungsortes können Klagen wegen **Feststellung** des Bestehens/Nichtbestehens des Schuldverhältnisses, auf **Erfüllung** der Vertragspflicht, wegen **Schadensersatzes** oder auf **Gewährleistung** erhoben werden.

Die Bestimmung des **Erfüllungsortes** hat für die streitige Vertragspflicht gesondert zu erfolgen und ergibt sich aus der **vertraglichen Vereinbarung** der Parteien (Hol-, Bring-, Schickschuld), aus **besonderen gesetzlichen Regeln** (z.B. § 697 BGB) oder im Zweifel aus § 269 Abs. 1 BGB (auch bei Geldschulden, § 270 Abs. 4 BGB) am **Wohnsitz des Schuldners** der streitigen Verpflichtung **bei Vertragsschluss**. Bei gegenseitigen Verträgen ist der Erfüllungsort folglich nicht notwendig für beide Ansprüche einheitlich. Es besteht aber die Tendenz der Rechtsprechung bei besonderer Ortsgebundenheit der charakteristischen werkvertraglichen oder dienstvertraglichen Hauptleistung einen **gemeinsamen Erfüllungsort** für Leistung und Gegenleistung anzunehmen.

Beispiele:
- Ort der Arbeitsstätte beim **Arbeitsvertrag** (LAG BW MDR 2005, 640);
- nicht mehr Kanzleiort beim **anwaltlichen Geschäftsbesorgungsvertrag,** sondern Wohnsitz des Mandanten (BGH MDR 2004, 164; 765);
- Kursort beim **Ausbildungsvertrag** (OLG Karlsruhe NJW-RR 1986, 351);
- Ort der Werkstatt bei **Kfz-Reparaturen** (OLG Frankfurt DB 1978, 2217);
- Ort des Bauwerks beim **Bauvertrag** (BGH NJW 2001, 1936);
- Beherbergungsort beim **Beherbergungsvertrag** (BGH NJW-RR 2007, 778; str.);
- im **Kaufvertrag** bei Rücktritt wegen Mängeln, Schadensersatz statt der Leistung oder Nacherfüllung nach § 437 Nr. 1–3 BGB für die **Rückzahlung des Kaufpreises** und die Rückgewähr der Sache der Ort, an dem sich die Kaufsache vertragsgemäß befindet ("Austauschort") (BGH NJW 1983, 1480; OLG Saarbrücken NJW 2005, 907; OLG München NJW 2006, 449; h.M.); Erfüllungsort für den **Minderungsanspruch** ist jedoch der Wohnsitz des Verkäufers.

Bei **Bezug** des Rechtsstreits zu einem anderen **EU-Mitgliedsstaat** ist Art. 5 Nr. 1 EuGVVO zu beachten, der als Erfüllungsort für den Verkauf beweglicher Sachen bzw. Dienstverträge den Ort, an dem die Sachen **vertragsgemäß zu liefern** bzw. die Dienste zu leisten waren, ansieht und diesen als gemeinsamen Erfüllungsort für alle Vertragsansprüche bestimmt. Anderweitige vertragliche Vereinbarungen hinsichtlich des Erfüllungsortes sind jedoch beachtlich.

Wegen der Gefahr der Umgehung des Verbots von Gerichtsstandsvereinbarungen für Nichtkaufleute nach § 38 Abs. 1 ZPO durch die **Vereinbarung eines abweichenden Erfüllungsorts** ist eine solche Vertragsregelung im Wesentlichen nur zwischen **Kaufleuten** zulässig, § 29 Abs. 2 ZPO (vgl. Rn. 287 ff.).

e)   **Gerichtsstand für Haustürgeschäfte, § 29 c ZPO**

Im Zuge des Verbraucherschutzes ist dem **Verbraucher,** § 13 BGB, für Ansprüche aus **274** **Haustürgeschäften** nach § 312 BGB die Möglichkeit eingeräumt, die Klage gegen den Unternehmer am eigenen Wohnsitz bzw. gewöhnlichen Aufenthaltsort zu führen, § 29 c Abs. 1 Satz 1 ZPO. Abweichende vertragliche Vereinbarungen sind nur unter den engen Voraussetzungen des Abs. 3 möglich.

f)   **Gerichtsstand der unerlaubten Handlung, § 32 ZPO**

Der Gerichtsstand der unerlaubten Handlung ist dort begründet, wo nach dem **275** Tatsachenvortrag des Klägers gegen ihn eine **unerlaubte Handlung** begangen worden ist, § 32 ZPO. Darunter fallen vor allem die Tatbestände der §§ 823 ff. BGB, also auch Persönlichkeitsrechtsverletzungen, Schutzgesetzverletzungen, Amtshaftungsansprüche sowie Ansprüche aus **Gefährdungshaftungstatbeständen** (ProdHG, StVG, HaftpflG, ArzneiMG), aus **Verletzung gewerblicher Schutzrechte** (Urheberrechte, Markenrechte, Patente) oder die Verfolgung verbraucherschutzgesetzwidriger Praktiken nach dem UKlaG. Für **Wettbewerbsverstöße** gilt § 14 Abs. 2 UWG, der einen mit dem Gerichtsstand der unerlaubten Handlung korrespondierenden Gerichtsstand vorsieht. Schließlich sind auch Schadensersatzklagen aus **Zwangsvollstreckung** (z.B. aus § 717 Abs. 2 ZPO) hier zulässig (BGHZ 169, 314). Bei EU-Auslandsbezug ist der vorrangige Art. 5 Nr. 3 EuGVVO zu beachten.

Am Gerichtsstand der unerlaubten Handlung kann gegen **Täter**, Mittäter, Geschäftsherrn nach § 830 BGB oder den Pflichtversicherer i.S. § 115 VVG (BGH NJW 1983, 1799) geklagt werden.

Gerichtsstand ist nach dem Gesetz der **Ort**, an dem die unerlaubte Handlung **begangen** ist. Das ist überall dort, wo auch nur ein Stück des Tatbestandes der unerlaubten Handlung verwirklicht worden ist, also sowohl der **Handlungsort** wie auch der **Erfolgsort**, an dem in das geschützte Rechtsgut eingegriffen wurde (BGH NJW 1996, 1413).

Beispiele:
- **Körperverletzung** durch Verkehrsunfall: Unfallstelle, aber auch Wohnort des Verletzten (KG NJW 2006, 2336);
- **Veruntreuung von Anlagevermögen:** Ort der Führung des Anlagekontos (BGH NJW-RR 2008, 518);
- **briefliche, telefonische Erpressung, Ehrverletzung:** Ort des Absenders/Anrufers und Ort des Empfängers (BGH NJW 1964, 970; MDR 1995, 282);
- **Pressedelikt durch Verbreitung von Druckschriften, Fernsehsendungen:** Erscheinungsort und jeder Ort, an dem die Druckschrift verbreitet/ausgestrahlt wurde (BGH NJW 1996, 1128; OLG München OLGZ 87, 217), sog. „fliegender Gerichtsstand";
- **Markenrechtsverletzungen durch Internet:** Jeder Ort, an dem bestimmungsgemäß abrufbar, wenn bestimmungsgemäße Auswirkung im Gerichtsbezirk (BGH NJW 2005, 1435; Moos DRiZ 2007, 209).

Beispiel:
Schnell aus **München**, der mit einem Geschäftswagen der Fa. Medifex aus **Freiburg** unterwegs war, verwickelt den Lange aus **Flensburg**, auf der Autobahn A 81 bei **Heilbronn** in einen Verkehrsunfall. Der Haftpflichtversicherer des Schnell hat seinen Sitz in **Köln**. Will Lange seine Anspruchsgegner (Fahrer, Halter, Haftpflichtversicherer) an deren allgemeinen Gerichtsstand verklagen, hat er jeweils eine Klage in München, in Freiburg und in Köln zu erheben – mit der Gefahr sich widersprechender Entscheidungen. Nach § 32 ZPO kann er alle drei Beklagten als Streitgenossen in Heilbronn verklagen.

Die **gerichtliche Prüfungskompetenz** erstreckt sich nach neuerer Rechtsprechung des BGH nicht nur auf die Ansprüche aus unerlaubter Handlung, sondern erlaubt dem Gericht auch die Prüfung konkurrierender (vertraglicher) Anspruchsgrundlagen (BGH NJW 2003, 828). Dies wird vor allem mit der **umfassenden Entscheidungskompetenz** nach § 17 Abs. 2 GVG begründet. Auch sprechen Sachzusammenhang und vor allem Prozessökonomie für diese Ansicht. Voraussetzung muss jedoch sein, dass der Kläger die Klage zumindest auch auf eine unerlaubte Handlung stützt und das Gericht diese rechtliche Einordnung teilt.

g) Gerichtsstand der Widerklage, § 33 ZPO

276 Bei dem Gericht, bei dem eine Klage rechtshängig ist, kann der Beklagte eine – ansonsten dort unzulässige – Widerklage erheben, wenn der Gegenanspruch mit dem Klageanspruch bzw. mit Verteidigungsmitteln des Beklagten gegen die Klage im Zusammenhang steht, § 33 ZPO (vgl. Rn. 530).

h) Gerichtsstand des Hauptprozesses, § 34 ZPO

277 Der Gerichtsstand des Hauptprozesses ist auch für **Gebührenklagen** von **Prozessbevollmächtigten**, Beiständen oder Zustellungsbevollmächtigten gegen ihre Mandanten eröffnet, § 34 ZPO. Die Bedeutung dieses Gerichtsstandes ist für Rechtsanwälte gering, weil diese ihre Honoraransprüche im Wege des einfacheren **Kostenfestsetzungsverfahrens** nach § 11 RVG gegen ihre Partei festsetzen lassen können, sodass für eine eigenständige Klage **kein Rechtsschutzbedürfnis** besteht. § 34 ZPO regelt neben der örtlichen auch die sachliche Zuständigkeit, weil das Gericht des Hauptprozesses **unabhängig vom Streitwert** der Klage über Gebühren oder Auslagen zuständig ist.

Ein Hauptprozess vor dem **Arbeitsgericht** begründet nicht dessen Zuständigkeit für die Gebührenklage nach § 34 ZPO, da durch die Zuständigkeitswahl nicht der **Rechtsweg** beeinflusst werden darf (BAG NJW 1998, 1092).

i) Sonstige besondere Gerichtsstände

Die übrigen besonderen Gerichtsstände nach §§ 22 (Mitgliedschaft), 27, 28 (Erbschaft), 30 (Bergungsansprüche), 31 (Vermögensverwaltung), 32 a (Umwelteinwirkung), 32 b (falsche Kapitalmarktinformationen) entbehren einer breiten praktischen Relevanz.

3. Wahlgerichtsstände

Zwischen mehreren zuständigen allgemeinen und besonderen Gerichtsständen hat der **278** Kläger die **freie Wahl**, vor welches Gericht er zieht, § 35 ZPO.

Er kann das Wahlrecht **ausüben** durch Klageerhebung bei einem bestimmten zuständigen Gericht, § 253 Abs. 1 ZPO, durch Verweisungsantrag vor einem unzuständigen an ein zuständiges Gericht, § 281 ZPO, durch Erhebung einer Widerklage im Gerichtsstand nach § 33 ZPO, durch Angabe des Streitgerichts im Mahnantrag, § 690 Abs. 1 Nr. 5 ZPO, und durch Antragstellung im selbstständigen Beweisverfahren, § 485 ZPO.

Die einmal getroffene Wahl ist **bindend** (OLG München MDR 2007, 1279), es sei denn der Kläger nimmt die Klage zurück und erhebt sie neu. Dann lebt das Wahlrecht wieder auf.

4. Die ausschließliche örtliche Zuständigkeit

Auch bei **Gerichtsständen** finden sich „ausschließliche" Zuständigkeiten, die anderen **279** Gerichtsständen vorgehen. Ein Anspruch kann dann zulässigerweise nur vor diesem Gericht verfolgt werden, ein Wahlrecht besteht nicht. Die wichtigsten sind:

a) Dinglicher Gerichtsstand, § 24 ZPO

Für Klagen, die das **Eigentum eines Grundstücks** oder **beschränkt dingliche Rechte** an einem Grundstück (Grundschulden, Hypotheken, Grunddienstbarkeiten, Nießbrauch etc.) geltend machen, ist das Gericht, in dessen Bezirk das betreffende Grundstück liegt, ausschließlich zuständig, § 24 ZPO.

> Beispiele:
> – Klage des Eigentümers auf Herausgabe eines Grundstücks nach § 985 BGB;
> – Klage auf Duldung der Zwangsvollstreckung aus einer Grundschuld, § 1147 BGB.

b) Gerichtsstand bei Miet- und Pachträumen, § 29 a ZPO

Nach § 23 a Nr. 2 a GVG ist in sachlicher Hinsicht bei Streit über **Wohnraummiete** – **280** streitwertunabhängig – ausschließlich das **Amtsgericht** zuständig, im Übrigen bei Streit über **Gewerbemiete** bis 5.000,– € das Amtsgericht, darüber das Landgericht, §§ 23 Nr. 1, 71 GVG. Demgegenüber regelt § 29 a ZPO für Wohn- **und** Gewerberaum, dass **örtlich** ausschließlich das Gericht zuständig ist, **in dessen Bezirk** sich die dem Mietstreit zugrunde liegenden **Räume befinden**. Räume in diesem Sinne sind alle **Gebäude** und Innenräume von Gebäuden, die **Wohnzwecken** oder **Gewerbezwecken** dienen.

> Ausgenommen sind nach § 29 a Abs. 2 ZPO die Wohnräume des § 549 Abs. 2 Nr. 1–3 BGB, hier gilt die ausschließliche örtliche Zuständigkeit des Belegenheitsgerichts nicht:
> – zu vorübergehendem Zweck vermieteter Wohnraum,
> – nicht zum dauernden Familiengebrauch vermieteter, möblierter Wohnraum innerhalb der vom Vermieter selbst bewohnten Wohnung,
> – von öffentlichem Träger zur Überlassung an Personen mit dringendem Wohnbedarf angemieteter Wohnraum.

Erfasst werden alle Streitigkeiten aus Miete oder Pacht, unabhängig davon, ob es sich um gewerbliche Zwischenvermietung, Altenheimverträge oder Werkmietwohnungen nach

§ 576 BGB (BAG MDR 1990, 656) handelt. Die generalklauselartige Fassung des § 29 a Abs. 1 ZPO umfasst **sämtliche** auf dem Vertragsverhältnis beruhenden **Ansprüche**.

c)   Gerichtsstand für Haustürgeschäfte, § 29 c Abs. 1 Satz 2 ZPO

281   Während das Wohnsitzgericht bei Klagen **von Verbrauchern** gegen Unternehmer aus Haustürgeschäften nach § 29 c Abs. 1 Satz 1 ZPO lediglich ein Wahlgerichtsstand ist (vgl. Rn. 274), ist dieser Gerichtsstand im umgekehrten Falle der Klage des Unternehmers **gegen den Verbraucher** ein ausschließlicher, § 29 c Abs. 1 Satz 2 ZPO.

d)   Ehe-, Kindschafts-, Unterhaltssachen, §§ 122, 152, 232 FamFG

282   Nach § 122 FamFG ist für **Ehesachen** das Familiengericht ausschließlich örtlich zuständig, in dessen Bezirk einer der Ehegatten mit allen oder einem Teil der gemeinsamen minderjährigen Kinder seinen gewöhnlichen **gemeinsamen Aufenthalt** hat. **Kindschaftssachen** sind nach § 152 FamFG ausschließlich vor dem deutschen Gericht, vor dem die **Ehesache** erstinstanzlich anhängig ist oder war, zu verhandeln, sonst dort, wo das Kind seinen **gewöhnlichen Aufenthalt** hat. Ähnlich ist die örtliche Zuständigkeit bei Unterhaltssachen in § 232 FamFG geregelt.

e)   Mahnsachen, § 689 Abs. 2 ZPO

283   Grundsätzlich ist ausschließlich zuständiges Mahngericht das Amtsgericht, an dem der **Antragsteller** seinen **allgemeinen Gerichtsstand** hat, § 689 Abs. 2 ZPO. In § 689 Abs. 3 ZPO sind die Landesregierungen jedoch ermächtigt, die Durchführung des gerichtlichen Mahnverfahrens für mehrere Bezirke einem **zentralen Amtsgericht** zuzuweisen. So ist das Amtsgericht Stuttgart als zentrales Mahngericht für ganz Baden-Württemberg bestimmt. Diese Zuständigkeit hat Vorrang vor anderen ausschließlichen Zuständigkeiten.

f)   Zwangsvollstreckungssachen, § 802 ZPO

284   Wie sich aus § 802 ZPO ergibt, sind sämtliche im 8. Buch der ZPO „**Zwangsvollstreckung**" angeordneten Gerichtsstände ausschließliche Gerichtsstände.

Beispiele:
– Klage auf Erteilung der **Vollstreckungsklausel**: Prozessgericht des ersten Rechtszugs, § 731 ZPO;
– **Vollstreckungsgericht**: Amtsgericht, in dessen Bezirk das Vollstreckungsverfahren stattfinden soll, § 764 Abs. 2 ZPO;
– **Vollstreckungsabwehrklage**: Prozessgericht des ersten Rechtszugs, § 767 Abs. 1 ZPO;
– **Drittwiderspruchsklage**: Gericht, in dessen Bezirk die Zwangsvollstreckung erfolgt, § 771 Abs. 1 ZPO;
– Zwangsvollstreckung aus **Vollstreckungsbescheiden**: Streitgericht des Hauptsacheverfahrens, § 796 Abs. 3 ZPO;
– Zwangsvollstreckung in **Forderungen**: Amtsgericht des allgemeinen Gerichtsstands des Schuldners bzw. des Vermögens, § 828 Abs. 2 ZPO.

VI.   Die funktionelle Zuständigkeit

285   Von **funktioneller Zuständigkeit** spricht man, wenn zu entscheiden ist, welches Rechtspflegeorgan die in Frage kommende Funktion ausübt.

Beispiele:
– Gericht erster Instanz oder Rechtsmittelgericht, §§ 23, 71, 72, 119, 133 GVG;
– Prozessgericht oder Vollstreckungsgericht, § 764 ZPO;
– Kollegium oder Einzelrichter, §§ 348, 348a ZPO;
– entscheidender Richter oder ersuchter bzw. beauftragter Richter, §§ 361, 362 ZPO;

– Richter oder Rechtspfleger, §§ 3, 14 ff., 20 ff. RPflG;
– Richter oder Urkundsbeamter, § 153 GVG;
– Vollstreckungsgericht oder Gerichtsvollzieher, §§ 753, 764 ZPO;
– Prozessgericht oder Arrestgericht bzw. Gericht der einstweiligen Verfügung, §§ 919, 937 ZPO.

Die funktionelle Zuständigkeit ist stets eine **ausschließliche**, die gesetzlich geregelten Gerichtsfunktionen können durch Parteivereinbarung nicht geändert werden.

Beispiele:
Die Parteien können nicht vereinbaren,
– dass gegen ein Urteil des Amtsgerichts die Berufung zum Bundesgerichtshof gegeben sein soll;
– dass ein Prozess in erster Instanz beim Oberlandesgericht geführt werden soll;
– dass der Rechtsstreit durch den Rechtspfleger zu entscheiden sei.

I.d.R. kann die Rechtssache bei funktioneller Unzuständigkeit innerhalb des Gerichts nach Maßgabe der Geschäftsverteilung an das funktionell zuständige Organ **formlos abgegeben** werden, z.B. zwischen Prozessrichter des Amtsgerichts und Familiengericht eines Amtsgerichts (BGH NJW 1978, 1531), wobei die Abgabe keine Bindung der Empfangsstelle erzielt, wie sie bei einer Verweisung eintritt.

VII. Gerichtsstandsvereinbarung

Die gesetzliche Zuständigkeitsregelung führt den Kläger oft vor ein weit entfernt **286** liegendes Gericht. „Vielprozessierer" wie gewerbliche Unternehmen sind daher bestrebt, schon im Rahmen vertraglicher Vereinbarungen im Hinblick auf einen etwaigen späteren Rechtsstreit den gesetzlich vorgesehenen Gerichtsstand zu ihren Gunsten vertraglich abzuändern und statt dessen das Gericht am eigenen Sitz zu bestimmen. Der Abschluss einer solchen „Gerichtsstandsvereinbarung", sog. **Proroga- tion**, ist grundsätzlich verboten.

1. Rechtswegvereinbarung

§ 13 GVG verweist die bürgerlichen Rechtsstreitigkeiten vor die ordentlichen Gerichte. Diese Zuweisung hat den Charakter zwingenden Rechts und kann folglich **nicht** durch Parteivereinbarung **umgangen werden** (BGH NJW 1997, 328).

Beispiel:
Unternehmer und Angestellter vereinbaren im Arbeitsvertrag für den Fall einer gerichtlichen Auseinandersetzung die Zuständigkeit eines ordentlichen Gerichts, weil die Überlastung der Arbeitsgerichte eine schnelle Entscheidung nicht erwarten lasse: Unzulässig!

2. Gerichtsstandsvereinbarung

a) Grundsatz

aa) Prorogationsverbot. Grundsätzlich besteht nach der ZPO ein **Verbot** von Gerichts- **287** standsvereinbarungen (BGH NJW 1983, 162), von dem in §§ 38, 39, 40 ZPO **Ausnahmen** statuiert sind. Auslöser für diese Regelung sind Missstände, die im Rahmen der früher herrschenden Prorogationsfreiheit aufgetreten waren.

bb) Ursachen. Die Gerichtsstandsvereinbarung war regelmäßiger Bestandteil von AGB und Formularverträgen, die dem wirtschaftlich Stärkeren den Vorteil brachte, alle Rechtsstreitigkeiten aus abgeschlossenen Verträgen an seinem Wohnsitzgericht durch- führen zu können. Gleichem Zweck diente indirekt auch die Vereinbarung eines von der gesetzlichen Regel abweichenden Erfüllungsortes, um über § 29 ZPO den gewünschten Gerichtsstand zu erreichen. Die Folge solcher Vereinbarungen war oftmals, dass der wirtschaftlich schwache und rechtlich ungewandte Prozessgegner wegen weiter Entfernung den Verhandlungstermin gar nicht wahrnahm und damit von vornherein auf eine aussichtsreiche Rechtsverteidigung zwangsläufig verzichtete, in dem er es zum Versäumnisurteil kommen ließ.

cc) Charakter. Die Prorogation ist ein Vertrag mit ausschließlich **prozessualen Wirkungen,** auf den weitgehend die bürgerlich-rechtlichen Vorschriften über das Zustandekommen von Verträgen (BGH NJW 1983, 2772), aber auch die Vorschriften über AGB nach §§ 305 ff. BGB anzuwenden sind.

b)   Prorogation durch Kaufleute, § 38 Abs. 1 ZPO

288 aa) Unbeschränkt prorogationsfähige Personen. Ausnahmsweise kann ein an sich unzuständiges Gericht des ersten Rechtszuges ohne Einhaltung einer besonderen Form durch ausdrückliche oder stillschweigende Vereinbarung **unter Kaufleuten, juristischen Personen des öffentlichen Rechts** oder **öffentlich-rechtlichen Sondervermögen** zuständig gemacht werden, § 38 Abs. 1 ZPO.

Wegen des **Kaufmannsbegriffs** ist allein auf das **HGB** abzustellen. Demnach sind **Istkaufleute** nach § 1 Abs. 2 HGB prorogationsfähig, also solche Gewerbetreibende, die nach Art und Umfang einen in kaufmännischer Weise eingerichteten Geschäftsbetrieb brauchen und nach § 29 HGB ins Handelsregister eingetragen sind. Auch „Kleingewerbetreibende", die zwar keine kaufmännische Einrichtung benötigen, sich aber nach § 2 HGB freiwillig ins Handelsregister haben eintragen lassen (**Kannkaufleute**), können prorogieren. Gleiches gilt für **Kapital-, Personenhandelsgesellschaften** oder **Genossenschaften** als Formkaufleute nach § 6 HGB.

289 bb) Nachweis und Vermutung. Stützt der Kläger die Zuständigkeit des angerufenen Gerichts auf eine vertragliche Gerichtsstandsvereinbarung unter Kaufleuten, so obliegt ihm grundsätzlich der Nachweis dieser **von Amts wegen** zu prüfenden Zuständigkeitsvoraussetzung. Die Vereinbarung kann durch die Vertragsurkunde bewiesen werden. Der Beweis der eigenen Kaufmannseigenschaft ist am besten durch Vorlage eines **Handelsregisterauszuges** zu führen, § 9 Abs. 4 HGB. Hinsichtlich der Kaufmannseigenschaft des **Beklagten** kommt dem Kläger zunächst die **Vermutung** des § 1 Abs. 2 HGB zugute, der – bei Vorliegen eines Gewerbes – die Erforderlichkeit einer kaufmännischen Einrichtung unterstellt. Der davon ausgehende Anscheinsbeweis ist jedoch erschüttert, wenn die **ernsthafte Möglichkeit** besteht, dass der Beklagte lediglich **Kleingewerbetreibender** ist. Dann hat der Kläger den Nachweis der Handelsregistereintragung nach § 2 HGB zu führen.

290 cc) Allgemeine Geschäftsbedingungen. Üblicherweise erfolgt die Prorogation über Gerichtsstandsklauseln in AGB. Für die **Einbeziehung** sind die strengen Vorschriften des § 305 Abs. 2 BGB unter Kaufleuten wegen § 310 BGB nicht anwendbar. Die generelle Verwendung von AGB im Rahmen einer andauernden Geschäftsbeziehung kann zur Einbeziehung schon genügen. Gerichtsstandsklauseln unterliegen der **Inhaltskontrolle** nach § 307 BGB. Zulässig sind Gerichtsstände am Sitz des Verwenders (h.M.: OLG Schleswig MDR 2007,106; OLG Hamburg MDR 2000, 170, str.), nicht aber solche ohne sachlichen Bezug zum Sitz des Verwenders oder des Gegners (z.B. Sitz des Hausanwalts: LG Konstanz BB 1983, 1372; OLG Karlsruhe NJW 1982, 1950; a.A.: OLG Hamburg MDR 2000, 171).

291 dd) Bestimmtes Gericht. Die Gerichtsstandsvereinbarung muss sich auf ein **bestimmtes** oder zumindest bei Klageerhebung **bestimmbares Gericht** beziehen (EuGH NJW 2001,

501). Dabei ist die **Bezugnahme** auf das Gericht am Sitz des Verwenders, des Vertragspartners oder einer Prozesspartei ausreichend (LG Frankfurt RIW 1986, 543). Zulässig ist auch eine alternative ausschließliche Zuständigkeit von zwei Gerichten je nach Vertragspartner (BGH NJW-RR 1986, 1311) oder die Vereinbarung von zwei Wahlgerichtsständen (OLG Hamm ZIP 2005, 2336; OLG Köln ÖLGR 2005, 255).

Beispiele:
- „Als Gerichtsstand wird der Sitz der Niederlassung bestimmt, an deren Geschäftssitz die Vereinbarung geschlossen wurde."
- „Als Gerichtsstand wird Stuttgart oder Karlsruhe vereinbart, nach Wahl des Lieferanten."

ee) Art der Zuständigkeit. Durch Auslegung ist zu bestimmen, ob das prorogierte Gericht **ausschließlich** oder **neben** dem gesetzlich zuständigen Gericht zuständig sein soll (OLG Bamberg NJW-RR 1989, 371). Eine generelle Vermutung für die eine oder andere Auslegung besteht nicht (BGH NJW-RR 1999, 138; OLG Schleswig NJW 2006, 3360).

c)   Prorogation bei fehlendem Gerichtsstand im Inland, § 38 Abs. 2 ZPO

Hat mindestens eine der Vertragsparteien **im Inland keinen allgemeinen Gerichtsstand,** **292** so ist ausnahmsweise eine Gerichtsstandsvereinbarung zulässig, auch wenn die Beteiligten keine Kaufleute sind, § 38 Abs. 2 ZPO. Für Kaufleute ist eine **internationale Prorogation** sowieso nach § 38 Abs. 1 möglich (OLG Saarbrücken NJW 2000, 671; str.). Die Gerichtsstandsvereinbarung muss **schriftlich** abgeschlossen werden, bei mündlicher Vereinbarung jedenfalls **schriftlich bestätigt** werden: Schweigen auf eine Auftragsbestätigung mit Gerichtsstandsklausel genügt nicht (BGH NJW 1994, 2700; 2005, 3500). Hat **eine der Parteien** einen (allgemeinen oder besonderen) **inländischen Gerichtsstand,** so kann **nur dieser vereinbart** werden, § 38 Abs. 2 Satz 3 ZPO.

d)   Prorogation nach Entstehen der Streitigkeit, § 38 Abs. 3 Nr. 1 ZPO

aa) Nachträgliche Prorogation. Andere Personen als Kaufleute können eine Gerichts-   **293** standsvereinbarung nur **ausdrücklich** und **in schriftlicher Form** abschließen, jedoch erst, wenn aus dem Rechtsverhältnis **bereits ein Streit** (nicht notwendig ein Rechtsstreit bei Gericht) **entstanden** ist, also in keinem Fall bereits bei Vertragsabschluss, § 38 Abs. 3 Nr. 1 ZPO.

Beispiel:
Der Käufer wohnt in Leipzig, der Verkäufer sitzt in Stuttgart. Der Anwalt des Verkäufers droht im Rahmen der Auseinandersetzung Klage an und bittet den Bevollmächtigten des Käufers um Einverständnis mit der Zuständigkeit des Landgerichts Stuttgart. Der Anwalt des Käufers unterzeichnet die übersandte Gerichtsstandsvereinbarung.

bb) Form. In den genannten Fällen hängt die Wirksamkeit der Gerichtsstandsvereinbarung davon ab, dass sie **ausdrücklich** formuliert, d.h. in ihrer Bedeutung eindeutig und klar auch für einen Laien unmissverständlich erkennbar gemacht und **schriftlich** getroffen ist. Die Vereinbarung muss von der Unterschrift – notfalls auch in zwei Schriftstücken (BayObLGZ 2003, 189) – gedeckt sein, § 126 BGB.

cc) Erfüllungsortvereinbarung. Die Vereinbarung eines abweichenden Erfüllungsortes hat zur Vermeidung einer Umgehung des Prorogationsverbotes außer bei den prorogationsfähigen Personen des § 38 Abs. 1 ZPO auf die Zuständigkeit keinen Einfluss, § 29 Abs. 2 ZPO.

e) **Prorogation bei Sitzverlegung des Beklagten ins Ausland oder unbekanntem Aufenthalt, § 38 Abs. 3 Nr. 2 ZPO**

294 Eine Gerichtsstandsvereinbarung ist auch als „**subsidiäre Prorogation**" für den Fall zulässig, dass der Beklagte nach Vertragsschluss seinen **Wohnsitz** oder **gewöhnlichen Aufenthaltsort ins Ausland verlegt,** ebenso bei unbekanntem Wohnsitz oder Aufenthalt, § 38 Abs. 3 Nr. 2 ZPO. Der **Hilfsgerichtsstand** greift also nur ein, wenn der zur Zeit des Vertragsschlusses gegebene inländische allgemeine Gerichtsstand später entfallen ist.

Beispiel:
Verträge mit Gastarbeitern, die wieder in ihr Heimatland zurückkehren.

Die Vereinbarung muss wiederum **ausdrücklich** und **schriftlich** geschlossen werden, wobei der Fall des § 38 Abs. 3 Nr. 2 ZPO konkret bezeichnet sein muss (LAG Düsseldorf BB 1985, 340). Eine allgemeine Gerichtsstandsklausel kann nicht in diesem Sinne ausgelegt werden.

f) **Rügelose Verhandlung, § 39 ZPO**

295 Eine Gerichtsstandsvereinbarung kann auch in einer **rügelosen Einlassung des Beklagten** liegen, wenn der Beklagte beim unzuständigen Gericht zur **Hauptsache** mündlich verhandelt, ohne die Unzuständigkeit geltend zu machen, § 39 ZPO.

aa) Streitige Verhandlung. Erscheint der Beklagte im Verhandlungstermin, ist er gehalten, die fehlende Zuständigkeit vor der Verhandlung i.d.R. ausdrücklich geltend zu machen, da die Unterlassung einer Rüge vom Gesetz als stillschweigende Zuständigkeitsvereinbarung fingiert wird:
– **Verhandelt** der Beklagte durch Stellung eines **Klageabweisungsantrags** vor dem **Landgericht** mündlich zur Hauptsache und lässt sich auf den Streitgegenstand ein – nicht nur Verhandeln über Prozessvoraussetzungen, Prozesshandlungen oder Vergleichsmöglichkeiten (OLG Bamberg MDR 1988, 148; a.A.: OLG Saarbrücken OLGR 2002, 332) – so wird dadurch die Zuständigkeit des an sich unzuständigen erstinstanzlichen Gerichts begründet, § 39 Satz 1 ZPO. Allerdings kann trotz Rüge „vorsorgliches" Verhandeln zur Sache geboten sein, wenn sonst der Erlass eines Versäumnisurteils droht (BGH MDR 2006, 46).
– Vor dem **Amtsgericht** tritt die Zuständigkeitsbegründung durch rügelose Einlassung des Beklagten wegen § 39 Satz 2 ZPO nur dann ein, wenn das Gericht vor der Verhandlung zur Hauptsache den Beklagten auf die Unzuständigkeit und die Folgen der rügelosen Einlassung zur Hauptsache **hingewiesen** hat, § 504 ZPO. Dies gilt auch bei nachträglich durch Klageänderung oder Widerklage eintretender sachlicher Unzuständigkeit, § 506 ZPO. Die **Belehrungspflicht** besteht unabhängig davon, ob die Parteien anwaltlich vertreten sind oder selbst verhandeln (OLG Stuttgart FamRZ 1980, 384). Eine anfangs unterbliebene Belehrung kann bis zum Schluss der mündlichen Verhandlung nachgeholt werden.

296 **bb) Säumnis des Beklagten.** Bei Säumnis des Beklagten ist eine Prorogation nach § 39 ZPO nicht möglich, da der Beklagte hier nicht verhandelt. In diesem Fall genügt der schlüssige Vortrag einer Zuständigkeitsvereinbarung seitens des Klägers nicht, da sich gemäß § 331 Abs. 1 Satz 2 ZPO die Geständnisfiktion bei Säumnis des Beklagten hierauf nicht bezieht. Der Kläger hat demnach eine behauptete Gerichtsstandsvereinbarung und deren Wirksamkeitsvoraussetzungen auch im Versäumnisverfahren zu beweisen.

cc) Säumnis des Klägers. Erscheint der Kläger im Termin zur mündlichen Verhandlung nicht, so kann der Beklagte unter Anwendung des § 39 Satz 1 ZPO gegen den Kläger ein klageabweisendes Versäumnisurteil (**Sachurteil**) erlangen und sich erst im Einspruchstermin nach § 343 ZPO auf die Unzuständigkeit berufen. Er kann aber auch die Wirkung des § 39 ZPO vermeiden, wenn er im Säumnistermin klageabweisendes Prozessurteil beantragt.

dd) Ausschließliche Zuständigkeit. Eine rügelose Einlassung zur Hauptsache gemäß §39 ZPO ist nur dort möglich, wo eine Zuständigkeitsvereinbarung zulässig ist, also **nicht** bei Bestehen **ausschließlicher** Zuständigkeit eines anderen Gerichts. **297**

> Beispiel:
> Der in Stuttgart wohnende V klagt gegen seinen Mieter M vor dem Landgericht Stuttgart rückständigen Mietzins aus einem Mietvertrag über eine Wohnung in Tübingen in Höhe von 5.500,– € ein.
> Die rügelose Einlassung des Beklagten nach § 39 ZPO ist nicht möglich: Nach § 29 a ZPO ist für Streitigkeiten über Ansprüche aus einem Mietverhältnis das Gericht **ausschließlich** zuständig, in dessen Bezirk sich die Räume befinden, also ein Gericht in Tübingen. Darüber hinaus ist nach § 23 Nr. 2 GVG für Streitigkeiten über Ansprüche aus einem Mietverhältnis über Wohnraum das Amtsgericht **ausschließlich** zuständig. Eine andere Zuständigkeit als die des AG Tübingen kann folglich durch rügelose Einlassung nicht begründet werden.

ee) Fall der Auslandsberührung. § 39 ZPO gilt für die internationale Zuständigkeit grundsätzlich **entsprechend**, die Rüge der örtlichen Unzuständigkeit erfasst auch die fehlende internationale Zuständigkeit (BGH NJW-RR 2005, 1519). Im **EU-Bereich** ist Art. 24 EuGVVO vorrangig.

g)   Schranken einer an sich zulässigen Gerichtsstandsvereinbarung, § 40 ZPO

Die Gerichtsstandsvereinbarung muss sich auf ein **bestimmtes Rechtsverhältnis** zwischen den Parteien beziehen, § 40 Abs. 1 ZPO. Klauseln, die sich „auf alle Streitigkeiten zwischen uns" oder „auf alle Streitigkeiten aus der Geschäftsbeziehung" (RGZ 36, 422; OLG Koblenz ZIP 1992, 1235) beziehen, sind unwirksam. **298**
Unzulässig ist eine Gerichtsstandsvereinbarung nach § 40 Abs. 2 Nr. 1 ZPO bei **nicht-vermögensrechtlichen** Ansprüchen, die streitwertunabhängig den Amtsgerichten zugewiesen sind (z.B. Ehesachen, §§ 23 a, b GVG, 122 FamFG). Schließlich kann die **ausschließliche** Zuständigkeit eines Gerichts weder durch Prorogation noch durch rügelose Einlassung umgangen werden, § 40 Abs. 2 Nr. 2 ZPO.

h)   Gerichtsstandsvereinbarung durch gemeinsames Abgabeverlangen, § 696 ZPO

Durch ein **übereinstimmendes Abgabeverlangen** von Antragsteller und Antragsgegner eines **Mahnverfahrens** kann ein an sich unzuständiges Gericht bestimmt werden, solange die Abgabe an das im Mahnantrag bezeichnete Gericht noch nicht verfügt ist, § 696 Abs. 1 Satz 1 ZPO (BayObLG MDR 1995, 312).

VIII. Gerichtliche Gerichtsstandsbestimmung

In Ausnahmefällen kann das zuständige Gericht nicht tätig werden oder ist nicht sicher **299** festzustellen. Das Gesetz bietet in diesen Fällen die Möglichkeit, das zuständige Gericht durch das im Rechtszug höhere Gericht bestimmen zu lassen.

1.   Fallgruppen

Das Gesetz führt in § 36 Abs. 1 ZPO die Fälle einer **richterlich bestimmten Zuständig-keit** auf.
– **Rechtliche Verhinderung, Nr. 1**
   Das liegt vor, wenn das zuständige Gericht wegen Ausschließung, Ablehnung oder Erkrankung den Prozess nicht durchführen kann, weil alle geschäftsplanmäßigen Vertreter des verhinderten Richters ebenfalls verhindert sind.

– **Ungewissheit über die Gerichtsbezirksgrenzen, Nr. 2**
   Etwa beim Gerichtsstand der unerlaubten Handlung können nicht behebbare
   Zweifel bestehen, in welchem Gerichtsbezirk der Tatort liegt.
– **Streitgenossen mit verschiedenem Gerichtsstand, Nr. 3**
   Sollen mehrere Personen als Streitgenossen verklagt werden, die im Inland jeweils
   keinen gemeinsamen (allgemeinen oder besonderen) Gerichtsstand haben (BayObLG
   NJW-RR 1997, 699), kann ein zuständiges Gericht nach Zweckmäßigkeitsgesichts-
   punkten und Prozessökonomie bestimmt werden (BGH NJW 2007, 1366).
– **Verschiedene Bezirke bei dinglichem Gerichtsstand, Nr. 4**
   Liegt das streitbefangene Grundstück beim dinglichen Gerichtsstand nach § 24 ZPO
   in mehreren Gerichtsbezirken, so ist **ein** zuständiges Gericht zu bestimmen.
– **Positiver Kompetenzkonflikt, Nr. 5**
   Eine Gerichtsstandsbestimmung ist erforderlich, wenn sich mehrere Gerichte für
   einen prozessualen Anspruch rechtskräftig für **zuständig** erklärt haben.
– **Negativer Kompetenzkonflikt, Nr. 6**
   Haben sich mehrere Gerichte, von denen eines zuständig ist, rechtskräftig für
   unzuständig erklärt, so ist das zuständige Gericht richterlich zu bestimmen. Ist
   ein drittes, bisher am Zuständigkeitsstreit nicht beteiligtes Gericht zuständig, so ist
   – bei Vorliegen eines Verweisungsantrages – dieses zu bestimmen (BGH NJW 1996,
   3013; vgl. Zöller-Vollkommer § 36 Rn. 28 m.w.N.).

2. Bestimmendes Gericht

300 Das zuständige Gericht wird durch das im Rechtszug nach dem GVG **zunächst höhere
Gericht** bestimmt, § 36 Abs. 1 ZPO.

– Amtsgerichte desselben Landgerichtsbezirks: LG;
– Amtsgerichte unterschiedlicher Landgerichtsbezirke: gemeinsames OLG;
– Landgerichte desselben Landgerichtsbezirks: OLG.

Ist das gemeinsame höhere Gericht allerdings der **Bundesgerichtshof**, ist zur Gerichtsstandsbestimmung das **Oberlandesgericht des zuerst** mit der Rechtssache **befassten
Gerichts** zuständig, § 36 Abs. 2 ZPO.

– Landgerichte unterschiedlicher OLG-Bezirke: Das OLG des zuerst befassten LG.

In Fällen, in denen das befasste Oberlandesgericht bei **Entscheidung einer Rechtsfrage**
von der Entscheidung eines anderen Oberlandesgerichts oder des Bundesgerichtshofs
abweichen will, ist die Sache dem **Bundesgerichtshof** zur Zuständigkeitsbestimmung
vorzulegen, § 36 Abs. 3 ZPO.

3. Verfahren

Das **Gesuch** zur Bestimmung des zuständigen Gerichts kann von Amts wegen von
einem **Gericht** oder von einer **Partei** ausgehen, dabei herrscht kein Anwaltszwang (arg.
§ 73 Abs. 3 ZPO). Die Gerichtsstandsbestimmung ergeht durch **Beschluss**, enthält
keine Kostenentscheidung und ist **unanfechtbar**, § 37 ZPO.

3. Kapitel   **Die Klage**

Der Rechtsstreit kommt – vom Mahnverfahren abgesehen – durch Einreichung einer **301**
Klageschrift bei Gericht in Gang, § 253 Abs. 1 ZPO. Aus ihr ergeben sich **Gericht,**
Parteien, Grund und **Gegenstand** des Rechtsstreits und der **Antrag,** § 253 Abs. 2
ZPO.
Für **Ehe-** und **Familienstreitsachen** finden die Vorschriften über das Verfahren vor den
Landgerichten, §§ 253 ff. ZPO, entsprechende Anwendung, § 113 FamFG, wobei
jedoch nach § 113 Abs. 5 FamFG begriffliche Abweichungen zu beachten sind. So tritt
anstelle des „Prozesses" das „Verfahren", § 1 FamFG, anstelle der „Klage" der
„Antrag", § 23 FamFG, und anstelle der „Partei" der **„Beteiligte",** § 27 FamFG.

I.   Die Parteien des Rechtsstreits

Die Klageschrift muss die **Bezeichnung der Parteien** enthalten. Danach bestimmt sich,
wer gegen wen einen Rechtsstreit führen will. Schon bei Anfertigung der Klage ist auf
die **Parteifähigkeit** und **Prozessfähigkeit** der Parteien zu achten, ggf. ist der gesetzliche
Vertreter aufzuführen. Im Laufe des Rechtsstreits können sich die Parteien durch
gesetzlichen oder **gewillkürten Parteiwechsel** ändern oder sich **Dritte beteiligen.**

1.   Die Bezeichnung der Partei im Zivilprozess

a)   Formeller Parteibegriff

Im Zivilprozess gilt der formelle Parteibegriff (BGHZ 86, 164). Danach ist Partei **302**
diejenige Person, die in eigenem Namen Rechtsschutz begehrt (**Kläger**) oder gegenüber
der Rechtsschutz begehrt wird (**Beklagter**). Maßgebend ist die Benennung in der
Klageschrift und nicht die Beurteilung nach materiellem Recht.

b)   Bezeichnung der Partei

aa) Adressdaten. Auf eine zutreffende Kennzeichnung der Parteien ist besondere Sorg- **303**
falt zu verwenden, weil sie bestimmt, zwischen welchen Personen das Prozessrechtsverhältnis entsteht. Die Bezeichnung hat nach **Vor- und Zuname, Stand** oder **Gewerbe**
und **genauer Anschrift** zu erfolgen, § 253 Abs. 2 Nr. 1, Abs. 4, 130 Abs. 1 Nr. 1 ZPO.
Kaufleute können unter ihrer Firma („Name des Kaufmanns") **klagen** und **verklagt**
werden, § 17 Abs. 2 HGB. Partei wird dann der **Inhaber des Unternehmens.**

bb) Gesetzliche Vertreter. Bei nicht prozessfähigen Personen (vgl. Rn. 312 ff) sind die **304**
gesetzlichen Vertreter namentlich anzugeben. Bei **Minderjährigen** empfiehlt sich die
Angabe des Geburtsdatums, da die gesetzliche Vertretung wegfällt, wenn während des
Prozesses Volljährigkeit eintritt. Ein eheliches Kind wird durch **beide Elternteile** gesetzlich vertreten, § 1629 Abs. 1 Satz 2 BGB. Eine Zustellung, etwa einer Klageschrift,
muss jedoch nur an ein Elternteil erfolgen, § 170 Abs. 3 ZPO. Bei **juristischen Personen**
ist besondere Aufmerksamkeit auf das **vertretende Organ** zu legen. So wird z.B. die
Aktiengesellschaft i.d.R. durch den Vorstand vertreten, nicht jedoch bei Rechtsstreitigkeiten mit (früheren) Vorstandsmitgliedern; hier ist der Aufsichtsrat das vertretungsberechtigte Organ, § 112 AktG.

cc) Ungenaue Parteibezeichnung. Bei ungenauen oder unrichtigen Parteibezeichnun- **305**
gen ist die Identität der Partei ggf. durch **Auslegung** zu ermitteln (BGH NJW 2006,
1569). Bei mehrdeutiger Bezeichnung ist Partei, wer **erkennbar** durch die Partei-

bezeichnung **betroffen sein soll** (BGH NJW 2004, 501). Bleibt die Identität gewahrt, können unrichtige Parteibezeichnungen jederzeit von Amts wegen berichtigt werden (LAG Düsseldorf MDR 2005, 999).
Bezeichnet der Kläger zwar den richtigen Beklagten, wird die Klage jedoch **versehentlich einem Dritten zugestellt**, wird der Zustellungsempfänger **nicht Partei**, da durch die Zustellung nicht die Partei bestimmt wird. Er darf aber als **Scheinbeklagter** die zu seiner Verteidigung notwendigen Prozesshandlungen vornehmen und **Kostenerstattung** nebst **Entlassung** aus dem Rechtsstreit beantragen (BGH NJW-RR 2008, 582). Bezeichnet der Kläger in der Klage jedoch den „falschen" Beklagten, wird dieser Partei, allerdings fehlt ihm die Passivlegitimation. Der Kläger kann im Wege des Parteiwechsels die Klage zurücknehmen und sie gegen den „richtigen" Beklagten erheben.

2.　Die Parteifähigkeit

a)　Begriff

306　Als Parteifähigkeit wird die Fähigkeit bezeichnet, an einem Prozess als **Aktiv-** oder **Passivsubjekt**, also als Kläger, Beklagter, Streithelfer, Antragsteller oder Antragsgegner teilnehmen zu können. **Parteifähig ist, wer rechtsfähig ist**, § 50 Abs. 1 ZPO. Damit entspricht die Parteifähigkeit im Wesentlichen der Rechtsfähigkeit nach § 1 BGB.

b)　Unbeschränkte Parteifähigkeit

307　Unbeschränkt parteifähig sind natürliche und juristische Personen sowie Personengesellschaften, soweit ihnen ein Klagerecht zusteht, insbesondere:
- **natürliche Personen:** Menschen;
- **jur. Personen des Privatrechts:** GmbH, AG, eG;
- **jur. Personen des öffentlichen Rechts:** Körperschaften, Anstalten, Stiftungen;
- **Handelsgesellschaften:** OHG und KG, §§ 124 Abs. 1, 161 Abs. 2 HGB;
- **andere gewerbliche Gesellschaften:** Partnerschaftsgesellschaft, § 7 Abs. 2 PartGG, 124 Abs. 1 HGB; Rechtsanwaltsgesellschaft, § 59 c BRAO;
- **Verbände:** Politische Parteien, § 3 PartG, Gewerkschaften und Arbeitgeberverbände, § 10 ArbGG (BGH NJW 1990, 186);
- **Vorgesellschaften:** Vor-GmbH und Vor-AG (BGH NJW 1998, 1080);
- **BGB-Außengesellschaften** (BGH NJW 2001, 1056);
- **nichtrechtsfähige Vereine** (BGH NJW 2008, 69);
- **Wohnungseigentümergemeinschaften,** § 10 Abs. 6 Satz 5 WEG.

c)　Beschränkte Parteifähigkeit

308　Beschränkt Parteifähige können nur verklagt werden, sog. **passive Parteifähigkeit.** Hierher zählen die **Unterorganisationen eines Hauptverbandes,** also Orts- und Kreisverbände des Gebietsverbandes (BGH NJW 1990, 905), der Gewerkschaft, der politischen Partei (OLG Stuttgart ZIP 1988, 674) oder des Sportverbandes (LG Regensburg NJW-RR 1988, 184).

d)　Fehlende Parteifähigkeit

309　Nicht parteifähig sind
- die **Firma des Einzelkaufmanns;** nach § 17 HGB kann der Kaufmann zwar unter seiner Firma klagen und verklagt werden, Träger der Rechte und Pflichten ist jedoch er selbst;
- die **Zweigniederlassung,** sie ist Teil eines Unternehmens (BGHZ 4, 65);
- die **Insolvenzmasse, die Erbengemeinschaft, der Nachlass** (BGH NJW 2006, 3715); hier sind nur die dahinter stehenden Personen parteifähig (vgl. Rn. 323).

e) Beginn und Ende der Parteifähigkeit

Für den Beginn der Parteifähigkeit wird grundsätzlich auf den Beginn der Rechtsfähig- **310**
keit abgestellt, z.B. § 11 GmbHG („Eintragung ins Handelsregister") oder § 1 BGB
(„Vollendung der Geburt"). Sie **endet** mit dem Verlust der Rechtsfähigkeit, also beim
Menschen mit dem **Tod**, bei juristischen Personen bzw. Personenhandelsgesellschaften
aber nicht schon mit der Löschung im Handelsregister oder der Auflösung, sondern
erst mit der **Vollbeendigung** nach Abwicklung (BGH NJW 1996, 2035). Soweit eine
Gesellschaft in einem Aktivprozess noch Vermögensrechte geltend macht oder sonst
noch Abwicklungsbedarf besteht, gilt sie auch nach Beendigung noch als aktiv parteifähig (BGH NJW-RR 1995, 1237; MDR 1995, 529). Lediglich passive Parteifähigkeit
einer Gesellschaft kann noch bestehen, als gegen sie Rechte geltend gemacht werden,
die anderweitig nicht durchsetzbar wären (BGHZ 97, 270).

3. Die Prozessfähigkeit

a) Begriff

Prozessfähigkeit ist die Fähigkeit, selbst vor Gericht stehen zu können, also Prozess- **311**
handlungen selbst oder durch selbst bestellte Vertreter vornehmen zu können, § 51
Abs. 1 ZPO. Wie die Parteifähigkeit ist sie Sachurteilsvoraussetzung und wird nach
Bürgerlichem Recht definiert: Eine Person ist insoweit prozessfähig, als sie sich durch
Verträge verpflichten kann, § 52 ZPO. Damit wird auf die Geschäftsfähigkeit abge-
stellt.

b) Fehlende Prozessfähigkeit

Grundsätzlich ist ein Parteifähiger auch prozessfähig. Bei fehlender Prozessfähigkeit ist **312**
der **gesetzliche Vertreter** zur Prozessführung im Namen des Prozessunfähigen berufen.
Partei bleibt aber der Vertretene.

aa) Geschäftsunfähige. Kinder bis zum 7. Lebensjahr sind nach § 104 Nr. 1 BGB
geschäftsunfähig, folglich auch prozessunfähig. Die gesetzliche Vertretung von Kindern
erfolgt durch ihre sorgeberechtigten **Eltern** gemeinschaftlich, § 1629 Abs. 1 Satz 2
BGB, bei nicht verheirateten Eltern im Zweifel durch die **Mutter**, § 1626 a Abs. 2
BGB, sonst ist der **Vormund** oder der **Pfleger** zuständig, §§ 1773, 1793, 1795, 1909
BGB. Auch **Geisteskranke** sind nach § 104 Nr. 2 BGB prozessunfähig. **Volljährige**
Geschäftsunfähige werden i.d.R. durch **Betreuer** vertreten, § 1902 BGB.

bb) Beschränkt Geschäftsfähige. Minderjährige sind nach Maßgabe der §§ 107 ff. **313**
BGB in der Geschäftsfähigkeit beschränkt. Es gibt aber keine entsprechend beschränkte
Prozessfähigkeit; es verbleibt bei der Vertretung durch die Eltern. Andererseits ist die
Prozessfähigkeit von Minderjährigen erweitert: Sie sind im Rahmen der §§ 112, 113
BGB bei vormundschaftlich genehmigtem Betrieb eines **Erwerbsgeschäfts** oder ermäch-
tigter Eingehung von **Dienst- und Arbeitsverhältnissen** insoweit prozessfähig. Darüber
hinaus ist ein Minderjähriger in **Ehe- und Kindschaftssachen** verfahrensfähig, § 125
FamFG. Im **Prozess des minderjährigen Kindes** gegen seine **Eltern** sind § 1671 und
§ 1629 BGB zu berücksichtigen. Eine Prozessführung des Prozessunfähigen kann
nachträglich durch den gesetzlichen Vertreter oder durch den zwischenzeitlich prozessfähig gewordenen früheren Minderjährigen selbst **genehmigt** werden (BGH NJW 2000,
290).

cc) Juristische Personen und Personengesellschaften. Die juristische Person ist ohne **314**
gesetzlichen Vertreter nicht prozessfähig (BGHReport 2007, 324). Die gesetzliche

Vertretung erfolgt bei **eingetragenen Vereinen, Stiftungen, Genossenschaften** und **Aktiengesellschaften** durch den **Vorstand**, § 26 Abs. 2 BGB, § 86 BGB, § 24 GenG, § 78 Abs. 1 AktG. Bei Rechtsstreitigkeiten mit Vorstandsmitgliedern wird die AG durch den **Aufsichtsrat** vertreten, § 112 AktG. Die **GmbH** wird durch den **Geschäftsführer** oder **Liquidator** vertreten, §§ 35 Abs. 1, 66 GmbHG, die OHG und die KG durch den **geschäftsführenden Gesellschafter**, §§ 125, 161 Abs. 2 HGB. Für juristische Personen des öffentlichen Rechts handelt, wer nach Gesetz, Satzung oder Verordnung berufen ist.

4. Die Parteiänderung

315 Unter Parteiänderung versteht man die Änderung der Beteiligten im Laufe eines Rechtsstreits. Sie kommt vor als **Parteierweiterung**, sofern zu den bisherigen Parteien ein weiterer Beteiligter als Kläger oder Beklagter hinzutritt, oder als **Parteiwechsel**, wenn eine neue Partei an die Stelle der ausscheidenden Partei tritt. Vom Eintritt einer neuen Partei ist die bloße **Berichtigung einer falschen Parteibezeichnung** zu unterscheiden.

a) Die Parteierweiterung

In **1. Instanz** ist sie auf Kläger- und Beklagtenseite i.d.R. zulässig, sofern die Voraussetzungen der Streitgenossenschaft nach §§ 59, 60 ZPO vorliegen (vgl. Rn. 328 ff). Es wird ein weiteres Prozessrechtsverhältnis begründet, welches mit dem bestehenden Klageverfahren entweder nach §§ 59, 60 ZPO durch Parteiwillen oder nach § 147 ZPO durch das Gericht verbunden wird. Bei Hinzutreten eines **weiteren Klägers** muss der bisherige Kläger zustimmen (Thomas-Putzo, vor § 50 Rn. 25 m.w.N.), nicht jedoch der Beklagte. Der neue Kläger ist an die bisherigen Prozessergebnisse (z.B. Beweisaufnahme) gebunden. Bei Parteierweiterung auf **Beklagtenseite** ist keine Zustimmung erforderlich, der neue Beklagte kann jedoch Wiederholung der Beweisaufnahme verlangen (BGH NJW 1996, 196). In der **Berufungsinstanz** ist die Parteierweiterung praktisch ausgeschlossen, § 533 Nr. 2 ZPO.

b) Der Parteiwechsel kraft Gesetzes

316 Ein **Parteiwechsel**, auch „subjektive Klageänderung" genannt, tritt **kraft Gesetzes** beim **Tod einer Partei** ein, § 239 ZPO. Der Erbe tritt als Gesamtrechtsnachfolger in die prozessuale Stellung des Erblassers ein und muss den Rechtsstreit aufnehmen, §§ 239 Abs. 2, 250 ZPO. Gleiches gilt bei Eintritt der **Nacherbschaft** oder Eröffnung des **Insolvenzverfahrens**, §§ 242, 240 ZPO. Nacherbe und Insolvenzverwalter treten ebenfalls durch Aufnahme in den Rechtsstreit ein.

c) Der gewillkürte Parteiwechsel

317 **aa) Begriff.** Für den Austausch des Klägers oder des Beklagten besteht ein Bedürfnis, wenn sich im Laufe des Prozesses ergibt, dass nicht der richtige Kläger klagt oder der falsche Beklagte verklagt ist, aber bereits erzielte Prozessergebnisse verwertbar bleiben sollen. Es handelt sich beim gewillkürten Parteiwechsel um ein **besonderes Institut des Prozessrechts**, das im Gesetz nicht geregelt ist, im Wesentlichen aber in Anlehnung an die **Klageänderung** nach §§ 263 ff. ZPO bzw. an die **Klagerücknahme** nach § 269 ZPO behandelt wird (BGH NJW 1981, 989). Trotz vielfältiger Streitfragen im Einzelnen sind in Rechtsprechung und Lehre folgende **Grundsätze** erkennbar (Überblick bei Baumbach-Lauterbach, § 263 Rn. 5 ff.):

318 **bb) Klägerwechsel.** Er setzt entsprechende Erklärungen des alten und des neuen Klägers voraus. Nach Beginn der mündlichen Verhandlung ist die **Einwilligung des**

Beklagten analog § 269 ZPO erforderlich. Sie kann bei **Sachdienlichkeit** durch das Gericht gem. **§ 263 ZPO** ersetzt werden (BGH NJW 1996, 2799). Gegen den ausgeschiedenen Kläger kann der Beklagte analog § 269 Abs. 3 ZPO Kostenbeschluss erwirken (vgl. Zöller, § 263 Rn. 31). In der Berufungsinstanz bestehen keine Besonderheiten. Der bisherige Kläger muss lediglich vor dem Wechsel eine zulässige Berufung eingelegt haben (BGH NJW 1994, 3358).

cc) Beklagtenwechsel. Für den Wechsel des Beklagten bedarf es ab seiner Verhandlung zur Hauptsache seiner **Zustimmung** analog § 269 Abs. 1 ZPO mit entsprechender Kostenfolge für den Kläger. Der neue Beklagte muss nicht zustimmen, obwohl er an die Ergebnisse des bisherigen Prozessverlaufs gebunden bleibt. Er kann aber Wiederholung oder Ergänzung der Beweisaufnahme verlangen (BGH NJW 1996, 196). Für die Hemmung der Verjährung und Prozesszinsen ist der Eintritt des neuen Beklagten maßgebend, d.h. der Zeitpunkt der Zustellung der Klageschrift an ihn. **319**

In der **Berufungsinstanz** ist für das Ausscheiden des **bisherigen Beklagten** weiterhin dessen **Zustimmung** erforderlich (BGH NJW 1981, 989). Auch der **neue Beklagte** kann jetzt **nur mit seiner Zustimmung** in den Prozess hineingezogen werden, da seine Abwehrmöglichkeiten sonst wegen des Verlustes einer Instanz eingeschränkt wären. Seine Zustimmung ist bei missbräuchlicher Verweigerung entbehrlich (BGH BB 2000, 1061). Im **Revisionsverfahren** kommt ein gewillkürter Parteiwechsel wegen der Bindung an den Tatsachenvortrag in der Vorinstanz gem. § 559 ZPO nicht in Frage (BGH NJW-RR 1990, 1213).

dd) Zwischenurteil. Bei Streit über die Wirksamkeit des gewillkürten Parteiwechsels ist durch Urteil zu entscheiden, das analog § 280 ZPO rechtsmittelfähiges **Zwischenurteil** ist. Das Urteil ergeht mit Wirkung für alle drei Parteien, obwohl dem Prozessrecht sonst eine solche Form des Mehrparteienstreits fremd ist (BGH NJW 1981, 989). **320**

5. Sachlegitimation, Prozessführungsbefugnis und Prozessstandschaft

a) Prozessführungsbefugnis und Sachlegitimation

aa) Aktiv- und Passivlegitimation. Die „Sachlegitimation" ist eine **Frage des materiellen Rechtsverhältnisses:** Der wahre Gläubiger ist **aktiv legitimiert**, der wahre Schuldner ist **passiv legitimiert**. Aktiv- und Passivlegitimation betreffen daher immer die **Begründetheit** der Klage, nicht deren Zulässigkeit. **321**

bb) Prozessführungsbefugnis. Sie bedeutet das **Recht, im eigenen Namen über ein behauptetes materielles Recht zu prozessieren.** Sie ist **Sachurteilsvoraussetzung** und steht ohne weiteres demjenigen zu, der an dem streitigen Rechtsverhältnis **angeblich** materiellrechtlich beteiligt ist. Sie kann aber auch demjenigen zustehen, der **erklärtermaßen fremde Rechte in eigenem Namen auf prozessualem Wege verfolgt.** In diesen Fällen muss sie ausdrücklich festgestellt werden. Fehlt sie, so ist die Klage **als unzulässig** abzuweisen (BGH NJW 2000, 738). Eigene Prozessführung über fremde Ansprüche nennt man gesetzliche oder gewillkürte **Prozessstandschaft.**

b) Gesetzliche Prozessstandschaft

Sie ist nur zulässig, wenn entweder eine **gesetzliche Ermächtigung** oder eine **Prozessführung kraft Amtes** vorliegt. **322**

aa) Gesetzliche Ermächtigung, Veräußerung oder Abtretung der Streitsache. Den wichtigsten Fall regelt § 265 Abs. 2 ZPO. Tritt der Kläger die eingeklagte Forderung während des Rechtsstreits ab oder veräußert bzw. verpfändet (BGH NJW 1986, 3206) er die streitbefangene Sache, so verliert er zwar seine Aktivlegitimation, er behält aber die Prozessführungsbefugnis und darf im Wege der gesetzlichen Prozessstandschaft über die nunmehr fremde Forderung bzw. Sache im eigenen Namen weiter prozessieren. Er muss nur den Klageantrag auf Leistung an den Dritten umstellen (BGH NJW-RR 1986, 1182).

– **Gesamthandsgemeinschaft.** Gleichfalls ein Fall gesetzlicher Prozessstandschaft liegt bei Geltendmachung einer Nachlassforderung durch nur einen von mehreren Miterben vor, der im eigenen Namen die Forderung der **Erbengemeinschaft** zur Leistung an diese geltend machen darf, § 2039 BGB. Gleiches gilt für die Einzelklagebefugnis eines Gesellschafters einer **Personengesellschaft**, der Gemeinschaftsforderungen gegen Mitgesellschafter zur Leistung an die Gesellschaft einklagen kann, sog. **actio pro socio** (BGH NJW 2001, 1210).

– **Ehegatten.** Nach §§ 1368, 1369 BGB kann ein Ehegatte bei Verfügungen, die der andere ohne seine Einwilligung über dessen Vermögen oder Haushaltsgegenstände vorgenommen hat, dessen Rechte gegenüber Dritten kraft gesetzlicher Prozessstandschaft im eigenen Namen geltend machen. Während des Getrenntlebens oder während der Anhängigkeit einer Ehesache kann der vertretungsberechtigte Elternteil Unterhaltsansprüche des Kindes gegenüber dem anderen Elternteil im eigenen Namen in gesetzlicher Prozessstandschaft einklagen, § 1629 Abs. 3 BGB.

323   **bb) Partei kraft Amtes.** Insolvenzverwalter, § 80 InsO, Nachlassverwalter, §§ 1985 Abs. 1, 1984 Abs. 1 Satz 3 BGB, Testamentsvollstrecker, §§ 2212, 2213 BGB, und Zwangsverwalter, § 152 ZVG, sind durch ein Amt zur Verwaltung fremder Vermögensmassen berufen, während dem materiell Berechtigten (Insolvenzschuldner, Erbe, Grundstückseigentümer) diese Befugnis entzogen ist. Die Prozessführungsbefugnis steht hier nur dem Verwalter zu. Er ist im Prozess **selbst Partei** (sog. Amtstheorie, h. M., vgl. BGH NJW 1997, 1445; OLG Köln NJW-RR 2003, 264). Der Begriff „**Partei kraft Amtes**" hat in § 116 Satz 1 Nr. 1 ZPO Eingang ins Gesetz gefunden.

c) Gewillkürte Prozessstandschaft

324   **aa) Begriff.** Schließlich kann das Recht, im eigenen Namen über ein fremdes Recht zu prozessieren, darauf beruhen, dass der Rechtsträger **durch Rechtsgeschäft** diese Befugnis auf **einen anderen übertragen** hat. Wegen der damit für den Gegner verbundenen Risiken wird die **gewillkürte Prozessstandschaft** nach h.M. nur zugelassen, wenn der Rechtsinhaber den Dritten **zur Prozessführung ermächtigt** hat, die Rechtsausübung **übertragbar** ist und der Kläger ein **eigenes schutzwürdiges Interesse an der Prozessführung** hat.

325   **bb) Ermächtigung.** Die Ermächtigung des Rechtsinhabers ist **Prozesshandlung**, deren Wirksamkeit sich jedoch nach bürgerlichem Recht beurteilt (BGH NJW 2000, 739). Sie kann **auch stillschweigend** erteilt werden (BGH NJW-RR 2002, 1377), ist aber im Prozess analog § 80 ZPO nachzuweisen.

326   **cc) Übertragbarkeit.** Die Prozessführungsbefugnis muss übertragbar sein, nicht jedoch zwingend der Anspruch selbst. Sie fehlt bei höchstpersönlichen Rechten, die ihrem Wesen nach nur vom Anspruchsinhaber selbst geltend gemacht werden können (BGH NJW 1983, 1561). Abtretungsverbote sind insoweit auszulegen.

327   **dd) Schutzwürdiges Eigeninteresse.** Zum Schutz des Gegners verlangt die Rechtsprechung ein **eigenes schutzwürdiges Interesse des Klägers an der Prozessführung** über das fremde Recht (BGH NJW 2003, 2232). Dieses wird anerkannt, wenn die Entscheidung des Rechtsstreits **Einfluss auf seine eigene Rechtslage** hat (BGH NJW-RR 1988, 127) oder wenn ein **wirtschaftliches Eigeninteresse** besteht (BGH NJW 1995, 3186). Dies trifft zu auf den Treuhänder, den Berechtigten im Falle der sog. Drittschadensliquidation (vgl. BGHZ 25, 258) und auf den Schuldner im Insolvenzverfahren, wenn er mit Ermächtigung des Insolvenzverwalters eine Insolvenzforderung geltend macht (vgl. BGH NJW 1987, 2018). Eine Einziehungsermächtigung reicht zur Annahme der Prozessführungsbefugnis jedenfalls dann aus, wenn für die Einziehung eine **Provision** gewährt wird (BGH NJW 1988, 1210; str.). Die Schutzwürdigkeit des Eigeninteresses fehlt bei unbilliger Beeinträchtigung der Belange des Prozessgegners, die aber bei Gefährdung des Kostenerstattungsanspruches (BGH NJW 1999, 1717) oder bei Beweisnachteilen (BGH NJW-RR 1988, 127) noch nicht vorliegt.

6. Beteiligung Dritter am Rechtsstreit

328 Schon bei Abfassung der Klageschrift ist zu bedenken, ob mehrere Kläger als **Streitgenossen** eine Klage erheben können oder ob sie gegen mehrere Beklagte gerichtet werden soll. Bestehen bei Niederlage im Rechtsstreit Regressmöglichkeiten des Klägers, sollte er schon im Erstprozess seinen Regressverpflichteten den **Streit verkünden**, damit der Erstprozess auch diesen gegenüber Wirkung entfaltet (**Interventionswirkung**). Dies kann auch durch einen freiwilligen Beitritt eines **Nebenintervenienten** erreicht werden. Im Falle der **Hauptintervention** berühmt sich ein Dritter des zwischen den Parteien streitgegenständlichen Anspruchs.

a) Die Streitgenossenschaft

329 **aa) Begriff.** Streitgenossenschaft liegt vor, wenn **auf einer Parteiseite mehrere Personen** stehen, § 59 ZPO. Es handelt sich um eine sog. subjektive Klagenhäufung. Man unterscheidet zwischen **einfacher** und **notwendiger** Streitgenossenschaft nach § 62 ZPO.

330 **bb) Voraussetzungen.** Die Streitgenossenschaft ist grob gesagt immer dann zulässig, wenn eine gemeinsame Verhandlung und Entscheidung zweckmäßig ist. Das Gesetz nennt 3 Fälle der Streitgenossenschaft:
- § 59, 1. Alt. ZPO: sie besteht bei **Rechtsgemeinschaft** hinsichtlich des Streitgegenstandes, so bei Bruchteils- und Gesamthandgemeinschaften, bei Gesamtschuldnern oder -gläubigern, bei Schuldner und Bürge (BGHZ 76, 230) oder bei gemeinsam verklagten Kaufvertragsparteien (BGH NJW-RR 1991, 381);
- § 59, 2. Alt. ZPO: sie besteht auch bei **Identität des tatsächlichen oder rechtlichen Grundes** der Berechtigung oder Verpflichtung, so beim Unfall verursachenden Fahrer, dem Halter und der Kfz-Haftpflichtversicherung nach § 3 Nr. 1, 2 PflVG (OLG Köln VersR 1996, 213);
- § 60 ZPO: letztlich liegt sie vor bei tatsächlicher oder rechtlicher **Gleichartigkeit** des Anspruchs- oder Verpflichtungsgrunds, etwa bei Klage des Vermieters gegen mehrere Wohnungsmieter im selben Haus aus identischem Anlass, z.B. Mieterhöhung.

331 **cc) Einfache Streitgenossenschaft.** Es handelt sich hier um **mehrere Prozesse**, die zwar **verbunden** sind, je nach Rechtslage und Verlauf des Rechtsstreits aber ihr **eigenes Schicksal** haben und auch jederzeit wieder **getrennt** werden können, § 145 ZPO. Rechtshandlungen des einen Streitgenossen gereichen dem anderen weder zum Vorteil noch zum Nachteil, § 61 ZPO. Jeder Streitgenosse betreibt seinen Prozess selbstständig und unabhängig vom anderen. Das hat aber **grundsätzlich nicht** zur Folge, dass der eine Streitgenosse im Prozess des anderen **Zeuge** sein kann, außer für Beweisfragen, die nur den Prozess des anderen betreffen (BGH MDR 1999, 47). Alle Streitgenossen können sich gemeinsam durch einen Rechtsanwalt vertreten lassen, dessen Schriftsätze als Parteivortrag aller Streitgenossen gelten. Die Beweisaufnahme findet nur einmal statt und die Entscheidung ergeht in einem einheitlichen Urteil, für die Kostenentscheidung gilt § 100 ZPO. Rechtsmittel kann jeder Streitgenosse separat für seinen Prozess einlegen.

332   **dd) Notwendige Streitgenossenschaft.** Sie liegt vor, wenn die Prozesse der Streitgenossen aus prozessualen oder materiellrechtlichen Gründen zwingend **einheitlich entschieden** werden müssen, § 62 ZPO.

-   **Prozessrechtliche Gründe** liegen bei den Fällen vor, bei denen die Rechtskraft des Urteiles bzgl. des einen Streitgenossen auch gegenüber einem anderen wirkt (sog. Rechtskrafterstreckung), etwa bei Vor- und Nacherben, § 326 ZPO, bei Testamentsvollstrecker und Erbe, § 327 ZPO, bei mehreren Pfändungspfandgläubigern einer Forderungspfändung, § 856 Abs. 2, 4 ZPO, oder dort, wo sich **Gestaltungswirkungen** zwingend gleichartig auf mehrere Personen beziehen müssen, etwa bei der Klage auf Feststellung der Nichtigkeit des Beschlusses der Hauptversammlung, § 249 AktG, oder auf Erbunwürdigkeit, § 2342 BGB.

-   **Materiellrechtliche Gründe** liegen vor, wenn der eingeklagte Anspruch materiellrechtlich nur von mehreren oder gegen mehrere Personen gemeinsam ausgeübt werden kann. Der Klage des Einzelnen oder gegen einen Einzelnen fehlt hier die Sachlegitimation. Dies gilt etwa bei **Gesamthandsgemeinschaften** oder bei **Innenprozessen** zwischen Gesellschaftern **aus dem Gesellschaftsverhältnis**, z.B. bei Nichtigerklärung der Gesellschaft (BGHZ 9, 157).

333   Auch bei notwendiger Streitgenossenschaft sind die Streitgenossen grundsätzlich selbstständig in ihrer Prozessführung. Prozesshandlungen sind gesondert in ihrer Wirksamkeit zu beurteilen (BGH NJW 1996, 1061). **Anerkenntnis, Verzicht und Klageänderungen** können jedoch von den anwesenden Streitgenossen grundsätzlich nur **einheitlich** vorgenommen werden. **Fristen** laufen getrennt, jedoch wird **fingiert**, dass fristwahrende Handlungen eines Streitgenossen in **Vertretung** für die anderen erfolgen, sodass auch für sie Fristwahrung vorliegt. So verhindert das Erscheinen auch nur eines Streitgenossen ein **Versäumnisurteil** gegen die anderen Säumigen, § 62 Abs. 1 ZPO.

334   Streitig ist, ob **Klagerücknahme** und **Hauptsachenerledigung** ebenfalls nur **einheitlich** erfolgen können (vgl. Zöller, § 62 Rn. 25). Der **Rechtsbehelf** eines Streitgenossen hindert den Eintritt der Rechtskraft für alle (BGH NJW 1996, 1060). Der Gegner muss gegenüber allen Streitgenossen Rechtsmittel einlegen, wenn er die Zurückweisung des Rechtsmittels wegen Rechtskraft zugunsten der übrigen Streitgenossen vermeiden will (BGHZ 23, 75).

b)   Nebenintervention und Streitverkündung

335   **aa) Nebenintervention.** Ist ein Außenstehender daran interessiert, dass eine Partei im Prozess obsiegt, kann er, wenn es sich dabei um ein rechtliches Interesse handelt, dieser Partei als Nebenintervenient im Rechtsstreit beitreten, § 66 ZPO. Das **rechtliches Interesse** besteht, wenn sich die Rechtsstellung des Dritten durch die Entscheidung rechtlich verbessern oder verschlechtern kann, etwa wenn die Hauptpartei im Falle des Unterliegens gegen den Dritten einen Regressanspruch hat (BGH WM 2006, 1252). Ein tatsächliches, ideelles oder rein wirtschaftliche Interesse reicht hingegen nicht.

336   **bb) Streitverkündung.** Regelmäßig geschieht der Beitritt eines Dritten nicht aus eigener Motivation, sondern als Folge der **Streitverkündung**, § 72 ZPO. Die Hauptpartei eines Prozesses kann einem Dritten den Streit verkünden, wenn sie im Falle ihres Unterliegens gegen den Dritten einen Anspruch auf Gewährleistung oder Schadloshaltung haben könnte oder sich selbst einem Anspruch ausgesetzt sieht, insbesondere wegen **Regressansprüchen.**

Ferner umfasst die Streitverkündung Ansprüche aus sog. **Alternativverhältnissen,** nämlich wenn der gerichtlich geltend gemachte Anspruch gegen den Dritten besteht, falls er gegen den dortigen Beklagten verneint wird, z.B. der Anspruch gegen den Vertreter ohne Vertretungsmacht nach §§ 177, 179 BGB, wenn der verklagte Vertragspartner mit dieser Einwendung durchdringt. Letztlich befugt auch die **subsidiäre Haftung des Zweitschuldners** zur Streitverkündung (BGH NJW 2008, 519).

Zum Zwecke der Streitverkündung hat die Partei bei Gericht einen **Schriftsatz** einzureichen, aus dem sich die Streitverkündung, der Streitverkündete, der Grund der Streitverkündung und die derzeitige Lage des Rechtsstreits ergeben. Diese Streitverkündung wird dem Streitverkündeten **zugestellt,** der Gegner erhält sie in Abschrift. Die Streitverkündung wirkt ab Zustellung. Tritt der Streitverkündete dem Rechtsstreit bei, so besteht die gleiche Lage wie bei **Nebenintervention,** § 74 Abs. 1 ZPO. Tritt er nicht bei oder meldet er sich nicht, so wird der Prozess ohne Rücksicht auf ihn fortgesetzt, § 74 Abs. 2 ZPO.

cc) Befugnisse des Nebenintervenienten und des Streitverkündeten. Durch den Beitritt **337** wird er **Streithelfer** der Hauptpartei, nicht jedoch Partei des Prozesses (BGH NJW 1995, 199). Es ergeht daher auch keine Entscheidung für ihn oder gegen ihn. Im Rubrum des Urteils wird er im Anschluss an die unterstützte Hauptpartei aufgenommen. Er muss den Prozess in der Lage annehmen, in der er sich zur Zeit des Beitritts befindet. Er darf selbstständig **Angriffs- und Verteidigungsmittel** vorbringen, darf sich allerdings **nicht in Widerspruch zur Hauptpartei** setzen (BGH NJW 2008, 261). Er darf auch **nicht** durch Klagerücknahme, Verzicht, Anerkenntnis, Vergleichsabschluss oder Aufrechnung mit einer Forderung der Hauptpartei **über den Streitgegenstand verfügen,** § 67 ZPO. Da er nicht Partei ist, kann er als **Zeuge** vernommen werden. Bei Säumnis der Hauptpartei kann er für diese die Säumnisfolgen abwenden oder sogar selbstständig Rechtsmittel einlegen, jedoch nur „für die Hauptpartei" (BGH NJW 2001, 1355).

dd) Interventionswirkung. Sie ist die wichtige Folge der Nebenintervention im Ver- **338** hältnis zur unterstützten Hauptpartei. Da der Nebenintervenient auf den Hauptprozess Einfluss nehmen kann, wird er im **Folgeprozess** zwischen ihm und der unterstützten Partei **nicht mit der Behauptung gehört,** der Rechtsstreit, wie er dem Richter vorgelegen habe, sei **unrichtig entschieden,** weil der Prozess durch die Hauptpartei mangelhaft geführt worden sei. Dies gilt jedoch insoweit **nicht,** als der Streithelfer im Erstprozess an der Geltendmachung von Angriffs- oder Verteidigungsmitteln **gehindert** war, etwa wegen des Widerspruchs zur Hauptpartei, wegen des fortgeschrittenen Stadiums des Rechtsstreits zur Zeit der Streitverkündung bzw. Nebenintervention oder wegen absichtlichen oder grob verschuldeten **Zurückhaltens** von Angriffs- oder Verteidigungsmitteln durch die Hauptpartei.

Bei der Interventionswirkung entfaltet nicht nur die im Tenor des Erstprozesses **ausgesprochene Rechtsfolge** Bindungswirkung. Vielmehr bezieht sie sich auch auf die tragenden **tatsächlichen und rechtlichen Grundlagen** der Entscheidung in den Urteilsgründen (BGH MDR 2004, 464; Saarbrücken OLGR 2007, 376). Die Streitverkündung zwingt den Dritten nicht zum Beitritt. Die Interventionswirkung im Folgeprozess trifft ihn jedoch nach Streitverkündung **auch** dann, wenn die Streitverkündung im Erstprozess **zulässig** war und **kein Beitritt** erfolgt ist. Die **Zulässigkeit der Streithilfe** ist im Erstprozess **nach Beitritt** des Streithelfers – mit Ausnahme der Sachurteilsvoraussetzungen – nur auf Antrag zu prüfen, vgl. § 71 ZPO. Die Zulässigkeit der Streitverkündung wird im Fall der **Ablehnung des Beitritts** erst im **Folgeprozess** im Rahmen der Beurteilung der Interventionswirkung geprüft.

c)   Die Hauptintervention

339   In der Praxis wenig bedeutsam ist die so genannte **Hauptintervention**. Sie liegt vor, wenn ein Dritter **eine Sache oder ein Recht,** worüber die Parteien einen Rechtsstreit führen, **für sich in Anspruch nimmt.** Der Dritte kann im Wege der Hauptintervention seinen Anspruch durch eine **gegen beide Prozessparteien gerichtete Klage** geltend machen, § 64 ZPO. Der Hauptprozess kann auf Antrag bis zur Entscheidung über die Hauptintervention ausgesetzt werden, § 65 ZPO.

II.   Gegenstand und Grund

340   Nach § 253 Abs. 2 Nr. 2 ZPO erfordert die Klageschrift neben der Angabe des Gerichts und der Parteien eine **bestimmte Angabe des Gegenstandes und des Grundes** des erhobenen Anspruchs.

1.   Der Streitgegenstand

Der „Streitgegenstand" ist ein zentraler Begriff des Zivilprozessrechts, den das Gesetz an mehreren Stellen im unterschiedlichen Sinne verwendet. Hierbei geht es um das **Begehren des Klägers nach Ausspruch einer Rechtsfolge.** Seine praktische Bedeutung ist groß: Nach dem **Wert** des Streitgegenstandes bestimmt sich zunächst die **sachliche Zuständigkeit** des Gerichts und die Höhe des **Kostenvorschusses.** Mehrere Streitgegenstände führen zu einer objektiven **Klagenhäufung.** Am Streitgegenstand ist zu messen, ob verändertes Begehren des Klägers im Laufe eines Rechtsstreits zu einer **Klageänderung** führt. Der Streitgegenstand bestimmt den Umfang der **Rechtskraft** einer Entscheidung. Ist ein Streitgegenstand schon vor Gericht **rechtshängig,** so kann wegen des gleichen Streitgegenstands kein weiterer Prozess geführt werden. Der Streitgegenstand wird durch den **Antrag** und den **vorgetragenen Sachverhalt** bestimmt, sog. **zweigliedriger Streitgegenstand** (BGH NJW 2007, 2777). Hieraus ergibt sich, dass allein der Kläger durch seinen Vortrag und den Antrag in der Klageschrift den Streitgegenstand festlegt.

> **1. Beispiel:**
> Fahrgast F wird bei einem Straßenbahnunfall verletzt. Er verlangt Schadensersatz vom Verkehrsbetrieb V in Höhe von 3.500,– €. Als Anspruchsgrundlagen kommen vertragliche Pflichtverletzung nach § 280 Abs. 1 BGB, unerlaubte Handlung nach § 823 Abs. 1 BGB und Gefährdungshaftung nach § 1 HaftPflG in Betracht. Handelt es sich hier um 1 oder 3 Streitgegenstände?
>
> a)   Die Klage ist mangels Verschuldens nur aus Gefährdungshaftung begründet. Ist die Klage, soweit sie auf die beiden anderen Rechtsgrundlagen gestützt wird, abzuweisen? (Problem der **Klagenhäufung**);
> b)   Die Klage wurde nur auf Vertragsverletzung nach § 280 Abs. 1 BGB gestützt. Ist die nachgeschobene Begründung aus unerlaubter Handlung eine **Klageänderung?** Kann eine Klage mit der Begründung der Gefährdungshaftung nachgeschoben werden? (Problem der **Rechtshängigkeit**);
> c)   Die Klage wurde auf Vertragsverletzung nach § 280 Abs. 1 BGB und auf unerlaubte Handlung nach § 823 Abs. 1 BGB gestützt und mangels Verschuldens rechtskräftig abgewiesen. Kann mit der Begründung der Gefährdungshaftung erneut geklagt werden? (Problem der **Rechtskraft**).
>
> **Ergebnis:** Es liegt jeweils nur **ein Streitgegenstand** vor, denn für alle drei Begründungen sind Antrag und Sachverhalt identisch; eine rechtliche Bezeichnung der Anspruchsgrundlage hätte gar nicht angegeben werden müssen (iura novit curia), man spricht hier von Anspruchskonkurrenz.

2. Beispiel:

K verlangt von B 300,– € Kaufpreis für Getränke. B bestreitet den Abschluss eines wirksamen Kaufvertrages. K stützt daraufhin den Zahlungsanspruch auf ungerechtfertigte Bereicherung, weil B die Getränke verbraucht hat. Liegt eine Klageänderung vor?

Ergebnis: Weil der **Sachverhalt** für beide Anspruchsgrundlagen nicht übereinstimmt, sind **unterschiedliche Streitgegenstände** gegeben; eigentlich liegt eine **Klageänderung** vor, die jedoch nach der Fiktion des § 264 Nr. 3 ZPO nicht als solche behandelt wird.

2. Bestimmte Angabe von Gegenstand und Grund des Anspruchs

a) Gegenstand

aa) Begriff. Die bestimmte Angabe des Klagegegenstandes zwingt den Kläger, **inhalt-** **341** **lich eindeutig festzulegen, was er durch die Klage erreichen möchte.** Nur so kann das Gericht erkennen, worüber es entscheiden muss. Der Klagegegenstand ist daher in engem Zusammenhang mit dem Antrag zu sehen. In der Praxis lässt die Angabe des Gegenstandes oft die erforderliche **Bestimmtheit** vermissen.

bb) Klagesummen. Bei mehreren eingeklagten selbstständigen Ansprüchen muss der Kläger die im Klageantrag genannte Summe auf den dem jeweiligen Anspruch zugeordneten **Teilbetrag aufgliedern** und für jeden Anspruch **separat Tatsachen vortragen.**

Beispiel:

V klagt gegen M die Miete für September, Oktober, November und Januar von jeweils 500,– € ein und „verrechnet" darauf 3 Zahlungen vom November, Dezember und Februar in Höhe von insgesamt 800,– €. Der Klage auf 1.200,– € **fehlt die Bestimmtheit** des Gegenstandes. V muss die Teilzahlungen nach der Tilgungsbestimmung des Mieters, sonst nach der Verrechnungsregel des § 366 Abs. 2 BGB auf die einzelnen Monatsmieten verrechnen, sodass der Klage entnommen werden kann, welchen Teilbetrag er für November, welchen für Oktober usw. noch begehrt. Andernfalls kann der Umfang der Rechtskraft eines Urteils nicht bestimmt werden (vgl. BGH NJW-RR 1997, 441).

b) Grund

aa) Lebenssachverhalt. Die Angabe des Grundes des Anspruchs erfolgt durch Mittei- **342** lung des konkreten Lebenssachverhalts, aus dem der Kläger die begehrte Rechtsfolge ableitet. Dieser Sachverhalt ist **konkretisiert** darzulegen (RGZ 143, 65). Es reicht nicht, dass der Kläger etwa einen Vergütungsanspruch „aus einem Werkvertrag" vorträgt. Er hat den Vertrag nach Datum und Ort des Abschlusses zu **individualisieren.** Die Pflicht, **alle** klagebegründenden Tatsachen vorzutragen, betrifft allerdings die **Schlüssigkeit** und damit die **Begründetheit** der Klage. Für die **Zulässigkeit der Klage** nach § 253 Abs. 2 Nr. 2 ZPO reicht es, dass der dem Anspruch zugrunde liegende Lebenssachverhalt feststeht, sodass der Beklagte seine Verteidigung darauf einrichten kann.

bb) Bezugnahmen. Oft stellt sich das Problem der Bezugnahme auf Anlagen, die der Klage beigefügt sind. Die Individualisierung durch Bezugnahme auf andere Schrift-stücke ist nur in engen Grenzen zulässig (vgl. BGHReport 2003, 1438).

cc) Rechtsnormen. Nicht erforderlich ist die juristische Benennung des geltend **343** gemachten Anspruchs. Es ist also **nicht nötig, die Gesetzesnorm anzugeben** oder darzulegen, ob der Anspruch aus Kaufvertrag etc. begründet sei (**iura novit curia**). Gleichwohl ist von einer guten Klageschrift zu verlangen, dass sie den rechtlichen Weg zur erstrebten Rechtsfolge aufzeigt und sich nicht darauf beschränkt, die Tatbestands-merkmale der Anspruchsgrundlage nur durch Tatsachenvortrag auszufüllen.

III. Der Klageantrag

1. Bestimmtheit des Antrags

344 § 253 Abs. 2 Nr. 2 ZPO verlangt in der Klageschrift einen **bestimmten Antrag**, d.h. die **begehrte Leistung** muss in der Klageschrift **genau bezeichnet** sein. Diese Zulässigkeitsvoraussetzung ist in mehrfacher Hinsicht bedeutend:

- Der Antrag **bindet das Gericht**, es darf bei seiner Entscheidung nicht über den Antrag hinausgehen (judex ne eat ultra petita partium), § 308 Abs. 1 ZPO, muss ihn aber auch erschöpfend behandeln.
- Die Entscheidung über den Antrag erlangt **materielle Rechtskraft**, § 322 ZPO. Inhalt und Umfang müssen eindeutig feststehen (BGH NJW-RR 1997, 441).
- Der Entscheidungstenor und somit auch der entsprechende Antrag müssen in der **Zwangsvollstreckung durchsetzbar** sein und dürfen in der Vollstreckung nicht zu Unsicherheiten über Inhalt und Umfang des titulierten Anspruchs führen (BGH NJW 1999, 954). Bei mangelhaften Anträgen muss das **Gericht** auf sachdienliche Anträge hinwirken, § 139 Abs. 1 ZPO.

2. Verschiedene Klageantragsarten

a) Der Leistungsantrag allgemein

345 Der auf **Vornahme einer Handlung** gerichtete Antrag muss deren **Art und Umfang** bestimmt bezeichnen. Wird z.B. ein **Unternehmen veräußert**, so kann der Käufer die Übertragung des Geschäftsvermögens verlangen. Die Erfüllung dieses Anspruchs erfordert eine Vielzahl von einzelnen Rechtsgeschäften: Auflassung und Eintragung hinsichtlich der Betriebsgrundstücke, Einigung und Übergabe bei beweglichen Sachen, Abtretung von Forderungen, Übertragung von Patentrechten. Der schlichte Antrag, den Beklagten zu verurteilen, „alle Rechtsgeschäfte mit dem Kläger abzuschließen, die zur Übertragung des Geschäfts erforderlich sind", ist nicht genügend bestimmt; ein so ergehendes Urteil wäre nicht vollstreckbar. Der Antrag muss vielmehr dahin gehen, dass der Beklagte außer zur **Herausgabe bestimmter beweglicher Sachen** dazu verurteilt wird, die einzelnen **Erklärungen** abgeben, die zur Übertragung des Geschäfts erforderlich sind, vgl. § 894 ZPO. Bei zeitlich gestreckten Leistungspflichten, etwa einer **Klage auf künftige Leistung**, § 256 ZPO, ist der **zeitliche Rahmen** exakt anzugeben.

> **Beispiel:**
> Infolge eines Verkehrsunfalls begehrt K eine Rente „bis zur Wiedererlangung der vollen Arbeitsfähigkeit": Der Gegenstand des Begehrens ist zu unbestimmt und nicht vollstreckungsfähig.

b) Der Unterlassungsantrag

346 Unterlassungsanträge finden sich oft bei unzulässigen **Wettbewerbshandlungen**. Hier muss sich aus dem Antrag klar ergeben, welche Handlung verboten und in Zukunft zu unterlassen ist (BGH NJW 2008, 84). Auslegungsbedürftige Begriffe sind daher zu vermeiden.

> **Beispiel:**
> Der Antrag „Dem Antragsgegner wird geboten, Anzeigen **derselben Art** wie die Anzeige vom … zu veröffentlichen …" ist unzulässig (BGH NJW-RR 2001, 684).

Konkretisierung kann in diesen Fällen erreicht werden, indem die zu verbietende Werbeaussage **bildlich bzw. wörtlich** in den Antrag aufgenommen oder Regelbeispiele („**insbesondere**") genannt werden (BGH NJW 2000, 2195). Für Unterlassungsklagen wegen unzulässiger AGBs ist ausdrücklich die Aufnahme deren Wortlauts und der Art der Rechtsgeschäfte, für die die Bestimmungen beanstandet werden, vorgeschrieben, § 8 UKlaG.

c) Der Herausgabeantrag

Bei Herausgabeklagen sind die herauszugebenden **Gegenstände so genau zu bezeichnen**, dass das Vollstreckungsorgan unzweifelhaft die richtigen Gegenstände auffinden kann.

347

> **Beispiel:**
> K verlangt von seiner Ex-Freundin klageweise „Herausgabe seiner Kleider und Bücher": Der Klagegegenstand ist nicht hinreichend bestimmt; eine Vollstreckung des Titels müsste scheitern, der Streit würde in das Vollstreckungsverfahren verlagert.

d) Der Zahlungsantrag

aa) Der bezifferte Klageantrag. Bei Zahlungsanträgen ist grundsätzlich die geforderte Summe in der geschuldeten Währung anzugeben. Unzulässig ist ein Antrag, der erst noch die Berechnung erfordert, sofern es sich nicht um allgemein bekannte Berechnungsfaktoren („zzgl. gültiger Mehrwertsteuer") handelt.

348

> **Beispiel:**
> Der Antrag „Der Beklagte wird verurteilt, an den Kläger den Betrag zu bezahlen, der sich aus der Regelunterhaltsverordnung abzüglich des Kindergelds ergibt" ist unzulässig (OLG Düsseldorf VersR 1993, 883).

bb) Der unbezifferte Klageantrag. Ausnahmsweise ist ein unbezifferter Zahlungsantrag zulässig, wenn dem Kläger die **Bezifferung unmöglich** oder aus besonderen Gründen **nicht zuzumuten** ist (st. Rspr., vgl. Zöller, § 253 Rn. 13 a):

349

– **Gerichtlicher Spielraum.** Dieser Fall liegt vor, wenn der Klagebetrag von der **Beurteilung eines Sachverständigen** (Schätzung der Schadenshöhe, § 287 ZPO), der **Billigkeitsabwägung** (Schmerzensgeld, § 253 Abs. 2 BGB) oder dem **Ermessen des Gerichts** (Herabsetzung der Vertragsstrafe, § 343 BGB) abhängt. Der Kläger würde sonst bei zu hohem Klagebegehren und teilweiser Klageabweisung einen Kostennachteil nach § 92 Abs. 1 ZPO erleiden. Bei vorsorglich zu niedrigem Klagantrag würde er etwas verschenken, was ihm zusteht, weil das Gericht über den Antrag nicht hinausgehen darf, § 308 ZPO.

> **Beispiel:**
> „Der Beklagte wird verurteilt, an den Kläger ein Schmerzensgeld zu zahlen, dessen Höhe in das Ermessen des Gerichts gestellt wird" (BGH NJW 1974, 1551).

– **Tatsächliche Grundlagen und Größenordnung.** Die Zulässigkeit des unbezifferten Klageantrags setzt voraus, dass die Klage **genügend Grundlagen** für die vom Gericht festzustellende Betragshöhe enthält und dass der Kläger in der Klageschrift Angaben über die **Größenordnung des Betrages** macht, der nach seiner Auffassung gerechtfertigt ist (BGH NJW 1982, 340). Die Angabe des **Mindestbetrags** ist auch außerhalb des Antrags möglich (BGH NJW 1992, 311), es soll sogar die Streitwertangabe oder die Höhe des eingezahlten Kostenvorschusses oder das Schweigen auf gerichtliche Streitwertfestsetzung genügen (BGH NJW 1984, 1807). Das Gericht darf die angegebene Größenordnung ohne Verstoß gegen § 308 ZPO überschreiten (BGH NJW 2007, 2475).

– **Kostenverteilung.** Die Gestattung der unbezifferten Klage darf für den Kläger nicht zu einer Kostenbelastung führen, wenn das Gericht im Rahmen seines Ermessens von der vom Kläger genannten Größenordnung abweicht. Anders ist dies jedoch, wenn der Kläger mit wesentlichen Bemessungsfaktoren beweisfällig geblieben ist, sein Mitverschulden nicht berücksichtigt hat oder die Mindestforderung schon von

Anfang an völlig übersetzt war. In diesem Fall hat er einen Teil der Kosten zu tragen, § 92 ZPO.

– **Beschwer.** Der Kläger ist beschwert, wenn das Gericht zwar nach seinem Ermessen entschieden hat, er sich aber einen höheren Betrag erhofft hatte. Seine Beschwer ist die Differenz zwischen der angegebenen Größenordnung bzw. der Mindestsumme und der Urteilssumme (BGH NJW-RR 2004, 863).

e) **Die Stufenklage**

350   **aa) Begriff.** Kann der Kläger wegen fehlender Berechnungsgrundlagen **nicht bestimmt angeben,** was er zu fordern hat, gestattet das Gesetz die Verbindung von mehreren selbstständigen Ansprüchen in einer Klage, über die stufenweise entschieden wird, § 254 ZPO. Der Kläger erhebt in **3. Stufe** eine **Leistungsklage** zunächst **ohne bestimmten Antrag** und verbindet sie mit der **Klage auf Rechnungslegung** oder Vorlage eines Vermögensverzeichnisses in **1. Stufe** und (evtl.) auf Abgabe einer **eidesstattlichen Versicherung** bzgl. der Vollständigkeit der Auskunft in **2. Stufe,** §§ 259 Abs. 2, 260 Abs. 2 BGB.

> **Beispiel:**
> Der Pflichtteilsberechtigte verlangt vom Erben seinen Pflichtteil, § 2303 BGB. Da er den Wert des Nachlasses nicht kennt, kann er zunächst auf Auskunft nach § 2314 BGB klagen, Versicherung an Eides statt bzgl. der Vollständigkeit der Auskunft verlangen und dies bereits mit einem noch unbezifferten Antrag auf Auszahlung des sich aus der Auskunft ergebenden Pflichtteilsbetrages verbinden.

bb) Voraussetzungen. Alle 3 Stufen der Klage sind prozessual selbstständige Teile eines einheitlichen Verfahrens (BGH NJW 1994, 2895). Dabei sind die ersten Stufen Hilfsmittel zur Bezifferung des Leistungsantrages in letzter Stufe (OLG Düsseldorf FamRZ 1996, 493); deshalb ist die Stufenklage nur **zulässig, wenn die Auskunft zur Bemessung des Leistungsanspruchs dient.** Der **Streitwert** der Stufenklage ist ein einheitlicher und bemisst sich am Interesse des Klägers, das sich regelmäßig aus dem (noch unbezifferten) Leistungsantrag ergibt. Zur Streitwertfestsetzung ist daher die zu erwartende Leistung nach den Klägerangaben zu schätzen. Wo es erforderlich ist, die Ansprüche der Vorstufen zu bewerten, wird von einem Bruchteil ausgegangen (z.B. 1/10: OLG Stuttgart FamRZ 2008, 533).

cc) Verfahren. Wegen Vorgreiflichkeit der einzelnen Stufen für die jeweils nächste hat das Gericht **getrennt** zunächst über die 1. Stufe, dann die 2. und schließlich die 3. Stufe zu **verhandeln und zu entscheiden** (h.M., vgl. OLG Düsseldorf NJW 1973, 2034). Dies geschieht in den ersten beiden Stufen durch **Teilurteil,** in der letzten durch **Endurteil** mit **einheitlicher Kostenentscheidung.** Die nächste Stufe wird erst bearbeitet, wenn der Kläger dies beantragt. Der Kläger kann auch Stufen überspringen, falls er anderweitig Auskunft erhalten hat oder auf die eidesstattliche Versicherung verzichten möchte (vgl. BGH NJW 2001, 833).

dd) Antragstellung. Die Anträge der Stufenklage könnten lauten:

> Der Beklagte wird verurteilt,
> 1. über den Bestand des Nachlasses des am 1.1.2009 verstorbenen Ernst Maier Auskunft zu erteilen,
> 2. an Eides statt zu versichern, dass er den Bestand des Nachlasses nach bestem Wissen so vollständig angegeben habe, als er dazu imstande sei,
> 3. an den Kläger 1/4 des Wertes der sich aus Ziff. 1 ergebenden Gegenstände zu zahlen.

f) Der Feststellungsantrag

Bei Streitigkeiten über das **Bestehen oder Nichtbestehen eines Rechtsverhältnisses** (oder **351** Anerkennung oder Echtheit einer Urkunde) kann Feststellungsklage erhoben werden, wenn der Kläger an der alsbaldigen Feststellung ein **rechtliches Interesse** hat, § 256 Abs. 1 ZPO. Dabei ist die **Behauptung** eines „Rechtsverhältnisses" und „rechtlichen Interesses" durch den Kläger **besondere Prozessvoraussetzung**, deren Fehlen zur Klageabweisung als unzulässig führt, sofern die Klage nicht bereits in der Sache abweisungsreif ist (BAG NJW 2003, 1755).

aa) Rechtsverhältnis. Ein Rechtsverhältnis ist jede **streitige Rechtsbeziehung zwischen Personen** bzw. zu einem Gegenstand (BGHZ 22, 43). Es muss sich um ein gegenwärtiges Rechtsverhältnis handeln, wobei auch vergangene noch feststellungsfähig sind, solange sie noch Rechtswirkungen zeitigen (BAG NZA 2000, 775). **Kein Rechtsverhältnis** sind streitige **Tatsachen, Vorfragen** eines Rechtsverhältnisses oder **abstrakte Rechtsfragen.**

bb) Feststellungsinteresse. Das rechtliche Interesse besteht, wenn eine **tatsächliche** **352** **Unsicherheit** über das Rechtsverhältnis besteht, der Beklagte Rechte des Klägers ernstlich bestreitet (BGH NJW 1986, 2507) oder sich eine Partei eines Rechts berühmt. Außerdem muss das Urteil geeignet sein, die **Unsicherheit zu beseitigen.** Das Feststellungsinteresse **fehlt,** wenn dem Kläger ein einfacherer oder effektiverer Weg zur Verfügung steht, sein Ziel zu erreichen. Das ist insbesondere der Fall, wenn der Kläger ohne Durchführung einer aufwändigen Begutachtung eine **bezifferte Leistungsklage** erheben könnte (BGH MDR 2008, 461). Die Feststellungsklage ist aber nicht ausgeschlossen, wenn eine teilweise Bezifferung möglich wäre, sofern der **anspruchsbegründende Sachverhalt noch in der Entwicklung** ist (BGH NJW 1984, 1552).

> Beispiel:
> Nach Verkehrsunfall mit Personenschaden klagt der Verletzte auf Feststellung, dass der Unfallgegner sämtliche aus dem Unfall resultierenden, auch zukünftigen Schäden zu tragen habe. Die Feststellungsklage ist zulässig, sofern bei verständiger Würdigung aus der Sicht des Geschädigten mit dem Eintritt eines Schadens wenigstens zu rechnen ist (BGH MDR 2007, 792). Der BGH lässt offen, ob im Rahmen der Begründetheit eine gewisse Wahrscheinlichkeit des Schadenseintritts zu verlangen ist.

Darüber hinaus besteht trotz Möglichkeit einer Leistungsklage ein richterlicher Spielraum bei Beurteilung des Feststellungsinteresses, wenn der Gesichtspunkt der **Prozesswirtschaftlichkeit** eine Feststellungsklage als zulässig erscheinen lässt. Dies ist der Fall, wenn sie zu einer **sinnvollen und sachgemäßen Erledigung aller aufgetretenen Streitpunkte** führen kann (BGH WM 1997, 1280).

> Beispiel:
> Feststellungsklagen gegen Versicherungsgesellschaften werden in großzügigem Rahmen zugelassen, weil bei diesen auf ein Feststellungsurteil hin eine Zahlung erwartet werden kann, ohne dass es einer weiteren Leistungsklage bedürfte (BGH NJW 1999, 3774).

g) Die Teilklage

Der Klageantrag kann auf einen **Teil eines Anspruchs** beschränkt werden. Diese **353** prozesstaktische Maßnahme hat wegen des geringeren Streitwerts kostenmäßige Vorteile, aber auch den Nachteil, dass ggf. ein weiterer Rechtsstreit über den Restbetrag nötig wird, da nur über den Teilbetrag rechtskräftig entschieden wird. Der Prozessgegner kann jedoch eine Entscheidung über den gesamten Forderungsbetrag, dessen sich der Kläger außergerichtlich berühmt, herbeiführen, indem er über den Klageabweisungsantrag hinaus im Wege der Widerklage die Feststellung begehrt, dass dem Kläger der restliche Anspruch nicht zusteht (sog. **negative Feststellungswiderklage,** § 256

Abs. 1 ZPO). Im Falle der Geltendmachung eines **Teilbetrages aus mehreren selbstständigen Ansprüchen,** z.B. Reparaturkosten, Nutzungsentschädigung und Schmerzensgeld aus Verkehrsunfall, muss in der Klage eine bezifferte Aufteilung der Anteile
auf die einzelnen Ansprüche erfolgen oder es müssen ein Anspruch zum **Hauptanspruch** und die Übrigen in bestimmter Reihenfolge zu **Hilfsansprüchen** erklärt
werden (BGH NJW-RR 1997, 441), andernfalls ist die Klage unzulässig.

3. Weitere Angaben in der Klageschrift

354 Anträge zur **Kostentragung** und zur **vorläufigen Vollstreckbarkeit** brauchen **nicht**
gestellt zu werden, da hierüber das Gericht von Amts wegen entscheiden muss, §§ 308
Abs. 2, 708 ZPO.
Auch die folgenden Angaben sind zwar für die Zulässigkeit des Klagantrags nicht
erforderlich, sollten aber in der Klageschrift enthalten sein:
– **Angabe des Streitwertes:** Soweit sich der Streitwert nicht bereits aus der Bezifferung
   einer auf Geldzahlung gerichteten Leistungsklage ergibt und dieser für die Bestimmung der sachlichen Zuständigkeit maßgeblich ist, soll der **Streitwert angegeben**
   werden, § 253 Abs. 3, 1. Alt. ZPO. Die Angabe ist für das Gericht nicht verbindlich, § 3 ZPO.
– **Übertragung auf den Einzelrichter:** Bei der zum Landgericht eingereichten Klage
   soll zur Frage der **Übertragung auf den Einzelrichter** Stellung genommen werden,
   §§ 253 Abs. 3, 2. Alt., 348, 348a ZPO.
– **Antrag auf Versäumnisurteil:** Im Hinblick auf die Möglichkeit, dass das Gericht das
   schriftliche Vorverfahren gemäß § 276 ZPO anordnet, soll **vorsorglich** ein **Antrag
   auf Versäumnisurteil** enthalten sein, § 331 Abs. 3 ZPO. Beim **Anerkenntnis** ist **kein
   Antrag** mehr erforderlich, § 307 ZPO.

IV. Form der Klageschrift

355 Das Gesetz schreibt in § 253 Abs. 1, 5 ZPO für die Klage als bestimmenden Schriftsatz
Schriftform i.S.d. § 126 BGB vor. Die eigenhändige **Unterschrift** ist zwingendes Wirk-
samkeitserfordernis (vgl. BGH NJW 2001, 1581). Bei Klage mittels **Telefax** genügt die
Unterschrift auf dem Original, § 130 Nr. 6 ZPO. Einer Nachsendung des Originals
bedarf es nicht (BGH NJW 2000, 2340). Die telefonische Übermittlung bewirkt keinen
Eingang. Die Klageschrift und sonstige Anträge und Erklärungen können dort, wo kein
Anwaltszwang herrscht, auch zu **Protokoll der Geschäftsstelle** eines jeden Amtsgerichts
gegeben werden, §§ 496, 129a Abs. 1 ZPO.

356 **Ausnahmsweise** bedarf es **keiner schriftlichen Klage,** wenn der Antrag in der münd-
lichen Verhandlung eines bereits laufenden Rechtsstreits geltend gemacht wird, § 261
Abs. 2, 1. Alt. ZPO. Dies kommt etwa in Betracht bei Klagerweiterung, § 260 ZPO,
Klageänderung, § 263 ZPO, Zwischenfeststellungsklage, § 256 Abs. 2 ZPO, oder
Widerklage, § 33 ZPO. Der Vorsitzende kann hier gestatten, dass der **Antrag zu
Protokoll erklärt** wird, § 297 Abs. 1 Satz 2 ZPO. Die Entscheidung liegt in seinem
freien Ermessen.
Zukünftig wird es möglich sein, die Klagen auch in Form eines **elektronischen Doku-
ments,** etwa als **E-Mail,** bei Gericht einzureichen, § 130a ZPO.

4. Kapitel   **Die Anhängigkeit der Klage**

I. Der Eingang der Klage

Die Klageschrift und sonstige Anträge und Erklärungen einer Partei, die zugestellt   **357**
werden sollen, sind bei dem Gericht **schriftlich** unter Beifügung der für ihre Zustellung
oder Mitteilung erforderlichen Zahl von Abschriften **einzureichen**, § 253 Abs. 5 ZPO.
Im Amtsgerichtsprozess können Klagen oder Anträge auch **zu Protokoll der Geschäftsstelle** angebracht werden, §§ 496, 129 a ZPO.

1. Zeitpunkt des Eingangs

a) Eingangsstellen

Der Eingang bei Gericht ist vollzogen, sobald der Schriftsatz über eine Eingangsstelle in
die **Verfügungsgewalt des Gerichts** gelangt ist, z.B. in den **Hausbriefkasten** oder ins
Postfach eingeworfen ist. Ausreichend ist auch die Übergabe an die **Geschäftsstelle** oder
an den zuständigen und empfangsbereiten Richter. Maßgeblich ist der Tag des Einwurfs
bzw. der Übergabe; es kommt nicht darauf an, ob das Gerichtspersonal den Posteinlauf
an diesem Tage noch zur Kenntnis genommen hat. Anträge zu Protokoll der Geschäftsstelle sind mit **Beendigung der Protokollierung** eingegangen.
– **Nachtbriefkasten.** Durch ihn ist gewährleistet, dass auch noch nach Dienstschluss
  Schriftsätze bei Gericht eingereicht werden können. Eine elektronische Einrichtung
  ermöglicht die exakte Trennung von Eingängen bis 24.00 Uhr und danach, wie dies
  wegen Fristwahrung nach § 167 ZPO erforderlich ist.
– **Telefax.** Hinsichtlich der Einreichung von Klagen mittels **Telefax** oder **Computer-
  fax** (BGH NJW 2000, 2340) ist für den Zeitpunkt des Eingangs bei Gericht **nicht
  mehr der vollständige Ausdruck, sondern die Aufzeichnung durch das Empfangsgerät** maßgebend (BGH MDR 2007, 168).
– **Elektronische Dokumente.** Soweit Klagen in Form elektronischer Dokumente
  zugelassen werden, etwa als **E-Mail**, sind sie ebenfalls schon im Zeitpunkt der
  Aufzeichnung durch das Empfangsgerät des Gerichts eingereicht, § 130 a Abs. 3
  ZPO. Allerdings bedarf es zur Zulassung elektronischer Dokumente noch umset-
  zender Verordnungen der Länder, die bisher fehlen, § 130 a Abs. 2 ZPO.

b) Eingangsdatum

Das Datum, ggf. auch die Uhrzeit, des Eingangs ist bei Gericht auf dem jeweiligen
Dokument festzuhalten. Dies geschieht i.d.R. durch den **Eingangsstempel.** Bei Pro-
tokollierung eines Antrags durch die Geschäftsstelle wird ebenfalls das Datum der
Protokollierung vermerkt.

2. Abschriften und Anlagen

Für den Gegner und ggf. für seinen Prozessbevollmächtigten sind Abschriften des   **358**
Schriftsatzes und der Anlagen beizufügen, §§ 253 Abs. 5, 133 Abs. 1 ZPO. Im
Anwaltsprozess ist daher die Beifügung von **2 Abschriften** üblich. Eine Ausnahme
erlaubt § 133 Abs. 1 Satz 2 ZPO insoweit, als dem Gegner eine Anlage **bereits vorliegt**.
Fehlende Abschriften können vom Gericht beim Kläger **nachgefordert** oder gegen
Berechnung von Schreibauslagen angefertigt werden. Das Fehlen von Abschriften
kann zu einer vom Kläger zu vertretenden Verzögerung der Zustellung führen, die
u.U. die Fristwahrung nach § 167 ZPO vereitelt.

II. Die Anhängigkeit

1. Begriff der Anhängigkeit

359 Mit **Eingang** der Klage **bei Gericht** tritt **Anhängigkeit** ein. Bei Verweisung des Rechtsstreits wird der Rechtsstreit beim aufnehmenden Gericht mit **Eingang der Akten**
anhängig, § 281 Abs. 2 Satz 4 ZPO. Die Anhängigkeit beim verweisenden Gericht
endet (BGH NJW-RR 1993, 700). Wird ein gerichtliches Mahnverfahren durchgeführt,
so tritt Anhängigkeit mit **Einreichung des Antrags** auf Erlass des **Mahnbescheids** beim
Mahngericht ein (BGH NJW 1999, 3717). Nach Widerspruch und Abgabe des
Verfahrens an das Streitgericht wird die Rechtssache mit **Eingang der Akten** dort
anhängig, § 696 Abs. 1 Satz 4 ZPO.

2. Wirkungen der Anhängigkeit

a) Rückwirkung der Zustellung

360 aa) **Fristwahrung.** Die größte praktische Bedeutung der Anhängigkeit liegt in ihrer
fristwahrenden Wirkung. Während das materielle Recht für Fristwahrung, Neubeginn
oder Hemmung der Verjährung auf die **Zustellung** einer Klage oder eines Antrags
(Rechtshängigkeit) abstellt, verlagert § 167 ZPO diese Wirkung auf den **Zeitpunkt der
Anhängigkeit** zurück, sofern Zustellung „demnächst" erfolgt. (Beachte: § 167 ZPO
ersetzt §§ 207, 270 Abs. 3, 693 Abs. 2 ZPO a.F.)

bb) **Fristen.** Von der fristwahrenden Wirkung bei rechtzeitiger Anhängigkeit sind vor
allem folgende Fristen erfasst:
– Verjährungsfristen, § 204 Abs. 1 BGB;
– Klagefristen, § 558 b Abs. 2 BGB, § 926 ZPO, § 4 KSchG;
– Anfechtungsfristen, §§ 121 Abs. 2, 124 Abs. 1 BGB, § 4 AnfG.

361 cc) **Eingang bei Gericht.** Nur der **rechtzeitige Eingang** der Antragsschrift beim **zuständigen Gericht** ist fristwahrend. Für die Wirkung des § 167 ZPO genügt aber, jedenfalls
für die rückwirkende Hemmung der **Verjährung,** auch die **Anrufung des unzuständigen
Gerichts** zur Fristwahrung (BGH MDR 1978, 750). Der Zeitpunkt des Eingangs bei
einem anderen als dem vom Kläger benannten Gericht ist andererseits unerheblich
(OLG Köln NJW-RR 1989, 572).

362 dd) **Zustellung demnächst.** Ob eine Zustellung noch „demnächst" ist, hängt von den
Umständen des Einzelfalls ab. Einerseits darf der Zustellungsadressat durch allzu
großzügige Bemessung nicht dadurch unbillig belastet werden, dass ihm eine rechtzeitig
anhängige Klage erst Monate später zugestellt wird.
Andererseits muss der Zustellungsbetreiber alles ihm Zumutbare tun, damit die
Zustellung „demnächst" erfolgen kann (BGH NJW 2005, 1194). Bereits leicht schuld-
haft verursachte Verzögerungen sind schädlich, etwa unzureichende Adressierung
(OLG Naumburg FamRZ 2005, 899), fehlende Nachfrage bei ausbleibender Zustellung (BGH MDR 2007, 45) oder Einreichung beim unzuständigen Gericht (OLG
Naumburg NJW-RR 2003, 1662). Als geringfügig sind nach Ansicht des BGH –
auch bei nur leicht fahrlässigem Verhalten – i.d.R. nur Zustellungsverzögerungen bis
zu 14 Tagen anzusehen (BGH NJW 2004, 3775). Verzögerungen, die ihre Ursache nur
im Geschäftsbetrieb des Gerichts haben oder dem Adressaten zuzurechnen sind,
hindern i.d.R. eine Rückwirkung nicht (BGH NJW 2000, 2282).

b) Zuständigkeitsbegründende Wirkung für Eilverfahren

363 aa) **Arrest.** Die Anhängigkeit einer Streitsache vor einem Gericht begründet die
Zuständigkeit dieses Gerichts für ein nachträglich eingeleitetes Eilverfahren. Nach

§ 919 ZPO ist Arrestgericht u.a. das Gericht der Hauptsache. Dies ist das Gericht, bei dem zur Zeit der Einreichung des Arrestgesuchs bereits ein **Hauptsacheverfahren anhängig** ist, Rechtshängigkeit ist nicht erforderlich (Zöller, § 919 Rn. 4). Ist eine Hauptsache nicht anhängig, so hat das angegangene Gericht zu prüfen, ob es hierfür zuständig wäre.

bb) Einstweilige Verfügung. Gleiches gilt für die Zuständigkeit wegen eines Antrags auf Erlass einer einstweiligen Verfügung. Eine bereits anhängige **Hauptsache** begründet die Zuständigkeit für die Eilsache, § 937 Abs. 1 ZPO.

cc) Selbstständiges Beweisverfahren. Hier hat die Frage der Anhängigkeit eines Rechtsstreits doppelte Bedeutung:
- **Zuständigkeit.** § 486 Abs. 1, 2 ZPO stellt hinsichtlich der Zuständigkeit des **Prozessgerichts** für die Durchführung eines selbstständigen Beweisverfahrens auf die **Anhängigkeit** eines **Rechtsstreits** ab (Arrest oder Verfügungsverfahren reichen nicht: OLG Frankfurt NJW 1985, 811).
- **Zulässigkeit.** Je nach Anhängigkeit oder Nichtanhängigkeit eines Rechtsstreits bestehen nach § 485 Abs. 1, 2 ZPO **unterschiedliche Zulässigkeitsvoraussetzungen** für ein Beweisverfahren. Wird nach Einleitung eines selbstständigen Beweisverfahrens in gleicher Sache ein Rechtsstreit anhängig, so entfällt die Zulässigkeit des Verfahrens nach § 485 Abs. 2 ZPO. Es kann nur bei Vorliegen der Voraussetzungen des § 485 Abs. 1 ZPO weitergeführt werden (vgl. Rn. 1144 ff). Liegen sie nicht vor, ist das Beweisverfahren durch Beschluss einzustellen und die Sache an das Prozessgericht abzugeben (Schleswig OLGR 2005, 39).

c) Wegfall des Klageanlasses während Anhängigkeit

364 Ist der Anlass zur Einreichung der Klage vor Rechtshängigkeit weggefallen und wird die **Klage** daraufhin **zurückgenommen**, so bestimmt sich die Kostenverteilung unter Berücksichtigung des bisherigen Sach- und Streitstandes nach billigem Ermessen; dies gilt auch, wenn die Klage nicht zugestellt wurde, § 269 Abs. 3 Satz 3 ZPO (vgl. Rn. 1038 ff).

III. Geschäftsverteilung und gesetzlicher Richter

1. Die Registrierung der Klage

365 Sämtliche das Verfahren einleitende Klagen und Anträge, die beim Streitgericht eingehen, gelangen zunächst zur **Registratur**. Dort werden sie als „Neueingang" registriert. Sodann erhält das Aktenstück ein **Aktenzeichen**. Die Registratur entscheidet bereits mit Vergabe des Aktenzeichens über den zuständigen Spruchkörper und hat damit das Gebot des „gesetzlichen Richters" zu beachten.

Beispiel: 2 O 39/09:
- **2: Nummer des zuständigen Spruchkörpers** (2. Kammer des LG)
- O: Registerzeichen (O: allg. Zivilsache 1. Instanz LG)
- 39: 39. lfd. Nr. der beim Spruchkörper im Kalenderjahr **gleichartigen Rechtssachen**
- 09: Kalenderjahr des Eingangs (2009)

2. Gesetzlicher Richter

a) Definition

366 Nach der gesetzlichen Zuständigkeitsordnung ist grundsätzlich zur Entscheidung eines Rechtsstreits nur ein nach allgemeinen Merkmalen im Voraus bestimmter richterlicher

Spruchkörper berufen, der sog. **gesetzliche Richter**. Seine Grundlage findet sich in Art. 101 Abs. 1 Satz 2 GG: „Niemand darf seinem gesetzlichen Richter entzogen werden". Jedermann hat Anspruch darauf, dass seine Rechtssache von dem für solche Fälle **von vornherein** und **allgemein**, also losgelöst vom individuellen Fall, bestimmten Richter entschieden wird. Die Richterauswahl für den Einzelfall ist verboten („**Ausnahmegerichte** sind **unstatthaft**"), § 16 GVG.

b) Zuständigkeitsbestimmung

Das Auffinden des gesetzlichen Richters erfordert exakte Kenntnis der Zuständigkeiten: Während die Zuständigkeit des **Amts-** oder **Landgerichts** durch den Zivilrechtsweg nach § 13 GVG, die sachliche Zuständigkeit nach §§ 23 ff., 71 f. GVG und die örtliche Zuständigkeit insbesondere nach §§ 12 ff. ZPO festgelegt werden, wird der als gesetzlicher Richter **zuständige Spruchkörper** durch den **Geschäftsverteilungsplan** (GVP) des Gerichts bestimmt. Besteht der Spruchkörper aus mehreren Richtern, so ist in einem weiteren GVP der Kammer bzw. des Senats der als **Einzelrichter** zur Entscheidung berufene Richter zu bestimmen.

c) Rechtfolgen bei Verstoß

Die nicht ordnungsgemäße Besetzung des entscheidenden Gerichts führt zu einem Verstoß gegen das Gebot des gesetzlichen Richters. Dieser Verstoß führt aber nicht unmittelbar zur Nichtigkeit der richterlichen Entscheidung, sondern muss mit allgemeinen Rechtsmitteln angegangen werden.

3. Geschäftsverteilungsplan (GVP)

a) Geschäftsverteilung durch das Präsidium

367 Die **Geschäftsverteilung** ist eine Maßnahme der gerichtlichen Selbstverwaltung. Zuständiges Gremium ist das **Präsidium** des Gerichts, § 21 a GVG. Das Präsidium besteht aus Präsident bzw. Direktor des Gerichts und einer bestimmten Anzahl von gewählten Richtern.

b) Grundsätze

Die Geschäftsverteilung folgt dem **Jährlichkeitsprinzip**. Das Präsidium verteilt die Amtsgeschäfte im GVP vor dem Beginn des Geschäftsjahres – regelmäßig das Kalenderjahr – für dessen Dauer, § 21 e Abs. 1 Satz 2 GVG. Der GVP umfasst sowohl die **Zuteilung der richterlichen Geschäfte** auf einen Spruchkörper, als auch die **personelle Zusammensetzung** der Spruchkörper unter Einschluss der Vertretungsregelungen. Die Aufgaben müssen nach **abstrakten Merkmalen** verteilt werden (BVerfGE 95, 322), z.B. nach den **Anfangsbuchstaben** einer Partei, i.d.R. des Beklagten, dem **Bezirk** des Wohnsitzes oder Sitzes einer Partei, dem **Gegenstand** eines Prozesses oder nach der **zeitlichen Reihenfolge** des Eingangs der Rechtssachen. Die Regelungen müssen so **eindeutig wie möglich** sein (BVerfGE 17, 294). Bei der Geschäftsverteilung nach Anfangsbuchstaben müssen daher auch Regelungen bei mehreren Beklagten, Adelsprädikaten oder Abkürzungen juristischer Personen getroffen werden. Eine Zuteilung nach Umfang oder Schwierigkeitsgrad ist ausgeschlossen.

c) Änderung der Geschäftsverteilung

Gerade in Ballungszentren mit Großunternehmen können erhebliche Ungleichbelastungen der einzelnen Richter eines Gerichtes auftreten. Das Präsidium kann darauf reagieren: Der GVP darf **im Laufe** des Geschäftsjahres ausnahmsweise geändert werden, wenn dies wegen **Überlastung, ungenügender Auslastung** eines Richters oder Spruchkörpers, infolge **Wechsels** oder **dauernder Verhinderung** eines Richters nötig wird, § 21 e Abs. 3 GVG. In diesen Fällen kann ein Richter oder ein Spruchkörper für einen bestimmten Zeitraum „aus dem Turnus" genommen werden oder eine bestimmte Zahl weiterer Rechtssachen zugeteilt bekommen.

d) Kammer für Handelssachen (KfH)

Die Abgrenzung zwischen der allgemeinen Zivilkammer am Landgericht und der KfHs **368** ist ein Fall der **gesetzlich geregelten Geschäftsverteilung,** die durch §§ 96 ff. GVG aus der Zuständigkeit des Präsidiums herausgenommen ist. Mehrere KfHs eines Gerichts verteilen wiederum die Geschäfte nach einem internen GVP.

e) Geschäftsverteilung im Spruchkörper

Der GVP des Spruchkörpers ist das letzte Glied in der Bestimmung des gesetzlichen Richters, § 21 g GVG. Er unterliegt daher den gleichen Grundsätzen wie der GVP des Gerichts. Er bestimmt nach objektiven Kriterien, nach welchen Grundsätzen die Mitglieder des Spruchkörpers für die ihm zugeteilten Rechtssachen zuständig sind. So kann die Verteilung auf die Richter nach **Endnummern** des Aktenzeichens erfolgen, es können „**Sitzgruppen**" festgelegt werden oder der **Berichterstatter (BE)** festgelegt werden, der dann als originärer Einzelrichter, § 348 ZPO, tätig werden kann.

5. Kapitel   Die Organe der Gerichtsbarkeit

369 Bei der Durchführung und Erledigung eines Rechtsstreits wirken mehrere Personen als Rechtspflegeorgane mit, auf Seiten des Gerichts sind dies die Richter, die Rechtspfleger, die Urkundsbeamten und die Gerichtsvollzieher.

I. Der Richter

1. Die Besetzung der Gerichte

a) Spruchkörper

aa) Bezeichnung. Während den Amtsgerichten **Einzelrichter** vorstehen, § 22 GVG, sind bei den Landgerichten **Zivilkammern**, § 60 GVG, bei den Oberlandesgerichten und beim BGH **Zivilsenate**, §§ 116 Abs. 1, 130 Abs. 1 GVG gebildet. Daneben ist beim Bundesgerichtshof ein **Großer Senat** für Zivilsachen eingerichtet, § 132 GVG.

370 **bb) Besetzung.** Dementsprechend besteht der jeweilige **Spruchkörper** – das Prozessgericht – aus einem oder mehreren Mitgliedern:
– Am **Amtsgericht** entscheidet der Amtsrichter als **Einzelrichter**, § 22 Abs. 1, 4 GVG.
– Beim **Landgericht** sind **Zivilkammern** mit drei Richtern gebildet, § 75 GVG. Die Kammer besteht aus einem **Vorsitzenden** und zwei **Beisitzern**. In der Regel entscheiden jedoch die Kammermitglieder als **Einzelrichter** nach §§ 348, 348a ZPO.
– Die **Kammer für Handelssachen** verhandelt mit einem Berufsrichter („Vorsitzender") und zwei ehrenamtlichen Handelsrichtern, § 105 GVG, sofern nicht der Vorsitzende alleine entscheidet, § 349 ZPO.
– Beim **Oberlandesgericht** entscheidet der **Zivilsenat** ebenfalls mit drei Richtern, § 122 Abs. 1 GVG – vorbehaltlich der Übertragung des Rechtsstreits auf eines seiner Mitglieder als **Einzelrichter**, § 526 ZPO.
– Die **Zivilsenate** des **Bundesgerichtshofs** bestehen aus fünf Richtern, § 139 Abs. 1 GVG.

Der **Große Senat** für Zivilsachen wird aus dem Präsidenten und je einem Mitglied der Zivilsenate gebildet, er wird bei unterschiedlichen Auffassungen der Zivilsenate des BGH zu einer Rechtsfrage und bei Fragen von grundsätzlicher Bedeutung angerufen, § 132 Abs. 2 GVG. Soll hingegen durch einen Zivilsenat von einer Entscheidung eines Strafsenates abgewichen werden, sind die **Vereinigten Großen Senate** anzurufen. Sie bestehen aus dem Präsidenten und den Mitgliedern der Großen Senate für Zivil- und Strafsachen, § 132 Abs. 5 GVG.

b) Richterliche Funktionen

371 Der jeweils maßgebliche Spruchkörper, das Gericht, hat den Prozess zu **entscheiden**. Im **Kollegialgericht** sind den Mitgliedern unterschiedliche Aufgaben zugewiesen:

aa) Vorsitzender. Er verteilt innerhalb des Spruchkörpers die **Geschäfte** auf die Mitglieder und bestimmt für jede zu behandelnde Rechtssache einen Berichterstatter (BE). Er wählt die Art der **richterlichen Eingangsverfügung**, indem er entweder einen frühen ersten Termin oder ein schriftliches Vorverfahren anordnet, § 272 Abs. 2 ZPO. Auch im weiteren Verlauf obliegt ihm die **Bestimmung der Termine**, § 216 Abs. 2 ZPO.

Beachte: Im Falle des originären Einzelrichters am Landgericht ist dieser von vornherein alleine der „Vorsitzende". Dem Kammer- oder Senatsvorsitzenden obliegt die Wahl der Eingangsverfügung daher nur noch in Fällen der Kammerzuständigkeit nach § 348 Abs. 1 Satz 2 ZPO, solange nicht auch dann der obligatorische Einzelrichter zuständig ist (vgl. Rn. 374).

bb) Berichterstatter. Der BE hat nach gründlichem Aktenstudium die Entscheidung **vorzubereiten.** Auf ihn kann der Vorsitzende den Erlass terminsvorbereitender Maßnahmen nach §§ 273 Abs. 2, 275 Abs. 1 ZPO übertragen (ggf. im internen Geschäftsverteilungsplan des Spruchkörpers).

cc) Das erkennende Gericht. Alle Mitglieder des Spruchkörpers nehmen am **Termin zur mündlichen Verhandlung** teil, § 128 Abs. 1 ZPO. Der Vorsitzende leitet die Verhandlung, § 136 ZPO.

Die Entscheidungsfindung geschieht im Wege der **geheimen Beratung** und **Abstimmung** aller Mitglieder, §§ 192, 196 GVG. Referendaren kann vom Vorsitzenden die Anwesenheit bei der Beratung gestattet werden, § 193 Abs. 1 GVG, nicht jedoch Praktikanten oder Studenten (BGH DRiZ 1995, 314). Der Vorsitzende **leitet** die Beratung, § 194 GVG. Der BE trägt den Mitgliedern die Rechtssache in einem **Aktenvortrag** mit Sachbericht, Entscheidungsvorschlag und Gutachten vor. Das Gremium entscheidet mit der **absoluten Mehrheit** der Stimmen, §§ 195, 196 Abs. 1 GVG. Der Vorsitzende hat gleiches Stimmrecht wie die Beisitzer. Die Richter haben über Beratung und Abstimmung **Stillschweigen** zu bewahren, § 43 DRiG. Entsprechend dem Beratungs- und Abstimmungsergebnis hat der BE das **Urteil** schriftlich **abzufassen.**

2. Der Einzelrichter

a) Der erstinstanzliche Einzelrichter beim Landgericht

Trotz des Kammersystems entscheidet am Landgericht grundsätzlich der „originäre **372** Einzelrichter". Eine originäre Zuständigkeit der Zivilkammer ist nur ausnahmsweise bei Proberichtern ohne einjährige Zivilrichtererfahrung und bei Spezialzuständigkeiten gegeben. Jedoch auch in diesen Fällen soll möglichst der „obligatorische Einzelrichter" entscheiden.

aa) Originäre Zuständigkeit des Einzelrichters. Wie am Amtsgericht besteht auch am Landgericht eine **originäre** Zuständigkeit des **Einzelrichters**, § 348 Abs. 1 Satz 1 ZPO.
- **Vorlage an die Kammer.** Der originär zuständige Einzelrichter ist jedoch verpflichtet, den Rechtsstreit der Kammer **zur Übernahme vorzulegen,** wenn die Sache **besondere Schwierigkeiten tatsächlicher oder rechtlicher Art** aufweist, die Rechtssache **grundsätzliche Bedeutung** hat oder die Parteien übereinstimmend die Übernahme durch die Kammer beantragen, § 348 Abs. 3 Satz 1 Nr. 1, 2, 3 ZPO. Liegen die Voraussetzungen vor, übernimmt die Kammer die Rechtssache.
    - „Besondere Schwierigkeiten" liegen bei **deutlich überdurchschnittlichen** Anforderungen an den Richter vor, etwa weil das berührte Rechtsgebiet ungewohnte Probleme aufwirft (z.B. Anwendung ausländischen Rechts). Dabei kommt es auch auf die Erfahrung des Richters an (Münchener Kommentar-Deubner, § 348 Rn. 13). Besondere Schwierigkeiten **tatsächlicher Art** setzen etwa einen unübersichtlicher Sachverhalt, der eine Wertung widersprüchlicher Beweisergebnisse erwarten lässt, oder die Auseinandersetzung mit komplizierten wirtschaftlichen oder tatsächlichen Zusammenhängen voraus (z.B. Arzthaftungsprozess, BGH NJW 1994, 801). Besondere **rechtliche** Schwierigkeiten sind zu erwarten bei von Rechtsprechung und Lehre unterschiedlich beurteilten Rechtsfragen.
    - **Grundsätzliche Bedeutung** eines Rechtsfalles liegt bei allgemeinem Interesse für Rechtseinheit oder Rechtsfortbildung über den Einzelfall hinaus vor (BGH NJW 2003, 3712).
- **Übernahme durch die Kammer.** Die Kammer entscheidet über die Übernahme durch **Beschluss,** eine Zurückübertragung auf den Einzelrichter ist dann ausgeschlossen, § 348 Abs. 3 Satz 3 und 4 ZPO.

Beispiel für einen Kammer-Übernahme-Beschluss:

> Die Rechtssache
>
> Leicht ./. Schwer
>
> wird gemäß § 348 Abs. 3 Satz 2 ZPO von der Kammer zur Entscheidung übernommen, da die Sache besondere Schwierigkeiten rechtlicher Art aufweist. Der Beschluss ist unanfechtbar.

373 bb) **Originäre Zuständigkeit der Zivilkammer.** Ausnahmsweise ist jedoch die **Zivilkammer** – und nicht der Einzelrichter – in zwei Fällen **originär** zuständig:
- **Proberichter.** Ist der zuständige Richter noch **Richter auf Probe** und war **weniger als ein Jahr** geschäftsverteilungsplanmäßig **Zivilrichter**, so ist die Kammer originär zuständig, § 348 Abs. 1 Satz 2 Nr. 1 ZPO. Eine Alleinzuständigkeit des Proberichters soll nur begründet werden, wenn genügend Praxis des Richters in bürgerlich-rechtlichen Streitigkeiten vorliegt, sonst bleibt die Ausbildungsfunktion der Kammer erhalten.
- **Sonderzuständigkeit der Kammer.** Daneben besteht eine originäre Zuständigkeit der Zivilkammer in Fällen, in denen einer Kammer durch den Geschäftsverteilungsplan eine **Sonderzuständigkeit** auf bestimmten Sachgebieten zugewiesen worden ist, § 348 Abs. 1 Satz 2 Nr. 2 a bis k ZPO. Der **Katalog** der Sonderzuständigkeiten betrifft u.a. die Sachgebiete des Presserechts, des Bankrechts, des Bau- und Architektenrechts, des Anwaltshaftungsrechts, des Arztrechts oder des Versicherungsrechts.

374 cc) **Obligatorische Übertragung auf den Einzelrichter.** Aber auch in den genannten Fällen originärer Zuständigkeit der Kammer, müssen Rechtssachen, **die keine besonderen Schwierigkeiten** tatsächlicher oder rechtlicher Art aufweisen **und keine grundsätzliche Bedeutung** haben, durch nicht zu begründenden, unanfechtbaren Beschluss des Kollegiums **obligatorisch** auf den – nicht namentlich zu bezeichnenden – **Einzelrichter** übertragen werden, § 348 a Abs. 1 ZPO. Ein Ermessensspielraum besteht nicht. Auch der Proberichter ohne einjährige Zivilrichtererfahrung kann so als Einzelrichter tätig werden.

Kann ein **Versäumnisurteil** im schriftlichen Vorverfahren von der Kammer erlassen werden, muss selbstverständlich vorher keine Einzelrichterübertragung erfolgen.

Die Übertragung ist ausgeschlossen, wenn bereits im **Haupttermin** vor der Kammer zur Hauptsache **verhandelt worden ist,** § 348 a Abs. 1 Nr. 3 ZPO. „Haupttermin" ist jeder umfassend vorbereitete Termin nach § 272 Abs. 1 ZPO, auch der frühe erste Termin nach § 275 ZPO (OLG Düsseldorf NJW-RR 1996, 638). Die Durchführung eines Termins **hindert** die Übertragung auf den Einzelrichter allerdings **nicht,** wenn die Kammer den Termin mit einem **Vorbehalts-, Teil-** oder **Zwischenurteil** abgeschlossen hat. Wurde eine Sache nach Kammertermin gem. § 281 ZPO **verwiesen,** kann das übernehmende Gericht noch immer auf den Einzelrichter übertragen.

Beispiel für einen Einzelrichter-Übertragungsbeschluss:

> Die Rechtssache
>
> Leicht ./. Schwer
>
> wird gemäß § 348 a Abs. 1 ZPO dem (alt: nach dem Kammergeschäftsverteilungsplan zuständigen) Einzelrichter zur Entscheidung übertragen, da die Sache weder besondere Schwierigkeiten tatsächlicher oder rechtlicher Art aufweist noch grundsätzliche Bedeutung hat. (alt: Zum Einzelrichter wird Richter Schlange bestellt.)
> Der Beschluss ist unanfechtbar.

– **Erschwerte Rücknahme durch die Kammer.** Nach Übertragung des Rechtsstreits auf den obligatorischen Einzelrichter ist eine **Rücknahme** durch die Kammer nur unter erschwerten Bedingungen möglich. Der Einzelrichter legt den Rechtsstreit der Zivilkammer zur Entscheidung über eine Übernahme vor, wenn sich – entgegen ursprünglicher Erwartung – im Verlaufe des Verfahrens die **Prozesslage** dergestalt **wesentlich ändert**, dass nunmehr **besondere tatsächliche und rechtliche Schwierigkeiten vorliegen** oder **grundsätzliche Bedeutung** der Entscheidung anzunehmen ist. Die erneute Vorlage an die Kammer können auch die **Parteien übereinstimmend beantragen**, § 348a Abs. 2 Satz 1, 2 ZPO. Die Kammer entscheidet nach zwingender Parteianhörung durch unanfechtbaren Beschluss, §§ 348a Abs. 2 Satz 2 ZPO.

Eine **Veränderung der Prozesslage** liegt nur bei Klageänderung, Widerklage oder gänzlich neuem Sachvortrag der Parteien vor. Nicht ausreichend ist das nachträgliche Erkennen besonderer tatsächlicher oder rechtlicher Schwierigkeiten bei unveränderter Prozesslage.

dd) Rechtliches Gehör. Kläger und Beklagter sollen sich – zur Wahrung des rechtlichen   **375**
Gehörs – in der Klageschrift bzw. in der Klageerwiderung dazu äußern, ob einer Entscheidung durch den Einzelrichter Gründe entgegenstehen, §§ 253 Abs. 3, 277 Abs. 1 Satz 2 ZPO. Beschlüsse nach §§ 348 Abs. 3, 348a Abs. 1 ZPO dürfen erst getroffen werden, wenn auch der Beklagte Gelegenheit hatte, Stellung zu nehmen!

ee) Unanfechtbarkeit der Entscheidungen. Alle Entscheidungen der §§ 348, 348a ZPO   **376**
sind **unanfechtbar**, auch kann später ein **Rechtsmittel** gegen ein Urteil auf eine zu Unrecht erfolgte oder unterlassene Übertragung, Vorlage oder Übernahme nach §§ 348, 348a ZPO **nicht gestützt** werden, §§ 348 Abs. 2, 4, 348a Abs. 3 ZPO. Allerdings kann ein Urteil, das in falscher Besetzung erlassen wurde (z.B. Kammer statt originärem Einzelrichter bzw. in Kammersache obligatorischer Einzelrichter ohne Vorliegen eines Übertragungsbeschlusses) wegen Verfahrensfehlers mit der Berufung angegriffen werden. Ggf. liegt auch ein Verstoß gegen den „gesetzlichen Richter" vor.

b) Besonderheit: Der Vorsitzende der Kammer für Handelssachen

aa) Keine Einzelrichterregelung. Die Besonderheiten der Kammer für Handelssachen   **377**
lassen den Einzelrichter nicht zu. Die entsprechende Anwendung der §§ 348, 348a ZPO ist daher auch ausdrücklich ausgeschlossen, § 349 Abs. 4 ZPO. Die Befugnisse des Vorsitzenden der KfH sind denjenigen des „vorbereitenden Einzelrichters" in der Berufung vergleichbar (vgl. Rn. 378). Eine Bestellung der ehrenamtlich tätigen Handelsrichter zu Einzelrichtern ist schon begrifflich nicht möglich.

bb) Aufgaben. Nach § 349 Abs. 1 ZPO hat der Vorsitzende die Rechtssache so weit zu **fördern**, dass sie in einer mündlichen Verhandlung vor dem Gremium erledigt werden kann, § 349 Abs. 1 Satz 1 ZPO. Er darf dazu **Beweise** insoweit **erheben**, als es für die Beweisaufnahme auf die besondere Sachkunde der Handelsrichter nicht ankommt und eine Beweiswürdigung der Kammer auch ohne unmittelbaren Eindruck der Handelsrichter möglich ist, § 349 Abs. 1 Satz 2 ZPO.

cc) Alleinentscheidungskompetenz. Darüber hinaus hat der Vorsitzende Alleinentscheidungskompetenz in den in § 349 Abs. 2 ZPO genannten Fällen (z.B. Verweisung, Behandlung von Zulässigkeitsrügen, Verfahrensaussetzung, Säumnisentscheidungen, Kostenentscheidung nach Erledigung der Hauptsache etc.) Dabei ist § 349 Abs. 2 ZPO nicht abschließend, weitere Befugnisse ergeben sich aus dem Förderungsgebot nach § 349 Abs. 1 ZPO und aus dem Gesetz, z.B. Eilsachen § 944 ZPO. Soweit die

Parteien schriftsätzlich oder zu Protokoll **einverstanden** sind, kann der Vorsitzende auch **im Übrigen an Stelle der Kammer** entscheiden, § 349 Abs. 3 ZPO.

c)   Der Einzelrichter beim Berufungsgericht

378   aa) **Entscheidender Einzelrichter.** Ist die angefochtene Entscheidung in **erster Instanz** von einem **Einzelrichter** erlassen worden, weist die Sache **keine besonderen Schwierigkeiten** tatsächlicher und rechtlicher Art auf und hat **keine grundsätzliche Bedeutung,** kann das Berufungsgericht – nach seinem Ermessen – den Rechtsstreit einem seiner Mitglieder als Einzelrichter übertragen, § 526 Abs. 1 Nr. 1, 2, 3 ZPO. Die Übertragung ist ausgeschlossen, wenn bereits im **Haupttermin** vor dem Gremium zur Hauptsache **verhandelt worden ist,** es sei denn, dass inzwischen ein Vorbehalts-, Teil- oder Zwischenurteil ergangen ist, § 526 Abs. 1 Nr. 4 ZPO.

bb) **Erschwerte Rücknahme.** Wenn sich aus einer wesentlichen Änderung der Prozesslage besondere tatsächliche oder rechtliche Schwierigkeiten oder die grundsätzliche Bedeutung der Sache ergeben, so hat der Einzelrichter den Rechtsstreit dem Gremium zur Übernahme vorzulegen, § 526 Abs. 2 Nr. 1 ZPO. Auch ist übereinstimmender Antrag der Parteien für die Vorlage ausreichend, § 526 Abs. 1 Nr. 2 ZPO. Das Gremium entscheidet dann durch Beschluss über die Übernahme. Insoweit gelten die gleichen Regeln wie bei § 348a Abs. 2 ZPO. Die erneute Übertragung auf den Einzelrichter ist ausgeschlossen, § 526 Abs. 2 Satz 4 ZPO.

cc) **Vorbereitender Einzelrichter.** Die Sache kann dem Einzelrichter auch nur **zur Vorbereitung der Entscheidung** zugewiesen werden, § 527 ZPO. Seine Aufgabe besteht im Wesentlichen darin, die Erledigung der Sache in nur einer mündlichen Verhandlung vor dem Gremium zu fördern, § 527 Abs. 2 ZPO. Neben der Befugnis, vorab **einzelne Beweise** zu erheben, steht ihm zwingend **Entscheidungsgewalt in bestimmten Fällen** zu, § 527 Abs. 3 ZPO (z.B. Verweisung, echtes und unechtes Versäumnisurteil, Streitwertbeschluss, Kosten nach Hauptsachenerledigung, sonstige Kostenbeschlüsse). Über die **Berufung selbst** kann der vorbereitende Einzelrichter nur im **Einverständnis** der Parteien entscheiden, § 527 Abs. 4 ZPO. Das wird in Fällen praktisch werden, in denen in erster Instanz die Kammer tätig war, folglich eine Einzelrichterentscheidung in zweiter Instanz wegen § 526 ZPO nicht möglich ist. Die Parteien können insoweit über den gesetzlichen Richter disponieren. Das Einverständnis ist widerruflich (BGHZ 105, 270).

d)   Der Einzelrichter beim Beschwerdegericht

379   Ist die durch Beschwerde angefochtene Entscheidung von einem **Einzelrichter** oder einem **Rechtspfleger erlassen** worden, so entscheidet auch das Beschwerdegericht zwingend und **originär** durch eines seiner Mitglieder als **Einzelrichter,** § 568 ZPO. Eine Übertragung des Falles durch Beschluss des Einzelrichters (!) auf das Gremium ist wiederum nur bei besonderen tatsächlichen oder rechtlichen Schwierigkeiten oder grundsätzlicher Bedeutung vorgesehen, § 568 Satz 2 ZPO.

Die Ausnahmen des § 348 Abs. 1 Satz 2 ZPO sind in § 568 ZPO nicht erwähnt, weshalb auch ein Proberichter im ersten Jahr seiner zivilrichterlichen Verwendung als originärer Einzelrichter am Landgericht in Beschwerdesachen tätig sein kann.

3.   Der kommissarische Richter

380   Der kommissarische (auch: verordnete) Richter kennt zwei Erscheinungsformen, den **beauftragten** und den **ersuchten Richter.**

a)   Beauftragter Richter

Der beauftragte Richter ist ein **Mitglied der Zivilkammer** (des Zivilsenats), dem in einer Kammersache (Senatssache) durch Beschluss des Gremiums **einzelne Amtshandlungen** übertragen sind, ohne dass er – wie der Einzelrichter – das Prozessgericht darstellt, § 361 Abs. 1 ZPO. Vor ihm gilt auch am Landgericht kein Anwaltszwang, § 78 Abs. 3 ZPO.

> Beispiele:
> Vornahme eines Güteversuchs, § 278 Abs. 5 Satz 1 ZPO; Entgegennahme von Geständnissen, § 288 ZPO; Beweiserhebung, §§ 355 Abs. 1 Satz 2, 361 ZPO; Einnahme des Augenscheins, Ernennung eines zuzuziehenden Sachverständigen, § 372 Abs. 2 ZPO; Vernehmung eines Zeugen, § 375 ZPO; Vorlegung einer Urkunde, 434 ZPO; Parteivernehmung, §§ 451, 375 ZPO.

b)   Ersuchter Richter

Der ersuchte Richter ist demgegenüber das **Mitglied eines anderen Gerichts**, das im **381** Wege der **Rechtshilfe** angegangen wird, eine richterliche Handlung für das Prozessgericht durchzuführen. Das ist stets das **Amtsgericht**, in dessen Bezirk die Amtshandlung vorgenommen werden soll, § 157 Abs. 1 GVG.

> Beispiele:
> Vornahme eines Güteversuchs, § 278 Abs. 5 Satz 1 ZPO; Vernehmung eines – weit entfernt wohnenden – Zeugen, § 362 ZPO; Vorlegung einer Urkunde, § 434 ZPO; Anhörung eines Ehegatten in Ehesachen, § 128 Abs. 1, 3 FamFG.

4.   Ausschließung von Richtern

a)   Grundsatz der Unparteilichkeit

Der Richter ist verpflichtet, in seinem Richteramt „nach bestem Wissen und Gewissen **382** **ohne Ansehen der Person** zu urteilen und nur der **Wahrheit** und **Gerechtigkeit** zu dienen", § 38 DRiG. Dies korrespondiert mit dem Anspruch der Parteien auf einen **unparteiischen** und **neutralen** Richter. Rechtsstaatsprinzip und Gebot des „gesetzlichen **Richters**" bilden die verfassungsrechtlichen Grundlagen, Artt. 20 Abs. 3, 101 Abs. 1 Satz 2 GG.
Der nach objektiven Merkmalen im Voraus bestimmte „gesetzliche Richter" kann jedoch wegen **besonderer Umstände** in seiner Person, die in einem konkreten Fall seine **Unparteilichkeit in Frage stellen**, kraft Gesetzes **von der Ausübung des Richteramtes** in einer ihm zugewiesenen Rechtssache **ausgeschlossen** sein.

b)   Ausschließungsgründe

In § 41 ZPO sind die Ausschließungsgründe abschließend aufgezählt: **383**
– **Eigene Beteiligung** des Richters an der Sache als Partei oder **Zugehörigkeit zu einer Gläubiger- oder Schuldnermehrheit** nach §§ 421 ff. BGB oder **Regressverpflichtung** des Richters, § 41 Nr. 1 ZPO. Maßgeblich ist, ob der Richter durch die Entscheidung einen unmittelbaren Vor- oder Nachteil erlangen kann (BGH NJW 1991, 425).

> Beispiele:
> Gesellschafter einer klagenden OHG oder GmbH (BGHZ 113, 277): **ja**; Mitglied in einer jur. Person (Sportverein e.V., AG): **nein**; Bürge für die eingeklagte Forderung: **ja**.

– **Nahe Beziehung** zu einer Partei. In Sachen des (auch geschiedenen) **Ehegatten** oder **Lebenspartners** nach dem LPartG, eines in **gerader Linie Verwandten** (Großeltern, Eltern, Kinder, Enkel, § 1589 BGB) oder **Verschwägerten** (Eltern, Großeltern des

Ehegatten, § 1590 BGB) bzw. im **dritten Grad der Seitenlinie Verwandten** (Neffe, Nichte, Onkel, Tante) oder im **zweiten Grad der Seitenlinie Verschwägerten** (Geschwister des Ehegatten) ist der Richter von der Ausübung seines Amtes ausgeschlossen, § 41 Nr. 2, 2 a und 3 ZPO.
- **Interessenwahrnehmung** für eine Partei in der gleichen Sache als Prozessbevollmächtigter, Beistand oder als gesetzlicher Vertreter einer Partei, auch wenn er diese Position nicht mehr innehat, § 41 Nr. 4 ZPO.

Beispiel:
Der Richter ist Vereinsvorstand des beklagten eingetragenen Vereins.

- **Frühere Mitwirkung in derselben Sache** als (vernommener) Zeuge, Sachverständiger, Richter oder Schiedsrichter, § 41 Nr. 5 und 6 ZPO. Dies kann auch in einem anderen Verfahren gewesen sein, solange ein prozessrechtlicher Zusammenhang besteht (OLG Frankfurt FamRZ 1989, 519).

Beispiele:
Der Richter ist als Zeuge eines Verkehrsunfalls in einem Parallelverfahren auf Schadensersatz zum selben Sachverhalt vernommen worden oder war als Schiedsrichter tätig, bevor er nun am OLG mit dem Aufhebungsantrag nach § 1059 ZPO konfrontiert wird.

c) Verfahren

384   Ein vorliegender Ausschließungsgrund ist **von Amts wegen** zu beachten. Der ausgeschlossene Richter darf **keine Amtshandlung** vornehmen. Die Sache ist mit entsprechendem Aktenvermerk an den Vertreter abzugeben; bei **Zweifeln**, ob ein Ausschließungsgrund besteht, entscheidet das Gericht **nach Anhörung der Parteien** (BGH NJW 1995, 403, 1679), §§ 48 a.E., 45 ZPO. Der ausgeschlossene Richter wirkt nicht mit.

5. Ablehnung von Richtern

a) Ablehnungsgründe

385   Die **Ablehnung** eines Richters **durch die Parteien** eines Rechtsstreits kann aus zwei Gründen erfolgen, § 42 ZPO:
- Ein **Ausschließungsgrund** nach § 41 ZPO wurde nicht beachtet, § 42 Abs. 1, 1. Alt. ZPO,
- es besteht **Besorgnis der Befangenheit**, § 42 Abs. 1, 2. Alt. ZPO. Wegen Besorgnis der Befangenheit findet Ablehnung statt, wenn ein Grund vorliegt, der nach objektiven und vernünftigen Erwägungen vom Standpunkt der Partei aus Misstrauen gegen die Unparteilichkeit des Richters rechtfertigt, § 42 Abs. 2 ZPO.

Erkennt der Richter seinerseits einen Grund, der seine Ablehnung rechtfertigen könnte, so hat er davon Anzeige zu machen (**Selbstablehnung**), § 48 Abs. 1 ZPO.

Beispiel:
Richter erkennt aus der Klageschrift, dass der Kläger sein bester Freund ist.

b) Besorgnis der Befangenheit

386   Der Richter ist zu unvoreingenommener und **neutraler Amtsführung**, ja zu **strenger Sachlichkeit** verpflichtet. Unsachliches, auf Voreingenommenheit oder Willkür hindeutendes Verhalten des Richters im laufenden Verfahren kann daher die Besorgnis der Befangenheit begründen. Es kommt jedoch **nicht** darauf an, **ob der Richter tatsächlich befangen ist**, sondern ob objektive Gründe vorliegen, die zur **Besorgnis** der Befangenheit Anlass geben!

Beispiele für **begründete Besorgnis** der Befangenheit (vgl. zur umfangreichen Kausistik Zöller-Vollkommer, § 42 Rn. 11–25):
- **Freundschaft** oder **Feindschaft** zu einer Partei;
- Verletzung des Gebots der **prozessualen Gleichbehandlung** (OLG Köln NJW 1999, 288; OLG Schleswig MDR 2007, 423);
- **abfällige Äußerungen** über Partei, ungehöriger „**Humor**", bissige **Ironie**, offene **Häme** gegenüber Partei oder ihrem Anwalt, **unangemessene Ausdrucksweise** (BGH NJW 2008, 669; OLG Saarbrücken MDR 2005, 473; OLG Stuttgart MDR 2003, 50; LSG NRW 2003, 2933);
- **aggressive Verhandlungsführung** (Brandenburg MDR 2000, 47);
- ungebührliche **Verfahrensverzögerung** (OLG Bamberg FamRZ 2000, 1287);
- **unsachliche Randbemerkungen** zu Schriftsätzen (OLG Koblenz NJW 1959, 906);
- **Ablehnung** eines **Terminsverlegungsantrages** bei Vorliegen erheblicher Umstände i.S. § 227 ZPO (BGH NJW 2006, 2492; OLG NJW 2008, 1328);
- Hinweis auf die Möglichkeit, die **Einrede der Verjährung** zu erheben (h.M.: BGH NJW 2004, 164; OLG Rostock NJW-RR 2002, 576; OLG Bremen NJW 1986, 999; a.A.: BGH NJW 1998, 612; BayObLG 1999, 1875; Zöller-Vollkommer, § 42 Rn. 27).

Beispiele für **Nichtvorliegen der Besorgnis der Befangenheit:**
- Äußerung einer Rechtsansicht in einem Aufsatz (BGH NJW 2002, 2396);
- vorläufige Meinungsäußerungen (BGH NJW 1998, 612);
- Anregung zu einem sachgemäßen Prozessverhalten (z.B. einem Beweisantrag) im Rahmen des § 139 ZPO (Zöller-Vollkommer § 42 Rn. 26 m.w.N.);
- Vergleichsvorschlag (BGH NJW 1998, 612);
- Bezeichnung der Klageforderung als „utopisch" (OLG Brandenburg FamRZ 1995, 1498).

c) Ablehnungsgesuch

387 Möglich ist nur die Ablehnung eines Richters, nicht des ganzen Gerichts. Geltend zu machen ist die Ablehnung bei dem Gericht, dem der Richter angehört, und zwar in der Verhandlung **mündlich zu richterlichem Protokoll, schriftsätzlich** oder **zu Protokoll der Geschäftsstelle** unter **Glaubhaftmachung** des Ablehnungsgrundes, § 44 Abs. 1, 2 ZPO. Beim Kollegialgericht besteht hierfür kein Anwaltszwang, §§ 44 Abs. l, 78 Abs. 3 ZPO. Der abgelehnte Richter hat sich **dienstlich zu äußern**, § 44 Abs. 3 ZPO. Er soll dabei nur zu den vorgetragenen Tatsachen Stellung nehmen. Meinungsäußerungen zur Zulässigkeit oder Begründetheit des Gesuchs hat er dabei zu unterlassen.

d) Verlust des Ablehnungsrechts

Hat sich die Partei jedoch vor dem Richter in Kenntnis des Ablehnungsgrundes **in eine Verhandlung eingelassen** oder **Anträge gestellt,** so geht damit das Ablehnungsrecht verloren, § 43 ZPO.

e) Entscheidung über das Ablehnungsgesuch

388 aa) **Zuständigkeit.** Für die **Entscheidung** über das Ablehnungsgesuch ist nach § 45 ZPO zuständig:
- **Amtsgericht.** Hält ein abgelehnter Richter beim Amtsgericht das Gesuch für **begründet,** so bedarf es keiner Entscheidung, § 45 Abs. 2 Satz 2 ZPO. **Im Übrigen** ist ein **anderer Richter des Amtsgerichts** für die Entscheidung über das Ablehnungsgesuch zuständig, § 45 Abs. 2 Satz 1 ZPO; verbleibt kein geschäftsplanmäßiger Vertreter mehr, so muss das im Rechtszug **nächst höhere** Gericht (LG, in Familiensachen das OLG) entscheiden, § 45 Abs. 3 ZPO.
- **Kollegialgericht.** Im Falle der Ablehnung des **Mitglieds** eines Kollegialgerichts entscheidet das durch einen geschäftsverteilungsplanmäßigen Vertreter ergänzte

Kollegium („Gericht" meint Spruchkörper) ohne Mitwirkung des abgelehnten Richters, § 45 Abs. 1, HS 1 ZPO. Dies gilt bei Ablehnungsgesuch gegen den **Einzelrichter**, über das die ergänzte Kammer entscheidet (BGH NJW-RR 2007, 932; NJW 2006, 2492).

bb) Beschluss. Die Entscheidung über das Ablehnungsgesuch erfolgt durch Beschluss, 46 Abs. 1 ZPO. Der Beschluss ist – jedenfalls bei Ablehnung des Gesuchs – zu begründen und enthält keine Kostenregelung.

Beispiel für stattgebenden Beschluss bei begründetem Gesuch

In der Rechtssache

Leicht ./. Schwer

wird das Ablehnungsgesuch des Klägers betreffend den **Richter Schlange**

für begründet erklärt.

Beispiel für zurückweisenden Beschluss bei unbegründetem Gesuch

---

In der Rechtssache

Leicht ./. Schwer

wird das Ablehnungsgesuch des Klägers betreffend den **Richter Schlange** – als Einzelrichter –

als unbegründet zurückgewiesen.

Gründe:

Die Tatsache, dass der abgelehnte Richter im Termin vom 7.7.2009 die Schmerzensgeldforderung des Klägers als „utopisch" bezeichnet hat, rechtfertigt nicht die Besorgnis der Befangenheit. ...

---

389 **cc) Unzulässiges Gesuch.** Ausnahmsweise entscheidet der Spruchkörper **unter Mitwirkung des abgelehnten Richters** über unzulässige Gesuche (BVerfG NJW-RR 2008, 72; NJW 2007, 3771), bei Ablehnung des **ganzen Gerichts** als solchem (BGH NJW 1974, 55; BVerwG NJW 1988, 722), bei einem nur der Verschleppung dienenden, **rechtsmissbräuchlichen** Gesuch (BGH NJW-RR 2005, 1226; NJW 1992, 984, st. Rspr.) oder zur Erzwingung einer unberechtigten Vertagung (OLGR Köln 2004, 404; KGR 2005, 140).

Beispiel für zurückweisenden Beschluss bei rechtsmissbräuchlichem Gesuch

---

In der Rechtssache

Leicht ./. Schwer

wird das Ablehnungsgesuch des Klägers betreffend den **Richter Schlange**

als unzulässig verworfen.

Gründe:

Das Gesuch enthält keine Gründe und dient offensichtlich nur der Prozessverschleppung.

---

f) Rechtsmittel

Gegen den Beschluss, durch den das Gesuch für begründet erklärt wird, findet **kein Rechtsmittel** statt, gegen den zurückweisenden Beschluss ist **sofortige Beschwerde** statthaft, § 46 Abs. 2 ZPO. Entscheidet das OLG über die Ablehnung eines Richters am OLG, so findet die zulassungsbedürftige **Rechtsbeschwerde** zum BGH statt (BGH NJW-RR 2005, 294).

II. Der Rechtspfleger

1. Stellung

Der **Rechtspfleger** ist gehobener Beamter des Justizdienstes (vgl. auch § 2 Abs. 1 RPflG: **390**
Vorbereitungsdienst von 3 Jahren und Bestehen der Rechtspflegerprüfung). Ihm sind
durch das Rechtspflegergesetz Funktionen übertragen worden, die eigentlich der
Richter wahrzunehmen hat. Der Rechtspfleger ist bei seinen Entscheidungen nur
dem Gesetz unterworfen (**sachliche Unabhängigkeit**), § 9 RPflG. Daher besteht auch
die Ausschließungs- und Ablehnungsmöglichkeit wie beim Richter. Über die Ablehnung
des Rechtspflegers entscheidet der Richter, § 10 RPflG.

2. Kompetenzen

Dem Rechtspfleger ist in bürgerlichen Rechtsstreitigkeiten nach § 3 RPflG eine ganze **391**
Reihe von Geschäften übertragen.
Im Wesentlichen sind dies
– die in § 3 **Nr. 1 a bis 1 m** RPflG genannten Angelegenheiten wie etwa Vereins-
   sachen, bestimmte Familiensachen, Aufgebotsverfahren, Güterrechtsregistersachen,
   Urkundssachen, Grundbuchsachen, Zwangsversteigerungs- und Zwangsverwal-
   tungssachen oder Verteilungsverfahren;
– die in § 3 **Nr. 2 a bis 2 h** RPflG aufgeführten Verfahren wie Kindschafts- und
   Adoptionssachen, Betreuungssachen, Nachlass- und Teilungssachen, Handels-,
   Genossenschafts- und Partnerschaftsregistersachen oder Insolvenzverfahren, soweit
   in §§ 14 bis 19 b RPflG nicht ausdrücklich ein Richtervorbehalt besteht;
– die in § 3 **Nr. 3 a bis 3 h** RPflG pauschal erwähnten Verfahren nach der ZPO, dem
   Mieterschutzgesetz, der Kostenfestsetzung oder etwa der Beratungshilfe, die in
   §§ 20 bis 24 a, 25 und 25 a RPflG im Einzelnen aufgeführt sind. Die wichtigsten
   Aufgaben des Rechtspflegers danach sind:
– das **gerichtliche Mahnverfahren**, § 20 **Nr. 1** RPflG:

   Monierungen bei Fehlern im Mahnbescheidsantrag bis zur Abgabe an das Streitgericht
   nach Widerspruch;

– bestimmte Maßnahmen im **Prozesskostenhilfeverfahren**, § 20 **Nr. 4, 5** RPflG:

   Erhebungen im PKH-Bewilligungsverfahren nach Beauftragung durch den Richter gemäß
   § 118 Abs. 2 ZPO; Vergleichsprotokollierung im PKH-Erörterungstermin nach Beauftragung durch den Vorsitzenden, § 118 Abs. 1 Satz 3, HS 2 ZPO; Änderung oder Aufhebung
   der Prozesskostenhilfe nach wesentlicher Änderung der persönlichen oder wirtschaftlichen
   Verhältnisse, § 120 Abs. 4 ZPO;

– Maßnahmen im Bereich der **Zwangsvollstreckung** und **Zwangsversteigerung**,
   § 20 **Nr. 12–17** RPflG:

   Erteilung vollstreckbarer Ausfertigungen in besonderen Fällen, u.a. § 726 Abs. 1, 727 bis
   729 ZPO, z.B. Anordnung der Klageerhebung nach Arrestbefehl oder einstweiliger
   Verfügung, §§ 926 Abs. 1, 936 ZPO; Aufhebung von Arrestvollzugsmaßnahmen nach
   Hinterlegung der Lösungssumme oder unterbliebene Nachschüsse des Gläubigers,
   §§ 934, 923 ZPO; Forderungspfändungen aus einem Arrestbefehl, § 930 ZPO; alle
   Geschäfte im Zwangsvollstreckungsverfahren nach dem 8. Buch der ZPO, soweit vom
   Vollstreckungsgericht zu erledigen (mit Ausnahme der Entscheidungen über Erinnerung
   gegen Art und Weise der Zwangsvollstreckung nach § 766 ZPO);

– **Festsetzungsverfahren**, § 21 RPflG:

   Erlass eines Kostenfestsetzungsbeschlusses, § 104 ZPO; Festsetzung der Vergütung des
   Rechtsanwalts gegen die eigene Partei, § 11 RVG;

– die in § 3 **Nr. 4 a** und **4 b** RPflG genannten Geschäfte im **internationalen Rechtsverkehr** und in **Hinterlegungssachen**.

Die Befugnis, Eide abzunehmen und Haft anzudrohen oder anzuordnen, ist dem Rechtspfleger ausdrücklich nicht übertragen, § 4 Abs. 2 Nr. 1, 2 RPflG.

3. Rechtsmittel gegen Entscheidungen

a) Sofortige Beschwerde

392   Gegen die Entscheidungen des Rechtspflegers ist das **Rechtsmittel** gegeben, das nach **allgemeinen Verfahrensvorschriften** zulässig ist, § 11 Abs. 1 RPflG.

> Beispiele:
> Versagung von Prozesskostenhilfe im Zwangsvollstreckungsverfahren: **sofortige Beschwerde**, §§ 20 Nr. 5 RPflG, 127 Abs. 2, 3 ZPO; Aufhebung von Arrestvollzugsmaßnahmen: **sofortige Beschwerde** §§ 20 Nr. 15 RPflG, 934 Abs. 4 ZPO.

b) Erinnerung

Soweit nach den allgemeinen verfahrensrechtlichen Vorschriften ein Rechtsmittel nicht gegeben ist, findet gegen Entscheidungen des Rechtspflegers in der Frist der Beschwerde (Familiensachen, FGG-Sachen) bzw. sofortigen Beschwerde die **Erinnerung** statt („Auffangrechtsbehelf"), § 11 Abs. 2 Satz 1 RPflG. (Ausnahmen in § 11 Abs. 3 RPflG). Der Rechtspfleger kann der Erinnerung abhelfen; hilft er nicht ab, so legt er die Erinnerung dem Richter zur Entscheidung vor, § 11 Abs. 2 Satz 2, 3 ZPO. Der Instanzrichter entscheidet dann abschließend und unanfechtbar.

> Beispiel:
> Sofern wegen Nichterreichens des Beschwerdewertes (200,– €) eine sofortige Beschwerde gegen den Kostenfestsetzungsbeschluss nicht statthaft ist, §§ 104 Abs. 3 Satz 1, 567 Abs. 2 ZPO, ist die befristete **Erinnerung** zulässig.

III. Der Urkundsbeamte der Geschäftsstelle

1. Stellung

393   Jedes Gericht hat eine **Geschäftsstelle**, die mit **Urkundsbeamten** (Beamte des mittleren Dienstes) besetzt ist (Vorbereitungsdienst von 2 Jahren, Fachlehrgang mind. 6 Monate, Bestehen der Prüfung für den mittleren Justizdienst), § 153 GVG. Organisatorisch ist „die Geschäftsstelle" aufgeteilt auf die Spruchkörper eines Gerichts, sodass jedem Einzelrichter beim Amtsgericht und jeder Kammer bzw. jedem Senat an den Kollegialgerichten eine „eigene" Geschäftsstelle zugeordnet ist. Auch Rechtsreferendare können nach § 153 Abs. 5 GVG mit den Aufgaben eines Urkundsbeamten der Geschäftsstelle betraut werden (BGH NJW 1985, 3033; OLG Dresden StV 2004, 368).

2. Kompetenzen

394   Der Urkundsbeamte der Geschäftsstelle nimmt vielfältige Aufgaben wahr:
- Entgegennahme der für das Gericht bestimmten **Schriftstücke** (BGHZ 2, 32);
- Anlegen und **Führen der Akten**, Register nach der AktO;
- Führung der **Terminkalender**;
- Bewirkung von **Ladungen** und Zustellungen im Amtsbetrieb, § 168 ZPO;
- **Protokollführung** in der Sitzung, §§ 159, 163 ZPO;
- **Aufnahme von Erklärungen**, § 78 Abs. 5 ZPO; bei größeren Amtsgerichten werden zu diesem Zweck sog. **Rechtsantragsstellen** eingerichtet.

Beispiele:
- Anbringung eines Ablehnungsgesuches, § 44 Abs. 1, HS 2 ZPO;
- Antrag auf Bewilligung von Prozesskostenhilfe, § 117 Abs. 1 Satz 1 HS 2 ZPO;
- Aufnahme von Parteierklärungen beim Amtsgericht, §§ 129 Abs. 2, 129 a Abs. 1, 496 ZPO;
- Verweisungsantrag, § 281 Abs. 2 Satz 1 ZPO;
- Antrag auf Durchführung eines selbstständigen Beweisverfahrens, § 486 Abs. 4 ZPO;
- Anträge im Mahnverfahren, § 702 Abs. 1 Satz 1 ZPO.

IV. Der Gerichtsvollzieher

1. Stellung

Der **Gerichtsvollzieher** ist der zuständige Beamte für **Zustellungen, Ladungen und**   **395**
Vollstreckungen (Sonderlaufbahn des mittleren Justizdienstes), § 154 GVG. Seine
Dienstbehörde ist das Amtsgericht; er hat jedoch auf eigene Kosten ein Geschäfts-
zimmer zu halten. Auch er kann bei eigener Betroffenheit von der Ausübung seines
Amtes kraft Gesetzes ausgeschlossen sein, § 155 GVG.

2. Kompetenzen

Dem Gerichtsvollzieher obliegen etwa folgende Aufgabenbereiche: **396**
- **Zustellungen** im Parteibetrieb, §§ 192 ff. ZPO,
- Durchführung der **Zwangsvollstreckung**, soweit nicht dem Gericht übertragen,
§ 753 ZPO.

Beispiele:
- **Pfändung** von beweglichen Sachen wegen Geldforderungen, § 808 ZPO;
- **Pfändung** von **Forderungen aus Wechseln** durch Wegnahme des Papiers, § 831 ZPO;
- **Herausgabe** und Überlassung bestimmter **beweglicher Sachen**, §§ 883, 884 ZPO;
- **Räumung** von Grundstücken durch Außer-Besitz-Setzen, § 885 ZPO;
- Vollziehung von **Arrestbefehlen** und **einstweiligen Verfügungen**, §§ 928 ff., 936 ZPO;
- **Verhaftung** des Schuldners zur Erzwingung der **eidesstattlichen Versicherung**, § 909 Abs. 1 ZPO.

Der Gerichtsvollzieher steht zwar unter der **Aufsicht des Gerichts** und ist weisungs-
abhängig (BVerwG NJW 1983, 896) (vgl. § 766 ZPO), übt aber seine Tätigkeit bzgl.
des Geschäftsganges als solchem **eigenverantwortlich** aus. Gesetzliche Grundlagen
seiner Tätigkeit sind die Gerichtsvollzieherordnung (GVO) und die Geschäftsanwei-
sung für Gerichtsvollzieher (GVGA). Er erhält als Beamter Dienstbezüge, daneben
jedoch einen Anteil der vereinnahmten Gebühren nach dem Gerichtsvollzieherkosten-
gesetz (GVKostG).

6. Kapitel   **Richterliche Eingangsverfügungen**

397 Nach Zuteilung einer Rechtssache an den gesetzlichen Richter wird die Akte mit der Klageschrift dem Richter vorgelegt. In diesem Stadium obliegen ihm drei Aufgaben: Er hat den **Streitwert vorläufig festzusetzen**, eine richterliche Eingangsverfügung in Form des **schriftlichen Vorverfahrens** oder des **frühen ersten Termins** zu bestimmen und die **Zustellung** der Klageschrift nebst der getroffenen Verfügung an den Beklagten zu veranlassen.

I.   Die Streitwertfestsetzung

398 Nach § 4 Abs. 1 ZPO ist für die Wertberechnung zunächst der Zeitpunkt der **Einreichung der Klage bei Gericht** entscheidend. Die Festsetzung des Streitwerts bei Klageeingang hat zunächst Bedeutung für die Bestimmung der **sachlichen Zuständigkeit** nach §§ 23 Nr. 1, 71 Abs. 1 GVG (vgl. Rn. 245 ff). Darüber hinaus hat sie Bedeutung für die **Gerichtsgebühren**. An ihr wird gemessen, ob der einbezahlte Kostenvorschuss ausreichend ist oder ob nachgefordert werden muss. Auch hierfür ist der Zeitpunkt der die Instanz einleitenden Antragstellung entscheidend, § 40 GKG, und die Festsetzung des Zuständigkeitsstreitwerts maßgebend, § 62 GKG, soweit nicht die Sonderregeln der §§ 41 ff. GKG eingreifen. Die Streitwertfestsetzung ergeht durch Beschluss, der i.d.R. keiner Begründung bedarf.

> **Beispiel:**
> „Der Streitwert wird festgesetzt auf 1.000,– €, §§ 3, 4, 8 ZPO."

II.   Anordnung des schriftlichen Vorverfahrens

1.   Einleitung: Eingangsverfügungen

399 Nach § 272 Abs. 1 ZPO ist der Rechtsstreit in **einem umfassend vorbereiteten** Termin zur mündlichen Verhandlung zu erledigen. Dieser Haupttermin und die Güteverhandlung sollen **so früh wie möglich** stattfinden, § 272 Abs. 3 ZPO. Der Richter soll daher bereits bei Klageeingang die umfassende Vorbereitung des Haupttermins in die Wege leiten. Die ZPO bietet hierfür zwei Möglichkeiten: Den **frühen ersten Termin** zur mündlichen Verhandlung nach § 275 ZPO (nicht mit dem Haupttermin zu verwechseln!) **oder** das **schriftliche Vorverfahren** nach § 276 ZPO (nicht mit schriftlichem Verfahren nach § 128 ZPO zu verwechseln!).

2.   Bedeutung des schriftlichen Vorverfahrens

a)   Begriff

400 Das schriftliche Vorverfahren gründet sich darauf, dass die Parteien durch den mehrfachen Austausch von Schriftsätzen die streitigen Sach- und Rechtsfragen deutlicher darstellen können. Der Beklagte teilt zunächst mit, ob er sich überhaupt gegen die Klage **verteidigen** will. Sodann kann er in seiner **Klageerwiderung** ausführlich zu den Behauptungen des Klägers Stellung nehmen. Der Kläger kann wiederum **Replik** halten, der Beklagte hierzu in einer **Duplik** erneut Stellung nehmen.

b)   Vorteile und Nachteile

401 Dieses Verfahren bietet die Chance, die entscheidungserheblichen, streitigen Tatsachen frühzeitig festzustellen und einen Haupttermin durch konzentrierte und gelenkte Stoffsammlung effektiv vorzubereiten. Der Rechtsstreit ist dann i.d.R. „ausgeschrieben", sodass im Haupttermin sogleich die Beweisaufnahme erfolgen und der Rechtsstreit entschieden werden kann. Ein weiterer Vorteil liegt darin, dass bei Anerkenntnis des Beklagten sogleich ein **Anerkenntnisurteil** erfolgt, §§ 276 Abs. 1 Satz 1, 307 ZPO. Meldet sich der Beklagte auf die Klage innerhalb der gesetzten Frist nicht („Verteidigungsanzeige"), kann nach §§ 276 Abs. 1 Satz 1, 331 Abs. 3 ZPO auf Antrag des Klägers ein **Versäumnisurteil** ergehen. In beiden Fällen ergeht das Urteil ohne mündliche Verhandlung. Das schriftliche Vorverfahren bietet sich daher sowohl bei komplizierten Sachverhalten als auch in Fällen an, in denen eine Verteidigung des Beklagten nicht zu erwarten ist.

Andererseits erfordert ein schriftlich geführtes Vorverfahren eine entsprechende **Qualität der Schriftsätze**, weshalb es sich regelmäßig nur für Prozesse mit beiderseitiger Anwaltsbeteiligung eignet. Dies birgt jedoch auch die Gefahr, dass die **Akte** durch umfangreiche Schriftsätze **aufgebläht** wird, weil jeder Rechtsanwalt von seiner Partei angehalten ist, auf jeden Schriftsatz der Gegenseite die eigene Position **nochmals** ausführlich darzustellen. Letztlich besteht die Gefahr, dass durch den häufigen Schriftwechsel und lange Schriftsatzfristen die vom Gesetz geforderte zügige Erledigung des Rechtsstreits vereitelt wird.

3. Gegenstand der Anordnung des schriftlichen Vorverfahrens

a) Freie Entscheidung des Richters

Die Entscheidung, ob schriftliches Vorverfahren oder früher erster Termin angeordnet **402** werden soll, trifft der Richter unter dem Gesichtspunkt, auf welchem Weg die frühzeitige Sammlung des entscheidungserheblichen Streitstoffs besser oder die Erledigung des Rechtsstreits schneller herbeizuführen ist. Er hat vor seiner Entscheidung kein rechtliches Gehör zu gewähren, sie ist in Form einer „Verfügung" **unanfechtbar** (BGHZ 86, 31). In **Arbeitssachen** nach § 46 Abs. 2 Satz 2 ArbGG scheidet die Anordnung eines schriftlichen Vorverfahrens allerdings aus.

b) Aufforderung zur Verteidigungsanzeige

aa) **Anzeige der Verteidigungsabsicht.** Der Vorsitzende fordert den Beklagten durch **403** Verfügung zunächst auf, dem Gericht binnen 2 Wochen **schriftlich anzuzeigen, ob er sich gegen die Klage verteidigen wolle**, § 276 Abs. 1 Satz 1 ZPO. Der Kläger erhält hiervon eine Abschrift zur Kenntnis, § 276 Abs. 1 Satz 1, HS 2 ZPO. Im Anwaltsprozess ist der **Beklagte** auch zur **Anwaltsbestellung** aufzufordern, wenn er eine Verteidigung beabsichtigt, § 271 Abs. 2 ZPO.

Für die Anzeige der Verteidigungsabsicht genügt die einfache Mitteilung, der Klage entgegentreten zu wollen. Ausreichend ist auch die Einreichung einer Klageerwiderung, die Ankündigung eines Antrags auf Klageabweisung oder die Stellung eines PKH-Antrags. Im Anwaltsprozess unterliegt die Verteidigungsanzeige dem Anwaltszwang. Der Beklagte ist insoweit zu **belehren**, § 276 Abs. 2 ZPO. Der gegen einen Mahnbescheid eingelegte **Widerspruch** bedeutet **nicht** die **Verteidigungsanzeige**, weil der Beklagte seine Prozesschancen erst nach Vorliegen der Anspruchsbegründung beurteilen kann (vgl. Rn. 146).

bb) **Frist.** Die Verteidigungsanzeige ist binnen einer **Notfrist** von **2 Wochen** ab **Zustel-** **404** **lung** der Klage abzugeben. Die Frist ist unabänderlich, § 224 ZPO. Zugleich ist der Beklagte über die **Folgen der Fristversäumung** zu belehren, § 276 Abs. 2 ZPO. Ist die Klagezustellung im **Ausland** vorzunehmen, so setzt der Vorsitzende eine Frist zur Abgabe einer Verteidigungsanzeige fest und gibt dem Beklagten auf, innerhalb dieser

Frist auch einen Zustellungsbevollmächtigten im Inland gemäß § 184 ZPO zu bestellen.

405   cc) **Reaktionsmöglichkeiten des Beklagten.** Der Beklagte hat verschiedene Möglichkeiten, auf die richterliche Aufforderung zu reagieren:

– **Fristgemäße Verteidigungsanzeige.** Meldet er sich innerhalb der Notfrist und zeigt, ggf. durch einen Rechtsanwalt, an, dass er sich gegen die Klage verteidigen wolle, so ist die Klageerwiderung abzuwarten, ohne dass in der Zwischenzeit etwas zu veranlassen wäre.

– **Keine fristgemäße Verteidigungsanzeige.** Zeigt er keine Verteidigung an, ergeht nach Fristablauf ein **Versäumnisurteil** ohne mündliche Verhandlung, § 331 Abs. 3 ZPO, wenn der Kläger dies beantragt, die Klage **zulässig** und **schlüssig** ist (vgl. Rn. 549 ff) und die besonderen Voraussetzungen nach § 335 Abs. 1 Nr. 4 ZPO vorliegen. Der Antrag kann in der Klageschrift schon **vorsorglich** gestellt werden, § 331 Abs. 3 Satz 2 ZPO.

– **Anerkenntnis.** Anerkennt der Beklagte bereits schriftlich, kann sogleich und ohne Antrag des Klägers **Anerkenntnisurteil** nach § 307 ZPO ergehen. Anerkennt er innerhalb der Notfrist, muss er die **Kosten** des Rechtsstreits nicht tragen, wenn er durch sein Verhalten keine Klageveranlassung gegeben hatte, § 93 ZPO. Im Verfahren vor dem Amtsgericht ist er bereits mit der Aufforderung nach § 276 ZPO über die Folgen eines schriftlichen Anerkenntnisses zu **belehren,** § 499 Abs. 2 ZPO.

c)   **Aufforderung zur Klageerwiderung**

406   aa) **Klageerwiderung.** Im schriftlichen Vorverfahren fordert der Vorsitzende den Beklagten zugleich auch zur Einreichung einer Klageerwiderung auf, § 276 Abs. 1 Satz 2 ZPO. In der Klageerwiderung hat der Beklagte seine **Verteidigungsmittel vorzubringen,** § 277 Abs. 1 ZPO. Er muss also auf die schlüssigen Tatsachenbehauptungen des Klägers eingehen und abweichende **Tatsachen** unter Beweisantritt **darstellen;** er muss dies substanziiert – also ausführlich und detailliert – und vollständig tun, § 138 Abs. 1, 2 ZPO. Auch muss er bereits seine **Gegenrechte** darlegen, z.B. die (Hilfs-)Aufrechnung (BGH NJW 1991, 293) erklären oder den Verjährungseinwand erheben. Er ist bei Anwaltszwang zu **belehren,** dass er die Klageerwiderung durch seinen Rechtsanwalt einreichen muss, § 277 Abs. 2 ZPO.

407   bb) **Frist.** Nach § 276 Abs. 1 Satz 2 ZPO ist dem Beklagten eine Frist von **mindestens 2 weiteren Wochen** zur Klageerwiderung zu setzen. Diese Frist schließt sich also an die Frist zur Erklärung der Verteidigungsbereitschaft an, sodass dem Beklagten faktisch mindestens 4 Wochen seit Klagezustellung zur Erwiderung zur Verfügung stehen. Nach dem Gesetzeswortlaut obliegt die Fristsetzung dem **Vorsitzenden** und kann bei Kammersachen nicht dem Berichterstatter übertragen werden; bei Verstoß hiergegen soll keine wirksame Fristsetzung vorliegen (BGH NJW 1991, 2774; sehr streitig, da zu formalistisch). Die Frist zur Klageerwiderung ist **keine** Notfrist und kann daher auf Antrag **verlängert** werden, wenn erhebliche Gründe glaubhaft gemacht werden, § 224 Abs. 2 ZPO. Auch eine **wiederholte Verlängerung** ist nach **zwingender Anhörung** des Gegners möglich, § 225 Abs. 2 ZPO. Der Vorsitzende hat den Beklagten auch darüber zu **belehren,** welche Folgen eine Versäumung der Klageerwiderungsfrist haben kann, § 277 Abs. 2 ZPO. Diese Belehrung hat auch zu erfolgen, wenn der Beklagte bereits anwaltlich vertreten ist (BGHZ 88, 180) oder alsbald einen Rechtsanwalt beauftragt (BGH NJW 1986, 133).

408   cc) **Reaktionsmöglichkeiten des Beklagten.** Reicht der Beklagte fristgerecht – ggf. nach Fristverlängerung – seine **Klageerwiderung** ein, so kann das Gericht nunmehr Haupttermin bestimmen und/oder dem Kläger eine Frist zur **Replik** auf die Klageerwiderung einräumen, § 276 Abs. 3 ZPO. Auch insoweit gilt die Pflicht zur Belehrung nach § 277 Abs. 2 ZPO entsprechend. **Bleibt die Klageerwiderung** innerhalb der gesetzten Frist **aus** und wird auch keine Fristverlängerung beantragt, so bestimmt der Vorsitzende **so früh wie möglich** einen **Haupttermin** mit Güteverhandlung, § 272 Abs. 3 ZPO. Da zwischen Terminsbestimmung und Haupttermin meist ein erheblicher Zeitraum liegt, mindestens jedoch die Ladungsfrist des § 217 ZPO, wird i.d.R. die Klageerwiderung noch verspätet eingehen. Die Zulassung dieses **verspäteten Vorbringens** richtet sich dann nach § 296 Abs. 1 ZPO (vgl. Rn. 778). Die Verspätung kann aber vom Richter oft noch durch prozessleitende Maßnahmen aufgefangen werden und bleibt somit folgenlos.

Muster für Anordnung des schriftlichen Vorverfahrens

> Verfügung vom 3.9.2009
> 1. Der Haupttermin soll durch ein schriftliches Vorverfahren vorbereitet werden.
> 2. Dem Beklagten wird die beiliegende Klageschrift zugestellt.
> 3. Er wird aufgefordert, wenn er sich gegen die Klage verteidigen will, einen Rechtsanwalt zu bestellen und durch diesen
>   – binnen einer Notfrist von 2 Wochen nach Zustellung der Klageschrift dem Gericht anzuzeigen, dass er sich gegen die Klage verteidigen will;
>   – binnen einer Frist von weiteren 2 Wochen auf die Klage zu erwidern;
>   – in der Klageerwiderung sich zu äußern, ob einer Entscheidung durch den Einzelrichter Gründe entgegenstehen;
> 4. Der Kläger wird aufgefordert, den Kaufvertrag vom 12.10.2006 binnen 2 Wochen im Original vorzulegen.

4. Anordnungen für den Termin zur mündlichen Verhandlung

Nach Abschluss des schriftlichen Vorverfahrens bestimmt das Gericht so früh wie möglich **Termin zur Güteverhandlung** und **Haupttermin**. Es trifft die hierfür gebotenen vorbereitenden **Maßnahmen**, § 273 ZPO, gibt rechtliche Hinweise, § 139 ZPO, oder erlässt einen vorterminlichen Beweisbeschluss, § 358 a ZPO. **409**

III. Anordnung des frühen ersten Termins

1. Bedeutung des frühen ersten Termins

a) Begriff

Der **frühe erste Termin** ist die in § 272 Abs. 2 ZPO vorgesehene zweite Möglichkeit, den späteren Haupttermin vorzubereiten, wobei nach § 278 Abs. 2 ZPO der streitigen Verhandlung i.d.R. auch hier eine Güteverhandlung vorausgeht. Es handelt sich um eine mündliche Verhandlung, die sich in Inhalt und Ablauf von einem nachfolgenden Haupttermin kaum unterscheidet. Der frühe erste Termin ist **vollwertiger Verhandlungstermin** (BGHZ 86, 36; OLG Karlsruhe NJW 1983, 403). **410**

b) Vorteile und Nachteile

Der frühe erste Termin gibt dem Gericht die Gelegenheit, im Gespräch mit den Parteien die tatsächlichen und rechtlichen Streitpunkte herauszufinden und alle Anordnungen zu treffen, damit im Haupttermin die nötige Aufklärung vollends erfolgen kann, § 275 Abs. 2 ZPO (**Vorbereitungsfunktion**). So kann das Gericht gezielt auf die Erklärung der entscheidungserheblichen Tatsachen hinwirken. Dieser Termin bewährt sich besonders **411** im Parteiprozess ohne Rechtsanwälte. Der Fall lässt sich in diesem Stadium auch noch besser überblicken, da noch wenig Schriftverkehr angefallen ist.

Darüber hinaus soll er nach Möglichkeit bereits in diesem frühen Stadium zur **Prozesserledigung** durch Vergleichsabschluss, Klagerücknahme, Anerkenntnis- oder Versäumnisurteil führen, vgl. § 275 Abs. 2 ZPO. In einfach gelagerten Fällen, insbesondere bei unstreitigem Sachverhalt, kann der Rechtsstreit bereits in diesem Termin zur **Entscheidungsreife** geführt und durch Urteil beendet werden, ohne dass noch ein Haupttermin stattfinden müsste. In der Praxis wird die Erledigung im frühen ersten Termin bei sachgerechter Vorbereitung nach § 273 ZPO sehr häufig erreicht.

c)   **Abgrenzung zu anderen Terminen**

412   Der frühe erste Termin zur mündlichen Verhandlung kann begrifflich gegenüber anderen Formen des „Termins" abgegrenzt werden.

– **Güteverhandlung.** Sie ist grundsätzlich **vor** mündlicher **Verhandlung** durchzuführen, § 278 Abs. 2 Satz 1 ZPO. In ihr ist der **Sach- und Streitstand** mit den Parteien unter Würdigung aller Umstände zu **erörtern**, sind **Fragen** zu stellen und die Parteien persönlich **anzuhören**, § 278 Abs. 2 Satz 2 ZPO. Ziel ist die schnelle gütliche Beilegung des Rechtsstreits. Die Güteverhandlung geht auch dem frühen ersten Termin zur mündlichen Verhandlung voraus und nimmt dessen wesentliche Elemente schon vorweg.

– **Haupttermin.** Der Haupttermin ist derjenige Verhandlungstermin, der einem schriftlichen Vorverfahren nachfolgt oder nach dem frühen ersten Termin stattfindet, sofern der Prozess dort noch keine Erledigung gefunden hat. Er soll dazu dienen, den **Rechtsstreit zu erledigen,** § 272 Abs. 1 ZPO. Der Richter soll nach umfassender Vorbereitung den Sach- und Streitstand aufzeigen und ihn mit den Parteien erörtern. Eine notwendige **Beweisaufnahme** soll unmittelbar folgen, § 279 Abs. 2 ZPO. Alle erheblichen Sach- und Rechtsfragen sollen in diesem einzigen Haupttermin angesprochen und geklärt werden. Ein weiterer Haupttermin soll die absolute Ausnahme sein und ggf. kurzfristig angesetzt werden.

413   – **Beweisaufnahmetermin.** Er umfasst den Zeitraum, in dem das Gericht die Beweisaufnahme, etwa durch Vernehmung von Zeugen, durchführt. Dieser Termin vor dem Prozessgericht ist nach § 370 Abs. 1 ZPO immer auch zur Fortsetzung der mündlichen Verhandlung bestimmt.

– **Verkündungstermin.** In diesem Termin „verkündet" das Gericht die aufgrund mündlicher Verhandlung ergehende Entscheidung, §§ 310, 329 ZPO. Er sollte spätestens 3 Wochen nach dem Schluss der mündlichen Verhandlung stattfinden, § 310 Abs. 1 ZPO. Die Verkündung dauert meistens aber nur wenige Sekunden oder Minuten, weshalb eine Anwesenheit der Parteien oder ihrer Prozessbevollmächtigten absolut unüblich ist.

– **Mündliche Verhandlung.** Mehrere Sitzungstermine eines Rechtsstreits (früher erster Termin, Haupttermin, Beweisaufnahmetermin) derselben Instanz gelten nach dem Grundsatz der **Einheit der mündlichen Verhandlung** als **eine** mündliche Verhandlung. Dies bedeutet, dass Parteien grundsätzlich Angriffs-, Verteidigungs- und Beweismittel noch bis zum Schluss der letzten Verhandlung vorbringen können, bei Nachlässigkeit oder Verschleppungsabsicht aber das Risiko der Zurückweisung des Vortrags durch das Gericht wegen Verspätung nach § 296 ZPO eingehen.

2.   **Gegenstand der Anordnung des frühen ersten Termins**

a)   **Terminsbestimmung und Ladung**

414   Wesentliche Elemente der Anordnung des frühen ersten Termins sind die **Terminsbestimmung** und **Ladung der Parteien** zu einem Verhandlungstermin, dem eine Güteverhandlung vorausgeht. Auch kann das **persönliche Erscheinen** der Parteien angeordnet werden.

aa) Terminsbestimmung. Nach § 216 Abs. 1 ZPO werden Termine **von Amts wegen** bestimmt, wenn Anträge eingehen, über die nur nach mündlicher Verhandlung entschieden werden kann. Folglich hat der Vorsitzende **unverzüglich** nach Klageeingang den frühen ersten Termin zu bestimmen, § 216 Abs. 2 ZPO. Die Terminsbestimmung erfolgt durch richterliche **Verfügung.** Das Beschleunigungsgebot des § 272 Abs. 3 ZPO verlangt, den Termin nicht weiter hinauszurücken, als dies infolge gesetzlicher Ladungsfristen erforderlich und nach dem Geschäftsanfall des Richters machbar ist. Allerdings hat der Richter die **Einlassungsfrist von 2 Wochen** nach § 274 Abs. 3 ZPO zu wahren (vgl. Rn. 425).

bb) Ladung. Nach Bestimmung des Termins zur mündlichen Verhandlung ist die **415** Ladung der Parteien durch die **Geschäftsstelle** zu veranlassen, § 274 Abs. 1 ZPO. Sie ist die **gerichtliche Mitteilung** an die Parteien über den angesetzten Termin mit der Aufforderung, zu erscheinen. Im Anwaltsprozess muss die Ladung an die Partei die Aufforderung enthalten, einen zugelassenen **Rechtsanwalt zu bestellen,** § 215 Abs. 2 ZPO. Hat sich bereits dem Gericht gegenüber ein Rechtsanwalt bestellt, so ist die Ladung diesem zuzustellen, § 172 Abs. 1 ZPO. Dies gilt auch, wenn der Kläger den Beklagtenvertreter in der Klage bezeichnet, nachdem er vorprozessual von dessen Prozessvollmacht Kenntnis erlangt hat (BGH NJW 2000, 444). Ist im weiteren Verlauf des Rechtsstreits die **Terminsbestimmung in einer verkündeten Entscheidung** enthalten, so ist eine **Ladung** der Parteien zu diesem Termin **nicht erforderlich,** § 218 ZPO. So enthält der Beweisbeschluss i.d.R. zugleich den Termin zur Beweisaufnahme und Fortsetzung der mündlichen Verhandlung. Die Parteien erfahren hiervon im Verkündungstermin, § 329 ZPO, oder können sich nach dem Inhalt der verkündeten Entscheidung erkundigen.

cc) Persönliches Erscheinen. Von der Ladung der Parteien zum Termin ist die Anord- **416** nung des persönlichen Erscheinens zu unterscheiden. Bei der „normalen" Terminsladung kann sich die Partei durch ihren Prozessbevollmächtigten vertreten lassen und muss nicht selbst zum Termin erscheinen. Ist jedoch das persönliche Erscheinen angeordnet, so hat sie selbst zum Termin zu kommen, § 141 ZPO.
– **Voraussetzungen.** Das persönliche Erscheinen soll angeordnet werden, wenn dies zur **Aufklärung des Sachverhalts geboten** erscheint. Unklarheiten können am besten im direkten Gespräch mit den und unter den betroffenen Parteien selbst behoben werden. Diese Anhörung der Parteien ist aber **keine Beweisaufnahme** i.S.d. Parteivernehmung. Da grundsätzlich jeder mündlichen Verhandlung eine **Güteverhandlung** vorauszugehen hat und diese meist nur Sinn macht, wenn die Kontrahenten persönlich anwesend sind, soll auch zu diesem Zweck das persönliche Erscheinen angeordnet werden, § 278 Abs. 3 ZPO. Von der Anordnung des persönlichen Erscheinens ist nur abzusehen, wenn der Partei die Wahrnehmung des Verhandlungstermins wegen großer **Entfernung** zum Terminsort, § 219 ZPO, oder aus sonstigem **wichtigen Grund nicht zumutbar** ist, § 141 Abs. 1 Satz 2 ZPO.
– **Folgen bei Nichterscheinen.** Erscheint die Partei nicht, so ist ihr Fernbleiben vom Richter frei zu würdigen, § 286 Abs. 1 ZPO. Darüber hinaus kann das Gericht gegen die nicht erschienene Partei ein **Ordnungsgeld** verhängen (vgl. Art. 6 Abs. 1 EGStGB: 5,– bis 1.000,– €). Bereits in der Ladung ist die Partei über diese Folgen zu **belehren,** § 141 Abs. 3 Satz 3 ZPO. Die Verhängung des Ordnungsgeldes kann die Partei vermeiden, wenn sie einen **informierten Vertreter** entsendet, der wie sie selbst **zur Aufklärung des Sachverhalts in der Lage** ist und zur Abgabe aller gebotenen Erklärungen, insbesondere zu **Anerkenntnis, Erledigungsklärung und unwiderruflichem** (OLG München NJW-RR 1992, 827; str.) **Vergleich, ermächtigt** ist, § 141

Abs. 3 Satz 2 ZPO. Erforderlich ist ein Vertreter mit dem **Wissensstand der Partei,** den der nur beruflich befasste Prozessbevollmächtigte selten haben wird.

b) Aufforderung zur Klageerwiderung an den Beklagten

417 Das Gericht hat bei Anordnung eines frühen ersten Termins nach § 275 Abs. 1 ZPO die Wahl, dem Beklagten **zur schriftlichen Klageerwiderung** eine **Frist** zu **setzen oder** ihn aufzufordern, etwa **vorzubringende Verteidigungsmittel unverzüglich** dem Gericht in einem Schriftsatz, im Anwaltsprozess durch einen zu bestellenden Rechtsanwalt, § 271 Abs. 2 ZPO, **mitzuteilen.**

418 **aa) Klageerwiderung.** In aller Regel wird das Gericht die **Fristsetzung** zur Klageerwiderung wählen. In der Klageerwiderung hat der Beklagte seine **Verteidigungsmittel** vorzubringen, soweit es die Prozessförderungspflicht gebietet. Er hat sich dazu zu äußern, ob einer Entscheidung durch den **Einzelrichter** Gründe entgegenstehen, § 277 Abs. 1 ZPO. Wiederum ist zu **belehren,** dass die Klageerwiderung im Anwaltsprozess durch einen zu bestellenden Rechtsanwalt einzureichen ist, § 277 Abs. 2 ZPO.

419 **bb) Frist.** Die Frist zur Klageerwiderung beträgt mindestens **2 Wochen,** § 277 Abs. 3 ZPO. Ist der Termin **vor Ablauf** dieser Frist anberaumt, was bei einer Zustellung der Klage an den Beklagten erst kurz vor dem Termin leicht passieren kann, so empfiehlt sich eine kurzfristige Terminverlegung. Bei Unterschreitung der Frist zur Klageerwiderung ist die Fristsetzung insgesamt unwirksam (Zöller, § 277 Rn. 4 m.w.N.). Andernfalls hat das Gericht **im Termin** durch Beschluss (Zöller, § 275 Rn. 6) eine **Frist zur schriftlichen Klageerwiderung** von mindestens 2 Wochen zu setzen, § 275 Abs. 3 ZPO.

Praxisrelevant ist der Fall, bei dem ordnungsgemäß eine ausreichende Frist zur Klageerwiderung vor dem Termin gesetzt wurde, diese jedoch fruchtlos verstrichen ist. Hat der Beklagte die Frist **verschuldet versäumt,** so hat nach § 275 Abs. 3 ZPO im Termin **keine weitere Fristsetzung** zu erfolgen, sondern sein verspätetes Vorbringen kann nach § 296 ZPO **zurückgewiesen** werden (BGH NJW 1983, 576; OLG Stuttgart NJW 1984, 2538; a.A. OLG Stuttgart NJW-RR 1986, 1062). Nur bei **unverschuldeter Fristversäumung** bzgl. der Klageerwiderung **muss** das Gericht im frühen ersten Termin nochmals eine Klageerwiderungsfrist einräumen, § 275 Abs. 3 ZPO. Auch über diese Folgen einer Fristversäumung ist der Beklagte zu **belehren,** § 277 Abs. 2 ZPO.

3. Anordnungen zur Vorbereitung des Termins

a) Replikfrist

420 Auch bei Anordnung des frühen ersten Termins kann das Gericht dem Kläger zur **Stellungnahme auf die Klageerwiderung** eine mindestens zweiwöchige Frist setzen, wenn diese schon vor dem Termin eingegangen war, §§ 275 Abs. 4, 277 Abs. 3, 4 ZPO. Die Einräumung einer Replikfrist ist jedoch auch im frühen ersten Termin möglich, allerdings ist dann wegen des Mündlichkeitsgrundsatzes in § 128 Abs. 1 ZPO ein **weiterer Verhandlungstermin** anzuberaumen, sofern nicht ein **nachgelassener Schriftsatz,** § 283 ZPO, oder das **schriftliche Verfahren,** § 128 Abs. 2 ZPO, in Betracht kommen.

b) Vorbereitungsmaßnahmen

421 Das Gericht kann den frühen ersten Termin durch **besondere Anordnungen vorbereiten.** Es handelt sich insbesondere um die in § 273 ZPO genannte Ladung von Zeugen und Sachverständigen und die Einholung von amtlichen Auskünften. Zudem hat das

Gericht die Parteien nach § 139 ZPO zur vollständigen Erklärung über offene Fragen anzuhalten, auf sachdienliche Antragstellung hinzuwirken, auf übersehene entscheidungserhebliche Gesichtspunkte hinzuweisen und auf Bedenken aufmerksam zu machen. Wird der Rechtsstreit im frühen ersten Termin nicht abgeschlossen, so kann das Gericht durch Beschluss ebenfalls die bereits genannten Anordnungen treffen, die zur Vorbereitung des Haupttermins noch erforderlich sind, § 275 Abs. 2 ZPO.

Muster für Anordnung des frühen ersten Termins

Verfügung vom 2.10.2009   **422**
1. Der frühe erste Termin zur mündlichen Verhandlung wird bestimmt auf
    Montag, 9.11.2009, 10.30 Uhr, 2. OG, Saal 3, im Gerichtsgebäude
2. Das persönliche Erscheinen des Klägers und des Beklagten wird zur Aufklärung des Sachverhalts und zur Güteverhandlung angeordnet.
3. Der Beklagte wird, wenn er sich gegen die Klage verteidigen will, aufgefordert, einen Rechtsanwalt zu bestellen und durch diesen
   – binnen einer Frist von 2 Wochen nach Zustellung der Klageschrift auf die Klage zu erwidern;
   – etwa vorzubringende Verteidigungsmittel unverzüglich in einem Schriftsatz mitzuteilen;
   – in der Klageerwiderung sich zu äußern, ob einer Entscheidung durch den Einzelrichter Gründe entgegenstehen;
4. Der Kläger wird aufgefordert, den Kaufvertrag vom 12.10.2008 binnen 2 Wochen im Original vorzulegen.

IV. Besondere Verfahrensgestaltung vor dem Amtsgericht

1. Bagatellverfahren

Bei Verfahren mit einem Zuständigkeitsstreitwert von **maximal 600,– €** erlaubt § 495a   **423** ZPO dem Richter, das **Verfahren nach billigem Ermessen** selbst zu bestimmen. Die Vorschrift dient der Vereinfachung und Beschleunigung von Verfahren und räumt dem Richter einen enormen Ermessensspielraum ein, der lediglich durch die Grundsätze eines rechtsstaatlichen Verfahrens beschränkt wird: So können Fristen abgekürzt oder verlängert werden, solange das rechtliche Gehör des Gegners berücksichtigt wird. So ist z.B. der Gebrauch des Telefons auch ohne Anwesenheit des Gegners möglich. Eine mündliche Verhandlung muss nur auf Antrag stattfinden, § 495a Satz 2 ZPO. Auch ist der Richter nicht an die Entscheidung zwischen schriftlichem Vorverfahren und frühem erstem Termin gebunden.

2. Gesetzliche Vorgaben

Klage, Klageerwiderung und sonstige Anträge oder Erklärungen der Parteien, die dem   **424** Gegner zugestellt werden sollen, sind bei Gericht **schriftlich** einzureichen oder mündlich **zu Protokoll** der Geschäftsstelle zu geben, § 496 ZPO. Ist die Klage zu Protokoll erklärt worden, so wird dem Beklagten dieses **Protokoll** an Stelle einer Klageschrift **zugestellt**, § 498 ZPO. Im Falle der Anordnung des schriftlichen Vorverfahrens nach § 276 ZPO ist der Beklagte über die **Möglichkeit eines Anerkenntnisurteils** für den Fall eines schriftsätzlichen Anerkenntnisses zu **belehren**, auch wenn der Beklagte bereits anwaltlich vertreten ist, § 499 ZPO. Wird ein (früher erster) Termin bestimmt, so wird zwar die Ladung des Beklagten zusammen mit der Klage zugestellt, die **Ladung des Klägers** zu diesem Termin erfolgt jedoch i.d.R. **formlos**, § 497 Abs. 1 ZPO.

V.   Fristen und deren Berechnung

425   Bei der Festsetzung der Termine ist zu beachten, dass zugunsten der Parteien bestimmte Fristen einzuhalten sind. Dabei ist nach Klageerhebung eine **Einlassungsfrist** des Beklagten zu wahren, bei Terminierung sind **Ladungsfristen** zu beachten. In besonderen Fällen können die gesetzlichen Fristen verkürzt werden. Grundlage ist eine zutreffende **Fristberechnung**.

1.   Die Einlassungsfrist

Die Einlassungsfrist ist eine Überlegungsfrist für den Beklagten zwischen der **Klage-zustellung** und dem **ersten Verhandlungstermin**. Sie ist eine Schutzfrist zur Sache selbst (BGH NJW-RR 1994, 1213) und beträgt regelmäßig mindestens **2 Wochen**, § 274 Abs. 3 ZPO. Für alle späteren Termine ist sie nicht mehr zu beachten, selbst wenn Klageänderungen oder -erweiterungen eingetreten sind (OLG Düsseldorf NJW-RR 1999, 859) oder eine Widerklage erhoben worden ist. Bei **Auslandszustellung** ist sie vom Vorsitzenden ausdrücklich zu bestimmen und sollte i.d.R. 4 Wochen nicht unterschreiten, § 274 Abs. 3 ZPO. Beim Antrag auf Erlass eines **Arrests bzw. einer einstweiligen Verfügung** handelt es sich nicht um eine „Klageschrift", weshalb hier **keine Einlassungsfrist** zu berücksichtigen ist. Die Einhaltung der Einlassungsfrist würde auch oft zu einer unangemessenen Verzögerung des Eilverfahrens führen. Zu beachten ist in diesen Fällen lediglich die Ladungsfrist.

2.   Die Ladungsfrist

426   **Grundsatz.** Sie ist im Gegensatz zur Einlassungsfrist **vor jedem Termin**, zu dem Parteien geladen werden, zu beachten, mit Ausnahme der ein Verfahren erst einleitenden Ladung, etwa im Zusammenhang mit der Zustellung der Klage und Verfügung eines frühen ersten Termins, dort ist nur die Einlassungsfrist zu wahren. Die Ladungsfrist ist der Zeitraum, der in einer anhängigen Sache **zwischen Zustellung der Ladung und dem Terminstag** liegen soll, § 217 ZPO. Diese Frist ist daher auch bei Verlegung eines Termins nach § 227 ZPO wieder einzuhalten, nicht aber, wenn nur die Terminsstunde am selben Tag geändert wird (OLG Brandenburg NJW-RR 1998, 500). Die Ladungs-frist beträgt im Anwaltsprozess mindestens **1 Woche**, in allen anderen Prozessen mindestens **3 Tage**, § 217 ZPO. Bei verkündeten Terminen i.S.d. § 218 ZPO, zu denen nicht noch besonders geladen werden muss, ist auch diese Frist nicht einzuhalten (vgl. BGH NJW 1964, 658). Ist die Einlassungs- oder Ladungsfrist nicht gewahrt, so braucht sich der Beklagte auf die Verhandlung nicht einzulassen. Gegen den nicht verhandelnden oder nicht erschienenen Beklagten darf **kein Versäumnisurteil** ergehen, § 335 Abs. 1 Nr. 2 ZPO. Vielmehr ist von Amts wegen zu vertagen, § 337 ZPO.

3.   Die Fristverkürzung

427   Durch **Verfügung** des Vorsitzenden können Einlassungs- und Ladungsfristen auf Antrag **abgekürzt** werden, § 226 Abs. 1 ZPO. Die Abkürzung erfolgt nach freiem Ermessen und ist sogar möglich, wenn dadurch die Vorbereitung der mündlichen Verhandlung durch Schriftsätze ausgeschlossen ist, § 226 Abs. 2 ZPO, sofern eine Vorbereitung überhaupt möglich ist (BGHZ 27, 169). Rechtliches Gehör des Gegners ist für die Fristverkürzung nicht erforderlich, § 226 Abs. 3 ZPO.

4.   Die Fristberechnung

428   Bereits bei der Terminsbestimmung muss der Richter berechnen, wann voraussichtlich die Zustellung an den Beklagten erfolgen wird, um dann unter Berücksichtigung der einzuhaltenden Einlassungsfrist den alsbald möglichen Terminstag zu ermitteln. Für die

Berechnung der Einlassungsfrist und der Ladungsfrist gelten die §§ 222 ZPO, 186 ff. BGB.

Der Fristlauf der genannten Fristen wird an die **Zustellung** der Klage oder der Ladung an die Partei geknüpft. Da für die Frist folglich ein „Ereignis" maßgebend ist, wird für die Fristberechnung **der Tag der Zustellung nicht mitgerechnet**, § 187 Abs. 1 BGB. Soweit Einlassungs- und Ladungsfristen als **Wochenfristen** ausgestattet sind, fällt der Fristablauf auf das Ende des Wochentages, der durch seine **Benennung** dem Tag entspricht, an welchem die Zustellung erfolgte, § 188 Abs. 2 BGB.

> **Beispiel:**
> Erfolgt die Zustellung der Klage am Montag, so läuft die zweiwöchige Einlassungsfrist am Montag der zweiten Woche ab und der früheste Termin ist am Dienstag möglich.

Fällt das Ende einer Frist aber auf einen **Samstag, Sonntag oder Feiertag**, so endet die Frist erst mit Ablauf des nächsten Werktages, § 222 Abs. 2 ZPO.

> **Beispiel:**
> Erfolgt die Zustellung der Klage am Samstag, so läuft die zweiwöchige Einlassungsfrist am Montag der dritten Woche ab und der Termin ist erst am folgenden Dienstag möglich.

Soweit bei der Ladungsfrist eine Drei-Tages-Frist gilt, endet die Frist mit dem **Ablauf des letzten Tages** der Frist, § 188 Abs. 1 BGB. Der Tag der Zustellung wird nicht eingerechnet, § 187 Abs. 1 BGB. Bei Fristende an Samstagen, Sonn- und Feiertagen endet die Frist wiederum am nächsten Werktag, § 222 Abs. 2 ZPO.

> **Beispiele:**
> – Erfolgt die Zustellung am Montag, so läuft die Ladungsfrist am Donnerstag derselben Woche ab und der Termin ist am folgenden Freitag möglich.
> – Erfolgt die Zustellung am Donnerstag, so läuft die Ladungsfrist am Montag der nächsten Woche ab und der Termin ist am folgenden Dienstag möglich.

Zu beachten ist noch, dass in **Notfällen** Termine sogar am Wochenende, also an Samstagen, Sonntagen und Feiertagen abgehalten werden können, § 216 Abs. 3 ZPO. Demnach käme in obigen Beispielen im Falle des Fristablaufs am Freitag auch ein Termin am Samstag oder Sonntag in Betracht.

7. Kapitel   Eintritt der Rechtshängigkeit durch Klageerhebung

I. Die Zustellung der Klageschrift

1. Voraussetzungen der Klagezustellung

429   Die Zustellung der Klageschrift hat nach § 271 Abs. 1 ZPO **unverzüglich** zu erfolgen, dennoch können **Hindernisse** bestehen, bei deren Vorliegen das Gericht von der Klagezustellung absieht.

a)   Fehlender Gebührenvorschuss

430   Nach § 12 Abs. 1 GKG soll die Klage erst nach Zahlung der **erforderten Gebühr** für das Verfahren im Allgemeinen zugestellt werden („ohne Schuss kein Jus"). Der Klage ist daher ein Kostenvorschuss in Höhe von 3 Gebühren nach Nr. 1210 des Kostenverzeichnisses (Anl. 1 zu § 3 Abs. 2 GKG) beizufügen. Dies erfolgt in der Praxis durch Beifügung eines **Verrechnungsschecks**, der durch die Geschäftsstelle an die Gerichtskasse zur Einlösung weitergereicht wird. Ausnahmsweise ist die Klage auch **ohne** Gebührenvorschuss zuzustellen, nämlich in den Fällen des § 12 Abs. 2 GKG, z.B. bei **Widerklage**, und in den Fällen des § 14 Nr. 1–3 GKG, z.B. bei Bewilligung der **Prozesskostenhilfe**.

b)   Vorliegen eines allgemeinen Verfahrenshindernisses

431   **aa) Unterbrechung und Aussetzung.** Ist das Verfahren aufgrund der §§ 239 ff. ZPO unterbrochen oder vor einer Klageerweiterung aufgrund der §§ 246, 247 ZPO ausgesetzt, so ist eine eingehende Klage oder Klageerweiterung nicht zuzustellen.

bb) Schluss der mündlichen Verhandlung. Nach Schluss der letzten mündlichen Verhandlung ist eine in diesem Verfahren eingehende neue Klage bzw. Klageerweiterung nicht mehr zuzustellen, sofern keine Wiedereröffnung des Verfahrens nach § 156 ZPO geboten ist. Hier sollte der Kläger klarstellen, ob der Schriftsatz als neue Klage mit neuem Aktenzeichen angesehen werden soll.

432   **cc) Fehlende Existenz der Partei.** Bei fehlender Existenz einer Partei ist von der Klagezustellung abzusehen, weil ein Prozessrechtsverhältnis gar nicht begründet werden kann.

dd) Fehlende Gerichtsbarkeit. Gegenüber Personen, die als sog. **Exterritoriale** von der deutschen Gerichtsbarkeit befreit sind, hat auch die Zustellung einer Klage zu unterbleiben, vgl. §§ 18–20 GVG (vgl. Rn. 224).

c)   Mängel der Klageschrift

433   Sie können wegen des Justizgewährungsanspruchs nur in engen Ausnahmefällen zu einer Zustellungsverweigerung führen.

aa) Formelle Mängel. Keine Zustellung darf erfolgen, wenn eine **Klageschrift gar nicht vorliegt**, weil sie **keinen Antrag** enthält oder nicht erkennen lässt, **gegen wen** sich die Klage richten soll. Gleiches gilt bei gravierenden äußeren Mängeln wie **fehlender Unterschrift** oder Abfassung in **fremder Sprache**, § 184 GVG (RGZ 162, 288).

bb) Inhaltliche Mängel. Lediglich in Ausnahmefällen kommt es für die Frage der Zustellung auf den Inhalt der Klage an, nämlich dann, wenn sie wegen ihres **ausschließ-**

lich unsachlichen, grob beleidigenden oder querulatorischen Inhalts als rechtsmissbräuchlich angesehen werden muss (BFH NJW 1993, 1352).

2. Die Zustellung

a) Definitionen und Zwecke

aa) Definitionen. Zustellung ist **Bekanntgabe eines Schriftstücks** an eine Person in der **durch Gesetz bestimmten Form**, § 166 Abs. 1 ZPO. Sie soll dem **Zustellungsadressaten** Gelegenheit zur Kenntnisnahme vom Inhalt eines Schriftstücks geben (BGH NJW 1992, 2280), die tatsächliche Kenntnisnahme bleibt ihm überlassen. Ist der Zustellungsadressat nicht erreichbar, so ist die Zustellung auch bewirkt, wenn an seiner Stelle ein durch das Gesetz vorgesehener **Zustellungsempfänger** das Dokument entgegennimmt. Die **Beurkundung** der Zustellung liefert **Beweis** dafür, dass das Schriftstück dem Adressaten tatsächlich zugegangen ist. **434**

bb) Zustellungsbedarf. Er besteht in materiell-rechtlicher Hinsicht dort, wo erst durch die Tatsache der Bekanntgabe **Rechte** des Zustellungsadressaten **begründet** werden, etwa bei empfangsbedürftigen Willenserklärungen, vgl. § 132 BGB; in prozessualer Hinsicht ist die Zustellung erforderlich, wo die Bekanntgabe eines Schriftstücks Grundlage für den **Beginn** oder **Fortgang eines gerichtlichen Verfahrens** oder die Wirksamkeit einer **gerichtlichen Entscheidung** ist. **435**

> Beispiele:
> – Zustellung der Klage begründet **Rechtshängigkeit**, §§ 253, 261 ZPO;
> – Zustellung der Klage hemmt die **Verjährung**, § 204 Abs. 1 Nr. 1 BGB;
> – Zustellung der Verfügung des schriftlichen Vorverfahrens setzt die **Notfrist** für die Abgabe der Verteidigungsanzeige in Lauf, § 276 Abs. 1 Satz 1 ZPO;

Wann ein Schriftstück förmlich zuzustellen ist, ergibt sich aus den **einzelnen Vorschriften** des Prozessrechts. Auch das **Gericht** kann in besonderen Fällen eine Zustellung verfügen, wenn sie vom Gesetz nicht zwingend vorgeschrieben ist.

> Beispiele:
> – § 253 Abs. 1 ZPO: Die Erhebung der Klage erfolgt durch **Zustellung**;
> – § 377 Abs. 1 ZPO: Die Ladung von Zeugen wird formlos übersandt, sofern nicht das Gericht die **Zustellung** anordnet.

cc) Zustellungsabsicht. Die Zustellung erfordert eine Zustellungsabsicht des die Zustellung ausführenden Urkundsbeamten, bei Anordnung durch den Richter oder Rechtspfleger kommt es auf deren Willensrichtung an (BGH NJW 1956, 1878). Eine Zustellung ohne Zustellungsabsicht bleibt ohne Zustellungswirkung (vgl. Rn. 51). **436**

dd) Formlose Mitteilung. In vielen Fällen sieht sowohl das Gesetz als auch das Gericht von einer „förmlichen" Zustellung ab. Vor allem in Fällen, in denen es nur auf die **Information** des Adressaten ankommt, ohne dass für ihn unmittelbar Rechte, Pflichten oder prozessuale Wirkungen in Frage stehen, genügt eine formlose Mitteilung, so z.B. für die Zeugenladung, § 377 Abs. 1 ZPO.

b) Zustellungsarten

Das Zustellungsrecht unterscheidet die Zustellungen **von Amts wegen** und die Zustellung im **Parteibetrieb**. Die **Amtszustellung** ist im Klageverfahren die übliche Zustellungsform und hat daher auch im Gesetz Vorrang, § 166 Abs. 2 ZPO, während etwa bei Arrest oder einstweiliger Verfügung, §§ 922 Abs. 2, 936 ZPO, die Zustellung **auf Betreiben der Parteien**, §§ 191 ff. ZPO, verbreitet ist. **437**

c) Zustellungsorgane

438   Je nach Art der Zustellung sind verschiedene Zustellungsorgane tätig. Im Regelfall der **Amtszustellung** ist Zustellungsorgan der **Urkundsbeamte** der Geschäftsstelle, der sich der **Post** als beliehenem Unternehmer, eines **Justizbediensteten** oder – auf richterliche Anordnung – auch eines Gerichtvollziehers oder einer anderen Behörde als ausführendem Zustellungsorgan bedienen kann, §§ 168 Abs. 1, 176 ZPO. Bei der **Parteizustellung** wird der Gerichtsvollzieher tätig, § 192 ZPO. Bei der Zustellung von Anwalt zu Anwalt stellt der **Rechtsanwalt** zu, § 195 ZPO.

3.   Durchführung der Amtszustellung

a)   Aufgaben der Geschäftsstelle

439   aa) **Zuständigkeit.** Die **Geschäftsstelle** führt die Amtszustellung durch, § 168 Abs. 1 ZPO. Dabei prüft der **Urkundsbeamte** die Zustellungsbedürftigkeit eines Schriftstückes auf eigene Initiative (BGH NJW 1956, 1878) und bewirkt die Zustellung in eigener Zuständigkeit. Er überwacht die Durchführung, insbesondere den Rücklauf der Zustellungsurkunde oder des Empfangsbekenntnisses, und erinnert die ausführende Organe an die Erledigung (RGZ 91, 179). Nach Eingang der Zustellungsdokumente hat er die ordnungsgemäße Zustellung zu prüfen und ggf. eine erneute Zustellung einzuleiten (BGH NJW 1990, 176). Auf Antrag der Partei bescheinigt er den Zeitpunkt der Zustellung, § 169 Abs. 1 ZPO.

bb) **Post und Justizbedienstete.** Der Urkundsbeamte entscheidet auch, ob er die Zustellung in der Form der §§ 173–175 ZPO vornimmt oder sich zur Ausführung der Zustellung der **Post** oder eines **Justizbediensteten** bedient, § 168 Abs. 1 Satz 2 ZPO. Mit Post ist jedes Unternehmen gemeint, das nach § 33 Abs. 1 PostG mit Zustellungsaufgaben beliehen ist. Zustellungsbefugter Justizbediensteter kann jeder geeignete Bedienstete eines Gerichts sein.

cc) **Weisungen.** Der Urkundsbeamte ist in Zustellungssachen an Weisungen des Richters oder Rechtspflegers gebunden (BGH NJW-RR 1993, 1213), auch wenn sie nur in Ausnahmefällen erfolgen werden.

440   dd) **Richterlicher Zustellungsauftrag.** Der Vorsitzende des Prozessgerichts oder der Berichterstatter kann abweichend auch einen **Gerichtsvollzieher** oder eine **andere Behörde** mit der Ausführung der Zustellung beauftragen, wenn eine Zustellung durch Post oder Justizbedienstete keinen Erfolg verspricht, § 168 Abs. 2 ZPO, etwa weil zu den üblichen Geschäftszeiten niemand anzutreffen war. Der Gerichtsvollzieher kann dann auch außerhalb von Geschäftszeiten den Zustellungsempfänger aufsuchen.

ee) **Form der zuzustellenden Schriftstücke.** Die Wirksamkeit der Zustellung setzt voraus, dass das zuzustellende Schriftstück eine Urschrift, eine Ausfertigung oder eine beglaubigte Abschrift ist. Eine **Ausfertigung** vertritt die in den Akten des Gerichts verbleibende Urschrift im Rechtsverkehr (BGH VersR 1994, 1495). Es ist eine **Abschrift** der Urschrift, die im Wesentlichen wortgetreu, vollständig und richtig sein muss (BGH NJW 2001, 1653) und mit einem Ausfertigungsvermerk versehen ist. Eine **beglaubigte Abschrift** ist eine Zweitschrift oder Kopie (BGH NJW 1974, 1383), deren inhaltlicher Gleichlaut mit dem Original vom Rechtsanwalt oder dem Urkundsbeamten durch Beglaubigungsvermerk bestätigt ist. Die Geschäftsstelle hat insoweit **Beglaubigungsbefugnis**, § 169 Abs. 2 ZPO.

b) Zustellungsadressaten

aa) Adressat. Das Gesetz geht vom dem Grundsatz aus, dass Schriftstücke dem Adres- **441** saten **persönlich** zuzustellen sind, § 177 ZPO.

bb) Prozessunfähige. Bei nicht prozessfähigen **natürlichen** Personen und bei **juristi-** **442** **schen** Personen, rechtsfähigen **Personengesellschaften** oder Behörden ist **Zustellungs-** **adressat der gesetzliche Vertreter,** § 170 Abs. 1 Satz 1 ZPO. Er ist in der Adresse zu bezeichnen. Eine Adressierung an die prozessunfähige Person selbst ist **unwirksam,** § 170 Abs. 1 Satz 2 ZPO; allerdings ist eine Aushändigung an den Prozessunfähigen im Wege der **Ersatzzustellung** nach § 178 ZPO möglich (BGH RPfleger 1973, 129). Ist der prozessunfähige Zustellungsadressat keine natürliche Person, so kann auch an den **Leiter** zugestellt werden, § 170 Abs. 2 ZPO, so z.B. an den Präsidenten des Land- gerichts. Hat die prozessunfähige Person **mehrere gesetzliche Vertreter** oder Leiter, so genügt die Zustellung **an einen** von ihnen, § 170 Abs. 3 ZPO. Bei der Gemeinschaft der Wohnungseigentümer kann an den **Verwalter** zugestellt werden, § 27 Abs. 3 Nr. 1 WEG.

cc) Bevollmächtigte. An den **rechtsgeschäftlich bevollmächtigten Vertreter** kann mit **443** gleicher Wirkung wie an den Vertretenen zugestellt werden, § 171 Satz 1 ZPO, so z.B. an den Prokuristen (§ 48 HGB). Es muss aber eine schriftliche **Zustellungsvollmacht** geben, die dem Zustellungsorgan vorzulegen ist, § 171 Satz 2 ZPO.

dd) Prozessbevollmächtigte. In einem **anhängigen Verfahren** hat die Zustellung zwin- **444** gend an den **für den Rechtszug** nach § 80 ZPO **bestellten Prozessbevollmächtigten** zu erfolgen, § 172 Abs. 1 Satz 1 ZPO. Die Bestellung geschieht dadurch, dass die Partei oder ihr Vertreter dem Gericht die Bevollmächtigung ausdrücklich oder schlüssig zur Kenntnis bringt (BGH NJW-RR 2007, 356). Auf Mängel bei der Bevollmächtigung kommt es nicht an (BGH NJW 2002, 1728). Auch die Bezeichnung des **Beklagten-** **vertreters durch den Kläger** in der Klageschrift genügt, sofern die vertretene Partei oder ihr Vertreter dem Gegner von der Prozessvollmacht Kenntnis gegeben hat (BGH NJW- RR 2000, 444).

c) Zustellungswege

aa) Aushändigung an Amtsstelle. Ohne praktische Bedeutung ist die Möglichkeit der **445** Zustellung eines Dokuments durch **Aushändigung** an den Adressaten oder seinen rechtsgeschäftlich bestellten Vertreter (§ 171 ZPO) **an der Amtsstelle,** § 173 ZPO. Amtsstellen sind die Geschäftsräume des Gerichts, aushändigen kann der Urkunds- beamte, der Richter oder auch ein sonstiger Justizbediensteter. Die Aushändigung ist in den Akten zu vermerken.

bb) Empfangsbekenntnis. Hohe praktische Relevanz hat hingegen die Zustellung durch **446** Empfangsbekenntnis (EB). Ein Schriftstück kann an einen **Anwalt, Notar, Gerichtsvoll-** **zieher, Steuerberater** oder an eine sonstige Person, bei der aufgrund ihres Berufes **von** **einer erhöhten Zuverlässigkeit ausgegangen** werden kann, sowie an **Behörden,** Körper- schaften und Anstalten des öffentlichen Rechts gegen ein Empfangsbekenntnis zugestellt werden, § 174 Abs. 1 ZPO. Das ausgefüllte Empfangsbekenntnis ist an das Gericht zurückzusenden, es genügt zum Nachweis der Zustellung, § 174 Abs. 4 Satz 1 ZPO. Es muss das zugestellte **Schriftstück** bezeichnen und ist vom Adressaten mit dem leserlichen (BGH NJW-RR 1986, 1254) **Datum** zu versehen, an dem er vom Zugang des Schrift- stückes Kenntnis erlangt und es empfangsbereit entgegengenommen hat (BGH NJW 2006, 1207). Schließlich muss der Adressat es persönlich, d.h. eigenhändig und hand- schriftlich **unterzeichnen** (BGH NJW-RR 1992, 1150).

cc) **Übermittlung durch Telefax und als elektronisches Dokument.** Das Gesetz gestattet ferner die Übermittlung des zuzustellenden Schriftstücks wie auch des Empfangsbekenntnisses durch Telefax oder als elektronisches Dokument, § 174 Abs. 2, 3 ZPO. Im letzteren Fall ist das Dokument gegen unbefugte Kenntnisnahme Dritter zu **schützen** und mit einer **elektronischen Signatur** zu versehen. Die nach § 130 a Abs. 2 ZPO erforderliche **Zulassung** der elektronischen Übermittlung **durch die Landesregierungen** ist bislang nur partiell erfolgt (z.B. VO des Justizministeriums des Landes Baden-Württemberg zur Einführung des Elektronischen Rechtsverkehrs am LG Mannheim v. 15.6.2004, GBl. 2004, 590), während die Bundesregierung durch VO vom 26.11.2001 den elektronischen Rechtsverkehr beim BGH ermöglicht hat (ERVVOBGH, BGBl. 2001 I 3225).

447   dd) **Einschreiben mit Rückschein.** Ferner ist die Zustellung des Schriftstücks durch Einschreiben mit Rückschein möglich, wobei der Rückschein zum Nachweis der Zustellung genügt, § 175 ZPO. Er hat den Beweiswert einer Privaturkunde nach § 416 ZPO.

Dieser Zustellungsweg ist insoweit problematisch, als die Vorschriften über die Ersatzzustellung nach §§ 177–181 ZPO nur auf den förmlichen Zustellungsauftrag anwendbar sind, § 176 Abs. 2 ZPO, während Beförderung und Übergabe an den Empfänger sich hier nach den **AGB der Post AG** bestimmen. Diese AGB sehen zwar die Aushändigung an einen **Ersatzempfänger** vor, sie entfalten aber **keine Wirkung** gegenüber dem Zustellungsadressaten, da er am Beförderungsvertrag nicht beteiligt ist. Die Zustellung ist bei Entgegennahme durch einen Ersatzempfänger deshalb analog § 130 Abs. 1 Satz 2 BGB zu beurteilen, wonach eine Erklärung, die ein Empfangsbote entgegennimmt, dem Adressaten in dem Zeitpunkt zugeht, in dem nach dem regelmäßigen Verlauf der Dinge die Weiterleitung an den Adressaten zu erwarten war (BSG NJW 2005, 1303; a.A. Zöller, § 175 Rn. 3). Wird der Empfänger **nicht angetroffen** und die niedergelegte Sendung nicht fristgemäß **abgeholt** oder wird die **Annahme verweigert**, ist die Zustellung deshalb als gescheitert anzusehen.

448   ee) **Förmlicher Zustellungsauftrag.** Er stellt in der Praxis den Regelfall dar. Wird der Post, einem Justizbediensteten, einem Gerichtsvollzieher oder einer anderen Behörde (vgl. § 168 ZPO) ein Zustellungsauftrag erteilt, so geschieht dies durch **Übergabe des Schriftstücks** in einem **verschlossenen Umschlag**, in welchen ein **vorbereiteter Vordruck einer Zustellungsurkunde** integriert ist, § 176 Abs. 1 ZPO. Es werden **einheitliche Vordrucke** verwendet, § 190 ZPO i.V.m. der ZustellungsvordruckVO (BGBl. 2002 I 671).

449   Die **Zustellungsurkunde** dokumentiert die Zustellung nach §§ 177 ff. ZPO. Sie enthält die **Mindestangaben** nach § 182 Abs. 2 ZPO, wird bei Übergabe an den Adressaten durch das Zustellungsorgan ausgefüllt, § 182 Abs. 1 ZPO, von ihm **unterzeichnet** und unverzüglich an die Geschäftsstelle **zurückgeleitet**, § 182 Abs. 3 ZPO, wo sie den Akten beigefügt wird. Sie hat als öffentliche Urkunde volle **Beweiskraft** für Zeitpunkt, Ort und Art der Zustellung, §§ 415, 418 ZPO. Der Gegenbeweis ist aber möglich, § 418 Abs. 2 ZPO (BGH NJW 2006, 150).

Bei förmlichem Zustellungsauftrag ist die Zustellung in Anwendung der §§ 177 ff. ZPO wie folgt durchzuführen:

–   **Persönliche Zustellung.** Die Schriftstücke können dem Zustellungsadressaten persönlich an **jedem Ort** übergeben werden, an dem er angetroffen wird, § 177 ZPO.

–   **Ersatzzustellungen.** Ist der Zustellungsadressat persönlich nicht anzutreffen oder entzieht er sich gar absichtlich einer Zustellung, ermöglicht das Gesetz aus die **ersatzweise Zustellung** nach §§ 178–181 ZPO.

– Fälle des § 178 ZPO: **450**
  – **Wohnung.** Wird der Zustellungsadressat in seiner Wohnung nicht angetroffen, kann das Schriftstück hier einem **erwachsenen Familienangehörigen**, einer in der Familie **beschäftigten Person** oder einem **erwachsenen ständigen Mitbewohner** zugestellt werden, § 178 Abs. 1 Nr. 1 ZPO. Wohnungen sind die Räume, in denen die Person tatsächlich lebt und schläft (BGH NJW-RR 2005, 415), unabhängig davon, ob der Aufenthalt ein vorübergehender (Hotelzimmer) ist, ob die Person die Räume nur besuchsweise benutzt oder dort polizeilich gemeldet ist (BGH NJW-RR 1997, 1161).
  – **Geschäftsraum.** Wird die Person in ihrem Geschäftsraum nicht angetroffen, so **451** kann die Zustellung an eine **in diesen Geschäftsräumen beschäftigte Person** erfolgen, § 178 Abs. 1 Nr. 2 ZPO. Geschäftsräume sind die Räumlichkeiten eines **Gewerbetreibenden**, in denen **Publikumsverkehr** stattfindet, zu denen das Zustellungsorgan Zutritt hat (Zöller, § 178 Rn. 15) und von wo aus der Zustellungsadressat seiner Erwerbstätigkeit nachgeht (BGH NJW 1998, 1958). Er muss den von ihm hervorgerufenen **Anschein** eines Geschäftsraumes gegen sich gelten lassen (BGH NJW-RR 1993, 1983).
  – **Gemeinschaftseinrichtung.** Bei Personen, die hierin wohnen, kann die Zustel- **452** lung im Falle der persönlichen Verhinderung an den **Leiter** der Einrichtung oder einen dazu ermächtigten Vertreter erfolgen, § 178 Abs. 1 Nr. 3 ZPO. Solche Einrichtungen sind Alten- und Pflegeheime, Krankenhäuser, Kasernen oder Justizvollzugsanstalten. „Wohnen" erfordert, dass die Person dort – auch nur vorübergehend – **lebt** und **schläft**.
  – **Unwirksame Ersatzzustellung.** Eine Ersatzzustellung an die genannten Personen **453** ist unwirksam, wenn sie im konkreten Verfahren **Gegner des Zustellungsadressaten** sind, § 178 Abs. 2 ZPO. Der Begriff des Verfahrens ist hierbei zur Vermeidung von Interessenkollisionen weit auszulegen (vgl. OLG Düsseldorf FamRZ 1993, 583).
– Fälle des § 180 ZPO: **454**
  – **Einlegen in den Briefkasten.** Das Gesetz sieht bei der Ersatzzustellung eine **gestufte Vorgehensweise** vor: Ist weder eine Zustellung an den Adressaten persönlich (§ 177 ZPO) noch eine Ersatzzustellung in der Wohnung oder im Geschäftsraum **nach** § 178 Abs. 1 Nr. 1 oder 2 ZPO möglich, so kann das Schriftstück in einen **zugehörigen Briefkasten** oder in eine ähnliche Vorrichtung, die der Adressat **für den Postempfang eingerichtet** hat und die in der allgemein üblichen Art für eine **sichere Aufbewahrung geeignet** ist, eingelegt werden, § 180 Satz 1 ZPO. Mit **Einwurf** in den Briefkasten **gilt** das Schriftstück **als zugestellt**, § 180 Satz 2 ZPO. Der Zusteller vermerkt auf dem Umschlag des zuzustellenden Schriftstücks das Datum der Einlegung in den Briefkasten, damit der Zustellungsadressat etwa laufende Fristen berechnen kann, § 180 Satz 3 ZPO. Diese Ersatzzustellung ist bei einer Gemeinschaftseinrichtung nicht vorgesehen, hier bleibt nur die Möglichkeit des § 181 ZPO.
– Fälle des § 181 ZPO: **455**
  – **Niederlegung.** Ist weder persönliche Zustellung nach § 177 ZPO noch Ersatzzustellung nach §§ 178, 180 ZPO möglich oder zulässig, so kann eine Ersatzzustellung durch Niederlegung des Schriftstücks bei der **Geschäftsstelle** des im Zustellungsbezirk liegenden **Amtsgerichts** oder einer **von der Post bestimmten Stelle** (Postamt) erfolgen, § 181 Abs. 1 ZPO.

    Beispiel:
    Der Postzusteller trifft den Zustellungsadressaten in seinem Gewerberaum persönlich nicht an (§ 177 ZPO), Bedienstete sind nicht vorhanden bzw. die Räume sind verschlossen (§ 178 ZPO) und schließlich fehlt auch ein Briefkasten (§ 180 ZPO). Folglich kann Zustellung nur durch Niederlegung erfolgen (§ 181 ZPO).

Der Zusteller deponiert das zuzustellende Schriftstück, hinterlässt jedoch eine **schriftliche Nachricht auf die „bei gewöhnlichen Briefen übliche Weise"**, § 181 Abs. 1 Satz 2 ZPO. Da ein Briefkasten nicht vorhanden sein darf (sonst Zustellung nach § 180 ZPO), kann hier die Ablage vor der Wohnungstür (BVerwG NJW 1995, 1179), oder das Einlegen der Benachrichtigung (nicht des zuzustellenden Schriftstücks!) in ein Postfach genügen (vgl. BayObLG MDR 1981, 60), ggf. ist auch Übergabe an den Nachbarn möglich (vgl. Zöller, § 181 Rn. 5). Wenn selbst das nicht möglich ist, darf die Benachrichtigung **an die Tür** der Wohnung, des Geschäftsraums oder der Gemeinschaftseinrichtung **angeheftet** werden.

Auch hier **gilt** mit **Abgabe** der schriftlichen Mitteilung **als zugestellt**, § 181 Abs. 1 Satz 4 ZPO. Das niedergelegte Schriftstück ist **3 Monate** bei der Niederlegungsstelle **zur Abholung bereitzuhalten**, dann nicht abgeholte Schriftstücke werden an den Absender zurückgeschickt, § 181 Abs. 2 ZPO.

456   –   Annahmeverweigerung nach § 179 ZPO:
  – Wird die Annahme des zuzustellenden Schriftstücks in den Fällen der §§ 177, 178 ZPO **unberechtigt verweigert**, so ist das Schriftstück in der Wohnung oder im Geschäftsraum **zurückzulassen**, § 179 Satz 1 ZPO. Dies kann durch Einwurf in den vorhandenen Briefkasten, Durchschieben unter der Tür, Anheften an die Tür oder Niederlegen vor der Tür geschehen. Eine **berechtigte Verweigerung** der Annahme liegt nur vor bei einem Zustellungsversuch zur **Unzeit**, wenn die vermeintliche „Ersatzperson" in Wahrheit **keine Ersatzperson** i.S.d. § 178 ZPO ist (Besucher) oder wenn begründete **Zweifel über die Identität** zwischen Zustellungsadressaten und angetroffener Person bestehen. Hat der unberechtigt die Annahme Verweigernde weder Wohnung noch Geschäftsraum bzw. besteht nur eine Gemeinschaftseinrichtung, so ist das zuzustellende Schriftstück **zurückzusenden**, weil es sonst dem Zugriff Dritter preisgegeben wäre, § 179 Satz 2 ZPO. In jedem Fall **gilt** jedoch das Schriftstück bei unberechtigter Annahmeverweigerung **als zugestellt**, § 179 Satz 3 ZPO.

d)   Öffentliche Zustellung

457   In drei Fällen einer auf üblichem Wege nicht möglichen Zustellung gestattet das Gesetz die **Fiktion** der Zustellung durch **öffentliche Bekanntmachung**, § 185 ZPO. Dieser Zustellungsweg ist auf das **Vorliegen eng begrenzter sachlicher Gründe** beschränkt, da der Zustellungsempfänger faktisch keine Kenntnis von der Zustellung erhält (BGH NJW 1992, 2280).

aa) Unbekannter Aufenthalt. Öffentliche Zustellung kann erfolgen, wenn der **Aufenthaltsort** einer Person **unbekannt** und eine Zustellung an einen Vertreter oder Zustellungsbevollmächtigten nicht möglich ist, § 185 Nr. 1 ZPO.
Der Aufenthalt ist unbekannt, wenn er nicht nur dem Gericht und dem Gegner, sondern allgemein unbekannt ist (BGH NJW 2002, 827). Voraussetzung ist stets der Nachweis **erheblicher Nachforschungsanstrengungen** (OLG München FamRZ 1999, 447): So sind die Auskünfte der Meldebehörde und des Zustellpostamts einzuholen und der frühere Vermieter, ehemalige Hausgenossen, Nachmieter, Nachbarn oder letzte Arbeitgeber zu befragen (OLG Hamm JurBüro 1994, 630; OLG Frankfurt MDR 1999, 1402; a.A. OLG Naumburg NJW-RR 2001, 1148). Bei Zustellungen im Amtsbetrieb obliegt die Nachforschungspflicht nicht nur der Partei, sondern auch dem Gericht (BGH NJW 2002, 827).

458   **bb) Auslandszustellung nicht erfolgversprechend.** Die öffentliche Zustellung ist auch zulässig, wenn eine Auslandszustellung trotz des bekannten Aufenthalts des Adressaten **unausführbar** ist, etwa weil kein Rechtshilfeverkehr mit dem Staat besteht oder eine

Bearbeitung des Rechtshilfeersuchens in absehbarer Zeit nicht zu erwarten ist (Geimer NJW 1989, 2204: 6 Monate; OLG Hamm NJW 1989, 2203: mehr als 4 Monate) oder keine Postverbindung besteht; schließlich, wenn die Auslandszustellung **nicht erfolgversprechend** ist, etwa weil aus politischen Gründen der Rechtshilfeverkehr verweigert wird, § 185 Nr. 3 ZPO.

cc) Juristische Person. Die öffentliche Zustellung an die juristische Person ist zulässig, wenn sie verpflichtet ist, ihre **inländische Geschäftsadresse** im Handelsregister anzumelden (z.B. § 10 Abs. 1 Satz 1 GmbHG; § 39 Abs. 1 Satz 1 AktG) und die Zustellung weder unter dieser Anschrift noch unter der Adresse einer im Handelsregister eingetragenen **Empfangsperson** (§ 10 Abs. 2 Satz 2 GmbHG, § 39 Abs. 1 Satz 2 AktG) noch unter einer **sonstigen**, ohne Ermittlungen bekannten **inländischen Anschrift** möglich ist, § 185 Nr. 3 ZPO.

dd) Exterritoriale. Ist der Zustellungsort die **Wohnung einer exterritorialen Person** nach §§ 18–20 GVG, so kann ebenfalls öffentlich zugestellt werden, § 185 Nr. 4 ZPO.

ee) Bewilligung. Das Prozessgericht entscheidet über die Bewilligung der öffentlichen Zustellung nach pflichtgemäßem Ermessen **von Amts wegen**, wenn die Durchführung einer Zustellung durch die Geschäftsstelle nicht möglich ist, § 186 Abs. 1 ZPO. Die Bewilligung erfolgt durch zu begründenden **Beschluss** und im Einzelfall, d.h. für jede Zustellung separat (OLG Bamberg FamRZ 1995, 1281).

ff) Durchführung. Ist die öffentliche Zustellung bewilligt, so erfolgt sie durch **Aushang** **459** einer Benachrichtigung an der Gerichtstafel, § 186 Abs. 3 ZPO. Zusätzlich kann das Gericht die Veröffentlichung **im elektronischen Bundesanzeiger** oder in **anderen Blättern**, z.B. in der Tagespresse, anordnen, § 187 ZPO. Soweit die technischen Voraussetzungen vorliegen, kommt alternativ die Einstellung in ein **elektronisches, öffentlich zugängliches Informationssystem** im Gericht in Betracht, § 186 Abs. 2 Satz 1 ZPO. Die Benachrichtigung kann auch zusätzlich in einem vom Gericht für Bekanntmachungen bestimmten elektronischen Informations- und Kommunikationssystem veröffentlicht werden, § 186 Abs. 2 Satz 2 ZPO.

gg) Zustellungsfiktion. Die Zustellung gilt als bewirkt, wenn **seit** dem **Aushang** der Benachrichtigung an der Gerichtstafel **1 Monat** vergangen ist, sofern nicht das Prozessgericht eine längere Frist bestimmt hat, § 188 ZPO. Die Frist wird nach § 222 ZPO berechnet.

> **Beispiel:**
> Am 7.4. wird die Benachrichtigung über den Erlass eines Versäumnisurteils ausgehängt. Das Urteil gilt am 7.5. als zugestellt. Hat das Prozessgericht die Einspruchsfrist nach § 339 Abs. 2 ZPO im Versäumnisurteil auf 4 Wochen festgesetzt, so tritt Rechtskraft mit Ablauf des 4.6. ein.

e) Heilung von Zustellungsmängeln

Lässt sich die formgerechte Zustellung eines Schriftstücks **nicht nachweisen** oder ist das **460** Schriftstück unter **Verletzung zwingender Zustellungsvorschriften** zugegangen, so gilt es in dem Zeitpunkt als zugestellt, in dem es mit Zustellungswillen dem Zustellungsadressaten **tatsächlich zugegangen** ist, § 189 ZPO. **Heilbare Zustellungsmängel** liegen demnach vor, wenn die Zustellungsurkunde verloren gegangen ist, Amts- statt Parteizustellung erfolgt ist oder der Zustellungsvorgang fehlerhaft war. Der Nachweis dieses Zugangs kann mit allen Beweismitteln geführt werden. Kommt es wegen eines Fristlaufs auf den Zeitpunkt des Zugangs an, so setzt die Heilung des Zustellungsmangels

auch die Feststellung des Zeitpunktes voraus, an dem der Zustellungsadressat das Schriftstück spätestens erhalten hat (BGH NJW 1984, 926). Dies gilt insbesondere auch für Notfristen nach § 224 Abs. 1 Satz 2 ZPO.

> **Beispiel:**
> Bleibt die Zustellungsurkunde trotz Zustellung an den Beklagten bei der Post unauffindbar und meldet sich der Beklagte mit Schriftsatz vom 5.4. und dem Hinweis, der Zeitpunkt der Zustellung sei nicht mehr bekannt, so kann das Gericht einerseits vom tatsächlichen Zugang der Klage ausgehen, andererseits als spätesten Zeitpunkt des Zugangs den 5.4. für die Berechnung der Einlassungs- oder Ladungsfristen zugrunde legen.

4. Zustellung auf Betreiben der Parteien

a) Anwendungsbereich

461   Zustellungen auf Betreiben der Parteien finden statt, wenn sie vom **Gesetz zugelassen** oder **vorgeschrieben** sind, § 191 ZPO. Das ist beispielsweise der Fall bei
- **Willenserklärungen** nach § 132 BGB,
- **Vollstreckungstiteln** zum Beginn der Zwangsvollstreckung, soweit sie nicht bereits von Amts wegen zugestellt sind, §§ 750, 751 Abs. 2, 756, 795 ZPO,
- **Vollstreckungsbescheiden** nach § 699 Abs. 4 Satz 1, 2 ZPO, wenn der Antragsteller die Übergabe an sich verlangt hat,
- **Arresten** und **einstweiligen Verfügungen** nach §§ 922 Abs. 2, 936 ZPO,
- **Pfändungs- und Überweisungsbeschlüssen** nach §§ 829 Abs. 2, 835 Abs. 3, 846, 857 Abs. 1, 858 Abs. 3 ZPO.

Die Vorschriften über die Amtszustellung sind entsprechend anwendbar, mit Ausnahme der Vorschriften in §§ 166 Abs. 2, 168, 173, 174, 175, 176 Abs. 1, 182 Abs. 3 ZPO. An ihre Stelle treten die Regelungen der §§ 192 ff. ZPO.

b) Durchführung der Zustellung im Parteibetrieb

462   **aa) Zustellungsauftrag an Gerichtsvollzieher.** Zustellungsorgan ist hier der Gerichtsvollzieher, § 192 Abs. 1 ZPO. Die Partei hat ihm das zuzustellende Schriftstück in **Urschrift** nebst **erforderlichen Abschriften** zu übergeben. Die Übermittlung durch Telefax ist deshalb ausgeschlossen. Der Gerichtsvollzieher hat die Abschriften zu **beglaubigen**, fehlende Abschriften fordert er nach oder kann sie auch selbst herstellen, § 192 Abs. 2 ZPO. Die Beauftragung des Gerichtsvollziehers kann mündlich erfolgen, es besteht kein Anwaltszwang. Im Verfahren vor **Amtsgerichten** kann die Partei den Gerichtsvollzieher unter **Vermittlung der Geschäftsstelle** mit der Zustellung beauftragen. Der Zustellungsauftrag wird dem Gerichtsvollzieher dann direkt von der Geschäftsstelle erteilt, § 192 Abs. 3 ZPO.

463   **bb) Ausführung der Zustellung.** Der Gerichtsvollzieher kann die Zustellung **selbst ausführen**. Dies erfordert zwei Beurkundungsvorgänge: Er **beurkundet** den Zustellungsvorgang auf der **Urschrift** bzw. auf einem **Vordruck, den er mit der Urschrift verbindet**. Dabei sind in dieser Zustellungsurkunde die **Angaben** aus § 182 Abs. 2 ZPO erforderlich. Zusätzlich ist die Partei, in deren Auftrag er die Zustellung durchführt, anzugeben, § 193 Abs. 1 Satz 1 ZPO. Die Urschrift nebst Zustellungsurkunde und Zustellungsdatum ist dem Auftraggeber zurückzusenden, § 193 Abs. 2 ZPO.

Daneben hat der Gerichtsvollzieher auf dem zu **übergebenden** Schriftstück den **Tag der Zustellung** zu vermerken, sofern er nicht auch dem Adressaten eine beglaubigte Abschrift der Zustellungsurkunde übergibt, § 193 Abs. 2 ZPO. Dies dient der Information des Zustellungsadressaten im Hinblick auf etwaigen mit der Zustellung verbundenen Fristlauf, insbesondere in Fällen einer Ersatzzustellung nach §§ 178 ff. ZPO.

Der Gerichtsvollzieher kann jedoch auch die **Post** mit der Durchführung der Zustellung beauftragen. Dann muss er auf dem zuzustellenden Schriftstück vermerken, in wessen Auftrag er das Schriftstück der Post übergibt, und die Übergabe bezeugen, § 194 Abs. 1 ZPO. Die Post hat dann die Zustellungsurkunde an den Gerichtsvollzieher zurückzuleiten, § 194 Abs. 2 ZPO.

5. Zustellung von Anwalt zu Anwalt

Sowohl bei **Zustellungen** von **Amts wegen** (sofern nicht auch gerichtliche Anordnungen **464** zuzustellen sind) als auch **auf Betreiben der Parteien** kann im Falle **beiderseitiger Vertretung durch Rechtsanwälte** auch dadurch zugestellt werden, dass der zustellende Anwalt das Schriftstück direkt dem anderen Anwalt übermittelt, § 195 Abs. 1 Satz 1, 2 ZPO. In dem Schriftstück ist der Vermerk erforderlich, dass „von Anwalt zu Anwalt" zugestellt werde. Zum Nachweis der Zustellung gegenüber dem Gericht genügt dann das mit Datum und Unterschrift versehene **Empfangsbekenntnis** des Empfängeranwalts, § 195 Abs. 2 ZPO.

6. Die Auslandszustellung

Bei der Zustellung eines Schriftstücks im Ausland ist zu unterscheiden, ob die Zustel- **465** lung im Europäischen Justizraum (mit Ausnahme von Dänemark) oder in einem Nichtvertragsstaat der EG zu erfolgen hat, § 183 Abs. 1, 5 ZPO.

a) Zustellungen nach Verordnung 1393/07/EG

Zustellungen von einem in einen anderen **Vertragsstaat der EG** – ohne Dänemark – erfolgen seit 13.11.2008 vorrangig nach den Vorschriften der EG-Verordnung Nr. 1393/2007 vom 13.11.2007 (**EuZustVO**). Die Verordnung sieht 3 gleichwertige Übermittlungswege vor:
– **Zustellungsersuchen** können **direkt zwischen ersuchenden Gerichten und ausführenden Zustellungsorganen** im Ausland erledigt werden, Art. 2, 4–11 EuZustVO, § 1069 ZPO. Dies ist der in der Praxis am weitesten verbreitete Weg.
– Zustellungen können **über Postdienste durch Einschreiben mit Rückschein** oder gleichwertigem Beleg **erfolgen**, Art. 14 EuZustVO, § 1068 ZPO. Nach § 183 Abs. 1 Satz 2 ZPO soll dieser Weg bei Zustellungen im Ausland vorrangig gewählt werden, da er einfach und kostengünstig ist.
– Zustellungen können im **Parteibetrieb** erfolgen, aber nur soweit eine solche unmittelbare Zustellung nach **nationalem Recht** zulässig ist, Art. 15 EuZustVO. § 166 Abs. 2 ZPO sieht eine solche unmittelbare Zustellung nach §§ 191 ff. ZPO für die **Klageschrift nicht** vor. Zulässig im unmittelbaren Verkehr sind aber z.B. die Zustellung von Vollstreckungstiteln nach § 750 ZPO, Arresten und einstweiligen Verfügungen nach §§ 923 Abs. 2, 935, 936 ZPO.
Ferner sieht die Verordnung 2 nachrangige Wege vor:
– Die direkte **Übermittlung** des Zustellungsersuchens kann in Ausnahmefällen auf **konsularischem oder diplomatischem Weg** erfolgen, Art. 12 EuZustVO.
– Im Übrigen kann die **Zustellung** selbst durch die **diplomatische oder konsularische Vertretung** durchgeführt werden, Art. 13 EuZustVO. § 1067 ZPO schränkt diesen Weg allerdings für Zustellungen in der BRD auf Staatsangehörige des Übermittlungsmitgliedstaats ein.

b) Zustellungen im sonstigen Ausland

Für Zustellungen in Nichtvertragsstaaten der EG (unter Einschluss Dänemarks) sind **466** nach § 183 ZPO ebenfalls mehrere Wege eröffnet:

aa) Zustellung durch Einschreiben mit Rückschein. Soweit durch völkerrechtliche Vereinbarungen (Nachweise bei Zöller, § 183 Rn. 6) Schriftstücke unmittelbar **durch die Post** übersandt werden dürfen, soll dies vorrangig durch Einschreiben mit Rückschein erfolgen, § 183 Abs. 1 Satz 2, HS 1 ZPO. Zum Nachweis der Zustellung genügt der Rückschein, § 183 Abs. 4 Satz 1 ZPO.

bb) Zustellung durch Behörden. Andernfalls kann die Zustellung auf Ersuchen des Vorsitzenden des Prozessgerichts **durch die Behörden des fremden Staates** erfolgen, § 183 Abs. 1 Satz 2, HS 2 ZPO. Die Zustellung wird durch ein Zeugnis der ersuchten Behörde nachgewiesen, § 183 Abs. 4 Satz 2 ZPO.

cc) Zustellung durch diplomatische oder konsularische Vertretung. Diese Zustellung durch die Vertretung des Bundes oder der sonstigen zuständigen Behörde ist subsidiär, § 183 Abs. 2 ZPO.

dd) Zustellung durch Auswärtiges Amt. Schließlich kann auf Ersuchen des Vorsitzenden des Prozessgerichts **an einen Deutschen, der das Recht der Immunität genießt** und zu einer Vertretung der Bundesrepublik Deutschland gehört, **durch das Auswärtige Amt** zugestellt werden, § 183 Abs. 3 ZPO. Auch hier wird der Zustellungsnachweis durch ein Behördenzeugnis geführt, § 183 Abs. 4 Satz 2 ZPO.

ee) Scheitert die Zustellung im Ausland, so kommt – als ultima ratio – die **öffentliche Zustellung** in Betracht, § 185 Nr. 2, 3 ZPO. Zu beachten ist, dass die EuZVO keine Anwendung findet, wenn die Anschrift des Empfängers im Ausland unbekannt ist, Art. 1 Abs. 2 EuZVO.

c) Zustellungsbevollmächtigter

Das Gericht kann bei Zustellungen nach § 183 ZPO dem Zustellungsadressaten aufgeben, innerhalb einer angemessenen Frist einen **Zustellungsbevollmächtigten im Inland** zu benennen, falls kein Prozessbevollmächtigter bestellt ist. Wird kein Zustellungsbevollmächtigter benannt, können **spätere Zustellungen** durch **Aufgabe zur Post** bewirkt werden, § 184 Abs. 1 ZPO. Die Schriftstücke gelten dann 2 Wochen nach Aufgabe zur Post als zugestellt, § 184 Abs. 2 Satz 1 ZPO. Diese fiktive Inlandszustellung dürfte auch im Anwendungsbereich der EuZVO möglich sein (str., vgl. Zöller, § 183 Rn. 79 a).

II. Die Rechtshängigkeit

1. Begriff der Rechtshängigkeit, Beginn und Ende

a) Begriff

467 Von der Anhängigkeit der Klage ist deren **Rechtshängigkeit** zu unterscheiden. Sie ist gegeben, solange vor einem Gericht ein kontradiktorisches Verfahren durchgeführt wird. Sie soll den ungestörten Verlauf des Verfahrens sichern und die Voraussetzungen für die Endgültigkeit der rechtskräftigen Entscheidung schaffen.

b) Eintritt der Rechtshängigkeit

468 **aa) Klage.** Die Rechtshängigkeit einer Streitsache wird **durch die Erhebung der Klage** begründet, § 261 Abs. 1 ZPO. Die Erhebung der Klage vor einem Gericht erfolgt durch deren **Zustellung** an den Gegner, § 253 Abs. 1 ZPO.

bb) Mahnverfahren. Anhängigkeit des Verfahrens tritt allgemein mit Einreichung des Mahnantrags beim Mahngericht ein. Nach § 696 Abs. 1 Satz 4 ZPO endet das Mahnverfahren nach Widerspruch im Zeitpunkt des Akteneingangs beim Streitgericht, während **dort** zugleich Anhängigkeit eintritt. Der Zeitpunkt der **Rechtshängigkeit** hingegen ist – von einem gesetzlich geregelten Fall abgesehen – umstritten. Nach § 696 Abs. 3 ZPO gilt die Streitsache rückwirkend mit **Zustellung des Mahnbescheids** als rechtshängig geworden, wenn sie „alsbald" nach Erhebung des Widerspruchs **abgegeben** wird (hier gelten die gleichen Grundsätze wie bei „demnächst" nach § 167 ZPO).

Erfolgt jedoch **keine** alsbaldige Abgabe, dann bieten sich mehrere Anknüpfungspunkte für den Eintritt der Rechtshängigkeit an. Nach richtiger Ansicht tritt Rechtshängigkeit nach der allgemeinen Regel mit **Zustellung** einer den Anforderungen des § 253 ZPO entsprechenden **Anspruchsbegründung** an den Beklagten ein (OLG Frankfurt NJW-RR 1992, 448; BGH NJW 1993, 1071:„spätestens"). Den Ansichten, wonach Rechtshängigkeit bereits mit Zustellung der Abgabeverfügung des Rechtspflegers an die Parteien (OLG München MDR 1980, 501) oder mit Akteneingang beim Streitgericht (OLG Frankfurt MDR 2004, 832) oder mit erkennbarem Tätigwerden des Streitgerichts (OLG Karlsruhe FamRZ 1991, 91) eintrete, ist nicht zu folgen, weil der Beklagte erst durch die Anspruchsbegründung hinreichend erkennen kann, welche Ansprüche gegen ihn gerichtet werden, und weil erst ab diesem Zeitpunkt die Wirkungen der Rechtshängigkeit gerechtfertigt sind.

> **Beispiel:**
> Dem Antragsgegner wird aufgrund eines am 14.3. beim Mahngericht eingegangenen Mahnantrags am 20.3. ein Mahnbescheid zugestellt. Er legt am 1.4. Widerspruch ein, mit Verfügung vom 10.4. gibt das Mahngericht die Sache an das Landgericht ab, wo die Akten am 12.4. eingehen. Am 28.4. wird dem Beklagten die Anspruchsbegründung zugestellt. Anhängigkeit des Verfahrens tritt am 14.3. ein. Mit Eingang der Akten am 12.4. wird der Rechtsstreit vor dem Landgericht anhängig. Rechtshängigkeit des Rechtsstreits tritt nach alsbaldiger Abgabe der Akten rückwirkend am 20.3. ein. Wäre die alsbaldige Abgabe der Akten gescheitert, wäre Rechtshängigkeit am 28.4. eingetreten.

Die Rechtshängigkeit gilt im Fall des Erlasses eines **Vollstreckungsbescheids** rückwirkend mit der Zustellung des Mahnbescheids an den Beklagten als eingetreten, § 700 Abs. 2 ZPO.

cc) Prozesskostenhilfegesuch und Klage. Ist die Klage unter der **Bedingung der Bewilligung** von Prozesskostenhilfe erhoben, so wird sie erst mit ihrer Zustellung **nach** Bewilligung rechtshängig. Einer Zustellung der Klage „zur Stellungnahme im Rahmen des PKH-Antrags" fehlt regelmäßig die Zustellungsabsicht, weshalb auch keine Rechtshängigkeit eintritt. Ist die Klage **unabhängig** von der zugleich beantragten PKH-Bewilligung erhoben, tritt die Rechtshängigkeit nach allgemeiner Regel sofort ein.

dd) Arrest oder einstweilige Verfügung. Bei Einreichung eines Antrags auf Arrest oder **469** Erlass einer einstweiligen Verfügung tritt **Rechtshängigkeit** bereits mit Einreichung des Antrags ein (h.M.; vgl. OLG Düsseldorf MDR 1995, 859), da eine Zustellung an den Gegner nicht notwendig ist. Allerdings bewirkt der Eilantrag **keine** Rechtshängigkeit der **Hauptsache**, weil unterschiedliche Streitgegenstände vorliegen.

ee) Haupt- und Hilfsanträge. Im Falle des Hilfsantrages begehrt der Kläger über den hilfsweise geltend gemachten Anspruch nur dann eine Sachentscheidung, wenn das Gericht den im Hauptantrag geforderten Anspruch in bestimmter Weise entschieden hat. Der Hilfsantrag begründet bezüglich des zugrunde liegenden Anspruchs insoweit eine **auflösend bedingte Rechtshängigkeit**.

ff) Stufenklage. Obwohl der regelmäßig in der 3. Stufe enthaltene Hauptanspruch noch nicht beziffert werden kann, wird er **bereits mit Zustellung der Stufenklage**

nach § 254 ZPO in der sich später aus der Auskunft ergebenden Höhe rechtshängig (BGH NJW-RR 1995, 513).

470 gg) **Feststellungsklage.** Rechtshängig wird das **streitige Rechtsverhältnis,** durch eine **negative** Feststellungsklage wird jedoch eine Leistungsklage nicht gehindert (BGH NJW 1994, 3107), während die Leistungsklage die negative Feststellungsklage infolge Rechtshängigkeit sperrt (BGH NJW 1989, 1064).

hh) Aufrechnung. Die Aufrechnung im Prozess begründet **keine Rechtshängigkeit** des aufgerechneten Anspruchs, er kann folglich in einem weiteren Prozess erneut aufgerechnet (BGH NJW-RR 2004, 1000) oder im Wege der (hilfsweisen) Widerklage im gleichen Prozess rechtshängig werden (BGH NJW 1999, 1179). Ebenso steht die Rechtshängigkeit eines Anspruchs auch dessen Aufrechnung in einem weiteren Rechtsstreit nicht entgegen (BGH a.a.O.).

ii) Nachträglich erhobene Ansprüche. Ansprüche, die im Laufe eines Prozesses erhoben werden, werden mit **Zustellung** des **Schriftsatzes** an den Gegner oder durch **Antragstellung** im Termin zur mündlichen Verhandlung rechtshängig, § 261 Abs. 2 ZPO. Dies gilt für die Klageerweiterung, die Klageänderung, die Erhebung einer Zwischenfeststellungsklage oder einer Widerklage. Der Parteiwechsel kann aber nur durch die Zustellung eines Schriftsatzes bewirkt werden, weil ein neues Prozessrechtsverhältnis entsteht.

c)   Ende der Rechtshängigkeit

471 Die Rechtshängigkeit dauert bis zur **Beendigung** des Prozesses durch Eintritt **formeller Rechtskraft** des Urteils, durch Abschluss eines **Prozessvergleichs,** durch **Klagerücknahme** oder übereinstimmende **Erledigungserklärung.** Unterbrechung des Verfahrens, Aussetzung, Weglegen der Akten infolge Nichtbetreibens, außergerichtlicher Vergleich oder Verweisung an ein anderes Gericht beenden die Rechtshängigkeit hingegen nicht.

2.   Wirkungen der Rechtshängigkeit

a)   Materiellrechtliche Wirkungen

472 Die wichtigsten materiellrechtlichen Wirkungen sind die folgenden:

aa) Prozesszinsen. Eine **Geldschuld** hat der Schuldner von dem Eintritt der Rechtshängigkeit an zu **verzinsen,** auch wenn er nicht in Verzug ist, § 291 BGB.

bb) Haftungsverschärfung. Von dem Eintritt der Rechtshängigkeit an **haftet** der Schuldner **verschärft** für Ansprüche auf Herausgabe, § 292 Abs. 1 BGB, aus ungerechtfertigter Bereicherung, § 818 Abs. 4 BGB, und aus dem Eigentümer-Besitzer-Verhältnis, §§ 987, 988, 989, 990, 994 Abs. 2, 996 BGB.

cc) Erledigung. Wird die Klage durch ein Ereignis, das nach Rechtshängigkeit eingetreten ist, unzulässig und/oder unbegründet, so liegt ein Fall der Erledigung vor. Der Kläger kann die ursprüngliche Leistungsklage in eine **Feststellungsklage** ändern, wonach sich der Rechtsstreit in der Hauptsache erledigt hat, sofern sich der Beklagte der Erledigungserklärung nicht anschließt.

b)   Prozessrechtliche Wirkungen

473 aa) **Prozesshindernis.** Während der Dauer der Rechtshängigkeit kann **derselbe Streitgegenstand** zwischen **denselben Parteien nicht nochmals** im Wege der Klage **anhängig**

gemacht werden, § 261 Abs. 3 Nr. 1 ZPO, § 17 Abs. 1 Satz 2 GVG. Neben der personellen Identität darf bei einer neuen Klage auch keine sachliche Identität bestehen; dabei ist vom zweigliedrigen Streitgegenstandsbegriff auszugehen (vgl. Rn. 340). Fehlende anderweitige Rechtshängigkeit ist **Sachurteilsvoraussetzung** und deshalb **von Amts wegen** zu beachten. Es besteht jedoch keine Pflicht zur Amtsermittlung, solange ein anderweitig rechtshängiger Prozess über dieselbe Sache nicht behauptet, gerichtsbekannt oder erkennbar wahrscheinlich ist (BGH NJW 1989, 2064).

bb) **Perpetuatio fori.** Die bei Klageerhebung bestehende **Zuständigkeit** des Prozess- **474** gerichts wird durch eine nach Rechtshängigkeit eintretende **Veränderung der sie begründenden Umstände** nicht berührt, § 261 Abs. 3 Nr. 2 ZPO. Dies gilt für die **örtliche, sachliche und internationale** Zuständigkeit. Dasselbe gilt für die **Rechtsweg-zuständigkeit** nach § 17 Abs. 1 Satz 1 GVG.
Eine nach Klageerhebung beim örtlich zuständigen Gericht erfolgende **Wohnsitzände-rung** des Beklagten vermag deshalb die Zuständigkeit ebenso nicht mehr zu beein-flussen wie eine **nachträgliche Parteivereinbarung** nach § 38 ZPO (BGH NJW 1963, 585; OLG Zweibrücken MDR 2005, 1187). Voraussetzung der **perpetuatio fori** ist aber immer, dass der Streitgegenstand derselbe bleibt. Im Falle der Klageänderung kommt daher eine Verweisung in Betracht (BGH NJW 1990, 53). Keine solche Klage-änderung liegt nach § 264 Nr. 2 ZPO vor, wenn der Klagantrag lediglich erweitert oder beschränkt wird. Das **Landgericht bleibt** deshalb sachlich **zuständig**, wenn der Klage-antrag nach Rechtshängigkeit auf nicht über 5.000,– € **ermäßigt** wird.
Eine Ausnahme gilt jedoch nach § 506 Abs. 1 ZPO: Erhöht sich bei einem Amts-gerichtsprozess nach Rechtshängigkeit durch Erweiterung des Klageantrags oder Erhe-bung einer Widerklage der Streitwert auf einen Betrag, der die Zuständigkeit des Landgerichts begründen würde, so kann jede Partei vor weiterer Verhandlung zur Hauptsache die **Verweisung** an das Landgericht **beantragen.** Nur wenn sich der Gegner trotz Hinweises nach § 504 ZPO rügelos einlässt, § 39 ZPO, und keine Partei Ver-weisungsantrag stellt, bleibt das Amtsgericht für den Rechtsstreit zuständig. Wird die Verfahrensrüge vom Gegner erhoben, jedoch kein Verweisungsantrag gestellt, so ist die Klage als unzulässig abzuweisen.
Die **perpetuatio fori** schützt aber nur die Zuständigkeit eines Gerichts, nicht dessen Unzuständigkeit, weshalb ein ursprünglich unzuständiges Gericht nach §§ 38–40 ZPO sowohl durch rügelose Einlassung als auch durch nachträgliche Zuständigkeitsver-einbarung zuständig werden kann. Problematisch ist im Fall der Abgabe einer Mahn-sache an das Streitgericht, ob es wegen der **perpetuatio fori** bereits dann gebunden ist, wenn der Beklagte **nach** Zustellung des Mahnbescheids und der hierdurch rückwir-kenden Rechtshängigkeit, § 696 Abs. 3 ZPO, den Wohnsitz ändert. Für die Frage der **Zuständigkeit** des Streitgerichts ist § 261 Abs. 3 Nr. 2 ZPO **nicht anwendbar** (ganz h. M.; KG MDR 2002, 1147). Richtigerweise dürfte unabhängig davon, ob die Abgabe „demnächst" erfolgt, auch hier nicht auf den Zeitpunkt des Akteneingangs beim Streitgericht (Anhängigkeit, § 696 Abs. 1 Satz 4 ZPO), sondern auf den Zeitpunkt der Zustellung der Anspruchsbegründung abzustellen sein (str.; vgl. KG a.a.O.; vgl. Rn. 468).

cc) **Klageänderung.** Eine Klageänderung ist nach Eintritt der Rechtshängigkeit nur **475** noch zulässig, wenn der **Beklagte einwilligt** oder wenn das **Gericht** sie **für sachdienlich** hält, § 263 ZPO.
– **Begriff.** Bei der Klageänderung unterscheidet man zwischen subjektiver und objek-tiver Klageänderung. Während die **subjektive** Klageänderung die Auswechslung der am Rechtsstreit beteiligten Personen (Parteiwechsel) ist (vgl. Rn. 315 ff), bedeutet die **objektive** Klageänderung einen Wechsel des Streitgegenstandes. Er liegt vor, wenn bei gleich bleibendem Antrag der begründende Sachverhalt ausgewechselt wird oder bei gleichem oder anderem Sachverhalt ein neuer Antrag gestellt wird.

Beispiele:
– Übergang von Widerruf auf Unterlassung (BGH MDR 1994, 1143);
– Übergang von materiellem Schadensersatz auf Schmerzensgeld (RGZ 170, 39);
– Übergang von Klage aus eigenem Recht auf Klage aus abgetretenem Recht.

Keine Klageänderung nach § 263 ZPO liegt jedoch vor, wenn der Kläger bei gleich bleibendem Sachverhalt und Antrag nur den rechtlichen Gesichtspunkt (iura novit curia!) wechselt, etwa von deliktischer Anspruchsgrundlage auf Gefährdungshaftung übergeht (BGH NJW 1954, 640). Auch sind verschiedene Rechnungsposten innerhalb derselben Schadensart nur unselbstständige Faktoren eines einheitlichen Schadensersatzanspruches und daher austauschbar, ohne dass Klageänderung vorliegt (BGHReport 2006, 256).

476 – **Einwilligung oder Sachdienlichkeit.** Prozessvoraussetzung für die Zulässigkeit der Klageänderung ist entweder die Einwilligung des Beklagten oder die Bejahung der Sachdienlichkeit durch das Gericht. Die **Einwilligung** des Beklagten kann ausdrücklich oder stillschweigend durch rügeloses Verhandeln erfolgen, § 267 ZPO. Über die **Sachdienlichkeit** entscheidet das Gericht nach pflichtgemäßem Ermessen unter Berücksichtigung der **objektiven Prozesslage.** Sie ist gegeben, wenn durch die Klageänderung auf Basis der bisherigen Erkenntnisse des Verfahrens ein weiterer Streitpunkt erledigt und damit ein neuer Rechtsstreit vermieden werden kann (BGH NJW 1985, 1841).

477 – **Keine Klageänderungen.** Nicht als Klageänderung sollen nach § 264 Nr. 1–3 ZPO angesehen werden:

    Nr. 1: Ergänzung oder **Berichtigung des Sachverhalts** oder der **rechtlichen Ausführungen,**

    Nr. 2: **Erweiterung** oder **Beschränkung des Klageantrags** in der Hauptsache oder in Bezug auf Nebenforderungen,

    Nr. 3: Forderung eines **anderen** statt des ursprünglich geforderten **Gegenstands** oder des **Interesses** nach eingetretener Veränderung.

Trotz des gesetzlichen Wortlautes handelt es sich bei den beiden letztgenannten Fällen in Wahrheit um Klageänderungen, weil eine Änderung des Streitgegenstands vorliegt. Sie werden jedoch kraft Gesetzes auch ohne Einwilligung des Beklagten und ohne Rücksicht auf Sachdienlichkeit zugelassen.

478 dd) **Veräußerung oder Abtretung der Streitsache.** Rechtshängigkeit schließt das Recht der einen oder anderen Partei nicht aus, **nach** diesem Zeitpunkt (BGH NJW-RR 1986, 1182) die streitbefangene Sache zu veräußern oder den geltend gemachten Anspruch abzutreten, § 265 Abs. 1 ZPO. Mit Verlust der Aktivlegitimation ginge aber auch die Prozessführungsbefugnis verloren. § 265 Abs. 2 ZPO ermächtigt jedoch den ursprünglichen Rechtsinhaber im Wege der gesetzlichen Prozessstandschaft (vgl. Rn. 322) weiterhin zur Prozessführung. Der neue Rechtsinhaber **darf** den Rechtsstreit in der jeweiligen Lage übernehmen, wenn Gegner und ausscheidende Partei zustimmen, § 265 Abs. 2 Satz 2 ZPO. Lediglich im Fall der Veräußerung eines streitbefangenen **Grundstücks muss** der neue Rechtsinhaber auf Antrag des Gegners den Rechtsstreit übernehmen, § 266 ZPO.

8. Kapitel   **Die Einlassung des Beklagten auf die Klage**

Sowohl die Einlassungsfrist **zwischen Klagezustellung** und **erstem Verhandlungstermin**   **479**
nach § 274 Abs. 3 ZPO als auch die Erklärungsfristen im **schriftlichen Vorverfahren**
nach § 276 Abs. 1 ZPO sollen dem Beklagten Zeit zur Überlegung geben, wie er auf die
Klage reagieren will. Er hat in dieser Phase verschiedene Möglichkeiten: Entweder er
entzieht sich einem streitigen Prozess durch **Säumnis** oder **Anerkenntnis** oder er
moniert die Unzulässigkeit der Klage durch **Rüge fehlender Sachurteilsvoraussetzungen**
oder er stellt **in der Sache Klageabweisungsantrag.**

I.   Säumnis und Anerkenntnis

1.   Situation vor frühem ersten Termin

a)   Versäumen der Klageerwiderungsfrist

Lässt der Beklagte die vom Gericht gesetzte Frist zur Klageerwiderung nach § 275   **480**
Abs. 1 Satz 1 ZPO verstreichen, so ist dies kein Fall der „Säumnis" i.S. des § 331 ZPO.
Dieses prozessuale Verhalten **vor** dem Termin hat zunächst keine Nachteile. Rechtsfolgen hieraus werden erst **im** frühen ersten Termin zur mündlichen Verhandlung
gezogen. Der Beklagte läuft Gefahr, dass sein erstmals im Termin gehaltener Vortrag
wegen Verstoßes gegen die Prozessförderungspflicht als verspätet nach § 296 Abs. 1
ZPO zurückgewiesen und der Klage durch streitiges Urteil stattgegeben wird.

b)   Anerkenntnis

Teilt der Beklagte vor dem frühen ersten Termin mit, dass er den Anspruch anerkenne   **481**
und ist die Klage zulässig, hebt das Gericht den Termin zum Zwecke der Verfahrensbeschleunigung auf und erlässt ohne mündliche Verhandlung ein Anerkenntnisurteil,
§ 307 ZPO. Hierzu bedarf es keines Antrags des Klägers. Bleibt die Klage unzulässig,
wird sie durch Prozessurteil aufgrund mündlicher Verhandlung abgewiesen.

2.   Situation im schriftlichen Vorverfahren

a)   Versäumen der Verteidigungsanzeige

Lässt der Beklagte die Frist für die **Anzeige der Verteidigungsabsicht** nach § 276 Abs. 1   **482**
Satz 1 ZPO ungenutzt verstreichen, kann auf Antrag des Klägers – bei Zulässigkeit und
Schlüssigkeit der Klage – gegen den Beklagten **Versäumnisurteil** ohne mündliche
Verhandlung ergehen, § 331 Abs. 3 ZPO (vgl. Rn. 600 ff).

b)   Anerkenntnis

Der Beklagte kann **anstelle** einer Verteidigungsanzeige oder auch noch **nach** Abgabe   **483**
einer Verteidigungsanzeige im Rahmen der Klageerwiderungsfrist den gegen ihn erhobenen Anspruch ganz oder teilweise **schriftlich anerkennen.** Auch in diesem Fall
erlässt das Gericht nach § 307 ZPO ein **Anerkenntnisurteil** ohne Antrag des Klägers
und ohne mündliche Verhandlung, sofern es die Zulässigkeit der Klage bejaht (vgl. Rn.
676).

II. Rüge fehlender Sachurteilsvoraussetzungen

484   Der Beklagte kann sich auch dadurch verteidigen, dass er das **Fehlen von Sachurteils-voraussetzungen** rügt. Bei deren Fehlen darf es nicht zu einer Sachentscheidung kommen. **Die Klage ist als unzulässig abzuweisen.** Grundsätzlich sind Sachurteils-voraussetzungen **von Amts wegen** zu prüfen. Davon gibt es zwei **Ausnahmen: Verzicht-bare Sachurteilsvoraussetzungen** sind nur auf **Rüge** zu beachten und die **Unzuständig-keit** des Gerichts wird i.d.R. unbeachtlich, wenn sich der Beklagte **rügelos einlässt.**

1.   Von Amts wegen zu beachtende Sachurteilsvoraussetzungen

a)   Begriff der Sachurteilsvoraussetzung

485   Die vielfach verwendete Bezeichnung „**Prozessvoraussetzung**" ist missverständlich, da es auch bei Fehlen von Sachurteilsvoraussetzungen zum Prozess kommt, nämlich zu einem Verfahren, in dem ihr Vorliegen geprüft wird, und ggf. die Klage als unzulässig abgewiesen wird. Zutreffend ist hingegen der Begriff „**Sachurteilsvoraussetzung**", weil es bei deren Fehlen zwar zu einem Prozessurteil, jedoch nicht zu einem Sachurteil kommt.

b)   Arten der Sachurteilsvoraussetzungen

Sachurteilsvoraussetzungen sind diejenigen Voraussetzungen, die vorliegen müssen, damit das Gericht über den materiellen Klageanspruch entscheiden kann. Ein Urteil, das wegen Fehlens einer Sachurteilsvoraussetzung die Klage **als unzulässig** abweist, wird als **Prozessurteil** bezeichnet. Man unterscheidet **persönliche** und **sachliche** Sach-urteilsvoraussetzungen:

486   aa) **Persönliche Sachurteilsvoraussetzungen.** Dies sind **Parteifähigkeit,** § 50 ZPO, **Pro-zessfähigkeit,** §§ 51 ff. ZPO, und **Prozessführungsbefugnis.** Im Streit über ihr Vorliegen werden sie zunächst als gegeben unterstellt:
- **Parteifähigkeit:** Fähigkeit, an einem Rechtsstreit als Kläger oder Beklagter teilneh-men zu können. Parteifähig ist, wer rechtsfähig ist, § 50 Abs. 1 ZPO (vgl. Rn. 306). OHG und KG sind nach §§ 124, 161, 164 HGB parteifähig. Auch die BGB-Gesellschaft ist, soweit sie als Außengesellschaft durch Teilnahme am Rechtsver-kehr eigene Rechte und Pflichten begründet, aktiv und passiv parteifähig (BGH NJW 2002, 3533). Entsprechend ist der nicht rechtsfähige Verein nicht nur passiv parteifähig, § 50 Abs. 2 ZPO, sondern auch als aktiv parteifähig zu behandeln (KG MDR 2003, 1197).
- **Prozessfähigkeit:** Fähigkeit, in einem Rechtsstreit Prozesshandlungen selbst oder durch selbst bestellte Vertreter vornehmen zu können, § 51 Abs. 1 ZPO. Prozess-fähig ist, wer geschäftsfähig ist, § 52 ZPO (vgl. Rn. 311). Dasselbe gilt für die BGB-Außengesellschaft und den nicht rechtsfähigen Verein.
- **Prozessführungsbefugnis:** Befugnis, im eigenen Namen über ein materielles Recht zu prozessieren. Sie steht i.d.R. dem Aktiv- oder Passivlegitimierten selbst zu. Darf ein selbst nicht Sachlegitimierter den Prozess führen, so liegt ein Fall gesetzlicher oder gewillkürter Prozessstandschaft vor (vgl. Rn. 321).

487   bb) **Sachliche Sachurteilsvoraussetzungen.** Sie werden in **allgemeine** und **besondere** Sachurteilsvoraussetzungen untergliedert.
Die wichtigsten allgemeinen Sachurteilsvoraussetzungen sind folgende:
- **Ordnungsgemäße Klage:** Sie verlangt die Bezeichnung der Parteien und des Ge-richts, die bestimmte Angabe von Gegenstand und Grund des erhobenen Anspruchs sowie einen bestimmten Antrag, § 253 Abs. 2 ZPO (vgl. Rn. 302, 340, 344).

- **Bestehen der deutschen Gerichtsbarkeit über den Beklagten:** Sie fehlt z.B. bei diplomatischen Vertretern fremder Staaten, §§ 18–20 GVG (vgl. Rn. 223).
- **Zulässigkeit des Rechtswegs:** Für bürgerlich-rechtliche Streitigkeiten muss der Rechtsweg zu den ordentlichen Gerichten beschritten werden, § 13 GVG (vgl. Rn. 229).
- **Internationale Zuständigkeit:** Ein deutsches und nicht ein ausländisches Gericht muss zur Entscheidung berufen sein, z.B. nach Art. 2 ff. EuGVVO (vgl. Rn. 225).
- **Örtliche und sachliche Zuständigkeit:** Der Kläger muss für seine Klage in örtlicher Hinsicht, §§ 12–39 ZPO, wie auch in sachlicher Hinsicht, §§ 23 ff., 71 f. GVG, das zuständige Amtsgericht oder Landgericht, bei Rechtsmitteln auch funktionell das zuständige Oberlandesgericht oder den Bundesgerichtshof, §§ 119, 133 GVG (vgl. Rn. 245, 264, 285), gewählt haben. Durch Verweisungsantrag nach § 281 ZPO (vgl. Rn. 497) kann er die Klageabweisung wegen fehlender Zuständigkeit vermeiden. Das unzuständige Gericht kann aber auch durch Prorogation zuständig werden, §§ 38–40 ZPO (vgl. Rn. 286).
- **Rechtsschutzbedürfnis:** Es fehlt bei objektiv sinnlosen Klagen, bei denen der Kläger kein schutzwürdiges Interesse an dem begehrten Urteil haben kann. Dies ist der Fall, wenn der Kläger bereits eine **sonstige Vollstreckungsmöglichkeit** (z.B. eine vollstreckbare Urkunde) hat. Es fehlt auch, wenn es für den Kläger einen **einfacheren Weg** gibt, um das erstrebte Ziel zu erreichen (z.B. Kostenfestsetzungsantrag nach § 104 ZPO statt Klage auf Gebührenerstattung, BGH NJW 1990, 2061).
- **Fehlen anderweitiger Rechtshängigkeit und Fehlen der Rechtskraft.** Es darf zwischen den gleichen Parteien weder bereits ein Rechtsstreit über denselben Streitgegenstand anderweitig rechtshängig sein, § 261 Abs. 3 Nr. 1 ZPO (vgl. Rn. 468), noch bereits eine rechtskräftige Entscheidung über den Streitgegenstand ergangen sein, § 322 Abs. 1 ZPO (vgl. Rn. 1116).

Die **besonderen Prozessvoraussetzungen** ergeben sich aus den Vorschriften über besondere Verfahren oder Klagearten, es sind beispielsweise (Überblick bei Zöller, vor § 253 Rn. 21): **488**
- **Feststellungsinteresse** bei der Feststellungsklage nach § 256 Abs. 1 ZPO;
- **Urkundenbeweisbarkeit** im Urkundenprozess nach § 592 ZPO;
- **Zusammenhang mit dem Klageanspruch** bei Widerklage, § 33 ZPO;
- **Klagefrist** für Wiederaufnahmeklage, § 586 Abs. 1 ZPO.

c) Prüfung von Amts wegen

aa) Amtsermittlung. Das Gericht hat in jeder Lage des Verfahrens und grundsätzlich **489** unabhängig vom Verhalten der Parteien **von Amts wegen** das **Vorliegen der Sachurteilsvoraussetzungen** zu prüfen und auf Bedenken hinzuweisen, § 139 Abs. 3 ZPO, da sie dem öffentlichen Interesse an einer geordneten Rechtspflege dienen, vgl. § 56 Abs. 1 ZPO. Dies bedeutet aber nicht, dass der Richter das Vorliegen amtlich zu ermitteln hätte (BGH NJW-RR 2005, 24), vielmehr haben auch insoweit die Parteien die Tatsachen vorzutragen und die Nachweise zu erbringen (**Beibringungsgrundsatz**). Allerdings bindet auch übereinstimmender Vortrag der Parteien das Gericht insoweit nicht.
Nach h.M. ist das Gericht ist bei Prüfung der Sachurteilsvoraussetzungen an die allgemeinen Beweisvorschriften nicht gebunden und kann sich seine Überzeugung unabhängig von Beweisanträgen im Wege des **Freibeweises** bilden (BGH NJW 2000, 290; Koblenz, NJW-RR 2008, 148). Nach hier vertretener Auffassung dürfte aber nunmehr (der seit 1.9.2004 geltende) § 284 Satz 2 ZPO, wonach es für die Anwendung des Freibeweises der Zustimmung der Parteien bedarf, auch auf die Feststellung der Sachurteilsvoraussetzungen anzuwenden sein (vgl. Baumbach-Lauterbach, Einf. § 284 Rn. 9 m.w.N.).

bb) **Prüfungsreihenfolge.** Auch bei einer offensichtlich in der Sache nicht begründeten Klage muss **zuerst die Zulässigkeit**, also das Vorliegen sämtlicher Sachurteilsvoraussetzungen, geprüft und ggf. die Klage als unzulässig abgewiesen werden, ohne dass auf die materielle Rechtslage eingegangen werden dürfte. Enthält ein solches Urteil gleichwohl Ausführungen zur Sache, so sind diese unbeachtlich (BGH WM 1991, 208). Ausnahmen bestehen nur bei offensichtlich unbegründeter Klage hinsichtlich des Feststellungsinteresses und Rechtsschutzbedürfnisses (vgl. Zöller, vor § 253 Rn. 10).

d) Zeitpunkt der Rüge

490 aa) **Rüge durch Beklagten.** Unabhängig davon, dass das Vorliegen dieser Sachurteilsvoraussetzungen grundsätzlich von Amts wegen zu beachten ist, kann der Beklagte das Gericht auf deren Fehlen hinweisen. Nicht immer hat das Gericht ausreichende eigene Kenntnis, um das Vorliegen der Sachurteilsvoraussetzungen beurteilen zu können (z.B. Fehlen anderweitiger Rechtshängigkeit).

bb) **Rechtzeitigkeit.** Zulässigkeitsrügen hat der Beklagte nach § 282 Abs. 3 ZPO daher **gleichzeitig** und **vor Verhandlung zur Hauptsache** vorzubringen, § 282 Abs. 3 Satz 1 ZPO, und zwar:
– sofern vor der mündlichen Verhandlung eine Frist zur Klageerwiderung gesetzt ist, nach § 282 Abs. 3 Satz 2 ZPO innerhalb der **Klageerwiderungsfrist,** §§ 275 Abs. 1, 276 Abs. 1 Satz 2, 697 Abs. 2 Satz 2 ZPO, nach einer Säumnisentscheidung **innerhalb der Einspruchsschrift,** § 340 Abs. 3 Satz 1 ZPO;
– bei **schriftlichem Verfahren** nach § 128 Abs. 1 ZPO ohne vorangegangene mündliche Verhandlung spätestens bis zu dem **Zeitpunkt, der dem Schluss der mündlichen Verhandlung entspricht,** §§ 128 Abs. 2 und 3 ZPO;
– im **1. Verhandlungstermin** vor Stellung der Sachanträge, § 137 Abs. 1 ZPO.
Da die meisten Sachurteilsvoraussetzungen jedoch **von Amts wegen** zu beachten sind, zieht die Versäumung der dort genannten Fristen – anderes als bei den verzichtbaren Sachurteilsvoraussetzungen – keine Ausschlusswirkung nach sich.

e) Zwischenstreit

491 aa) **Abgesonderte Verhandlung.** Bei **Streit über Sachurteilsvoraussetzungen** kann insoweit eine abgesonderte Verhandlung angeordnet werden, d.h. das Gericht beschränkt das Verfahren zunächst auf die Prüfung dieser Voraussetzungen, § 280 Abs. 1 ZPO.

bb) **Entscheidung.** Bei der Entscheidung ist zu differenzieren: Hält das Gericht die Klage für **zulässig**, kann es bei Streit ein **bejahendes Zwischenurteil** erlassen, § 280 Abs. 2 ZPO („Die Klage ist zulässig"). Ist die Klage nach Ansicht des Gerichts **unzulässig** und liegt **weder** ein Fall der Verweisungsmöglichkeit **noch** ein Fall der fehlenden Ausländersicherheit nach §§ 110 ff. ZPO vor, so weist es die Klage durch **Prozessurteil** als unzulässig ab. Bei Unzuständigkeit ist auf Antrag des Klägers durch Beschluss nach § 281 ZPO zu verweisen.

2. Verzichtbare Sachurteilsvoraussetzungen

492 Von diesem Grundsatz der Prüfung von Amts wegen gibt es **Ausnahmen:** nur **auf Rüge** des Beklagten/Widerbeklagten sind die sog. **Prozesshindernisse** zu prüfen.

a) Einteilung der verzichtbaren Sachurteilsvoraussetzungen

Es handelt sich hierbei um die
– Einrede des **Schiedsvertrages,** § 1032 ZPO,

– Einrede **mangelnder Sicherheitsleistung für Prozesskosten bei Ausländern**, § 110 ZPO,
– Einrede der **mangelnden Kostenerstattung** aus früherem Rechtsstreit, § 269 Abs. 6 ZPO.

Der Mangel der **Vollmacht** wird im Anwaltsprozess ebenfalls nur auf Rüge beachtet; das Vorliegen einer Vollmacht ist jedoch nicht Sachurteilsvoraussetzung, sondern Prozesshandlungsvoraussetzung.

b) Zeitpunkt der Rüge

Zulässigkeitsrügen hat der Beklagte nach § 282 Abs. 3 Satz 1 ZPO **rechtzeitig** vor der **493** Verhandlung zur Hauptsache bzw. schon innerhalb der Klageerwiderungsfrist vorzubringen. Diese Fristen haben vor allem Bedeutung für die **verzichtbaren** Sachurteilsvoraussetzungen. Verspätete Rügen sind vom Gericht insoweit nur zuzulassen, wenn der Beklagte die Verspätung **genügend entschuldigt** und den Entschuldigungsgrund auf Verlangen des Gerichts **glaubhaft** macht, § 296 Abs. 3, 4 ZPO. Ansonsten tritt **Präklusion** ein. Für die Einrede des Schiedsvertrags regelt § 1032 Abs. 1 ZPO, dass die Rüge vor Beginn der mündlichen Verhandlung erhoben werden muss. Nicht rechtzeitige Erhebung der Rüge soll bei bewusstem Unterlassen zum Außer-Kraft-Treten der Schiedsvereinbarung durch konkludente Aufhebungsvereinbarung führen (Zöller, § 1032 Rn. 5 m.w.N.).

III. Der Klageabweisungsantrag in der Sache

Der Beklagte kann **Abweisung der Klage als unbegründet** beantragen. Seine **Einlassung** **494** zur Hauptsache kann in unterschiedlicher Weise erfolgen:

1. Reine Rechtsausführungen

Der Beklagte trägt selbst zum Sachverhalt nichts vor, sondern begnügt sich damit, auf die **Unschlüssigkeit** des klägerischen Vorbringens hinzuweisen (vgl. Rn. 25, 1291). Ist die Klage unschlüssig, so wird sie als unbegründet abgewiesen.

2. Das Bestreiten von Tatsachen

Der Beklagte kann **Tatsachen bestreiten**, die der Kläger zur schlüssigen Begründung **495** seines Klageanspruchs vorgetragen hat. Der Kläger wird dadurch veranlasst, Beweise für seine bestrittenen Behauptungen anzubieten, der Beklagte kann dann Gegenbeweis antreten.

3. Einreden gegen die Klage

Der Beklagte kann gegen die Klage auch prozessuale **Einreden** erheben, indem er sich **496** unter entsprechendem **Tatsachenvortrag** auf eine **Gegennorm** beruft, **die dem klägerischen Anspruch entgegensteht**. Man unterscheidet:
– **rechtshindernde Einreden** (Einwendungen i.S.d. BGB): Darstellung einer Sach- und Rechtslage, die den klägerischen Anspruch **von vornherein an der Entstehung hindert**;

Beispiele:
Geschäftsunfähigkeit des Klägers bei Vertragsabschluss, §§ 104, 105 BGB; Verstoß des Vertrages gegen ein gesetzliches Verbot, § 134 BGB; Verstoß des Rechtsgeschäfts gegen die guten Sitten, § 138 BGB; Bösgläubigkeit des Erwerbers, § 932 BGB; Widerruf eines Vertragsangebots, § 130 Abs. 1 Satz 2 BGB; keine Rechtswidrigkeit der unerlaubten Handlung infolge Handelns in Notwehr, § 227 BGB.

– **rechtsvernichtende Einreden** (Einwendungen i.S.d. BGB): Darstellung einer Rechts- und Sachlage, die den klägerischen Anspruch (ex tunc oder ex nunc) wieder beseitigt hat;

Beispiele:
Erfüllung, § 362 BGB; Erlass, § 397 BGB; Anfechtung, § 142 BGB.

– **rechtshemmende Einreden** (Einreden i.S. des BGB): Darstellung einer Rechts- und Sachlage, die dem Beklagten das Recht gibt, die Geltendmachung eines Anspruchs gegen ihn **durch entsprechende Erklärung zu verhindern.**

Beispiele:
Einrede der Verjährung, § 214 BGB; Einrede der Stundung, § 205 BGB.

Während rechtshindernde und rechtsvernichtende Einreden von Amts wegen, also auch wenn sie sich aus dem Vortrag des Klägers ergeben, zu beachten sind, finden die rechtshemmenden Einreden nur Beachtung, wenn sich der Beklagte ausdrücklich auf sie beruft.

9. Kapitel   **Die Verweisung**

Bei **fehlender Zuständigkeit** des angegangenen Gerichts kann der Kläger die Abweisung **497** seiner Klage als unzulässig vermeiden, indem er die **Verweisung** des Rechtsstreits an das zuständige Gericht beantragt. Dabei wird zwischen der Verweisung innerhalb des angerufenen Gerichtszweigs und der Rechtswegverweisung unterschieden.

I. Die Verweisung nach § 281 ZPO

1. Anwendungsbereich

a) Verfahrensarten

Die Möglichkeit der Verweisung an ein anderes örtlich oder sachlich zuständiges **498** Gericht nach § 281 ZPO besteht außer im **Urteilsverfahren** ebenso in **allen anderen Verfahren der ZPO** entsprechend, z.B. im **PKH-Verfahren** (BGH NJW-RR 1994, 706), im **Zwangsvollstreckungsverfahren** (BayObLG MDR 1986, 326), im **Arrest- und einstweiligen Verfügungsverfahren** (BGH FamRZ 1989, 847).
Besonderheiten gelten im **Amtsgerichtsverfahren.** Wird das Amtsgericht durch Erhebung einer Widerklage, einer Klageerweiterung oder eines Feststellungsantrags, die jeweils in die Zuständigkeit des Landgerichts fallen, **nachträglich unzuständig**, so muss es darauf hinweisen, § 504 ZPO, und auf rechtzeitigen Antrag den Rechtsstreit an das zuständige Landgericht verweisen, § 506 ZPO.
Keine Anwendung findet § 281 ZPO jedoch in **Familiensachen** und in den **Angelegenheiten der freiwilligen Gerichtsbarkeit** mehr. Das am 1.1.2009 in Kraft getretene FamFG sieht neben der Verweisung auch die Abgabe aus wichtigem Grund vor, §§ 3, 4 FamFG. Hier besteht auch eine besondere Verweisungsmöglichkeit bei Anhängigkeit von Ehesache und Familiensache an unterschiedlichen Gerichten („Überleitung"), § 153 FamFG.

b) Abgrenzungen

aa) **Rechtswegverweisung.** Kein Fall der Verweisung nach § 281 ZPO sind die Ver- **499** weisungen zwischen Gerichten verschiedener Gerichtsbarkeiten, die in § 17a GVG eine einheitliche Regelung erfahren haben. Nach § 48 Abs. 1 ArbGG gilt dies entsprechend für die Verweisung zwischen ordentlichen Gerichten und **Arbeitsgerichten.**

bb) **Abgabe.** Keine Verweisung liegt bei lediglich formloser Abgabe vor:
- Abgabe an einen **anderen Spruchkörper desselben Gerichts**, z.B. aufgrund besonderer Regelungen des Geschäftsverteilungsplans.
- Ist das angegangene Mahngericht unzuständig, erfolgt – nach Hinweis – **auf Antrag** des Antragstellers **formlose Abgabe** des Verfahrens an das zuständige Mahngericht (BayObLG BB 2002, 1437).
- Nach Widerspruch gegen den **Mahnbescheid** gibt das – zuständige (!) Mahngericht den Rechtsstreit auf Antrag zur Durchführung des streitigen Verfahrens **von Amts wegen** an das im Mahnbescheid bezeichnete oder von den Parteien übereinstimmend verlangte Gericht ab, § 696 Abs. 1 Satz 1 ZPO. Auch hier liegt **keine Verweisung** i.S.d. § 281 ZPO vor. Gleiches gilt nach Einspruch gegen einen **Vollstreckungsbescheid**, § 700 Abs. 3 Satz 1, 2 ZPO.
- Bei **Forderungspfändung** erfolgt auf **Antrag** des Gläubigers ebenfalls **formlose Abgabe** durch das unzuständige Zwangsvollstreckungsgericht, § 828 Abs. 3 ZPO. Es erfolgt keine bindende Verweisung.

c)   Spezialfall: Verweisung an die Kammer für Handelssachen (KfH)

500   Für die **Verweisung** eines Rechtsstreits von der **Zivilkammer** des Landgerichts an die
KfH desselben Landgerichts und umgekehrt bestehen nach §§ 97 ff. GVG **Sonder-
regeln:** Wird vor die **KfH** eine nicht vor sie gehörige Klage gebracht, so kann der
Rechtsstreit auf Antrag des Beklagten, § 97 Abs. 1 GVG, und weitgehend **auch von
Amts wegen**, § 97 Abs. 2 GVG, an die Zivilkammer verwiesen werden. Gleiches gilt,
wenn die KfH aufgrund Widerklage oder Klageerweiterung unzuständig wird, § 99
ZPO. Wird vor der **Zivilkammer** eine vor die KfH gehörige Klage („Handelssache")
zur Verhandlung gebracht, so ist der Rechtsstreit auf **Antrag des Beklagten** an die KfH
zu verweisen, § 98 Abs. 1 GVG. Die Verweisung ist in allen Fällen nur zulässig, wenn
der Verweisungsantrag **vor** Verhandlung des Antragstellers zur Sache und innerhalb
der Klageerwiderungsfrist gestellt wurde, § 101 Abs. 1 GVG.

2.   Voraussetzungen

a)   Zulässigkeit der Verweisung

501   Die Verweisung nach § 281 ZPO setzt die **Rechtshängigkeit** des Rechtsstreits voraus,
bloße Anhängigkeit genügt nicht (BGH NJW-RR 1997, 1161). Vor Zustellung der
Klage ist daher **nur formlose Abgabe** ohne Bindungswirkung an ein anderes Gericht
möglich (BayObLG 1964, 1573). Abweichendes gilt für das **PKH-Verfahren.** Dort ist
bindende Verweisung entsprechend § 281 ZPO auch schon **vor** Bewilligung der PKH
möglich, obwohl mangels Klagezustellung noch keine Rechtshängigkeit vorliegt (BGH
NJW-RR 1994, 706). Nach **Ende der Rechtshängigkeit** ist die Verweisung, etwa zur
ausstehenden Kostenentscheidung nach § 91 a ZPO, nicht mehr möglich (OLG München OLGZ 86, 67).

b)   Umfang der Verweisung

502   Verwiesen werden kann grundsätzlich nur der Rechtsstreit insgesamt, während eine
Teilverweisung nur insoweit zulässig ist, als eine Abtrennung nach § 145 ZPO zulässig
und erfolgt ist.

c)   Antragsprinzip

503   aa) **Verweisungsantrag.** Die Verweisung setzt einen Antrag voraus. Wird der Antrag –
auf Hinweis des Gerichts – nicht gestellt, so ist die Klage durch Prozessurteil als
unzulässig abzuweisen. Die Verweisung erfolgt nur auf **Antrag des Klägers**, § 281
Abs. 1 Satz 1 ZPO. Nur im Fall das § 506 ZPO ist auch der Beklagte („eine Partei")
antragsberechtigt.

bb) **Hilfsantrag.** Der Verweisungsantrag kann, etwa bei Streit über die Zuständigkeit
des Gerichts, zur Vermeidung einer Klageabweisung durch Prozessurteil auch als
Hilfsantrag gestellt werden.

cc) **Form.** Der Antrag kann nach §§ 281 Abs. 2 Satz 1, 129 a ZPO zu Protokoll des
Urkundsbeamten der Geschäftsstelle eines jeden Amtsgerichts abgegeben werden.
Damit entfällt der Zwang für die Partei, im Anwaltsprozess allein zur Stellung des
Verweisungsantrags oder zur Rüge der Unzuständigkeit einen Rechtsanwalt bestellen
zu müssen, § 78 Abs. 5 ZPO.

dd) **Inhalt.** Der Antrag muss die **Bezeichnung des zuständigen Gerichts**, an das verwiesen werden soll, enthalten. Es kann nicht dem Verweisungsgericht überlassen

werden, das unter mehreren Gerichten zuständige Empfangsgericht zu bestimmen. Diese Wahl obliegt dem Kläger, § 281 Abs. 1 Satz 2 ZPO.

3. Entscheidung über den Verweisungsantrag

a) Beschlussverfahren

Die Verweisung erfolgt durch **Beschluss**, § 281 Abs. 1 Satz 1 ZPO, der im **schriftlichen** **504** **Verfahren** ohne mündliche Verhandlung erfolgen kann, § 128 Abs. 4 ZPO. Das Gericht muss vor Verweisung die Gewährung **rechtlichen Gehörs** beachten (BVerfG NJW 1982, 2367). Es kann über die Frage der Zuständigkeit auch abgesondert verhandeln und ggf. durch Zwischenurteil entscheiden, § 280 ZPO.

b) Eigene Unzuständigkeit und Empfangsgericht

Voraussetzung einer Verweisung ist stets, dass das **verweisende Gericht** selbst unzu- **505** ständig ist. Es hat die **eigene Unzuständigkeit** im Verweisungsbeschluss **auszusprechen**, § 281 Abs. 1 Satz 1 ZPO. Ebenso ist das zuständige **Empfangsgericht** im Verweisungs- beschluss **bestimmt zu bezeichnen.** Unzulässig ist eine Verweisung an ein ausländisches Gericht (auch EuGH), weil die deutsche Hoheitsgewalt an der Staatsgrenze endet. Der Beschluss ist kurz zu begründen. Er enthält **keine Kostenentscheidung.** Er wird erst durch Mitteilung an beide Parteien wirksam (BGH MDR 1995, 739).

c) Unabänderbarkeit

Das **verweisende Gericht** darf den Verweisungsbeschluss **nicht** mehr **abändern.** Ledig- **506** lich unter den engen Voraussetzungen des § 319 ZPO kann es bei offenbarer Unrichtig- keit eine **Berichtigung** vornehmen.

> Beispiele:
> – Das AG Reutlingen verweist an das als Wohnsitzgericht des Beklagten, der in Stuttgart wohnt, vermeintlich zuständige **AG Stuttgart**, tatsächlich ist jedoch das **AG Stuttgart-Bad Cannstatt** zuständig: Berichtigung ist möglich (OLG Stuttgart MDR 2004, 1377).
> – Das AG Reutlingen verweist an das als Wohnsitzgericht des Beklagten, der in Stuttgart wohnen soll, vermeintlich zuständige **AG Stuttgart**, später stellt sich heraus, dass er in Filderstadt wohnt, wofür das **AG Nürtingen** zuständig gewesen wäre: Berichtigung ist nicht möglich (vgl. BGH NJW-RR 1993, 700).

d) Unanfechtbarkeit

Der Verweisungsbeschluss ist **unanfechtbar**, § 281 Abs. 2 Satz 2 ZPO. Bei **offensicht-** **507** **licher Willkür** und **Versagung rechtlichen Gehörs** soll dies aber nicht der Fall sein (BGH NJW 1978, 1163; OLG München NJW-RR 1995, 957; str.).

Muster für Verweisungsbeschluss

Beschluss vom 1.10.2009 **508**
Das Landgericht Stuttgart erklärt sich für örtlich unzuständig und verweist den Rechtsstreit auf Antrag des Klägers nach Anhörung des Beklagten an das örtlich zuständige Landgericht Ulm/Donau.
Gründe: …

4. Rechtsfolgen

a) Einheit des Verfahrens

509   Mit **Eingang der Akten** beim aufnehmenden Gericht endet die Anhängigkeit der Rechtssache beim verweisenden Gericht, es wird diejenige beim Empfangsgericht begründet, § 281 Abs. 2 Satz 3 ZPO. Die Einheit des Verfahrens bleibt gewahrt: Bisherige Prozesshandlungen, PKH-Bewilligung und Einzelrichterübertragung wirken ebenso fort wie ergangene – ggf. anfechtbare – Sachentscheidungen (BGH NJW-RR 1992, 1091). Gesetzte Fristen laufen weiter. Auch die Rechtshängigkeit wird durch Verweisung nicht unterbrochen.

Hatte das unzuständige Gericht ein **Versäumnisurteil** erlassen, so muss es **die Zulässigkeit des Einspruchs** vor der – nun erkannten – Verweisung prüfen. Erweist sich hierbei der Einspruch als verspätet oder formfehlerhaft, ist er als unzulässig zu verwerfen, § 341 Abs. 1 Satz 2 ZPO. Zu einer Verweisung kann es hier nicht mehr kommen. Ist die Einspruchsprüfung durch das verweisende Gericht versäumt worden, so muss das neue Gericht über die Zulässigkeit des Einspruchs entscheiden, § 341 ZPO.

b) Bindungswirkung

510   **aa) Grundsatz.** Die Verweisung ist **für das aufnehmende Gericht bindend,** § 281 Abs. 2 Satz 4 ZPO. Dies gilt selbst dann, wenn die Verweisung inhaltlich falsch war oder auf einem Verfahrensfehler beruht. Damit ist das Empfangsgericht **gehindert,** den Rechtsstreit **weiter- oder zurückzuverweisen.** Die **Bindungswirkung** geht aber nicht über den **Verweisungsgrund** hinaus, d.h. sie betrifft nur die Zuständigkeitsfragen, die das verweisende Gericht berücksichtigt hat (BGH NJW-RR 1998, 1219). Bei Verweisung wegen örtlicher Unzuständigkeit kann deshalb z.B. hinsichtlich der sachlichen Unzuständigkeit noch weiterverwiesen werden (BGH NJW 1978, 887). Die **Verweisung des PKH-Verfahrens** entfaltet mangels Rechtshängigkeit keine Bindungswirkung für das anschließende **Hauptsacheverfahren** (BGH NJW-RR 1992, 59).

bb) Ausnahmen
- **Objektive Willkür.** Die Bindungswirkung fehlt, wenn die Verweisung objektiv willkürlich erscheint (BGH NJW 2004, 3201). Dies soll bei Häufung grober Rechtsirrtümer ebenso der Fall sein (BGH NJW-RR 1992, 383) wie bei Übergehung einer eindeutigen Zuständigkeitsvorschrift (OLG München MDR 2007, 1278) oder einer seit längerem geltenden Gesetzesänderung (BGH MDR 2002, 1446), ferner bei Fehlen einer nachvollziehbaren Begründung der eigenen Unzuständigkeit (Köln OLGR 2004, 257).
- **Verletzung rechtlichen Gehörs.** Ein Verweisungsbeschluss entfaltet auch dann keine Bindungswirkung, wenn er unter Verletzung rechtlichen Gehörs ergangen ist, d.h., wenn nicht alle Verfahrensbeteiligten vor Verweisung Gelegenheit zur Stellungnahme hatten (BGH NJW 1978, 1163; BAG NZA 1992, 1049).

5. Kosten der Verweisung

511   Der **Verweisungsbeschluss** enthält **keine Kostenentscheidung.** Jedoch hat das Empfangsgericht in seiner Kostenentscheidung (z.B. im **Endurteil**) dem Kläger **zwingend** die durch die Anrufung des unzuständigen Gerichts erwachsenen **Mehrkosten** auch dann aufzuerlegen, wenn er sonst im Rechtsstreit obsiegt, § 281 Abs. 3 Satz 2 ZPO. Dies gilt auch, wenn der Verweisungsbeschluss falsch war. Für den Verweisungsbeschluss entstehen keine besonderen Gerichtskosten, jedoch können den Parteien für die Terminswahrnehmung vor dem unzuständigen Gericht Kosten entstehen (z.B. Anwalts- und Reisekosten).

Muster für Kostenentscheidung nach Verweisung

512

Urteil
1. Der Beklagte wird verurteilt, an den Kläger 10.500,– € zu bezahlen.
2. Der Beklagte trägt die Kosten des Rechtsstreits mit Ausnahme der durch die Anrufung des unzuständigen Landgerichts Stuttgart entstandenen Kosten, die der Kläger zu tragen hat.
3. Das Urteil ist vorläufig vollstreckbar.

II. Die Rechtswegverweisung

1. Die Verweisung nach § 17a GVG

Hat der Kläger den **falschen Rechtsweg** (z.B. Amtsgericht statt Verwaltungsgericht) beschritten, so ist die Klage unzulässig. In diesem Fall ist die **Verweisung** – auch ohne Antrag – **von Amts wegen** vorzunehmen. Damit kommt eine Klageabweisung wegen Fehlens der Prozessvoraussetzung der Zulässigkeit des Rechtswegs nicht mehr in Betracht. Die Verweisung erfolgt durch **Beschluss**, der mit sofortiger Beschwerde nach der jeweiligen Verfahrensordnung (z.B. § 567 ZPO) anfechtbar ist, § 17a Abs. 2 Satz 1, Abs. 4 GVG. Die Verweisungsvorschrift des § 17a GVG gilt entsprechend für die **Arbeitsgerichte**, § 48 Abs. 1 ArbGG

513

Muster für Rechtswegverweisungsbeschluss

514

Beschluss von 10.10.2009
1. Der Rechtsweg zu den ordentlichen Gerichten wird für unzulässig erklärt.
2. Der Rechtsstreit wird an das Verwaltungsgericht Stuttgart verwiesen.
Gründe: …

Der Verweisungsbeschluss ist für das Gericht, an das der Rechtsstreit verwiesen worden ist, **bindend**, § 17a Abs. 2 Satz 3 GVG. Innerhalb des Rechtswegs kann jedoch aus Gründen der örtlichen, sachlichen oder funktionellen Zuständigkeit weiterverwiesen werden (BAG MDR 1996, 742).

2. Vorabentscheidung

Rügt eine Partei die Zulässigkeit des Rechtswegs, ist er aber **zulässig beschritten**, so kann das Gericht die Zulässigkeit des Rechtswegs im Wege der Vorabentscheidung feststellen, § 17a Abs. 3 GVG. Andere Gerichte sind dann an diese Entscheidung gebunden, § 17a Abs. 1 GVG.

515

10. Kapitel   **Prozessaufrechnung und Widerklage**

I. Die Aufrechnung im Prozess

1. Die Aufrechnung als bürgerlich-rechtliches Rechtsgeschäft

516 Die Aufrechnung ist ein **Rechtsgeschäft des bürgerlichen Rechts.** Ihre Voraussetzungen ergeben sich aus §§ 387 ff. BGB. Für den Eintritt der materiellrechtlichen Wirkung des Erlöschens der gegenseitigen Forderungen ist ein Rechtsstreit nicht erforderlich, sie kann vor einem Prozess erklärt werden, aber auch außergerichtlich während eines Prozesses.

2. Die Geltendmachung der Prozessaufrechnung

a) Rechtsnatur der Prozessaufrechnung

517 **aa) Einrede.** Von dem Rechtsgeschäft ist die Geltendmachung der Aufrechnung im Prozess zu unterscheiden. Der Beklagte kann sich gegen die Klageforderung verteidigen, indem die Aufrechnung mit einer Gegenforderung im Prozess geltend macht. Diese Geltendmachung ist eine sog. **prozessuale Einrede.**

bb) Prozesshandlung. Die Prozessaufrechnung ist eine Prozesshandlung, deren Voraussetzungen sich nach allgemeinem Prozessrecht richten. Sie unterliegt z.B. dem Bestimmtheitsgrundsatz, weshalb sie **bestimmt** und individualisierbar sein muss, andernfalls ist sie unzulässig. Bei mehreren Aufrechnungsforderungen, die betragsmäßig die Klagesumme übersteigen, ist deren **Reihenfolge** anzugeben, andernfalls hat das Gericht die Reihenfolge nach §§ 396 Abs. 1 Satz 2, 366 Abs. 2 BGB zu bestimmen (BGH NJW 2002, 2182). Im Anwaltsprozess unterliegt die Prozessaufrechnung dem **Anwaltszwang.**

cc) Keine Rechtshängigkeit. Die aufgerechnete Gegenforderung wird nicht rechtshängig (BGH NJW-RR 2004, 1000), sodass **der Einwand anderweitiger Rechtshängigkeit nicht** erhoben werden kann, wenn über sie bereits ein Rechtsstreit geführt wird. Dies bedeutet aber auch, dass im Prozess eine Gegenforderung sowohl zur Aufrechnung gestellt, als auch durch (Hilfs-) Widerklage geltend gemacht werden kann (BGH a.a.O.).

b) Zeitpunkt der Prozessaufrechnung

518 Die Prozessaufrechnung ist Verteidigungsmittel (BGH NJW 1984, 1964) und unterliegt deshalb der Prozessförderungspflicht. Sie muss so rechtzeitig erklärt werden, wie es die Prozesslage gebietet, §§ 277, 282 Abs. 1 ZPO. Sie kann im **Verspätungsfall** nach § 296 ZPO **zurückgewiesen** werden (BGH NJW 1984, 1967). In der Berufung gilt § 533 ZPO.

c) Formen der Prozessaufrechnung

519 **aa) Primäraufrechnung.** Stehen dem Beklagten keine anderen Verteidigungsmittel als die aufrechenbare Gegenforderung zur Verfügung, so kommt die Primäraufrechnung in Betracht. Sie ist die sofortige und bedingungslose Aufrechnung gegen die Klageforderung und führt bei Begründetheit zur Klageabweisung.

bb) Eventualaufrechnung. Stehen dem Beklagten hingegen noch weitere Verteidigungsmittel zur Verfügung, so wird er seine Gegenforderung nicht sogleich durch Aufrechnung „verbrauchen". Er erklärt die Aufrechnung hier **nur für den Fall,** dass die anderen

Verteidigungsmittel nicht durchgreifen und die **Klageforderung begründet** ist, sog. **Hilfs-** oder **Eventualaufrechnung.**

Die **innerprozessuale Bedingung** wird trotz Bedingungsfeindlichkeit der Prozesshandlung und Aufrechnung nach § 388 Satz 2 BGB für zulässig erachtet, weil die Begründetheit der Klageforderung kein zukünftiges ungewisses Ereignis ist, sondern vom Gericht nur noch erkannt werden muss (vgl. Zöller, § 145 Rn. 13).

d) Prüfungsreihenfolge bei Prozessaufrechnung

Das Gericht kann die Aufrechnung mit der Folge der Klageabweisung **erst** berücksichtigen, wenn es die **Klageforderung für begründet** hält. Erkennt das Gericht die Unbegründetheit der Klageforderung, so weist es die Klage sofort ab, ohne dass es die Aufrechnung noch prüft oder im Urteil erwähnt. Sie ist gegenstandslos. Das Gericht darf auch dann, wenn das Bestehen der **Aufrechnungsforderung feststeht**, die Klageforderung nicht dahingestellt lassen und die Klage sogleich abweisen, weil das Prozessergebnis „Klageabweisung" auf alle Fälle feststehe. Würde der Rechtsstreit so beendet werden, wäre ungewiss, ob die **Aufrechnungsforderung** wegen bestehender Klageforderung **verbraucht** ist oder ob die Klageforderung unbegründet war, die Aufrechnungsforderung daher noch besteht. Das Gericht muss also erst über die Klageforderung verhandeln und ggf. Beweis erheben (sog. Beweiserhebungstheorie, BGH NJW 1961, 1862). **520**

> **Beispiel:**
> K klagt gegen B 1.000,– € Kaufpreis ein. B bestreitet einen Kaufvertrag und rechnet außerdem hilfsweise mit einer Darlehensforderung in derselben Höhe auf. Durch vorgelegten Schuldschein ist das Gericht vom Bestehen der zur Aufrechnung gestellten Darlehensforderung überzeugt: Es darf die Klage aber erst abweisen, wenn feststeht, dass die Klageforderung wegen Aufrechnung oder aus anderen Gründen nicht besteht.

e) Getrennte Verhandlung

Stehen Klage- und Aufrechnungsforderung in keinem rechtlichen Zusammenhang, kann das Gericht über Klage und Aufrechnung **getrennt verhandeln,** wobei der Prozess allerdings als Einheit bestehen bleibt, § 145 Abs. 3 ZPO. **521**

3. Rechtskräftige Entscheidung über die Aufrechnungsforderung

a) Gerichtliche Entscheidungsbefugnis

aa) Zivilrechtsweg. Die Entscheidungsbefugnis der **ordentlichen Gerichte** über die im Wege der Prozessaufrechnung geltend gemachten Gegenforderungen erstreckt sich auf alle Forderungen, für die bei klageweiser Geltendmachung ebenfalls der **Rechtsweg zu den ordentlichen Gerichten** gegeben wäre. Dabei ist es unschädlich, dass ein **anderes Gericht sachlich** oder **örtlich zuständig** wäre (BGH MDR 1989, 238) oder dass die Aufrechnungsforderung in den Zuständigkeitsbereich des **Familiengerichts** (BGH NJW 1989, 173) fallen würde. **522**

bb) Andere Rechtswege. Bei Aufrechnung mit einer Gegenforderung, über die eine **andere Gerichtsbarkeit** – einschließlich der Arbeitsgerichtsbarkeit – zu entscheiden hätte, dürfen nach Sinn und Zweck der Rechtswegaufteilung die ordentlichen Gerichte **nicht entscheiden,** es sei denn, es handelt sich um unbestrittene oder rechtskräftig festgestellte Gegenforderungen (BVerwG NJW 1987, 2530). § 17 Abs. 2 GVG steht dem nicht entgegen (BAG MDR 2008, 464). Das Gericht muss in diesen Fällen den Rechtsstreit nach § 148 ZPO **aussetzen,** bis der Beklagte eine Entscheidung des zuständigen Gerichts über die Gegenforderung herbeigeführt hat (OLG Dresden VIZ 2001, 54). Dem Beklagten kann eine Frist für die dortige Klageerhebung gesetzt werden. Nach erfolglosem Fristablauf kann die Aufrechnung nach § 296 Abs. 2 ZPO zurückgewiesen werden (BGHZ 21, 29).

b) Das Vorbehaltsurteil

523 Hat der Beklagte die Aufrechnung mit einer Gegenforderung geltend gemacht und ist der Rechtsstreit bzgl. der **Klageforderung entscheidungsreif,** nicht jedoch bzgl. der Aufrechnungsforderung, so kann das Gericht **vorab über die Klageforderung** in einem Vorbehaltsurteil (vgl. Rn. 1066) **entscheiden,** § 302 ZPO. In einem Nachverfahren wird dann durch **Endurteil** über die Aufrechnungsforderung entschieden und darin das Vorbehaltsurteil aufrechterhalten oder abgeändert.

c) Rechtskraftfähige Entscheidung

524 **aa) Rechtskraftwirkung.** Soweit das Gericht über die Aufrechnungsforderung entscheidet, ist diese Entscheidung der **Rechtskraft** (vgl. Rn. 1116) fähig. Die Entscheidung ist dahingehend rechtskräftig, als **verbindlich feststeht,** dass die Aufrechnungsforderung nicht besteht oder wegen Verbrauchs durch Aufrechnung gegen die Klageforderung nicht mehr besteht, § 322 Abs. 2 ZPO.

bb) Verspätung. Das Gericht **aberkennt** die Aufrechnungsforderung auch dann **rechtskräftig,** wenn es die Prozessaufrechnung nach §§ 282, 296 ZPO als verspätet erachtet. Der Beklagte verliert seinen Gegenanspruch endgültig, er kann ihn nicht mehr anderweitig einklagen (BGH NJW-RR 1991, 971).

cc) Fehlende Substantiierung und Unschlüssigkeit. Der Gegenanspruch wird ebenfalls **rechtskräftig aberkannt,** wenn die Prozessaufrechnung unsubstantiiert ist oder die Aufrechnungsforderung nicht schlüssig oder unsubstantiiert dargelegt wird. Wird der Gegenanspruch nicht hinreichend individualisiert, ist die Aufrechnung hingegen bereits unzulässig (BGH NJW 2002, 2182), es ergeht über sie keine rechtskraftfähige Sachentscheidung (BGH NJW-RR 1991, 971).

dd) Fehlerhafte Prozesshandlung. Ist die Prozesshandlung selbst fehlerhaft, etwa im Anwaltsprozess nicht durch einen Rechtsanwalt abgegeben, dann ist sie unzulässig, während die materiellrechtliche Aufrechnungserklärung wirksam wäre. Infolge des prozessualen Fehlers würde der Beklagte daher seine Gegenforderung verlieren. Nach h.M. bleibt deshalb auch die materielle Aufrechnung wirkungslos (vgl. Thomas-Putzo, § 145 Rn. 18). Der Beklagte kann seine Forderung noch klageweise geltend machen, da über die Forderung nicht mit Rechtskraftwirkung nach § 322 Abs. 2 ZPO entschieden wird (BGH NJW-RR 1991, 972).

d) Kostenfolge bei Aufrechnung im Prozess

525 Soweit eine Aufrechnung die Klageforderung zu Fall bringt, sind die Kosten des Rechtsstreits nach allgemeinen Grundsätzen der §§ 91, 91 a, 92 ZPO auf die Parteien zu verteilen: Ist die Gegenforderung nach Prozessbeginn entstanden oder fällig geworden, so war die Klage anfangs begründet und wurde durch die Prozessaufrechnung unbegründet. Dasselbe gilt nach Auffassung des BGH (NJW 2003, 3134) auch dann, wenn die Aufrechnungslage bereits bei Klagezustellung bestand. Will der Kläger die Aufrechnungsforderung nicht bestreiten, sollte er den Rechtsstreit in der Hauptsache für **erledigt erklären,** damit die Kosten dem Beklagten auferlegt werden.

e) Streitwert bei Prozessaufrechnung

526 Für den **Zuständigkeitsstreitwert** kommt es nur auf die Klageforderung an, die Aufrechnungsforderung bleibt unberücksichtigt. Beim **Gebührenstreitwert** bleibt die Aufrechnungsforderung bei **Primäraufrechnung** ebenfalls ohne Ansatz. Im Fall der **Eventualaufrechnung** ist die bestrittene Gegenforderung zum Streitwert der Klageforderung zu **addieren**, soweit eine rechtskraftfähige Entscheidung über sie ergangen ist, § 45 Abs. 3 GKG. Gleiches gilt, wenn die Aufrechnungsforderung im **Prozessvergleich** mitberücksichtigt wird, § 45 Abs. 4 GKG.

II. Die Widerklage

1. Begriff der Widerklage

a) Wesen der Widerklage

Im Gegensatz zur Prozessaufrechnung ist die Widerklage eine **eigenständige Klage**, die **527** der Beklagte in einem rechtshängigen Prozess vor demselben Gericht gegenüber dem Kläger erhebt. Sie muss einen **selbstständigen Anspruch** enthalten. Als Widerklage unzulässig ist der Antrag auf Feststellung, dass der mit der Klage geltend gemachte Anspruch nicht bestehe (sog. kontradiktorisches Gegenteil; vgl. BGH WM 1991, 1154). Ein solcher Antrag kann als Klageabweisungsantrag ausgelegt werden. Im Gegensatz dazu ist jedoch negative Feststellungswiderklage hinsichtlich des gesamten Anspruchs möglich, wenn der Kläger sich einer Forderung berühmt und davon nur einen Teilbetrag einklagt.

b) Erhebung der Widerklage

Widerklage kann in erster Instanz **bis zum Schluss der mündlichen Verhandlung** über **528** die Klage (BGH NJW 2000, 2513) erhoben werden, und zwar durch Geltendmachung in der mündlichen Verhandlung selbst oder durch Einreichung eines den Erfordernissen des § 253 Abs. 2 ZPO entsprechenden Schriftsatzes, § 261 ZPO. Die Widerklage ist jedoch kein Angriffs- oder Verteidigungsmittel, sondern ein **Gegenangriff**, der **nicht** der **Präklusion** wegen Verspätung nach § 296 ZPO unterliegt. Es kommt deshalb zur Vermeidung einer Entscheidung die „Flucht in die Widerklage" in Betracht (BGH NJW 1995, 1224). In der Berufungsinstanz ist die Widerklage nur zulässig, wenn der Kläger einwilligt oder das Gericht die Widerklage für sachdienlich hält und der Prozessstoff nicht erweitert wird, § 533 ZPO. Der Widerkläger muss **keinen Vorschuss** zahlen, § 12 Abs. 2 Nr. 1 GKG.

2. Allgemeine Sachurteilsvoraussetzungen der Widerklage

a) Sachliche Zuständigkeit

Die sachliche Zuständigkeit des befassten Gerichts muss auch für die Widerklage **529** gegeben sein. Ist die Klage beim **Amtsgericht** anhängig und erhebt der Beklagte Widerklage, die in den Zuständigkeitsbereich des Landgerichts fallen würde, so wird das Amtsgericht aber auch für die Widerklage zuständig, wenn nach Hinweis gemäß § 504 ZPO eine Parteivereinbarung oder rügelose Einlassung des Beklagten erfolgt, § 39 ZPO. Andernfalls ist die Sache auf Antrag an das übergeordnete Landgericht zu verweisen, § 506 ZPO. Wird kein Verweisungsantrag gestellt, so ist die Widerklage als unzulässig abzuweisen. In diesem Zusammenhang ist zu beachten, dass für den **Zuständigkeitsstreitwert** die Klage und Widerklage **nicht zusammenzurechnen** sind, § 5 HS 2 ZPO.

> Beispiele:
> – Klage 2.000,– €, Widerklage 5.000,– €: Zuständigkeit des Amtsgerichts bleibt bestehen.
> – Klage 2.000,– €, Widerklage 5.500,– €: Verweisungsantrag ist möglich, § 506 ZPO.

Ist die Klage beim **Landgericht** anhängig und fiele die Widerklage in den Zuständig-keitsbereich des Amtsgerichts, so ist das Landgericht auch für die Widerklage zuständig (h.M., vgl. Zöller, § 33 Rn. 12). Bei **ausschließlicher Zuständigkeit** des Amtsgerichts für den Widerklageanspruch erfolgt aber Abtrennung nach § 145 Abs. 2 ZPO und auf Antrag **Verweisung** der Widerklage, andernfalls Abweisung der Widerklage als unzu-lässig. Ist für den Widerklageanspruch das **Arbeitsgericht** zuständig, so ist die Wider-klage nach § 17a Abs. 2, 4 GVG zu verweisen.

b) Örtliche Zuständigkeit

530 Ist das Gericht nicht aus sonstigem Grund auch für die Widerklage zuständig, so eröffnet § 33 ZPO einen **besonderen Gerichtsstand** für die Widerklage beim Gericht der Klage, sofern der Gegenanspruch mit dem Klageanspruch oder den Verteidigungs-mitteln gegen die Klage im **Zusammenhang** steht. Erforderlich ist ein **rechtlicher Zusammenhang**, der teilweise als **besondere Sachurteilsvoraussetzung** für die Wider-klage angesehen wird (BGH NJW 1975, 1228; a.A. Zöller, § 33 Rn. 14; Baumbach-Lauterbach, § 33 Rn. 1).
Der **rechtliche Zusammenhang** besteht, wenn Klage- und Widerklageforderung auf dasselbe Rechtsverhältnis zurückzuführen bzw. einem einheitlichen Lebenssachverhalt zu entnehmen sind.

> **Beispiele:**
> – Klage auf Kaufpreis und Widerklage wegen Mängelbeseitigungskosten (BGHZ 52, 34);
> – Klage auf Architektenhonorar und Widerklage auf Schadensersatz wegen Planungsfehlern (BGH NJW 2001, 2094);
> – Klage und Widerklage aus ständiger Geschäftsbeziehung (Busse, MDR 2001, 730);
> – Aufrechnung mit Gegenforderung und Widerklage wegen des überschießenden Teils (Zöller, § 33 Rn. 16).

3. Besondere Sachurteilsvoraussetzungen der Widerklage

a) Rechtshängigkeit der Klage

531 Die Widerklage kann erst **ab Rechtshängigkeit der Klage** erhoben werden, die auch noch fortdauern muss (BGH NJW-RR 2001, 60); sie ist nur **bis zum Schluss der mündlichen Verhandlung** zulässig. Eine Widerklage im Mahnverfahren ist daher ebenso unzulässig wie die Erhebung der Widerklage nach Klagerücknahme oder anderweitiger Erledigung der Klage (vgl. BGH a.a.O.); das Ausstehen einer Kosten-entscheidung ändert hieran nichts. Ist die Widerklage allerdings erstmal wirksam erhoben, so hat sie ihr eigenes Schicksal, wird also weitergeführt, auch wenn die Klage erledigt ist, vgl. § 301 ZPO.

b) Parteien und Dritte

532 Die Widerklage muss **vom Beklagten erhoben** sein und ist i.d.R. **gegen den oder die Kläger** gerichtet. Auch Streitgenossen und Hauptintervenienten können Widerkläger und Widerbeklagte sein. Unter bestimmten Voraussetzungen ist die Widerklage auch gegen **prozessfremde Dritte** zulässig:
– **Streitgenössische Drittwiderklage:** Der **Beklagte** erhebt Widerklage **gegen den Kläger und gegen** einen bisher nicht am Prozess beteiligten **Dritten** als Streitgenos-sen des Klägers (BGH NJW-RR 1990, 1267). Sie ist unter den Voraussetzungen der Klageänderung durch Parteierweiterung zulässig, also bei Einwilligung des Dritt-widerbeklagten oder bei Sachdienlichkeit (BGH NJW 1996, 196). In der Beru-fungsinstanz ist die Einwilligung immer erforderlich.

- **Isolierte Drittwiderklage**: Der **Beklagte** erhebt Widerklage **nur gegen** einen nicht am Prozessbeteiligten **Dritten** (BGH NJW 2007, 1753). Bei Einwilligung oder Sachdienlichkeit ist auch diese Widerklage zulässig.

Eine mit der Klageforderung zusammenhängende Widerklage, die ein prozessfremder **Dritter gegen den Kläger** und/oder einen weiteren Dritten erhebt (OLG Hamburg NJW-RR 2004, 62), ist nicht zulässig, allerdings ist eine Prozessverbindung möglich (vgl. Zöller, § 33 Rn. 22 ff.).

c) Gleiche Prozessart

Schließlich ist besondere Prozessvoraussetzung, dass Klage und Widerklage in **derselben Prozessart** zulässig sind. Widerklage im Arrestverfahren ist daher unzulässig. **Keine** Widerklage gibt es im **Urkunden- und Wechselprozess**, § 595 Abs. 1 ZPO. **533**

4. Die Eventualwiderklage

Die **Hilfswiderklage** oder Eventualwiderklage ist zulässig, wenn sie unter der **innerprozessualen** Bedingung steht, dass sie nur für den Fall des Erfolgs oder der Erfolglosigkeit der Klage erhoben sein soll (BGH NJW 1996, 2307; st. Rspr.). Allerdings muss sie zum Klageabweisungsantrag in einem **wirklichen** Eventualverhältnis stehen, wenn also die Widerklage überhaupt nur begründet sein kann, falls der Klage stattgegeben wird (BGHZ 132, 400). **534**

> Beispiel:
> Bei einer Klage über 1.000,– € bestreitet der Beklagte diesen Anspruch nicht und erklärt Aufrechnung mit einer gleich hohen Gegenforderung. Der Kläger wendet ein, die Aufrechnungsmöglichkeit sei vertraglich ausgeschlossen. Der Beklagte beantragt in erster Linie Klageabweisung, da die Klageforderung durch die Aufrechnung erloschen sei; hilfsweise, falls die Aufrechnung nicht für zulässig erachtet und deshalb nicht gemäß seinem Klageabweisungsantrag entschieden werde, erhebt er Widerklage, den Kläger zur Zahlung seiner Gegenforderung zu verurteilen.

5. Kostenentscheidung bei Widerklage

Über die **Kosten der Klage und der Widerklage** ist einheitlich, ggf. nach Bruchteilen, **zu** entscheiden. Die Kosten des Rechtsstreits dürfen also nicht nach Kosten der Klage und Kosten der Widerklage aufgeteilt werden. **535**

> Beispiel:
> - **richtig**: Von den Kosten des Rechtsstreits tragen der Kläger 1/3, der Beklagte 2/3.
> - **falsch**: Der Kläger trägt die Kosten der Klage, der Beklagte die Kosten der Widerklage.

Für die Berechnung der **Gerichtskosten** gilt § 45 Abs. 1 Satz 1, 3 GKG, wonach bei gleichem Streitgegenstand die Gebühren nach dem einfachen Wert dieses Gegenstandes zu berechnen sind, bei nicht gleichem Streitgegenstand die Gegenstände zusammenzurechnen sind.

11. Kapitel   **Die richterliche Vorbereitung**
               des Verhandlungstermins

536 Ziel des Gesetzgebers ist es, den Rechtsstreit möglichst in **einem** Termin zu erledigen, § 272 Abs. 1 ZPO, unabhängig davon, ob es sich um den frühen ersten Termin oder den Haupttermin handelt. Das erfordert eine sorgfältige Vorbereitung dieses Termins. Bei der **Terminierung** hat das Gericht auf den **voraussichtlichen Zeitbedarf** Rücksicht zu nehmen. Außerdem hat es darauf hinzuwirken, dass sich die Parteien rechtzeitig und vollständig erklären und dass im Termin die zur Entscheidung erforderlichen Erkenntnismöglichkeiten bereitstehen. Das Gericht hat hierfür drei Möglichkeiten: **vorbereitende Verfügungen,** § 273 ZPO, **vorterminlicher Beweisbeschluss,** § 358 a ZPO und **rechtliche Hinweise,** § 139 ZPO. Anberaumte Termine können schließlich **aufgehoben** oder **verlegt** werden, ein durchgeführter Termin kann **vertagt** werden.

I.   Zeitbedarf im Verhandlungstermin

537 Der Richter hat bei der Terminierung auf die **voraussichtliche Dauer der Verhandlung** Rücksicht zu nehmen und ausreichend Zeit einzukalkulieren. Es schadet jeder Rechtssache, die Beteiligten **unter Zeitdruck verhandeln** oder über Gebühr auf ihren Termin **warten** zu lassen. Auch Prozessbevollmächtigte sollten hinreichend Zeit in die Verhandlung mitbringen und ggf. vorher beim Richter über die vorgesehene Terminsdauer anfragen. Eine zeitlich zügige Terminierung zahlt sich für alle Beteiligten aus, weil ein im Termin umfangreich erörterter Fall eher einer gütlichen Einigung zugeführt werden kann und dadurch viele Stunden weiteren Prozessierens erspart werden können. Dies entspricht auch der Intention des Gesetzgebers, die in § 278 ZPO deutlich zum Ausdruck kommt.

II.   Die vorbereitenden Maßnahmen

1.   Bedeutung

538 Der Richter muss das Prozessmaterial vor dem Verhandlungstermin gründlich durcharbeiten. In Wahrnehmung seiner Pflicht zur **materiellen Prozessleitung** muss er den Termin rechtzeitig und umfassend vorbereiten. § 273 Abs. 2 ZPO bietet ihm hierfür eine Reihe von **vorbereitenden Maßnahmen.** Sie dienen vor allem der **Herbeiführung vollständigen Parteivortrags** und der **Bereitstellung notwendiger Beweismittel.**

2.   Zuständigkeit und Form

a)   Vorsitzender oder Berichterstatter

539 Nach § 273 Abs. 2 ZPO obliegen Auswahl und Durchführung vorbereitender Maßnahmen dem **Vorsitzenden** des Spruchkörpers, i.d.R. ist das der Einzelrichter. Verhandelt bei Kollegialgerichten die Kammer oder der Senat, kann der Vorsitzende die Terminsvorbereitung auf ein anderes **Mitglied des Prozessgerichts,** meist den Berichterstatter, übertragen.

b)   Verfügung oder Beschluss

Außerhalb der mündlichen Verhandlung ergehen die vorbereitenden Maßnahmen – soweit nicht durch das Prozessgericht ein Beweisbeschluss nach § 358 a ZPO erlassen wird – durch **Verfügung** des Vorsitzenden oder Berichterstatters. Werden im Verhandlungstermin vorbereitende Anordnungen für den nächsten Termin bestimmt, so geschieht das durch **Beschluss**.

3. Inhalt

Die einen Termin vorbereitenden Maßnahmen können nach § 273 Abs. 2 Nr. 1–5 ZPO **540** folgenden Inhalt haben:

a) Aufforderung zur Ergänzung vorbereitender Schriftsätze

Nach § 273 Abs. 2 Nr. 1 ZPO kann den Parteien die Ergänzung **lückenhaften Vortrags** oder die Erläuterung **unklaren Vorbringens** aufgegeben werden. Die richterliche Verfügung muss konkrete Hinweise beinhalten. Von der Partei kann etwa verlangt werden, Unfallskizzen und Fotos vorzulegen, die Ereignisse geordnet chronologisch vorzutragen oder einzelne Zahlungen auf verschiedene Forderungen zu verrechnen, wenn nur pauschal Summen gegenübergestellt worden sind. Um den gewünschten Beschleunigungseffekt zu erzielen, empfiehlt es sich, die Aufforderung mit einer angemessenen **Fristsetzung** zu verknüpfen. Diese Verfügung ist förmlich zuzustellen. Wird die Frist nicht eingehalten, so kann das Vorbringen unter den Voraussetzungen des § 296 Abs. 1 ZPO zurückgewiesen werden. Die richterliche Frist kann nach § 224 Abs. 2 ZPO verlängert werden.

b) Anforderung amtlicher Urkunden oder Auskünfte

Beim Ersuchen öffentlicher Behörden um Mitteilung von Urkunden oder Erteilung **541** amtlicher Auskünfte nach § 273 Abs. 2 Nr. 2 ZPO ist Vorsicht geboten. Im Zivilprozess herrscht der **Beibringungsgrundsatz**, wonach die Parteien das Tatsachenmaterial und die Beweise dem Gericht zu unterbreiten haben. Das Gesetz erlaubt dem Gericht daher **keine Amtsermittlung**, sondern gestattet lediglich die **Ergänzung des Tatsachenvortrags der Parteien** durch Einholung amtlicher Urkunden oder Auskünfte. Voraussetzung ist daher, dass sich eine Partei in einem vorbereitenden Schriftsatz auf diese Urkunden oder Auskünfte bezogen hat (BGH NJW 2004, 1324). So ist die Beiziehung von **Strafakten** oder polizeilichen Ermittlungsakten zulässig, auf die sich eine Partei stützt. Amtliche **Auskünfte** der zur Rechtshilfe verpflichteten Behörden können sich etwa auf Registerinhalte beziehen.

c) Anordnung des persönlichen Erscheinens der Parteien

aa) Anordnung des persönlichen Erscheinens zum Zwecke des Güteversuchs. Die ZPO **542** gebietet dem Gericht, in jeder Lage des Verfahrens auf eine gütliche Beilegung des Rechtsstreits hinzuwirken, § 278 Abs. 1 ZPO. Der mündlichen Verhandlung geht daher i.d.R. die **Güteverhandlung** voraus. Sie ist am aussichtsreichsten, wenn die Kontrahenten persönlich anwesend sind. § 278 Abs. 3 ZPO **schreibt** zu diesem Zwecke die Anordnung des persönlichen Erscheinens der Parteien **vor**. Sie kann nur bei Unzumutbarkeit des Erscheinens wegen großer Entfernung zum Terminsort oder aus sonstigem wichtigem Grunde unterbleiben, §§ 278 Abs. 3 Satz 2, 141 Abs. 1 Satz 2 ZPO. Bleibt eine Partei unentschuldigt dem Termin fern, kann gegen sie ein Ordnungsgeld wie beim Zeugen festgesetzt werden, § 278 Abs. 3 Satz 2, § 141 Abs. 3 ZPO. Darauf ist die Partei in der Ladung hinzuweisen, § 141 Abs. 3 Satz 3 ZPO. Damit übt das Gesetz einen Zwang zum Versuch einer gütlichen Einigung aus.

bb) Anordnung des persönlichen Erscheinens zur Sachaufklärung. § 141 Abs. 1 ZPO **543** sieht die Anordnung des persönlichen Erscheinens demgegenüber vor, wenn sie dem Gericht zur Sachaufklärung geboten erscheint. Die Entscheidung hierüber steht im

Ermessen des Gerichts. Dies ist etwa der Fall, wenn sich ein Widerspruch zwischen dem Inhalt vorgelegter Parteiurkunden und dem Vortrag des Prozessbevollmächtigten ergibt. Das Gericht kann so den **Sachvortrag** der Partei durch direkte Befragung ergänzen, ohne dass darin eine Beweisaufnahme zu sehen wäre. Auch wenn keine Protokollierungspflicht nach § 160 Abs. 3 ZPO besteht, sollten diese zur Sachaufklärung erforderlichen und damit erheblichen Parteierklärungen protokolliert werden. Aus Gründen der Waffengleichheit sollten **beide** Parteien geladen werden. Sinnlos ist die Anordnung allerdings meist gegenüber gesetzlichen Vertretern von Großunternehmen, die dann aber aufgefordert werden sollten, einen informierten Vertreter gemäß § 141 Abs. 3 ZPO zu entsenden. Bei einem Streit um **reine Rechtsfragen** im Anwaltsprozess ist die Anwesenheit der Parteien im Termin unergiebig und daher nicht angezeigt.

Die Anordnung des persönlichen Erscheinens zur Sachaufklärung unterbleibt lediglich bei **Unzumutbarkeit**. Das Gesetz nennt die **große Entfernung** zum Terminsort oder **sonstige wichtige Gründe**, § 141 Abs. 1 Satz 2 ZPO. Angesichts guter Verkehrsbedingungen dürfte die Entfernung alleine meistens kein Grund sein. Allerdings ist auch auf die Bedeutung der Sache, die beruflichen Belange, den Gesundheitszustand oder die Reisefähigkeit der Partei abzustellen.

> **Beispiel:**
> Einer gebrechlichen 85-jährigen Dame aus Flensburg dürfte die Anreise nach Stuttgart wegen einer Forderung in Höhe von 2.000,– € „wegen der großen Entfernung" nicht zumutbar sein.

Als sonstige wichtige Gründe sind auch private Gründe anerkennenswert, z.B. Urlaubsabwesenheit, Wahrnehmung eines wichtigen geschäftlichen Termins oder Unzumutbarkeit des Zusammentreffens mit dem Gegner (vgl. OLG Brandenburg MDR 2000, 585).

cc) **Durchführung.** Die Parteien sind von Amts wegen **persönlich**, wenngleich nicht förmlich, **zu laden**, auch wenn sie einen Prozessbevollmächtigten bestellt haben, § 141 Abs. 2 ZPO. In der Ladung ist der Grund der Anordnung „zur Sachverhaltsaufklärung" oder „zum Güteversuch" aufzuführen.

544   Bei unentschuldigtem Ausbleiben ist ein **Ordnungsgeld** zu verhängen, §§ 141 Abs. 3, 380 Abs. 1 ZPO. Die Festsetzung des Ordnungsgeldes steht im Ermessen des Gerichts und ergeht durch Beschluss. Der Rahmen beträgt 5,– bis 1.000,– €, Art. 6 Abs. 1 EGStGB. Es erfolgt jedoch keine Festsetzung von Ordnungshaft, keine Verurteilung in die Kosten und keine Androhung einer zwangsweisen Vorführung (OLG Köln NJW 1972, 1999). Kommt es trotz Abwesenheit der Partei zu einer vergleichsweisen Einigung, Klagerücknahme oder sonstigen Prozesserledigung, so ist ein Ordnungsgeld nicht mehr angezeigt. Die Verhängung von Ordnungsgeld ist im Übrigen ausgeschlossen,

– wenn sich die Partei zur Sache überhaupt **nicht eingelassen** hat, also nicht streiten will;
– wenn die Partei **nicht** ordnungsgemäß oder zu spät **geladen** oder in der Ladung nicht auf die Folgen ihres Ausbleibens hingewiesen worden war;
– wenn die Partei die **Unzumutbarkeit** des Erscheinens darlegt oder ihr Fernbleiben sonst **entschuldigt**;
– wenn die Partei an ihrer Stelle einen **informierten**, also zur Sachaufklärung befähigten und zur Abgabe der gebotenen Erklärungen, insbesondere zu einem Vergleichsabschluss, **ermächtigten Vertreter** entsendet, § 141 Abs. 3 ZPO. Sein Wissensstand muss aber dem der Partei selbst entsprechen.

545   dd) **Parteivernehmung.** Von der Anordnung des persönlichen Erscheinens nach §§ 141, 278 ZPO ist das durch förmlichen Beweisbeschluss anzuordnende Erscheinen der Partei zum Zwecke der Parteivernehmung zu unterscheiden, § 450 Abs. 1 ZPO (vgl. Rn. 940).

d) Ladung von Zeugen und Sachverständigen

§ 273 Abs. 2 Nr. 4 ZPO gestattet die vorsorgliche Ladung von **Zeugen** und **Sach-** **546**
verständigen. Es kommen jedoch wegen des Beibringungsgrundsatzes nur solche
Zeugen in Frage, auf die sich eine Partei bezogen hat und die für eine schlüssige und
vom Gegner bestrittene Behauptung benannt sind. Für die Ladung von Sachverständigen bedarf es nicht der Benennung durch eine Partei, über deren Zuziehung befindet
allein das Gericht, § 144 Abs. 1 Satz 1 ZPO.

– **Ladung.** Die Zeugenladung ist nach § 377 ZPO durch die Geschäftsstelle zu
  bewirken. Die Ladung muss die **Bezeichnung der Parteien**, den **Gegenstand der**
  Vernehmung und die Anweisung, zu einer bestimmten Zeit an einem bestimmten
  Ort zu **erscheinen**, enthalten. Ist davon auszugehen, dass dem Zeugen Dokumente
  vorliegen, auf die er sich als Gedächtnisstütze beziehen kann, so kann er aufgefordert werden, diese einzusehen bzw. zum Termin mitzubringen, § 378 ZPO. Die
  Ladung eines Sachverständigen zum Termin erfolgt in gleicher Weise. Sie ist jedoch
  nur sinnvoll, wenn die Erstattung eines mündlichen Gutachtens im Termin zu
  erwarten ist und auch erforderlich erscheint.

  Beispiel:
  Das Gericht lädt unter Übersendung der Akten auf 3 Tage einen Sachverständigen zum frühen
  ersten Termin über die Abrechnung eines Verkehrsunfallschadens, damit dieser in mündlicher
  Form eine Unfallrekonstruktion vornehmen kann. Selbstverständlich hat die Ladung von
  Zeugen und Sachverständigen dann zu unterbleiben, wenn der Beklagte dem Klageanspruch
  nicht widersprochen hat, also mit Versäumnis- oder Anerkenntnisurteil gerechnet werden
  kann, § 273 Abs. 3 ZPO.

– **Folgen bei Nichterscheinen.** Bei unentschuldigtem Ausbleiben eines Zeugen treten **547**
  die Folgen des § 380 Abs. 1 ZPO ein: Dem Zeugen werden die durch das Ausbleiben verursachten **Kosten** auferlegt, zugleich wird gegen ihn **Ordnungsgeld**, bzw.
  für den Fall der Nichtbeitreibbarkeit Ordnungshaft, bei wiederholtem Ausbleiben
  die Anordnung der **zwangsweisen Vorführung**, verhängt.
– **Vorschuss.** I.d.R. macht das Gericht die Zeugenladung sowie die Beauftragung und
  Ladung eines Sachverständigen von der fristgerechten Einzahlung eines **Auslagen-**
  vorschusses durch die Partei abhängig, § 379 ZPO. Vorschusspflichtig ist diejenige
  Partei, die sich auf den Zeugen oder die Einholung eines Sachverständigengutachtens beruft. Wird der Sachverständige von Amts wegen geladen, so unterbleibt
  eine Vorschussanforderung. Wird der Vorschuss innerhalb der gesetzten Frist nicht
  einbezahlt, können die vorsorglich geladenen Beweispersonen wieder abgeladen
  werden.
– **Auslagen.** Der Anspruch erschienener Zeugen und Sachverständigen auf **Auslagen-**
  ersatz nach dem **JVEG** ist nicht von der Beweisaufnahme abhängig. Die Entschädigung erfolgt auch, wenn es zu keiner Vernehmung oder Anhörung kommt.

e) Aufforderung zur Vorlage von Urkunden

Schließlich kann das Gericht vorbereitende Anordnungen nach § 273 Abs. 1 Nr. 5 **548**
ZPO treffen und eine **Urkundenvorlegung**, § 142 ZPO, oder die **Vorlegung von**
Augenscheins- oder Begutachtungsobjekten anordnen, § 144 ZPO.
– **Urkunden.** Die Anordnung der Vorlage von Urkunden nach § 142 ZPO setzt
  voraus, dass sich eine Partei in ihrem Sachvortrag darauf bezogen hat. Die Vorlageanordnung kann sich dann gegen die Partei, gegen den Gegner oder gegen Dritte
  richten. Die Anordnung hat unter Fristsetzung mit der Folge des § 296 Abs. 1 ZPO
  zu geschehen. Unterbleibt die Vorlage einer Urkunde durch die Partei, ist sie nicht
  erzwingbar und kann vom Gericht frei gewürdigt werden. Dritte unterliegen den
  Ungehorsamsfolgen wie Zeugen, es sei denn die Urkundenvorlegung ist ihnen
  unzumutbar oder sie sind zur Zeugnisverweigerung berechtigt, § 142 Abs. 2

ZPO. Für fremdsprachliche Urkunden kann vom Gericht eine Übersetzung verlangt werden, § 142 Abs. 3 ZPO.

– **Beweisgegenstände.** Gleiches gilt nach § 144 ZPO für andere Beweisgegenstände als Urkunden. Zu beachten ist, dass die Anordnung zu unterbleiben hat, wo ein entsprechender Beweisantrag auf Ausforschung hinauslaufen würde.

III. Der vorterminliche Beweisbeschluss nach § 358 a ZPO

549 Zur Vorbereitung einer Beweisaufnahme kann das Gericht **aufgrund** einer mündlichen Verhandlung einen **Beweisbeschluss** verkünden, der dann in einem nachfolgenden Termin vollzogen wird. Ausnahmsweise kann jedoch schon **vor** einer Verhandlung, der „vorterminliche Beweisbeschluss" ergehen. Unter bestimmten Voraussetzungen ist darüber hinaus die **Ausführung des Beweisbeschlusses vor dem Termin** möglich, sodass im Termin dann bereits das Beweisergebnis vorliegt.

1. Der vorterminliche Erlass des Beweisbeschlusses

550 Erfordert die Beweisaufnahme ein besonderes Verfahren, etwa bei Anordnung einer schriftlichen Begutachtung oder einer Beweisaufnahme auf dem Rechtshilfeweg, so ist sie durch **Beweisbeschluss** anzuordnen, § 358 ZPO. Im Übrigen ist ein förmlicher Beweisbeschluss notwendig bei Anordnung einer Parteivernehmung, § 450 ZPO, oder zur Ernennung eines Sachverständigen, § 404 ZPO. Der Beweisbeschluss ergeht demgemäß grundsätzlich **aufgrund mündlicher Verhandlung**, z.B. als Entscheidung nach dem frühen ersten Termin. Sind die Zeugen und Sachverständige aber bereits gemäß § 273 ZPO geladen und im Termin erschienen, bedarf es zu ihrer Vernehmung bzw. Anhörung keines Beweisbeschlusses mehr.

In Abweichung von diesem Grundsatz besteht die Möglichkeit, schon **vor** einer mündlichen Verhandlung einen Beweisbeschluss zu erlassen, § 358 a Satz 1 ZPO. Während die vorbereitenden Maßnahmen des § 273 ZPO vom Vorsitzenden allein getroffen werden können, steht der Erlass des vorterminlichen Beweisbeschlusses in der Entscheidungsbefugnis des **Gerichts**, z.B. der Zivilkammer, falls nicht der Einzelrichter zuständig ist. Im vorterminlichen Beweisbeschluss kann jede Beweisanordnung getroffen werden. Sein **Inhalt** richtet sich nach § 359 ZPO.

2. Die vorterminliche Ausführung des Beweisbeschlusses

551 Von der vorterminlichen Anordnung der Beweiserhebung ist **die vorterminliche Ausführung des Beweisbeschlusses** zu unterscheiden. Während im Regelfall die Beweisaufnahme **im** Termin zur mündlichen Verhandlung vor dem entscheidenden Gericht stattfindet, ist in bestimmten Fällen eine Beweiserhebung auch schon **vor** dem Termin zulässig. Die vorterminliche Beweiserhebung darf in den in § 358 a Satz 2 ZPO genannten Fällen erfolgen:

– **Nr. 1:** Beweisaufnahme vor dem **beauftragten oder ersuchten Richter** (vgl. Rn. 380);
– **Nr. 2:** Einholung **amtlicher Auskünfte;**
– **Nr. 3: schriftliche Beantwortung** einer Beweisfrage durch einen **Zeugen** nach § 377 Abs. 3 ZPO, wenn dies im Hinblick auf den Inhalt der Beweisfrage und die Person des Zeugen für ausreichend erachtet wird;
– **Nr. 4: Begutachtung** durch **Sachverständige;**
– **Nr. 5:** Einnahme des **Augenscheins.**

Beweiserhebungen außerhalb dieses Katalogs dürfen nicht vor dem Termin durchgeführt werden.

3.   Das Recht auf Parteiöffentlichkeit

Bei der Ausführung des vorterminlichen Beweisbeschlusses ist zu beachten, dass die **552**
Parteien zur Anwesenheit bei der Beweiserhebung stets berechtigt und deshalb zu
benachrichtigen sind, § 357 Abs. 2 ZPO. Dies gilt auch für den Besichtigungstermin
des mit einem Gutachten beauftragten Sachverständigen oder für die Einnahme des
richterlichen Augenscheins. Die Verletzung des Rechts der Parteiöffentlichkeit macht
die Beweisaufnahme unwirksam (RGZ 136, 299). Sie ist ggf. zu wiederholen. Ein auf
dieser Beweisaufnahme beruhendes Urteil ist aufzuheben, §§ 513 Abs. 1, 546
ZPO.

IV.   Rechtliche Hinweise

Aufgrund der materiellen Prozessleitungspflicht nach § 139 ZPO hat das Gericht durch **553**
frühzeitige Erörterung, durch Fragen und Mitteilung von Bedenken sowie durch
Erteilung von Hinweisen die Konzentration des Prozessstoffes auf die entscheidungsrelevanten Tatsachen und Rechtsfragen zu lenken. Diese Maßnahmen dienen insbesondere der Terminsvorbereitung.

1.   Erörterung und Fragerecht

a)   Erörterung

Das Gericht hat die Pflicht, das Sach- und Streitverhältnis mit den Parteien in tatsäch- **554**
licher und in rechtlicher Hinsicht zu **erörtern,** § 139 Abs. 1 Satz 1 ZPO. Es muss auch
schon **vorterminlich** die von ihm als einschlägig erkannten Rechtsfragen aufzeigen und
eine entsprechende Diskussion anregen, sofern die Sach- und Rechtslage oder der
Vortrag der Parteien dazu Anlass bieten. Je früher das Gericht seine Rechtsansichten
zu entscheidungserheblichen Fragen den Parteien kundtut, umso effektiver können die
Parteien hierauf vortragen. Hält das Gericht mit seiner Rechtsansicht „hinter dem
Berg", ruft dies naturgemäß umfangreichen und weitläufigen Vortrag der Parteien
hervor, die bemüht sein müssen, alle Eventualitäten schriftsätzlich zu erfassen.

b)   Neutralitätsgebot

Das Gericht hat hierbei seine Neutralität zu wahren und **einseitige Kontakte** mit den
Parteien zu **vermeiden.** Die richterliche **Verfügung** ist das geeignete Mittel, um Hinweise
zu erteilen. Keine Frage der Neutralität ist es allerdings, wenn das Gericht im Rahmen
der Darlegung seiner Rechtsansicht die Aussichtslosigkeit der Klage oder die Unerheb-
lichkeit von Einwendungen, hervorhebt. Das Gericht muss klar und eindeutig Stellung
beziehen, ohne dass dagegen mit „Befangenheit" angegangen werden darf.

c)   Fragerecht

Neben Hinweisen kann das Gericht an die Parteien auch gezielte **Fragen stellen**, ohne
dass hierdurch der Beibringungsgrundsatz beeinträchtigt wäre, § 139 Abs. 1 Satz 1
ZPO.

2.   Pflicht zur Hinwirkung auf rechtzeitige und vollständige Erklärung

Das Gericht hat dahin zu wirken, dass sich die **Parteien rechtzeitig** und **vollständig** über **555**
alle erheblichen Tatsachen **erklären.** Es kann hierzu die Ergänzung ungenügender
Angaben zu entscheidungsrelevanten Tatsachen verlangen, bei Beweisfälligkeit die
Bezeichnung von Beweismitteln anregen oder auf sachdienliche Antragstellung drän-

gen, § 139 Abs. 1 Satz 2 ZPO. Hinsichtlich der **sachdienlichen Antragstellung** darf das Gericht nicht gegen den Beibringungsgrundsatz verstoßen und die Partei zu einer gänzlich **anderen** Antragstellung bewegen. Vielmehr muss der Richter dafür sorgen, dass derjenige Antrag formuliert wird, der zu dem von der Partei beabsichtigten Prozessziel führt, für die Zwangsvollstreckung geeignet ist (BGH NJW 1978, 695) und der wirklichen Erledigung des Streites dient (BGH NJW-RR 1986, 1061; KG ZMR 2000, 403).

Beispiel:
Der Kläger verlangt von seiner ehemaligen Lebensgefährtin die Herausgabe von „50 Büchern, 2 Lampen und 1 Fernsehapparats". Das Gericht hat darauf hinzuwirken, dass die Gegenstände im Antrag näher bezeichnet werden, weil der beantragte Tenor keiner Vollstreckung zugeführt werden könnte.

3. Hinweis auf übersehene oder scheinbar unerhebliche Gesichtspunkte

a) Keine Überraschungsentscheidungen

556   Nach § 139 Abs. 2 ZPO ist es dem Gericht verwehrt, seine Entscheidung auf einen **Gesichtspunkt** zu stützen, den eine Partei **erkennbar übersehen** oder **für unerheblich gehalten** hat oder den die Parteien übereinstimmend **anders beurteilt** haben als das Gericht, wenn es nicht zuvor darauf hingewiesen und Gelegenheit zur Stellungnahme gegeben hat. Dies soll **Überraschungsentscheidungen** verhindern und das **rechtliche Gehör** der Parteien sichern (BVerfG NJW 1994, 1274). Ob eine Partei einen Gesichtspunkt übersehen hat, ist den Schriftsätzen und dem mündlichen Vorbringen in der Verhandlung zu entnehmen. Im Zweifel ist das anzunehmen, wenn der maßgebliche Gesichtspunkt keine Erwähnung findet (BGH NJW 1993, 667). Hat eine Partei einen Gesichtspunkt eingeführt und geht der Gegner erkennbar versehentlich oder aufgrund Rechtsirrtums nicht darauf ein, so besteht auch in diesem Fall die Hinweispflicht (BGHReport 2004, 1517).

Beispiel:
Der Architekt klagt Honorar aus Architektenvertrag ein. Der Gegner wendet Mängel der Architektenplanung ein und rechnet mit Schadensersatz auf. Das Gericht erkennt die fehlende Prüffähigkeit der Schlussrechnung. Es darf nun nicht ohne entsprechenden Hinweis die Klage kurzerhand mangels Fälligkeit abweisen.

b) Entscheidungserheblichkeit

Die strenge Hinweispflicht betrifft nur **tatsächliche** oder **rechtliche Gesichtspunkte**, auf die das Gericht seine **Entscheidung stützen** will. Sie gilt nach § 139 Abs. 2 ZPO nicht, soweit nur Nebenforderungen, also Zinsen, Kosten oder die Vollstreckbarkeit, betroffen sind.

4. Hinweispflicht bei Zulässigkeitsbedenken

557   Soweit von Amts wegen zu berücksichtigende **Sachurteilsvoraussetzungen** fehlen, hat das Gericht auch insoweit den Parteien seine Bedenken mitzuteilen und Gelegenheit zur Behebung der Mängel zu geben (BGH NJW 1989, 2064), § 139 Abs. 3 ZPO.

Beispiel:
Das Landgericht Stuttgart kann seine Zuständigkeit unter keinem rechtlichen Aspekt erkennen. Geboten ist ein deutlicher Hinweis auf die Zuständigkeitsproblematik mit der Aufforderung an den Kläger, hierzu vorzutragen – auch auf die Gefahr hin, dass die Parteien eine Gerichtsstandsvereinbarung schließen oder der Beklagte sich rügelos einlässt.

5. Rechtzeitigkeit der Hinweise und Dokumentationspflicht

a) Frühzeitige Hinweise

Um eine unnötige Verfahrensverzögerung zu verhindern, hat das Gericht die ihm **558** obliegenden Hinweise, Fragen und Bedenken „**so früh wie möglich**" zu erteilen, § 139 Abs. 4 Satz 1 ZPO, um den Parteien noch vor dem Termin eine Reaktion zu ermöglichen. Andererseits muss das Gericht auch weiterhin die Möglichkeit haben, rechtliche und tatsächliche Problematiken erst im Termin mit den Parteien mündlich zu erörtern, weil dies oft im persönlichen Gespräch besser gelingt als in schriftlicher Korrespondenz.

b) Aktenkundigkeit

Die besondere Bedeutung der Hinweispflicht zeigt sich in der Dokumentationspflicht. **559** Richterliche Hinweise sind im Protokoll, in Verfügungen oder durch Gesprächsnotizen **aktenkundig** zu machen, ihre Erteilung kann nur durch den Inhalt der Akten bewiesen werden, § 139 Abs. 4 Satz 1, 2 ZPO. Ausnahmsweise kann die Dokumentation des nicht befolgten Hinweises im Tatbestand des Urteils nachgeholt werden, wenn sie versehentlich unterblieben ist (BGH NJW 2006, 60).

6. Fristsetzung

Um den Grundsatz des rechtlichen Gehörs angemessen zur Geltung zu bringen, müssen **560** die Parteien auf einen richterlichen Hinweis auch eine realistische Chance zur Stellungnahme erhalten. Sofern der Partei eine sofortige Stellungnahme nicht möglich ist, soll das Gericht auf Antrag eine **Frist zur schriftsätzlichen Stellungnahme** setzen, damit die Partei ihre Erklärung nachbringen kann, § 139 Abs. 5 ZPO. Das Gericht hat für den weiteren Verhandlungsverlaufs die Möglichkeit,
– die mündliche Verhandlung zu **vertagen**, § 227 Abs. 1 Satz 1 ZPO;
– im Einverständnis der Parteien zur **Entscheidung im schriftlichen Verfahren** überzugehen, § 128 Abs. 2 ZPO;
– auf Antrag **Schriftsatzfrist** zu gewähren und **Verkündungstermin** zu bestimmen, § 283 ZPO.

7. Verstöße und ihre Folgen

Der Verstoß des Gerichts gegen die aus § 139 ZPO folgende Hinweispflicht ist ein **561** **Verfahrensmangel**, der unterschiedliche Folgen haben kann:

a) Wiedereröffnung der mündlichen Verhandlung

Nach § 156 Abs. 2 Nr. 1 ZPO hat das Gericht die Wiedereröffnung insbesondere anzuordnen, wenn es eine Verletzung der **Hinweis- und Aufklärungspflicht nach** § 139 ZPO feststellt.

Beispiel:
Bei einer Kaufpreisklage verweigert der Beklagte die Bezahlung, weil die Kaufsache mangelhaft gewesen sei. Er erklärt nach fruchtloser Fristsetzung zur Nacherfüllung den Rücktritt. Im Termin wird Beweis erhoben über die angeblichen Mängel, jedoch ohne eindeutiges Ergebnis. Abschließend werden die Anträge gestellt und Verkündungstermin bestimmt. Bei der Vorbereitung der Entscheidung bemerkt der Richter, dass der Kauf in der Wohnung des Beklagten stattgefunden hat, ohne dass der Beklagte über ein Widerrufsrecht nach §§ 312, 355 BGB belehrt worden wäre. Der Richter sieht in der Rücktrittserklärung zugleich einen Widerruf und möchte mit dieser Begründung die Klage abweisen. § 139 Abs. 2 ZPO steht der Klageabweisung entgegen, da der rechtliche Gesichtspunkt der Widerrufsmöglichkeit bei

Haustürgeschäften von allen Beteiligten übersehen worden war. Im Verkündungstermin ist deshalb folgende Entscheidung geboten:

Beschluss vom 2.10.2009
1. Die mündliche Verhandlung wird wieder eröffnet.
2. Die Parteien werden darauf hingewiesen, dass im Hinblick auf den Geschäftsabschluss in der Wohnung des Beklagten für die Entscheidung des Rechtsstreits die Vorschriften über Haustürgeschäfte nach §§ 312, 355 BGB einschlägig und die Rücktrittserklärung des Beklagten als Widerruf zu werten sein könnte.
3. Den Parteien wird binnen 2 Wochen Gelegenheit zur Stellungnahme gegeben.
4. Termin zur Fortsetzung der mündlichen Verhandlung wird bestimmt auf
   Freitag, den 23.10.2009, 10.30 Uhr, Saal 224.

---

b) Beanstandung der Prozessleitung

562 Nach § 140 ZPO können die Sachleitung betreffende Anordnungen des Vorsitzenden einer Beschlussfassung des Gerichts unterzogen werden, wenn sie von den Parteien beanstandet werden.

c) Richterablehnung

563 Tritt im Verlauf des Rechtsstreits eine bewusste Unterlassung eines gebotenen Hinweises durch den Richter zu Tage, um „widerstandslos" gegen eine Partei ein Urteil sprechen zu können, so kann dies die Besorgnis der Befangenheit nach § 42 ZPO begründen.

d) Berufung, Revision

564 Schließlich begründet die Unterlassung von Hinweispflichten auf eine Berufung bzw. Revision hin die Aufhebung der Entscheidung, wenn sie auf dem Verstoß beruht, §§ 513, 546 ZPO. Zur Prüfung der Kausalität des Verstoßes gegen die Prozessleitungspflicht bedarf es wegen § 520 Abs. 3 Nr. 2 ZPO des Vortrages des Berufungsführers, was vorgetragen worden wäre, wäre ein gebotener Hinweis erteilt worden (vgl. BGH NJW 1998, 1268).

V. Aufhebung, Verlegung, Vertagung von Terminen

565 Schließlich können anberaumte Termine aus besonderen Gründen auf Seiten der Parteien oder des Gerichts wieder aufgehoben oder verlegt werden, durchgeführte Verhandlungstermine können vertagt werden.

1. Terminsaufhebung

a) Definition

Terminsaufhebung ist die **Beseitigung eines angesetzten Termins**, ohne dass ein neuer bestimmt wird, § 227 Abs. 1, 1. Alt ZPO. Da die Terminsaufhebung der Prozessförderungspflicht widerspricht, ist sie nur ausnahmsweise bei Vorliegen eines erheblichen Grundes zugelassen.

b) Erheblicher Grund

566 Ein **erheblicher Terminsaufhebungsgrund** liegt aus Sicht des Gerichts vor, wenn bei Terminsdurchführung das rechtliche Gehör verletzt würde oder der Prozess nicht vorangetrieben werden könnte. Anerkannte erhebliche Gründe sind etwa:

- Zeugenladung zum Beweisaufnahmetermin kommt mit dem Postvermerk „unbekannt verzogen" zurück, weshalb erst die neue ladungsfähige Anschrift ermittelt werden muss;
- plötzliche Erkrankung der Partei oder eines Zeugen;
- plötzliche Erkrankung des Rechtsanwalts (OLG Frankfurt AnwBl. 1980, 151), auch dann, wenn andere Anwälte aus der Sozietät den Termin wahrnehmen könnten (BVerwG NJW 1984, 882);

Der erhebliche Grund ist auf Verlangen des Vorsitzenden **glaubhaft** zu machen, § 227 Abs. 2 ZPO. Zur Sicherung einer zügigen Prozesserledigung nennt das Gesetz einige in der Praxis häufig vorkommende Umstände, die **nicht Anlass** für eine Terminsaufhebung sein dürfen, § 227 Abs. 1 Satz 2 ZPO:

- Ausbleiben einer Partei oder Ankündigung des Nichterscheinens, wenn das Nichterscheinen nicht entschuldbar erscheint;
- die nicht entschuldigte mangelnde Vorbereitung einer Partei;
- das Einvernehmen der Parteien, im Termin nicht zu erscheinen.

Der **Aufhebungsbeschluss**, den der Vorsitzende alleine trifft, ist kurz zu begründen. Die Aufhebung und die Zurückweisung einer beantragten Aufhebung sind nicht anfechtbar, § 227 Abs. 4 ZPO.

Muster für Aufhebungsbeschluss

Beschluss vom 2.10.2009
1. Der Termin vom 20.10.2009 wird aufgehoben.
2. Der Zeuge Karl Kenner konnte unter der vom Kläger angegebenen Anschrift nicht geladen werden. Die Zeugenladung kam mit dem Postvermerk „unbekannt verzogen" zurück.
3. Dem Kläger wird aufgegeben, binnen 3 Wochen eine ladungsfähige Anschrift des Zeugen mitzuteilen.

---

2. Terminsverlegung

a) Definition

Terminsverlegung ist die Bestimmung eines neuen Termins, bevor der angesetzte Termin **567** begonnen hat. Sie ist ebenfalls nur aus **erheblichen Gründen** möglich, § 227 Abs. 1 Satz 1, 2. Alt. ZPO. Es gelten dieselben Grundsätze wie bei der Terminsaufhebung.

b) Anspruch auf Verlegung

aa) Sommersachen. Grundsätzlich liegen Terminsaufhebung und -verlegung im Ermessen **568** des Gerichts („**kann**"). Ausnahmsweise besteht jedoch ein **Anspruch** der Partei auf Verlegung bei Verhandlungsterminen (nicht aber bei Verkündungsterminen), die vom Gericht in der Zeit **zwischen 1. Juli und 31. August** anberaumt sind, sofern der Verlegungsantrag **binnen einer Woche** seit Zugang der Ladung oder der Terminsbestimmung bei Gericht gestellt wird, § 227 Abs. 3 Satz 1 ZPO. Der Antrag bedarf keiner Begründung.

bb) Keine Verlegung erfolgt in Sommersachen, wenn das Verfahren **besonderer Beschleunigung** bedarf, § 227 Abs. 3 Satz 3 ZPO. Das ist geboten, wenn sich aus dem Tatsachenvortrag ergibt, dass bei üblichem Fortgang des Rechtsstreits für die Partei rechtliche, wirtschaftliche oder sonstige Nachteile entstünden.

cc) Ausnahmen. Kein Verlegungsanspruch besteht trotz Sommersache in den Fällen des § 227 Abs. 3 Satz 2 ZPO:
- **Nr. 1: Arreste, einstweilige Verfügungen** oder einstweilige Anordnungen;

- **Nr. 2:** Streitigkeiten über die **Herausgabe von Räumen** und Fortsetzung des Wohn-
  raummietverhältnisses nach §§ 574 ff. BGB;
- **Nr. 4: Wechsel- und Scheckprozesse;**
- **Nr. 5: Bausachen** über die Fortsetzung eines angefangenen Baues;
- **Nr. 6:** Streitigkeiten wegen Überlassung oder **Herausgabe von Sachen** an Personen,
  die nach §§ 811, 812 ZPO unpfändbar sind;
- **Nr. 7: Zwangsvollstreckungsverfahren;**
- **Nr. 8:** Verfahren der Vollstreckbarkeitserklärung oder zur Vornahme richterlicher
  Handlungen im **Schiedsverfahren.**

Fällt auch nur einer von mehreren geltend gemachten Ansprüchen unter die Ausnahmen, so besteht insgesamt kein Verlegungsanspruch, § 227 Abs. 3 Satz 2 ZPO.

3. Terminsvertagung

569   Bei der **Terminsvertagung** wird der bereits begonnene Termin nicht zum vorgesehenen
Ende geführt, vielmehr wird im Termin ein neuer Termin bestimmt, § 227 Abs. 1 ZPO.
Die Vertagung ist wiederum nur aus erheblichen Gründen geboten, etwa wenn der
Rechtsstreit im andauernden Termin nicht zu Ende geführt werden kann, weil den
Parteien zu einem rechtlichen Hinweis noch Gelegenheit zur Stellungnahme eingeräumt
werden muss oder weil eine Beweisaufnahme fortzusetzen ist. Über die Vertagung
entscheidet nicht der Vorsitzende alleine, sondern **das Gericht**, also alle an der Verhand-
lung teilnehmenden Richter, durch Beschluss, § 227 Abs. 4 Satz 1, HS 2 ZPO.

12. Kapitel   Gütliche Streitbeilegung und Güteverhandlung

Angesichts der schlechten wirtschaftlichen Lage der öffentlichen Haushalte und der **570** dadurch bedingten Einsparung von Richtern und Justizpersonal hebt der Gesetzgeber die Bedeutung der gütlichen Streitbeilegung für die Entlastung der Justiz in § 278 ZPO hervor.

I.   Gütliche Streitbeilegung

Das Gericht soll in jeder Lage des Verfahrens auf eine gütliche Beilegung des Rechtsstreits oder einzelner Streitpunkte bedacht sein, § 278 Abs. 1 ZPO. Dieser Grundsatz ordnet für das ganze Gerichtsverfahren an, was § 278 Abs. 2 bis 5 ZPO für einen besonderen Verfahrensabschnitt, die Güteverhandlung, regeln: Das Bestreben, eine **aktive Streitbeilegung** durch die Parteien selbst zu fördern. Dem liegt die Erkenntnis zugrunde, dass eine durch freiwillige Unterwerfung geschaffene Verpflichtung **höhere Akzeptanz** erfährt als ein Richterspruch, weshalb eine einvernehmliche Konfliktlösung gegenüber einer richterlichen Streitentscheidung vorzugswürdig ist (BVerfG NJW-RR 2007, 1073).

1.   Verfahrenssituationen

Das Gericht soll während **sämtlicher Stadien** eines gerichtlichen Verfahrens auf Ausgleich **571** zwischen den Parteien bedacht sein und – ohne Förmlichkeiten (BGHZ 100, 389) – **Rechtsfrieden** außerhalb eines Urteils **schaffende Lösungsvorschläge** unterbreiten: Der befasste Richter kann bereits im **schriftlichen Vorverfahren** oder **vor Abhaltung des frühen ersten Termins** den Parteien einen **schriftlichen Vergleichsvorschlag** unterbreiten, den die Parteien durch Schriftsatz gegenüber dem Gericht annehmen können, § 278 Abs. 6 Satz 1 ZPO. Allerdings sollten die Rechtsstandpunkte **beider** Parteien bereits hinreichend schriftsätzlich dargestellt worden sein. Umgekehrt können auch die Parteien dem Gericht einen gemeinsamen Vergleichsvorschlag einreichen. In beiden Fällen wird dessen Inhalt und Zustandekommen dann durch richterlichen **Beschluss festgestellt**, § 276 Abs. 6 Satz 2 ZPO.

Aber auch in jeder Phase eines **Verhandlungstermins** – von der Güteverhandlung abgesehen – ist eine Streitbeilegung angezeigt. Besonders **vor** Durchführung einer **Beweisaufnahme** erspart eine gütlichen Einigung die weiteren, besonders teuren Kosten einer Beweisaufnahme (Sachverständigenkosten, Zeugenauslagen). Aber auch **nach** einer Beweisaufnahme ist es nicht zu spät, einen Vergleich zu erzielen, ist doch nun oft eine für die Beurteilung der Prozesschancen verläßlichere Tatsachengrundlage geschaffen. Eine bereits geschlossene Verhandlung kann zum Abschluss eines Vergleiches sogar **wieder eröffnet** werden, vgl. § 156 Abs. 1 ZPO. Schließlich kann ein Vergleichsabschluss noch in der **Berufungs- oder Revisionsinstanz** für beide Teile Vorteile bringen.

Auch außerhalb von Klageverfahren ist der Richter aufgefordert, eine gütliche Einigung anzuregen. Die Vorgehensweise ist für das **Prozesskostenhilfeverfahren** in § 118 Abs. 1 Satz 3 ZPO und für das **selbstständige Beweisverfahren** in § 492 Abs. 3 ZPO ausdrücklich geregelt. Die Möglichkeit der Vermeidung eines Rechtsstreits ist für dieses Verfahren sogar Zulässigkeitsvoraussetzung, § 495 Abs. 2 Satz 2 ZPO.

2.   Mittel der gütlichen Streitbeilegung

a)   Ausgangspunkt für einen Vergleichsvorschlag

aa) Angemessener Vorschlag des Gerichts. Aus praktischer Sicht sollte der Vorschlag **572** zur gütlichen Einigung den Parteien vom Gericht unterbreitet werden. Der Vorschlag hat dabei die **Prozesschancen** beider Parteien, die **Beweislage** und die **Beweislast** angemessen zu berücksichtigen. Vorteilhaft ist es, wenn das Gericht seine dem Vorschlag zugrunde liegenden **Überlegungen** und Bewertungskriterien **offen legt** und die Parteien und ihre Anwälte „mitgestalten" lässt, weil beides die Akzeptanz erhöht.

Der beliebte Vergleichsvorschlag „Halbe-Halbe" ist auf die Fälle zu beschränken, in denen die Gewichtung der Argumente eine Realisierung der Klageforderung tatsächlich nur zur Hälfte erwarten lässt.

bb) Durchsetzung des Vorschlags. Der Zweck einer Prozessbeendigung durch Übereinstimmung der Parteien heiligt nicht jedes Mittel. Der Richter soll zwar die Vergleichsbereitschaft der Parteien fördern, er darf dazu auch auf die mutmaßlich weitere **Prozessdauer** oder entstehende **Kostennachteile** durch erforderliche Beweisaufnahmen oder Rechtsmittelverfahren hinweisen, er sollte jedoch eine **Manipulation** der Parteien, das Inaussichtstellen erheblicher Nachteile bei Nichteinigung und auch den Eindruck **vermeiden**, er wolle sich nur ein Urteil ersparen. Der Vergleichsabschluss ist die **vertragliche** Beseitigung von Streitigkeiten durch übereinstimmende Willenserklärungen der Parteien. Sie müssen daher den Schritt des Vergleichsabschlusses **freiwillig** und aus Überzeugung, etwas Richtiges und Sinnvolles zu tun, vollziehen.

b)   Formen der gütlichen Streitbeilegung

573 In der Wahl der prozessualen Form der gütlichen Streitbeilegung sind die Parteien frei. Oft werden hier kostenrechtliche Argumente eine Rolle spielen.

Die übliche Form der gütlichen Einigung ist der Abschluss eines – vom Gericht in der mündliche Verhandlung zu Protokoll genommenen – **Prozessvergleichs**, der als materielles Rechtsgeschäft gemäß § 779 BGB einerseits und als prozessbeendigendes Ereignis andererseits Doppelnatur besitzt (vgl. Rn. 976 ff.). In manchen Fällen neigt die Praxis – in Umgehung eines Vergleichsabschlusses – zu einer **Teilklagerücknahme** bzgl. eines geforderten Mehrbetrages durch den Kläger und einem anschließenden **Anerkenntnis** bzgl. des verbleibenden Betrages durch den Beklagten, worüber dann Anerkenntnisurteil ergehen kann. Bei beiden Varianten ermäßigen sich die Gerichtsgebühren gemäß § 3 Abs. 2 GKG, Anlage 1 Nr. 1211 (2. und 3.) auf **eine** Gebühr. Die Parteien können den Streit dem Gericht auch durch **übereinstimmende Erledigung in der Hauptsache** entziehen, was allerdings wegen des Kostenbeschlusses nach § 91a ZPO **drei** Gerichtsgebühren kostet, sofern sich die Parteien nicht auch über die Kosten einigen und das Gericht dem folgt, Anlage 1 Nr. 1211 (4.) GKG. In geeigneten Fällen kann das Gericht auch eine **außergerichtliche Streitschlichtung** vorschlagen, § 278 Abs. 5 Satz 2 ZPO (vgl. Rn. 2 f.).

II.   Die obligatorische Güteverhandlung

1.   Begriff

a)   Grundsatz

574 **aa) Ziele.** Der mündlichen Verhandlung geht zwingend zum Zwecke der gütlichen Beilegung des Rechtsstreits eine **Güteverhandlung** voraus, § 278 Abs. 2 Satz 1 ZPO. Sie ist der mündlichen Verhandlung **vorgeschaltet** und nicht Teil dieser. Sie dient einerseits – wie ihr Name andeutet – dem Versuch einer **gütlichen Einigung**, andererseits führt sie aber auch durch ausführliche Erörterung zwischen Gericht und Parteien zur **Klärung der entscheidungserheblichen Streitfragen**, vgl. § 278 Abs. 2 Satz 2 ZPO. Ihre Bedeutung darf nicht unterschätzt werden, weil eine institutionalisierte und mit Rechtsgewähr verbundene Versöhnungsperspektive im Zivilprozess qualitativen Vorrang vor anderen Schlichtungsarten hat.

bb) Zeitliche Einordnung. Die Güteverhandlung findet **erstinstanzlich** vor der ersten mündlichen Verhandlung statt, **vor** dem **frühen ersten Termin,** oder bei schriftlichem Vorverfahren **vor** dem ersten **Haupttermin.** Dies gilt für alle Verfahrensarten. Allerdings ist nach Einspruch gegen einen Vollstreckungsbescheid bzw. gegen ein Versäumnisurteil im schriftlichen Vorverfahren vor dem nach § 341 a ZPO anzuberaumenden Termin über Einspruch und Hauptsache keine Güteverhandlung anzusetzen (vgl. Zöller-Greger § 278 Rn. 8), weil es sich um ein Rechtsmittel handelt. Dem entsprechend bedarf es in den **Rechtsmittelinstanzen** ebenfalls keiner Güteverhandlung, §§ 525 Satz 2, 555 Abs. 1 Satz 2 ZPO.

cc) Besetzung. In der Regel findet die Güteverhandlung vor dem **erkennenden Gericht** **575** statt, weil sich nach § 279 Abs. 1 Satz 1 ZPO bei Scheitern der Güteverhandlung die streitige Verhandlung unmittelbar anschließen soll. Bei Spruchkörpern, die aus mehreren Richtern bestehen, kann eine Güteverhandlung vor dem Vorsitzenden oder Berichterstatter als **beauftragtem Richter** geboten sein; auch ist die Verlagerung der Güteverhandlung auf den **ersuchten Richter** eines anderen Amtsgerichts möglich, § 278 Abs. 5 Satz 1 ZPO. Von dieser Möglichkeit sollte aber sparsam Gebrauch gemacht werden, weil nur dem Vorschlag des erkennenden Gerichts, das den Rechtsstreit bei erfolglosem Einigungsversuch auch zu entscheiden hat, besonderes Gewicht zukommt.

dd) Prozesshandlungen. Nicht alle Prozesshandlungen können in der Güteverhandlung wirksam vorgenommen werden, weil das Gesetz i.d.R. eine **Erklärung in der mündlichen Verhandlung** verlangt (z.B. Stellung der Sachanträge, Geständnis, Anerkenntnis oder Verzicht). Hingegen sind Klagerücknahme, Erledigung des Rechtsstreits in der Hauptsache oder ein Verweisungsantrag auch in der Güteverhandlung zulässig.

ee) Anschließende Verhandlung. Hinsichtlich der Terminierung der Güteverhandlung ist zu beachten, dass das Gesetz für den Fall des Scheiterns der Güteverhandlung das **unmittelbare Nachfolgen** der mündlichen Verhandlung anordnet, § 279 Abs. 1 ZPO. Es ist daher ein entsprechender Zeitbedarf einzuplanen, weitere Richter eines Kollegiums müssen sich ggf. bereithalten. Das Gesetz lässt jedoch auch die Möglichkeit einer **isolierten Güteverhandlung** – ohne unmittelbar folgende streitige Verhandlung – zu. Sie kann geboten sein, wenn die Vorbereitung des Haupttermins noch nicht abgeschlossen ist. Folgt die streitige Verhandlung nicht unmittelbar nach, so ist unverzüglich naher Termin zur mündlichen Verhandlung zu bestimmen, § 279 Abs. 1 Satz 2 ZPO.

b) Ausnahmen

In zwei Fällen **kann** nach § 278 Abs. 2 Satz 1 ZPO die obligatorische Güteverhandlung **576** entfallen, sie muss aber nicht unterbleiben (Zöller-Greger § 278 Rn. 22 m.w.N.):

aa) Erfolgloser Versuch vor Gütestelle. Hat bereits vor einer außergerichtlichen Gütestelle ein erfolgloser Einigungsversuch stattgefunden, ist die Güteverhandlung verzichtbar. Die Verpflichtung nach § 278 Abs. 1 ZPO bleibt aber bestehen. Der außergerichtliche Einigungsversuch kann nach § 15 a Abs. 1 EGZPO zur Erfüllung einer gerichtlichen Zugangsvoraussetzung erfolgt sein (vgl. Rn. 13), er kann aber auch freiwillig unternommen worden sein. Anzuerkennen sind nicht nur Güteversuche vor staatlich **eingerichteten** oder **anerkannten Gütestellen,** sondern – in Analogie zu § 15 a Abs. 3 EGZPO – auch vor **sonstigen** Gütestellen wie den Schlichtungsstellen der Handwerkskammern, Industrie- und Handelskammern, Innungen, Ärztekammern,

Banken oder Kfz-Innungen. Zum Nachweis des erfolglosen Einigungsversuches sollte eine **Bescheinigung** über den erfolglosen Versuch vorgelegt werden, vgl. § 15 a Abs. 1 Satz 2 EGZPO.

577   **bb) Erkennbare Aussichtslosigkeit.** Die zweite Ausnahme vom Zwang zur Güteverhandlung besteht bei erkennbarer Aussichtslosigkeit. Abzustellen ist insoweit auf die subjektive Bewertung des Gerichts im Zeitpunkt der Terminsbestimmung. „Erkennbar aussichtslos" erscheint eine Einigung jedoch allenfalls in **Ausnahmefällen**, etwa wenn beide Parteien das Erstreiten einer höchstrichterlichen Grundsatzentscheidung verabredet haben. Die außergerichtliche Ablehnung eines Vergleichs ist oft Prozesstaktik und bedeutet nicht, dass nicht doch eine Einigung zustande kommen kann. Denn das persönliche Zusammentreffen der Parteien im Gerichtssaal vor einem Gericht entwickelt oft eine „schöpferische Dynamik" (Wrege, DRiZ 2003, 130), die auf der Rollenverteilung zwischen Parteien und Richter beruht und völlig von der außergerichtlichen Situation abweicht.

2. Anordnung des persönlichen Erscheinens

a) Regelfall

578   Um in der Güteverhandlung tatsächlich zu einer Einigung kommen zu können, ist meist die **persönliche Anwesenheit** der Kontrahenten sinnvoll. Sind die Prozessparteien im Gerichtssaal anwesend kann der Richter ihnen unmittelbar und ungefiltert durch Bevollmächtigte seine Rechtsansichten mitteilen und ihnen einen Vergleichsvorschlag unterbreiten. Die Parteien selbst sind die **Entscheidungsträger** und können bzgl. einer Einigung Zustimmung oder Ablehnung signalisieren. Tritt der Anwalt alleine auf, besteht oft Rücksprachebedarf mit der Partei oder fehlt eine Vergleichsabschlussbefugnis, vgl. § 83 Abs. 1 ZPO. Das führt zu Verzögerungen oder zur vorsorglichen Ablehnung einer Einigung, sodass dann die streitige Verhandlung folgen muss. Daher **soll** das Gericht das **persönliche Erscheinen der Parteien** zur Güteverhandlung **anordnen**, § 278 Abs. 3 ZPO. Die Terminsladung erfolgt von Amts wegen trotz anwaltlicher Vertretung an die Partei selbst, der förmlichen Zustellung bedarf die Ladung nicht, §§ 278 Abs. 3 Satz 2, 141 Abs. 2 ZPO.

b) Ausnahme: Unzumutbarkeit

579   Lediglich bei Unzumutbarkeit des persönlichen Erscheinens infolge großer Entfernung oder infolge eines sonst **wichtigen Grundes** sieht das Gericht von der Anordnung des persönlichen Erscheinens der Partei ab und führt die Güteverhandlung mit dem Prozessbevollmächtigten durch, §§ 278 Abs. 3 Satz 2, 141 Abs. 1 Satz 2 ZPO (vgl. Rn. 542).

c) Maßnahmen bei Ausbleiben der Partei

580   Bleibt eine persönlich geladene Partei der Güteverhandlung **unentschuldigt** fern, so kann das Gericht unter den Voraussetzungen der §§ 278 Abs. 3 Satz 2, 141 Abs. 3 ZPO **Ordnungsgeld** verhängen. Kommt wenigstens ein **Bevollmächtigter** der Partei, kann das Gericht mit ihm die Güteverhandlung durchführen oder aber eine neue Güteverhandlung mit erneuter Ladung der Partei anberaumen. Erscheint für die Partei überhaupt **niemand**, so ist die Güteverhandlung sofort beendet (vgl. Rn. 589).

3. Statt Güteverhandlung: Außergerichtliche Streitschlichtung

a) Richterlicher Vorschlag

581   In geeigneten Fällen kann das Gericht den Parteien eine **außergerichtliche** Streitschlichtung vorschlagen, § 278 Abs. 5 Satz 2 ZPO. In erster Linie dachte der Gesetzgeber dabei an die **Mediation**, bei der ein geschulter Mediator zwischen den Kontrahenten einen sachgerechten Interessensausgleich fördert (vgl. Rn. 12). Wo fachliche Kompetenz gefragt ist, kann ein außergerichtliches **Schiedsgutachterverfahren** eine Einigung bringen.

Ob das Gericht den Parteien – noch vor der Güteverhandlung – eine außergerichtliche Streitschlichtung vorschlägt, liegt in seinem **Ermessen**. Der Vorschlag kann **formfrei** unterbreitet werden, aus Gründen der Dokumentation ist Schriftform zu empfehlen. Auch hinsichtlich des **Inhalts** seines Vorschlages ist der Richter frei.

Ob von dieser Möglichkeit häufig Gebrauch gemacht wird, ist fraglich: Außergerichtliche Einigungsmöglichkeiten sind den Anwälten bekannt und könnten auch schon vor einem gerichtlichen Verfahren praktiziert werden. Ist der Rechtsstreit erst einmal vor Gericht, sind Gerichtsgebühren und anwaltliche Verfahrensgebühr bereits angefallen – und der Wechsel zur Mediation verursacht weitere Kosten. Dagegen bietet die Güteverhandlung eine kostenlose Einigungsmöglichkeit.

b) Ruhen

Lassen sich die Parteien auf den richterlichen Vorschlag zu einer außergerichtlichen Streitschlichtung ein, so hat das Gericht hat das **Ruhen des Verfahrens** anzuordnen, §§ 278 Abs. 5 Satz 3, 251 ZPO. Nach sechs Monaten werden die Akten weggelegt, der Rechtsstreit gilt von Seiten des Gerichts als „erledigt". Allerdings ist der Wiederanruf der Sache – ggf. unter neuem Aktenzeichen – immer noch möglich. **582**

c) Fortführung des Rechtsstreits

Lehnen die Parteien den Vorschlag zu außergerichtlicher Streitschlichtung **ab**, so hat das Gericht den Rechtsstreit fortzuführen und **Termin zur Güteverhandlung** zu bestimmen. War die außergerichtliche Streitschlichtung erfolglos, so kann das ruhende Verfahren von jeder Partei durch Terminsantrag **wieder angerufen** werden. Auch in diesem Fall ist das Verfahren durch Bestimmung eines **frühen ersten Termins** oder eines **Haupttermins** fortzuführen. **583**

4. Ablauf der Güteverhandlung

Der Ablauf der Güteverhandlung variiert danach, wer von den Parteien erscheint.

a) Erscheinen beider Parteien

Bei Anwesenheit beider Parteien führt das Gericht die Güteverhandlung durch. Es hat dazu den **Sach- und Streitstand** mit den Parteien unter **freier Würdigung** aller Umstände zu **erörtern** und, soweit erforderlich, **Fragen zu stellen**. Es soll die erschienenen Parteien hierzu **persönlich anhören**, § 278 Abs. 2 Satz 2, 3 ZPO. Entweder führt die Erörterung zu einer **vergleichsweisen Regelung**, die den Prozess beendet, oder die **Güteverhandlung scheitert**, dann ist der Rechtsstreit unmittelbar mit einer mündlichen Verhandlung **fortzusetzen**, § 279 Abs. 1 ZPO. **584**

aa) Erörterung des Sach- und Streitstandes. Die Erörterung des Sach- und Streitstandes mit den Parteien in tatsächlicher und rechtlicher Hinsicht ist bereits Gegenstand der materiellen Prozessleitung des Gerichts nach § 139 ZPO (vgl. Rn. 553 ff.). Der Richter hat in der Güteverhandlung den Sachverhalt aufzuarbeiten, mit den Parteien zu erörtern und Hinweise zu erteilen. **585**

bb) Freie Würdigung aller Umstände. Das Gericht hat bei der Erörterung alle Umstände frei zu würdigen und auch eine vorläufige **rechtliche Bewertung** abzugeben. Es hat dabei ein **weites Ermessen**. Nur dann vermögen die Parteien ihre Prozesssituation realistisch einzuschätzen und haben eine **Grundlage für Vergleichsüberlegungen.** Da in diesem Verfahrensstadium **Beweisergebnisse** noch ausstehen, verbleiben noch genügend Unsicherheiten, die einen Vergleichsabschluss sinnvoll erscheinen lassen. Aber auch insoweit darf das Gericht – im Rahmen der freien Würdigung aller Umstände – bereits eine Einschätzung vornehmen.

586   **cc) Fragepflicht.** Die Pflicht, erforderliche Fragen zu stellen, bezieht sich auf das gesamte Streitverhältnis und dient der **Ergänzung und Klarstellung des Parteivortrags.** Dabei sollten nicht nur Fragen als erforderlich angesehen werden, deren Beantwortung **nur** für die Einigung wesentlich ist (so Baumbach-Hartmann § 278 Rn. 22; aus praktischer Sicht ist diese Unterscheidung kaum durchführbar).

dd) Persönliche Anhörung der Parteien. Für die Erzielung eines Vergleiches ist es nicht nur wünschenswert, sondern sogar erforderlich, dass sich die selbst betroffenen und erschienenen Parteien **persönlich zu allen Aspekten äußern** können. Sie sollen daher im Rahmen der Erörterung zum Sach- und Streitstand zu allen erheblichen Umständen und zum richterlichen Einigungsvorschlag persönlich gehört werden. Jeder Betroffene hat das natürliche Bedürfnis, im Termin vor dem Richter „**selbst etwas sagen zu dürfen".** Die persönliche Anhörung vermeidet Frustrationen, erhellt oft den Hintergrund des Streites wesentlich besser und verhindert, dass den Parteien durch das Gericht und die Anwälte ein Vergleich aufgezwungen wird, den sie eigentlich gar nicht wollten. Auch wenn die – nicht selten emotionsgeladenen – Äußerungen der Parteien meist zum rechtlichen Gehalt eines Rechtsstreits nichts beitragen, so sind sie in psychologischer Hinsicht für einen Vergleichsabschluss förderlicher als eine weitschweifige rechtliche Würdigung des Richters mit allen juristischen Feinheiten. Hier jeweils das richtige Maß zu finden und ggf. lenkend einzugreifen, ist Aufgabe des Richters.

587   **ee) Gütliche Beilegung.** Führt der Gütetermin unmittelbar zu einer gütlichen Einigung, so ist der materielle Vergleich nach § 779 BGB noch in eine prozessuale Verfahrensbeendigung umzusetzen. Dies geschieht in der Regel durch richterliche Protokollierung eines **Prozessvergleiches,** dessen Doppelnatur die verfahrensbeendigende Wirkung mit einschließt (vgl. Rn. 985). Enthält der Vergleich eine Kostenregelung oder ist § 98 ZPO anwendbar, ist der Rechtsstreit beendet (vgl. Rn. 1001 ff.). Andernfalls hat das Gericht noch von Amts wegen über die Kosten des Rechtsstreits durch Beschluss nach § 91 a ZPO – auch unter Berücksichtigung des Vergleichsinhalts und des gegenseitigen Nachgebens (BGH NJW 2007, 835; OLG Schleswig MDR 2005, 1437; OLG Stuttgart NJW-RR 1999, 148) zu entscheiden. Schließen die Parteien lediglich einen **Prozessvergleich unter Widerrufsvorbehalt,** so ist bis zum Ablauf der Widerrufsfrist der Rechtsstreit nicht erledigt; dennoch ist die Güteverhandlung zunächst erfolgreich beendet, sodass zunächst keine mündliche Verhandlung mehr zuzuführen ist. Widerruft eine Partei den geschlossenen Vergleich fristgemäß, so ist das Verfahren allerdings durch Terminsbestimmung fortzusetzen. Wollen die Parteien das Verfahren **außergerichtlich erledigen,** so ordnet das Gericht gemäß § 251 ZPO das Ruhen des Verfahrens an.

ff) Scheitern der Güteverhandlung. Ist die Güteverhandlung erfolglos, soll sich die mündliche Verhandlung als früher erster Termin oder als Haupttermin unmittelbar anschließen, § 279 Abs. 1 Satz 1 ZPO. Dies setzt jedoch eine entsprechend weitsichtige Terminierung und Ladung der Parteien voraus. Andernfalls hat das Gericht unverzüglich Termin zur mündlichen Verhandlung zu bestimmen, § 279 Abs. 1 Satz 2 ZPO.

b) Erscheinen nur einer Partei

588   Erscheint nur eine Partei und ist die andere Partei weder persönlich noch durch einen Bevollmächtigten vertreten, so ist der Güteversuch als **gescheitert** anzusehen. Gleiches muss gelten, wenn zwar beide Parteien kommen, jedoch **eine** in der Güteverhandlung keine Erklärungen abgibt (entspr. § 333 ZPO). Dies ist im Protokoll festzuhalten, § 160 Abs. 3 Nr. 10 ZPO. War isolierte Güteverhandlung anberaumt, so ist nun **Verhandlungstermin zu bestimmen;** war bereits **Verhandlungstermin** bestimmt und dazu geladen, so schließt sich dieser **unmittelbar** an die gescheiterte Güteverhandlung an, § 279 Abs. 1 ZPO. In diesem Termin kann die erschienene Partei **Versäumnisurteil** gegen den Säumigen beantragen, §§ 333, 330, 331 ZPO.

c) Keine Partei erscheint

Erscheinen hingegen beide Parteien zur Güteverhandlung nicht, so ist das **Ruhen des Verfahrens** anzuordnen, §§ 278 Abs. 4, 251 ZPO. Jede der Parteien kann – ohne dass eine Sperrfrist bestünde – das Verfahren durch Terminsantrag **wieder anrufen.** Das Gericht bestimmt in diesem Fall erneut **Termin zur Güteverhandlung,** weil sonst die Parteien die obligatorische Güteverhandlung auf diese Weise umgehen könnten (a.A. Baumbach-Hartmann § 278 Rn. 34). Die Güteverhandlung unterbleibt nur, wenn sie erkennbar erfolglos ist.

589

13. Kapitel   Der Termin zur mündlichen Verhandlung beim Ausbleiben von Parteien

I. Ausbleiben beider Parteien

590   **Erscheint** bei Aufruf der Sache zum Termin **niemand,** kann dies viele Gründe haben. Von ihnen und der Art des Termins hängt die Reaktion des Gerichts ab.

1. Säumnis beider Parteien in der Güteverhandlung

Waren die Parteien nur zur **Güteverhandlung** geladen, so kann das Gericht das Ruhen des Verfahrens nach §§ 278 Abs. 4, 251 ZPO anordnen.

2. Säumnis beider Parteien im Verhandlungstermin

591   Bei Säumnis im **Verhandlungstermin** bestehen verschiedene Möglichkeiten des Gerichts, prozessual zu reagieren.

a) Säumnis beider Parteien

Säumnis beider Parteien liegt vor, wenn sie bis zum Schluss des Verhandlungstermins weder **selbst erschienen,** noch durch einen Bevollmächtigten **vertreten** sind. Dabei muss der Richter eine gewisse Verspätungsfrist einräumen und mit dem Schließen der mündlichen Verhandlung ca. 15 Minuten warten (vgl. Baumbach-Lauterbach, § 251a Rn. 4). Säumnis ist auch gegeben, wenn die Partei im Anwaltsprozess **ohne anwaltlichen Prozessbevollmächtigten** erscheint oder wenn die erschienene Partei **nicht verhandelt,** § 333 ZPO. Erforderlich ist jedoch, dass die Parteien zuvor ordnungsgemäß geladen waren.

b) Gerichtliche Möglichkeiten

592   Erscheinen oder verhandeln beide Parteien in einem Verhandlungstermin nicht, so hat das Gericht die Möglichkeiten in folgender Rangfolge:
- **Entscheidung nach Lage der Akten,** § 251a Abs. 1, 2 ZPO;
- **Vertagung,** § 227 ZPO (vgl. Rn. 569);
- **Ruhen des Verfahrens,** §§ 251a Abs. 3, 251 ZPO.

3. Die Entscheidung nach Lage der Akten

a) Beschluss

593   Ist die zu erlassende Entscheidung, welche **nach Aktenlage** ergehen soll, ein **Beschluss,** z.B. ein Beweisbeschlusses, so sind keine besonderen Voraussetzungen zu berücksichtigen. Im weiteren Verlauf des Rechtsstreits findet dann noch eine mündliche Verhandlung statt.

b) Urteil

594   aa) **Vorherige mündliche Verhandlung.** Besonderheiten bestehen, wenn ein **Urteil** nach Aktenlage erlassen werden soll. Ein streitiges Urteil darf hier nur ergehen, wenn bereits in einem **früheren Termin gleicher Instanz mündlich verhandelt** wurde, § 251a Abs. 2 Satz 1 ZPO. Die Parteien sollen ihre Rechtsstandpunkte wenigstens einmal in mündlicher Verhandlung vortragen können.

595   bb) **Grundlage des Urteils.** Grundlage des Urteils ist dann der **gesamte Akteninhalt,** soweit er beiden Parteien bekannt ist: Die Schriftsätze, die Anträge, mündliche Vorträge in der früheren Verhandlung sowie der Inhalt des Protokolls dieser Verhandlung. Die Geständnisfiktion des § 331 ZPO greift jedoch nicht ein, d.h. der Kläger muss bestrittene Behauptungen nachweisen.

cc) **Verkündungstermin.** Das Urteil nach Lage der Akten ist in einem Verkündungs- **596** termin, der **frühestens 2 Wochen** nach dem versäumten Termin liegen darf, zu ver- künden, § 251a Abs. 2 Satz 2 ZPO. Den nicht erschienenen – nicht aber den erschie- nenen, aber nicht verhandelnden – Parteien ist der Verkündungstermin **formlos mitzuteilen,** § 251a Abs. 2 Satz 3 ZPO. Das Urteil ist ein streitiges Endurteil, das mit der Berufung angefochten werden kann.

dd) **Abwendungsbefugnis.** Die nicht erschienene Partei kann die Anberaumung eines neuen Verhandlungstermins spätestens am 7. Tag vor dem Verkündungstermin **bean- tragen,** wenn sie mit den Mitteln des § 294 ZPO glaubhaft macht, dass sie **unver- schuldet** an der Wahrnehmung des Termins **verhindert** war und eine **Terminsverlegung** nach § 227 ZPO **nicht rechtzeitig beantragen** konnte, § 251a Abs. 2 Satz 4 ZPO. Sind die Voraussetzungen erfüllt, so bestimmt der Vorsitzende neuen Verhandlungstermin, die Verkündung eines Urteil nach Lage der Akten ist **abgewendet.** Andernfalls verbleibt es beim Verkündungstermin.

4. Das Ruhen des Verfahrens

a) Ruhen bei beiderseitiger Säumnis

Ist eine Entscheidung nach Lage der Akten nicht angezeigt, etwa weil es an einer **597** vorherigen mündlichen Verhandlung fehlt, und ist auch mangels Vorliegens eines erheblichen Grundes eine Vertagung nicht geboten, so ordnet das Gericht durch **Beschluss** das **Ruhen des Verfahrens** an, §§ 251a Abs. 3, 251 ZPO.

b) Ruhen auf beiderseitigen Antrag bei Zweckmäßigkeit

Das Ruhen des Verfahrens ist auch anzuordnen, wenn **beide Parteien** dies **beantragen** **598** und anzunehmen ist, dass wegen **Vergleichsverhandlungen** oder aus sonstigen wichti- gen Gründen, etwa um eine vorgreifliche Beweisaufnahme in einem anderen Verfahren abzuwarten, diese Anordnung **zweckmäßig** ist, § 251 ZPO.

c) Wirkung des Ruhens

Die Wirkung des Ruhens gleicht derjenigen einer Aussetzung nach § 249 Abs. 1, 2 **599** ZPO. Der **Lauf** von **Fristen endet** und **beginnt** nach Beendigung des Ruhens **wieder neu,** weitere **Prozesshandlungen** der Parteien bleiben **wirkungslos** und es ergehen **keinerlei gerichtliche Entscheidungen** mehr. Rechtsmittelbegründungs- und Notfristen laufen aber weiter, §§ 251 Satz 2, 233 ZPO. Die Hemmung der Verjährung endet nach 6 Monaten, § 204 Abs. 2 Satz 2 BGB (vgl. BGH NJW 2001, 218). Das Ruhen des Verfahrens wird durch **Terminsantrag** einer Partei **beendet.** Nach § 7 AktO werden die Akten eines ruhenden Verfahrens nach 6 Monaten **weggelegt.** Wird die Sache danach wieder angerufen, so erhält sie ein neues Aktenzeichen.

II. Ausbleiben des Beklagten und Versäumnisverfahren

Versäumt eine Partei den Verhandlungstermin, so ergeht auf Antrag der erschienenen **600** Partei ein **Versäumnisurteil,** falls die gesetzlichen Voraussetzungen vorliegen. Es ist ein **Vollstreckungstitel,** gegen den der Einspruch statthaft ist.

Das Versäumnisurteil gegen den **Beklagten** kommt in der gerichtlichen Praxis, insbesondere bei den Amtsgerichten, sehr häufig vor. Die **Säumnis** des Beklagten im **Verhandlungstermin** hat zur Folge, dass das tatsächliche mündliche Vorbringen des Klägers als **zugestanden** gilt (Geständnisfiktion), § 331 Abs. 1 Satz 1 ZPO. Liegen die allgemeinen **Sachurteilsvoraussetzungen** vor und ist die Klage **schlüssig**, so kann auf **Antrag** Versäumnisurteil ergehen. Andernfalls ist der Antrag auf Versäumnisurteil zurückzuweisen oder die Klage abzuweisen.

1. Säumnis im Verhandlungstermin

a) Säumnis

601 aa) **Nichterscheinen.** Säumig ist, wer **nach Aufruf** der Sache zur angesetzten Terminsstunde, § 220 Abs. 1 ZPO, **bis zum Schluss** der mündlichen Verhandlung, § 136 Abs. 4 ZPO, **nicht erschienen** und auch **nicht vertreten** ist, § 220 Abs. 2 ZPO. Im **Parteiprozess** liegt Säumnis vor, wenn die Partei selbst nicht erscheint und auch keinen Prozessbevollmächtigten entsandt hat. Ist die Partei nur durch einen ungeeigneten Vertreter (vgl. Rn. 192), § 79 Abs. 3 ZPO, vertreten, so ist sie ebenfalls als säumig zu behandeln. Im **Anwaltsprozess** ist lediglich auf das Erscheinen oder Verhandeln des zugelassenen Rechtsanwalts abzustellen. Erscheint die Partei ohne anwaltliche Begleitung, ist sie säumig. Wer sich **vorzeitig** vor Schluss der mündlichen Verhandlung **entfernt** oder durch sitzungspolizeiliche Maßnahme entfernt wird, § 158 ZPO, kann ebenfalls als säumig behandelt werden (vgl. Zöller, vor § 330 Rn. 4). Die Anwesenheit des **Streithelfers**, § 67 ZPO (BGH ZIP 1994, 788), oder des notwendigen Streitgenossen, § 62 ZPO, wendet die Säumnis des nicht erschienenen Beklagten ab.

bb) **Nichtverhandeln.** Säumnis wird durch das Gesetz fingiert, wenn die Partei zwar erschienen ist, aber **nicht verhandelt**, § 333 ZPO. Im ersten Termin erfordert Verhandeln nach §§ 137 Abs. 1, 297 ZPO das Stellen der **Sachanträge** (OLG Frankfurt NJW-RR 1998, 280) oder wenigstens Erklärungen im Hinblick auf Sachurteilsvoraussetzungen, z.B. den Antrag zur Zuständigkeit (BGH NJW 1967, 728); nicht ausreichend sind bloße Verfahrensanträge, z.B. über Aussetzung, Prozesstrennung oder Richterablehnung (BGH NJW-RR 1986, 1252). In Folgeterminen, § 332 ZPO, reicht für Verhandeln die **Erörterung** der Streitsache aus, weil erneute Antragstellung nicht notwendig ist. Wer im Anwaltsprozess ohne Anwalt erscheint, ist **nicht postulationsfähig**, kann daher auch keine Anträge stellen und wird als säumig behandelt. Nicht erforderlich ist, dass die Partei bis zum Schluss der mündlichen Verhandlung verhandelt; sind Anträge bereits gestellt worden, so ist allein aus der Weigerung weiterer Erörterung keine Säumnis abzuleiten (BGH NJW 1974, 2321).

> **Beispiel:**
> Im Termin werden zu Beginn der Verhandlung Anträge gestellt. Danach werden Zeugen vernommen, die nach § 273 ZPO vorsorglich geladen waren. Unter dem Eindruck des für ihn nachteiligen Beweisergebnisses möchte der Beklagte danach nicht mehr verhandeln, vgl. § 285 ZPO. In diesem Fall kann kein Versäumnisurteil ergehen, weil die Antragstellung wegen der Einheit der mündlichen Verhandlung fortwirkt. Vielmehr ist durch streitiges Urteil zu entscheiden.

602 cc) **Ordnungsgemäße Ladung.** Säumnis kann nur vorliegen, wenn die nicht erschienene Partei ordentlich geladen war, d.h. wenn die Zustellung der Ladung in gesetzlicher Weise erfolgt ist und die Ladungsfrist nach § 217 ZPO eingehalten ist (vgl. Rn. 415).

b) Verhandlungstermin

603 Nur die Säumnis in einem **Verhandlungstermin** führt – von der Fristversäumung für die Verteidigungsanzeige im schriftlichen Vorverfahren nach § 276 ZPO abgesehen (vgl.

Rn. 405) – zu einem Versäumnisurteil. Dieses kann nicht nur im **frühen ersten Termin** oder im **ersten Haupttermin**, sondern auch im Termin über Arrest oder einstweilige Verfügung und **in jedem weiteren Verhandlungstermin** ergehen. Als Verhandlungstermine i.S.d. §§ 330 ff. ZPO sind nämlich auch die Termine anzusehen, auf welche die mündliche Verhandlung vertagt ist oder die zu ihrer Fortsetzung vor oder nach Erlass eines Beweisbeschlusses bestimmt sind, § 332 ZPO. Es kann in einem Rechtsstreit daher auch mehrmals zu Versäumnisurteilen kommen (vgl. Rn. 652). Im Falle der **Säumnis in einem Fortsetzungstermin** bleibt für das beantragte Versäumnisurteil der Vortrag der säumigen Partei in einem früheren Termin ebenso unberücksichtigt wie der Inhalt ihrer zu den Akten eingereichten Schriftsätze. Auch das Ergebnis einer bereits durchgeführten Beweisaufnahme bleibt für das Versäumnisurteil außer Betracht.

> **Beispiel:**
> Ist eine Partei im „Termin zur Beweisaufnahme und Fortsetzung der mündlichen Verhandlung" nach § 370 Abs. 1 ZPO säumig, so ist, soweit tunlich, gemäß § 367 Abs. 1 ZPO erst die Beweisaufnahme durchzuführen; es sind also die erschienenen Zeugen zu vernehmen. Dies kann auch ohne Anwesenheit der Parteien geschehen. Ist die Partei in dem sich anschließenden Fortsetzungstermin zur mündlichen Verhandlung noch immer säumig, kann Versäumnisurteil gegen sie ergehen.

2. Die allgemeinen Sachurteilsvoraussetzungen

Wie bei jedem Sachurteil sind auch im Versäumnisverfahren die **Sachurteilsvoraussetzungen** vom Kläger darzulegen und **von Amts wegen** zu prüfen. Die **Geständnisfiktion** des § 331 Abs. 1 ZPO erstreckt sich **nicht** auf die Behauptung einer **Zuständigkeitsvereinbarung** nach § 38 ZPO oder einer Vereinbarung über den Erfüllungsort nach § 29 Abs. 2 ZPO, § 331 Abs. 1 Satz 2 ZPO. Vielmehr muss das Gericht von der Wahrheit der behaupteten Tatsachen gemäß § 286 ZPO überzeugt werden, ggf. ist sogar eine Beweiserhebung notwendig. So hat der Kläger z.B. eine schriftliche Gerichtsstandsvereinbarung vorzulegen. **604**

3. Die Schlüssigkeit der Klage

a) Vortrag rechtfertigt Klageanspruch

Der Erlass eines „echten Versäumnisurteils" setzt die **Schlüssigkeit** der Klageforderung voraus, § 331 Abs. 2 ZPO. Schlüssigkeit ist zu bejahen, wenn das „tatsächliche mündliche Vorbringen des Klägers", also der Vortrag im Termin, der regelmäßig durch Bezugnahme auf die Schriftsätze nach § 137 Abs. 3 ZPO ersetzt wird, und das schriftsätzliche Vorbringen des Klägers, welche nach § 331 Abs. 1 ZPO als vom Beklagten zugestanden gelten, das **Klagebegehren rechtfertigen**. Trägt der Kläger selbst **Einreden** vor, so sind sie zu berücksichtigen (OLG Düsseldorf NJW 1991, 2089); sie lassen den schlüssigen Anspruch untergehen. **605**

> **Beispiele:**
> – Der Kläger begehrt den Kaufpreis für ein Hausgrundstück in Höhe von 1 Mio. € unter Vorlage eines Verkehrswertgutachtens über 300.000,– €. Die Klageforderung ist demnach sittenwidrig, weshalb kein Versäumnisurteil ergehen kann.
> – Der Kläger trägt vor, die Forderung sei vor mehr als 3 Jahren entstanden, der Beklagte habe sich auf Verjährung berufen, welche jedoch nicht vorliege. Ist tatsächlich Verjährung eingetreten, so kann die Forderung auch nicht im Wege des Versäumnisurteils zugesprochen werden.

b) Teilunschlüssigkeit

Sind nur unbedeutende Teile der Klageforderung unschlüssig, wie etwa zu hohe Zinsen oder überhöhte Mahnkosten, so empfiehlt es sich, dem Kläger insoweit eine Teil- **606** klagerücknahme vor Antragstellung nahe zu legen, sodass im Übrigen ein abgekürztes Versäumnisurteil nach § 313 b Abs. 1 ZPO ergehen kann. Beharrt der Kläger auf seinem Antrag, so muss im Versäumnisurteil, das nur teilweise ein „echtes Versäumnisurteil", im Übrigen ein abweisendes Schlussurteil ist, der nicht schlüssige Teil des Klagebegehrens abgewiesen werden. Es sind dann Tatbestand und Entscheidungsgründe erforderlich.

4. Der Antrag auf Erlass eines Versäumnisurteils

607   Das Versäumnisurteil ergeht nur auf **Antrag** des erschienenen Klägers, § 331 Abs. 1 Satz 1 ZPO. Der Antrag, durch Versäumnisurteil zu entscheiden, ist **Prozessantrag** und sollte **ausdrücklich** und neben dem Klageantrag gestellt werden. Er ist grundsätzlich nicht schon im Sachantrag enthalten (vgl. Baumbach-Lauterbach, § 331 Rn. 4).

5. Die Säumnisentscheidung

608   Liegen die genannten Voraussetzungen vor, ergeht antragsgemäß **Versäumnisurteil**. Andernfalls darf kein Versäumnisurteil ergehen. Über den gleichwohl gestellten Antrag des Klägers ergehen je nach Art des Mangels verschiedene Entscheidungen: Es kann lediglich der **Antrag** auf Erlass eines Versäumnisurteils **zurückgewiesen** oder aber die **Klage** als solche **abgewiesen** werden.

a)   Das echte Versäumnisurteil

609   aa) Inhalt. Das Versäumnisurteil ist ein vorläufig vollstreckbares nichtstreitiges Endurteil gemäß § 704 ZPO. Es ergeht im Falle des § 331 ZPO **wegen** der Säumnis des Beklagten gegen den Beklagten. Im Versäumnisurteil wird der Beklagte antragsgemäß verurteilt, es werden ihm die Kosten des Rechtsstreits nach § 91 Abs. 1 ZPO auferlegt und es wird die vorläufige Vollstreckbarkeit ohne Sicherheitsleistung gemäß § 708 Nr. 2 ZPO ausgesprochen.

bb) Form. Wird das Versäumnisurteil in vollem Umfang antragsgemäß erlassen, können **Tatbestand und Entscheidungsgründe entfallen**, § 313 b Abs. 1 Satz 1 ZPO. Das Urteil ist in der Überschrift als „Versäumnisurteil" zu bezeichnen, § 313 b Abs. 1 Satz 2 ZPO. Es kann in vereinfachter Form auf die bei den Akten befindliche Klageschrift oder auf ein damit zu verbindendes Blatt gesetzt werden, § 313 b Abs. 2 ZPO. In der Praxis wird das Versäumnisurteil auf gesondertem Blatt niedergelegt.

610   cc) Zeit. Üblicherweise wird das Versäumnisurteil noch im Säumnistermin erlassen. Weil aber eine Verspätung des Rechtsanwalts des Beklagten infolge anderweitiger Terminswahrnehmung möglich ist, sollte mit der Entscheidung 10 bis 15 Minuten nach Aufruf der Sache zugewartet werden.

Muster für Tenor eines echten Versäumnisurteils

Versäumnisurteil 1. Der Beklagte wird verurteilt, an den Kläger 93.000,– € nebst Zinsen in Höhe von 5 Prozentpunkten über dem Basiszinssatz seit 3.4.2009 zu bezahlen. 2. Der Beklagte trägt die Kosten des Rechtsstreits. 3. Das Urteil ist vorläufig vollstreckbar. Streitwert: 93.000,– €

b) Zurückweisung des Antrags auf Erlass eines Versäumnisurteils

aa) Zurückweisungsgründe. Der **Antrag** muss zurückgewiesen werden, wenn die Vor- **611** aussetzungen für den Erlass des Versäumnisurteils fehlen:
– **Fehlende Säumnis.** Ist der Beklagte bei Aufruf der Sache nicht anwesend, erscheint er aber vor Schluss der mündlichen Verhandlung, so ist der Termin nach § 220 Abs. 2 ZPO nicht versäumt.
– **Unverschuldete Säumnis.** Ist der Beklagte **unverschuldet am Erscheinen verhindert**, so ist die Verhandlung von Amts wegen zu **vertagen** und die säumige Partei zum neuen Termin zu laden, § 337 ZPO. Eine schuldhafte Säumnis liegt aber z.B. vor, wenn der Prozessbevollmächtigte, der kurzfristig und nicht vorhersehbar an der Wahrnehmung des Termins gehindert ist, nicht das ihm Mögliche und Zumutbare getan hat, um dem Gericht rechtzeitig seine Verhinderung mitzuteilen (BGHReport 2006, 324).
– **Keine ordnungsgemäße Ladung.** Ist die Ladungsfrist, § 217 ZPO, nicht eingehalten oder der Beklagte aus anderem Grund nicht ordnungsgemäß geladen, so darf kein Versäumnisurteil ergehen, § 335 Abs. 1 Nr. 2 ZPO.
– **Fehlender Nachweis eines von Amts wegen zu berücksichtigenden Umstandes.** **612** Allgemeine Sachurteilsvoraussetzungen sind von Amts wegen zu prüfen. Soweit sich etwa die Zuständigkeit des angerufenen Gerichts auf eine Zuständigkeitsvereinbarung stützt, so muss diese vorgelegt und ggf. bewiesen werden. Gleiches gilt für fehlende anderweitige Rechtshängigkeit (BGH FamRZ 1987, 928) oder fehlenden Vollmachtsnachweis nach § 88 Abs. 2 ZPO. Gelingt der Nachweis nicht, ist der Antrag auf Erlass des Versäumnisurteils zurückzuweisen, § 335 Abs. 1 Nr. 1 ZPO.
– **Nicht rechtzeitige Mitteilung eines Vorbringens oder eines Antrags.** Dem Beklagten **613** muss jeder zur Schlüssigkeit der Klage erforderliche Tatsachenvortrag und jeder Sachantrag rechtzeitig und in der gebotenen Form mitgeteilt worden sein, bei Anwaltszwang durch Schriftsatz des postulationsfähigen Rechtsanwalts, § 335 Abs. 1 Nr. 3 ZPO. Für die Rechtzeitigkeit ist vor dem ersten Termin die Wahrung der **Einlassungsfrist** des § 274 Abs. 3 Satz 1 ZPO und im weiteren Verfahren die **Wochenfrist** des § 132 Abs. 1 ZPO zu beachten. Was in einem früheren Verhandlungstermin vorgetragen wurde oder im Protokoll enthalten ist, bleibt wegen des Grundsatzes der Einheitlichkeit der mündlichen Verhandlung immer rechtzeitig. Prozessanträge wie der nach § 331 ZPO müssen nicht vorher mitgeteilt sein. Hält das Gericht dafür, dass die **richterlich bemessene Einlassungsfrist** (vgl. §§ 226, 274 Abs. 3 ZPO) **zu kurz** bemessen war, so ist dem Säumnisantrag nicht Folge zu leisten, sondern zu **vertagen**, § 337 ZPO.

Beispiele:
– Der Kläger ergänzt auf Hinweis des Vorsitzenden im Termin die unschlüssige Klage durch weiteren Sachvortrag: Es darf kein Versäumnisurteil ergehen.
– Der Kläger stellt erst im Termin Antrag auf Erlass einer Säumnisentscheidung: Das Versäumnisurteil ist zu erlassen.

– **Unstatthaftigkeit eines Versäumnisurteils.** In **Ehe- und Lebenspartnerschaftssachen** **614** ist ein Versäumnisurteil gegen den Antragsgegner unstatthaft, §§ 130 Abs. 2, 270 FamFG. Gleiches gilt für Baulandsachen, § 227 Abs. 3 BauGB, und Entschädigungsverfahren, § 209 Abs. 3 BEG.

bb) Zurückweisungsbeschluss. Beim Fehlen der Voraussetzungen für den Erlass eines **615** Versäumnisurteils ist es zunächst geboten, den Kläger darauf hinzuweisen und die Rücknahme des Antrags auf Erlass eines Versäumnisurteils oder einen Vertagungsantrag anzuregen. Muss dennoch gemäß § 335 ZPO entschieden werden, weil der Kläger der Anregung nicht folgen will, so lautet der **Beschluss:** „Der Antrag auf Erlass eines Versäumnisurteils wird zurückgewiesen."

616 cc) **Rechtsmittel.** Gegen diese Entscheidung steht dem Kläger die **sofortige Beschwerde** binnen 2 Wochen ab Zustellung des Beschlusses zu, §§ 336 Abs. 1 Satz 1, 569 Abs. 1 ZPO. Dieses Rechtsmittel ist auch dann gegeben, wenn das Gericht den Antrag auf Versäumnisurteil nicht bescheidet, sondern Vertagung anordnet (OLG Hamm NJW-RR 1991, 703). Wird auf die sofortige Beschwerde hin die Zurückweisung des Antrags auf Erlass eines Versäumnisurteils aufgehoben, so darf das Beschwerdegericht das Versäumnisurteil nicht selbst erlassen. Es hat vielmehr die untere Instanz von Amts wegen Termin zu bestimmen, zu dem die **säumig gewesene Partei nicht zu laden ist**, § 336 Abs. 1 Satz 2 ZPO. Erscheint sie trotzdem, so muss sie zur Verhandlung zugelassen werden, sodass dann auch kein Versäumnisurteil mehr ergehen kann (OLG Hamm a.a.O.; Zöller, § 336 Rn. 3 m.w.N.). Andernfalls würde sie gegen das Versäumnisurteil sofort Einspruch einlegen, wodurch das Verfahren unnötig verzögert und verteuert würde. Unterbleibt die Einlegung der sofortigen Beschwerde oder wird sie zurückgewiesen, ruht das Verfahren so lange, bis eine Partei neuen Termin beantragt.

c) **Das unechte Versäumnisurteil**

617 Das unechte Versäumnisurteil ist ein kontradiktorisches Endurteil. Es ergeht nicht wegen der Säumnis, sondern **anlässlich** der Säumnis des Beklagten (!) gegen den erschienenen Kläger (!) dahin, dass die Klage abgewiesen wird. Es kann Prozessurteil oder Sachurteil sein.

aa) **Prozessurteil.** Fehlt eine unheilbare Sachurteilsvoraussetzung, so ist die Klage entgegen dem klägerischen Versäumnisantrag als **unzulässig abzuweisen**.

Beispiele:
–   Kläger erhebt die Klage beim **unzuständigen Gericht** und beantragt auch keine Verweisung, weil er auf der Zuständigkeit des angerufenen Gerichts beharrt;
–   Kläger ist bereits im Besitz einer vollstreckbaren Urkunde über den geltend gemachten Anspruch, sodass das **Rechtsschutzinteresse fehlt;**
–   Beklagter ist **nicht prozessfähig**, §§ 51, 52 ZPO (BGH NJW-RR 1986, 1041).

618 bb) **Sachurteil.** Ist die Klage zwar zulässig, weil die Sachurteilsvoraussetzungen vorliegen, aber der klägerische Sachvortrag nicht geeignet, den Antrag zu rechtfertigen, die Klage also unschlüssig, so ist sie als **unbegründet abzuweisen**.

Beispiele:
–   Kläger verlangt den Kaufpreis aus einem nach seinem Vortrag nur privatschriftlich abgeschlossenen Grundstückskaufvertrag, ohne dass eine Eintragung des Beklagten im Grundbuch erfolgt ist, §§ 125, 311 b BGB;
–   Kläger verlangt Leistung aus einem Rechtsgeschäft, dessen Sittenwidrigkeit bereits aus seiner eigenen Sachverhaltsdarstellung erkennbar wird, § 138 BGB;
–   Kläger macht einen verjährten Anspruch geltend und trägt vor, der Beklagte habe sich auf die seiner Meinung nach nicht eingetretene Verjährung berufen.

cc) **Rechtliches Gehör.** Wegen der **Hinweispflicht** des Gerichts und des **Verbots von Überraschungsentscheidungen** nach § 139 ZPO muss der Richter vor Erlass eines unechten Versäumnisurteils den Kläger auf die Unzulässigkeit oder Unschlüssigkeit der Klage hinweisen und ihm Gelegenheit zur Äußerung geben.

619 dd) **Form.** Da dieses Urteil seinem Charakter nach kein Versäumnisurteil ist, ist es auch nicht als solches zu bezeichnen. Es muss Tatbestand und Entscheidungsgründe beinhalten, § 313 Abs. 1 Nr. 5, 6 ZPO.

ee) **Rechtsmittel.** In beiden Fällen der Klageabweisung durch unechtes Versäumnisurteil handelt es sich um ein sog. **einseitig kontradiktorisches Urteil,** das mit gleichem

Inhalt auch dann ergehen müsste, wenn der Beklagte nicht säumig wäre. Derartige Urteile beenden die Instanz und können daher nur mit den Rechtsmitteln der **Berufung** und der **Revision** angefochten werden, falls diese zulässig sind, §§ 511, 542 ZPO.

6. Praktische Probleme im Versäumnisverfahren gegen den Beklagten

a) Erledigung der Hauptsache

Erklärt der erschienene Kläger, der Beklagte habe inzwischen zwar die Hauptsumme, nicht aber die Kosten des Rechtsstreits bezahlt, weshalb er noch eine Verurteilung des Beklagten zur Zahlung der Kosten des Rechtsstreits wünsche, so liegt eine zulässige **Klageänderung** im Sinne des § 264 Nr. 2 ZPO vor (h.M., vgl. OLG Düsseldorf NJW-RR 1997, 1566). Der Kläger beschränkt seinen Leistungsanspruch auf die Kostenforderung und begehrt im Übrigen die Feststellung, dass der Rechtsstreit in der Hauptsache erledigt sei. Es ergeht ein Versäumnisurteil mit folgendem Tenor:

620

Versäumnisurteil
1. Der Rechtsstreit ist in der Hauptsache erledigt.
2. Der Beklagte trägt die Kosten des Rechtsstreits.
3. Das Urteil ist vorläufig vollstreckbar.

Diesem Urteil steht § 335 Abs. 1 Nr. 3 ZPO, der den Schutz des säumigen Beklagten bezweckt, **nicht entgegen**: Weder der geänderte Antrag noch der zusätzliche Sachvortrag sind dem Beklagten gegenüber dem schriftsätzlich angekündigten Vortrag nachteilig (OLG Köln MDR 1995, 103). Auch ein Fall des § 91 a ZPO liegt nicht vor, da diese Bestimmung voraussetzt, dass **beide** Parteien für erledigt erklären. Die Geständnisfiktion des § 331 Abs. 1 ZPO kann diese Erledigungserklärung des Beklagten nicht ersetzen, auch dem Schweigen des Beklagten ist eine Zustimmung zur Erledigung nicht zu entnehmen.

b) Sofortige Fortsetzung nach Säumnis

Trifft die säumig gewesene Partei gleich nach Verkündung des Versäumnisurteils noch ein und erklären beide Parteien, sogleich weitermachen zu wollen, so kann das verkündete Versäumnisurteil nicht einfach wieder beseitigt werden. Vielmehr ist Folgendes nötig:

621

– Einspruchseinlegung durch säumige Partei, § 338 ZPO;
– Bestimmung des Termins zur mündlichen Verhandlung über Einspruch und Hauptsache auf die gegenwärtige Terminsstunde, § 341 a ZPO;
– Verzicht der Parteien auf förmliche Ladung und Einhaltung der Ladungsfrist, §§ 216, 341a, 295 ZPO;
– Aufruf der Sache und Einspruchsprüfung, §§ 220 Abs. 1, 341 ZPO;
– Änderung des Klageantrags wegen § 343 ZPO;
– Verhandlung zur Hauptsache, § 137 Abs. 1 ZPO.

III. Versäumnisurteil gegen den Kläger

Erscheint der Kläger im Termin zur mündlichen Verhandlung nicht, kann auf Antrag des Beklagten auch gegen den säumigen **Kläger** ein **Versäumnisurteil** ergehen, § 330 ZPO. Dieses Versäumnisurteil lautet auf Klageabweisung, wodurch der Klageanspruch materiell rechtskräftig aberkannt wird.

622

1. Voraussetzungen

Die Voraussetzungen entsprechen weitgehend denjenigen des Versäumnisurteils gegen den Beklagten:

a) Säumnis im Termin

623 So muss der Kläger in einem **Verhandlungstermin**, zu dem er **ordnungsgemäß geladen** worden ist, bis zum Schluss der mündlichen Verhandlung **säumig** sein. Ist das nicht der Fall, so ist der Säumnisantrag des Beklagten durch Beschluss zurückzuweisen, § 335 Abs. 1 Nr. 2 ZPO. Es ist neuer Termin zu bestimmen, zu dem der säumige Kläger zu laden ist, § 337 ZPO.

b) Sachurteilsvoraussetzungen

624 Darüber hinaus müssen die Sachurteilsvoraussetzungen für die Klage vorliegen. Der Erlass eines echten Versäumnisurteils gegen den Kläger setzt also die Zulässigkeit der Klage voraus. Ist die Klage **unzulässig**, so ist eine Versäumnisentscheidung nicht statthaft, § 335 Abs. 1 Nr. 1 ZPO, die Klage ist durch **kontradiktorisches unechtes Versäumnisurteil** abzuweisen, gegen das nur die Berufung und nicht der Einspruch gegeben ist: Der Kläger soll mit seiner unzulässigen Klage nicht allein deshalb besser gestellt sein, weil er zudem noch säumig ist (BGH NJW-RR 1986, 1041).

c) Keine Schlüssigkeit der Klage

625 Abweichend vom Versäumnisurteil gegen den Beklagten ist bei Säumnis des Klägers die Schlüssigkeit der abzuweisenden Klage **nicht erforderlich**. Es ist aber auch nicht erforderlich, dass die Einwendungen des Beklagten erheblich sind oder sein Vorbringen eine Klageabweisung rechtfertigen müsste. Vielmehr braucht er den Antrag auf Klageabweisung überhaupt nicht zu begründen. § 335 Abs. 1 Nr. 3 ZPO spielt bei Säumnis des Klägers keine Rolle.

> **Beispiel:**
> Gegen eine Kaufpreisklage bringt der Beklagte vor, er bezahle nichts, weil der Kläger ohnedies schon sehr reich sei: Trotz dieses unerheblichen Vortrags ergeht auf seinen Antrag hin Versäumnisurteil gegen den säumigen Kläger auf Klageabweisung; ebenso wenn er überhaupt nichts zur Sache vorträgt.

Der **Antrag** des Beklagten auf Säumnisentscheidung soll im Antrag auf Klageabweisung enthalten sein (vgl. BGHZ 37, 79); auf eine ausdrückliche Beantragung der Säumnisentscheidung ist hinzuwirken, § 139 Abs. 1 ZPO.

2. Form

626 Wie im Fall des § 331 ZPO kann auch das echte Versäumnisurteil gegen den Kläger in **abgekürzter Form** nach § 313b Abs. 1 ZPO ergehen. Beim unechten Versäumnisurteil wegen unzulässiger Klage hingegen sind Tatbestand und Entscheidungsgründe nach § 313 Abs. 1 Nr. 5, 6 ZPO erforderlich.

3. Rechtsmittel und Rechtsbehelfe

627 Keine Besonderheiten bestehen bei der **sofortigen Beschwerde** gegen die Zurückweisung des Antrags auf Erlass eines Versäumnisurteils nach § 336 ZPO, bei **Einspruch** gemäß § 338 ZPO gegen das echte Versäumnisurteil sowie bei **Berufung** und **Revision** gegen das unechte Versäumnisurteil, §§ 511, 542 ZPO.

IV. Einspruch und Einspruchsverfahren

1. Statthaftigkeit und Wesen des Einspruchs

a) Rechtsbehelf

Der Partei, gegen die Versäumnisurteil erlassen ist, steht hiergegen der **Einspruch** zu, **628**
§ 338 ZPO. Er ist kein Rechtsmittel, sondern wird als **Rechtsbehelf** bezeichnet, weil er
den Rechtsstreit nicht in eine höhere Instanz bringt, also **keinen Devolutiveffekt** hat.
Jedoch verhindert der **Suspensiveffekt** des zulässigen Einspruchs den Eintritt der
formellen Rechtskraft des Versäumnisurteils.
Ob ein Versäumnisurteil oder ein kontradiktorisches und damit dem Rechtsmittel der
Berufung unterliegendes Urteil vorliegt, hängt nicht von der Bezeichnung, sondern von
dem Inhalt der Entscheidung ab. Hat das Gericht das Urteil in einer falschen Form
verlautbart, stehen dem Kläger deshalb ggf. sowohl die Berufung als auch der Einspruch zu. Der Grundsatz der **Meistbegünstigung** greift allerdings dann **nicht** ein, wenn
das Erstgericht zu Unrecht einen Fall der Säumnis angenommen und ein nach Fassung
und Inhalt **eindeutiges**, insbesondere in der Form des § 313 b ZPO abgefasstes **Versäumnisurteil** erlassen hat (BGH NJW 1999, 583). Soweit im echten Versäumnisurteil
Teile der Klage wegen Unschlüssigkeit abgewiesen werden (insoweit unechtes Versäumnisurteil), ist das Urteil mit Berufung, im Übrigen mit Einspruch anfechtbar
(BAG NJW 1966, 612).

b) Vorläufige Vollstreckbarkeit

aa) Einstweilige Einstellung der Zwangsvollstreckung. Das Versäumnisurteil ist Voll- **629**
streckungstitel. Er bleibt trotz Einspruchs **vorläufig vollstreckbar**, § 708 Nr. 2 ZPO.
Allerdings kann die vorläufige Vollstreckbarkeit **einstweilen eingestellt** werden, §§ 719
Abs. 1, 707 Abs. 1 ZPO. Hierfür ist das Gericht zuständig, das über den Rechtsbehelf
zu entscheiden hat, also das Gericht der Hauptsache. Es entscheidet durch **Beschluss**,
§ 719 Abs. 3 ZPO. Die Entscheidung zugunsten des Säumigen setzt dessen **form-
gerechten Antrag** voraus, § 707 Abs. 1 ZPO. Darüber hinaus bedarf er eines **Rechtsschutzbedürfnisses**. Es besteht bereits ab Erteilung der Vollstreckungsklausel, d.h.
schon **vor** tatsächlichem Beginn der Zwangsvollstreckung (Thomas-Putzo, § 707
Rn. 7).
Der Antrag auf Einstellung der Zwangsvollstreckung aus dem Versäumnisurteil ist nur
begründet, wenn der Einspruch form- und fristgerecht eingelegt worden ist und **in der
Sache nicht ganz aussichtslos** erscheint (OLG Bamberg NJW-RR 1989, 576). Vor
Entscheidung über den Einstellungsantrag ist daher die Einspruchsbegründung abzuwarten und i.d.R. dem Gegner **rechtliches Gehör** zu gewähren (vgl. OLG Celle MDR
1986, 63).

bb) Sicherheitsleistung. Nach § 719 Abs. 1 Satz 2 ZPO darf die einstweilige Einstel- **630**
lung der Zwangsvollstreckung aus dem Versäumnisurteil nur **gegen Sicherheitsleistung**
des Säumigen i.S.d. § 108 ZPO ergehen. Ausnahmsweise kann sie ohne Sicherheitsleistung erfolgen, wenn das Versäumnisurteil **nicht in gesetzlicher Weise** ergangen ist
(z.B. Verstoß gegen §§ 335, 337 ZPO) oder die säumige Partei gemäß § 294 ZPO
glaubhaft macht, dass ihre **Säumnis unverschuldet** war (z.B. Terminskollision, vgl.
OLG Frankfurt NJW-RR 1998, 1450), § 719 Abs. 1 Satz 2, HS 2 ZPO. Die weiteren
Voraussetzungen des § 707 Abs. 1 Satz 2 ZPO müssen aber nicht vorliegen (str., vgl.
OLG Stuttgart NJW-RR 2003, 713).

Muster für die einstweilige Einstellung der Zwangsvollstreckung

---

Beschluss vom 2.10.2009
1. Die Zwangsvollstreckung aus dem Versäumnisurteil des Landgerichts Ulm vom 18.9.2009 wird gegen Sicherheitsleistung des Beklagten in Höhe von 108.000,– € einstweilen eingestellt.
2. Der Antrag auf Einstellung der Zwangsvollstreckung ohne Sicherheitsleistung wird zurückgewiesen, weil nicht hinreichend dargetan und glaubhaft gemacht ist, dass die Säumnis, wegen der das Versäumnisurteil ergangen ist, unverschuldet war, zudem das Versäumnisurteil in gesetzlicher Weise ergangen ist.

---

2. Die Einspruchsschrift

a) Adressat und Form

631   Einspruch wird durch Einreichung einer **Einspruchsschrift** beim **Prozessgericht** eingelegt, welches das Versäumnisurteil erlassen hat, § 340 Abs. 1 ZPO. Er muss in einem **Schriftsatz** enthalten sein, notfalls reicht ein richterliches Protokoll unter Bezugnahme auf einen Schriftsatz (BGH MDR 1989, 62). Beim Amtsgericht ist nach §§ 496, 129 a ZPO eine **Erklärung zu Protokoll des Urkundsbeamten** eines jeden Amtsgerichts ausreichend. Die Einspruchsschrift bedarf als bestimmender Schriftsatz der **Unterschrift** einer postulationsfähigen Person (BGH NJW 1987, 2588). Die Einlegung des Einspruchs per Telefax ist anerkannt, obwohl dort die eigenhändige Unterschrift auf dem Faxausdruck fehlt (vgl. Zöller, § 130 Rn. 18). Die erforderliche Zahl von Abschriften soll einreicht werden, § 340 a Satz 3 ZPO.

b) Inhalt

632   **aa) Notwendiger Inhalt.** In der Einspruchsschrift muss das **Urteil bezeichnet** werden, gegen das der Einspruch gerichtet wird, und die Erklärung enthalten sein, dass gegen dieses Urteil **Einspruch eingelegt** werde, § 340 Abs. 2 Satz 1 Nr. 1, 2 ZPO. Das Wort „Einspruch" muss nicht notwendig verwendet werden, es reicht, dass die Partei erkennbar das Urteil nicht gegen sich gelten lassen will (BGH MDR 1995, 308). Ist nur ein Teileinspruch gewollt, muss sich aus der Einspruchsschrift ergeben, inwieweit das Urteil angefochten werden soll, § 340 Abs. 2 Satz 2 ZPO. Eine Entschuldigung der Säumnis ist zur Begründung des Einspruchs hingegen überflüssig.

633   **bb) Angriffs- und Verteidigungsmittel.** Da der Einspruch kein Rechtsmittel ist und das Versäumnisurteil nicht seines Inhalts wegen, sondern in seinem Bestand angegriffen wird (BGH NJW-RR 1993, 1408), ist eine materielle Einspruchsbegründung **insoweit** nicht erforderlich. Wegen der vom Gesetz beabsichtigten Verfahrenskonzentration und der Prozessförderungspflicht des Säumigen (BGH NJW-RR 1992, 957) müssen aber sogleich auch **Angriffs- und Verteidigungsmittel** sowie die **Zulässigkeitsrügen** in der Einspruchsschrift vorgebracht werden, § 340 Abs. 3 Satz 1 ZPO. Allerdings kann der Vorsitzende die Frist für die „Einspruchsbegründung", da keine Notfrist wie die Einspruchsfrist selbst (Zöller, § 340 Rn. 11), auf Antrag **verlängern**, wenn nach seiner freien Überzeugung der Rechtsstreit hierdurch nicht verzögert wird oder wenn die Partei erhebliche Gründe darlegt, § 340 Abs. 3 Satz 2 ZPO. Die verfristete Einspruchsbegründung macht daher den Einspruch nicht unzulässig, sondern hat zur Folge, dass der materielle **Vortrag** des Säumigen wegen Verspätung **zurückgewiesen** werden kann, §§ 340 Abs. 3 Satz 3, 296 ZPO. Auf diese Folgen ist bereits bei Zustellung des Versäumnisurteils hinzuweisen, § 340 Abs. 3 Satz 4 ZPO. Hatte sich der Säumige bereits zur Sache geäußert, so bedarf es keines erneuten Vortrags, die Bezugnahme auf einen früheren Schriftsatz genügt (BGHZ 105, 197).

c)   Zustellung

Die Einspruchsschrift muss der **Gegenpartei** vom Gericht **zugestellt** werden, die Daten   **634**
der Urteilszustellung und der Einspruchseinlegung sind dabei mitzuteilen, § 340 a
Satz 2 ZPO.

3.   Die Einspruchsfrist

Der Einspruch kann eingelegt werden, sobald das Versäumnisurteil verkündet ist (RGZ   **635**
110, 169), also schon vor Zustellung (RGZ 40, 392). Die Einspruchsmöglichkeit endet
jedoch mit dem Ablauf der **Einspruchsfrist.** Sie beträgt **2 Wochen ab Zustellung** des
Versäumnisurteils, § 339 Abs. 1 ZPO. Sie ist eine **Notfrist** und kann daher nicht
verlängert oder verkürzt werden, § 224 Abs. 1 ZPO. Erfolgt die Zustellung im **Ausland**
oder durch **öffentliche Bekanntmachung**, so hat das Gericht die Einspruchsfrist **ausdrücklich zu bestimmen.** Dies geschieht im Versäumnisurteil oder nachträglich durch
Beschluss, § 339 Abs. 2 ZPO. Die Einspruchsfrist läuft dann erst mit Zustellung dieses
Beschlusses (RGZ 63, 82).

4.   Die Einspruchsprüfung

Wird gegen ein Versäumnisurteil Einspruch eingelegt, so prüft das Gericht **von Amts**   **636**
wegen, ob der Einspruch **statthaft** sowie **form- und fristgemäß** ist, § 341 Abs. 1 ZPO.
Die Zulässigkeit des Einspruchs setzt voraus:
–   **Statthaftigkeit.** Einspruch findet nur bei **echten Versäumnisurteilen** gemäß §§ 330,
    331 ZPO statt, **nicht** bei unechten i.S.d. § 331 Abs. 2, HS 2 ZPO, bei Fehlen einer
    Sachurteilsvoraussetzung oder beim zweiten Versäumnisurteil gemäß § 345
    ZPO.
–   **Formrichtigkeit.** Erforderlich ist das Vorliegen einer **Einspruchsschrift** mit dem in
    § 340 Abs. 2 ZPO verlangten Inhalt, nicht jedoch die Einreichung einer Einspruchs-
    begründung. Eine fehlende oder verspätete Einspruchsbegründung kann lediglich
    nach § 296 ZPO zurückgewiesen werden. Im Verfahren vor den Amtsgerichten
    kann der Einspruch formgültig auch zu Protokoll der Geschäftsstelle erklärt
    werden, §§ 496, 129 a ZPO.
–   **Fristwahrung.** Zwischen dem aus der Zustellungsurkunde ersichtlichen Zustel-
    lungstag und dem Eingangsdatum der Einspruchsschrift bei Gericht (Eingangs-
    stempel) dürfen nach § 339 ZPO nicht mehr als 2 Wochen liegen. Die Frist wird
    nach §§ 222 ZPO, 187 ff. BGB berechnet.
–   **Kein Einspruchsverzicht oder Einspruchsrücknahme.** Hat der Säumige wirksam
    den Einspruchsverzicht erklärt, so ist der trotzdem eingelegte Einspruch unzulässig,
    §§ 346, 515 ZPO. Ist der Einspruch gegenüber dem Gericht zurückgenommen, so
    kann er nur innerhalb der Einspruchsfrist wirksam erneut eingelegt werden (vgl.
    BGH NJW 1994, 737).

5.   Die Einspruchsentscheidung

a)   Verwerfung des Einspruchs als unzulässig

Ergibt die Prüfung, dass der Einspruch nicht statthaft, nicht formgerecht oder verspätet   **637**
ist, so ist er **als unzulässig zu verwerfen**, § 341 Abs. 1 Satz 2 ZPO. Das Gericht kann über
den unzulässigen Einspruch **mündlich verhandeln** oder **ohne mündliche Verhandlung**
entscheiden. In jedem Falle ist unter Mitteilung der Zulässigkeitsbedenken vor einer
Entscheidung **beiden** Parteien **rechtliches Gehör** zu gewähren (BGH VersR 1975, 899).

aa) Nach mündlicher Verhandlung. Im Termin zur mündlichen Verhandlung wird nur   **638**
über den Einspruch verhandelt, die Hauptsache bleibt unerörtert. Der Einspruch wird

dann durch streitiges **Endurteil** verworfen. Ist der Beklagte in diesem Verhandlungstermin säumig, so ergeht – mit gleichem Inhalt – unechtes Versäumnisurteil und kein „zweites Versäumnisurteil" nach § 345 ZPO, weil hierfür ein zulässiger Einspruch Voraussetzung wäre (OLG Düsseldorf MDR 2001, 833). Gegen diese streitigen Endurteile ist jeweils **Berufung** statthaft.

bb) Ohne mündliche Verhandlung. Nach Gewährung rechtlichen Gehörs kann auch ohne mündliche Verhandlung entschieden werden, allerdings ist das ebenfalls nur durch kontradiktorisches **Endurteil** möglich, § 341 Abs. 2 ZPO. Hiergegen ist nur das Rechtsmittel der **Berufung** zulässig. Erfolgt die Verwerfung fehlerhaft durch Beschluss, ist im Wege der Meistbegünstigung die sofortige Beschwerde zulässig (Köln OLGR 2007, 228).

Muster für Tenor eines den Einspruch verwerfendes Urteils

639

> **Urteil**
> 1. Der Einspruch des Beklagten gegen das Versäumnisurteil des Landgerichts Ulm vom 1.10.2009 wird als unzulässig verworfen.
> 2. Der Beklagte trägt die weiteren Kosten des Rechtsstreits.
> 3. Das Urteil ist vorläufig vollstreckbar.

b) Zulässiger Einspruch und Terminsbestimmung

640 Bei zulässigem Einspruch ist in jedem Fall **Termin zur mündlichen Verhandlung** zu bestimmen, §§ 341 a, 216 ZPO.

aa) Zwischenurteil. Das Gericht kann den Termin auf die **Verhandlung über den Einspruch** beschränken, §§ 146 ZPO, 347 Abs. 2 ZPO, und durch **Zwischenurteil** die Zulässigkeit des Einspruchs feststellen, § 303 ZPO. Es muss aber ausdrücklich klarstellen, dass die Verhandlung auf die Frage des Einspruchs beschränkt ist und auch ausdrücklich hierzu laden. Andernfalls ist der Termin zur Verhandlung über Einspruch und Hauptsache anzusehen (BGH NJW 1982, 888). Eine separate Anfechtung des Zwischenurteils findet nicht statt, es ist nur zusammen mit dem Endurteil anfechtbar, § 512 ZPO.

641 **bb) Termin über Einspruch und Hauptsache.** In der gerichtlichen Praxis bestimmt das Gericht Termin über Einspruch und die Hauptsache, § 341 a ZPO. Die Entscheidung über die Zulässigkeit des Einspruchs erfolgt dann regelmäßig in den Entscheidungsgründen des späteren Endurteils, ohne dass ein Ausspruch im Tenor enthalten ist.
– **Einspruchsprüfung.** In diesem Termin ist **zunächst** über den **Einspruch zu verhandeln**, d.h. seine Zulässigkeit zu prüfen. Zur **anschließenden Verhandlung über die Hauptsache** kann es nur kommen, wenn ein zulässiger Einspruch vorliegt. Im Protokoll wird der wesentliche Vorgang der Einspruchsprüfung nach § 160 Abs. 2 ZPO regelmäßig wie folgt vermerkt: „Es wird festgestellt, dass der Einspruch form- und fristgerecht eingelegt worden ist". Hierbei handelt es sich aber nicht um eine Entscheidung, an die der Richter für das weitere Verfahren gebunden wäre. Vielmehr wird verbindlich über die Zulässigkeit des Einspruchs erst im Urteil entschieden.
– **Säumnis einer Partei im Einspruchstermin.** Ist der Einspruchsführer im Termin über Einspruch und Hauptsache erneut säumig, so ergeht gegen ihn ein **zweites Versäumnisurteil** gemäß § 345 ZPO (vgl. Rn. 652). Ist der Gegner des Einspruchsführers nun säumig, ist das Versäumnisurteil aufzuheben, § 343 ZPO, und eine neue Entscheidung in Form eines Versäumnisurteils gegen den Gegner zu erlassen.

Beispiele:
- Der Beklagte war im frühen ersten Termin säumig. Auf seinen zulässigen Einspruch hin wird Termin über Einspruch und Hauptsache anberaumt, in welchem der Beklagte erneut nicht erscheint: zweites Versäumnisurteil!
- Der Beklagte war im frühen ersten Termin säumig. Auf seinen zulässigen Einspruch hin wird Termin über Einspruch und Hauptsache anberaumt, in welchem nunmehr der Kläger nicht auftritt: Aufhebung des verurteilenden Versäumnisurteils gegen den Beklagten und Klageabweisung durch Versäumnisurteil gegen den Kläger.
- Der Kläger war im frühen ersten Termin säumig. Die Klage wurde durch Versäumnisurteil abgewiesen. Im Termin über zulässigen Einspruch und Hauptsache kommt der Beklagte nicht. Das Versäumnisurteil gegen den Kläger wird aufgehoben und der Beklagte durch Versäumnisurteil verurteilt.

6. Verfahren nach zulässigem Einspruch gegen ein Versäumnisurteil

a) Prozessstand

Von erheblichem praktischem Interesse ist die Frage, in welcher Prozesssituation sich **642** das Verfahren nach erfolgreichem Einspruch befindet und inwieweit Versäumnisse im Vortrag durch die „**Flucht in die Säumnis**" wieder aufgeholt werden können.

aa) Rückversetzung in den Zustand vor Säumnis. Bei zulässigem Einspruch wird der Prozess – soweit der Einspruch reicht – **in die Lage zurückversetzt**, in der er sich **vor Eintritt der Säumnis** befand, § 342 ZPO. Der Rechtsstreit wird also grundsätzlich ohne Rücksicht auf das erlassene Versäumnisurteil fortgeführt, obwohl dieses als vorläufiger Vollstreckungstitel bestehen bleibt. Dies bedeutet, dass alle Handlungen der Parteien und des Gerichts **vor** der Säumnis, die durch sie bedeutungslos geworden waren, wieder aufleben und Wirksamkeit erlangen, wie z.B. Sachvortrag, Parteierklärungen, Bestreiten, Anerkenntnis, Verzicht, Geständnis und Beweisergebnisse.

bb) Besondere Situationen. Besondere Betrachtung verdient die Problematik folgender **643** Prozesssituationen:
- **Rügelose Einlassung durch Säumnisantrag.** Beantragt der Beklagte im Falle der Säumnis des Klägers den Erlass eines Versäumnisurteils, so liegt darin zugleich ein Sachantrag, der eine rügelose Einlassung des Beklagten nach § 39 ZPO zur Folge haben soll, sodass er die Unzuständigkeitsrüge im Einspruchstermin nicht mehr erheben könnte (Zöller, § 342 Rn. 2; Baumbach-Lauterbach, § 342 Rn. 5). Dem ist nicht zuzustimmen, da nach Einspruch das Verfahren gemäß § 342 ZPO in die Lage „vor Eintritt der Säumnis" zurückversetzt wird, wenngleich zuzugestehen ist, dass nach § 220 Abs. 2 ZPO die Säumniswirkung erst mit dem Schluss der mündlichen Verhandlung eintritt. Die Wirkung der Prozesshandlung, die die erschienene Partei **im Säumnistermin und nur aus Anlass der Säumnis** des Gegners vorgenommen hat, muss in Umkehrung zum Wiederaufleben der **vor** Säumnis erfolgten Prozesshandlungen, in Wegfall geraten, sodass der Beklagte die Unzuständigkeit des Gerichts im Termin über Einspruch und Hauptsache nach wie vor rügen könnte (so BGHZ 4, 339; Thomas-Putzo, § 342 Rn. 2). Im Falle der Unzuständigkeit des Gerichts ergeht jedoch auf den Säumnisantrag des Beklagten ein unechtes Versäumnisurteil, das nicht durch Einspruch anfechtbar ist (vgl. Rn. 624).
- **Klagerücknahme ohne Einwilligung des Beklagten.** War hingegen der Beklagte säumig und hatte der Kläger Versäumnisurteil beantragt, gegen welches der Beklagte zulässig Einspruch eingelegt hat, so liegt in diesem Einspruch kein mündliches Verhandeln des Beklagten zur Hauptsache i.S.d. § 269 Abs. 1 ZPO. Die Klage kann daher noch ohne Zustimmung des Beklagten im Einspruchstermin zurückgenommen werden.

644   –   **Flucht in die Säumnis.** Ist der Beklagte im Verhandlungstermin säumig, hat er oft auch die nach § 275 Abs. 1 Satz 1 ZPO oder § 276 Abs. 1 Satz 2 ZPO gesetzte Klageerwiderungsfrist verstreichen lassen. Träte er in dieser Situation im Termin auf und beantragte ein Schriftsatzrecht zur Klageerwiderung, so würde er regelmäßig scheitern. Nach § 296 Abs. 1 ZPO ist weiterer Vortrag nämlich nur zuzulassen, wenn nach der freien Überzeugung des Gerichts eine Erledigung des Rechtsstreits nicht verzögert würde und die Verspätung nicht auf grober Nachlässigkeit beruht. Jeder Vortrag, der Tatsachen streitig stellen und eine Beweisaufnahme erforderlich machen würde, führte aber zu einer Verzögerung der Erledigung des Rechtsstreits. Der so agierende Beklagte würde also den Prozess verlieren.

Versäumt der Beklagte aber nicht nur die gesetzten Erwiderungsfristen, sondern bleibt auch noch dem Verhandlungstermin fern, so gewinnt er Zeit – und ggf. den Prozess. Trägt er nun innerhalb der Einspruchsfrist – oder der verlängerten Einspruchsbegründungsfrist – seine Verteidigungsmittel vor, so kann er mit seinem „eigentlich" verspäteten Vorbringen wegen der eindeutigen Regelung des § 340 Abs. 3 ZPO **nicht** zurückgewiesen werden (BGHZ NJW 1980, 1105). Die Flucht in die Säumnis ist daher erfolgreich und weiterhin als gesetzgeberischer Wille hinzunehmen (vgl. Baumbach-Lauterbach, § 342 Rn. 4 m. w. N.). Allerdings darf das Gericht den Verhandlungstermin über Einspruch und Hauptsache unter Beachtung der Ladungsfristen auch kurzfristig festsetzen und muss ihn nicht so weit hinausschieben, dass noch Anordnungen gemäß § 273 ZPO durchgeführt werden können, um bei verspätetem Vorbringen in der Einspruchsbegründung eine Verzögerung aufzufangen (BGH NJW 1981, 286).

b)   Neue Antragstellung

645   Nachdem durch das Versäumnisurteil ein Vollstreckungstitel geschaffen ist, haben sich die Parteien hinsichtlich ihrer weiteren Antragstellung bei Verhandlung über die Hauptsache an diesem Titel zu orientieren und entsprechend der Regelung des § 343 ZPO ihre ursprünglichen **Anträge umzustellen**.

> **Beispiel:**
> Der Kläger beantragt: „Der Beklagte wird verurteilt, an den Kläger 3.000,– € zu bezahlen". Das Gericht erlässt antragsgemäß Versäumnisurteil, wogegen der Beklagte Einspruch einlegt. Der Kläger muss dann im Termin über Einspruch und Hauptsache beantragen: „**Das Versäumnisurteil vom 2.10.2009 wird aufrechterhalten.**" Der Beklagte sollte jetzt beantragen: „**Das Versäumnisurteil vom 2.10.2009 wird aufgehoben und die Klage abgewiesen.**"

Stellen die Parteien weiterhin die ursprünglichen Anträge, ohne § 343 ZPO zu beachten, so hat dies keine nachteiligen Folgen, da diese Bestimmung in erster Linie für das entscheidende Gericht gilt. Die falschen Anträge sind dann entsprechend auszulegen.

c)   Die Entscheidung in der Hauptsache

646   **aa) Aufrechterhalten, abändern oder aufheben.** Das echte Versäumnisurteil enthält eine vollstreckbare Entscheidung über den Klageanspruch. Im weiteren Verfahren nach dem zulässigen Einspruch wird die Richtigkeit dieser Entscheidung überprüft. Es muss jedoch **vermieden** werden, dass über denselben Streitgegenstand **zwei Vollstreckungstitel** erstellt werden. Deshalb wird im Endurteil keine selbstständige Entscheidung mehr getroffen, sondern **auf das Versäumnisurteil Bezug** genommen: Stimmt die neue Entscheidung mit derjenigen im Versäumnisurteil überein, ist auszusprechen, dass dieses **aufrechtzuerhalten** sei. Andernfalls ist das Versäumnisurteil in dem neuen Urteil **aufzuheben** und anderweitig über den Rechtsstreit zu entscheiden, § 343 ZPO.

Beispiele:
- Bei Übereinstimmung der Endentscheidung mit dem Versäumnisurteil:
  „Das Versäumnisurteil vom 2.10.2009 wird aufrechterhalten."
- Bei abweichender Endentscheidung nach Versäumnisurteil gegen den Beklagten:
  „1. Das Versäumnisurteil vom 2.10.2009 wird aufgehoben.
  2. Die Klage wird abgewiesen."
- Bei abweichender Entscheidung nach Versäumnisurteil gegen den Kläger:
  „1. Das Versäumnisurteil vom 2.10.2009 wird aufgehoben.
  2. Der Beklagte wird verurteilt, an den Kläger 1.000,– € zu bezahlen."

Erweist sich die im Versäumnisurteil enthaltene Entscheidung nur teilweise als richtig, so ist das Versäumnisurteil in dem begründeten Teil aufrechtzuerhalten. Im Übrigen ist es aufzuheben und anderweitig zu entscheiden.

Beispiele:
- Kläger beantragt Verurteilung zu 8.000,– €, Beklagter legt gegen das Versäumnisurteil Einspruch ein, das Gericht erkennt jetzt auf 5.000,– €:
  „Das Versäumnisurteil vom 2.10.2009 wird in Höhe von 5.000,– € aufrechterhalten, im Übrigen wird es aufgehoben und die Klage abgewiesen."
- Bei teilweise abweichender Entscheidung nach Versäumnisurteil gegen den Kläger:
  „Das Versäumnisurteil vom 2.10.2009 wird insoweit aufrechterhalten, als die Klage in Höhe von 3.000,– € abgewiesen wurde; im Übrigen wird es aufgehoben und der Beklagte verurteilt, an den Kläger 5.000,– € zu bezahlen."

Ob ein Versäumnisurteil aufzuheben oder aufrechtzuerhalten ist, entscheidet sich allein nach dem **Ausspruch im Tenor.** Es wird in diesem Fall aufrechterhalten, auch wenn sich die Begründung geändert hat oder das Versäumnisurteil durch einen Verfahrensverstoß zustande gekommen ist.

Beispiel:
Das örtliche unzuständige Amtsgericht Stuttgart hat auf Antrag des Klägers ein Versäumnisurteil gegen den Beklagten auf Zahlung von 1.000,– € Kaufpreis erlassen. Nach zulässigem Einspruch und Unzuständigkeitsrüge durch den Beklagten verweist es den Rechtsstreit an das Amtsgericht Ulm, das zu dem Ergebnis kommt, die Verurteilung des Beklagten zur Zahlung von 1.000,– € sei richtig. Auch wenn das Versäumnisurteil nicht in gesetzlicher Weise ergangen ist, lautet die Entscheidung: „Das Versäumnisurteil des Amtsgerichts Stuttgart vom 10.9.2009 wird aufrechterhalten."

bb) Keine Aufhebung und Neufassung. Das Versäumnisurteil bei nur teilweiser **647** Unrichtigkeit insgesamt aufzuheben und die Entscheidung im Endurteil ganz neu zu fassen, ist zu vermeiden, weil im Falle einer aus dem Versäumnisurteil bereits erfolgten Vollstreckungsmaßnahme bei Aufhebung des Versäumnisurteils die Vollstreckungsmaßregeln gemäß §§ 775 Nr. 1, 776 ZPO rückwirkend wegfielen und deren Rang verloren gehen könnte, §§ 804, 829 ZPO (OLG Köln NJW 1976, 113).

d)   Die Nebenentscheidungen nach vorangegangenem Versäumnisurteil

In dem auf das Versäumnisurteil folgende Endurteil ist auch über die **Kosten** und die **648** **Vollstreckbarkeit** zu entscheiden.

aa) Kosten. Das echte Versäumnisurteil enthält bereits eine **Kostenentscheidung,** die auf § 91 ZPO beruht. Darin werden dem Säumigen die Kosten des Rechtsstreits auferlegt. Nach erfolgreichem Einspruch muss in der Endentscheidung erneut über die gesamten Kosten des Rechtsstreits entschieden werden.
- **Säumniskostentragungspflicht.** Auch wenn der Säumige in der Sache obsiegt, folglich das Versäumnisurteil aufgehoben werden muss und dem Gegner die Kosten

aufzuerlegen sind, so sind dennoch die **Kosten** eines in gesetzlicher Weise ergangenen Versäumnisurteils **stets der säumig gewesenen Partei aufzuerlegen**, § 344 ZPO. Die gilt auch dann, wenn der Kläger nach Versäumnisurteil und Einspruch die Klage **zurücknimmt** (BGH NJW 2004, 2309). **Nicht in gesetzlicher Weise** ergangen ist ein Versäumnisurteil, wenn bei seinem Zustandekommen nicht alle gesetzlichen Voraussetzungen für seinen Erlass erfüllt waren, also keine Säumnis vorlag, Sachurteilsvoraussetzungen fehlten, die Klage unschlüssig war, ein Hindernis der §§ 335, 337 ZPO vorlag oder die Säumnis vom anwesenden Gegner verschuldet war (z.B. Verabredung des beidseitigen Nichterscheinens).

Beispiel:
Gegen den Beklagten ist Versäumnisurteil in gesetzlicher Weise ergangen. Im weiteren Verfahren nach Einspruch erweist sich die Klage als nicht begründet. Das Versäumnisurteil wird aufgehoben und die Klage abgewiesen. Die Kostenentscheidung lautet: „Der Kläger trägt die Kosten des Rechtsstreits mit Ausnahme der durch die Säumnis im Termin vom (...) entstandenen Kosten, die der Beklagte zu tragen hat".

– **Unanwendbarkeit des § 344 ZPO.** Keine Anwendung findet die Bestimmung des § 344 ZPO:
  – wenn die **säumige**, im Versäumnisurteil unterlegene **Partei** auch **endgültig unterliegt**; sie trägt dann ohnedies die gesamten Kosten des Rechtsstreits gemäß § 91 ZPO;
  – wenn das Versäumnisurteil **nicht in gesetzlicher Weise** ergangen war. Hier sind die Kosten des Versäumnisurteils aber nicht schon dem Gegner, der das Versäumnisurteil beantragt hat, aufzuerlegen. Vielmehr bleibt nur § 344 ZPO außer Anwendung, d.h. derjenige, dem allgemein im Urteil nach § 91 ZPO die Kosten des Rechtsstreits auferlegt sind, hat damit auch die Säumniskosten zu tragen.
– **Säumniskosten.** Kosten der Säumnis sind die Mehrkosten der erschienenen Partei und die Auslagen, die für den vergeblichen Termin entstanden sind, wie z.B. Reisekosten, Kosten erneuter Zeugenladung oder Anwaltsgebühren. Das Versäumnisurteil selbst ist gerichtsgebührenfrei.

649 bb) **Vollstreckbarkeit.** Das Versäumnisurteil selbst kann **ohne Sicherheitsleistung** vollstreckt werden, § 708 Nr. 2 ZPO. Wird es aufrechterhalten, so darf die Zwangsvollstreckung aus dem Versäumnisurteil allerdings nur **fortgesetzt** werden, wenn **Sicherheit** gemäß § 709 Satz 3 ZPO **geleistet** worden ist. Unterfällt allerdings auch das Endurteil den privilegierenden §§ 708 Nr. 4–11, 711 ZPO, insbesondere § 708 Nr. 11 ZPO bei Streitwerten bis 1.250,– € oder vollstreckbaren Kosten einer Partei in Höhe von nicht mehr als 1.500,– €, so verbleibt es bei einer Vollstreckbarkeit des Endurteils ohne Sicherheitsleistung. Ebenso kann die Vollstreckung aus einem das erste Versäumnisurteil aufrechterhaltenden „zweiten Versäumnisurteil" nach § 345 ZPO gemäß § 708 Nr. 2 ZPO ohne Sicherheitsleistung erfolgen.

e)   **Weitere Fälle der Berücksichtigung eines Versäumnisurteils**

650 Endet der Rechtsstreit nach erfolgreichem Einspruch gegen ein Versäumnisurteil nicht durch eine gerichtliche Entscheidung, sondern durch Prozessvergleich, Klagerücknahme oder übereinstimmende Hauptsacheerledigung, so stellt sich die Frage nach der Behandlung des Versäumnisurteils.

aa) **Prozessvergleich.** Endet der Rechtsstreit nach Einspruch durch einen Prozessvergleich, so berührt dies das Versäumnisurteil nicht ohne weiteres. Zur Vermeidung von Unzuträglichkeiten ist es deshalb zweckmäßig, folgende Formulierung in den Vergleichstext aufzunehmen:

> „Der Kläger (*Beklagte*) verzichtet auf die Rechte aus dem Versäumnisurteil vom ...“

bb) Klagerücknahme. Bei Klagerücknahme **verliert** das Versäumnisurteil **seine Wir-** 651
kung kraft gesetzlicher Bestimmung in § 269 Abs. 3 Satz 1, HS 2 ZPO. Auf Antrag
des Klägers ist dies nach § 269 Abs. 4 ZPO ausdrücklich durch Beschluss auszusprechen.

cc) Übereinstimmende Hauptsachenerledigung. Wird der Rechtsstreit durch übereinstimmende Erledigungserklärung gemäß § 91a ZPO in der Hauptsache erledigt, so tritt
hinsichtlich eines ergangenen Versäumnisurteils analog § 269 Abs. 3 ZPO die gleiche
Wirkung ein (h.M., vgl. OLG Nürnberg WRP 1996, 145). Es empfiehlt sich jedoch ein
entsprechender Ausspruch in der Entscheidung.

7. Das zweite Versäumnisurteil

Gegen eine Partei, die gegen ein Versäumnisurteil (oder Vollstreckungsbescheid) Ein- 652
spruch eingelegt hat, aber in der zur mündlichen Verhandlung über den Einspruch
bestimmten Sitzung nicht erscheint oder nicht verhandelt, ist auf Antrag sog. **zweites**
Versäumnisurteil zu erlassen, § 345 ZPO.

a) Säumnis im Einspruchstermin

Voraussetzung für den Erlass eines zweiten Versäumnisurteils ist die **erneute Säumnis**
des Einspruchsführers im **Termin über Einspruch** und **Hauptsache** gemäß § 341a ZPO
oder einem gemäß §§ 227, 335 Abs. 2, 337 ZPO **vertagten Verhandlungstermin**,
solange der Säumige nicht zwischen dem ersten und dem zweiten Versäumnisurteil
zur Hauptsache verhandelt hat.
Wegen der **Säumnis** kann auf die allgemeinen Voraussetzungen verwiesen werden (vgl.
Rn. 601). Ihr steht nach § 333 ZPO das Nichtverhandeln gleich. Als **Verhandeln** ist
neben der Antragstellung in der Sache auch ein Säumnisantrag gegen den Gegner (LAG
Bremen NJW 1966, 1678) oder das Verhandeln über einen außerhalb des Prozess-
geschehens liegenden Streitpunkt materiell- oder prozessrechtlicher Art, etwa über die
örtliche Zuständigkeit (BGH NJW 1967, 728; OLG Dresden NJW-RR 2001, 792)
anzusehen.
Hat der Einspruchsführer den Termin zur mündlichen Verhandlung über Einspruch
und Hauptsache wahrgenommen und auch **verhandelt**, bleibt dann aber in einem
späteren Termin wieder aus, so ergeht bei dieser wiederholten Säumnis auf Antrag
des Gegners erneut ein **erstes Versäumnisurteil** mit dem Tenor: „Das Versäumnisurteil
vom (...) wird aufrechterhalten“. Dagegen ist wiederum Einspruch möglich. Um solche
mehrfachen ersten Versäumnisurteile im Verlaufe eines Rechtsstreits zu vermeiden,
kann der Erschienene anstatt des Versäumnisurteils eine Entscheidung nach Lage der
Akten beantragen, §§ 331a, 251a ZPO. Diese Entscheidung beendet dann die Instanz
und ist nur mit Berufung anfechtbar.

b) Zulässiger Einspruch

Ist der Einspruchsführer in dem nach § 345 ZPO bestimmten Termin erneut säumig, so 653
ist vor Erlass eines zweiten Versäumnisurteils gleichwohl zuerst die Zulässigkeit des
Einspruchs nach § 341 ZPO gegen das erste Versäumnisurteil zu prüfen. Erweist sich
der **Einspruch** als **unzulässig**, so wird er in gleicher Weise durch Endurteil als unzulässig
verworfen wie wenn die Partei anwesend wäre, § 341 Abs. 1 Satz 2 ZPO. Dieses Urteil
ist mit der Berufung anfechtbar. Nur bei **zulässigem Einspruch** kann ein zweites
Versäumnisurteil ergehen.

c) Weitere Voraussetzungen

Nach umstrittener, aber richtiger Ansicht (BAG MDR 1995, 201; LAG Frankfurt NZA 1993, 816; OLG Stuttgart MDR 1976, 51; Zöller, § 345 Rn. 4; Thomas-Putzo, § 345 Rn. 4; **a.A.** BGH NJW 1999, 2599; OLG Rostock MDR 1999, 1084; OLG Hamm NJW 1991, 1067; Baumbach-Lauterbach, § 345 Rn. 6) muss vor Erlass eines zweiten Versäumnisurteils gegen dieselbe Partei zunächst geprüft werden, ob das **erste Versäumnisurteil gesetzmäßig** ergangen ist. Andernfalls würden Gerichte trotz Erkenntnis eines früheren Fehlers bei Erlass eines gesetzwidrigen Versäumnisurteils diesen durch ein zweites Versäumnisurteil verstärken und festschreiben, weil weiterer Einspruch nicht gegeben ist. Für den Fall des vorausgehenden Vollstreckungsbescheids als „erstes Versäumnisurteil" (§ 700 Abs. 1 ZPO) ist diese Prüfung in § 700 Abs. 6 ZPO ausdrücklich angeordnet (vgl. Rn. 164). Aus dem Fehlen einer ähnlichen gesetzlichen Vorschrift für das zweite Versäumnisurteil darf jedoch nicht gefolgert werden, dass das Gesetz die „bestätigende Wiederholung" eines gemachten Verfahrensfehlers hinnehmen will (Zöller, § 345 Rn. 4).

Soll das zweite Versäumnisurteil gegen den Kläger ergehen, muss also erneut das Vorliegen der allgemeinen **Sachurteilsvoraussetzungen** und der **besonderen Voraussetzungen** der §§ 330 ff., 335, 337 ZPO geprüft werden. Bei einem zweiten Versäumnisurteil gegen den Beklagten ist zusätzlich die **Schlüssigkeit** der Klage zu fordern. Fehlt es an einer dieser Voraussetzungen, so ist das gesetzwidrige frühere Versäumnisurteil durch ein technisch **erstes Versäumnisurteil** aufzuheben.

d) Entscheidung und Rechtsmittel

654   **aa) Tenor.** Im Tenor des zweiten Versäumnisurteils werden der **Einspruch verworfen**, die **weiteren Kosten**, welche seit Erlass des ersten Versäumnisurteils entstanden sind und über die folglich noch keine Kostenentscheidung existiert, dem Einspruchsführer auferlegt und schließlich die **vorläufige Vollstreckbarkeit** ausgesprochen.

Muster für Tenor eines zweites Versäumnisurteils

655

> II. Versäumnisurteil
> 1. Der Einspruch des Beklagten gegen das Versäumnisurteil vom 2.10.2009 wird verworfen.
> 2. Der Beklagte trägt die weiteren Kosten des Rechtsstreits.
> 3. Das Urteil ist vorläufig vollstreckbar.

656   **bb) Rechtsmittel.** Dieses zweite Versäumnisurteil unterscheidet sich gemäß § 345 ZPO vom ersten Versäumnisurteil dadurch, dass dem Säumigen dagegen ein **Einspruch nicht zusteht.** Möglich ist nur noch die **Berufung,** die aber allein darauf gestützt werden kann, es habe bei dem zweiten Versäumnisurteil ein Fall der Versäumung nicht vorgelegen, § 514 Abs. 2 ZPO, z.B. bei Ladung in einen falschen Saal, fehlerhafter Zustellung, Unterbleiben eines Aufrufs der Sache. Gegebenenfalls wird das Versäumnisurteil in der Berufung aufgehoben und der Rechtsstreit auf Antrag zurückverwiesen, § 538 Abs. 2 Nr. 6 ZPO.

V. Die Entscheidung nach Lage der Akten

657   Wie bei Säumnis **beider** Parteien nach § 251 a ZPO (vgl. Rn. 593) kann im Falle der Säumnis nur **einer** Partei die erschienene Partei statt eines Versäumnisurteils eine Entscheidung nach Lage der Akten beantragen; dem Antrag ist zu entsprechen, wenn der Sachverhalt für eine derartige Entscheidung hinreichend geklärt erscheint, § 331 a

Satz 1, HS 2 ZPO. Damit soll einer den Prozess verschleppenden „Flucht in die Säumnis" begegnet werden können.

Die Grundlage für die Entscheidung nach Lage der Akten ist der aus den Akten ersichtliche Prozessstoff, ohne dass jedoch die Geständnisfiktion des § 331 Abs. 1 ZPO eingreifen würde. Vom Gegner früher bestrittene Behauptungen müssen somit nachgewiesen werden (RGZ 132, 330).

Die Entscheidung kann ein **Beweis- oder Aufklärungsbeschluss** oder ein **Urteil** sein. Aus der Verweisung auf die Voraussetzungen des § 251a Abs. 2 ergibt sich, dass für den Erlass eines Urteils i.d.R. jedoch bereits in einem **früheren Termin streitig** verhandelt worden sein muss. Die frühere streitige Verhandlung kann aber entfallen, wenn die Entscheidung keiner mündlichen Verhandlung bedarf, wie in den Fällen der §§ 522 Abs. 1, 552 Abs. 1 ZPO bei Berufung oder Revision.

Besondere Regeln gelten für den **Verkündungstermin** und dessen Bekanntgabe an den Gegner nach §§ 331a Satz 2, 251a Abs. 2 Satz 2, 3 ZPO. Das **Urteil** ergeht hier kontradiktorisch, also nicht als Versäumnisurteil. Es beendet die Instanz und unterliegt den **allgemeinen Rechtsmitteln** der Berufung bzw. Revision.

VI. Wiedereinsetzung in den vorigen Stand

1. Versäumung von fristgebundenen Prozesshandlungen

a) An Verfahrensstadium oder Frist gebundene Prozesshandlungen

Im zivilprozessualen Verfahren gibt es bestimmte Prozesshandlungen, die nur innerhalb   **658** einer vom Gesetz festgelegten Frist wirksam vorgenommen werden können. Es sind dies beispielsweise:
- **Verteidigungsanzeige** im schriftlichen Vorverfahren binnen Notfrist von **2 Wochen** seit Klagezustellung, § 276 Abs. 1 Satz 1 ZPO;
- **Einspruch** binnen Notfrist von **2 Wochen** seit Zustellung des Versäumnisurteils, § 339 Abs. 1 ZPO;
- **Sofortige Beschwerde** gegen Zurückweisung des Prozesskostenhilfegesuchs binnen Notfrist von **1 Monat** seit Zustellung des Beschlusses, §§ 127 Abs. 2 Satz 2, 3, 569 Abs. 1 Satz 1 ZPO;
- **Rechtsbeschwerde** gegen Zurückweisung der Berufung binnen Notfrist von **1 Monat** seit Zustellung des Beschlusses, §§ 522 Abs. 1 Satz 4, 575 Abs. 1 Satz 1 ZPO;
- **Berufung** binnen Notfrist von **1 Monat** seit Zustellung des Urteils, § 517 ZPO;
- **Berufungsbegründung** binnen einer **Frist** von **2 Monaten** seit Zustellung des Urteils, § 520 Abs. 2 Satz 1 ZPO.

Gleiches gilt für Prozesshandlungen, die nur innerhalb eines bestimmten **Prozessstadiums** vorgenommen werden können, wie beispielsweise:
- **Richterablehnung** vor **Einlassung** in die Verhandlung oder Antragstellung, § 43 ZPO;
- **Zulässigkeitsrügen** bis zum **Beginn** der mündlichen Verhandlung bzw. innerhalb der Klageerwiderungsfrist, § 282 Abs. 3 ZPO.

b) Folgen der Fristversäumnis

Ist die Frist oder das Prozessstadium **versäumt**, so ist die Partei von dieser Prozess-   **659** handlung **ausgeschlossen**, § 230 ZPO. Das bedeutet, dass beispielsweise
- ein verspäteter Einspruch als unzulässig zu verwerfen und das Versäumnisurteil rechtskräftig geworden ist, §§ 339, 341 ZPO;
- das Ablehnungsrecht gemäß § 43 ZPO durch Einlassung in eine Verhandlung verloren gegangen ist;

– verzichtbare Zulässigkeitsrügen außer bei genügender Entschuldigung gemäß § 296 Abs. 3 ZPO nicht mehr erhoben werden können, § 282 Abs. 3 ZPO.

2. Wiedereinsetzung in den vorigen Stand

a) Grundsatz

660 War eine Partei **ohne ihr Verschulden** verhindert, eine **Notfrist**, eine **Rechtsmittel-begründungsfrist** oder die **Wiedereinsetzungsfrist** nach § 234 ZPO einzuhalten, so wird ihr auf Antrag **Wiedereinsetzung in den vorigen Stand** gewährt, § 233 ZPO. Die versäumte und dann verspätet nachgeholte Prozesshandlung wird dann **als rechtzeitig fingiert**.
Im Anwendungsbereich des **FamFG** ist die Wiedereinsetzung in §§ 17 ff. FamFG gesondert geregelt.

b) Notfrist, Begründungsfrist, Wiedereinsetzungsfrist

661 Die Rechtswohltat der Wiedereinsetzung wird aber nur bei Versäumung ganz bestimmter Fristen gewährt:
– **Notfristen.** Dies sind Fristen, die im Gesetz ausdrücklich als solche bezeichnet sind, § 224 Abs. 1 Satz 2 ZPO.

Beispiele:
– Frist der **sofortigen Beschwerde**, § 569 Abs. 1 Satz 1 ZPO;
– **Einspruchsfrist**, § 339 Abs. 1 ZPO;
– **nicht:** Widerrufsfrist im Prozessvergleich, deshalb keine Wiedereinsetzung möglich.

– **Rechtsmittelbegründungsfristen.** Sie sind nicht mit den Fristen zur Einlegung des Rechtsmittels selbst zu verwechseln, die Notfristen sind. Es handelt sich um die gesonderte Fristen zur **Begründung** der Berufung, § 520 Abs. 2 Satz 1 ZPO, Revision, § 551 Abs. 2 Satz 2 ZPO, Nichtzulassungsbeschwerde, § 544 Abs. 2 Satz 1 ZPO oder Rechtsbeschwerde, § 575 Abs. 2 Satz 1 ZPO.
– **Wiedereinsetzungsfrist.** Auch derjenige, der die Frist von 2 Wochen ab Behebung des Hindernisses, innerhalb der gemäß § 234 Abs. 1 ZPO die Wiedereinsetzung beantragt werden kann, unverschuldet versäumt, erlangt insoweit Wiedereinsetzung.

c) Kein Verschulden an Fristversäumung

662 Ein die Wiedereinsetzung ausschließendes Verschulden ist anzunehmen, wenn der Säumige es für die Fristeinhaltung an der ihm **zumutbaren Sorgfalt fehlen** ließ. Maßstab ist die Sorgfalt einer ordentlichen Prozesspartei, wobei an große Unternehmen oder Behörden angesichts diversifizierter Organisationsstrukturen höhere Anforderungen hinsichtlich der ihnen obliegenden Sorgfalt zu stellen sein können (vgl. BGH VersR 1991, 123). Das Verschulden eines **gesetzlichen Vertreters** oder des **Prozessbevollmächtigten** steht dem Verschulden der Partei gleich, §§ 51 Abs. 2, 85 Abs. 2 ZPO. Für Dritte, etwa Angestellte des Rechtsanwalts, hingegen hat die Partei nicht einzustehen. Allerdings können hier Aufsichts-, Organisations- und Informationspflichten bestehen.

Beispiele für unverschuldete Fristversäumung:
– Schwere Erkrankung der Partei, die eine Entscheidung zur Einlegung des Rechtsmittels verhinderte (BGH NJW-RR 1994, 957);
– ungewöhnliche Postverzögerung (BGH NJW-RR 2008, 930);
– Bewilligung von Prozesskostenhilfe erst nach Ablauf der Rechtsmittelfrist, sofern rechtzeitig vorher beantragt (BGH NJW-RR 2008, 1238);

– Verschulden des Büropersonals des Rechtsanwalts, sofern es gründlich ausgesucht und ordnungsgemäß überwacht worden ist (st. Rspr., vgl. BGH NJW 2006, 1520);

Beispiele für verschuldete Fristversäumung:
– Erkrankung des Rechtsanwalts, der schon vorsorglich Maßnahmen zur Fristwahrung zu treffen hat (BGH NJW 2006, 2412);
– Verschulden nur eines Mitglieds der Sozietät, auch wenn nicht mit der Fallbearbeitung befasst (BGH NJW-RR 2003, 490);
– verspäteter Einwurf einer Berufungsschrift, weil für Fahrzeit keine angemessene Zeitreserve vorgesehen wurde (BGH NJW 1999, 724).

Der häufigste Fall der Wiedereinsetzung ist die unverschuldete Versäumung einer Einspruchsfrist gegen ein Versäumnisurteil. Hier ist Wiedereinsetzung auch dann zu gewähren, wenn die Partei von der Zustellung des Versäumnisurteils ohne ihr Verschulden keine Kenntnis erlangt hat, weil sie schon unverschuldet vom Verhandlungstermin keine Kenntnis hatte (BAG NJW 1972, 887).

d)   Wiedereinsetzungsantrag

aa) Antrag. Wiedereinsetzung wird i.d.R. nur auf ausdrücklichen Antrag gewährt. Er **663** bedarf der für die versäumte Prozesshandlung vorgesehenen Form, § 236 Abs. 1 ZPO, i.d.R. Schriftform. Im Anwaltsprozess muss der Antrag durch den zugelassenen Rechtsanwalt gestellt werden, § 78 ZPO. Vor dem Amtsgericht ist der Antrag zu Protokoll der Geschäftsstelle möglich, § 496 ZPO. Ausnahmsweise reicht auch ein konkludenter Antrag (BGH NJW 2006, 1518).
Unabhängig hiervon kommt eine Wiedereinsetzung von Amts wegen in Betracht, wenn die Voraussetzungen einer Wiedereinsetzung offenkundig sind und die versäumte Prozesshandlung fristgemäß nachgeholt ist, § 236 Abs. 2 Satz 2 ZPO (BGHZ NJW-RR 2000, 1590).

bb) Frist. Der Antrag auf Wiedereinsetzung in den vorigen Stand muss innerhalb einer **664** Frist von **1 Woche** eingelegt werden, soweit es sich um die Versäumung einer der Rechtsmittelbegründungsfristen handelt, im Übrigen beträgt die Frist **2 Wochen**, § 234 Abs. 1 ZPO. Die Frist beginnt mit dem Tage, an dem das **Hindernis behoben** ist, § 234 Abs. 2 ZPO. Es kommt darauf an, ab wann die Prozesshandlung unverschuldet hätte erfolgen **müssen**, nicht ab wann sie hätte erfolgen können. Dies ist der Zeitpunkt, in dem der verantwortliche Anwalt unter Anwendung der unter den gegebenen Umständen von ihm zu erwartenden Sorgfalt die eingetretene Säumnis hätte erkennen können (BGH NJW-RR 2005, 923).

Beispiele:
– ab Entstehen begründeter Zweifel des Anwalts aufgrund der Stellungnahme der Briefannahmestelle an der Richtigkeit der von seiner Angestellten geschilderten Sachdarstellung über den Einwurf der Klage (BGH NJW 2007, 603);
– ab Erkennbarkeit der Verkündung eines Urteils durch Zustellung eines Kostenfestsetzungsbeschlusses an den Anwalt (BGH NJW 2001, 1430); die Möglichkeit des Erkennens durch den Anwalt wird der Partei zugerechnet.

Wegen Versäumnis dieser Wiedereinsetzungsfrist kann nach § 233 Abs. 1 ZPO ebenfalls Wiedereinsetzung beantragt werden.

cc) Inhalt. Die Statthaftigkeit des Wiedereinsetzungsantrages erfordert, dass die eine **665** Wiedereinsetzung **begründenden Tatsachen** vorgetragen werden, § 236 Abs. 2 Satz 1, HS 1 ZPO. Der Antragsteller muss also das Versäumnisurteil und die versäumte Frist nennen, er muss das Hindernis für deren Einhaltung angeben, den Zeitpunkt des Wegfalls des Hindernisses mitteilen und sein fehlendes Verschulden darlegen. Er hat diese **Tatsachen** spätestens bis zur Entscheidung des Gerichts **glaubhaft zu machen,**

§ 236 Abs. 2 Satz 1, HS 2 ZPO. In Frage kommen hierfür nur sofort verwertbare Beweismittel, § 294 Abs. 2 ZPO. Taugliche Mittel der Glaubhaftmachung sind eine eidesstattliche Versicherung oder die Vorlage von Urkunden, nicht jedoch das Angebot, irgendwelche – nicht präsente – Zeugen zu vernehmen. Die Anforderungen an die Glaubhaftmachung dürfen nicht überspannt werden, es genügt eine überwiegende Wahrscheinlichkeit (BGH MDR 2007, 669).

Außerdem muss die **versäumte Prozesshandlung nachgeholt** sein, § 236 Abs. 2 Satz 2 ZPO. Es darf also nicht mit der versäumten Prozesshandlung zugewartet werden, bis eine verwerfende Entscheidung (z.B. § 522 ZPO) ergangen ist (BGH MDR 1989, 521) oder die Wiedereinsetzung bewilligt worden ist.

Der verspätete Einspruch gegen das Versäumnisurteil oder die verspätete Berufungseinlegung gegen das erstinstanzliche Urteil müssen also spätestens innerhalb der Wiedereinsetzungsfrist eingelegt sein. Bei schuldloser Säumnis kann aber auch insoweit Widereinsetzung erfolgen (BGH NJW 2003, 3275).

> **Beispiel für einen Wiedereinsetzungsantrag:**
> Ich lege gegen das Versäumnisurteil vom 10.9.2009 – 1 C 102/09 – Einspruch ein und beantrage wegen Versäumung der Einspruchsfrist Wiedereinsetzung in den vorigen Stand.
>
> Begründung:
> Innerhalb der bis zum 28.9.2009 laufenden Einspruchsfrist, am 25.9.2009 nämlich, habe ich ein Einspruchsschreiben verfasst und versandfertig gemacht. Vor der Absendung wurde ich noch am 25.9. in einen schweren Verkehrsunfall verwickelt, in dessen Folge ich eine Woche bewusstlos im Krankenhaus lag. Erst seit Anfang dieser Woche bin ich wieder in der Lage, klare Gedanken zu fassen und meine Angelegenheiten zu ordnen. Ich versichere die Richtigkeit dieses Sachverhalts hiermit an Eides Statt und lege weiterhin zur Glaubhaftmachung eine ärztliche Bescheinigung über Datum und Ursache meiner Aufnahme ins Krankenhaus sowie über meinen gesundheitlichen Zustand bis zum Beginn dieser Woche vor.
> Unterschrift

3. Verfahren bei Wiedereinsetzung

a) Isolierte oder gemeinsame Entscheidung

666 Es ist möglich, das Verfahren zunächst auf die Verhandlung und Entscheidung über den **Wiedereinsetzungsantrag zu beschränken**, § 238 Abs. 1 Satz 2 ZPO. Die Form der Entscheidung hängt davon ab, wie über die versäumte Prozesshandlung zu entscheiden ist, § 238 Abs. 2 ZPO, so durch Beschluss in den Fällen der §§ 522, 552 ZPO und durch Urteil im Falle des § 341 Abs. 2 ZPO (BGH MDR 2008, 161). Regelmäßig wird jedoch das Wiedereinsetzungsverfahren mit dem Verfahren über die nachgeholte Prozesshandlung **verbunden**, § 238 Abs. 1 ZPO.

b) Rechtsmittel

667 Die Wiedereinsetzung ist **unanfechtbar**, § 238 Abs. 3 ZPO. Bei Zurückweisung des Wiedereinsetzungsantrags ist die verwerfende Entscheidung mit den gegen die Hauptsacheentscheidung gegebenen Rechtsmitteln anfechtbar, § 238 Abs. 2 Satz 1 ZPO.

c) Kosten der Wiedereinsetzung

Die Kosten der Wiedereinsetzung fallen grundsätzlich dem **Antragsteller** zur Last, § 238 Abs. 4 ZPO. Insoweit entspricht § 238 Abs. 4 ZPO der Regelung des § 344 ZPO. Über sie wird erst in der Endentscheidung erkannt (BGH NJW 2006, 693).

14. Kapitel   **Der Termin zur mündlichen Verhandlung bei Erscheinen beider Parteien in besonderen Fällen**

Erscheinen beide Parteien im Verhandlungstermin, so muss es nicht unbedingt zur **668** streitigen Verhandlung kommen. Die **nichtstreitige Verfahrensbeendigung** durch Urteil findet statt, wenn der Beklagte den Klageanspruch **anerkennt** oder der Kläger auf den Klageanspruch **verzichtet**.

I.   Anerkenntnis und Anerkenntnisurteil

1.   Das Anerkenntnis

a)   Wesen des Anerkenntnisses

aa) Begriff und Rechtsnatur. Das **Anerkenntnis** ist die Erklärung des **Beklagten** an das **669** Gericht, dass der vom Kläger erhobene **prozessuale Anspruch bestehe**, vgl. § 307 Abs. 1 ZPO. Das prozessuale Anerkenntnis ist **Prozesshandlung**. Es ist nicht zugleich auch materiellrechtliches Rechtsgeschäft nach § 781 BGB. Eine Doppelnatur wie beim Prozessvergleich (vgl. Rn. 976) liegt nicht vor.

bb) Unwiderruflichkeit und Unanfechtbarkeit. Das Anerkenntnis ist wegen seiner **rein 670 prozessualen Natur** nach § 307 ZPO grundsätzlich
- **nicht widerruflich** analog § 290 ZPO (BGH NJW 1993, 1718);
- **nicht anfechtbar** nach §§ 119, 123 BGB (BGH NJW 1981, 2194);
- **nicht rückforderbar** nach § 812 BGB (RGZ 145, 74).

Ausnahmsweise ist jedoch Widerruflichkeit anzunehmen, wenn
- das Anerkenntnis auf einem Schreibfehler oder **offensichtlichen Versehen** beruht (Rechtsgedanke des § 319 ZPO; vgl. OLG Karlsruhe MDR 1974, 588);
- der **Gegner** dem Widerruf (vor Urteilserlass) **zustimmt**;
- ein **Abänderungsgrund** i.S.d. § 323 ZPO vorliegt (BGH FamRZ 2002, 88);
- das Anerkenntnis durch ein Verhalten veranlasst wurde, das einen **Restitutionsgrund** des § 580 ZPO abgäbe (BGH FamRZ 1994, 300; OLG Saarbrücken NJW-RR 1997, 252).

> **Beispiel:**
> Der Kläger veranlasst den Beklagten durch Vorlage einer gefälschten Urkunde zum Anerkenntnis. Es wird ein Anerkenntnisurteil erlassen. Bemerkt der Beklagte später die Fälschung, so kann er das Anerkenntnis widerrufen und gegen das Anerkenntnisurteil Berufung einlegen. Nach Rechtskraft des Urteils bleibt nur noch die Restitutionsklage nach §§ 580 ff. ZPO.

cc) Abgrenzung zum Geständnis. Demgegenüber bezieht sich das – vom Anerkenntnis **671** zu unterscheidende – Geständnis nach § 288 ZPO auf **Tatsachen** und kann auch vom Kläger abgegeben werden. Im prozessualen Anerkenntnis liegt hinsichtlich der den Anspruch begründenden Tatsachen zugleich ein Geständnis.

b)   Unzulässigkeit des Anerkenntnisses

Ein Anerkenntnis ist nur möglich, soweit das Rechtsverhältnis der **Dispositionsbefugnis 672** der Parteien unterliegt, also z.B. nicht im **Ehesachen**, §§ 113 Abs. 4 Nr. 6 FamFG. Aber auch bei anderen Streitigkeiten kann die Dispositionsbefugnis der Parteien **eingeschränkt** sein.

Beispiele:
- Der Testamentsvollstrecker kann nicht das Erlöschen seines Amtes anerkennen, da es nicht auf seinem rechtsgeschäftlichen Willen, sondern auf dem letzten Willen des Erblassers beruht;
- ein Beklagter kann wegen § 2342 BGB nicht seine Erbunwürdigkeit anerkennen.

c) Form des Anerkenntnisses

673 Das Anerkenntnis erfolgt durch **einseitige Erklärung** dem Gericht gegenüber, und zwar **mündlich** in der mündlichen Verhandlung oder **schriftlich** im schriftlichen Vorverfahren nach § 276 Abs. 1 ZPO (vgl. Rn. 483) oder im schriftlichen Verfahren nach § 128 Abs. 2 ZPO. Im Anwaltsprozess besteht für das Anerkenntnis **Anwaltszwang**, § 78 Abs. 1 ZPO (BGH NJW 1995, 320). Das in der mündlichen Verhandlung erklärte Anerkenntnis ist im **Protokoll** festzustellen, vgl. § 160 Abs. 3 Nr. 1 ZPO, und zum Zwecke der Genehmigung vorzulesen, § 162 Abs. 1 ZPO. Allerdings ist die Protokollierung nicht Wirksamkeitsvoraussetzung, auch anderweitiger Nachweis der Anerkenntniserklärung ist möglich (BGH NJW 1989, 1934).

2. Das Anerkenntnisurteil

a) Voraussetzungen

674 Das Anerkenntnisurteil ergeht auf der Grundlage des vom Beklagten abgegebenen Anerkenntnisses. Ein **Antrag** des Klägers auf Erlass eines Anerkenntnisurteils ist nach § 307 Abs. 1 ZPO **nicht (mehr) erforderlich**. Fraglich ist, ob dies auch im Falle der vorprozessualen Vereinbarung der Parteien, einen **Musterprozess** führen zu wollen, gilt (so MK, § 307 Rn. 19; a.A. Zöller, § 307 Rn. 5, der dem Anerkenntnis des Beklagten hier den Einwand der Arglist entgegenhalten will).

b) Umfang gerichtlicher Prüfung

675 Das Gericht prüft die **unverzichtbaren Sachurteilsvoraussetzungen** (BGH NJW 1994, 945), nicht aber die Schlüssigkeit der Klage (OLG Schleswig NJW-RR 1993, 932).

Beispiele:
- Der Kläger macht Rückzahlung eines Darlehens geltend. Im Termin stellt sich heraus, dass hinsichtlich dieser Darlehensschuld bereits eine vollstreckbare Urkunde (§ 794 Abs. 1 Nr. 5 ZPO) existiert. Demgemäß erklärt der Beklagte, er anerkenne den Klageanspruch. Die Klage muss als unzulässig durch Prozessurteil abgewiesen werden, weil eine Sachurteilsvoraussetzung, nämlich das Rechtsschutzinteresse, fehlt: Wer bereits einen Vollstreckungstitel besitzt, kann keinen weiteren erlangen.
- Der Empfänger eines unverlangt zugesandten Buches wird von der Buchhandlung auf Zahlung verklagt. Obwohl die Klage mangels Zahlungsanspruchs nicht schlüssig ist, anerkennt der Beklagte. Es muss gleichwohl Anerkenntnisurteil ergehen.

Anerkennt der Beklagte einen Anspruch, der wegen **Gesetzesverstoßes** (§ 134 BGB) oder **Sittenwidrigkeit** (§ 138 BGB) nichtig ist, so darf das Gericht kein Anerkenntnisurteil erlassen, weil diese Schranken der Privatautonomie auch im Prozess beachtet werden müssen (ganz h.M., vgl. OLG Koblenz NJW-RR 2000, 529). In diesem Fall wäre die Klage trotz des Anerkenntnisses durch Sachurteil als unbegründet abzuweisen.

c) Anerkenntnisentscheidung

676 aa) **Urteil.** Es ist als „Anerkenntnisurteil" zu bezeichnen, ergeht im Umfang des Anerkenntnisses als **Endurteil**, § 300 ZPO, und bei Teilanerkenntnis – entgegen § 301 Abs. 2 ZPO – zwingend als **Teilurteil**, § 301 ZPO. Ferner kann es **Grundurteil**,

§ 304 ZPO, oder **Vorbehaltsurteil**, § 302 ZPO, sein. Es bedarf nicht des Tatbestandes und nicht der Entscheidungsgründe, § 313 b Abs. 1 ZPO.

– Wird nur ein Teil des erhobenen Anspruches anerkannt, so ergeht **Teilanerkenntnisurteil**. Ein Teilanerkenntnis liegt auch dann vor, wenn zwar der gesamte Klageanspruch vom Beklagten anerkannt wird, die Kostenfrage aber streitig bleibt („Anerkenntnis unter Verwahrung gegen die Kosten").

– Im **Urkundenprozess** kann nach h.M. **ein Anerkenntnis-Vorbehaltsurteil** auch dann ergehen, wenn der Beklagte den urkundlich belegten Anspruch zwar anerkennt, sich aber die Ausführung seiner Rechte im Nachverfahren vorbehalten will, § 599 ZPO (Zöller, § 599 Rn. 8 m.w.N.; offen lassend BGH NJW-RR 1992, 254).

bb) Kosten. Die Kostenentscheidung im Anerkenntnisurteil ergeht nach § 91 ZPO **677** zulasten des Beklagten, ausnahmsweise nach § 93 ZPO zulasten des Klägers. Sie muss entgegen § 313 b Abs. 1 ZPO begründet werden, wenn über die Voraussetzungen des § 93 ZPO gestritten wird, nämlich ob der Beklagte durch sein Verhalten zur **Erhebung** **der Klage keine Veranlassung gegeben** und den Anspruch **sofort anerkannt hat:**

– **Klageveranlassung** hat der Beklagte gegeben, wenn sein Verhalten vor Prozessbeginn (BGH NJW 2005, 1005) ohne Rücksicht auf Verschulden und materielle Rechtslage dem Kläger Anlass zur Annahme geboten hat, er werde ohne Klage nicht zu seinem Recht kommen (OLG Koblenz FamRZ 1990, 1368). Der auf eine fällige Schuld nicht leistende Schuldner gibt i.d.R. Klageveranlassung, wenn er auf eine Aufforderung des Gläubigers nicht leistet (OLG Frankfurt NJW-RR 1993, 1472; str.), die Leistungspflicht bestreitet oder die Leistung endgültig verweigert. Ebenso gibt Klageveranlassung der Schuldner, der sich nach § 286 BGB in Verzug befindet (KG ZMR 2008, 448).

– **Sofort anerkannt** wird der Klageanspruch bei frühem ersten Termin nur, wenn das Anerkenntnis bereits innerhalb angemessener Klagerwiderungsfrist erklärt wird (Saarbrücken OLGR 2008, 76). Im schriftlichen Vorverfahren ist dies ebenfalls innerhalb der Klagerwiderungsfrist möglich, sofern mit der vorausgehenden Verteidigungsanzeige kein Antrag auf Klageabweisung verbunden war (BGH MDR 2007, 233).

Das **Teilanerkenntnisurteil** enthält keine Kostenentscheidung, sie erfolgt erst im **Schlussurteil**. Das **Anerkenntnis-Vorbehaltsurteil** im Urkundenprozess enthält eine Kostenentscheidung nach § 91 ZPO, da der Beklagte durch den Vorbehalt seine fehlende Leistungsbereitschaft zu erkennen gibt, weshalb eine Kostenentscheidung nach § 93 ZPO ausscheidet.

cc) Vollstreckbarkeit. Das Anerkenntnisurteil ist **ohne Sicherheitsleistung** vorläufig **678** vollstreckbar, § 708 Nr. 1 ZPO. Eine Abwendungsbefugnis ist nach § 711 ZPO nicht vorgesehen, allenfalls nach § 712 ZPO möglich.

Schwierigkeiten bereitet insoweit auch das **Anerkenntnis-Vorbehaltsurteil** des Urkundenprozesses, § 599 ZPO: Während bei dem nach § 708 Nr. 1 ZPO ohne Sicherheitsleistung vollstreckbaren **Anerkenntnis**urteil keine Abwendungsbefugnis vorgesehen ist, kann die Vollstreckung aus **Vorbehalt**surteilen nach § 708 Nr. 4 ZPO durch Sicherheitsleistung des Schuldners nach § 711 ZPO abgewendet werden. Der den Bedürfnissen der Praxis näher kommenden Rechtsprechung, die §§ 708 Nr. 4, 711 ZPO den Vorzug gibt und eine **Abwendungsbefugnis** gewährt, ist zuzustimmen (LG Aachen NJW-RR 1986, 359; a.A. OLG Koblenz NJW-RR 1991, 512).

Muster für Teilanerkenntnis- und Endurteil bei Anerkenntnis unter Verwahrung gegen die Kosten

679

Teilanerkenntnis- und Endurteil
1. Der Beklagte wird verurteilt, an den Kläger 93.000,– € zu bezahlen.
2. Der Kläger trägt die Kosten des Rechtsstreits.
3. Das Urteil ist vorläufig vollstreckbar.

Tatbestand und Entscheidungsgründe

Die Kostenentscheidung beruht auf § 93 ZPO, nachdem der Beklagte – ohne vor Klageerhebung zur Leistung aufgefordert worden oder in Verzug geraten zu sein – die Klageforderung im ersten Schriftsatz anerkannt hat...

Muster für Anerkenntnis-Vorbehaltsurteil im Urkundenprozess

680

Anerkenntnis-Vorbehaltsurteil im Urkundenprozess
1. Der Beklagte wird verurteilt, an den Kläger 93.000,– € zu bezahlen.
2. Der Beklagte trägt die Kosten des Rechtsstreits.
3. Das Urteil ist vorläufig vollstreckbar.
   Der Beklagte kann die Vollstreckung gegen Sicherheitsleistung in Höhe von 105.000,– € abwenden, wenn nicht der Kläger zuvor Sicherheit in gleicher Höhe leistet.
4. Dem Beklagten bleibt die Ausführung seiner Rechte im Nachverfahren vorbehalten.

d) Rechtsmittel

681 Das Anerkenntnisurteil ist Endurteil und als solches durch **Berufung** anfechtbar (OLG Koblenz NJW-RR 2000, 529). Dem anerkennenden Beklagten fehlt nicht etwa die Beschwer, auch kann er mit der Berufung einen Grund, der zum Widerruf des Anerkenntnisses berechtigt, geltend machen (BGH NJW 1981, 2194; OLG Koblenz FamRZ 1998, 915). Eine **isolierte Anfechtung des Kostenausspruchs** des Anerkenntnisurteils ist nach § 99 Abs. 2 ZPO mit der **sofortigen Beschwerde** möglich.

II. Verzicht und Verzichtsurteil

1. Der Verzicht

682 **Begriff und Rechtsnatur des Verzichts.** Der Verzicht des Klägers auf den geltend gemachten Anspruch ist das prozessuale Gegenstück zum Anerkenntnis des Beklagten, § 306 ZPO. Auch er ist reine **Prozesshandlung.** Im Verzicht kommt der Wille des Klägers zum Ausdruck, den prozessualen Anspruch überhaupt nicht mehr geltend machen zu wollen (RGZ 66, 14). **Er kommt in der Praxis selten vor.** Die Grundsätze zur Unwiderruflichkeit und Unanfechtbarkeit von Anerkenntnissen sowie deren Ausnahmen gelten entsprechend (vgl. BGH FamRZ 1994, 300).

2. Das Verzichtsurteil

683 Der Verzicht führt bei entsprechendem **Antrag** des Beklagten zum **Verzichtsurteil.** Die Klage wird **als unbegründet abgewiesen.** Der durch Verzichtsurteil rechtskräftig abgeschlossene Rechtsstreit kann, im Gegensatz zu dem durch Klagerücknahme beendeten Prozess, nicht erneut anhängig gemacht werden.

15. Kapitel Der Termin zur mündlichen Verhandlung bei Erscheinen beider Parteien

I. Der frühe erste Termin und der Haupttermin

1. Inhaltliche Identität

An die Güteverhandlung soll sich die mündliche Verhandlung als **früher erster Termin** **684** oder **Haupttermin** unmittelbar anschließen, § 279 Abs. 1 Satz 1 ZPO. Im Ablauf eines **frühen ersten Termins** und eines **Haupttermins** besteht grundsätzlich kein Unterschied. Zwar wird dem frühen ersten Termin öfters noch ein Haupttermin nachfolgen. Gleichwohl wäre es falsch, im frühen Termin stets nur einen Vortermin zu sehen. Vielmehr soll auch er tunlichst bereits zur **endgültigen Prozesserledigung** führen, vgl. § 275 Abs. 2, HS 1 ZPO. Früher erster Termin und Haupttermin sind daher rechtlich gleichwertig ausgestaltet.

2. Tatsächliche Unterschiede

Tatsächliche Unterschiede können sich daraus ergeben, dass der frühe erste Termin **so** **685** **früh wie möglich** stattfinden soll, § 272 Abs. 3 ZPO, und daher nicht genügend Zeit bleiben kann, diesen Termin so umfassend vorzubereiten, dass sogleich eine Beweisaufnahme stattfinden könnte. Die Praxis behilft sich in geeigneten Fällen mit der „vorsorglichen" Ladung der benannten Zeugen gemäß § 273 Abs. 2 Nr. 4 ZPO, sodass im Verlauf des Termins über eine sofortige Zeugenvernehmung entschieden werden kann. Allerdings sollte diese Verfahrensweise auf Fälle beschränkt bleiben, in denen die Beweisfrage schnell und einfach geklärt werden kann, nur wenige Zeugen benannt sind und deren Vernehmung im frühen ersten Termin auch wahrscheinlich ist.
Nicht unüblich ist es auch, bei Verkehrsunfallstreitigkeiten über den Haftungsgrund sogleich nach § 273 Abs. 2 Nr. 4 ZPO einen Kfz-Sachverständigen für Unfallrekonstruktion in den frühen ersten Termin zu laden und dort ein mündliches Gutachten erstatten zu lassen, sofern er vorher Gelegenheit hatte, sich über den Akteninhalt zu informieren und sich entsprechend vorzubereiten. So kann der Rechtsstreit nicht selten bereits im frühen ersten Termin entscheidungsreif sein.

3. Selektions- und Vorbereitungseffekt

Größte Erledigungschancen im frühen ersten Termin ergeben sich daraus, dass **nicht-** **686** **streitige** Rechtssachen durch Versäumnis- oder Anerkenntnisurteil **ausgeschieden** werden, falls nicht schon im Rahmen der Erörterung in der vorangegangenen Güteverhandlung eine Bereinigung durch Vergleich oder Klagerücknahme erfolgte. In allen anderen Fällen soll im frühen ersten Termin der nachfolgende Haupttermin umfassend **vorbereitet** werden, es sollen sich weitere vorbereitende Maßnahmen des Gerichts anschließen, § 275 Abs. 2 ZPO. Unter Berücksichtigung dieser Unterschiede gelten folgende Ausführungen über den Verhandlungsablauf gleichermaßen für den frühen ersten Termin und den Haupttermin.

II. Terminsablauf

1. Funktionen des Vorsitzenden in der mündlichen Verhandlung

a) Verhandlungsleitung des Vorsitzenden

aa) Eröffnung. Der Vorsitzende **eröffnet** und **leitet** die mündliche Verhandlung, § 136 **687** Abs. 1 ZPO. Vorsitzender ist der Amtsrichter, der Einzelrichter beim Landgericht oder

der Kammer- oder Senatsvorsitzende bei Kollegialgerichten. Dort kann der Vorsitzende einzelne seiner Befugnisse auch auf Beisitzer übertragen.

bb) Worterteilung. Der Vorsitzende **erteilt** den Parteien, ihren Prozessbevollmächtigten, den Zeugen, Sachverständigen oder Dritten das **Wort**, § 136 Abs. 2 Satz 1, HS 1 ZPO. Dabei hat er in der Reihenfolge der Worterteilung ein weites Ermessen (BGHZ 109, 44). Er hat auch jedem anderen Mitglied des erkennenden Gerichts auf Verlangen zu gestatten, Fragen zu stellen; wird seinen Anordnungen bzgl. der Worterteilung nicht Folge geleistet, so kann er das Wort **entziehen**, § 136 Abs. 2 ZPO, sofern Ungehorsam vorliegt.

Beispiel:
Der Rechtsanwalt des Klägers liest minutenlang weitschweifige Schriftsätze vor und fährt trotz Ermahnung des Vorsitzenden, dass der Inhalt der Schriftsätze bekannt sei, hiermit fort.

cc) Schließen der mündlichen Verhandlung. Der Vorsitzende hat dafür Sorge zu tragen, dass die Sache erschöpfend **erörtert** und die Verhandlung ohne Unterbrechung **zu Ende geführt** wird. Nach vollständiger Erörterung **schließt** er die Verhandlung und **verkündet** die Entscheidung des Gerichts, § 136 Abs. 3, 4 ZPO (vgl. Rn. 708).

b) Sitzungspolizei

688   **aa) Maßnahmen.** Dem Vorsitzenden obliegt die Aufrechterhaltung der Ordnung in der Sitzung, § 176 GVG. Dies ist Teil der unabhängigen richterlichen Gewalt (BGHSt 17, 204). Seine Befugnisse richten sich während der Sitzung gegen alle im und vor dem Verhandlungsraum bzw. bei einem Ortstermin anwesenden Personen. Sie dienen der Gewährleistung eines geordneten Verfahrensablaufs und dem Schutz der Verfahrensbeteiligten. Folgende Maßnahmen sind die wichtigsten:

– Ausweiskontrolle bei Besuchern der Verhandlung (LG Berlin MDR 1982, 390);
– Durchsuchung auf Waffen (BVerfG NJW 2006, 1500);
– Anordnung der Anwesenheit eines Polizeibeamten oder Wachtmeisters im Sitzungssaal (OLG Schleswig MDR 1977, 775);
– Erlaubnis oder Verbot von Film-, Fernseh- oder Rundfunkaufnahmen vor Verhandlungsbeginn (BGH NJW 1998, 1420), aber kein Verbot der Anfertigung handschriftlicher Aufzeichnungen möglich;
– Unterbindung von Zurufen der Besucher;
– wegen des Grundsatzes der Öffentlichkeit als letztes Mittel: die Entfernung von Personen aus dem Sitzungssaal (BGH NJW 1972, 1144).

689   **bb) Ungehorsam.** Zur zwangsweisen Durchsetzung seiner Anordnungen nach § 176 GVG wegen Ungehorsams kann der Vorsitzende unter den Voraussetzungen des § 177 GVG die betroffenen Besucher aus dem Sitzungssaal **entfernen** lassen und in Ordnungshaft bis zu 24 Stunden festhalten; gegenüber Prozessbeteiligten trifft diese Anordnung das Gericht.

690   **cc) Ungebührliches Verhalten.** Gegen Parteien, Zeugen, Sachverständige oder Dritte, die sich in der Sitzung einer Ungebühr schuldig machen, kann durch den Vorsitzenden bzw. das Gericht ein Ordnungsgeld bis 1.000,– € oder Ordnungshaft bis zu einer Woche festgesetzt und sofort vollstreckt werden, § 178 GVG. Gerichtspersonen, Referendare und Rechtsanwälte als Prozessbevollmächtigte sind hiervon ausgenommen (OLG Düsseldorf MDR 1994, 297). Als Ungebühr kann die schuldhafte Missachtung der Aufgaben des Gerichts in einer nach allgemeinem Empfinden grob unangemessenen Weise gesehen werden, etwa:

– Beifalls- oder Missfallensäußerungen der Zuhörer;
– Erscheinen in betrunkenem Zustand (OLG Schleswig SchlHA 2007, 280);

- Handytelefonate in der Sitzung (OLG Hamburg MDR 1997, 973);
- despektierliche Äußerungen über das Gericht (OLG Koblenz VRS 1987, 189: „Volksgerichtshof");
- ständiges Dazwischenreden oder Stören;
- Beleidigung des Gegners;
- Nichtabnehmen der Kopfbedeckung (OLG Stuttgart Justiz 2007, 281);
- aber **nicht**: Kopftuchtragen aus religiösen Gründen (BVerfG NJW 2007, 56).

c) Beanstandung von Maßnahmen des Vorsitzenden

Werden Anordnungen des Vorsitzenden im Rahmen der **Sachleitung** oder **Fragen** des **691** Vorsitzenden oder eines Mitglieds des Gerichts als unzulässig beanstandet, so entscheidet das an der Verhandlung als Spruchkörper teilnehmende **Gericht** hierüber durch Beschluss, § 140 ZPO. Dies gilt nicht für Maßnahmen des Vorsitzenden als **Sitzungspolizei**. Gegen diese ist weder Beschwerde (OLG Hamburg MDR 1992, 799) noch die Erwirkung eines Beschlusses nach § 140 ZPO gegeben. Vielmehr ist die Wahrnehmung sitzungspolizeilicher Aufgaben Rechtsprechung, weshalb ein auf einem Verstoß beruhendes Urteil mit **allgemeinen Rechtsmitteln** angegriffen werden kann (BGH NJW 1972, 1144).

2. Aufruf der Sache

Der Verhandlungstermin beginnt mit dem **Aufruf der Sache** durch den Vorsitzenden, **692** §§ 220 Abs. 1, 136 Abs. 1 ZPO. Der Aufruf erfolgt zunächst **vor dem Verhandlungssaal**, sofern die Parteien noch nicht im Saal anwesend sind. Ihnen wird dadurch mitgeteilt, dass die Sache nunmehr zur Verhandlung kommt. Der eigentliche Aufruf der Sache erfolgt durch den Vorsitzenden **im Sitzungssaal**.

> **Beispiel:**
> - Vor dem Saal: „Die Beteiligten in der Sache Leicht gegen Schwer bitte in den Saal 24!"
> - Im Saal: „Zum Aufruf kommt die Sache Leicht gegen Schwer."

Wird verhandelt, ohne dass die Sache aufgerufen wurde oder ist der Aufruf nicht hinreichend deutlich erfolgt, sodass eine erschienene Partei effektiv nicht in die Lage versetzt wurde, zu hören, dass jetzt verhandelt wird, so ist ihr Anspruch auf **Gewährung rechtlichen Gehörs** verletzt (BVerfGE 42, 369). Ein Versäumnisurteil wäre dann nicht „in gesetzlicher Weise" ergangen, vgl. § 344 ZPO. Allerdings ist Säumnis nicht schon dann gegeben, wenn die Partei bei Aufruf der Sache nicht erscheint, sondern erst dann, wenn sie nach Verhandlungsbeginn durch Antragstellung, § 137 Abs. 1 ZPO, bis zum Schluss der mündlichen Verhandlung, § 136 Abs. 4 ZPO, nicht erscheint (BGH NJW 1993, 861).

3. Feststellung der Erschienenen

a) Protokollfeststellung

Zur Feststellung im Protokoll ist es erforderlich, sich Gewissheit über die **anwesenden** **693** **Prozessbeteiligten** zu verschaffen, vgl. § 160 Abs. 1 Nr. 4 ZPO. Der Vorsitzende stellt daher fest, wer von den Beteiligten erschienen ist.

> **Beispiel:**
> „Bei Aufruf sind erschienen: Der Kläger mit RA Dr. Rasch, der Beklagte mit RA Dr. Zahm, als Zeuge Bruno Blind, als Sachverständiger Harry Zufall."

b)   Verweisung von Zeugen aus dem Saal

Die Frage, ob erschienene Zeugen zu Beginn der Verhandlung aus dem Saal verwiesen werden müssen, wird oft falsch beantwortet: § 394 Abs. 1 ZPO schreibt lediglich vor, dass Zeugen **einzeln** und **in Abwesenheit der später anzuhörenden Zeugen zu vernehmen** sind. Dies bedeutet aber, dass Zeugen grundsätzlich als Teil der Öffentlichkeit während der gesamten Verhandlung im Saal anwesend sein dürfen, lediglich im Stadium der Beweisaufnahme bei Vernehmung eines anderen Zeugen den Saal verlassen müssen, solange sie selbst noch nicht vernommen sind. Sind sie bereits vernommen, können sie einer weiteren Beweisaufnahme durchaus beiwohnen.

Ist aber der Zeuge während der Einführung in den Sach- und Streitstand durch den Vorsitzenden, insbesondere bei der Darstellung der beweiserheblichen Fakten, anwesend, so kann die Unbefangenheit und Neutralität seiner Aussage in Gefahr sein. § 394 Abs. 1 ZPO ermöglicht deshalb nach Sinn und Zweck, die Unbefangenheit des Zeugen zu erhalten und eine selbstständige Darstellung zu ermöglichen, diesen bereits von der, der Beweisaufnahme vorangehenden mündlichen Verhandlung auszuschließen (BAG BB 1988, 1330). Es empfiehlt sich daher, die Zeugen zu bitten, den Sitzungssaal zu verlassen und auf ihre Vernehmung zu warten.

c)   Ordnungsgeld

Die Verhängung von Ordnungsgeld gegen unentschuldigt ausgebliebene Parteien gemäß § 141 Abs. 3 ZPO, Zeugen gemäß § 380 ZPO oder Sachverständige gemäß § 409 ZPO wird zweckmäßigerweise zurückgestellt, wenn mit ihrem Erscheinen noch gerechnet werden kann.

4.   Beginn der mündlichen Verhandlung

a)   Antragstellung

694   Die mündliche Verhandlung wird dadurch eingeleitet, dass die Parteien ihre Anträge stellen, § 137 Abs. 1 ZPO.

aa) Verlesung der Sachanträge. Die Anträge sind im Partei- und Anwaltsprozess **aus den vorbereitenden Schriftsätzen** zu verlesen, § 297 Abs. 1 Satz 1 ZPO. Allerdings betrifft dies nur Sachanträge, die den gerichtlichen Entscheidungsrahmen gemäß § 308 ZPO vorgeben. Kein Sachantrag ist der Antrag auf Klageabweisung (BGH NJW 1970, 100; str.), er ist daher auch nicht zu verlesen. Er kann auch mündlich gestellt werden oder sich aus dem Verhandeln der Partei ergeben (BGH NJW 1965, 397). § 297 Abs. 1 ZPO gilt auch nicht für Prozessanträge.

> **Beispiel:**
> –   Klägervertreter: „Ich beantrage, den Beklagten zu verurteilen, an den Kläger € 1.000,– nebst 12 % Zinsen hieraus seit 2.3.2009 zu bezahlen."
> –   Beklagtenvertreter: „Ich beantrage Klageabweisung."

bb) Verlesung aus Niederschrift. Ist der Antrag im Schriftsatz noch nicht enthalten, weil der Rechtsanwalt im Termin – ggf. auf Anregung des Gerichts – seinen Antrag neu formuliert, so muss er ihn **niederschreiben**, aus dieser Schrift verlesen und diese als Anlage zum Protokoll zu den Akten geben, § 297 Abs. 1 Satz 2 ZPO. Der Vorsitzende kann aber auch gestatten, dass der neu formulierte Antrag stattdessen **zu Protokoll** gegeben wird, § 297 Abs. 1 Satz 3 ZPO.

Beispiel:
Der Kläger stellt folgenden neuen Antrag: Der Beklagte wird verurteilt, an den Kläger € 1.000,– nebst 12 % Zinsen seit 2.3.2009 zu bezahlen. Der Beklagte beantragt Klageabweisung.

cc) Bezugnahme auf Schriftsätze. Statt der Verlesung der Anträge aus den Schriftsätzen ist es grundsätzlich gestattet, dass die Parteien auf die Schriftsätze Bezug nehmen, die den Antrag enthalten, § 297 Abs. 2 ZPO. Dies ist in der gerichtlichen Praxis die Regel.

Beispiel:
Der Klägervertreter stellt den Antrag aus der Klageschrift vom 1.9.2009 (Bl. 3 d.A.), der Beklagtenvertreter beantragt wie im Schriftsatz vom 19.9.2009 (Bl. 26 d.A.).

dd) Protokoll. Die Antragstellung und ihre Form sind im Protokoll nach § 160 Abs. 3 Nr. 2 ZPO festzuhalten.

b)   Wirkungen der Antragstellung

Die Antragstellung ist der Beginn der „streitigen Verhandlung" und hat folgende **695** Wirkungen:
– Das Gericht ist bei der Entscheidung an den Sachantrag **gebunden**, es darf nicht über den klägerischen Antrag hinausgehen, § 308 Abs. 1 ZPO;
– die Antragstellung **wirkt fort** bis zum Schluss der letzten mündlichen Verhandlung, sie muss also nicht in jedem Termin und auch nicht nach der Beweisaufnahme wiederholt werden (BGH NJW 2004, 2019); anders ist dies, wenn ein Richterwechsel stattgefunden hat (BAG NJW 1971, 1332; str.);
– wer zur Hauptsache mündlich verhandelt, verliert sein Recht, die **Unzuständigkeit** des angerufenen Gerichts **geltend zu machen**, §§ 39, 40 ZPO („rügelose Einlassung"); beim Amtsgericht tritt diese Wirkung allerdings nur ein, wenn die Partei vom Richter nach § 504 ZPO auf die Unzuständigkeit und auf die Folgen der rügelosen Einlassung hingewiesen worden ist;
– wer sich in Kenntnis eines Ablehnungsgrundes gegen den Richter bei ihm in eine Verhandlung eingelassen oder Anträge gestellt hat, verliert das **Ablehnungsrecht**, § 43 ZPO;
– **Verfahrensrügen** gehen verloren, wenn sie nicht spätestens bei der nächsten mündlichen Verhandlung erhoben worden sind, § 295 ZPO;
– die **Klagerücknahme** ist nur bis zum Beginn der mündlichen Verhandlung des Beklagten zur Hauptsache, also vor dessen Antragstellung, ohne Zustimmung des Beklagten möglich; danach muss er zustimmen, § 269 Abs. 1 ZPO.

5.   Erörterung des Streitverhältnisses

a)   Einführung in den Sach- und Streitstand

Ist der mündlichen Verhandlung eine Güteverhandlung vorausgegangen, so erübrigt **696** sich eine erneute Einführung des Vorsitzenden in den Sach- und Streitstand, vgl. § 278 Abs. 2 Satz 2 ZPO. Wo eine solche Einführung mangels Güteverhandlung nicht oder nur teilweise erfolgt ist, ist sie jetzt nachzuholen.
Diese Einführung besteht in einer kurzen **Darstellung der unstreitigen und streitigen Sachverhaltsumstände** und der **maßgeblichen Rechtsfragen** durch den Vorsitzenden oder den Berichterstatter. Die einführende Information sollte aber nicht zu sehr ins Detail gehen, um die danach erst anzuhörenden Parteien nicht von vornherein auf eine bestimmte Darstellung zu fixieren.

b)   Erörterung

697   Der Verhandlungstermin dient der Erörterung des Streitverhältnisses in tatsächlicher und rechtlicher Hinsicht zwischen dem Gericht und den Parteien. Der Vorsitzende hat folglich dafür Sorge zu tragen, dass die Sache **erschöpfend erörtert** und die Verhandlung **ohne Unterbrechung zu Ende geführt** wird, § 136 Abs. 3 ZPO.

aa) Erschöpfende Erörterung. Die Pflicht zur erschöpfenden Erörterung korrespondiert mit den Pflichten des Gerichts nach § 139 und § 278 Abs. 2 ZPO: Die richterliche Aufklärungs- und Hinweispflicht ist besonders in der mündlichen Verhandlung wahrzunehmen. Durch Fragen und Hinweise hat das Gericht auf rechtzeitigen und vollständigen Vortrag und sachdienliche Anträge hinzuwirken, §§ 139 Abs. 1, 278 Abs. 2 Satz 2 ZPO. Dabei müssen insbesondere auch die von den Parteien nicht erkannten rechtlichen Aspekte des Falles offen zur Sprache kommen, um Überraschungsentscheidungen zu vermeiden, § 139 Abs. 2, 3 ZPO (vgl. Rn. 553).

698   **bb) Vortrag der Parteien.** Die Vorträge der Parteien sollen das Streitverhältnis in tatsächlicher und rechtlicher Beziehung umfassen und den jeweiligen Standpunkt aufzeigen. Der Vortrag ist **frei zu halten**, § 137 Abs. 2 ZPO. Die Vorlesung von Schriftstücken erfolgt nur, soweit es auf ihren wörtlichen Inhalt ankommt, § 137 Abs. 3 Satz 2 ZPO. Zulässig ist jedoch die **Bezugnahme** auf Schriftsätze, Urkunden, Protokolle und Beiakten, soweit dies dem Gericht angemessen erscheint und keine der Parteien widerspricht, § 137 Abs. 3 Satz 1 ZPO.

699   **cc) Anhörung der Parteien.** Im Verfahren mit Anwaltszwang obliegt der Vortrag dem **Rechtsanwalt**. Auf Antrag ist jedoch auch der **Partei selbst** das Wort zu gestatten, § 137 Abs. 4 ZPO. Jederzeit kann das Gericht zur Aufklärung des Sachverhalts auch direkt die Partei ansprechen, das ist Sinn und Zweck der Anordnung des persönlichen Erscheinens nach § 141 ZPO. Die **persönliche Anhörung** in der Güteverhandlung nach § 278 Abs. 2 Satz 3 ZPO findet im Verhandlungstermin ihre Fortsetzung. Es handelt sich hierbei jedoch nicht um die Beweisaufnahme in Form einer Parteivernehmung gemäß §§ 445 ff. ZPO, sondern um Parteivortrag. Gleichwohl kann die unbefangene Erzählung der Parteien für die Wahrheitsfindung von besonderem Wert sein, insbesondere wenn die Parteien einander gegenüber gestellt und auf ihre widersprechenden Sachverhaltsdarstellungen direkt hingewiesen werden. Das hierbei gezeigte Verhalten der Parteien kann ein wesentliches Element bei der Beweiswürdigung nach § 286 ZPO sein, bei welcher der „gesamte Inhalt der Verhandlung" zu berücksichtigen ist.

700   **dd) Zügige Verhandlung.** Die Verhandlung soll dem Grundsatz nach ohne Unterbrechung durchgeführt werden. Bei schwierigen und umfangreichen Sachen ist jedoch nach stundenlangem Verhandeln eine Pause nicht prozessordnungswidrig, vielmehr kann sie auch verfahrensfördernd wirken, etwa wenn den Parteien Gelegenheit zur vergleichsweisen Einigung gegeben wird. Allerdings sollte – im Interesse der Parteien – eine Kontaktaufnahme der Beteiligten mit den noch zu vernehmenden Zeugen dringend vermieden werden, damit nicht die gewonnenen Einsichten an die Zeugen weitergegeben werden können und deren Aussage dadurch wertlos wird. Falls die Verhandlung an einem Tag unter zumutbaren Umständen nicht zu Ende geführt werden kann, soll der Vorsitzende **sofort** einen **Fortsetzungstermin** bestimmen.

701   **ee) Abgesonderte Verhandlung.** Das Gericht kann durch Beschluss anordnen, dass zunächst nur über die **Zulässigkeit** der Klage verhandelt wird, § 280 Abs. 1 ZPO. Eines Antrages der Parteien bedarf es hierzu nicht, vielmehr entscheidet das Gericht im nicht überprüfbaren Ermessen über die abgesonderte Verhandlung. Sie ist dann angezeigt, wenn das Gericht Bedenken gegen die Zulässigkeit der Klage wegen Fehlens einer

Sachurteilsvoraussetzung hat. Gemäß § 139 Abs. 3 ZPO hat das Gericht auf diese Bedenken frühzeitig aufmerksam zu machen. Diese Vorgehensweise erspart zunächst überflüssigen Vortrag zur Sache selbst.

Greifen die Zulässigkeitsbedenken nicht durch, ergeht ein die Zulässigkeit **bejahendes Zwischenurteil**, nach dessen Rechtskraft von Amts wegen Termin bestimmt wird (BGH NJW 1979, 2307), auf Antrag auch schon früher, § 280 Abs. 2 ZPO. Ebenfalls **Zwischenurteil** ergeht, wenn die weitere Zulässigkeit der Klage die Anordnung einer Prozesskostensicherheit, §§ 112, 113 ZPO, erforderlich macht. Stellt sich die Klage als unzulässig heraus, so ergeht ein **klageabweisendes Endurteil**. Im Falle der Unzuständigkeit erfolgt stattdessen die Verweisung an das zuständige Gericht gemäß § 281 ZPO, sofern dies hilfsweise beantragt ist.

ff) Güteversuch. Im Rahmen der Erörterung ist immer auch die gütliche Beilegung des   **702**
Rechtsstreits im Auge zu behalten, weil das Gericht in jeder Lage des Verfahrens um eine solche Prozesserledigung bemüht sein soll, § 278 Abs. 1 ZPO.

6.   Beweisaufnahme

Die Beweisaufnahme soll sich an den Haupttermin **unmittelbar anschließen**, § 279   **703**
Abs. 2 ZPO. Eine Beweisaufnahme ist aber auch in einem frühen ersten Termin nicht ausgeschlossen, etwa wenn Zeugen von den Parteien in die Sitzung gestellt oder rechtzeitig nach § 273 ZPO geladen wurden.

Die Anordnung der Beweisaufnahme durch ausdrücklichen **Beweisbeschluss** gemäß § 359 ZPO ist nur in wenigen Fällen notwendig, so bei
– Anordnung der Parteivernehmung gemäß § 450 Abs. 1 Satz 1 ZPO,
– vorterminlichem Beweisbeschluss gemäß § 358 a ZPO,
– Erforderlichkeit eines besonderen Verfahrens gemäß §§ 284, 358 ZPO, z.B. bei Beweisaufnahme durch den beauftragten Richter, § 361 ZPO.

Die Floskel „Beschlossen und verkündet: Der Zeuge (…) soll vernommen werden" ist zwar verbreitet, um Klarheit über den **Beginn der Beweisaufnahme** (vgl. Rn. 833) zu erzielen, sie ist aber streng genommen überflüssig.

7.   Schlussverhandlung

Im Anschluss an die Beweisaufnahme vor dem Prozessgericht findet im selben Termin   **704**
die **Fortsetzung der mündlichen Verhandlung** statt, § 370 Abs. 1 ZPO. Das Gericht hat dann **erneut den Sach- und Streitstand** und, soweit bereits möglich, das **Ergebnis der Beweisaufnahme** mit den Parteien zu **erörtern**, § 279 Abs. 3 ZPO. Über das Beweisergebnis haben die Parteien erneut zu **verhandeln**, § 285 ZPO.

a)   Gelegenheit zur Stellungnahme für die Parteien

Den Parteien ist Gelegenheit zu geben, **zur Beweisaufnahme Stellung zu nehmen**. Dies   **705**
kann in der Regel direkt im Anschluss an die Beweisaufnahme erfolgen. Ist eine sachgemäße Stellungnahme ausnahmsweise wegen des Umfangs oder der Schwierigkeit der Materie, etwa nach mündlich erstattetem Gutachten, nicht möglich, so ist den Parteien hierzu ein Schriftsatzrecht zu gewähren. Im Anschluss daran ist das Beweisergebnis mit den Parteien zu erörtern, also wieder mündlich zu verhandeln, § 285 Abs. 1 ZPO. Soll eine erneute Verhandlung erspart werden, sollte im Einverständnis mit den Parteien ins schriftliche Verfahren gewechselt werden, vgl. § 128 Abs. 2 ZPO.

b) Information über Beweisergebnis

706   Von besonderer Bedeutung ist die **Pflicht des Gerichts**, den Parteien das **Ergebnis der Beweisaufnahme** aus seiner Sicht **mitzuteilen**. Das Unterlassen dieser Informationspflicht ist **Verfahrensfehler** und eine Verletzung des **rechtlichen Gehörs** der Parteien (BGH NJW 1990, 121), weil den Parteien die Möglichkeit genommen wird, auf das Beweisergebnis zu reagieren. Ausnahmsweise wird das Gericht von einer sofortigen Beweiswürdigung absehen dürfen, wenn es sich um komplizierte Darlegungen handelt, die erst sorgfältig gewertet werden müssen. Dann sind wenigstens die Kriterien der Beweiswürdigung aufzuzeigen (vgl. Zöller, § 279 Rn. 5). Das Gericht ist gehalten, seine Einschätzung im Protokoll festzuhalten, um die Erfüllung der Informationspflicht zu **dokumentieren**, §§ 160 Abs. 2, 139 Abs. 4 ZPO. Ändert das Gericht seine im Termin mitgeteilte Bewertung der Beweisaufnahme später, muss es wegen § 139 Abs. 2 ZPO hierauf hinweisen und ggf. die mündliche Verhandlung wieder eröffnen.

c) Außerprozessgerichtliche Beweisaufnahme

707   Hat die Beweisaufnahme beispielsweise vor einem beauftragten oder ersuchten Richter stattgefunden, so haben die Parteien ihr Ergebnis aufgrund der Beweisverhandlungen vorzutragen, § 285 Abs. 2 ZPO. Die Bezugnahme auf das Protokoll oder ein Gutachten oder eine schriftliche Auskunft ist jedoch ausreichend.

8. Schluss des Verhandlungstermins und Verkündung der Entscheidungen

a) Schluss der mündlichen Verhandlung

708   Nach vollständiger Erörterung der Sache **schließt** der Vorsitzende – ausdrücklich oder schlüssig – die mündliche Verhandlung und **verkündet** die Entscheidung des Gerichts, § 136 Abs. 4 ZPO. Wird lediglich vertagt, ist die mündliche Verhandlung noch nicht geschlossen. Im schriftlichen Verfahren nach § 128 Abs. 2 ZPO steht der Termin, bis zu dem Schriftsätze eingereicht werden können, dem Schluss der mündlichen Verhandlung gleich.

Der Schluss der mündlichen Verhandlung **präkludiert** regelmäßig weiteres Vorbringen der Parteien, § 296 a ZPO, soweit nicht nach § 283 ZPO ein Schriftsatzrecht gewährt worden ist. Nur wenn nach § 156 ZPO eine **Wiedereröffnung der mündlichen Verhandlung** ausnahmsweise geboten ist, können die Parteien mit weiterem Vorbringen noch gehört werden.

b) Verkündung der Entscheidung

709   Die Verkündung des auf die mündliche Verhandlung ergehenden **Urteils** erfolgt in dem **Termin**, in dem die mündliche Verhandlung geschlossen wird oder in einem sofort anzuberaumenden Termin, § 310 Abs. 1 Satz 1 ZPO. Gleiches gilt für die aufgrund mündlicher Verhandlung ergehenden **Beschlüsse**, § 329 Abs. 1 Satz 2 ZPO. Dabei obliegt die Verkündung dem **Vorsitzenden**, § 136 Abs. 4 ZPO.

aa) Stuhlurteil. Nach der Idealvorstellung des Gesetzes soll die Entscheidung sogleich **im Anschluss an die Verhandlung** verkündet werden. Die Verkündung erfolgt in Anwesenheit der Parteien und – bei einem Kollegialgericht – der Beisitzer durch **Verlesen der Urteilsformel**, § 311 Abs. 2 Satz 1 ZPO. Der **Tenor** muss folglich bereits **schriftlich vorliegen**. Lediglich bei Anerkenntnis- und Versäumnisurteilen oder Urteilen über die Folgen von Klagerücknahme oder Verzicht bedarf es keines schriftlichen Tenors bei der Verkündung, § 311 Abs. 2 Satz 3 ZPO. Es steht im Ermessen des Vorsitzenden, ob er die **Urteilsgründe** vorliest – sofern bereits vorhanden – oder nur ihren wesentlichen Inhalt bekannt gibt, § 311 Abs. 3 ZPO. Die sofortige Verkündung eines „**Stuhlurteils**" sollte aber nur bei besonders einfach gelagerten Fällen in Betracht gezogen werden. Oft erlangt der Richter nämlich erst bei sorgfältiger Abfassung des schriftlichen Urteils die erforderliche Klarheit, sodass die nachträgliche Begründung eines bereits verkündeten Urteils Schwierigkeiten bringen kann.

bb) Verkündungstermin. Das Gesetz gestattet dem Richter auch, die Verkündung **710** zeitlich vom Verhandlungstermin zu trennen und auf einen besonderen, sofort bekannt zu gebenden späteren Verkündungstermin zu verschieben. Dieser sollte nur ausnahmsweise **über 3 Wochen hinaus** angesetzt werden, wenn **wichtige Gründe**, insbesondere Umfang oder Schwierigkeit der Sache, dies erfordern, § 310 Abs. 1 Satz 2 ZPO. Auch richterliche Überlastung und eine Häufung zu verkündender Entscheidungen können bei der heutigen Personalsituation in der Justiz einen solchen wichtigen Grund abgeben. Notfalls ist auch eine **weitere Verlegung** des Verkündungstermins durch zu verkündenden Beschluss möglich. Gegen allzu großzügige und unbegründete Hinausschiebung der Verkündung schützen die Möglichkeit einer sofortigen Beschwerde gemäß § 252 ZPO oder einer Dienstaufsichtsbeschwerde (BVerfG NJW 1989, 3148). Wird das Urteil in einem separaten Verkündungstermin verkündet, so muss es hierbei **in vollständiger Form abgefasst** sein, § 310 Abs. 2 ZPO.

Der Verkündungstermin ist **öffentlich**, § 173 GVG, und es ist ein **Protokoll** zu erstellen, § 160 Abs. 3 Nr. 7 ZPO. Es wird hierin aber weder verhandelt, noch brauchen die Parteien überhaupt zu erscheinen, §§ 312 Abs. 1, 329 Abs. 1 ZPO. Der **Vorsitzende** kann das Urteil **alleine** verkünden, also ohne Beisitzer, § 311 Abs. 4 ZPO. Ist – wie regelmäßig – von den Parteien **niemand erschienen**, dann braucht der Vorsitzende die Urteilsformel nicht vorzulesen, sondern nimmt dann lediglich darauf **Bezug**, § 311 Abs. 2 Satz 1 ZPO.

c) Ausnahmsweise: Wiedereröffnung der mündlichen Verhandlung

Anstelle einer Entscheidung in der Sache **kann** ein **Beschluss** ergehen, dass die bereits **711** geschlossene mündliche Verhandlung **wiedereröffnet** werde, wenn dafür ein Grund gegeben ist, § 156 ZPO. Die Entscheidung steht grundsätzlich im Ermessen des Gerichts. Ausnahmsweise **muss** es aber zwingend die Wiedereröffnung anordnen, wenn einer der Gründe des § 156 Abs. 2 ZPO vorliegt:

- **Nr. 1:** Das Gericht stellt einen **entscheidungserheblichen** und **rügbaren Verfahrensfehler** nach § 295 ZPO fest, insbesondere die Verletzung der **Hinweis- und Aufklärungspflicht** nach § 139 ZPO oder die Verletzung des **Anspruchs auf rechtliches Gehör;**
- **Nr. 2:** Die Partei trägt nachträglich Tatsachen vor oder macht solche glaubhaft, die einen **Wiederaufnahmegrund** nach §§ 579, 580 ZPO bilden.
- **Nr. 3: Ein Richter scheidet aus** zwischen Schluss der mündlichen Verhandlung und Schluss der Beratung und Abstimmung nach §§ 192 bis 197 GVG.

Nach dem Grundsatz des § 309 ZPO kann das Urteil nur von denjenigen Richtern gefällt werden, welche der dem Urteil zugrunde liegenden Verhandlung beigewohnt haben. Das Urteil ist mit geheimer Beratung und Abstimmung gemäß § 194 GVG „gefällt". Danach folgen nur noch die schriftliche Absetzung des Urteils und die Unterschriften der beteiligten Richter. Scheidet ein Richter, der in der mündlichen Verhandlung mitgewirkt hat, **vor** Beratung und Abstimmung aus, so läge ein Verstoß gegen § 309 ZPO vor. Deshalb hat das Gericht die mündliche Verhandlung mit dem nachfolgenden Richter wiederzueröffnen. Scheidet der Richter hingegen **nach** Beratung und Abstimmung, aber vor Verkündung und Unterschriftsleistung aus, so begründet dies keinen Anspruch auf Wiedereröffnung. Die Verkündung des Urteils kann durch andere Richter erfolgen (BGH NJW 1974, 144) und die Unterschrift des ausgeschiedenen Richters kann gemäß § 315 Abs. 1 ZPO ersetzt werden.

16. Kapitel   **Das Sitzungsprotokoll**

I.   Die Aufgabe der Protokollführung

1.   Protokollzwang

712 Jede **Verhandlung** vor dem **erkennenden Gericht** erfordert die Anfertigung eines Protokolls. Unerheblich ist, ob es sich um Güteverhandlung, streitige Verhandlung oder Beweisaufnahmetermin handelt, § 159 Abs. 1 Satz 1 ZPO. Unerheblich ist auch, ob beide Parteien von der Verhandlung fernbleiben, nur eine Partei säumig ist, alle Parteien erscheinen und ob der Einzelrichter oder die Kammer verhandelt. Auch die Verfahrensart spielt keine Rolle: So sind Termine im Arrestverfahren, einstweiligen Verfügungsverfahren oder im selbstständigen Beweisverfahren zu protokollieren, sofern ein Richter sie durchführt. Auch über Termine, in denen eine richterliche Entscheidung **verkündet** wird, sog. Verkündungstermine, wird ein Protokoll erstellt.
Schließlich gilt der Protokollzwang auch bei **Verhandlungen außerhalb der Sitzung**, die vor Amtsrichtern, ersuchten oder beauftragten Richtern stattfinden, § 159 Abs. 2 ZPO, etwa wenn es sich um die Erledigung eines Rechtshilfeersuchens oder um einen Erörterungstermin im PKH-Verfahren nach § 118 Abs. 1 Satz 3 ZPO handelt.
Keine Protokolle i.S.d. § 159 sind diejenigen des Urkundsbeamten über Anträge und Erklärungen nach § 129 a ZPO und das Vollstreckungsprotokoll des Gerichtsvollziehers nach § 762 ZPO.

2.   Die Protokollführer

713 Das Protokoll führt grundsätzlich der **Richter selbst**. Er erstellt es vorläufig durch Diktat auf ein Tonaufnahmegerät, § 160 a Abs. 1 ZPO. In einem Gremium kann die Protokollführung auch einem **Beisitzer** überlassen werden. Nur aus wichtigen Gründen überträgt der Richter die Protokollführung dem **Urkundsbeamten der Geschäftsstelle**, § 159 Abs. 1 Satz 2 ZPO, der das Protokoll dann in **eigener Verantwortung** abzufassen und niederzuschreiben hat. Er hat aber **Anordnungen des Vorsitzenden** über Feststellungen zum Umfang und Gang der Verhandlung, insbesondere aber hinsichtlich des aufzunehmenden Parteivortrags, zu beachten. Dem Richter obliegt allein die Entscheidung darüber, wer das Protokoll erstellt. Eine Anweisung im Wege der Dienstaufsicht wäre ein unzulässiger Eingriff in die richterliche Unabhängigkeit (BGH NJW 1978, 2509).

3.   Funktionen des Protokolls

a)   Öffentliche Urkunde und Beweiskraft

714 Das Protokoll ist eine öffentliche Urkunde. Es wird zu den Akten genommen, die Parteien erhalten eine Abschrift. Als öffentliche Urkunde hat das Protokoll volle Beweiskraft für die **Förmlichkeiten** der mündlichen Verhandlung und den **Inhalt** der im Verlauf der Verhandlung protokollierten Erklärungen, §§ 415, 418 ZPO.

b)   Beweisregel

715 Nach § 165 Satz 1 ZPO kann der Beweis über die Vornahme der für die Verhandlung vorgeschriebenen **Förmlichkeiten** nur durch das Protokoll erbracht werden, andere Beweismittel sind ausgeschlossen. Das Protokoll kann insoweit nur mit dem Nachweis der Fälschung widerlegt werden, § 165 Satz 2 ZPO. Dabei betreffen die „Förmlichkeiten" nur den äußeren Hergang des Verhandlungstermins. So wird beispielsweise Beweis darüber erbracht,
– wann und wo verhandelt wurde,

- wer bei der Verhandlung mitgewirkt hat, insbesondere ob ein Parteivertreter anwesend war (BGH NJW-RR 1990, 342),
- ob öffentlich verhandelt wurde (BAG NJW 2008, 1021),
- ob eine Güteverhandlung stattgefunden hat (OLG Saarbrücken NJW 1972, 61),
- ob Anträge gestellt wurden (Düsseldorf OLGR 2001, 387),
- mit welchem Inhalt Anträge gestellt wurden (RGZ 146, 133),
- ob ein Zeuge vernommen wurde und ausgesagt hat,
- ob und welche Entscheidungen verkündet wurden (BGH NJW-RR 2004, 1651).

Die Beweisregel des § 165 ZPO erstreckt sich **nicht** auf den Inhalt der Parteierklärungen, damit auch nicht auf die Frage eines Vergleichsabschlusses, seines Inhalts, seiner Verlesung oder Genehmigung (BGH NJW 1999, 2806) und nicht auf den Inhalt von Zeugen- oder Sachverständigenaussagen (BGH FamRZ 1994, 300). Die Beweisregel gilt auch nur für das Verfahren, in dem das Protokoll erstellt wurde, nicht für den Beweis in einem anderen Verfahren (BGH NJW 1963, 1060), insoweit gilt wieder die freie Beweiswürdigung nach § 286 ZPO.

4. Vorläufige Protokollaufzeichnung

a) Begriff

Vom Protokoll selbst ist die **vorläufige Aufzeichnung** seines Inhalts zu unterscheiden. **716** Der Inhalt eines Protokolls kann in gebräuchlicher Kurzschrift, durch verständliche Abkürzungen, auf Datenträger oder mittels Tonaufnahmegerät vorläufig aufgezeichnet werden, § 160 a Abs. 1 ZPO. Schreibt der Urkundsbeamte oder Richter das Protokoll in der Sitzung bereits in voller Version direkt in ein Textverarbeitungssystem, so liegt keine vorläufige Aufzeichnung mehr vor.

b) Protokollerstellung und Ausnahmen

Das Protokoll soll **unverzüglich** nach der Sitzung hergestellt werden, § 160 a Abs. 2 **717** Satz 1 ZPO. Hierzu sind die vorläufigen Aufzeichnungen in einer Urkunde niederzulegen. Eine Ausnahme sieht das Gesetz aber bei der vorläufigen Fixierung einer **Beweisaufnahme mittels Tonbands** vor: Bei Aussagen von Zeugen, Sachverständigen und vernommenen Parteien sowie beim Ergebnis des Augenscheins, § 160 Abs. 3 Nr. 4, 5 ZPO, braucht lediglich die Tatsache der vorläufigen Aufnahme, nicht auch ihr Inhalt im Protokoll vermerkt werden, § 160 a Abs. 2 Satz 2 ZPO. Die Übertragung in Reinschrift erfolgt nur auf Antrag der Parteien oder auf Anforderung des Rechtsmittelgerichts, § 160 a Abs. 2 Satz 3 ZPO. Die Gerichtspraxis macht von dieser Erleichterung kaum Gebrauch.

c) Tonaufzeichnung

Die Tonaufzeichnung kann unmittelbar und wortgetreu erfolgen. In der Praxis wird der **718** Protokollführer die Formalitäten **diktieren** und die wesentlichen Ergebnisse in eigenen Worten zusammenfassen, da andernfalls das Protokoll zu umfangreich und zuviel Unnötiges enthalten würde. Bei Zeugenvernehmungen sollte allerdings versucht werden, die Aussagen möglichst wortgetreu zu fixieren.

d) Aufbewahrung vorläufiger Aufzeichnungen

Schriftliche vorläufige Protokollaufzeichnungen sind **zu den Akten** zu nehmen, jeden- **719** falls bei den Akten aufzubewahren. Ton- oder Datenträger dürfen **gelöscht** werden, jedoch erst, wenn die Parteien binnen eines Monats nach Übersendung der Protokollabschrift keine Einwendungen erhoben haben, spätestens nach rechtskräftigem Abschluss des Verfahrens, § 160 a Abs. 3 ZPO.

II. Der Inhalt des Protokolls

720 In das Protokoll sind sowohl die Förmlichkeiten und äußeren Gegebenheiten des Verhandlungstermins als auch Angaben zum Verhandlungsablauf aufzunehmen.

1. Förmlichkeiten und äußere Gegebenheiten

Sie sind § 160 Abs. 1 Nr. 1–5 ZPO zu entnehmen:
- **Nr. 1: Ort** und **Tag** der Verhandlung, nicht jedoch der Uhrzeit (OLG Köln NJW-RR 1992, 1022)
- **Nr. 2: Namen der Richter**, ggf. des Urkundsbeamten und des zugezogenen Dolmetschers

  Beispiel:
  Anwesend: Vorsitzender Richter am Landgericht Dr. Adam;
  von der Hinzuziehung eines Urkundsbeamten wurde abgesehen.

- **Nr. 3**: Bezeichnung des Rechtsstreits nach **Aktenzeichen** und **Parteien**. In der Praxis sind diese Stammdaten bereits durch das EDV-Programm erfasst und werden bei Aufruf der Protokoll-Maske am Beginn des Protokolls automatisch dargestellt.
- **Nr. 4: Namen der erschienenen Parteien**, Nebenintervenienten, Vertreter, **Prozessbevollmächtigten**, Beistände, Zeugen und Sachverständigen, bei einer „Video-Verhandlung" nach § 128 a ZPO auch der Ort, von dem aus sie an der Verhandlung teilnehmen.

  Beispiel:
  Bei Aufruf erschienen:
  der Kläger in Person mit Rechtsanwalt Dr. Scharf,
  der Beklagte in Person,
  die Zeugen Karl-Heinz Späher und Kurt Horch,
  der Kfz-Sachverständige Dipl. Ing. Rüdiger Zufall.

- **Nr. 5**: Angaben zur **Öffentlichkeit** oder Nichtöffentlichkeit der Verhandlung. Ist etwa in einer Familiensache nichtöffentlich verhandelt worden, § 170 GVG, und wird nach anschließender Beratung sogleich ein Urteil verkündet, so muss vor der Verkündung die Öffentlichkeit hergestellt, § 173 GVG, und dies im Protokoll vermerkt werden.

2. Wesentliche Vorgänge in der Verhandlung

721 Der Gang der Verhandlung ist nicht im Einzelnen anzugeben. Vielmehr sind nur die **wesentlichen Vorgänge** der Verhandlung aufzunehmen, § 160 Abs. 2 ZPO. Allgemeiner Parteivortrag und die Darstellung der Streitpunkte durch die Parteien gehören regelmäßig nicht ins Protokoll, sondern in den Tatbestand des Urteils, vgl. § 314 ZPO. Zu den wesentlichen Vorgängen gehören vor allem die Durchführung einer Güteverhandlung, der Vergleichsvorschlag des Gerichts und die Reaktionen der Parteien hierauf, die Erörterung der Sach- und Rechtslage, Fragen und Hinweise des Gerichts (Beachte: Dokumentationspflicht, § 139 Abs. 4 Satz 2 ZPO!), Verfügungen, Erklärungsfristen oder die Verkündung von Beschlüssen.

3. Notwendige Feststellungen

Ein Zwang zur Aufnahme ins Protokoll besteht hingegen bei folgenden Vorgängen **722** nach § 160 Abs. 3 ZPO:

- **Nr. 1: Anerkenntnis,** § 307 ZPO, **Anspruchsverzicht,** § 306 ZPO, **Vergleich,** § 794 Abs. 1 Nr. 1 ZPO. Sie sind wörtlich aufzunehmen.

   Beispiel:
   „Der Beklagte anerkennt den Klageanspruch."

- **Nr. 2: Anträge der Parteien.** Sie müssen aus den vorbereitenden Schriftsätzen verlesen werden, § 297 Abs. 1 ZPO. **Bezugnahme** auf die Schriftsätze ist aber gestattet, § 297 Abs. 2 ZPO, und in der Praxis die Regel. Wenn sie noch nicht schriftlich in den Akten vorliegen, müssen sie im Termin **schriftlich** fixiert und die Niederschrift muss als **Anlage** zu Protokoll genommen werden, falls nicht der Vorsitzende gestattet, die Anträge **zu Protokoll** zu **erklären,** § 297 Abs. 1 Satz 2, 3 ZPO. Dabei betrifft § 160 Abs. 3 Nr. 2 ZPO nur die **Sachanträge, nicht** jedoch die **Prozessanträge.** Sie können als wesentliche Vorgänge nach § 160 Abs. 2 ZPO protokolliert werden (OLG Köln NJW-RR 1999, 288). Obwohl der Klageabweisungsantrag kein Sachantrag ist (BGH NJW 1970, 100), dürfte er dennoch von § 160 Abs. 3 Nr. 2 ZPO erfasst sein.

   Beispiel:
   „Der Kläger stellt den Antrag aus der Klageschrift vom 2.10.2009 (Bl. 2 d.A.), der Beklagte beantragt Klageabweisung."

- **Nr. 3: Geständnisse,** § 288 ZPO, **Erklärungen über den Antrag auf Parteivernehmung,** §§ 446, 447 ZPO, oder sonstige vorgeschriebene Feststellungen, z.B. Zeugnisverweigerung nach § 389 ZPO.

   Beispiel:
   „Der Zeuge Karl-Heinz Späher beruft sich als Bruder des Klägers auf sein Zeugnisverweigerungsrecht."

- **Nr. 4:** Aussagen von **Zeugen, Sachverständigen** und Parteien bei **Parteivernehmung.** **723** Erklärungen einer informatorisch befragten Partei, vgl. § 141 ZPO, werden hingegen meist nicht ins Protokoll aufgenommen; ausnahmsweise erweist sich dies aber als zweckmäßig bei besonders gewichtigen Erklärungen, bei abweichendem schriftsätzlichen Vortrag oder bei Richterwechsel.

   Beispiel:
   „Zur Person: Kurt Horch, 48 Jahre, verh. Elektromeister, wh. Spechtweg 7, 72622 Nürtingen, i.Ü. verneinend.
   Zur Sache: Am 22. 11. kam ich gegen 10.00 Uhr ins Büro, als ich ..."

- **Nr. 5:** Ergebnis eines richterlichen **Augenscheins.** Nur die vom Gericht aus den Beobachtungen erkannten Tatsachen, nicht aber die hieraus gezogenen Schlussfolgerungen werden protokolliert.

   Beispiel:
   „Die Hecke aus blauen Scheinzypressen weist bis auf eine Höhe von ca. 1,5 Metern vom Boden dürre Stellen auf ..."

- **Nr. 6: Entscheidungen** des Gerichts, einschließlich der Verfügungen.
- **Nr. 7: Verkündung** der Entscheidungen, §§ 310 ff., 329 ZPO.

   Beispiel:
   „Die Kammer verkündet das aus der Anlage ersichtliche Anerkenntnisurteil."
   Das Protokoll muss nur die Förmlichkeit der Verkündung wiedergeben, nicht zwingend die Form der Verkündung durch Verlesung oder Bezugnahme (BGH NJW-RR 2004, 1651).

– **Nr. 8: Zurücknahme der Klage** oder eines Rechtsmittels. Auch Zustimmung und Kostenantrag des Gegners sollten protokolliert werden.

Beispiel:
„Der Kläger erklärt: Ich nehme die Klage zurück. v.u.g.
Der Beklagte: Ich stimme der Klagerücknahme zu und stelle Kostenantrag. v.u.g."

– **Nr. 9: Verzicht** auf ein **Rechtsmittel**, §§ 515, 555 ZPO.

Beispiel:
„Der Kläger erklärt: Ich verzichte auf die Berufung. v.u.g."

– **Nr. 10: Das Ergebnis der Güteverhandlung.** vgl. § 278 Abs. 2 ZPO.

Beispiel:
„Eine gütliche Einigung ist nicht möglich."

4. Protokollanlagen

724 Es kann sich anbieten, Vorgänge in einer **eigenen Urkunde** festzuhalten und diese dem Protokoll in **Anlage** beizufügen. Die Erfassung von Tatsachen in dieser Urkunde steht der Aufnahme ins Protokoll gleich, wenn die Anlage dem Protokoll beigefügt wird und im Protokoll als Anlage bezeichnet ist, § 160 Abs. 5 ZPO. Diese Anlage ist dann Bestandteil des Protokolls (OLG Zweibrücken RPfleger 2004, 508) und nimmt an deren Beweiskraft nach §§ 165, 415, 418 ZPO teil. Sie muss nicht notwendig vom Richter unterzeichnet sein, dessen Unterschrift empfiehlt sich aber als Echtheitsnachweis. Ein im Termin übergebener vorbereitender Schriftsatz einer Partei als solcher ist jedoch keine „Anlage" in diesem Sinne und nimmt auch nicht an der Beweiskraft des Protokolls teil.

5. Anträge zum Protokoll

725 Die Parteien können bis zum Schluss der mündlichen Verhandlung (OLG Frankfurt NJW-RR 1990, 123) verlangen, dass bestimmte Vorgänge oder **Äußerungen im Protokoll aufgenommen** werden, § 160 Abs. 4 Satz 1 ZPO. Darauf besteht aber **kein Anspruch** und der Richter kann von der Aufnahme absehen, wenn es auf die Feststellung der Äußerung oder des Vorgangs nicht ankommt. Die Ablehnung der Protokollierung erfolgt durch unanfechtbaren Beschluss, der im Protokoll aufgenommen werden muss, § 160 Abs. 4 Satz 2, 3 ZPO.

6. Besonderheiten beim Amtsgericht

726 Für das Amtsgericht gilt für die Protokollierung zusätzlich § 510a ZPO, wonach andere Erklärungen als Geständnisse und Erklärungen über einen Antrag auf Parteivernehmung im Protokoll festzustellen sind, soweit das Gericht es für **erforderlich** hält. Dies ermöglicht dem Gericht jedoch schon § 160 Abs. 2 ZPO. § 510a ZPO will dem gerichtlichen Fürsorgebedürfnis für anwaltlich nicht vertretene Parteien im Amtsgerichtsprozess Rechnung tragen, weil dort ein Protokollierungsantrag nach § 160 Abs. 4 ZPO häufig nicht gestellt wird.

III. Fertigstellung des Protokolls

1. Genehmigung des Protokolls

Soweit das **Protokoll** Anerkenntnisse, Verzichte, Prozessvergleiche, Geständnisse, Zeugen-, Sachverständigen- oder Parteiaussagen, Augenscheinsergebnisse, Klage- bzw. Rechtsmittelrücknahmen oder -verzichte, § 160 Abs. 3 Nr. 1, 3, 4, 5, 8, 9 ZPO, oder zu Protokoll erklärte Anträge enthält, sind sie den Beteiligten zum Zwecke der Genehmigung **vorzulesen** oder **zur Durchsicht vorzulegen**, § 162 Abs. 1 ZPO. Ist der Inhalt des Protokolls nur **vorläufig aufgezeichnet** worden, so genügt es, wenn die schriftlichen Aufzeichnungen **vorgelesen** oder die Tonbandaufnahmen **abgespielt** werden, § 162 Abs. 1 Satz 2 ZPO. Das Protokoll muss nach § 162 Abs. 1 Satz 3 ZPO einen **Vermerk** darüber enthalten, dass dies geschehen ist: „v.u.g." steht für „vorgelesen/vorgespielt und genehmigt". **727**

Aussagen von Zeugen, Sachverständigen und vernommenen Parteien gemäß § 160 Abs. 3 Nr. 4 ZPO, die in Gegenwart der Beteiligten **unmittelbar aufgezeichnet** wurden, brauchen **nicht abgespielt** zu werden. Nur die Beweisperson, deren Aussage aufgezeichnet ist, kann jedoch das Abspielen verlangen, 162 Abs. 2 Satz 1 ZPO. Eines Verzichts auf Abspielen bedarf es nicht.

Sind die Aussagen der Beweispersonen gemäß § 160 Abs. 3 Nr. 4 ZPO bzw. Feststellungen bei Augenschein gemäß § 160 Abs. 3 Nr. 5 ZPO nicht nur in Gegenwart der Prozessbeteiligten aufgezeichnet, sondern sogar vom Richter **diktiert** worden, so kann **Abspielen, Vorlesen** oder **Vorlage zur Durchsicht unterbleiben**, wenn alle Prozessbeteiligten und die Beweisperson darauf **verzichten**, § 162 Abs. 2 Satz 2 ZPO. Der Verzicht ist im Protokoll zu vermerken.

Beispiel:
„Aussage des Zeugen laut diktiert und genehmigt. Auf nochmaliges Abspielen vom Band wird allseits verzichtet."

2. Unterschreiben des Protokolls

Das Protokoll ist vom **Richter** und vom **Urkundsbeamten** zu unterschreiben, soweit von seiner Zuziehung nicht abgesehen worden ist, § 163 Abs. 1 Satz 1 ZPO. Nach § 163 Abs. 2 ZPO ist eine Vertretung bei Verhinderung an der Unterschrift im engen Umfang zulässig. Im praktisch häufigsten Fall der vorläufigen Aufzeichnung des Protokolls auf **Tonband**, hat der Urkundsbeamte der Geschäftsstelle, auch wenn er am Termin nicht teilgenommen hat, die **Richtigkeit der Übertragung des Diktates** in das Protokoll **zu prüfen** und durch seine Unterschrift zu **bestätigen**, § 163 Abs. 1 Satz 2 ZPO. **728**

3. Protokollberichtigung

a) Unrichtigkeiten

Wird der Protokollinhalt nachträglich als **unrichtig** erkannt, so kann er jederzeit auf Antrag oder von Amts wegen berichtigt werden, § 164 Abs. 1 ZPO. Übertragungs- oder Schreibfehler bedürfen keiner förmlichen Berichtigung. Keine Unrichtigkeit besteht, wenn eine Partei versucht, einer protokollierten Zeugenaussage nachträglich durch Umformulierung eine neue Bedeutung zu verleihen, solchen Versuchen ist zu widerstehen! **729**

b) Berichtigungsbefugnis

Die Berichtigung erfolgt durch die an der Abfassung des Protokolls **Beteiligten** (Richter, zur Sitzung hinzugezogener Urkundsbeamter), § 164 Abs. 3 Satz 2 ZPO. Die Berich- **730** tigung durch den Vorsitzenden in einer Einzelrichtersache oder durch einen Amtsnach-folger ist deshalb ausgeschlossen. Eine Versetzung hindert die Berichtigung nicht, wohl aber das Ausscheiden aus Richter- oder Justizdienst (OLG München OLGZ 80, 465). Ist das Protokoll von einem Urkundsbeamten der Geschäftsstelle angefertigt und der Richter dauerhaft an der Unterschrift gehindert, so kann der Urkundsbeamte das Protokoll alleine berichtigen (Baumbach-Lauterbach, § 164 Rn. 10; Zöller, § 164 Rn. 6, str.).

c)   Entscheidung

731   Die Parteien, ggf. die betroffenen Zeugen oder Sachverständigen sind vor einer Berichtigung zu **hören**, § 164 Abs. 2 ZPO. Ist die Berichtigung geboten, wird sie auf dem Protokoll oder – mit Hinweis auf dem Protokoll – in einer Protokollanlage vermerkt, der Berichtigungsvermerk ist zu unterschreiben. Lehnt der Richter die Berichtigung ab, weil die Beanstandung keine Unrichtigkeit betrifft, so erfolgt dies durch Beschluss, der zu begründen und zu verkünden ist.

d)   Rechtsmittel

732   Berichtigung und Ablehnung der Berichtigung sind grundsätzlich **unanfechtbar**, weil das Rechtsmittelgericht an der fraglichen Sitzung ja nicht teilgenommen hat und die Vorgänge nicht beurteilen kann (BGH NJW-RR 2005, 214). Soweit die Berichtigung aber aus formalen Gründen als unzulässig abgelehnt wurde oder selbst unzulässig war, kommt **sofortige Beschwerde** in Betracht (OLG Saarbrücken NJW-RR 2007, 1142).

17. Kapitel   Praktische Bedeutung von Verfahrensgrundsätzen

Im Zivilprozess herrschen verschiedene Verfahrensgrundsätze, die sich in gesetzlichen **733** Bestimmungen widerspiegeln. Diese Grundsätze beziehen sich einerseits auf Stellung und Aufgaben der Parteien im Verfahren, andererseits auf den Ablauf des Verfahrens.

I.   Dispositionsgrundsatz und Beibringungsgrundsatz

Der Grundsatz der **Parteiherrschaft** im Zivilprozess kennt zwei Ausprägungen: Den Dispositionsgrundsatz, und den Beibringungsgrundsatz.

1.   Der Dispositionsgrundsatz

a)   Begriff

Der Dispositionsgrundsatz, auch Verfügungsgrundsatz genannt, umschreibt die **Verfügungsfreiheit der Parteien über den Streitgegenstand.** Sie können über den **sachlichen Anspruch** in gewissen Grenzen „disponieren". Er gilt für den gesamten Anwendungsbereich der ZPO und schließt die im Strafprozess vorherrschende Offizialmaxime, die Gang und Inhalt des Verfahrens der Herrschaft der Beteiligten weitgehend entzieht, für den Zivilprozess aus.

b)   Ausprägungen

Der Dispositionsgrundsatz ermöglicht den Parteien, einen Rechtsstreit zu beginnen, **734** seinen Inhalt zu bestimmen und den Prozess auch wieder zu beenden:

Der Kläger hat es in der Hand, das Mahnverfahren durch **Mahnantrag** gemäß § 688 ZPO oder den Prozess durch **Klageerhebung** gemäß § 253 ZPO in Gang zu setzen. Die Parteien bestimmen durch ihre **Sachanträge** den Umfang der gerichtlichen Entscheidung, §§ 308 Abs. 1, 528, 557 Abs. 1 ZPO (lat.:„ne eat iudex ultra petita partium" – Der Richter darf nicht über die Anträge der Parteien hinausgehen). Sie begrenzen die gerichtliche Nachprüfung durch **Anerkenntnis**, § 307 ZPO, **Verzicht**, § 306, 515, 565 ZPO, oder **Versäumnis**, §§ 330 ff. ZPO und bestimmen damit den Inhalt des Urteils. Schließlich können die Parteien – auch gegen den Willen des Richters – den Prozess wieder beenden. Der Kläger kann durch **Klagerücknahme**, § 269 ZPO, durch Berufungs- oder Revisionsrücknahme, §§ 516, 565 ZPO, dem Gericht den Streitfall wieder entziehen. Beide Parteien können durch Abschluss eines **Prozessvergleiches**, 779 BGB, 794 Abs. 1 Nr. 1 ZPO, oder durch **übereinstimmende Erledigungserklärung**, § 91 a ZPO, den Rechtsstreit hinsichtlich der Hauptsache beenden.

c)   Ausnahmen

Eingeschränkt ist die Dispositionsbefugnis der Parteien jedoch in **Ehesachen**: Ein **735** Anerkenntnis ist hier ausgeschlossen, § 113 Abs. 4 Nr. 6 FamFG. Über die Ehesache selbst kann kein Prozessvergleich geschlossen werden (BGHZ 48, 336, vgl. auch § 113 Abs. 4 Nr. 4 FamFG).

2.   Der Beibringungsgrundsatz

a)   Begriff

Nach der Erfahrung ist jede Partei zu ihrem Vorteil selbst bemüht, das ihr Günstige **736** zum Sachverhalt vorzutragen. Es besteht kein öffentliches Interesse daran, die Wahrheit von Tatsachen zu ermitteln, die zivilrechtlichen Rechtsbeziehungen zugrunde liegen, solange und soweit die Beteiligten dies selbst nicht wollen. Es gilt daher im allgemeinen Zivilprozess der **Beibringungsgrundsatz**, auch Verhandlungsgrundsatz genannt, nach dem es **Sache der Parteien** ist, **dem Gericht das relevante Prozessmaterial zu unterbreiten.** Nur was die Parteien an Tatsachenmaterial beibringen, kann der gerichtlichen Entscheidung zugrunde gelegt werden. Daher entscheiden die Parteien auch, was sie behaupten, bestreiten oder zugestehen wollen (BGH NJW 1990, 3151).

Das Gegenteil ist der Amtsermittlungs- oder **Untersuchungsgrundsatz.** Bei der Vielzahl der bürgerlichen Rechtsstreitigkeiten wäre es nicht zu schaffen, wenn das Gericht von Amts wegen den Sachverhalt zu erforschen und einzelnen Tatsachen nachzuspüren hätte. Allerdings gilt der Untersuchungsgrundsatz in Familiensachen und Verfahren der freiwilligen Gerichtsbarkeit, § 26 FamFG (vgl. Rn. 745 f.).

b) Ausprägungen

737 Der Beibringungsgrundsatz hat im Zivilprozess folgende Ausprägungen:

aa) Einführung des Prozessstoffes durch die Parteien. Nur die von den Parteien vorgetragenen Tatsachen dürfen Grundlage der gerichtlichen Entscheidung werden. Deshalb darf weder privates Wissen des Richters verwertet werden noch darf der Richter von sich aus einen amtsbekannten Zeugen laden.

> **Beispiel:**
> Der mit dem Schadensersatzprozess befasste Richter hat den streitigen Verkehrsunfall selbst beobachtet. Er darf seine eigenen Wahrnehmungen der Entscheidung nicht zugrunde legen, vielmehr kommt er als Zeuge in Frage. Dann ist aber § 41 Nr. 5 ZPO zu beachten.

738 **bb) Tatsachenfeststellung aufgrund Geständnisses.** Tatsachen, die von einer Partei vorgetragen und von der anderen zugestanden oder nicht bestritten werden, sind vom Gericht als wahr zu behandeln. Sie bedürfen keines Beweises, §§ 138 Abs. 3, 288 Abs. 1 ZPO.

cc) Beweisantritt durch die Parteien. Es ist Sache der Parteien, für streitig gebliebene Tatsachen Beweismittel anzubieten, §§ 371, 373, 403, 420 ff., 445, 447 ZPO.

c) Durchbrechungen

739 Der Beibringungsgrundsatz erleidet jedoch mancherlei Durchbrechung, insbesondere dort, wo aus Gründen des verfassungsrechtlichen **Gebots eines fairen und rechtsstaatlichen Verfahrens** (BVerfGE 54, 291) der Parteiherrschaft Grenzen gesetzt sein müssen:

aa) Wahrheitspflicht, § 138 Abs. 1 ZPO. Der Vortrag unwahrer Tatsachen wider besseres Wissen ist nicht gestattet. Die Wahrheitspflicht richtet sich an beide Parteien und ihre Prozessbevollmächtigten und betrifft den **Vortrag** und das **Bestreiten** von Tatsachen wie auch das bewusste **Verschweigen** relevanter Umstände. Deshalb müssen sich die Parteien nach § 138 Abs. 1 ZPO auch **vollständig** erklären. Die **Erklärung mit Nichtwissen** ist nur über Tatsachen zulässig, die weder eigene Handlungen der Partei noch Gegenstand ihrer eigenen Wahrnehmung gewesen sind, § 138 Abs. 4 ZPO. Allerdings dürfen Umstände, die die Partei nicht positiv wissen kann, etwa subjektive Tatsachen, die sich im Bereich des Gegners abspielen, oder die nur von einem Sachkundigen beurteilt werden können, ohne Verstoß gegen die Wahrheitspflicht vorgetragen werden, weil nur die bewusste Lüge verboten ist.

Beispiele:
- Arglistige Täuschung des Beklagten bei Verkauf des vom Holzwurm befallenen Hauses;
- Bösgläubigkeit des Käufers bei Erwerb des Gebrauchtwagens ohne Fahrzeugbrief;
- Auftreten von zukünftigen gesundheitlichen Folgeschäden nach einem Verkehrsunfall.

Unwahrer Parteivortrag darf vom Gericht nicht beachtet werden und kann als (versuchter) **Prozessbetrug** strafbar sein und zu zivilrechtlichen Schadensersatzansprüchen führen, §§ 826, 823 Abs. 2 BGB i.V.m. § 263 StGB (BGH NJW 1964, 1672).

bb) Richterliche Aufklärungspflicht, §§ 139 Abs. 1–5, 278 Abs. 2 Satz 2 ZPO. Sie **740** dient der Vervollständigung des Prozessstoffes und umfasst neben der tatsächlichen und rechtlichen **Erörterung** des Sach- und Streitverhältnisses ein **Fragerecht** des Gerichts. Auch sind die Parteien zu rechtzeitiger, **vollständiger Erklärung** und Ergänzung ihres Vortrags, zur Bezeichnung von Beweismitteln und zur Stellung sachdienlicher Anträge aufzufordern. Dies darf aber nicht zu unzulässiger Ausforschung hinsichtlich eines nicht vorgetragenen Sachverhaltes führen. Die Verletzung der Prozessleitungspflicht ist ein Verfahrensfehler, der zur Aufhebung einer darauf beruhenden Entscheidung führen kann, §§ 513, 546 ZPO.

cc) Anordnung des persönlichen Erscheinens, §§ 141, 273 Abs. 2 Nr. 3, 278 Abs. 3 741 **ZPO.** Das Gericht soll bei gebotener Sachaufklärung und zur Güteverhandlung das persönliche Erscheinen der Parteien anordnen und die Nichtbeachtung durch Ordnungsgeld ahnden, § 141 Abs. 3 ZPO.

dd) Beweiserhebungen von Amts wegen. Auch ohne Parteiantrag kann das Gericht **742** von Amts wegen Beweiserhebungen anordnen. Nur Zeugenvernehmungen können nicht ohne Parteiantrag durchgeführt werden.

Beispiele:
- **Augenscheinseinnahme** und Begutachtung durch **Sachverständige**, § 144 Abs. 1 ZPO;
- Vorlegung von **Urkunden**, auf die sich die Parteien bezogen haben, durch die Parteien oder Dritte, § 142 ZPO;
- Vorlegung von **Akten** durch die Parteien, § 143 ZPO;
- Einholung **amtlicher Auskünfte**, § 273 Abs. 2 Nr. 2 ZPO;
- **Parteivernehmung**, § 448 ZPO.

ee) Würdigung von Parteivortrag und Beweisen, 286 ZPO. Das Gericht hat die **743** Würdigungsfreiheit bezüglich der beigebrachten Tatsachen und Beweise. Es darf Parteivortrag und Zeugenaussagen anders würdigen, als die Parteien dies tun.

ff) Rechtsanwendung. Schließlich lässt sich das Gericht auch von den Parteien nicht **744** vorschreiben, wie es das Recht anzuwenden hat.

Beispiel:
Die Parteien stellen unstreitig, dass ein bestimmter Kaufvertrag nichtig sei und fordern das Gericht auf, diese Vorgabe seinen Überlegungen zugrunde zu legen: Das Gericht muss die Wirksamkeit des Vertrages selbst beurteilen.

Das Gericht darf – nach Hinweis und Gelegenheit zur Stellungnahme, § 139 Abs. 2 ZPO – einen rechtlichen Gesichtspunkt auch dann heranziehen, wenn die Parteien diesen für unerheblich halten (lat.: „Da mihi facta, dabo tibi jus" – Gib mir die Tatsachen, ich gebe dir das Recht.). Ausnahmsweise hat das Gericht einen rechtlichen Aspekt zu ignorieren, wenn er nur auf Einrede einer Partei berücksichtigt werden darf, wie dies etwa bei der Einrede der **Verjährung** der Fall ist.

3. Untersuchungsgrundsatz und Prüfung von Amts wegen

745 Während der Beibringungsgrundsatz in bestimmten Bereichen des Zivilprozesses zugunsten des **Untersuchungsgrundsatzes** aufgehoben ist, ist in der Pflicht des Gerichts, bestimmte Voraussetzungen **von Amts wegen** zu prüfen, keine Ausprägung des Untersuchungsgrundsatzes zu sehen.

a) Der Untersuchungsgrundsatz

In von besonderem **öffentlichem Interesse** geprägten Bereichen des Verfahrensrechts ist der Verhandlungsgrundsatz zugunsten des Untersuchungsgrundsatzes aufgehoben. Das Gericht ist dort berechtigt und verpflichtet, auch ohne Parteivortrag oder Beweisangebote von Amts wegen den Sachverhalt zu erforschen, in die Verhandlung einzuführen und die Wahrheit festzustellen:

– **Angelegenheiten der freiwilligen Gerichtsbarkeit** (vgl. Rn. 20 ff.). Das Gericht hat die entscheidungserheblichen Tatsachen von Amts wegen festzustellen und ggf. Ermittlungen durchzuführen, § 26 FamFG.
– **Familiensachen.** Auch in Familiensachen nach § 111 FamFG gilt § 26 FamFG; er wird jedoch eingeschränkt in Scheidungssachen bzw. Lebenspartnerschaftsaufhebungssachen, §§ 127 Abs. 1–3, 270 Abs. 1 FamFG, und in Abstammungssachen, § 177 Abs. 1, 2 FamFG. Ein **Geständnis** der Parteien bindet den Richter anders als nach § 288 ZPO in Ehesachen nicht, sondern ist von ihm auf seinen Wahrheitsgehalt zu prüfen, § 113 Abs. 4 Nr. 5 FamRG. Es gibt deshalb auch dort **kein Versäumnisurteil** gegen den Antragsgegner, das ja gerade auf der Fiktion eines Geständnisses des Säumigen beruht, § 130 Abs. 2 FamFG.
– **Zwangsvollstreckung:** Sachverhaltsaufklärung und Beweisaufnahme sind beschränkt, der Gerichtsvollzieher handelt bei der Pfändung nach dem Untersuchungsgrundsatz.
– **Ermittlung von Erfahrungssätzen, ausländischem Recht, Gewohnheits- und Satzungsrecht.** Inwieweit Erfahrungssätze, also Regeln allgemeiner Lebenserfahrung oder besonderer Sachkunde, bestehen, beurteilt das Gericht nach dem Untersuchungsgrundsatz (Thomas-Putzo-Reichold, Vorbem. § 284 Rn. 15). Bei der Ermittlung von Rechtsnormen anderer Staaten, von Gewohnheitsrecht oder Satzungsrechts ist das Gericht nicht auf die von den Parteien beigebrachten Nachweise beschränkt, sondern kann andere Erkenntnisquellen benutzen und erforderliche Anordnungen treffen, § 293 ZPO.

b) Die Prüfung von Amts wegen

746 Nicht mit dem Untersuchungsgrundsatz zu verwechseln ist die Pflicht des Gerichts, im Zivilprozess manche Umstände „**von Amts wegen**" berücksichtigen zu müssen.

Beispiele:
– Prüfung von **Sachurteilsvoraussetzungen**, die die Zulässigkeit der Klage betreffen, so etwa die Parteifähigkeit, die Prozessfähigkeit oder die Legitimation eines gesetzlichen Vertreters, § 56 ZPO;
– Prüfung des **Einspruchs** gegen ein Versäumnisurteil, § 341 Abs. 1 ZPO;
– Prüfung des Vorliegens einer **Vollmacht** vor dem Amtsgericht, § 88 Abs. 2 ZPO.

Diese Umstände ermittelt aber nicht das Gericht von sich aus im Wege der Amtsermittlung (so aber BGH NJW 1996, 1059; NJW 2000, 290), sondern die Parteien haben dem Gericht die erforderlichen Tatsachen vorzutragen und notfalls die Beweismittel anzubieten. Übereinstimmendes Parteiverhalten (Behaupten oder Nichtbestreiten) bindet jedoch das Gericht nicht in der Weise, dass es die Tatsache oder den Umstand als gegeben anzunehmen hätte. Bei verbleibenden Zweifeln kann das Gericht gleichwohl angebotene Beweise hierzu erheben (BAG MDR 2000, 781) und bei negativem oder fehlendem Beweis den Umstand als nicht gegeben behandeln.

Beispiel:
Im Termin zeigt der Kläger ein auffälliges Verhalten, das die Geschäfts- und damit die Prozessfähigkeit gemäß § 52 ZPO als fraglich erscheinen lässt. Die vom Gericht geäußerten Bedenken pariert er mit der Behauptung, er sei im Vollbesitz seiner geistigen Kräfte. Der Prozessgegner befürchtet unzuträgliche Komplikationen durch eine wohl notwendig werdende psychiatrische Begutachtung. Er erklärt deshalb, dass er die Behauptung des Gegners über seine Prozessfähigkeit zugestehe.
Diese übereinstimmende Erklärung der Parteien ist für das Gericht nicht bindend. Es kann darauf bestehen, dass die Zurechnungsfähigkeit nachgewiesen wird, wenn es an der Richtigkeit der übereinstimmenden Parteierklärung zweifelt. Bleibt auch nach Erschöpfung aller Beweismöglichkeiten die Frage der Prozessfähigkeit ungeklärt, etwa weil sich die betreffende Partei nicht auf ihren Geisteszustand untersuchen lassen will oder weil das – ggf. auch nach § 144 Abs. 1 ZPO von Amts wegen einzuholende – Sachverständigengutachten (vgl. BGH BGHReport 2001, 714; BAG MDR 2000, 781) keine hinreichende Klarheit bringt, so trägt die Beweislast derjenige, der ein ihm günstiges Sachurteil erstrebt, in der Regel also der Kläger (BGH NJW 2000, 290; BAG MDR 2000, 781). In diesem Fall ist die Klage als unzulässig abzuweisen.

II.   Der Mündlichkeitsgrundsatz

Während für Klageschrift und Urteil Schriftform vorgeschrieben ist, §§ 253 Abs. 1, **747** 313 Abs. 1 ZPO, ist die **Verhandlung** vor dem erkennenden Gericht **mündlich**, § 128 Abs. 1 ZPO. Der Grundsatz der Mündlichkeit wird ergänzt durch die Grundsätze der Öffentlichkeit und der Unmittelbarkeit der mündlichen Verhandlung.

1.   Bedeutung des Mündlichkeitsgrundsatzes

a)   Grundsatz der mündlichen Verhandlung

aa) Urteilsverfahren. Grundsätzlich darf das erkennende Gericht im Urteilsverfahren über einen Rechtsstreit nicht ohne mündliche Verhandlung entscheiden, d.h. einem Urteil hat eine **mündliche Verhandlung** vorauszugehen, § 128 Abs. 1 ZPO.

Beispiele:
–   Entscheidung über die Klageanträge, § 128 Abs. 1 ZPO;
–   Entscheidung über Antrag auf Erlass einer einstweiligen Verfügung, § 937 ZPO;
–   Entscheidung über Widerspruch gegen Arrest, § 925 ZPO;
–   Aufhebung des Arrests nach Ablauf der Klageerhebungsfrist, § 926 Abs. 2 ZPO.

In besonderen Fällen kann auch im Urteilsverfahren ein Urteil **ohne mündliche Verhandlung** ergehen.

Beispiele:
–   Schriftliches Verfahren nach § 128 Abs. 2 ZPO;
–   Versäumnisurteil im schriftlichen Vorverfahren §§ 276, 331 Abs. 3 ZPO;
–   Anerkenntnisurteil im schriftlichen Vorverfahren, §§ 276, 307 Abs. 2 ZPO;
–   Einspruchsentscheidung, § 341 Abs. 2 ZPO;
–   Verfahren nach billigem Ermessen bis 600 € Streitwert, sofern kein Antrag auf mündliche Verhandlung gestellt ist, § 495 a ZPO.

bb) Beschlussverfahren. Demgegenüber können Entscheidungen, die nicht Urteile sind, **748** grundsätzlich **ohne mündliche Verhandlung** ergehen, § 128 Abs. 4 ZPO.

Beispiele:
- Entscheidungen über Ablehnungsgesuch, § 46 Abs. 1 ZPO, oder Aussetzungsantrag, § 248 Abs. 2 ZPO, oder Verweisungsantrag, § 281 Abs. 1 ZPO;
- Entscheidung über Arrestgesuch, § 922 ZPO, oder Antrag auf Erlass einer einstweiligen Verfügung in dringenden Fällen, § 937 Abs. 2 ZPO.
- Urteilsberichtigung, § 319 Abs. 2 ZPO;
- Änderung eines Beweisbeschlusses, § 360 ZPO;
- einstweilige Einstellung der Zwangsvollstreckung, § 707 Abs. 2 ZPO;

In manchen Fällen eines Beschlussverfahrens muss aber aufgrund **mündlicher Verhandlung** entschieden werden, vgl. § 128 Abs. 4 ZPO.

Beispiele:
- Tatbestandsberichtigungsbeschluss – auf Antrag, § 320 ZPO;
- Aufhebung von Schiedssprüchen, § 1063 Abs. 2 ZPO.

b) Gegenstand der mündlichen Verhandlung als Entscheidungsgrundlage

749 Nur was Gegenstand der mündlichen Verhandlung vor dem erkennenden Gericht war, darf als Entscheidungsgrundlage dienen (BGH NJW 1997, 397).

aa) Mündlicher Vortrag. Dabei ist zunächst das „in freier Rede" **mündlich Vorgetragene** vom Gericht zu beachten, § 137 Abs. 2 ZPO: Sachanträge, § 297 ZPO, Beweisanträge, Erhebung von Verfahrensrügen, § 282 Abs. 3 ZPO, Vortrag des Ergebnisses kommissarischer Beweisaufnahmen, § 285 Abs. 2 ZPO, und Tatsachenvortrag, auch soweit er nicht in Schriftsätzen enthalten war. Im letzten Fall sind Erklärungsfristen für den Gegner zu beachten.

750 **bb) Bezugnahmen.** Dem mündlichen Vortrag ist die **Bezugnahme auf Schriftstücke** und vorbereitende Schriftsätze, § 129 ZPO, gleichgestellt, § 137 Abs. 3 ZPO. Die in der Praxis übliche Bezugnahme kann sogar stillschweigend erfolgen. Durch Antragstellung und Verhandlung ist der **gesamte bis zum Termin angefallene Akteninhalt** zum Gegenstand der mündlichen Verhandlung gemacht (BGH NJW 1999, 2123) und bildet insgesamt die Grundlage für die gerichtliche Entscheidung.

c) Vortrag nach Schluss der mündlichen Verhandlung

751 Aus dem Mündlichkeitsgrundsatz ergibt sich, dass **Parteivortrag**, der **nach** dem Schluss der mündlichen Verhandlung erfolgt, nicht entscheidungsrelevant ist, weil er nicht Gegenstand der mündlichen Erörterung sein konnte. Nachgereichte Schriftsätze, die zwischen Verhandlungs- und Verkündungstermin bei Gericht eingehen, sind daher für das Gericht nicht beachtlich, § 296 a ZPO. Davon ausgenommen sind „nachgelassene Schriftsätze" nach §§ 139 Abs. 5, 283 ZPO, solche, die die Wiedereröffnung der mündlichen Verhandlung nach § 156 ZPO gebieten, und reine Rechtsausführungen.
Die Rückgabe nachterminlicher Schriftsätze ist nicht zulässig, weil sie mit Einreichung Aktenbestandteil und öffentliche Urkunden werden und damit auch dem Einsichtsrecht des Gegners unterliegen. Dem Gericht ist anzuraten, die Schriftsätze inhaltlich zur Kenntnis zu nehmen, weil sie ja Anlass zur Wiedereröffnung der mündlichen Verhandlung geben können.

2. Durchbrechungen des Mündlichkeitsgrundsatzes

a) Zugelassene nachgereichte Schriftsätze

752 **aa) Schriftsatzfrist.** Ein „nachgelassener Schriftsatz" ist ausnahmsweise beachtlich, wenn das Gericht auf einen Hinweis gemäß § 139 Abs. 5 ZPO (vgl. Rn. 560) oder auf nicht rechtzeitig vorgebrachten Vortrag des Gegners gemäß § 283 ZPO eine Schriftsatzfrist zur Wahrung des rechtlichen Gehörs einzuräumen hatte.

bb) Voraussetzungen § 283 ZPO. Für die Anwendung des § 283 ZPO müssen im **753** Verhandlungstermin folgende Voraussetzungen vorliegen:
- **Neue Angriffs- oder Verteidigungsmitteln** des Gegners. Es darf sich nicht nur um Rechtsausführungen handeln, auch muss das Vorbringen **entscheidungserheblich** sein (Gaier MDR 1997, 1093; a.A. Schneider MDR 1998, 137; Katzenstein ZZP 2008, 48). Auf nicht entscheidungsrelevanten Vortrag muss kein Schriftsatzrecht gewährt werden.
- Das Vorbringen darf **nicht mehr rechtzeitig vor dem Termin** erfolgt sein. Mindestens muss die **Wochenfrist** des § 132 Abs. 1 ZPO eingehalten sein, häufig kann die erforderliche Stellungnahmefrist auch länger zu veranschlagen sein, wenn der Gegner vor seiner Erwiderung noch Erkundigungen einziehen muss, § 282 Abs. 2 ZPO. Da die Erheblichkeit eines **kurz vor** oder **im** Verhandlungstermin eingereichten Schriftsatzes regelmäßig nicht sofort zu erkennen ist, wird dem Gegner ein Stellungnahmerecht nach § 283 ZPO **vorsorglich** einzuräumen sein (BGH NJW 1965, 297).
- Die überraschte Partei kann sich in der mündlichen Verhandlung **nicht umgehend auf den neuen Vortrag** erklären. Ist sofortige Stellungnahme aber möglich und zumutbar, so ist kein Schriftsatzrecht zu gewähren (BVerfG NJW 1992, 2144; OLG Braunschweig OLGR 1995, 146).
- Ein Schriftsatzrecht setzt einen – ggf. vom Gericht anzuregenden (BGH MDR 1985, 756) – **Antrag** der überraschten Gegenpartei voraus, noch schriftsätzlich Stellung nehmen zu dürfen.

Oft stellt der Gegner keinen Antrag auf Gewährung eines Schriftsatzrechts, sondern verlangt sofort Zurückweisung des Vortrags als verspätet. Davon ist abzuraten: Erst die Stellungnahme des Gegners zeigt, ob die Zulassung des Vorbringens zu einer Verzögerung des Rechtsstreits gemäß § 296 Abs. 1 ZPO führen würde. Bleibt der verspätete Vortrag nämlich unstreitig, ist keine Beweiserhebung veranlasst und tritt bei Berücksichtigung des Vorbringens auch keine Verzögerung der Erledigung des Rechtsstreits ein. Allerdings besteht die Möglichkeit der Zurückweisung nach § 296 Abs. 2 i.V.m. § 282 ZPO wegen Verstoßes gegen die Prozessförderungspflicht weiterhin.

cc) Verfahren. Das Gericht hat dem Gegner für den nachzureichenden Schriftsatz eine **754** Frist **zu setzen** und gleichzeitig auf einen Zeitpunkt nach Fristablauf **Termin zur Verkündung** einer Entscheidung anzuberaumen. Der fristgemäß eingereichte Schriftsatz **muss** – unter Durchbrechung des Mündlichkeitsgrundsatzes – bei Abfassung der Entscheidung **berücksichtigt** werden. Wird die Stellungnahme hingegen verspätet vorgelegt, so **kann** das Gericht den Vortrag berücksichtigen, wenn die Entscheidung noch nicht beraten und abgesetzt war (BGH NJW 1983, 2031).

b) Das schriftliche Verfahren nach § 128 Abs. 2 ZPO

Außer beim Verfahren nach § 495 a ZPO in Bagatellsachen kann nach § 128 Abs. 2 **755** ZPO mit Zustimmung der Parteien ausnahmsweise ein kompletter Rechtsstreit ohne jegliche mündliche Verhandlung entschieden werden.

aa) Zustimmung der Parteien. Das Einverständnis der Parteien muss **schriftlich** (BVerwG NJW 1981, 1852), sonst mündlich in einem Termin, jedenfalls **eindeutig** (BGH NJW 2007, 2122) und **bedingungslos** (BGHZ 18, 62) erklärt werden.

Beispiele:
- „Einverstanden mit Entscheidung ohne mündliche Verhandlung für den Fall, dass ein Beweisbeschluss ergeht, nicht aber für den Fall eines Urteils": **Unwirksam!**

- „Einverständnis zu einer Entscheidung im schriftlichen Verfahren für den Fall des Vergleichswiderrufs": **Zulässig!**

Unzulässig ist die Anordnung des schriftlichen Verfahrens „im vermuteten Einverständnis der Parteien". Da die Zustimmung der Parteien **Prozesshandlung** ist, unterliegt sie im Anwaltsprozess dem **Anwaltszwang** und ist grundsätzlich **unwiderruflich**, es sei denn die Prozesslage hat sich wesentlich verändert, § 128 Abs. 2 ZPO, oder das Einverständnis der anderen Partei steht noch aus (BGH NJW 2001, 2479).

756 **bb) Wirkung.** Mit Zustimmung ist das Gericht zu einer Entscheidung ohne mündliche Verhandlung ermächtigt, aber nicht verpflichtet. Es kann nach seinem **Ermessen** gleichwohl Termin zur mündlichen Verhandlung bestimmen (BGH MDR 1968, 314). Das Einverständnis gilt immer nur bis zur nächsten **Sachentscheidung** des Gerichts, wenn sie Endentscheidung ist oder diese wesentlich vorbereitet (BGHZ 31, 210, 215; einschränkend Zöller-Greger, § 128 Rn. 12). Dies kann auch ein Beweisbeschluss oder ein Verweisungsbeschluss sein. Danach muss das Einverständnis zum schriftlichen Verfahren ggf. neu erklärt werden. Bloßer Aufklärungsbeschluss oder gerichtlicher Vergleichsvorschlag bewirken keinen Verbrauch der Zustimmung.

757 **cc) Entscheidungsgrundlage.** Für die Entscheidung muss das Ergebnis etwaiger vorangegangener mündlicher Verhandlungen, erfolgter Beweisaufnahmen sowie der gesamte am Schlusstermin in den Schriftsätzen vorliegende **Akteninhalt** verwertet werden. Allerdings geht nicht protokollierte Vortrag im Falle eines Richterwechsels nach mündlicher Verhandlung bei späterer Anordnung des schriftlichen Verfahrens als Entscheidungsgrundlage verloren, wenn er nicht schriftsätzlich wiederholt wird (BGH NJW-RR 1992, 1065).

758 **dd) Verfahren.** Die **Anordnung** des schriftlichen Verfahrens erfolgt durch förmlich zuzustellenden **Beschluss**, § 329 Abs. 2 ZPO. Das Gericht bestimmt zunächst den Zeitpunkt, bis zu dem **Schriftsätze eingereicht** werden können, und sodann einen **Verkündungstermin** für die Entscheidung, § 128 Abs. 2 ZPO. Der Zeitpunkt, bis zu dem Schriftsätze eingereicht werden können, entspricht dem **Schluss der mündlichen Verhandlung.**

Muster für die Anordnung des schriftlichen Verfahrens

> Mit Zustimmung der Parteien vom 10.10.2009 wird gemäß § 128 Abs. 2 ZPO
> das **schriftliche Verfahren** angeordnet.
> Beide Parteien können Schriftsätze bis zum 10.11.2009 einreichen. Termin zur Verkündung
> einer Entscheidung wird bestimmt auf 25.11.2009.

759 **ee) Entscheidung.** Die Entscheidung im schriftlichen Verfahren muss **innerhalb von drei Monaten** seit Zugang der letzten Zustimmungserklärung in einem dazu bestimmten Verkündungstermin **verkündet** werden, § 128 Abs. 2 Satz 3 ZPO. Dies soll einer Prozessverschleppung vorbeugen. Bei Überschreiten der Frist muss Verhandlungstermin bestimmt werden.

III. Der Grundsatz der Unmittelbarkeit

1. Begriff

760 Der Unmittelbarkeitsgrundsatz bedeutet, dass Verhandlung und Beweisaufnahme **unmittelbar vor dem erkennenden Gericht** ohne Dazwischentreten einer richterlichen

Mittelsperson stattfinden. Die Entscheidung soll auf dem vom Richter selbst erlebten Eindruck der mündlichen Verhandlung beruhen und nur von Richtern gefällt werden, welche der **dem Urteil zugrunde liegenden Verhandlung beigewohnt** haben, § 309 ZPO. Seine Hauptbedeutung hat dieser Grundsatz jedoch im Zusammenhang mit der **Beweisaufnahme**, § 355 ZPO (vgl. Rn. 843 ff.).

2. Durchbrechungen

a) Besondere Verfahren

Eine Durchbrechung des Unmittelbarkeitsgrundsatzes nach § 309 ZPO findet beim **schriftlichen Verfahren** nach § 128 Abs. 2 ZPO oder § 495 a ZPO und beim Verfahren der Entscheidung nach **Aktenlage** gemäß §§ 251 a, 331 a ZPO statt. Mangels mündlicher Verhandlung fehlt ein unmittelbarer Eindruck, die Entscheidungsgrundlage findet sich lediglich in den Akten.

b) Richterwechsel

Auch der Richterwechsel im Laufe eines Verfahrens stellt eine Durchbrechung des **761** Unmittelbarkeitsgrundsatzes dar. Insoweit ergeben sich jedoch Probleme nur im Bereich der Verwertung von **Beweisaufnahmen**, die von einem anderen Richter durchgeführt wurden (vgl. Rn. 844 ff.). Ob die **Antragstellung** nach Richterwechsel zu wiederholen ist, ist streitig (ja: BAG NJW 1971, 1332; nein: OLG Jena OLGR 2004, 170 m.w.N.).

3. Verhandlung im Wege der Bild- und Tonübertragung

Der Unmittelbarkeitsgrundsatz setzt die **persönliche Präsenz** von Gericht und Partei **762** oder Beweisperson am **Terminsort** voraus, § 219 ZPO. § 128 a Abs. 1 ZPO lockert das Erfordernis der körperlichen Anwesenheit. Auf Antrag und mit Einverständnis der Parteien kann das Gericht den Parteien und ihren Anwälten den Aufenthalt an einem **anderen als dem Terminsort** und die **Vornahme von Verfahrenshandlungen** von dort aus gestatten, während die Verhandlung **zeitgleich in Bild und Ton** an den Übertragungsort und die Zuschaltung ins Sitzungszimmer **übertragen** werden („Videoverhandlung"). Der Zugeschaltete muss alle Beteiligten im Gerichtssaal sehen und hören können. Nach wie vor findet jedoch die Verhandlung im Gerichtssaal statt, ist öffentlich und wird protokolliert, eine Aufzeichnung ist nicht zulässig, § 128 a Abs. 3 Satz 1 ZPO. Es soll **keine Privatisierung** des gerichtlichen Verfahren stattfinden (vgl. BGH NJW 2004, 2312).
Für Beweisaufnahmen findet sich eine entsprechende Regelung in § 128 a Abs. 2 ZPO (Vgl. Rn. 847).

IV. Der Grundsatz der Öffentlichkeit

1. Begriff und Bedeutung

Der Grundsatz der Öffentlichkeit dient der demokratischen Kontrolle der Rechtspre- **763** chung und besagt, dass grundsätzlich **jedermann Zugang zu Gerichtsverhandlungen** hat (RGZ 157, 344): Die Verhandlung vor dem erkennenden Gericht einschließlich der Verkündung von Urteilen ist öffentlich, § 169 Satz 1 GVG. Davon ist die **Parteiöffentlichkeit** nach § 357 ZPO zu unterscheiden, die bedeutet, dass die Parteien stets das Recht auf Anwesenheit in der **Beweisaufnahme** haben (vgl. Rn. 848 ff.).

2. Umfang der Öffentlichkeit

a) Öffentlichkeit in der Verhandlung

764 Der Grundsatz der Öffentlichkeit gilt für die streitige und nicht streitige mündliche **Verhandlung**, die Güteverhandlung, die Beweisaufnahme (vgl. BGH NJW 2000, 2508; 2006, 1220) und die Urteilsverkündung, § 173 Abs. 1 GVG. Unerheblich ist, ob die Verhandlung im **Gerichtssaal** oder im **Dienstzimmer** des Richters, im Rahmen einer Beweisaufnahme **vor Ort** im Freien oder in sonstigen Räumen stattfindet. Auch dort ist Öffentlichkeit herzustellen. Bei Ortsterminen an allgemein nicht zugänglichen Orten oder bei Bestehen eines vorrangigen Hausrechts, etwa in einer Wohnung, ist jedoch die Verhandlung auf die dort notwendigen Wahrnehmungen zu beschränken (BGH NJW 1994, 2773; NStZ-RR 2000, 366). Zur Herstellung der Öffentlichkeit genügt, wenn auf Klingeln Zutritt gewährt wird (OLG Köln NStZ-RR 1999, 335; BVerwG NVwZ 2000, 1298). Dies ist bei Schließen der Pforte an Gerichten um 18.00 Uhr sicherzustellen, während noch Verhandlungen stattfinden.

b) Erkennendes Gericht

765 Erkennendes Gericht ist das nach dem Geschäftsverteilungsplan zur Entscheidung berufene Gericht als **Einzelrichter, Kammer** oder **Senat**, nicht jedoch der beauftragte oder ersuchte Richter, für die der Öffentlichkeitsgrundsatz nicht gilt (BVerwG NVwZ-RR 1989, 167). In Beschlussverfahren besteht ebenso keine Öffentlichkeit wie bei Abnahme von eidesstattlichen Versicherungen nach §§ 899 ff. ZPO oder im Insolvenzverfahren.

c) Bekanntmachung der Verhandlung

766 Die Öffentlichkeit kann nur wirksam hergestellt werden, wenn Zuhörer sich über Termin und Ort einer Verhandlung informieren können. Es ist daher regelmäßig am Gerichtsort ein **Aushang** erforderlich.

> Beispiele:
> - Bei Verhandlung im Sitzungssaal oder im Dienstzimmer des Richters ist am Verhandlungstag vor der Tür ein Aushang anzubringen (OLG Hamburg VRS 24, 437);
> - Bei Wechsel des Verhandlungssaales reicht Verweis am bisherigen Saal (VGH München NVwZ-RR 2002, 799);
> - Bei Verhandlungen außerhalb des Gerichts reicht ein Aushang an der Gerichtstafel (BayObLG NStZ-RR 2001, 49).

d) Beschränkungen der Öffentlichkeit

767 Die Zulassung von Publikum findet dort seine Grenze, wo die **örtlichen Gegebenheiten** eine Begrenzung verlangen (vgl. BGHSt 21, 73; BayObLG MDR 1982, 395) oder der **Schutz der Beteiligten** besondere Maßnahmen erfordert. So besteht kein Anspruch, dass für alle Besucher genügend Sitzplätze vorhanden sind; ist die Raumkapazität erschöpft, so müssen zu spät ankommende Besucher nicht mehr eingelassen werden. Allerdings dürfen nicht nur bestimmte Personen zugelassen werden und willkürlich andere, etwa Pressevertreter, nicht (vgl. RGZ 157, 345). **Unerwachsenen** Personen (z.B. unter 16 Jahren) oder Personen, die in einer der **Würde des Gerichts nicht entsprechenden Weise** erscheinen, kann der Zutritt zur öffentlichen Verhandlung versagt werden, § 175 ZPO. Der Vorsitzende übt nach § 176 ZPO die Polizeigewalt aus, die zu weiteren beschränkenden Maßnahmen ermächtigt (vgl. Rn. 688 ff.).

e) Verletzungsfolge

Eine Verletzung des Grundsatzes der Öffentlichkeit liegt nur vor, wenn der Ausschluss **768** von Zuhörern mit **Wissen und Wollen des Gerichts** erfolgt und nicht nur Folge eines Versehens des Gerichtswachtmeisters oder Urkundsbeamten ist (BGH NJW 1970, 1846; OLG Karlsruhe NJW 2004, 1887). Die Öffentlichkeitsverletzung bietet einen **absoluten Revisionsgrund**, § 547 Nr. 5 ZPO.

3. Ausschließung der Öffentlichkeit

Bei besonderen Prozessgegenständen kann oder muss die Öffentlichkeit ausgeschlossen **769** werden, § 173 GVG. Die Urteilsverkündung ist jedoch immer öffentlich.

a) Familiensachen und freiwillige Gerichtsbarkeit

Verhandlungen, Erörterungen und Anhörungen in **Familiensachen** und Angelegenheiten der **freiwilligen Gerichtsbarkeit** (vgl. FamRG) sind nicht öffentlich. Das Gericht kann aber die Öffentlichkeit zulassen, wenn kein Beteiligter Einwände hat, § 170 Abs. 1 GVG.

b) Schutz des persönlichen Lebensbereichs

Auf **Antrag** muss, im Übrigen kann die Öffentlichkeit insoweit ausgeschlossen werden, **770** als **Umstände aus dem persönlichen Lebensbereich** eines Prozessbeteiligten, Zeugen (z.B. Intim- und Privatsphäre) oder durch rechtswidrige Tat Verletzten zur Sprache kommen, deren öffentliche Erörterung schutzwürdige Interessen verletzen würde, soweit nicht das öffentliche Interesse überwiegt, § 171 b ZPO.

c) Gefährdung der Sicherheit und Geheimnisschutz

Schließlich kann nach § 172 ZPO bei zu besorgender **Gefährdung** der **öffentlichen** **771** **Ordnung** oder **Sittlichkeit** (Nr. 1), des **Lebens,** des **Leibes** oder der **Freiheit** eines Zeugen oder einer anderen Person (Nr. 1 a), bei Besprechung **wichtiger Geschäfts-** oder **Betriebsgeheimnisse,** durch deren öffentliche Erörterung überwiegende schutzwürdige Interessen verletzt würden (Nr. 2), bei Erörterung **privater Geheimnisse,** deren Offenbarung strafrechtliche Konsequenzen hätte (Nr. 3), und bei Vernehmung einer **Person unter sechzehn Jahren** (Nr. 4) die Öffentlichkeit ausgeschlossen werden.

4. Verbot von Fernseh- oder Rundfunkübertragungen

Der Öffentlichkeitsgrundsatz erfordert **nicht** die Übertragung der Verhandlung mittels **772** Fernsehen oder Rundfunk, § 169 Satz 2 GVG. Vor der Verhandlung, in Sitzungspausen und nach Ende der Verhandlung kann der Vorsitzende jedoch Aufnahmen zulassen (vgl. Zöller-Lückemann, § 169 GVG Rn. 15 m.w.N.).

V. Der Konzentrationsgrundsatz

1. Begriff und Bedeutung

a) Konzentration und Beschleunigung

Es ist ein starkes Anliegen der Prozessbeteiligten, dass der Rechtsstreit alsbald ent- **773** schieden wird. Lange Prozessdauer bringt Nachteile: Dem Gläubiger fehlt bei ausbleibender Zahlung Liquidität; wiederholte zeitraubende Terminsvorbereitung und viele Verhandlungs- und Beweisaufnahmetermine kosten, zumal bei anschwellenden Akten, Richter und Anwälte Zeit und die Parteien Geld. Der Gesetzgeber hat unter dem „Konzentrationsgrundsatz", auch „Beschleunigungsgrundsatz", Regelungen geschaffen, die den Verfahrensablauf **konzentrieren** und **beschleunigen** sollen.

b) Pflichten für Gericht und Parteien

774   Daraus ergibt sich die **Pflicht des Gerichts** zur Erledigung des Rechtsstreits in nur **einem**, zeitnah stattfindenden **Haupttermin**, der durch prozessfördernde Maßnahmen und Bereitstellung von Erkenntnisquellen umfassend **vorzubereiten** ist und nur erschwert verlegt werden kann. Daraus folgen aber auch **Pflichten der Parteien** zu rechtzeitigem **Vortrag** und zur Einhaltung von **Fristen** mit der Möglichkeit des Richters, verspätetes Vorbringen zurückweisen zu können.

2.   Prozessförderungspflicht des Gerichts

775   Das Gericht hat während des gesamten Rechtsstreits auf eine **konzentrierte** und **intensive Prozessführung** bedacht zu sein. Daraus resultieren folgende Pflichten:

–   Der Rechtsstreit ist in **einem Termin** zur mündlichen Verhandlung **zu erledigen**, der **umfassend vorzubereiten** ist, § 272 Abs. 1 ZPO;
–   dem Verhandlungstermin ist eine auf schnelle Erledigung zielende **Güteverhandlung** vorzuschalten, § 278 Abs. 2 ZPO (vgl. Rn. 574 ff.);
–   Güteverhandlung und mündliche Verhandlung sollen **so früh wie möglich** stattfinden, § 272 Abs. 3 ZPO;
–   **Terminsverlegungen** sind nur aus **erheblichen Gründen** zugelassen, § 227 ZPO (vgl. Rn. 567 ff.);
–   der Terminsvorbereitung dient ein **schriftliches Vorverfahren** oder ein **früher erster Termin**, § 272 Abs. 2 ZPO (vgl. Rn. 399 ff., 410 ff.);
–   das Gericht hat – so früh wie möglich, § 139 Abs. 4 Satz 1 ZPO – **Hinweise** zu geben: Bei unklarem Vortrag hat es Fragen zu stellen, auf rechtzeitige und vollständige Erklärung über alle erheblichen Tatsachen, auf Bezeichnung von Beweismitteln und Stellung sachdienlicher Anträge hinzuwirken, § 139 Abs. 1 ZPO, und auf übersehene Gesichtspunkte und Zulässigkeitsbedenken hinzuweisen, § 139 Abs. 2, 3 ZPO (vgl. Rn. 553 ff.);
–   zur Vorbereitung muss es – **rechtzeitig** vor dem Termin – die notwendigen **Erkenntnismittel bereitstellen**, § 273 Abs. 1 ZPO, also den Parteien Ergänzung oder Erläuterung ihrer Schriftsätze aufgeben, Behörden um Auskünfte ersuchen, das persönliche Erscheinen der Parteien anordnen, Zeugen und Sachverständige zur Verhandlung zu laden oder die Vorlage von Urkunden oder Akten anordnen, §§ 273 Abs. 2 Nr. 1–5, 142, 143 ZPO (vgl. Rn. 538 ff.);
–   es muss den Parteien **Fristen setzen**, §§ 273 Abs. 2 Nr. 1, 5, 275 Abs. 1 Satz 1, Abs. 3, 4, 276 Abs. 1 Satz 2, Abs. 3 ZPO (vgl. Rn. 425 ff.);
–   der Erlass eines **Beweisbeschlusses** ist **vor mündlicher Verhandlung** möglich, ggf. auch dessen vorterminliche Ausführung, § 358 a ZPO (vgl. Rn. 549 ff.).

3.   Prozessförderungspflicht der Parteien

776   Mit der Prozessförderungspflicht des Gerichts korrespondiert eine solche der Parteien. Sie werden in ein enges Zeitkorsett eingebunden, innerhalb dessen die prozessrelevanten **Fakten** vorgebracht und nötige **Beweismittel** beschafft sein müssen. Der Verstoß gegen diese Pflichten kann die **Unbeachtlichkeit des verspäteten Vorbringens** für die gerichtliche Entscheidung nach sich ziehen.

a) Allgemeine Prozessförderungspflicht

aa) Sachurteilsvoraussetzungen. Zulässigkeitsrügen sind vom Beklagten **gleichzeitig** und **vor seiner Verhandlung** zur Hauptsache vorzubringen, bei Fristbestimmung für die Klageerwiderung nach §§ 275 Abs. 1, 276 Abs. 1 ZPO noch innerhalb der Frist, § 282 Abs. 3 ZPO (vgl. Rn. 490), sonst in der Einspruchsschrift nach § 340 Abs. 3 ZPO oder im ersten Verhandlungstermin vor Stellung der Anträge, § 137 Abs. 1 ZPO. Gemeint sind damit **sämtliche Sachurteilsvoraussetzungen**. Bei den **unverzichtbaren** Sachurteilsvoraussetzungen (Prozessfähigkeit, Zuständigkeit, etc.) bedeutet die Rüge lediglich eine Anregung zu der ohnedies **von Amts wegen** gebotenen Prüfung, eine verspätete oder unterlassene Rüge bleibt ohne nachteilige Folgen für den Beklagten. Anderes gilt jedoch für Zulässigkeitsrügen, auf die der Beklagte **verzichten** kann:
– Verweigerung der Einlassung wegen **fehlender Kostenerstattung** nach Klagerücknahme, § 269 Abs. 6 ZPO,
– Verweigerung der Einlassung wegen **fehlender Sicherheitsleistung** für Prozesskosten durch Nicht-EG-Ausländer, § 110 ZPO,
– Verweigerung der Einlassung wegen **fehlender Vollmacht** des Gegners, § 88 Abs. 1 ZPO (vgl. LG Münster MDR 1980, 853).
Hier führt die verspätete Rüge zur **Zurückweisung** durch das Gericht, wenn der Beklagte die Verspätung nicht genügend **entschuldigt**, **§ 296 Abs. 3 ZPO.**

Die weitere verzichtbare Einrede der Schiedsvereinbarung ist in § 1032 ZPO abschließend geregelt, der § 296 Abs. 3 ZPO vorgeht (BGH NJW 2001, 2176).

bb) Angriffs- und Verteidigungsmittel. Kläger und Beklagter haben ihre Angriffs- und **777** Verteidigungsmittel in tatsächlicher und rechtlicher Hinsicht, insbesondere Behauptungen, Bestreiten, Einwendungen, Einreden, Beweismittel und Beweiseinreden, nach Maßgabe der §§ 282 Abs. 1, 2, 277 Abs. 1, 132 ZPO **zeitig vorzubringen**, andernfalls kann der Vortrag **zurückgewiesen** werden, § 296 Abs. 2 ZPO:
– **Vorterminlicher Vortrag.** Handelt es sich um Vortrag, auf den der Gegner voraussichtlich ohne vorhergehende Erkundigung keine Erklärung abgeben kann, so ist dieser Vortrag **vor der mündlichen Verhandlung** durch vorbereitenden Schriftsatz so zeitig mitzuteilen, dass der Gegner die erforderliche Erkundigung noch einzuziehen vermag, § 282 Abs. 2 ZPO. Dies betrifft vor allem den Anwaltsprozess und bezweckt den Schutz des Gegners (BGH MDR 1999, 822). Dabei ist als **Mindestfrist** für vorbereitende Schriftsätze die Wochenfrist des § 132 Abs. 1 ZPO zu beachten. Für den Fall der **Klageerwiderung** wird das Erfordernis des rechtzeitigen Vortrags noch unterstrichen: Dort ist alles vorzubringen, soweit es nach der Prozesslage einer sorgfältigen und auf Förderung des Verfahrens bedachten Prozessführung entspricht, § 277 Abs. 1 Satz 1 ZPO. Dies gilt auch für die Erhebung von **Einreden** wie Verjährung oder Hilfsaufrechnung, ein Abwarten bis zum Abschluss einer ungünstig verlaufenen Beweisaufnahme ist nicht zulässig (OLG Hamm MDR 1993, 686).
– **Vortrag im Termin.** Aber auch **in der mündlichen Verhandlung** hat jede Partei ihren Vortrag der Prozesslage entsprechend so frühzeitig zu halten, dass das Verfahren ohne Verzögerungen vorangetrieben werden kann, § 282 Abs. 1 ZPO.
– **Prozesstaktik.** Damit soll nicht die Eventualmaxime des gemeinen Rechts („hilfsweiser Vortrag") wieder eingeführt werden, auch soll nicht jegliche Prozesstaktik, die zuweilen einen abgewogenen und dosierten Vortrag angezeigt erscheinen lässt, unterbunden werden. Vortrag kann zurückgehalten werden, solange er weder durch Hinweise und Fragen des Gerichts nach § 139 ZPO noch durch Vortrag der Gegenpartei veranlasst ist (BayVerfGH NJW-RR 1992, 895) und insofern zur unnötigen Ausweitung des Prozessstoffes führen würde. Ein nur nach und nach („tröpfchenweise") angebotenes Vorbringen verstößt aber gegen die normierte Prozessförderungspflicht.

b) Pflicht zur Einhaltung von Fristen

778   aa) **Richterliche Fristen.** Dem Zweck konzentrierter Prozessführung dienen zahlreiche richterliche Fristen für das Parteivorbringen. Ihre Versäumung kann ebenfalls zur **Zurückweisung** des Vorbringens nach Fristablauf führen, § 296 Abs. 1 ZPO. Es sind dies die ausdrücklich in § 296 Abs. 1 ZPO auf die Klageerwiderung und die Replik, § 277 ZPO, bezogenen Fristen.

– § 273 Abs. 2 Nr. 1 ZPO	Frist zur Erklärung über bestimmte klärungsbedürftige Punkte,
– § 273 Abs. 2 Nr. 5 ZPO	Frist zur Vorlage einer Urkunde oder eines Augenscheinsobjektes durch die Partei,
– § 275 Abs. 1, 3 ZPO	Frist zur schriftlichen Klageerwiderung durch den Beklagten,
– § 275 Abs. 4 ZPO	Frist zur Replik des Klägers auf die Klageerwiderung,
– § 276 Abs. 1 S. 2 ZPO	Frist zur Klageerwiderung im schriftlichen Vorverfahren,
– § 276 Abs. 3 ZPO	Frist zur Replik des Klägers auf die Klageerwiderung im schriftlichen Vorverfahren.

§ 296 Abs. 1 ZPO wird darüber hinaus auch hinsichtlich **anderer Fristen** für entsprechend anwendbar erklärt, so etwa in § 340 Abs. 3 Satz 3 ZPO (Einspruchsschrift), § 411 Abs. 4 ZPO (Einwendungen gegen Sachverständigengutachten), § 530 ZPO (Berufung) oder §§ 697 Abs. 3 Satz 2, 700 Abs. 5 ZPO (nochmalige, jetzt richterliche Aufforderung zur Anspruchsbegründung nach Beendigung des Mahnverfahrens).

779   bb) **Form und Inhalt der Fristsetzung.** Wegen der weit reichenden Folgen einer möglichen Zurückweisung nach § 296 ZPO muss die Frist setzende Verfügung vom **zuständigen** Richter **unterzeichnet,** nicht nur paraphiert sein (BGH NJW 1980, 1167; 1991, 2774). Sie muss eindeutig **Fristlauf** und **Gegenstand** der Fristsetzung **erkennen** lassen (BVerfG NJW 1982, 1453) und der betroffenen Partei als beglaubigte **Abschrift** förmlich **zugestellt** werden (BGH NJW 1980, 1960; BGHZ 76, 236). Eine bloße Mitteilung der Geschäftsstelle setzt die Frist nicht in Lauf (Heilung von Zustellungsmängeln vgl. § 189 ZPO). In Fällen der §§ 276 Abs. 2, 277 Abs. 2 ZPO setzt die Wirksamkeit der Fristsetzung eine Belehrung über die Folgen einer Fristüberschreitung voraus (BGH NJW 1983, 822).

780   cc) **Fristverlängerungen.** Richterliche Fristen können bei Vorliegen erheblicher Gründe **verlängert** werden, § 224 Abs. 2 ZPO. Zu beachten ist, dass dem Beklagten, der eine ihm zur schriftlichen Klageerwiderung gemäß § 275 Abs. 1 Satz 1 ZPO gesetzte Frist nicht eingehalten hat, eine weitere Frist hierfür im Termin nicht mehr gewährt werden darf, § 275 Abs. 3 ZPO.

Das Gericht hat daher insbesondere im Parteiprozess, wenn ein Auftreten eines Rechtsanwalts nicht zu erwarten ist, zu erwägen, ob es dem Beklagten in der Terminsverfügung die Frist nach § 275 Abs. 1 Satz 1 ZPO setzt oder lediglich gemäß § 275 Abs. 1 Satz 2 ZPO auffordert, vorzubringende Verteidigungsmittel unverzüglich mitzuteilen, sodass bei ausbleibender Stellungnahme der unerfahrenen Partei nach Erörterung im Termin noch eine Klageerwiderungsfrist nach § 275 Abs. 3 ZPO gesetzt werden kann.

4. Zurückweisung verspäteten Vorbringens: Präklusion

a) Begriff und Bedeutung

781   Die ZPO begnügt sich nicht mit sanktionsloser Aufforderung zu rechtzeitigem Parteivorbringen. Vielmehr **muss** in den Fällen des § 296 Abs. 1, 3 ZPO und **kann** im Fall des § 296 Abs. 2 ZPO **verspätetes Vorbringen zurückgewiesen** werden, sog. **Präklusion**

(lat. praecludere: verschließen), und bleibt für die Entscheidung unberücksichtigt. Dies dient einer konzentrierten Prozessabwicklung, birgt aber die Gefahr sachlich unrichtiger Entscheidung, wenn das präkludierte Vorbringen entscheidungserheblich gewesen wäre. Insoweit wird der Verfassungsgrundsatz des **rechtlichen Gehörs** eingeschränkt. Die Regelung ist bei verfassungskonformer Handhabung verfassungsgemäß (BVerfG NJW 1980, 277, 1737; 1990, 2389).

Die Zurückweisung darf erst nach **Anhörung des Gegners** erfolgen, weil erst dann eine Verzögerung beurteilt werden kann; das **Gericht selbst** muss seiner **Prozessförderungspflicht** nachgekommen sein und versucht haben, eine Verzögerung durch die Partei aufzufangen.

Beispiel:
Der Beklagte überschreitet die Klageerwiderungsfrist um wenige Tage und benennt in seinem Schriftsatz Zeugen. Das Gericht unterlässt die Ladung der Zeugen zum in drei Wochen später anberaumten Termin. Im Termin stellt das Gericht eine Verspätung der Klageerwiderung fest und konstatiert eine Verzögerung des Rechtsstreits, wenn erneuter Termin zur Vernehmung der Zeugen des Beklagten anberaumt werden müsste, und weist das Vorbringen als verspätet zurück: **Unzulässig**, weil die Zeugen nach § 273 Abs. 2 Nr. 4 ZPO noch rechtzeitig zum Termin hätten geladen werden können.

b) Voraussetzungen der Präklusion nach § 296 Abs. 1 und 2 ZPO

aa) Zurückweisungstatbestände. Vorbringen, das unter Überschreitung einer hierfür gesetzten **Frist** verspätet erfolgt, **muss** zurückgewiesen werden, außer wenn die Zulassung die Prozesserledigung **nicht verzögern** würde oder wenn die Verspätung **genügend entschuldigt** wird, § 296 Abs. 1 ZPO.   **782**

Vorbringen, das zwar ohne Fristversäumnis, aber unter Verstoß gegen die **allgemeine Prozessförderungspflicht** nach §§ 282, 177, 132 ZPO nicht rechtzeitig vorgebracht wird, **kann** zurückgewiesen werden, wenn die Zulassung die Prozesserledigung **verzögern** würde und die Verspätung auf **grober Nachlässigkeit** beruht, § 296 Abs. 2 ZPO.

Die Zurückweisung erfordert also **Verspätung**, **Verschulden** und **Verzögerung**.

bb) Verspätung. Parteivortrag muss **innerhalb** einer nach § 296 Abs. 1 ZPO maßgeblichen und ordnungsgemäß gesetzten **Frist** oder **innerhalb** des nach der allgemeinen Prozessförderungspflicht gebotenen **Zeitraumes versäumt** worden sein.   **783**

cc) Verschulden. Die Partei oder ihren Vertreter muss an der Verspätung ein **Verschulden** treffen (BGH NJW 1988, 62). Im Falle der Fristversäumung des § 296 Abs. 1 ZPO reicht einfaches Verschulden, bei Verstoß gegen die Prozessförderungspflicht verlangt das Gesetz in § 296 Abs. 2 ZPO grobe Nachlässigkeit.   **784**

– **§ 296 Abs. 1 ZPO.** Das **einfache Verschulden** bei Fristversäumung wird **vermutet**, der Säumige hat die Verspätung zu **entschuldigen**. Das erfordert neben Darlegung und **Glaubhaftmachung**, § 296 Abs. 4 ZPO, der Verspätungsgründe auch die unverzügliche Nachholung des Vortrags. War die gesetzte Frist jedoch zu kurz bemessen oder hätte einem Fristverlängerungsantrag stattgegeben werden müssen, liegt kein Verschulden vor.
– **§ 296 Abs. 2 ZPO.** Soweit ein Verstoß gegen die Prozessförderungspflicht Präklusionsfolgen haben soll, muss das Gericht **grobe Nachlässigkeit** der Partei oder ihres Vertreters, also Verletzung der prozessualen Sorgfalt in ungewöhnlich hohem Maße, unter Würdigung aller von der Partei darzulegender Umstände **positiv feststellen** (OLG Frankfurt NJW 1966, 456). Da das Gericht in die Parteisphäre keinen Einblick hat, genügt die Feststellung der äußeren Umstände grober Nachlässigkeit, es obliegt dann der Partei, dies zu widerlegen (BGH NJW 1982, 2561).

dd) Verzögerung. Präklusion ist nur zulässig, wenn die Zulassung des verspäteten Vortrags die **Erledigung des Rechtsstreits verzögern** würde. Dabei werden zwei Ver-   **785**

zögerungsbegriffe vertreten: Nach dem Begriff der „relativen" Verzögerung (z.B. OLG Hamburg NJW 1979, 1717; OLG Hamm NJW 1979, 1717) ist hypothetisch zu untersuchen, wann der Rechtsstreit bei rechtzeitigem Vorbringen abgeschlossen worden wäre und wann er bei Zulassung des verspäteten Vortrags tatsächlich beendet werden könnte. Ist letzteres erst zu einem späteren Zeitpunkt möglich, so verzögert die Zulassung und Präklusion ist geboten. Die Vertreter des **herrschenden** „**absoluten**" Verzögerungsbegriffs (st. Rspr. BGH: zuletzt NJW 1983, 576) stellen darauf ab, ob die Zulassung des verspäteten Vorbringens im Vergleich zu seiner Zurückweisung zu einer längeren Verfahrensdauer führen würde. Beurteilungszeitpunkt ist derjenige, zu dem das neue Vorbringen kommt. Aus verfassungsrechtlichen Gründen ist aber eine erkennbare „Überbeschleunigung", also eine deutlich kürzere Verfahrensdauer als bei rechtzeitigem Parteivorbringen, zu vermeiden (BVerfG NJW 1987, 2733).

> **Beispiel:**
> Benennt der Kläger erst im Termin Zeugen für eine Tatsache, die er beweisen muss, obwohl der Beklagte den diesbezüglichen Vortrag des Klägers schon vier Wochen vor dem Termin bestritten hatte, so würde die Zulassung dieses Vortrags einen weiteren Termin zur Beweisaufnahme erfordern und damit den Rechtsstreit verzögern, der ansonsten jetzt entscheidungsreif wäre.

Trotz Fristversäumung liegt demnach keine Verfahrensverzögerung vor, wo über das verspätete Vorbringen sofort abschließend verhandelt werden kann, etwa weil die neuen **Beweismittel präsent** sind.

> **Beispiel:**
> Stellt der Kläger im obigen Beispiel den Zeugen in die Sitzung, so kann er in der Regel sofort vernommen werden. Das muss das Gericht auch tun. Gleiches gilt, wenn der Vortrag zwar verspätet, aber noch so rechtzeitig vor dem Termin kommt, dass das Gericht die Verspätung durch eine prozessleitende Maßnahme auffangen kann (vgl. BVerfG NJW-RR 1999, 1079; BGH NJW 1979, 1988), indem es den Zeugen kurzfristig in die Sitzung lädt.

786 **ee) Kausalität.** Der verspätete Vortrag muss für die Verzögerung **ursächlich** sein. Die Kausalität fehlt, wenn das Verfahren aus anderen Gründen ohnedies noch nicht zum Abschluss gebracht werden kann.

> **Beispiel:**
> Der geladene Zeuge kommt nicht zur Vernehmung, weshalb vertagt werden muss (BGH NJW 1982, 2559). Dann ist Verspätung nicht ursächlich für Verzögerung und daher keine Präklusion möglich.

787 **ff) Umgehungen.** Eine Partei kann einer drohenden Zurückweisung verspäteten Vorbringens entgehen, wenn sie – unter Inkaufnahme der damit verbundenen Nachteile – in die Säumnis flieht oder als Kläger die Klage erweitert oder als Beklagter Widerklage erhebt.
– **Flucht in die Säumnis.** Der mit § 296 ZPO verfolgte Zweck der Verfahrensbeschleunigung kann in gewisser Weise durch die „Flucht in die Säumnis" (vgl. Rn. 644) nach §§ 330 ff. ZPO unterlaufen werden.

> **Beispiel:**
> Der Beklagte hat versäumt, sein Verteidigungsvorbringen innerhalb der ihm gesetzten Frist dem Gericht mitzuteilen. Legt er nun erstmals im Termin einen Schriftsatz vor, der die entsprechenden Verteidigungsmittel enthält, so muss er damit nach § 296 Abs. 1 ZPO zurückgewiesen werden, falls er die Verspätung nicht entschuldigen kann. Wegen § 531 Abs. 1 ZPO kann er gegen die Zurückweisung auch in der Berufungsinstanz nicht mehr erfolgreich angehen.
> Besser steht er da, wenn er den Termin gänzlich versäumt und ein **Versäumnisurteil** gegen sich ergehen lässt. Denn nach § 340 Abs. 3 ZPO muss die säumige Partei ihre Angriffs- und Verteidigungsmittel in der Einspruchsschrift vorbringen. Das Gericht muss dann diesen Sachvortrag noch berücksichtigen, wenn dadurch keine Verzögerung eintritt. Da das Gericht

bei zulässigem Einspruch einen Verhandlungstermin über Einspruch und Hauptsache bestimmen muss und in zumutbarem Rahmen gehalten ist, durch vorbereitende Maßnahmen gemäß § 273 ZPO die Säumnis auszugleichen (BGH NJW 1980, 1105), kann doch noch eine weitergehende Verzögerung vermieden und so die Zurückweisung verhindert werden. Allerdings braucht der Termin nicht so weit hinaus angesetzt zu werden, dass zwischenzeitlich noch umfangreiche Beweisaufnahmen, insbesondere zeitaufwendige Sachverständigengutachten, erledigt werden können (i.E. str.: „Terminierung im normalen Geschäftsgang" OLG Köln MDR 2005, 1188; „Umfassende Vorbereitung möglich" BGH MDR 1980, 574; vermittelnd BGH MDR 1981, 309; BVerfG NJW 1990, 2373 „was dem Gericht zeitl. an Vorbereitung zumutbar ist").

- **Klageerweiterung – Widerklage.** Die Zurückweisung nach § 296 Abs. 1, 2 ZPO betrifft nur die Verzögerung von Angriffs- und Verteidigungsmitteln, d.h. die zur **Begründung** des Sachantrags oder zur **Verteidigung** dagegen vorgebrachten Einwendungen, nicht jedoch den **Angriff selbst.** Ein neuer die Klage ändernder oder erweiternder Sachantrag durch den Kläger oder die Erhebung einer Widerklage durch den Beklagten sind nie verspätet oder präkludiert.

c) Voraussetzungen der Präklusion nach § 296 Abs. 3 ZPO

Fehlende Prozessvoraussetzungen sind vom Beklagten vor seiner Verhandlung zur Hauptsache zu rügen, § 282 Abs. 3 ZPO. **Verzichtbare** Zulässigkeitsrügen nach §§ 88 Abs. 1, 110, 269 Abs. 6 ZPO sind nur zuzulassen, wenn der Beklagte die **Verspätung** genügend **entschuldigt,** § 296 Abs. 3 ZPO. Das Verschulden wird vermutet, der Verspätungsbegriff entspricht demjenigen bei §§ 296 Abs. 1, 2 ZPO. **788**

d) Form der Präklusion

Die Zurückweisung verspäteten Vorbringens erfolgt erst **im Urteil,** nicht etwa im laufenden Verfahren durch Beschluss. Sie muss in den Entscheidungsgründen **begründet** werden (BGH NJW 1999, 585; 2002, 290). **789**

e) Zurückweisung in der Berufungsinstanz

Für die Berufungsinstanz gelten entsprechende Regeln über die Zurückweisung verspäteten Vorbringens, §§ 530 bis 532 ZPO. **790**

aa) Erstinstanzlich präkludierter Vortrag. Die Zurückweisung von Angriffs- und Verteidigungsmitteln, die in der ersten Instanz nach § 296 ZPO erfolgt ist, wird vom Berufungsgericht überprüft. Das im **ersten Rechtszug** zu Recht zurückgewiesene Vorbringen bleibt auch in der Berufungsinstanz **ausgeschlossen,** § 531 Abs. 1 ZPO.
Dazu ist aber erforderlich, dass eine **ausdrückliche** Zurückweisung im Urteil erfolgt ist. Hat eine Partei nach Schluss der mündlichen Verhandlung noch etwas vorgetragen, was im Urteil nach § 296a ZPO **unberücksichtigt** geblieben ist, liegt kein „zurückgewiesenes" Vorbringen vor (BGH NJW 1979, 2109; OLG Köln OLGR 2004, 60). Vielmehr ist dann eine Prüfung nach § 531 Abs. 2 ZPO veranlasst.

bb) Erstinstanzlich nicht geltend gemachter Vortrag. Alles, was erstinstanzlich nicht ausdrücklich präkludiert worden ist, kann grundsätzlich in zweiter Instanz noch vorgebracht werden, wenn zusätzliche Voraussetzungen vorliegen: **791**
- **Keine Nachlässigkeit.** Der neue Vortrag darf nicht erstinstanzlich aus Nachlässigkeit unterblieben sein. Die Partei muss dort ihren **Prozessförderungspflichten** vollständig nachgekommen sein, sonst liegt Nachlässigkeit (einfache Fahrlässigkeit) vor, wodurch ein Nachschieben des Vortrags in der Berufung ausgeschlossen ist, § 531 Abs. 2 Nr. 3 ZPO. Die Zulassung neuen Vortrags ist folglich geboten, wenn die Angriffs- oder Verteidigungsmittel erst **nach** der letzten mündlichen Verhand-

lung erster Instanz **entstanden** sind oder wenn der neue Vortrag erst durch das **angefochtene Urteil**, durch **neuen Vortrag der Gegenpartei** oder durch **zulässigen eigenen neuen Angriff** veranlasst wurde.

Ein Beklagter, der fristgemäßen Sachvortrag versäumt hat, im erstinstanzlichen Verhandlungstermin zwar Klageabweisungsantrag stellt, aber dazu keine Tatsachen vorträgt, um dann in der zweiten Instanz – nicht zurückgewiesenen – Vortrag noch bringen zu können, kann wegen Verstoßes gegen die Prozessförderungspflicht auch in zweiter Instanz nicht mehr erfolgreich Vortrag halten.

- **Erkennbares Übersehen eines Gesichtspunktes.** In der Berufung ist neuer Vortrag darüber hinaus nur zuzulassen, wenn er einen Gesichtspunkt betrifft, der vom erstinstanzlichen Gericht erkennbar übersehen oder für unerheblich gehalten worden ist, § 531 Abs. 2 Nr. 1 ZPO.
- **Unterbleiben infolge Verfahrensmangels.** Schließlich wird neuer Vortrag in zweiter Instanz zugelassen, wenn er infolge eines Verfahrensmangels unterblieben ist, § 531 Abs. 2 Nr. 2 ZPO, etwa weil das Gericht keinen Hinweis nach § 139 ZPO erteilt hat oder die gesetzte Frist zu kurz war.

792   cc) **Zweitinstanzlich verspäteter Vortrag.** Schließlich unterliegen alle zulässigen Angriffs- und Verteidigungsmittel der Gefahr der Präklusion durch die zweite Instanz, wenn sie entgegen §§ 520 oder 521 Abs. 2 ZPO **nicht rechtzeitig** innerhalb der Berufungsbegründungsfrist bzw. der Stellungnahmefristen vorgebracht werden; § 296 Abs. 1 bis 4 ZPO gelten entsprechend, § 530 ZPO.

793   dd) **Verzichtbare Rügen der Unzulässigkeit.** Verzichtbare Zulässigkeitsrügen sind innerhalb der Berufungsbegründungsfrist oder einer fristgebundenen Stellungnahmefrist nach §§ 520, 521 Abs. 2 ZPO vorzubringen; werden diese Fristen versäumt, so ist die Verspätung zu entschuldigen, § 532 Satz 1 ZPO. Das gleiche gilt bei in zweiter Instanz **neu vorgebrachten** prozesshindernden Einreden, die schon in erster Instanz hätten erhoben werden können, § 532 Satz 2 ZPO.

> **Beispiel:**
> Der Beklagte verlangt erstmals in der Berufungsbegründungsschrift die Stellung einer Prozesskostensicherheit nach § 110 ZPO: Ist die Verspätung nicht zu entschuldigen, so ist die Rüge zurückzuweisen.

§ 532 ZPO gilt nicht für die Rüge der Unzuständigkeit des erstinstanzlichen Gerichts, weil hierauf eine Berufung nicht gestützt werden kann, § 513 Abs. 2 ZPO.

5.   Exkurs: Verlust von Verfahrensrügen nach § 295 ZPO

a)   Begriff und Bedeutung

794   Es obliegt den Parteien, **Verfahrensverstöße zu rügen.** Dieses Rügerecht wird jedoch in bestimmten Fällen **zeitlich begrenzt.** Hat ein Verstoß gegen eine Norm des Verfahrensrechts stattgefunden, auf deren Befolgung eine Partei **verzichten** kann, und hat sie die Rüge des Verfahrensverstoßes bei der **nächsten mündlichen Verhandlung** nicht erhoben, obwohl sie anwesend war und ihr der Verfahrensfehler bekannt war oder bekannt sein musste, verliert sie ihr Rügerecht, § 295 ZPO.

b)   Verzichtbare Verfahrensvorschriften

795   Bei Verstößen gegen **verzichtbare Verfahrensvorschriften** obliegt der Partei die rechtzeitige Rüge, weil das Gesetz ansonsten den Rügeverzicht fingiert und eine **rückwirkende Heilung** der verletzten Verfahrensvorschrift eintritt.

Beispiele für verzichtbare Verfahrensvorschriften:
- Nicht ausschließliche Zuständigkeitsvorschriften, §§ 39, 40 ZPO;
- Geschäftsverteilung innerhalb des Gerichts oder des Spruchkörpers (BGH NJW 1964, 201), § 21 e GVG;
- Unmittelbarkeit der Beweisaufnahme, § 355 ZPO;
- Verbot von Prozesshandlungen während Verfahrensunterbrechung, § 249 Abs. 2 ZPO;
- Zustellung der Klageschrift (BGH FamRZ 2008, 680);
- Einlassungsfrist, § 274 Abs. 3 ZPO;
- Verwertungsverbot bzgl. unzulässiger Beweismittel (BGH MDR 1984, 824);
- förmliche Entscheidung über Befangenheitsantrag, § 45 ZPO (BVerwG NJW 1992, 1186).

c) Unverzichtbare Verfahrensvorschriften

§ 295 ZPO findet hingegen **keine Anwendung** bei der Verletzung zwingender Ver- **796**
fahrensvorschriften, die nicht zur Disposition der Parteien stehen.

Beispiele für zwingende Verfahrensvorschriften:
- Von Amts wegen zu beachtende Sachurteilsvoraussetzungen wie Rechtsweg, Partei-, Prozess- und Postulationsfähigkeit;
- Öffentlichkeit der Verhandlung;
- ordnungsgemäße Besetzung des Gerichts bei Entscheidung, z.B. Notwendigkeit eines Einzelrichter- oder Übernahmebeschlusses der Kammer (BGH NJW 2001, 1357);
- Wahrnehmung von Hinweis- und Erörterungspflichten des Gerichts, § 139 ZPO;
- Voraussetzungen der Wiedereinsetzung in den vorigen Stand, § 233 ZPO.

d) Rügezeitpunkt

Will die Partei mit ihrer Rüge gehört werden, so hat sie die Rüge spätestens in dem **auf** **797**
den Verfahrensfehler folgenden Hauptsachentermin vorzubringen, § 295 Abs. 1 ZPO.
Unterbleibt die Rüge, erlischt das Rügerecht mit Schluss der mündlichen Verhandlung.
Verhandelt die Partei durch rügelose Antragstellung in Kenntnis des Verfahrensfehlers,
tritt bereits dadurch Rügeverlust ein (vgl. § 43 ZPO für Richterablehnung wegen
Befangenheit).

Beispiel:
Der Richter bezichtigt die Klägerin lautstark der Lüge. Lässt er sofort darauf die Parteien die
Anträge stellen, so ist das Ablehnungsrecht wegen Befangenheit verloren.

VI. Das rechtliche Gehör

1. Begriff und Bedeutung

Der Grundsatz der Gewährung **rechtlichen Gehörs** beruht auf Art. 103 Abs. 1 GG und **798**
Art. 6 Abs. 1 MRK. Er besagt, dass niemand in seinen Rechten durch eine **gerichtliche**
Maßnahme betroffen sein darf, ohne vorher Gelegenheit zur **Äußerung** gehabt zu
haben (BGHZ 48, 333; BVerfGE 9, 95). Für den Zivilprozess heißt das:

a) Möglichkeit der Äußerung

Die Verfahrensbeteiligten müssen sich zum gesamten Prozessstoff, also zu Sachverhalt
und Rechtslage (BVerfGE 86, 144), zu Erklärungen des Gerichts, des Gegners, zu
Beweisergebnissen sowie zu sonstigen Erkenntnissen des Gerichts Stellung nehmen
können. Nur der Prozessstoff, zu dem rechtliches Gehör gewährt worden ist, darf
vom Gericht zur Entscheidungsgrundlage gemacht werden.

Gelegenheit zur Stellungnahme kann in der **mündlichen Verhandlung** wie auch durch Einräumung einer **schriftsätzlichen Äußerung** gegeben werden. Stellungnahmen sollten unter Fristsetzung angefordert und der Gegenseite zugänglich gemacht werden (OLG München MDR 2006, 409), erst nach Ablauf der Erklärungsfrist kann das Gericht entscheiden (BVerfG NJW 1988, 1773). Grundsätzlich müssen alle Beteiligten zu allen Anträgen, Tatsachen und Beweisergebnissen, die der Entscheidung zugrunde gelegt werden sollen, die Möglichkeit zur Stellungnahme gehabt haben.

> **Beispiel:**
> Nach Erlass eines Versäumnisurteils gegen den Beklagten im schriftlichen Vorverfahren nimmt der Kläger noch vor dem Termin über Einspruch und Hauptsache die Klage zurück; der Beklagte stellt Kostenantrag nach § 269 Abs. 3 Satz 2 ZPO. Obwohl die Kostenfolge zwingend vorgeschrieben ist, muss dem Kläger Gelegenheit zur Stellungnahme zu diesem Kostenantrag eingeräumt werden. Er kann dann auch zur Frage der Kosten der Säumnis Stellung nehmen, deren Behandlung höchst streitig ist (vgl. Rn. 648).

b) Hinweise des Gerichts

799   Die Erfüllung der gesetzlich in § 139 ZPO ausgearbeiteten Pflicht des Gerichts, Hinweise zu entscheidungsrelevanten Aspekten zu geben, zeigt den Prozessbeteiligten auf, worauf das Gericht seine Entscheidung zu stützen gedenkt. Damit stellt die Hinweispflicht zu von den Parteien übersehenen oder abweichend beurteilten Gesichtspunkten und zur Mitteilung von Zulässigkeitsbedenken die Verwirklichung des rechtlichen Gehörs sicher.

c) Recht auf Kenntnisnahme

800   Das Gericht muss die Stellungnahmen der Prozessbeteiligten auch zur Kenntnis nehmen (BVerfG NJW-RR 1993, 383), sich mit dem Prozessstoff auseinandersetzen, bei seinen Überlegungen alle vorgetragenen wesentlichen und erheblichen Aspekte würdigen (vgl. BGH ZIP 2007, 1424) und auf sie im Urteil eingehen (zu den Grenzen: BVerfGE 85, 1149).

2. Ausnahmen

801   In den **Eilverfahren** (Arrest, einstweilige Verfügung, selbstständige Beweissicherung) oder bei **Pfändungen** gemäß § 834 ZPO kann in zulässiger Weise ohne Gewährung rechtlichen Gehörs entschieden werden, weil ansonsten der Zweck des Verfahrens vereitelt werden könnte (BVerfGE 65, 233). Dem Grundsatz des rechtlichen Gehörs wird durch die möglichen Rechtsbehelfsverfahren Rechnung getragen.

3. Verstoß gegen den Grundsatz des rechtlichen Gehörs

a) Allgemeine Rechtsmittel

802   Die Verletzung des rechtlichen Gehörs ist ein **Verfahrensfehler**, ohne dass es dabei auf ein Verschulden des Gerichts ankäme.

> **Beispiel:**
> Bei Gericht eingereichter Schriftsatz gerät als Irrläufer zum falschen Richter, der ihn zwar an den zuständigen Richter weiterleitet, bei dem der Schriftsatz aber erst nach Verkündung des Urteils eingeht (BVerfG MDR 1978, 201; BGHZ 85, 361 ff.): Verletzung rechtlichen Gehörs!

Der Verfahrensfehler führt bei Einlegung des **Rechtsmittels** (Berufung, Revision) oder **Rechtsbehelfs** (Rechtsbeschwerde) zur **Aufhebung des Urteils**, wenn es auf der Rechtsverletzung **beruhen** kann.

b) Gehörsrüge nach § 321 a ZPO

Nur soweit kein Rechtsmittel oder anderer Rechtsbehelf (mehr) gegeben ist, etwa weil **803** kein Rechtsmittel vorgesehen ist (BGH) oder die Rechtsmittelfrist abgelaufen ist (bei nicht zugelassenem Rechtsmittel ist Nichtzulassungsbeschwerde zu erheben – BVerfG NJW 2007, 3418) besteht nach § 312 a ZPO gegen **Endentscheidungen** die **subsidiäre** Möglichkeit der **Gehörsrüge**. Der durch die Verletzung des rechtlichen Gehörs Beschwerte kann die Rüge schriftlich innerhalb einer Notfrist von **zwei Wochen** seit Kenntnis der Verletzung des rechtlichen Gehörs bei dem **Gericht** erheben, dessen Entscheidung angegriffen wird, § 321 a Abs. 2 ZPO.

Ist die Rüge unzulässig oder unbegründet, so wird sie durch zu begründenden **Beschluss** zurückgewiesen, § 321 a Abs. 4 ZPO. Andernfalls wird der Rechtsstreit in den Stand vor Schluss der mündlichen Verhandlung **zurückversetzt** und vom Gericht **fortgeführt**. Die neue, zu erlassende Endentscheidung hält das bisherige Urteil aufrecht oder hebt es auf, §§ 321 a Abs. 5, 343 ZPO.

Eine vergleichbare Regelung findet sich in § 4 a JVEG.

3. Teil   Das Beweisverfahren

1. Kapitel   **Beweisverfahren, Beweisantrag und Beweisanordnung**

I.   Zweck des Beweisverfahrens

804   Das Gericht hat zur Streitentscheidung die Rechtsnormen auf den von den Parteien unterbreiteten Sachverhalt anzuwenden. Soweit die Parteien in der Schilderung der entscheidungserheblichen **Tatsachen** übereinstimmen (**unstreitiger Sachverhalt**), kann das Gericht sogleich zur **Rechtsanwendung** schreiten. Regelmäßig wird jedoch der relevante Sachverhalt von den Parteien unterschiedlich dargestellt (**streitiger Sachverhalt**), so dass das Gericht vor der Rechtsanwendung die meist viel schwierigere Aufgabe der **Ermittlung des wahren Sachverhalts** zu lösen hat.

> **Beispiel:**
> Der Kläger trägt vor, der Beklagte habe ihn mit einem Faustschlag verletzt und dadurch geschädigt. Der Beklagte bestreitet, den Kläger überhaupt berührt zu haben. Was hat sich nun tatsächlich abgespielt? Die Frage, wer hier die wahre und damit für die Entscheidung maßgebliche Sachverhaltsschilderung vorträgt, ist schwieriger zu beantworten als die Frage, welche Rechtsfolge im einen oder anderen Fall eintreten muss.

Bei widersprechendem Parteivortrag dient das **Beweisverfahren** dazu, dem Gericht die Überzeugung von der Wahrheit oder Unwahrheit einer relevanten Behauptung zu verschaffen.

Während das Gericht bei der Rechtsfindung auf sich selbst gestellt ist (lat. „iura novit curia": Das Gericht kennt das Recht), ist es bei der **Sachverhaltsermittlung** auf die **Mitwirkung der Parteien** angewiesen (Beibringungsgrundsatz): Die Parteien haben die Tatsachen und die Beweismittel vorzutragen; ihr Verhalten entscheidet über die Beweisbedürftigkeit einer Tatsache, §§ 288, 138 Abs. 3 ZPO:

– Wird eine Tatsache **zugestanden**, bedarf sie keines Beweises, § 288 Abs. 1 ZPO;
– wird sie **nicht bestritten**, ist sie als zugestanden anzusehen und damit ebenfalls nicht beweisbedürftig, § 138 Abs. 3 ZPO;
– wird sie **bestritten**, muss Beweis erhoben werden, arg. § 138 Abs. 3 ZPO.

Es ist daher unerlässlich, dass der Richter neben der Fähigkeit der Rechtsanwendung auch die Kunst der **Tatsachenfeststellung** beherrscht und sich in der Lehre über die **Glaubwürdigkeit von Aussagen** auskennt.

II.   Notwendigkeit der Beweiserhebung und Beweisarten

1.   Feststehende Tatsachen

805   Um einen dem Kläger oder dem Beklagten günstigen Rechtssatz anwenden zu können, muss nicht nur der **Tatsachenvortrag** der Partei die **Tatbestandsmerkmale** dieses Rechtssatzes ausfüllen, sondern dieser Tatsachenvortrag muss zur Überzeugung des Gerichts auch **feststehen**. In diesem Fall bedarf es keiner Beweiserhebung:

a)   Zugestandene und nicht bestrittene Tatsachen

aa) Geständnis. Ein Sachverhalt steht für das Gericht fest, wenn er von einer Partei vorgetragen und von der anderen zugestanden ist, § 288 Abs. 1 ZPO. Während **Anerkenntnis** und **Verzicht** einen prozessualen **Anspruch** umfassen, bezieht sich das

Geständnis auf **Tatsachenbehauptungen** des Gegners (BGH MDR 1990, 324). Es ist eine ggf. dem Anwaltszwang unterliegende **Prozesshandlung, bedingungsfeindlich** und – abgesehen von der Ausnahme des § 290 ZPO – **unwiderruflich.**

Die Geständnisfähigkeit von **Rechtsbegriffen** ist umstritten. Während schwierige Rechtsbegriffe wie „Sittenwidrigkeit" einhellig als nicht geständnisfähig angesehen werden (BHG NJW 1958, 1968), lässt die Rechtsprechung das Geständnis „einfacher Rechtsbegriffe" wie „Bürgschaft", „Eigentum" oder „Vertragsbeziehung" zu (BGH, a.a.O.; WM 1980, 194; MDR 2006, 408). Dieses ist angesichts der im Geständnis enthaltenen rechtlichen Beurteilung, die einem Rechtsirrtum unterliegen kann, nicht unproblematisch.

Wo der Dispositionsgrundsatz herrscht, ist das Gericht **an die zugestandene Tatsache gebunden** (BGH MDR 2005, 1307), auch bei bewusst unwahren Geständnissen (BGHZ 129, 2011), es sei denn es liegt ein offenkundiger Verstoß gegen die Wahrheitspflicht vor (BGH MDR 1979, 1001). In Verfahren des Untersuchungsgrundsatzes (z.B. Familiensachen, § 26 FamFG) ist das Geständnis nicht bindend, aber bei der Beweiswürdigung zu beachten.

Der **Widerruf** des Geständnisses ist nur möglich, wenn die widerrufende Partei beweist, das das Geständnis der **Wahrheit nicht entsprochen** hat und **durch einen Irrtum** veranlasst sei, § 290 ZPO. Ein bewusst unwahres Geständnis kann also nicht widerrufen werden und bindet die lügende Partei.

bb) Nichtbestreiten. Tatsachen, die nicht ausdrücklich bestritten werden, sind als **806** zugestanden anzusehen, wenn nicht die Bestreitensabsicht aus den übrigen Erklärungen der Partei hervorgeht, § 138 Abs. 3 ZPO. Allerdings kommt dem Nichtbestreiten keine bindende Geständniswirkung i.S. des § 288 ZPO zu (BVerfG NJW 2001, 1565): Was zunächst nicht bestritten wurde, kann im weiteren Verlauf des Rechtsstreits – in den Grenzen der §§ 282, 296 ZPO – noch bestritten werden.

Das **Maß des Bestreitens** richtet sich nach dem Grad der Substantiierung der bestrittenen Tatsachenbehauptung: Werden Tatsachen vom Darlegungs- und Beweispflichtigen nicht in Einzelheiten geschildert, so kann sich der bestreitende Gegner auf „**einfaches Bestreiten**" beschränken und muss nicht die fehlende Konkretisierung nachliefern (BGH NJW 1995, 3312).

Beispiele:
– Der Bauherr wendet gegen die Werklohnklage „Mängel" des Werkes ein. Der Unternehmer kann dies bestreiten. Dadurch ist der Bauherr gezwungen, die Mängel zu substantiieren. Erst jetzt hat der Unternehmer ebenfalls substantiiert zu bestreiten.
– Die Bank klagt einen offenen Girokontensaldo ein, ohne sich auf ein Saldoanerkenntnis berufen zu können. Der Kunde darf den eingeklagten Saldo zunächst bestreiten. Substantiiert die Bank nun das Zustandekommen des Saldos durch Anführung der einzelnen Buchungen, so hat der Beklagte diese Einzelpositionen konkret zu bestreiten und sein Bestreiten auch mit Tatsachenvortrag zu untermauern (vgl. BGH NJW 1991, 2908).

Anders ist das nur, wenn der Darlegungspflichtige keine detaillierteren Tatsachen vortragen kann, der bestreitende Gegner jedoch Kenntnis hat und ihm nähere Angaben zumutbar wären. Hier ist „**substantiiertes Bestreiten**" erforderlich (BGH NJW 2008, 984 – sekundäre Darlegungslast). **Pauschales Bestreiten** des gesamten gegnerischen Vorbringens ist **unbeachtlich** (OLG Köln MDR 1970, 1017).

Beispiele:
– Floskel am Ende des Anwaltsschriftsatzes: „Soweit der Klägervortrag nicht ausdrücklich zugestanden wurde, wird er bestritten" ist eine Verkehrung der Regel des § 138 Abs. 3 ZPO und vollkommen wirkungslos.
– Floskel: „Die Zinsen werden dem Grunde und der Höhe nach bestritten" ist unbeachtlich (BGH BGHReport 2001, 955).

807   **cc) Erklärung mit Nichtwissen.** Der Gegner kann sich auch auf behauptete Tatsachen **mit Nichtwissen erklären,** wenn er nicht ausdrücklich bestreiten will. Damit ist die Behauptung vom Beweispflichtigen unter Beweis zu stellen. Die Erklärung mit Nichtwissen ist nur **zulässig** über Tatsachen, die weder **eigene Handlungen** der Partei noch **Gegenstand eigener Wahrnehmung** gewesen sind, § 138 Abs. 4 ZPO. Handelt es sich um Tatsachen, die zwar im Erkenntnisbereich der Partei liegen, über die sie jedoch derzeit kein präsentes Wissen hat, muss sie sich durch Nachforschungen kundig machen (BGHZ 109, 209) oder den Grund ihrer Unkenntnis offen legen (BAG NJW 2008, 1179). **Gesetzlichen,** nicht jedoch rechtsgeschäftlichen **Vertretern** ist die Kenntnis des Vertretenen zuzurechnen (BGH NJW 1999, 54). Gleiches gilt bei Unternehmern (Gesellschafter, Geschäftsführer) für Vorgänge innerhalb des eigenen Geschäfts- oder Verantwortungsbereichs (BGH NJW 2002, 613; 1995, 131). Insoweit ist nur Bestreiten oder Nichtbestreiten zulässig.

> **Beispiele:**
> – Gegen Darlehensklage des A wendet B ein, den Darlehensbetrag dem A persönlich in bar zurückgezahlt zu haben. Der Kläger kann sich daran nicht mehr erinnern und erklärt sich deshalb mit Nichtwissen: **Unzulässig,** die Rückzahlung ist damit unstreitig.
> – Gegen Darlehensklage des A wendet B ein, den Darlehensbetrag dem Sohn des A in bar zurückgezahlt zu haben. Der Kläger weiß davon nichts und erklärt sich deshalb mit Nichtwissen: **Zulässig,** gilt als bestritten und bedarf des Beweises.

b)   Offenkundige Tatsachen

808   Trotz Bestreitens durch den Gegner steht eine Tatsache auch dann für das Gericht fest, wenn es sich um eine **offenkundige Tatsache** handelt, § 291 ZPO. Unterschieden werden dabei **allgemeinkundige** Tatsachen und **gerichtskundige** Tatsachen.

aa) Allgemeinkundige Tatsachen. Sie sind **jedermann bekannt** oder können leicht zuverlässig in Erfahrung gebracht werden.

> **Beispiele:**
> Historische Ereignisse (Datum der Euroumstellung); geografische Gegebenheiten (Entfernung zwischen zwei Orten); allgemeine Vorgänge des Wirtschaftslebens (aktueller Stand des DAX); Lichtverhältnisse zu bestimmter Zeit (BGH NJW 2007, 3211).

809   **bb) Gerichtskundige Tatsachen.** Sie sind dem Richter aus seiner **amtlichen** Tätigkeit **bekannt,** aber nicht, wenn er sich durch Akteneinsicht erst kundig machen muss. Keine Gerichtskundigkeit besteht auch bei Erkenntnissen aus ähnlichen Verfahren.

> **Beispiele:**
> Insolvenzeröffnung über ein Vermögen; Zulassung als Rechtsanwalt; Eintragung in öffentliches Register.

Davon zu unterscheiden ist das **private Wissen des Richters,** welches er außerhalb seiner gerichtlichen Tätigkeit zufällig erworben hat. Diese Erkenntnisse sind nicht offenkundig.

> **Beispiele:**
> Der Richter hat den fraglichen Verkehrsunfall selbst beobachtet; er kennt die Geruchsentwicklung einer Pizzabäckerei von privaten Besuchen; sein Wissen ist nur durch Zeugenaussage zu verwerten, was eine Kollision mit § 41 Nr. 5 ZPO ergibt (vgl. Rn. 383).

c)   Bestrittene Tatsachen

810   In allen übrigen Fällen des Bestreitens und der zulässigen Erklärung mit Nichtwissen muss eine Partei für die von ihr aufgestellten, vom Gegner aber bestrittenen Behauptungen den **Beweis** führen, um das Gericht von der Richtigkeit ihres Vortrags zu überzeugen. Bloßes Bestreiten reicht allerdings nicht aus, wo eine **gesetzliche Vermutung** für eine Tatsache spricht, § 292 ZPO. Sind die Voraussetzungen der gesetzlichen Vermutung erbracht, so hat derjenige, der die gesetzliche Vermutung erschüttern will, den Gegenbeweis zu führen.

> Beispiel:
> Der Kläger, der im Besitz der Sache ist, beruft sich auf die Eigentumsvermutung nach § 1006 BGB. Der Beklagte bestreitet sein Eigentum: **Unzulässig**, der Beklagte muss die Eigentumsvermutung widerlegen.

2. Beweisarten

a) Der Strengbeweis

Das Gericht hat bei Streit über Tatsachenbehauptungen zu entscheiden, ob eine **811** tatsächliche Behauptung für **wahr** oder für **nicht wahr** zu erachten sei, § 286 Abs. 1 ZPO. Regelmäßig ist hierfür die **volle Überzeugung** des Gerichts erforderlich (vgl. Rn. 591), die das Gericht im Beweisverfahren mit den **gesetzlich vorgesehenen Beweismitteln des Strengbeweises** nach §§ 355 ff. ZPO erlangen soll.
Die Beweisführung beschränkt sich danach auf die Einnahme des **Augenscheins**, §§ 371 ff. ZPO, die **Zeugenvernehmung**, §§ 373 ff. ZPO, die Einholung eines **Sachverständigengutachtens**, §§ 402 ff. ZPO, die Vorlage von **Urkunden**, §§ 415 ff. ZPO und die **Vernehmung des Gegners als Partei**, §§ 445 ff. ZPO.

b) Der Freibeweis

Abweichend von den Regeln des Strengbeweises lässt das Gesetz mit **Einverständnis** der **812** Parteien eine Beweisführung im Wege des Freibeweises zu, § 284 Satz 2 ZPO. Es ist dann **nicht** auf die **gesetzlich vorgesehenen Beweismittel beschränkt**, Verfahren und Beweismittel stehen in seinem Ermessen. Seinen Anwendungsbereich findet er etwa bei der Feststellung von Sachurteilsvoraussetzungen (BGH NJW 1992, 628), der Zulässigkeit eines Rechtsmittels (BGH VersR 2001, 733) oder im PKH-Prüfungsverfahren. Das zu erreichende Beweismaß ist auch beim Freibeweis die **volle Überzeugung** des Gerichts, wird diese an Gewissheit grenzende Wahrscheinlichkeit nicht erreicht, muss der Beweisbelastete den Beweis mit den Mitteln des Strengbeweises führen (BGH NJW 2000, 814).

c) Die Glaubhaftmachung

Glaubhaftmachung ist eine weniger strenge Art der Beweisführung, bei der volle **813** Überzeugung des Gerichts nicht nötig ist, vielmehr genügt „**überwiegende Wahrscheinlichkeit**" der behaupteten Tatsache (BGH NJW 1996, 1682; MDR 2007, 670). Dies ist weniger als Gewissheit, aber mehr als nur einfache Wahrscheinlichkeit. Glaubhaftmachung ist nur in **gesetzlich** geregelten Fällen **zugelassen**.

> Beispiele:
> – § 44 Abs. 2 ZPO: Ablehnungsgrund bei Richterablehnung,
> – § 224 Abs. 2 ZPO: Erhebliche Gründe für Fristverlängerung,
> – § 236 Abs. 2 ZPO: Tatsachen für Wiedereinsetzung in den vorigen Stand,
> – § 296 Abs. 4 ZPO: Entschuldigungsgrund bei verspätetem Vorbringen,
> – § 386 Abs. 1 ZPO: Weigerungsgründe bei Zeugnisverweigerung des Zeugen,
> – § 920 Abs. 2 ZPO: Arrestanspruch und Arrestgrund.

Wer eine Tatsache glaubhaft zu machen hat, darf sich **aller Beweismittel** des Strengbeweises bedienen, sofern sie **präsent** sind, d.h. die **Beweiserhebung** muss **sofort möglich** sein, § 294 Abs. 1, 2 ZPO. Das ist bei Berufung auf Zeugenaussagen nur möglich, wenn ein Verhandlungstermin stattfindet und die Zeugen in die Sitzung mitgebracht oder vom Gericht noch vorher geladen werden können. Urkunden oder Gutachten müssen vorgelegt sein. Darüber hinaus ist die **Versicherung an Eides Statt** durch die Partei oder einen Dritten (z.B. Rechtsanwalt) zugelassen, § 294 Abs. 1 ZPO, wenn dort **eigene Wahrnehmungen** geschildert werden (BGH NJW 2004, 3492; vgl. Rn. 1146). Auch die Vorlage von schriftlichen Zeugenaussagen, von unbeglaubigten Kopien (OLG Köln FamRZ 1983, 709) oder von Fotos (OLG Jena OLGR 1997, 94) ist zugelassen. Das Gericht würdigt deren Beweiswert frei.

3. Die Beweislast

a) Bedeutung im Prozess

814 Die Beweislast hat im Rahmen der Beweisaufnahme doppelte Bedeutung. Einerseits entscheidet die Beweislast darüber, ob angebotene **Beweise eingeholt werden müssen**, weil sie sich auf Tatsachen beziehen, bezüglich derer der **Beweisführer darlegungs- und beweisbelastet** ist.

> **Beispiel:**
> Der Kläger begehrt Schadensersatz wegen einer angeblichen Körperverletzung durch den Beklagten. Der Beklagte bestreitet eine Körperverletzung und bietet hierfür einen Zeugen an. Da der Beklagte für die Körperverletzung nicht beweispflichtig ist darf sein Zeuge nicht vernommen werden, wenn der beweisbelastete Kläger keinen Beweis anbietet.

Andererseits entscheidet die Beweislast, wenn das Gericht nach einer erschöpfend durchgeführten Beweisaufnahme weder von der Wahrheit noch von der Unwahrheit einer Beweistatsache überzeugt ist („**non liquet**"). In diesem Fall gilt die Tatsache **zulasten des Beweisbelasteten** als **nicht erwiesen**.

> **Beispiel:**
> Nach Beweisaufnahme über die Körperverletzung des Klägers durch Vernehmung der einzig vorhandenen Zeugen A und B ist noch immer ungeklärt, ob der Beklagte der Täter war. A meinte sich zu erinnern, dass der Beklagte zugeschlagen hat. B war sich relativ sicher, dass der Beklagte *nicht* zugeschlagen hat. Da der Kläger die Beweislast für seine Behauptung trägt, treffen ihn die Folgen dieses „non liquet": Die Klage wird abgewiesen.

Die Beweislast charakterisiert daher das **Risiko einer Partei, bei Nichtbeweisbarkeit** einer ihr günstigen Tatsache den **Rechtsstreit zu verlieren**.

b) Beweislastregeln

815 **aa) Grundregel.** Die Beweislast ergibt sich grundsätzlich aus der Rechtsnorm, auf die der streitige Vortrag gestützt wird. Nach der Grundregel trägt der **Anspruchssteller** die Beweislast für die **anspruchsbegründenden Tatsachen**, der **Anspruchsgegner** für die **rechtsvernichtenden, rechtshindernden und rechtshemmenden Tatsachen** (BGH NJW 1991, 1052). Soweit die rechtsvernichtenden wieder durch **rechtserhaltende Tatsachen** negiert werden, liegt die Beweislast wieder beim **Anspruchssteller** (vgl. BGH NJW 1999, 353).

816 **bb) Gesetzliche Beweislastumkehr.** Von dieser Grundregel weicht das Gesetz durch sprachliche Regel-Ausnahme-Formulierungen (Beweislastumkehr) häufig ab.

> **Beispiele:**
> – Nach § **280 Abs. 1 Satz 1 BGB** kann der Gläubiger Schadensersatz verlangen, wenn der Schuldner eine Pflicht aus dem Schuldverhältnis verletzt. Nach § **280 Abs. 1 Satz 2 BGB** gilt dies **nicht**, wenn der Schuldner die Pflichtverletzung **nicht zu vertreten** hat. Nach dieser Regel-Ausnahme-Formulierung wird zugunsten des anspruchsberechtigten Gläubi-

gers das Vertretenmüssen vermutet; der Schuldner hat also darzulegen und zu beweisen, dass er die Pflichtverletzung ausnahmsweise **nicht zu vertreten** hat.

– Behauptet der Käufer einer Sache beim Verbrauchsgüterkauf innerhalb von sechs Monaten seit Übergabe einen Sachmangel, wird gemäß § **476 BGB** die Mangelhaftigkeit bei Gefahrübergang zu seinen Gunsten vermutet. Der Verkäufer muss den Gegenbeweis führen.

Im Bereich des Prozessrechts bringt § 287 ZPO eine **Beweiserleichterung** für den Anspruchsteller, weil das Gericht bei ausreichenden tatsächlichen Anhaltspunkten über Grund und Höhe eines Schadens nach freiem Ermessen entscheiden darf (vgl. Rn. 954).

cc) Beweislastumkehr durch Rechtsprechung. In bestimmten Rechtsgebieten haben die **817** Gerichte ein Bedürfnis gesehen, die Beweislast abweichend von gesetzlichen Regeln zu verteilen.

Beispiele:

– Im **Arzthaftungsrecht** obliegt dem Arzt der Nachweis der fehlenden Ursächlichkeit eines groben Behandlungsfehlers für einen eingetretenen Gesundheitsschaden des Patienten (BGH NJW 2001, 2792, 2795; 2008, 1383).

– Bei der **Produzentenhaftung** hat der Hersteller die Beweislast hinsichtlich mangelnden Verschuldens, falls der Kunde etwa durch einen Fabrikationsfehler oder Konstruktionsfehler zu Schaden gekommen ist (BGH NJW 1977, 379; VersR 1996, 1116).

III. Der Beweisantrag

1. Antragsprinzip

Nach dem Beibringungsgrundsatz obliegen Anbieten und Beschaffung der Beweismittel **818** den Parteien. Die Anordnung der **Beweisaufnahme** erfolgt daher regelmäßig **auf Antrag einer Partei.** Die Antragstellung erfolgt im Anwaltsprozess durch vorbereitenden Schriftsatz und Vortrag im Verhandlungstermin, §§ 130 Nr. 5, 137 ZPO, wobei die konkludente Bezugnahme auf den Schriftsatz in der Praxis die Regel ist. Im Übrigen gelten die Regeln des § 496 ZPO.

Der Beibringungsgrundsatz wird jedoch durchbrochen: Wo die Sachkunde des Gerichts zur Beurteilung der anspruchsbegründenden Tatsachen nicht ausreicht und die Begutachtung für eine sachgerechte Entscheidung unentbehrlich erscheint (BGH MDR 1976, 396), muss das Gericht **von Amts wegen** ein **Sachverständigengutachten** einholen oder den **Augenschein** einnehmen, § 144 Abs. 1 ZPO. Auch die **Urkundenvorlage** kann vom Gericht angeordnet werden, wenn sich eine Partei auf sie **bezogen** hat, § 142 ZPO. Schließlich ist auch die **Parteivernehmung** unter den strengen Voraussetzungen des § 448 ZPO von Amts wegen möglich. Eine Zeugenvernehmung ist von Amts wegen ausgeschlossen.

2. Beweisantritt durch Bezeichnung von Beweisthema und Beweismittel

Die Parteien haben dem Gericht zum **Beweisantritt** das **Beweismittel** für eine **bestimmte** **819** **Tatsachenbehauptung,** und das **Beweisthema,** welches bewiesen werden soll, zu bezeichnen.

Hingegen sind Rechtssätze **ausländischen Rechts, Gewohnheitsrecht** und **Satzungsrecht** öffentlich-rechtlicher juristischer Personen keine Tatsachen, die von den Parteien unter Beweis gestellt werden müssten. Diese muss das Gericht selbst kennen und notfalls darüber Beweis erheben. Die Parteien dürfen dem Gericht dabei – etwa durch Vorlage von Gutachten – helfen, ohne dass das Gericht auf diese Nachweise beschränkt wäre. Es kann im Wege des Freibeweises auch andere Erkenntnisquellen nutzen, § 293 ZPO.

Im Einzelnen ist der Beweis wie folgt anzutreten:

820 – **Augenschein:** Bezeichnung des **Gegenstandes** des Augenscheins und Angabe der damit zu beweisenden **Tatsachen**, § 371 ZPO;

> Beispiele:
> – An der östlichen Seite des Daches dringt Wasser von außen ins Innere des Hauses. **Beweis:** In Augenschein nehmen des Daches;
> – Die vom Betrieb der Pizzabäckerei ausgehenden Geruchsimmissionen sind unerträglich und dringen in sämtliche umliegenden Wohnungen ein. **Beweis:** In Augenschein nehmen der Bäckerei- und Wohnräumlichkeiten.

Ist Augenscheinsgegenstand ein elektronisches Dokument, so wird der Beweis durch Vorlegung oder Übermittlung der Datei geführt, § 371 Abs. 1 Satz 2 ZPO.

– **Zeugenbeweis:** Benennung des **Zeugen** und Bezeichnung des **Vernehmungsgegenstandes**, § 373 ZPO.

> Beispiel:
> Der Kläger hat im Kollisionszeitpunkt geblinkt. **Beweis:** Erna Schwach, Rotweg 7, 73.622 Nürtingen.

821 – **Sachverständigenbeweis:** Bezeichnung der **zu begutachtenden Punkte**, § 403 ZPO. Es genügt die summarische Bezeichnung der streitigen Frage, weil das Gericht bei Einholung eines Sachverständigengutachtens von Amts wegen vorzugehen hat (vgl. Rn. 818).

> Beispiel:
> Ursache für den Wassereintritt an der östlichen Seite des Daches ist die mangelhafte Durchführung der Dachdeckerarbeiten des Beklagten. **Beweis:** Einholung eines Gutachten eines ö.b. u.v. Sachverständigen für das Dachdeckerhandwerk.

822 – **Urkundenbeweis:** Körperliche **Vorlegung der Urkunde**, § 420 ZPO. Die Vorlage von **Privaturkunden** erfolgt im Original, wenn der Gegner durch Bestreiten des Inhalts die Beweisführung über Echtheit und Existenz des Originals erforderlich macht, §§ 439 ff. ZPO; **öffentliche Urkunden** können in Urschrift oder in beglaubigter Abschrift vorgelegt werden, § 435 ZPO.

> Beispiel:
> Die Parteien schlossen am 23.12.2009 einen Kaufvertrag. **Beweis:** Urkunde vom 23.12.2009 in Anlage 1.

823 – **Parteivernehmung:** Benennung der zu beweisenden **Tatsachen** und **Antrag, den Gegner zu vernehmen**, § 445 Abs. 1 ZPO. Allerdings ist diese Beweiserhebung von weiteren Voraussetzungen abhängig (vgl. Rn. 934 ff.). U.U. ist auch eine Vernehmung der beweispflichtigen Partei selbst möglich, dazu bedarf es der Benennung der streitigen **Tatsache**, des **Antrags auf eigene Parteivernehmung** und die **Einwilligungserklärung** des Gegners, § 447 ZPO.

> Beispiel:
> Der Beklagte hat dem Kläger das Darlehen am 13.4. in bar in dessen Wohnung zurückbezahlt. **Beweis:** Parteivernehmung des Klägers.

Falsch ist es, im Schriftsatz eine Reihe von Tatsachenbehauptungen aufzustellen und dann am Ende eines Abschnitts einige Beweismittel anzuführen. Vielmehr muss klar erkennbar sein, zu **welcher Einzelbehauptung welches Beweismittel** angeboten werden soll. Ist die Tatsachenbehauptung nicht bestimmt genug, ist dem Beweisantrag nicht nachzugehen (BGH NJW-RR 1994, 378).

3. Beweisantragsrücknahme

824 Beweisanträge können als Angriffs- oder Verteidigungsmittel während des ganzen Rechtsstreits bis zum Schluss der mündlichen Verhandlung **vorgebracht** werden, unterliegen jedoch dem Rechtzeitigkeitsgebot des § 282 ZPO. Der Beweisantritt ist eine, ggf. dem Anwaltszwang unterliegende **Prozesshandlung**, die **widerruflich** ist, solange der Beweis noch nicht erhoben ist.

Für den Verzicht auf Zeugen und auf Verwertung einer vorgelegten Urkunde gibt es Sonderregeln:

- **Verzicht auf Zeugen.** Der Beweisführer kann auf einen vorgeschlagenen Zeugen vor dem Beweisaufnahmetermin, vor der Vernehmung des Zeugen, aber auch noch während der Vernehmung des Zeugen verzichten, § 399 HS 1 ZPO. Die Vernehmung hat dann zu unterbleiben oder wird nicht fortgesetzt. Ist aber der Zeuge im Termin bereits erschienen, bevor der Verzicht erklärt wurde, kann der Gegner verlangen, dass der Zeuge vernommen wird bzw. eine begonnene Vernehmung des Zeugen fortgesetzt wird, § 399 HS 2 ZPO. Insoweit wird dann der Gegner zum Beweisführer.
- **Verzicht auf Urkunden.** Der Beweisführer kann nach der Vorlegung einer Urkunde nur mit Zustimmung des Gegners auf dieses Beweismittel verzichten, § 436 ZPO.

Ein zurückgenommener Beweisantrag kann, falls er dann nicht wegen Verspätung gemäß §§ 296, 282 ZPO zurückzuweisen ist, später wiederholt werden. Erstinstanzlich gestellte Beweisanträge haben für die Berufungsinstanz keine Wirkung. Ein Verzicht wirkt nur für die betreffende Instanz.

IV. Prüfung des Beweisantrags

825 Das Gericht hat dem Beweisantrag bzgl. beweisbedürftiger Tatsachen durch Beweiserhebung nachzugehen, wenn kein Ablehnungsgrund vorliegt. Dabei orientiert sich die Rechtsprechung an den Regelungen des § 244 Abs. 3–5 StPO, die auf den Zivilprozess mit Modifikationen übertragen werden können (BGHZ 53, 258).

1. Ablehnungsgründe

a) Fehlende Entscheidungserheblichkeit

Das Gericht hat nicht sämtliche angebotenen Beweise blindlings zu erheben, sondern nur solche, die sich auf **für die Entscheidung erhebliche** Tatsachen beziehen. **Entscheidungserheblich** sind nur Tatsachen, die zur Schlüssigkeit des Klagevortrags oder zur Erheblichkeit der Klageerwiderung erforderlich sind. Tatsachenbehauptungen, die keine Voraussetzungen des geltend gemachten Anspruchs sind, sind nicht erheblich. Umgekehrt sind Einwendungen, die den schlüssigen Anspruch nicht zu zerstören vermögen, ebenfalls unerheblich. Beim Indizienbeweis muss die Indiztatsache einen genügend sicheren Rückschluss auf die entscheidungserhebliche Tatsache zulassen, sonst ist über sie kein Beweis zu erheben (BGH NJW 1993, 1391).

> Beispiel:
> Im Schadensersatzprozess ist erheblich, ob der Beklagte dem Kläger mit der Faust oder der Hand ins Gesicht geschlagen hat oder nicht. Unerheblich ist, ob es zur Tatzeit dunkel war oder nicht.

b) Unzulässiger Beweis

826 Unzulässig ist ein Beweisangebot, das in der **vorliegenden Verfahrensart** (Beweiserhebungsverbot) oder wegen der **Art des Beweismittels** nicht gestattet ist (Beweisverwertungsverbot).

- **Beweiserhebungsverbot.** Nach §§ 592, 595 Abs. 2 ZPO sind im Urkundenprozess andere Beweismittel als **Urkunden** nicht statthaft. Nach § 294 Abs. 2 ZPO können dort, wo Glaubhaftmachung vorgeschrieben ist, nur **präsente Beweismittel** berücksichtigt werden.

– **Beweisverwertungsverbot.** Wird durch die Gewinnung von Beweismitteln in verfassungsrechtlich geschützte **Individualrechte einer Person** eingegriffen und ist dies nicht wegen anderer überragender Rechtsgüter gerechtfertigt, so darf der dennoch erhobene Beweis nicht verwertet werden (BVerfG NJW 1992, 816).

Beispiele:
– Unter Verletzung des allgemeinen Persönlichkeitsrechts hergestellte heimliche **Tonbandaufnahme** (BGH NJW 1988, 1016; anders, wenn nicht die Intimsphäre betroffen ist: BGH NJW 1988, 277).
– Zeugenaussage eines Dritten über mittels Lautsprecher **mitgehörtes** privates **Telefongespräch**, ohne den Gesprächspartner zu informieren, wenn vertraulicher Gesprächscharakter (BGH NJW 2003, 1727). Im Übrigen kann regelmäßig nicht mit der Wahrung der Vertraulichkeit eines Telefongesprächs gerechnet werden, falls nicht ausdrücklich darum gebeten worden ist (BGH NJW 1982, 1398; OLG Düsseldorf NJW 2000, 1578).
– Rechtswidrig erlangte persönliche Aufzeichnungen wie **Tagebücher** oder **intime Briefe** (BGH NJW 1964, 1139), aber auch solchermaßen erlangte **Fotoaufnahmen** (BGHZ 35, 363) oder **Filmaufnahmen** (BAG NJW 2003, 3438).

In diesen Fällen darf das Beweisverwertungsverbot auch **nicht** durch Vernehmung einer Mittelsperson umgangen werden.

Beispiel:
Anstelle der heimlichen Tonbandaufnahme wird ein Zeuge vernommen, der sie gehört hat und über sie aussagt.

c) Ausforschungsbeweis

827 Grundsätzlich ist die Angabe von konkreten Tatsachen erforderlich, aus denen sich zusammen mit einem Rechtssatz die begehrte Rechtsfolge ergibt, ohne dass Begleitumstände geschildert werden müssten (BGH NJW-RR 2007, 1483). Ein Beweisangebot, dem die **Bestimmtheit** des zu benutzenden Beweismittels oder der zu ermittelnden Tatsache **fehlt**, also das Vorliegen eines Sachverhalts unspezifisch und **ins Blaue hinein** behauptet wird (BGH NJW 1995, 2111), wird als Ausforschungsbeweis bezeichnet. Er dient dem Ziel, durch die Beweisaufnahme erst die Grundlage für neue Behauptungen zu gewinnen und ist unzulässig (**Beweisermittlungsantrag**).

Beispiele:
– Antrag auf Vernehmung des Zeugen Z, „weil er etwas Wesentliches zur Sache wisse";
– Antrag, der Gegner solle die Handelsbücher vorlegen, „weil sich daraus Wichtiges ergebe".

Die Voraussetzungen an die **Bestimmtheit** einer Behauptung sind dort zu reduzieren, wo es um Tatsachenbehauptungen geht, die der Darlegungspflichtige nicht sicher wissen kann, etwa wo es um innere Tatsachen des Gegners geht (vgl. BGH NJW 1995, 1161; NJW-RR 1988, 1529). Aber auch dann sind **tatsächliche Anhaltspunkte** für die Beweisbehauptung zu nennen (BGH NJW 1995, 2111 f.).

Beispiel:
Der Antrag auf Vernehmung der Ehefrau des Beklagten zum Beweis der Tatsache, dass der Beklagte Kenntnis vom Holzwurmbefall des verkauften Hauses gehabt habe, dürfte unzulässig sein (vgl. dazu auch BGH NJW 1983, 2034; NJW 1992, 2489).

d) Ungeeigneter Beweis

828 Von ungeeignetem Beweis spricht man, wenn die Beweiserhebung sicher keine Erkenntnisse erbringen kann. So braucht ein nach wissenschaftlicher Erkenntnis völlig sinnloser Beweis nicht eingeholt zu werden.

Beispiel:
- Benennung eines 2-Jährigen zur Schilderung eines Unfallhergangs;
- erbbiologisches Gutachten zum Nachweis der Vaterschaft, wenn diese durch Blutgruppengutachten bereits eindeutig ausgeschlossen ist.

Der unzulässige Beweis ist nur ausnahmsweise anzunehmen (BVerfG NJW 1993, 254), weil eine **Vorwegnahme der Beweiswürdigung** (Beweisantizipation) unzulässig ist.

Beispiele:
- Die Vernehmung der Ehefrau wird abgelehnt, weil klar ist, was sie sagen wird (BGH NJW 1988, 566; MDR 2005, 164).
- Die Vernehmung des Zeugen wird abgelehnt, weil der Zeuge wegen langer Zeitspanne doch nichts mehr wissen kann oder weil bei dem Alter des Zeugen das Gedächtnis doch nicht mehr zuverlässig sein kann.
- Die Vernehmung des Vorbestraften wird abgelehnt, weil das Gericht ihm sowieso nicht glauben wird (OLG Celle OLGR 2000, 195).
- Die Vernehmung des Zeugen wird abgelehnt, weil der Zeuge gar nicht wissen kann, wofür er benannt ist (BGH NJW 1970, 950).

e) Bewiesene Behauptung

Eine Beweiserhebung hat auch zu unterbleiben, wenn das **Gericht** von der zu bewei-   **829**
senden Tatsache bereits **anderweitig überzeugt** ist. Ein Beweis darf aber nicht deshalb abgelehnt werden, weil er die Überzeugung des Gerichts angeblich doch nicht mehr ändern könnte. Hier gilt wieder das Verbot der Beweisantizipation.
Soweit dem Gericht bei der Beweiserhebung über Entstehung oder Höhe eines **Schadens** ein **Ermessen** eingeräumt ist, kann eine beantragte Beweisaufnahme auch unterbleiben, § 287 ZPO (vgl. Rn. 954).

f) Unerreichbares Beweismittel

Im Ausnahmefall kann auch ein Beweisantrag, der ein **auf nicht absehbare Zeit**   **830**
unerreichbares Beweismittel bezeichnet, abgelehnt werden (BGHZ 168, 85).

Beispiel:
Zeuge, der sich im Ausland aufhält, mit dessen Erscheinen nicht zu rechnen und eine Vernehmung im Wege der Rechtshilfe oder Videoübertragung nicht möglich oder nicht ausreichend ist (BGH NJW 1992, 1768; 1999, 3788).

Steht der Beweisaufnahme lediglich ein **behebbares Hindernis von ungewisser Dauer** entgegen, kann dem Beweisführer durch Beschluss eine **Frist** zur Behebung gesetzt werden. Nach deren Ablauf kann der Beweisantrag übergangen werden, wenn nach der freien Überzeugung des Gerichts durch eine Beweisaufnahme das Verfahren **verzögert** wird, § 356 ZPO.

Beispiele:
- Der Beklagtenvertreter benennt zum Beweis einer Tatsache einen Zeugen, lässt aber dessen Anschrift offen (BGH NJW 1974, 188).
- Der Kläger beantragt die Anhörung des Sachverständigen zu dem auf Antrag erstellten Gutachten im Termin, bezahlt aber den Kostenvorschuss nicht, vgl. § 379 ZPO.

g) Verspäteter Beweisantrag

Ein unter Verletzung der allgemeinen Prozessförderungspflicht oder wegen Fristver-   **831**
säumnis **verspätet** gestellter Beweisantrag ist unter den weiteren Voraussetzungen des § 296 ZPO abzulehnen.

2. Die Ablehnung

832 Die Ablehnung des Beweisantrages bedarf **keines besonderen Verfahrens.** Sie erfolgt durch Nichterhebung des Beweises. Allerdings empfiehlt es sich, den Ablehnungsgrund in den Entscheidungsgründen des Urteils zu benennen, weil die *unberechtigte* Übergehung eines Beweisantrages eine Verletzung des rechtlichen Gehörs und damit einen revisiblen Verfahrensfehler darstellt (BVerfG NJW 1991, 285).

V. Die Anordnung der Beweisaufnahme

833 Die Entscheidung, ob und welche Beweise erhoben werden, liegt beim Gericht. Die Beweisanordnung kann in einer formlosen Beweisanordnung oder mittels förmlichen Beweisbeschlusses erfolgen.

1. Die formlose Beweisanordnung

a) Anwendungsbereich

Erfolgt die Beweisanordnung während der mündlichen Verhandlung und ist das Beweismittel **präsent,** etwa weil ein Zeuge von einer Partei vorsorglich in den Termin mitgebracht worden ist („in die Sitzung gestellt") oder vom Gericht zur Vorbereitung der Verhandlung geladen worden ist, bedarf es **keinerlei Beschlusses.** Die **vorterminliche Anordnung** einer Maßnahme nach § 273 ZPO ist noch **keine Beweisanordnung:** Ein nach § 273 Abs. 2 Nr. 4 ZPO vorsorglich geladener Zeuge muss nicht zwingend vernommen werden. Er hat aber auch ohne Vernehmung Anspruch auf Zeugenentschädigung.

b) Praktische Durchführung

834 Die formlose Beweisanordnung wird durch Einleitung der Beweisaufnahme erkennbar. Allerdings hat sich in der Praxis der Erlass folgenden Beschlusses eingebürgert:

> „B.u.v.: Der Zeuge Klug ist zu vernehmen."

Dieser – eigentlich überflüssige – Beschluss über die Beweisanordnung hinsichtlich eines sofort verfügbaren Beweismittels braucht nicht die Bestandteile eines förmlichen Beschlusses nach § 359 ZPO aufzuweisen, weder Beweisführer noch Beweisthema müssen angegeben werden.

c) Ausnahme Parteivernehmung

835 Trotz Präsenz des Beweismittels besteht im Falle der Parteivernehmung eine Ausnahme von der formfreien Beweisanordnung: Zur Anordnung einer **Parteivernehmung** ist wegen § 450 ZPO **stets** ein **förmlicher Beweisbeschluss** nach § 359 ZPO nötig. Dadurch soll die Parteivernehmung von der bloßen Parteianhörung nach § 141 ZPO, die gerade keine Beweiserhebung darstellt, klar unterschieden werden.

2. Der förmliche Beweisbeschluss

a) Anwendungsbereiche

836 Müssen die Beweismittel erst herbeigeschafft werden und erfordert die Beweisaufnahme ein **besonderes Verfahren,** so hat die Beweisanordnung durch **förmlichen Beweis-**

beschluss zu erfolgen, § 358 ZPO. Als besondere Verfahren sind insbesondere die Beweiserhebung im Ausland oder durch beauftragte oder ersuchte Richter, §§ 361 ff. ZPO, aber auch die schriftliche Beantwortung einer Beweisfrage durch Zeugen, § 377 Abs. 3 ZPO, oder die schriftliche Begutachtung durch Sachverständige, § 411 ZPO, anzusehen. Schließlich ist ein förmlicher Beweisbeschluss geboten, wenn die Kompliziertheit der Beweisthemen, die Problematik der Beweislastverteilung oder die Erhebung von Gegenbeweisen dies erfordern. Der Beweisbeschluss ergeht entweder auf Grund mündlicher Verhandlung als **verkündeter Beschluss**, § 358 ZPO, oder als **vorterminlicher Beweisbeschluss** ohne mündliche Verhandlung, § 358 a ZPO (vgl. Rn. 549 ff.).

b) Der Inhalt des Beweisbeschlusses

Der Beweisbeschluss beinhaltet nach § 359 ZPO die Bezeichnung   **837**
- der streitigen Tatsachen, über die Beweis zu erheben ist, das **Beweisthema**,
- der Beweismittel unter Benennung der zu vernehmenden Partei, Zeugen und Sachverständigen, also des **Beweismittels** und
- der Partei, die sich auf das Beweismittel berufen hat, des **Beweisführers**.

Bei der Formulierung des Beweisthemas ist es weder erforderlich noch zweckmäßig, die zu beweisende Parteibehauptung einfach wörtlich aus dem Schriftsatz zu übernehmen; es ist vielmehr sinnvoll, das Beweisthema aus dem Parteivortrag knapp zusammenzufassen.

c) Weitere Regelungen des Beweisbeschlusses

Der Beweisbeschluss kann darüber hinaus weitere Anordnungen enthalten.   **838**
- Bestimmung eines **Termins zur Beweisaufnahme** und ggf. Fortsetzung der mündlichen Verhandlung, § 370 Abs. 1 ZPO. Regelmäßig wird es sich dabei um den Haupttermin nach § 272 Abs. 1 ZPO handeln. Dazu kann auch das **persönliche Erscheinen** der Parteien angeordnet werden, § 141 Abs. 1 ZPO.
- Anordnung, dass die Beweisaufnahme durch den **ersuchten Richter** zu erfolgen hat, Erlass des Ersuchungsschreibens durch den Vorsitzenden, § 362 Abs. 1 ZPO.
- Anforderung eines **Auslagenvorschusses**, von dessen Eingang die Ladung der Zeugen abhängig gemacht werden soll, § 379 Satz 1 ZPO. Die **Vorschusspflicht** besteht bei allen mit Kosten verbundenen Prozesshandlungen des Gerichts.

Beispiele:
Auswärtiger Augenschein, Zeugenladung, Beauftragung eines schriftlichen Sachverständigengutachtens (BGH NJW 1964, 658), Ladung des Sachverständigen zum Termin, Übersetzung von Urkunden oder Ladung von Dolmetschern.

d) Vorschuss

Vorschusspflichtig ist die Partei, die den **Beweis angeboten** hat, ohne Rücksicht auf die   **839**
Beweislast, § 359 Nr. 3 ZPO. Haben sich beide Parteien auf dasselbe Beweismittel berufen, so hat der Beweisbelastete den Vorschuss zu leisten (BGH NJW 1999, 2823). Wer die Ladung des Sachverständigen zum Termin beantragt, hat Vorschuss zu leisten, auch wenn das Gutachten auf Antrag des Gegners eingeholt worden ist (BGH MDR 1964, 502). Die Anordnung eines Auslagenvorschusses steht zwar im **Ermessen des Gerichts**, angesichts der beachtlichen Kosten, die etwa durch Sachverständigengutachten entstehen können, sollte die Vorschussanordnung aber die Regel sein.
Das Gericht setzt im Beschluss auch die **Höhe** des Vorschusses und eine **Einzahlungsfrist** fest. Wird der Vorschuss nicht rechtzeitig bezahlt, wird im Falle des Zeugenbeweises der Zeuge **nicht geladen** oder der – vorbehaltlich der pünktlichen Vorschusszahlung – geladene Zeuge wieder abgeladen, es sei denn die Zahlung wird so zeitig nachgeholt, dass die Vernehmung ohne Prozessverzögerung noch durchgeführt werden

kann, § 379 Satz 2 ZPO. Auch ohne Zeugenladung bleibt der Termin bestehen (OLG Düsseldorf NJW-RR 1997, 1985), denn die Partei kann – mangels Präklusion (BGH NJW 1982, 2559) – den Beweis noch führen, wenn sie den Zeugen in die Sitzung stellt.

Muster für Beweisbeschluss

840   Es ist Beweis zu erheben über die bestrittene Behauptung des Klägers *(= Beweisführer)*:
Der Beklagte habe am 4.8.2009 den Kläger durch einen Faustschlag im Gesicht verletzt (= *Beweisthema*)
durch Vernehmung des Zeugen Zeno Zentaur, Friedhofstr. 7, 10101 Brutal (= *Beweismittel*).

Termin zur Beweisaufnahme und Fortsetzung der mündlichen Verhandlung wird anberaumt auf Mittwoch, 20.11.2009, 15.00 Uhr, Saal 3 im Gerichtsgebäude.
Das persönliche Erscheinen der Parteien wird zur Aufklärung des Sachverhalts angeordnet.
Zum Termin wird der Zeuge Zeno Zentaur zum o.g. Beweisthema geladen.
Die Ladung wird davon abhängig gemacht, dass der Kläger als Kostenvorschuss 150,– € bis spätestens 5.10.2009 bei der Landesoberkasse einbezahlt.

e)   Änderung eines Beweisbeschlusses

841   Nach neuer **mündlicher Verhandlung** kann das Gericht den früheren **Beweisbeschluss** ohne weiteres **ändern** oder **aufheben.** Vor seiner Erledigung kann ein Beweisbeschluss auch **ohne** weitere **mündliche Verhandlung** geändert werden, wenn beide Parteien zustimmen. Auf Antrag einer Partei oder von Amts wegen darf er geändert werden, wenn es sich nur um die Berichtigung oder Ergänzung der Beweistatsachen oder um die Auswechslung von im Beschluss angegebenen Zeugen oder Sachverständigen handelt, § 360 ZPO. Rechtliches Gehör ist zu gewähren. Der Beweisbeschluss unterliegt **keiner Anfechtung** der Parteien, weshalb auf diesem Wege eine Änderung nicht herbeigeführt werden kann, § 355 Abs. 2 ZPO.

3.   Umfang der Beweisanordnung

842   In eine Beweisanordnung werden nicht nur die von der **beweisbelasteten Partei** benannten Beweismittel, sondern sogleich auch die vom Gegner bezeichneten **Gegenbeweise** einbezogen.

> **Beispiel:**
> Benennt der Kläger den Zeugen Zentaur für die Körperverletzung durch den Beklagten, der Beklagte den Zeugen Kümmerling dafür, dass er nicht zugeschlagen habe, so wird nicht erst die Vernehmung des Zentaur beschlossen und die Vernehmung des Kümmerling zurückgestellt. Vielmehr umfasst der Beweisbeschluss sogleich beide Zeugenvernehmungen, obwohl bei einer negativen Aussage des Zentaur wegen der Beweislast des Klägers der Zeuge Kümmerling gar nicht mehr für die Entscheidung erforderlich ist und nicht mehr vernommen wird.

Bietet bei einer bestrittenen Tatsachenbehauptung **nur die Gegenpartei** Beweis für das Gegenteil an, nicht aber die beweispflichtige Partei für die von ihr aufgestellte Behauptung, so ist dieser **Gegenbeweis nicht einzuholen,** sondern sofort die Klage als unbegründet **abzuweisen.** Selbstverständlich ist zuvor ein entsprechender Hinweis an die beweispflichtige Partei gemäß § 139 ZPO erforderlich.

> **Beispiel:**
> Der Kläger bietet für seine vom Beklagten bestrittene Behauptung, dieser habe ihn verletzt, keinen Beweis an. Die Klage ist als unbegründet abzuweisen, wenn trotz eines Hinweises gemäß § 139 ZPO kein Beweisangebot vom Kläger kommt, ohne dass zuvor noch der vom Beklagten benannte Gegenzeuge Kümmerling zu laden oder zu vernehmen wäre.

Trotz des Grundsatzes, möglichst alle erheblichen Beweisangebote in einer einzigen Beweisaufnahme zu erledigen, ist es falsch, **zunächst** unbesehen einmal **alle angebotenen Beweise zu erheben**, um **danach** erst in die **rechtliche Prüfung** und Würdigung einzutreten. Zwar löst die Einholung unnötiger Beweise in einem Rechtsstreit keine Schadensersatzpflicht des Richters aus § 839 BGB aus, gleichwohl sollte er den Parteien nicht leichtfertig vermeidbare Kosten verursachen.

Im Grunde gilt dies auch schon bei der vorsorglichen Ladung der Zeugen gemäß § 273 ZPO zum frühen ersten Termin, wo noch in der Güteverhandlung die Chance einer vergleichsweisen Einigung besteht und die Zeugen dann unverrichteter Dinge wieder weggeschickt werden müssen. Trotzdem erweist es sich häufig als vorteilhaft, wenn nach erfolgloser Güteverhandlung sogleich im frühen ersten Termin der Fall nach einer kurzen Beweisaufnahme erledigt werden kann.

2. Kapitel   Die Beweisaufnahme

I.   Verfahrensgrundsätze zur Beweisaufnahme

1.   Der Unmittelbarkeitsgrundsatz

a)   Bedeutung

843   Da der Beweisaufnahme häufig prozessentscheidende Bedeutung zukommt, ist es geboten, dass die den Rechtsstreit entscheidenden **Richter** auch **selbst die Beweisaufnahme erleben**, um einen **unmittelbaren Eindruck** von den Beweismitteln zu gewinnen, §§ 309, 355 Abs. 1 Satz 1 ZPO. Nur dann sind sie in der Lage, die erhobenen Beweise zuverlässig zu würdigen (vgl. Rn. 760 ff.).

> **Beispiel:**
> Wertung der einzelnen Aussagen bei widersprechenden Zeugenbekundungen.

b)   Ausnahmen

Vom Unmittelbarkeitsgrundsatz lässt die ZPO nur wenige Ausnahmen zu, bei denen nur einem **Mitglied des Prozessgerichts** oder einem **anderen Gericht** die Beweisaufnahme übertragen werden darf. Die Beweisaufnahme darf nur in den **gesetzlich bestimmten Fällen** auf den ersuchten oder beauftragten Richter (vgl. §§ 361, 362 ZPO) durch unanfechtbaren Beschluss übertragen werden (vgl. § 355 Abs. 2 ZPO):

844   **aa) Zeugenvernehmung durch kommissarischen Richter.** Nach § 375 Abs. 1 ZPO ist die Zeugenvernehmung durch den kommissarischen Richter nur zulässig, wenn von vornherein anzunehmen ist, dass das Prozessgericht das Beweisergebnis auch **ohne unmittelbaren Eindruck** vom Verlauf der Beweisaufnahme **sachgemäß zu würdigen** vermag und ein Zeuge
- aus besonderen Gründen **außerhalb des Gerichts** zu vernehmen ist (**Nr. 1**),
- **verhindert** ist, vor dem Prozessgericht zu erscheinen (**Nr. 2**) oder
- das Erscheinen vor dem Prozessgericht **wegen großer Entfernung** unter Berücksichtigung der Bedeutung seiner Aussage **nicht zumutbar** ist (**Nr. 3**).

Der vernehmende Richter hat jedoch neben der Aussage, § 160 Abs. 3 Nr. 4 ZPO, seine Eindrücke vom Zeugen, die für die Einschätzung seiner Glaubwürdigkeit wichtig sind, im Protokoll niederzulegen, um so dem erkennenden Gericht eine Grundlage für die Beweiswürdigung zu bieten (BGH NJW-RR 1995, 1210).

Nach § 375 Abs. 1a ZPO kann die Zeugenvernehmung durch den **beauftragten** Richter erfolgen, wenn dies i.S. von Prozesswirtschaftlichkeit der **Vereinfachung der Verhandlung** vor dem Prozessgericht dient (Baumbach-Lauterbach-Hartmann § 375 Rn. 13: Arbeitserleichterung nicht ausreichend) und von vornherein anzunehmen ist, dass der unmittelbare Eindruck für die Beweiswürdigung entbehrlich ist.

845   **bb) Augenschein durch kommissarischen Richter oder Sachverständigen.** Das Gericht kann den **Augenschein** ohne weitere Voraussetzungen einem **kommissarischen** Richter übertragen, § 372 Abs. 2 ZPO, oder sogar einem **Sachverständigen** alleine überlassen, der dann insoweit sachverständiger Zeuge ist (vgl. BGH MDR 1974, 382). Nicht zulässig ist es aber, einem Sachverständigen die **Ermittlung** der für die Erstattung des Gutachtens erforderlichen **Anknüpfungstatsachen** zu übertragen, insbesondere eine Zeugenvernehmung durchzuführen (BGH NJW 1970, 1919 ff.; Ausnahmen bei Zöller-Greger § 355 Rn. 2).

cc) Sonstige Beweiserhebungen durch kommissarischen Richter. Für die Erhebung des **Sachverständigenbeweises** und die Durchführung der **Parteivernehmung** durch kommissarische Richter gilt § 375 ZPO entsprechend, §§ 402, 451 ZPO. Die **Urkunden-vorlegung** kann im Fall des § 434 ZPO, insbesondere bei Gefahr der Beschädigung oder des Verlustes, auch vor dem kommissarischen Richter erfolgen.

dd) Vorsitzender der Kammer für Handelssachen. Der Vorsitzende einer KfH darf **846** Beweise alleine insoweit erheben, als anzunehmen ist, dass es für die Beweiserhebung auf die **besondere Sachkunde** der ehrenamtlichen Richter **nicht ankommt** und eine sachgemäße Beweiswürdigung durch die Kammer **auch ohne unmittelbaren Eindruck** von der Beweisaufnahme erfolgen kann, § 349 Abs. 1 Satz 2 ZPO. Ergibt sich das Erfordernis besonderer Sachkunde während der Beweisaufnahme, ist sie vor der Kammer zu wiederholen, vgl. § 398 ZPO.

ee) Einzelrichter beim Berufungsgericht. Der vorbereitende Eimzelrichter nach § 527 ZPO (vgl. Rn. 378) kann auch schon **einzelne Beweise** erheben, soweit dies zur Vereinfachung der Verhandlung vor dem Gremium wünschenswert ist und es mutmaßlich auf den unmittelbaren Eindruck aller nicht ankommt, § 527 Abs. 2 Satz 2 ZPO. Die Durchführung einer gesamten umfänglichen Beweisaufnahme ist aber unzulässig (BGH NJW 1994, 801).

ff) Richterwechsel nach Beweisaufnahme. Zur Durchbrechung des Unmittelbarkeits- **847** grundsatzes kann es auch bei einem Richterwechsel während des Verfahrens kommen. Das Gesetz verlangt in diesem Fall **nicht grundsätzlich die Wiederholung** einer schon durchgeführten Beweisaufnahme (BGHZ 53, 257), sofern die Eindrücke für den nachfolgenden Richter ausreichend im Protokoll festgehalten sind. Was nicht protokolliert ist, darf nicht verwertet werden. Wo es jedoch auf den unmittelbaren Eindruck ankommt, muss die Beweisaufnahme nötigenfalls wiederholt werden (BGH NJW 1997, 1586; NJW-RR 1997, 506).

gg) Videovernehmung. Im Einverständnis der Parteien kann das Gericht gestatten, dass sich ein Zeuge, ein Sachverständiger oder eine Partei während der Vernehmung an einem anderen Ort aufhält, § 128 a Abs. 2 ZPO. Die Vernehmung wird zeitgleich in Bild und Ton in das Sitzungszimmer übertragen.

2. Grundsatz der Parteiöffentlichkeit

a) Bedeutung

Grundsätzlich sind Verhandlung und Beweisaufnahme **öffentlich**, § 169 GVG. Wäh- **848** rend dieser Grundsatz für Beweisaufnahmen durch den kommissarischen Richter, in den Fällen der nicht öffentlichen Verhandlung nach §§ 170 ff. GVG oder für Ortstermine des Sachverständigen außerhalb des Gerichtsgebäudes, vgl. § 219 ZPO, eingeschränkt ist, haben die **Parteien stets** das Recht, nicht die Pflicht, bei einer Beweiserhebung anwesend zu sein, § 357 Abs. 1 ZPO. Nur so können sie auf den Verlauf der Beweisaufnahme etwa durch Fragen Einfluss nehmen. Erscheinen beide Parteien oder nur eine Partei zum Beweisaufnahmetermin nicht, so ist die Beweisaufnahme **gleichwohl durchzuführen**, soweit dies möglich ist, § 367 Abs. 1 ZPO.

Beispiele:
Zur Zeugenvernehmung erscheint nur der Zeuge, jedoch keine Parteien oder Parteivertreter. Der Zeuge kann vernommen werden. – Zu der angeordneten Parteivernehmung des Beklagten erscheint der Beklagte nicht. Die Beweisaufnahme kann nicht erfolgen.

Unter den Voraussetzungen des § 367 Abs. 2 ZPO kann die nicht erschienene Partei eine Wiederholung oder Vervollständigung der Beweisaufnahme verlangen.

b) Mitteilung des Beweistermins

849 Die Parteiöffentlichkeit setzt voraus, dass die Parteien über den Beweisaufnahmetermin ordnungsgemäß und rechtzeitig **informiert** worden sind (vgl. RGZ 6, 353).

> **Beispiel:**
> Der Richter nimmt ohne Ankündigung gegenüber den Parteien in seiner Mittagspause bzgl. der Geruchsimmissionen einer Pizzeria einen Augenschein ein: Verletzung der Parteiöffentlichkeit.

c) Rechtsfolgen bei Verstoß

850 Bei Verstoß gegen den Parteiöffentlichkeitsgrundsatz darf die Beweisaufnahme nicht stattfinden. Eine dennoch durchgeführte Beweiserhebung ist auf Rüge **unverwertbar** (RGZ 136, 299) und muss **wiederholt** werden. Allerdings ist das Recht der Parteiöffentlichkeit ein **verzichtbares Recht**, vgl. § 367 ZPO. Bei Verletzung des § 357 ZPO kann **Rügeverzicht** eintreten, § 295 ZPO (BGH LM § 295 Nr. 7).

II. Die Beweisaufnahme vor dem Prozessgericht

1. Die Terminsbestimmung

851 Die Terminsbestimmung zur Beweisaufnahme erfolgt in der Regel
- in der prozessleitenden **Verfügung** des Gerichts zum **frühen ersten Termin** oder **Haupttermin** unter Ladung von Zeugen oder Sachverständigen, § 273 Abs. 2 Nr. 4 ZPO. Darüber sind die Parteien zu informieren, § 273 Abs. 4 ZPO;
- im **Beweisbeschluss** gemäß §§ 358, 358 a, 359, 361 Abs. 1 ZPO;
- in der **Terminsverfügung** des **kommissarischen** Richters, §§ 361 Abs. 2, 362 ZPO.

Die Terminierung sollte zeitlich so eingerichtet werden, dass der Termin pünktlich beginnen kann und nicht durch überzogene, vorher stattfindende Verhandlungen behindert wird. Bei Vernehmung mehrerer Zeugen ist zu empfehlen, die Vorladungen zeitlich zu staffeln.

2. Fortsetzung der mündlichen Verhandlung

852 Im Haupttermin soll der **streitigen Verhandlung** die Beweisaufnahme unmittelbar folgen, § 279 Abs. 2 ZPO. In diesem Fall ist der **Termin zur Beweisaufnahme** aber **zugleich** auch zur **Fortsetzung der mündlichen Verhandlung** bestimmt, § 370 Abs. 1 ZPO, denn es sollen ja auch erneut der Sach- und Streitstand und ggf. das Beweisergebnis mit den Parteien erörtert werden, § 279 Abs. 3 ZPO. Es empfiehlt sich daher in der Terminsbestimmung die Formulierung:

> „Termin zur Beweisaufnahme und Fortsetzung der mündlichen Verhandlung wird bestimmt auf ...“

Geht der nach § 379 ZPO angeforderte **Auslagenvorschuss** (vgl. Rn. 839) nicht rechtzeitig ein, so unterbleibt die Ladung des Zeugen oder Sachverständigen, jedoch bleibt der **Termin bestehen**. Wird die Beweisperson nicht in die Sitzung gestellt, ist – ohne Beweisaufnahme – sogleich zur Hauptsache zu verhandeln.
Nachdem die Anwesenheit der Parteien in der Beweisaufnahme nicht zwingend erforderlich ist, 367 ZPO, kann gegen die säumige Partei im Beweisaufnahmetermin **kein Versäumnisurteil** ergehen. Dies ist erst nach Abschluss der Beweisaufnahme und Eintritt in die mündliche Verhandlung möglich. Im Falle der Säumnis des Beklagten

bleibt das – vielleicht dem Beklagten günstige – Ergebnis der Beweisaufnahme unbeachtlich, da lediglich der schlüssige Klägervortrag maßgeblich ist!

III. Beweisaufnahme im Wege der Rechtshilfe

1. Rechtshilfe durch deutsche Gerichte

a) Rechtshilfehandlungen

Die **Gerichte** haben sich in Zivilsachen **Rechtshilfe** zu leisten, § 156 GVG. Die Durch- **853**
führung einer Beweisaufnahme darf nur in den gesetzlich bestimmten Fällen durch
einen **ersuchten Richter** erfolgen, § 355 Abs. 1 Satz 2 ZPO (vgl. Rn. 844 f.).

b) Zuständigkeit

Zuständig für die Erledigung von Rechtshilfeersuchen ist stets das **Amtsgericht**, in **854**
dessen Bezirk die Amtshandlung vorgenommen werden soll, § 157 Abs. 1 GVG. Dabei
muss das Amtsgericht **nicht** dieselbe **funktionelle Zuständigkeit** wie das ersuchende
Gericht aufweisen: Das Ersuchen des Familiengerichts muss nicht von der Familien-
abteilung des ersuchten Amtsgerichts erledigt werden (OLG Stuttgart FamRZ 1984,
716). Die Landesregierungen können zur **Konzentration** von Rechtshilfehandlungen
die Aufgabe der Rechtshilfe auch einem Amtsgericht für mehrere Amtsgerichtsbezirke
zuweisen, § 157 Abs. 2 GVG.
Ist das ersuchte Gericht für die Durchführung des Ersuchens **örtlich nicht zuständig**, so
ist das Ersuchen an das zuständige Gericht **weiterzuleiten**, § 158 Abs. 2 Satz 2 GVG.
Im Übrigen darf ein Ersuchen **nicht abgelehnt** werden, sofern die vorzunehmende
Handlung nicht verboten ist, § 158 Abs. 1, 2 Satz 1 GVG.

c) Rechtshilfeersuchen

Die Rechtshilfe wird durch ein **Ersuchungsschreiben** an das Rechtshilfegericht einge- **855**
leitet, § 157 Abs. 1 GVG. Es ist vom Vorsitzenden des Prozessgerichts zu erlassen,
§ 362 Abs. 1 ZPO. Dem ersuchten Richter ist der **Beweisbeschluss** zu übersenden. Um
ein ergiebiges Vernehmungsprotokoll zu erlangen, empfiehlt es sich, in das Ersuchungsschreiben noch besondere **Fragen**, die dem Zeugen vorzulegen sind, oder wichtige
Hinweise aufzunehmen. Soweit die **Akten** entbehrlich sind, sollten auch diese mitver-
sandt werden.
Bei der Erledigung des Ersuchens kann der ersuchte Richter unter den Voraussetzungen
des § 360 ZPO ggf. den Beweisbeschluss abändern. Er ist bei der Vornahme der
Rechtshilfehandlung nicht den Weisungen des Prozessgerichts unterworfen.

2. Der Rechtshilfeverkehr mit dem Ausland

a) Tätigkeit deutscher Gerichte im Ausland

Die deutsche Staatsgewalt endet an der Staatsgrenze. Nur bei **Genehmigung** durch den **856**
ausländischen Staat und Genehmigung der **deutschen Bundesregierung** kann das
deutsche Gericht im Ausland tätig werden. Im Bereich der **EU-Mitgliedstaaten** kann
das deutsche Gericht nach §§ 1072 ff. ZPO i.V.m. der EG-VO 1206/2001 (**EU-Beweis-
aufnahmeVO**) unmittelbar das zuständige Gericht eines Mitgliedstaats um Beweisaufnahme ersuchen oder dort selbst eine unmittelbare Beweisaufnahme nach Art. 17
der VO beantragen (vgl. www.rechtshilfe-international.de).

b)   Tätigkeit deutscher Konsularbeamter im Ausland

857   Nach dem Haager Zivilprozessübereinkommen vom 1.3.1954 (**HZPÜ**), der Rechts-
hilfeordnung in Zivilsachen vom 19.10.1956/1976 (**ZRHO**), dem Haager Beweisübereinkommen (**HBÜ**) vom 18.3.1970 und bei Bestehen von Rechtshilfeverträgen (vgl.
Zöller-Geimer § 363 Rn. 38 ff.) können **deutsche Konsularbeamte** im Ausland Beweisaufnahmen durchführen. Sie sind daher vom deutschen Gericht zu ersuchen, § 363
Abs. 2 ZPO. Dabei kann deutsches Verfahrensrecht zur Anwendung kommen. Viele
Länder lassen aber nur die Vernehmung **deutscher Staatsangehöriger** zu.

c)   Rechtshilfeersuchen an ausländischen Staat

858   Wo konsularische Vernehmung nicht möglich oder zulässig ist, müssen ausländische
Staaten um **Rechtshilfe** ersucht werden, wenn ein dort wohnender Zeuge vernommen
werden muss. Der **Vorsitzende** richtet das sorgfältig abzufassende Ersuchungsschrei-
ben, das in Form und Inhalt den Voraussetzungen der Art. 3 HBÜ und ggf. Art. 4 EU-
BeweisaufnahmeVO genügen muss, an die – nach ausländischem Recht – zuständige
Behörde, § 363 Abs. 1 ZPO. Alternativ kann das deutsche Gericht anordnen, dass der
Beweisführer das Ersuchungsschreiben zu besorgen und die Erledigung des Ersuchens
zu betreiben habe, § 364 Abs. 1 ZPO.
Die Beweisaufnahme folgt den **Gesetzen des ausländischen Staats**, sie muss daher auch
nicht zwingend durch einen Richter vorgenommen werden. Allerdings sollte im Ersuchungsschreiben ausdrücklich darum ersucht werden, um den Standard der ZPO zu
sichern.

Soweit die ausländischen Gesetze strenger sind als die ZPO, aber nicht eingehalten wurden, macht
dies die Beweisaufnahme nicht unverwertbar, solange die Beweisaufnahme deutschem Recht
genügt, § 369 ZPO.

3. Kapitel   **Die einzelnen Beweismittel**

I.   Der Urkundenbeweis

1.   Begriff und Bedeutung

Getreu der Erkenntnis „Was man schwarz auf weiß besitzt, kann man getrost nach   **859**
Hause tragen" (J.W. von Goethe, Faust, Erkenntnis des Schülers) ist die Urkunde das
zuverlässigste unter den Beweismitteln.
Urkunden im Sinne der ZPO sind durch Niederschrift **verkörperte Gedankenerklärun-**
gen, die geeignet sind, Beweis für streitiges Parteivorbringen zu erbringen (BGH MDR
1976, 304). **Tonband, Schallplatte** und **Fotografie** sind keine Urkunden, sondern
unterliegen dem Augenscheinsbeweis. Sie vermitteln keinen Gedankeninhalt, sondern
bezwecken die unmittelbare Wahrnehmung von Personen, Gegenständen oder Vorgängen (Thomas-Putzo, § 371 Vorbem. Rn. 1). Gleiches gilt für **EDV-Datenträger** und
EDV-Ausdrucke, die lediglich Eingabe und Programmierung beweisen (vgl. § 371 ZPO
und zur Beweiskraft § 371a ZPO). Die **Fotokopie** einer Urkunde ist selbst nicht auch
Urkunde, sondern wird dazu erst durch einen Beglaubigungsvermerk (BGH NJW
1992, 829; vgl. § 435 ZPO).
Der **Urkundsbeweis** erfordert die Vorlegung der Urkunde **im Original**, § 420 ZPO.
Meist werden die vorhandenen einschlägigen Urkunden von den Parteien bereits mit
Klageschrift oder Klageerwiderung zur Unterstützung des Sachvortrages **in Kopie**
vorgelegt und inhaltlich dann von der Gegenseite nicht bestritten. Diese Vorlegung
einer Urkunde ist aber noch kein Urkundenbeweis.

2.   Arten von Urkunden und ihre Beweiskraft

Bei den Urkunden ist zwischen öffentlichen Urkunden und Privaturkunden mit unter-   **860**
schiedlicher Beweiskraft zu unterscheiden.

a)   Öffentliche Urkunden

aa) Definition. Die öffentliche Urkunde ist ein durch eine **öffentliche Behörde** oder eine
mit **öffentlichem Glauben versehene Person** innerhalb der Grenzen ihrer **Amtsbefugnisse**
in der **vorgeschriebenen Form** ausgestelltes Dokument, § 415 Abs. 1 ZPO. Zur Ausstellung berechtigte Personen sind insbesondere Notare, Standesbeamte, Gerichtsvollzieher, Urkundsbeamte der Geschäftsstelle, Postbedienstete bzgl. Postzustellungsurkun-
den, aber auch Rechtsanwälte hinsichtlich der Ausstellung eines Empfangsbekenntnisses
gemäß § 174 ZPO (BGH NJW 1990, 2125). Die **öffentliche Beglaubigung** einer Privaturkunde macht diese jedoch nicht zur öffentlichen Urkunde (BGH MDR 1980, 299).

bb) Arten. Man unterscheidet öffentliche Urkunden über **Erklärungen Dritter** (nota-   **861**
rieller Kaufvertrag), § 415 ZPO, über **behördliche Erklärungen** und **Entscheidungen**
(Urteile, Beschlüsse), § 417 ZPO, von öffentlichen Urkunden über **Wahrnehmungen**
oder **Handlungen** der Urkundsperson (Postzustellungsurkunde, Gerichtsvollzieherpro-
tokoll, anwaltliches Empfangsbekenntnis), § 418 ZPO. Daneben gibt es **öffentliche**
elektronische Dokumente, § 371a Abs. 2 ZPO.

cc) Echtheit. Die Beweiskraft öffentlicher Urkunden (vgl. Rn. 822) setzt deren Echtheit   **862**
voraus. Sie haben die **Vermutung der Echtheit** für sich, wenn sie nach Form und Inhalt
von einer Behörde oder von einer mit öffentlichem Glauben versehenen Person errichtet
worden zu sein scheinen, § 437 Abs. 1 ZPO (bei elektronischen Dokumenten nur,
wenn qualifizierte elektronische Signatur vorliegt, § 371a Abs. 2 Satz 2 ZPO). Hält das
Gericht die Echtheit für zweifelhaft, kann es von Amts wegen die Behörde oder die

Person, die die Urkunde errichtet haben soll, zu einer **dienstlichen Erklärung** über die Echtheit veranlassen, § 437 Abs. 2 ZPO. Der Beweis der Echtheit der Urkunde kann auch durch **Schriftvergleichung** gemäß §§ 441 ff. ZPO geführt werden. Ob eine ausländische öffentliche Urkunde als echt anzusehen ist, liegt im Ermessen des Gerichts, vgl. § 438 ZPO.

863   dd) **Unversehrtheit der Urkunde.** Weitere Voraussetzung voller Beweiskraft von Urkunden ist deren äußere Unversehrtheit. Soweit die Urkunde nicht durch förmlich beurkundete Ergänzungen oder Berichtigungen verändert wurde, sondern **Durchstreichungen, Radierungen, Einfügungen** oder sonstige **äußere Mängel** (Risse, Auffälligkeiten im Schriftbild, Verwendung verschiedener Schreibmaterialien; BGH MDR 1980, 385) vorliegen, hat das Gericht nach **freier Überzeugung** zu entscheiden, inwieweit diese Mängel die Beweiskraft der Urkunde ganz oder teilweise aufheben oder mindern, § 419 ZPO.

> **Beispiel:**
> Im anwaltlichen Empfangsbekenntnis ist das ursprüngliche Empfangsdatum nachträglich auf einen späteren Zeitpunkt geändert (BGH MDR 1987, 821). Das Gericht hat die Beweiskraft der **gesamten** Urkunde frei zu würdigen (OLG Schleswig OLGR 2006, 918).

864   ee) **Beweiskraft der Urkunden nach § 415 ZPO.** Öffentliche Urkunden über **Erklärungen Dritter** begründen vollen Beweis dafür, dass die **Erklärung** mit dem niedergelegten **Inhalt** zur angegebenen **Zeit** am angegebenen **Ort** von den bezeichneten **Personen** abgegeben worden ist (BGH NJW 1980, 1000; 2002, 1500; 2002, 3164), sog. **formelle Beweiskraft.** Die formelle Beweiskraft entfällt, wo die Urkunde schadhaft oder deren Echtheit bezweifelt ist oder der volle **Gegenbeweis der Falschbeurkundung** erbracht ist, § 415 Abs. 2 ZPO. Ob die Erklärung allerdings inhaltlich wirksam oder richtig ist, sog. **materielle Beweiskraft,** beurteilt das Gericht im Rahmen freier Beweiswürdigung.

865   ff) **Beweiskraft der Urkunden nach § 417 ZPO.** Die formelle Beweiskraft öffentlicher Urkunden über **behördliche Entscheidungen** erstreckt sich auf den Erlass der Entscheidung nach **Inhalt** und **Begleitumständen** wie ersichtlich. **Gegenbeweisführung** ist nicht zugelassen. Die sachliche Richtigkeit der behördlichen Entscheidung betrifft die materielle Beweiskraft und ist mit Rechtsmitteln anzugreifen.

> **Beispiel:**
> Dass das Urteil am 17.10.2009 verkündet worden ist und welchen Inhalt es hat, ist durch die Urteilsurkunde bewiesen. Dass die Entscheidung inhaltlich richtig ist, kann durch Berufung angezweifelt werden.

866   gg) **Beweiskraft der Urkunden nach § 418 ZPO.** Die Beweiskraft öffentlicher Urkunden über **Wahrnehmungen** umfasst alle in der Urkunde niedergelegten **Tatsachen,** die auf der Wahrnehmung der Urkundsperson beruhen.

> **Beispiele:**
> – Das notarielle Testament beweist Abgabe der Erklärung und Identität des Testators.
> – Die Postzustellungsurkunde beweist Einwurf in den Postkasten oder Niederlegung des Schriftstücks auf der Poststelle zum angegebenen Datum (BGH NJW 2004, 2387; OLG Hamburg OLGR 2008, 264).

Substantiierter **Gegenbeweis** ist nach § 418 Abs. 2 ZPO zulässig (BGH FamRZ 2005, 106), jedoch eingeschränkt gegen die Richtigkeit der Förmlichkeiten des Protokolls wegen § 165 ZPO und gegen die Richtigkeit des Tatbestandes für mündliches Parteivorbringen wegen § 314 ZPO.

867   hh) **Beweiskraft der Urkunden nach § 371a Abs. 2 ZPO.** Öffentliche elektronische Dokumente teilen die Beweiskraft von Urkunden nach §§ 415, 417 f. ZPO. Die

Beweiskraft von **Ausdrucken** „primär" elektronischer Dokumente im Gegensatz zu „sekundär" elektronischen Dokumenten, die lediglich die elektronische Übertragung von Papierurkunden nach § 298 a Abs. 2 ZPO sind, entspricht öffentlichen Urkunden in beglaubigter Abschrift, § 316 a ZPO (Berger NJW 2005, 1016).

b) Privaturkunden

aa) Definition. Privaturkunden sind Schriftstücke, die **von einer Privatperson erstellt** **868** sind. Wo sich die Urheberschaft aus der Urkunde ergibt, ist die Namensunterschrift oder Schriftform nach § 126 BGB nicht Voraussetzung für die Urkundeneigenschaft, sondern allenfalls Wirksamkeitsvoraussetzung.

bb) Echtheit. Im Gegensatz zur Echtheitsvermutung öffentlicher Urkunden ist die **869** Echtheit einer bezweifelten **Privaturkunde** zu **beweisen**, § 440 Abs. 1 ZPO. Dabei knüpft die Echtheit der Urkunde an die **Echtheit der Unterschrift** des Urhebers an, weil diese wiederum die **Vermutung der Echtheit der darüber stehenden Schrift** (BGH NJW 1992, 829), also des Urkundentextes, für sich hat, § 440 Abs. 2 ZPO.

Zunächst hat sich der Gegner des Beweisführers zu **erklären**, ob er die Echtheit der Unterschrift bestreite, §§ 439 Abs. 1, 2, 138 ZPO. Wird die Echtheit der Unterschrift **nicht bestritten** so ist die Urkunde als **anerkannt** anzusehen, § 439 Abs. 3 ZPO. **Bestreitet** er sie, obliegt dem Beweisführer der **volle Echtheitsbeweis** der Unterschrift (BGH NJW 1995, 1683; BGH RIW 2001, 540). Diesen kann er ggf. durch Vernehmung des Unterzeichners oder durch Schriftvergleichung nach §§ 441 ff. ZPO führen.

cc) Unversehrtheit der Urkunde. Die Beweiskraft verlangt die äußere Mangelfreiheit der Privaturkunde. § 419 ZPO gilt auch für Privaturkunden.

dd) Beweiskraft von Privaturkunden. Ist die im Original vorgelegte Privaturkunde **870** echt, äußerlich mangelfrei und **unterschrieben** bzw. mit notariell beglaubigtem Handzeichen versehen, begründet sie vollen Beweis dafür, dass die **in ihr enthaltene Erklärung vom Aussteller abgegeben** ist, § 416 ZPO. Als Unterschrift wird eine **handschriftliche** Unterzeichnung verlangt, die aber nicht den Namen enthalten muss („Eure Mutter"). Faksimile-Stempel oder eingescannte Unterschriften sind nicht ausreichend. Der Umfang der Beweiskraft bleibt auch bei **Blankounterschriften** unter ein nachträglich ausgefülltes Dokument erhalten (BGH NJW 1986, 3086).
Soweit die Privaturkunde **nicht unterschrieben** ist, unterliegt ihre formelle Beweiskraft – wie auch der materielle Inhalt – der freien Beweiswürdigung des Gerichts.

ee) Beweiskraft der Urkunden nach § 371 a Abs. 1 ZPO. Private elektronische Dokumente richten sich hinsichtlich ihrer Beweiskraft nach § 416 ZPO, wenn sie nach § 2 Nr. 2 SigG qualifiziert elektronisch signiert sind.

c) Insbesondere: Aktenbeiziehung

Nicht selten sind in einem Rechtsstreit Vernehmungsprotokolle oder Gutachten aus **871** anderen Verfahren (Strafverfahren, Parallelprozess, Vorprozess) von Bedeutung. In solchen Fällen beantragen die Parteien meist **Beiziehung** dieser anderen Akten. Soweit dies zum Beweis konkret genannter Aussagen oder gutachtlich bewerteter Fakten geschieht, handelt es sich nach ordnungsgemäßer Einbeziehung in den Prozess um einen **Urkundenbeweis**, § 432 ZPO. Es soll damit bewiesen werden, dass der Zeuge diese Aussage gemacht, der Sachverständige ein solches Gutachten erstattet hat. Bei Einverständnis beider Parteien mit der Aktenverwertung ist dieser Beweis geführt.

Die Aktenbeiziehung hindert jedoch nicht das Recht der Parteien, gleichwohl die unmittelbare **Anhörung** des Zeugen oder Sachverständigen **zu beantragen** (Unmittelbarkeitsgrundsatz!). Wird ein solcher Antrag gestellt oder widerspricht eine Partei der Verwertung, ist die ausschließliche Verwertung der im anderen Verfahren protokollierten Aussage unzulässig (BGH NJW 2004, 1325). Das Gericht muss einem entsprechenden Beweisantrag nachgehen.

3. Beweisführung durch Urkunden

a) Urkunden im Besitz des Beweisführers

872 Ist die Urkunde im Besitz des Beweisführers, so tritt er den Beweis durch **Vorlage der Urkunde** an, § 420 ZPO. Bei Privaturkunden ist der Beweis grundsätzlich durch Vorlage des **Originals** zu führen (BGH NJW 1992, 829); bestreitet der Gegner den Inhalt nicht, ist eine Beweisführung durch das Original überflüssig. Eine öffentliche Urkunde kann auch nur in **beglaubigter Abschrift** vorgelegt werden, weil sich das Original in behördlichen Akten befindet, § 435 ZPO. Notarielle Urkunden können wegen § 47 BeurkG nur als Ausfertigung herausgegeben werden, die die Urschrift im Rechtsverkehr vertritt. Die Vorlage der Urkunde kann im Zusammenhang mit einem vorbereitenden Schriftsatz oder durch Niederlegung auf der Geschäftsstelle erfolgen, §§ 131 Abs. 1, 134 ZPO.

b) Urkunden im Besitz des Gegners

873 Ist die Urkunde im Besitz des Gegners, hat der Beweisführer zu beantragen, dem Gegner **die Vorlegung aufzugeben**, § 421 ZPO. Der notwendige Antragsinhalt ergibt sich aus § 424 ZPO. Da der Gegner durch die Urkundenvorlage zu einem gegen seine Interessen gerichteten Beweis verhilft, ist er dazu nur verpflichtet, wenn der Antragsteller nach den Vorschriften des Bürgerlichen Rechts die Herausgabe bzw. Vorlage der Urkunde verlangen kann, also ein **materiellrechtlicher Herausgabeanspruch** besteht, § 422 ZPO.

Beispiele:
- § 259 BGB   Vorlage von Belegen bei Rechenschaftspflicht;
- § 402 BGB   Herausgabe von Beweisurkunden bzgl. Forderung bei Zession;
- §§ 675, 667, 681 BGB   Herausgabe des aus der Ausführung eines Auftrags Erlangten;
- § 716 BGB   Einsichtsrecht des Gesellschafters in Geschäftsbücher;
- § 810 BGB   Einsichtsrecht in Urkunden, die im Interesse des Antragstellers errichtet wurden, ein gemeinsames Rechtsgeschäft oder Verhandlungen dokumentieren;
- §§ 952, 985 BGB   Herausgabe eines Schuldscheins;
- § 423 ZPO   Pflicht zur Urkundenvorlegung des Gegners nach eigener Bezugnahme.

Erachtet das Gericht die **Tatsache**, die durch die Urkunde bewiesen werden soll, **für erheblich** und den Antrag für **begründet**, ordnet es die Urkundenvorlage durch Beschluss an, wenn der Gegner den **Besitz der Urkunde zugesteht** oder sich nicht dazu erklärt, § 425 ZPO. **Bestreitet** der Gegner **den Besitz** der Urkunde, hat er nach ihr zu forschen und ist über ihren Verbleib zu **vernehmen**, § 426 ZPO. Das Ergebnis dieser Vernehmung würdigt das Gericht nach freiem Ermessen. Ist der Besitz der Urkunde durch den Gegner nicht bewiesen, unterbleibt die Vorlageanordnung. Kommt das Gericht zu Erkenntnis, dass der Gegner die Urkunde hat – oder nicht sorgfältig nach ihr geforscht hat – und zu deren Vorlegung verpflichtet ist, so wird die **Vorlegung angeordnet**. Legt er sie dennoch nicht vor, kann eine Abschrift der Urkunde bzw. die Behauptung des Beweisführers über deren Inhalt als **bewiesen** angesehen werden, § 427 ZPO. Wo ein materiellrechtlicher Herausgabeanspruch nicht besteht, ist das Vorlageverlangen unberechtigt, die Nichtvorlage darf dann in der Beweiswürdigung zulasten des Gegners keinen Niederschlag finden.

c) Urkunden im Besitz eines Dritten

Ist die Urkunde im Besitz eines Dritten, wird der Beweis durch den **Antrag** angetreten, **874**
zur Herbeischaffung der Urkunde dem Beweisführer eine **Frist** zu setzen, § 431 ZPO,
oder eine **Vorlagenanordnung** nach § 142 ZPO zu treffen, §§ 428, 430 ZPO. Verfährt
das Gericht nicht nach § 142 ZPO, muss der Beweisführer die Vorlegung durch einen
besonderen **Prozess gegen den Dritten** erzwingen, wobei entscheidend ist, ob dieser
materiellrechtlich überhaupt zur Vorlegung verpflichtet ist, § 429 ZPO.

4. Vereitelung des Urkundenbeweises

Vereitelt eine Partei in vorwerfbarer, zu missbilligender Weise (BGH NJW-RR 1996, **875**
1534) dem Gegner die Möglichkeit, eine **Urkunde zu benützen**, können die Behauptungen des Gegners über die Beschaffenheit und den Inhalt der Urkunde als **bewiesen**
angesehen werden, § 444 ZPO. Dieser Rechtsgedanke findet bei der Beweiswürdigung
auch über den Urkundenbeweis hinaus Anwendung (vgl. Rn. 973).

II. Der Beweis durch richterlichen Augenschein

1. Begriff

Die Einnahme des Augenscheins kann als **unmittelbare Wahrnehmung** des Gerichts **876**
über **körperliche Eigenschaften** oder Zustände **von Sachen** oder **Personen** zur Überzeugungsgewinnung von Richtigkeit oder Unrichtigkeit streitiger Behauptungen definiert werden. Während es beim Urkunden- und Zeugenbeweis auf den Inhalt eines
Schriftstücks oder einer Aussage ankommt, liegt beim Augenscheinsbeweis der Schwerpunkt auf der **äußeren Beschaffenheit** von Personen, Gegenständen oder Verhältnissen.
Deshalb sind **Fotografien** und **elektronische Dokumente** nach § 371 Abs. 1 Satz 2 ZPO
(Text-, Bild-, Audio-, Videodateien) Gegenstand des Augenscheins, die **Fotokopie**
hingegen unterliegt dem Urkundenbeweis. Der Augenschein beschränkt sich aber nicht
auf **optische Wahrnehmungen** (Betrachten einer Unfallstelle), sondern kann auch durch
Beriechen (Feststellung gasförmiger Immissionen), **Anhören** (Feststellung von Geräuschbelästigung), **Betasten** oder **Schmecken** eingenommen werden.

2. Beweisantritt

Der Augenscheinsbeweis wird durch **Bezeichnung des Gegenstandes** des Augenscheins **877**
und durch **Angabe der zu beweisenden Tatsachen** angetreten. Ist ein elektronisches
Dokument Gegenstand des Beweises, wird der Beweis durch Vorlegung des Speichermediums oder Übermittlung der Datei angetreten, § 371 Abs. 1 ZPO. Andernfalls wird
der Augenschein **von Amts wegen** nach § 144 ZPO angeordnet. Die Anordnung bedarf
nur in den Fällen der §§ 358, 358a Satz 2 Nr. 5 ZPO eines förmlichen Beweisbeschlusses. Befindet sich der Beweisgegenstand im Besitz des **Gegners** oder eines **Dritten**, wird
Beweis durch Antrag auf Fristsetzung zur Herbeischaffung angetreten oder eine
Anordnung nach § 144 ZPO erlassen, §§ 371 Abs. 2, 422 ff. ZPO gelten entsprechend
(vgl. Rn. 873 f.).

3. Durchführung des Augenscheins

a) Richterlicher Augenschein und Sachverständige

Das **erkennende Gericht** nimmt den Augenschein im Gerichtssaal oder an Ort und **878**
Stelle außerhalb des Gerichts selbst ein, §§ 355, 219 Abs. 1 ZPO. Bei Kollegialgerichten kann die Einnahme des Augenscheins einem Mitglied als **beauftragtem Richter,**

ggf. im Wege der Rechtshilfe einem **ersuchter Richter** übertragen werden, § 372 Abs. 2, HS 1 ZPO. Das Ergebnis des Augenscheins ist durch Beschreibung der Wahrnehmung in einem **Protokoll** festzuhalten, § 160 Abs. 3 Nr. 5 ZPO.

Soll das Ergebnis des Augenscheins die Anknüpfungstatsachen für ein Sachverständigengutachten liefern, sollte das Gericht bei der Einnahme des Augenscheins den betroffenen **Sachverständigen** bereits **zuziehen**, § 372 Abs. 1 ZPO. Darüber hinaus ist sogar – unter Durchbrechung des Unmittelbarkeitsgrundsatzes – die Einnahme des Augenscheins **nur** durch den Sachverständigen zugelassen, wenn bereits die Augenscheinseinnahme Sachkenntnis erfordert. Er ist insoweit **sachverständiger Zeuge** (BGH NJW 1974, 1710).

Beispiel:
Das Gutachten über die Mangelhaftigkeit einer Industriestrickmaschine erfordert die Untersuchung des Geräts. Der hierbei erforderliche Augenschein ist sinnvollerweise nur durch einen Sachverständigen einzunehmen.

b) Vereitelung der Einnahme des Augenscheins

879 Weigert sich eine **Partei**, eine **zumutbare** Augenscheinseinnahme **zu dulden**, können die Behauptungen des Gegners über die Beschaffenheit des Gegenstandes als bewiesen angesehen werden, § 371 Abs. 3 ZPO.

Beispiele:
– Betretungsverbot durch Beweisführer verhindert Grundstücksbesichtigung: Beweis nicht erbracht.
– Hausverbot des Gegners verhindert Schallmessungen: Behauptete Trittschall-Lautstärke gilt als bewiesen.

Bei Weigerung durch **Dritten** ist bei Bestehen eines materiellen Anspruchs Klage entsprechend §§ 371 Abs. 2 Satz 2, 429 ZPO zu erheben (vgl. Rn. 874). Besteht kein Anspruch gegen den Dritten, kann das Beweismittel nicht verwertet werden.

c) Abstammungsfeststellung

880 Eine **gesetzliche Sonderregelung** besteht für die Rechtsstreitigkeiten, in denen die **Feststellung der Abstammung** und damit ein Eingriff in die körperliche Integrität der Untersuchungsperson, aber auch ein Eingriff in das Persönlichkeitsrecht von Personen erforderlich ist. Das Recht des Kindes auf Feststellung seiner Abstammung hat Vorrang vor dem Schutz der Intimspäre der Mutter (BGH NJW 1982, 381). Jede Person, also nicht nur eine Partei, hat Untersuchungen, insbesondere die Blutentnahme zur Blutgruppenuntersuchung, zu dulden, soweit ihr die Untersuchung – etwa im Hinblick auf gesundheitliche Nachteile – **zugemutet** werden kann, § 372 a Abs. 1 ZPO (für Abstammungsverfahren wortgleich § 178 Abs. 1 FamFG).

881 **aa) Erforderlichkeit.** Der Eingriff ist nur bei Erforderlichkeit der Abstammungsfeststellung zu dulden. Sie muss entscheidungserheblich sein, nachdem alle anderen Erkenntnisquellen, etwa durch Zeugenvernehmung (BGH MDR 1990, 919), ausgeschöpft worden sind. Ein solcher Beweisantritt kann als unzulässiger Ausforschungsbeweis angesehen werden, wenn nicht dargelegt werden kann, weshalb der zu untersuchende Mann mutmaßlicher Vater sein soll (str., vgl. Zöller-Greger § 372 a Rn. 3 m.w.N.).

882 **bb) Zumutbarkeit.** Die Vaterschaftsfeststellung muss für die Untersuchungsperson hinsichtlich **Art und Weise** der Untersuchung (Blutentnahme) und hinsichtlich der **Folgen** (z.B. Aufdeckung von Inzest) zumutbar sein. Nur eine nach **wissenschaftlichen Grundsätzen anerkannte Methode** (Kriterium 2009 aus dem Gesetzestext entfernt, aber wohl fortgeltend) ist demnach zumutbar, wenn sie eine Sachverhaltsaufklärung erwarten lässt.

Als geeignete wissenschaftliche Untersuchungsmethoden kommen in Frage:

- **DNA-Analyse.** Der „genetische Fingerabdruck" alleine ist als Vaterschaftsnachweis bei Einhaltung von Richtlinien der Bundesärztekammer und zweifelloser Qualifikation des Gutachters ausreichend (BGH MDR 2007, 159).
- **Blutgruppengutachten.** Durch Feststellung und Vergleich von Blutgruppen kann nur eine **Abstammung** mit Sicherheit **ausgeschlossen** werden (BGH NJW 1964, 1179).
- **Serostatistische Zusatzberechnung. Positive Vaterschaftsfeststellung** ist durch serostatistische (biostatistische) Zusatzberechnung bei sehr hoher Wahrscheinlichkeit (ab 99,8 %) möglich (BGHZ 61, 165).
- **Erbbiologisches Gutachten.** Hier wird ein Vergleich von Körpermerkmalen der Beteiligten – unter Einbeziehung von Blutgruppenuntersuchung – zur Ermittlung eines **Wahrscheinlichkeitsfaktors für** oder **gegen** eine Abstammung vorgenommen. Diese Methode ist angezeigt, wenn nach Blutgruppengutachten und serostatistischer Zusatzberechnung noch Zweifel bleiben (OLG Naumburg OLGR 2001, 165). Bei widersprechenden Beweisergebnissen hat das Ergebnis der Blutgruppenuntersuchung Vorrang: Wenn das erbbiologische Gutachten für Vaterschaft spricht, das Blutgruppengutachten sie aber ausschließt, ist die Vaterschaft nicht festzustellen (BGHZ 45, 234).
- **Tragzeitgutachten.** Dieses kann nur in Ergänzung mit erbbiologischen und serostatistischen Methoden zu einem Vaterschaftsnachweis führen. Es dient vor allem der Feststellung des Zeugungszeitpunktes.

cc) Weigerung. Bei Weigerung der Untersuchungsperson kommen die Vorschriften **883** über das **Verfahren** der Zeugnisverweigerung im Rahmen des Zeugenbeweises (ohne dass ein Zeugnisverweigerungsrecht besteht) entsprechend zur Anwendung, §§ 372 a Abs. 2 Satz 1, 383 ff. ZPO. Über die Rechtmäßigkeit einer Weigerung (keine Erforderlichkeit, Methode ungeeignet, unzumutbar) wird nach **Zwischenstreit** durch **Zwischenurteil** entschieden. Ist rechtskräftig festgestellt, dass die Weigerung unberechtigt war, kann das Gericht Ordnungsgeld nach § 390 ZPO verhängen. Bei wiederholter unberechtigter Weigerung darf das Gericht die zwangsweise Vorführung der Untersuchungsperson anordnen, § 372 a Abs. 2 Satz 2 ZPO.

III. Der Zeugenbeweis

1. Begriff des Zeugen

a) Definition

Der Zeuge ist eine am Verfahren **nicht als Partei** beteiligte Person, die auf Grund der **884** von ihr gemachten **Wahrnehmungen über Tatsachen** oder Zustände aussagen soll, ohne diese zu würdigen. Er ist damit anders als der Sachverständige nicht austauschbar.

b) Abgrenzung

Zeuge kann sein, wer nicht als Partei zu vernehmen ist.

Beispiele:
- Die **nicht selbst prozessfähige** Partei, wenn der gesetzliche Vertreter den Prozess führt, § 455 Abs. 1 ZPO (BGH NJW 2000, 291); Ausnahme: Der über 16 Jahre alte Minderjährige wird über eigene Handlungen und Wahrnehmungen als Partei vernommen, § 455 Abs. 2 ZPO;
- der **nicht vertretungsberechtigte Gesellschafter** einer OHG und der Kommanditist einer KG (BGH NJW 1965, 2254);
- der **Aktionär** im Prozess der AG (RG JW 1899, 673);

- **Mitglieder** eines verklagten rechtsfähigen Vereins;
- der **Schuldner des Insolvenzverfahrens** im Prozess des Insolvenzverwalters (BFH NJW-RR 1998, 63);
- der **einfache Streitgenosse**, soweit er nicht selbst als Partei betroffen ist (BGH MDR 1984, 47);
- der **Erbe** im Prozess des Testamentsvollstreckers;
- der **Zedent** im Prozess des Zessionars (BGH WM 1976, 424): Gerade diese Zeugenstellung wird oft durch Abtretung der streitgegenständlichen Forderung an einen Dritten „hergestellt", damit der Zedent im Prozess des Dritten gegen den Schuldner als Zeuge auftreten kann. Das Gericht hat diese Zeugenaussage wegen des Eigeninteresses des Zeugen besonders kritisch zu würdigen (BGH NJW 2001, 827).

Demgegenüber sind als **Partei** i.S. des § 445 ZPO **gesetzliche Vertreter** einer prozessunfähigen Partei, **notwendige Streitgenossen, Insolvenzgläubiger** im Insolvenzverfahren oder Vorstandsmitglieder **einer AG** in Fällen eigener Befassung nach § 122 AktG zu vernehmen.

Der Zeuge bedarf keiner besonderen rechtlichen oder moralischen Qualität: Weder Alter oder Geisteszustand, noch eigenes Interesse am Prozessausgang hindern seine Zeugnisfähigkeit. Als Zeugen können daher auch Kinder, Geisteskranke, Ehegatten, nahe Verwandte, der Prozessbevollmächtigte oder der Handelsvertreter über ein von ihm vermitteltes Geschäft vernommen werden. Solche besonderen Umstände sind jedoch bei der Beweiswürdigung zu berücksichtigen, § 286 ZPO.

2. Der Beweisantritt

885　Der Zeugenbeweis wird durch **namentliche Benennung des Zeugen** und **Bezeichnung der Tatsachen**, über welche die Vernehmung des Zeugen stattfinden soll, angetreten, § 373 ZPO. Anders als bei Augenscheinseinnahme oder Sachverständigenbeweis ist eine Zeugenvernehmung von Amts wegen nicht vorgesehen.

Die verbreitete Bezeichnung „N.N." unter Angabe des Beweisthemas ist ungenügend und grundsätzlich – auch ohne richterlichen Hinweis – unbeachtlich (BGH NJW 1987, 3080)!

Die fehlende **ladungsfähige Anschrift** eines Zeugen kann nachgebracht werden, das Gericht kann hierzu durch Beschluss eine Frist setzen, damit nach Fristablauf die Präklusionswirkungen eintreten können, § 356 ZPO. Das **Beweisthema** ist **substantiiert und widerspruchsfrei** anzugeben, andernfalls hat das Gericht – unter Fristsetzung – auf diesen Mangel hinzuweisen (BGH MDR 1989, 54).

3. Die Zeugenpflichten

886　Wer durch gerichtliche Anordnung ordnungsgemäß als Zeuge geladen worden ist, ist verpflichtet **zu erscheinen, auszusagen** und den **Eid zu leisten**.

a) Die Pflicht zum Erscheinen

aa) Ordnungsgemäße Ladung. Voraussetzung der Pflicht zu erscheinen, ist die ordnungsgemäße Ladung. Sie hat **von Amts wegen** zu erfolgen und wird i.d.R. **formlos** übersandt, § 377 Abs. 1 ZPO. Sie muss die **Parteien** des Rechtsstreits bezeichnen, den **Gegenstand der Vernehmung** – wenigstens ungefähr – mitteilen und unter Angabe von **Zeit und Ort** der Vernehmung bei Meidung von Ordnungsmitteln die Aufforderung enthalten, zu erscheinen, § 377 Abs. 2 Nr. 1–3 ZPO.

887　**bb) Vorbereitungspflicht des Zeugen.** Der Zeuge soll sich, soweit dies tunlich ist, auf seine Vernehmung durch Einsichtnahme in einschlägige **Unterlagen vorbereiten** und sie zum Termin **mitbringen**, § 378 Abs. 1 ZPO. Das Gericht kann dies sogar durch Ordnungsgeld erzwingen, §§ 378 Abs. 2, 390 ZPO. Dies bedeutet nicht, dass der

Zeuge den Sachverhalt erst erforschen muss (RGZ 48, 395), aber er hat sein „Gedächtnis" aufzufrischen. Die Pflicht, Unterlagen mitzubringen, bedeutet nicht, dass er sie auch vorlegen müsste, sofern keine Anordnung nach § 142 ZPO ergangen ist oder kein materiellrechtlicher Herausgabeanspruch besteht.

cc) Nichterscheinen. Unentschuldigtes Nichterscheinen wird durch **Ordnungsgeld,** **888** ersatzweise Ordnungshaft, geahndet und hat zur Folge, dass dem säumigen Zeugen die durch sein Ausbleiben verursachten **Kosten** (z.B. überflüssige Reisekosten der Anwälte) auferlegt werden, § 380 Abs. 1 ZPO.

Auch darauf ist der Zeuge in der Ladung hinzuweisen. Die gesetzliche Regelung des Ordnungsgelds (zwischen 5,- € und 1.000,- €) findet sich in Artt. 6–9 EGStGB.

In der Praxis der Zivilgerichte wird die Verhängung von Ordnungsgeld für gewöhnlich bis zum Ende des Termins zurückgestellt und meist ganz davon abgesehen, wenn sich herausstellt, dass der Zeuge nicht erforderlich war, weil der streitige Sachverhalt anderweitig geklärt oder eine Einigung zwischen den Parteien herbeigeführt werden konnte (OLG Frankfurt NJW 1972, 2093). Allerdings ist dieser Verzicht im Hinblick darauf, dass in § 380 ZPO kein Ermessen eingeräumt wird, nicht unbedenklich.

Beispiel für einen Ordnungsgeldbeschluss

Gegen den trotz ordnungsgemäßer Ladung im Termin vom 12.12.2009 nicht erschienenen **889** Zeugen Zentaur wird ein Ordnungsgeld von 150,- €, ersatzweise 1 Tag Ordnungshaft, verhängt. Darüber hinaus werden ihm die durch sein Ausbleiben verursachten Kosten des Verfahrens auferlegt.

Gegen den – dem Zeugen förmlich zuzustellenden – Ordnungsgeldbeschluss kann der Zeuge **sofortige Beschwerde** einlegen, § 380 Abs. 3 ZPO.
Eine nachträgliche Erklärung des Zeugen zum Ordnungsgeld kann jedoch zunächst eine **Entschuldigung** gemäß § 381 ZPO sein, die zur **Aufhebung** des Ordnungsgeldbeschlusses führen muss. Ob eine Entschuldigung ausreichend ist, entscheidet das Gericht nach pflichtgemäßem Ermessen. Die Entschuldigungsgründe müssen **glaubhaft** gemacht werden, vgl. §§ 381 Abs. 1 Satz 2, 294 ZPO. Als Entschuldigungsgründe sind unerwartete Krankheit, Verkehrsstau, der länger als die einzuplanende Zeitreserve dauert (OLG Nürnberg NJW-RR 1999, 788), oder Unkenntnis von der Zeugenladung wegen Urlaubsabwesenheit anerkannt, nicht jedoch unaufschiebbare Geschäfte, die dem Gericht hätten vorher mitgeteilt werden können, bloße Vergesslichkeit oder Irrtum über den Termintag.
dd) Wiederholtes Ausbleiben. Bei wiederholtem Ausbleiben des Zeugen kann – neben weiterem Ordnungsgeld (KG NJW 1960, 1726; a.A. OLG Dresden MDR 2002, 1088) – auch die **zwangsweise Vorführung** angeordnet werden, § 380 Abs. 2 ZPO.

b) Die Pflicht zur Aussage

aa) Angaben zu Person und Sache. Die Pflicht des Zeugen zur Aussage besteht darin, **890** dass er zunächst Angaben zu seiner Person hinsichtlich **Vornamen, Zunamen, Alter,** Stand oder **Gewerbe** und **Wohnort** zu machen hat, § 395 Abs. 2 ZPO. Unter „Stand oder Gewerbe" ist die berufliche Tätigkeit des Zeugen zu verstehen, nicht jedoch sein Familienstand. Nicht zu den Pflichtangaben gehört die Angabe der Wohnanschrift, lediglich der Wohnort ist mitzuteilen. Darüber hinaus hat der Zeuge **Fragen** zu beantworten, die seine **Glaubwürdigkeit** betreffen, insbesondere die Frage nach Vorstrafen wegen Aussagedelikten oder Eidesdelikten. Anschließend hat er **wahrheitsgemäß** und, ohne etwas zu verschweigen, zusammenhängend über den Gegenstand der Vernehmung **auszusagen,** § 396 Abs. 1 ZPO.

891 **bb) Belehrung über Wahrheitspflicht.** Zuvor ist der Zeuge über die Wahrheitspflicht zu belehren, § 395 Abs. 1 ZPO. Diese Belehrung sollte nicht als bloße Förmlichkeit abgetan werden. Vielmehr muss – unter deutlichem Hinweis auf die strafrechtlichen Folgen unwahrer Aussagen – die volle Mitverantwortung des Zeugen für die richtige Entscheidung des Rechtsstreits nachhaltig zum Ausdruck kommen.

Die Belehrung eines Zeugen könnte etwa so lauten:

> „Das Gericht hat die Aufgabe, den Rechtsstreit zu entscheiden. Da die Richter bei dem umstrittenen Vorgang selbst nicht dabei waren, sind sie auf Ihre Mithilfe angewiesen. Wenn Ihre Angaben nicht der Wahrheit entsprechen, wird das Urteil falsch. Sie haben das gegebenenfalls zu verantworten. Deshalb sieht das Gesetz hohe Freiheitsstrafen vor, wenn ein Zeuge die Unwahrheit sagt. Sie müssen auch mit Ihrer Vereidigung rechnen. Meineid wird regelmäßig mit Freiheitsstrafe nicht unter einem Jahr bestraft!"

c) Die Pflicht zur Eidesleistung

892 **aa) Grundsatz.** Im Zivilprozess bleiben Zeugen **regelmäßig unbeeidigt.** Nur wenn das Gericht nach pflichtgemäßem Ermessen die Beeidigung mit Rücksicht auf die **Bedeutung der Aussage** oder zur **Herbeiführung einer wahrheitsgemäßen Aussage** für geboten erachtet und die Parteien auf die Beeidigung **nicht verzichten**, ist ein Zeuge zu beeidigen, § 391 ZPO.

bb) Ausnahmen. Uneidlich zu vernehmen sind **Eidesunmündige**, also Minderjährige unter 16 Jahren und Personen, die infolge mangelnder Verstandesreife oder wegen Verstandesschwäche („Geistesschwäche") vom Wesen und der Bedeutung des Eides keine genügende Vorstellung haben, § 393 ZPO. Wer aus persönlichen oder sachlichen Gründen ein Aussage- oder Zeugnisverweigerungsrecht hat, kann ebenfalls die Eidesleistung verweigern, auch wenn er bereits Aussagen gemacht hat (BGHZ 43, 368), allerdings ist seine Aussage dann wertlos, vgl. § 286 ZPO. Die Beschränkung der Eidesleistung auf einen für die Entscheidung wesentlichen Teil der Aussage ist möglich.

893 **cc) Durchführung der Beeidigung.** Die Beeidigung wird durch **Beschluss** angeordnet und erfolgt **nach der Vernehmung**, sog. **Nacheid**, § 392 ZPO. Mehrere Zeugen können gleichzeitig beeidigt werden.

Das Verfahren bei der Abnahme von Eiden ist in §§ 478 bis 484 ZPO geregelt: Vor der Beeidigung ist der Zeuge über die Bedeutung des Eides, sowie darüber, dass der Eid mit oder ohne religiöse Beteuerung geleistet werden kann, zu **belehren**, § 480 ZPO. Üblich ist es, vor der Beeidigung dem Zeugen seine Aussage nochmals vorzulesen oder vorzuspielen. Sodann haben sich auf Anordnung des Gerichts (§ 176 VG) alle Anwesenden zu erheben. Der Richter leitet die Beeidung dadurch ein, dass er **Eingangsformel** und **Eidesnorm** vorspricht, §§ 481 Abs. 1, 2, 3, 392 Satz 3 ZPO. Sodann erwidert der Zeuge unter **Erhebung der rechten Hand**, § 481 Abs. 4 ZPO, die **Eidesformel**, §§ 481 Abs. 1, 2, 3 ZPO:

> Richter: „Sie schwören (bei Gott dem Allmächtigen und Allwissenden) (= **Eingangsformel**), dass Sie nach bestem Wissen die reine Wahrheit gesagt und nichts verschwiegen haben (= **Eidesnorm**)."
> Zeuge: „Ich schwöre es (so wahr mir Gott helfe/beim Worte Allahs...) (= **Eidesformel**)."

Dabei kann die religiöse Beteuerung weggelassen werden oder durch eine religiöse Beteuerung einer anderen Religionsgemeinschaft ersetzt werden.

dd) Eidesgleiche Bekräftigung. Wer aus Glaubens- oder Gewissensgründen keinen Eid **894** leisten will, hat eine **eidesgleiche Bekräftigung** abzugeben, sie steht dem Eid gleich, worauf der Zeuge hinzuweisen ist, § 484 Abs. 1 ZPO. Der Wortlaut ergibt sich aus § 484 Abs. 2 ZPO.

> Richter: „Sie bekräftigen im Bewusstsein Ihrer Verantwortung vor Gericht, dass Sie nach bestem Wissen die reine Wahrheit gesagt und nichts verschwiegen haben.“
> Zeuge: „Ja.“

4. Das Zeugnisverweigerungsrecht

Die Aussageverpflichtung ist für bestimmte Personengruppen durchbrochen, denen aus **895** persönlichen oder sachlichen Gründen ein **Zeugnisverweigerungsrecht** zugebilligt wird.

a) Zeugnisverweigerung aus persönlichen Gründen

§ 383 ZPO sieht ein Zeugnisverweigerungsrecht für nahe Angehörige und Angehörige bestimmter Berufsgruppen vor.

aa) Nahe Angehörige. Bestimmten nahen Angehörigen einer Partei soll ein Gewissenskonflikt erspart werden, § 383 Abs. 1 Nr. 1–3 ZPO. Sie haben ein Zeugnisverweigerungsrecht unabhängig vom jeweiligen Beweisthema. Es sind dies der **Verlobte** einer Partei, der **Ehegatte** oder **Lebenspartner** einer Partei, auch wenn die Ehe oder Lebenspartnerschaft nicht mehr besteht, und diejenigen Personen, die mit einer Partei in **gerader Linie verwandt** oder **verschwägert** oder in der **Seitenlinie bis zum dritten Grad verwandt** oder bis zum **zweiten Grad verschwägert** sind oder waren. Die Verwandtschafts- bzw. Schwägerschaftsverhältnisse ergeben sich aus §§ 1589, 1590 BGB.
Ausnahmen vom Zeugnisverweigerungsrecht bestehen für diese Personen nach Maßgabe des § 385 ZPO insoweit, als sie aussagen müssen:
– über die Errichtung und den Inhalt eines **Rechtsgeschäfts**, bei dessen Errichtung sie als Zeuge bewusst **zugezogen** waren (vgl. BayObLG MDR 1984, 1025);
– über **Geburten**, **Verheiratungen** und **Sterbefälle** von Familienmitgliedern;
– über Tatsachen, welche die **durch das Familienverhältnis** bedingten **Vermögensangelegenheiten** betreffen (z.B.: Güterstand, Erbrechte, Unterhalt);
– über solche sich auf das streitige Rechtsverhältnis beziehenden **Handlungen**, die **von ihnen selbst** als Rechtsvorgänger oder Vertreter einer Partei **vorgenommen** worden sein sollen.

bb) Angehörige bestimmter Berufe. Personen, denen auf Grund einer besonderen **896** beruflichen Vertrauensstellung Tatsachen anvertraut sind, haben ebenfalls ein Zeugnisverweigerungsrecht, § 383 Abs. 1 Nr. 4–6 ZPO. Sie **müssen** das Zeugnis verweigern über solche Tatsachen, auf die sich ihre Verschwiegenheitspflicht bezieht. Es sind dies **Geistliche** über das, was ihnen bei Ausübung der Seelsorge anvertraut ist, **Mitarbeiter der Presse**, des Rundfunks und des Fernsehens im redaktionellen Bereich über Informanten und Inhalt der Informationen (vgl. BGH NJW 1990, 525; BVerfG NJW 1990, 701 – Garantie der Pressefreiheit nach Art. 5 GG) und Personen, die kraft ihres Amtes, Standes oder Gewerbes einer gesetzlichen oder **sonstigen Geheimhaltungspflicht** unterliegen, namentlich **Ärzte**, Apotheker, Heilpraktiker, Hebammen, Krankenpflegepersonal, Richter, Rechtsanwälte, Notare, Steuerberater, Wirtschaftsprüfer, Mediatoren, Aufsichtsrats- und Vorstandsmitglieder einer AG, Abschlussprüfer oder Inhaber von Auskunfteien und jeweils deren Personal. Das Zeugnisverweigerungsrecht dieser Personen besteht nicht, wenn sie **von der Verpflichtung zur Verschwiegenheit entbunden** worden sind, § 385 Abs. 2 ZPO.

Beispiel:
Beruft sich der Kläger einer Schadensersatzforderung wegen unerlaubter Handlung auf das Zeugnis seines behandelnden Arztes, so hat er ihn von der Schweigepflicht zu entbinden. Dies erfolgt gegenüber dem Arzt oder gegenüber dem Gericht und ist insoweit unwiderrufliche Prozesshandlung (BayObLG FamRZ 1990, 1012 f.).

897   cc) **Amtsverschwiegenheit.** Für die Vernehmung von Richtern, Beamten und anderen Personen des öffentlichen Dienstes als Zeugen über Umstände, auf die sich ihre Amtsverschwiegenheit bezieht, hat das **Prozessgericht** bei der jeweiligen Aufsichtsbehörde eine **Aussagegenehmigung**, die das Beweisthema umfassen muss, einzuholen, die der Auskunftsperson dann mitzuteilen ist, § 376 Abs. 1, 2, 3 ZPO. Einzelheiten regeln §§ 61, 62 BBG.

b)   Zeugnisverweigerung aus sachlichen Gründen

898   In manchen Fällen gibt es ein Zeugnisverweigerungsrecht auf bestimmte Fragen **aus sachlichen Gründen**, § 384 Nr. 1–3 ZPO. Ein solches besteht,
–   wenn einem Zeugen oder seinem nahen Angehörigen durch die wahrheitsgemäße Aussage ein **unmittelbarer Vermögensschaden** droht, allerdings bestehen auch insoweit die Ausnahmen nach § 385 Abs. 1 ZPO,

Beispiel:
Mitteilung von Tatsachen, die gegen den Zeugen oder seinen Angehörigen unmittelbar einen Anspruch begründen.

–   wenn ihm die Gefahr der **Unehre** oder **Strafverfolgung** droht,

Beispiel:
Außerehelicher Verkehr einer Frau, betrügerische Machenschaften eines Handelsvertreters beim Vertragsabschluss.

–   wenn ihm durch die Aussage die **Preisgabe eines Kunst- oder Gewerbegeheimnisses** zugemutet wird.

c)   Glaubhaftmachung

899   Der Zeuge, der sich auf Zeugnisverweigerung beruft, hat die seiner Weigerung zugrunde liegenden Tatsachen **mitzuteilen** und **glaubhaft** zu machen, § 386 Abs. 1 ZPO. Bei Amtsträgern genügt die Berufung auf die mit dem Diensteid geleistete Versicherung, § 386 Abs. 2 ZPO. Ein Zeuge, der bereits **vor dem Termin** schriftlich oder zu Protokoll erklärt hat, dass er das Zeugnis verweigere, braucht im Termin **nicht zu erscheinen**, § 386 Abs. 3 ZPO.

d)   Belehrung über das Zeugnisverweigerungsrecht

900   **Nahe Angehörige** nach § 383 Abs. 1 Nr. 1–3 ZPO sind vor der Vernehmung über das ihnen zustehende Zeugnisverweigerungsrecht **zu belehren**, § 383 Abs. 2 ZPO. Ist die Belehrung unterblieben, so darf im Falle einer diesbezüglichen Rüge durch die Partei (vgl. § 295 ZPO) die Aussage für die Entscheidung **nicht verwertet** werden (BGH NJW 1985, 1158; BayObLG NJW 1957, 386: Revisionsgrund). Ein Zeuge, der bei der Aussage von seinem Zeugnisverweigerungsrecht **keinen** Gebrauch gemacht hat, kann dann noch immer den Eid verweigern (BGHZ 43, 368), worauf er hinzuweisen ist; seine Aussage ist damit wertlos.

Bei der Vernehmung des Zeugen zur Person ist es üblich, nach dem Verwandtschafts-
oder Schwägerschaftsverhältnis zu einer Partei zu fragen und in das Protokoll aufzunehmen:

> „... mit den Parteien des Rechtsstreits nicht verwandt oder verschwägert."

In den Fällen eines **beruflich veranlassten** Zeugnisverweigerungsrechts nach § 383
Abs. 1 Nr. 4–6 ZPO und des § 384 ZPO (OLG Köln OLGZ 86, 60 f.) ist die **Belehrung
nicht vorgeschrieben**, ein Hinweis jedoch gerade bei Zeugnisverweigerungsrechten aus
sachlichen Gründen gleichwohl zu empfehlen.

e)   **Umfang des Zeugnisverweigerungsrechts**

Der Zeuge braucht bei Bestehen eines Zeugnisverweigerungsrechts **überhaupt nicht**   **901**
auszusagen, ohne dass aus der Verweigerung Schlüsse gezogen werden dürften. Im
Falle des § 384 ZPO hat der Zeuge demgegenüber nur das Recht, **einzelne Antworten**
auf entsprechende Fragen zu verweigern. Dies setzt aber voraus, dass die Frage erst
einmal gestellt wird. Die pauschale Zeugnisverweigerung ist in diesen Fällen unzulässig
(BGH NJW 1994, 197).

f)   **Zwischenstreit wegen Zeugnisverweigerung**

Wird das vom Zeugen vorgebrachte Zeugnisverweigerungsrecht von der Partei nicht   **902**
anerkannt, d.h. die Unzulässigkeit der Zeugnisverweigerung **gerügt**, so liegt darin ein
Antrag, über die Rechtmäßigkeit der Weigerung in einem **Zwischenstreit** zu entscheiden, § 387 Abs. 1 ZPO.
Zuständig ist das **Prozessgericht**, auch bei Vernehmung vor dem kommissarischen
Richter, § 366 Abs. 1 ZPO. Parteien des Zwischenstreits sind der **Zeuge** und der
Beweisführer (bei § 399 ZPO der Gegner). Es ist Termin zur **mündlichen Verhandlung**
über den Zwischenstreit zu bestimmen, § 366 Abs. 2 ZPO. Auch im Anwaltsprozess
besteht für den Zeugen kein Anwaltszwang, § 387 Abs. 2 ZPO. Ein Versäumnisurteil
ist nicht zugelassen, vgl. § 388 ZPO.
Die Entscheidung ergeht durch – mit **sofortiger Beschwerde** anfechtbares – **Zwischenurteil**, § 387 Abs. 3 ZPO. Nach Rechtskraft des Zwischenurteils erfolgt **Fortsetzung
des Rechtsstreits**. Gegen den sich gleichwohl noch unberechtigt weigernden Zeugen
finden Ordnungsmaßnahmen nach § 390 ZPO statt.

Beispiele für ein Zwischenurteil

> 1.   Der vom Zeugen Zentaur vorgebrachte Zeugnisverweigerungsgrund ist unzulässig.   **903**
> 2.   Der Zeuge Zentaur trägt die Kosten des Zwischenstreits.

oder

> 1.   Die vom Zeugen Zentaur geltend gemachte Zeugnisverweigerung ist gerechtfertigt.
> 2.   Der Kläger (*Beklagte*) trägt als Beweisführer die Kosten des Zwischenstreits.

Besondere **Gebühren** entstehen für den Zwischenstreit nicht. Etwaige **Mehrkosten**,
etwa die angefallenen Kosten des Zeugen, sind dem unterliegenden Zeugen oder dem
Antragsteller des Zwischenstreits aufzuerlegen. Das Zwischenurteil ist jedoch nicht für

vorläufig vollstreckbar zu erklären, da sich die Vollstreckbarkeit unmittelbar aus § 794 Abs. 1 Nr. 3 ZPO ergibt.

5. Ablauf der Zeugenvernehmung

Der Ablauf der Zeugenvernehmung gestaltet sich folgendermaßen:

a) Aufruf des zu vernehmenden Zeugen

904 Der vor dem Verhandlungssaal wartende Zeuge ist in den Saal zu rufen. Der im Saal anwesende Zeuge wird auf einen Zeugenstuhl gebeten, der sich – aus psychologischen Gründen – nicht auf der Seite einer Partei befinden sollte. Etwaige später zu vernehmende Zeugen müssen aufgefordert werden, den Saal zu verlassen, weil jeder Zeuge **einzeln** und in **Abwesenheit der später abzuhörenden Zeugen** zu vernehmen ist, § 394 Abs. 1 ZPO (Ordnungsvorschrift, deren Verletzung kein Berufungs- oder Revisionsgrund ist: OLG Düsseldorf MDR 1979, 409). Sachverständige sind stets zur Zeugenvernehmung zuzulassen, wenn die Zeugenaussage zu dem Gutachtenauftrag Bezug hat und Anknüpfungstatsachen liefern kann.

b) Zeugenbelehrung

905 Zunächst erfolgt die Zeugenbelehrung (Ermahnung zur **Wahrheit** und Hinweis auf Möglichkeit der **Beeidigung**, §§ 395 Abs. 1, 391 ZPO sowie übliche und zweckmäßige Belehrung über **Strafbarkeit** einer falschen Aussage i.S. §§ 153 f. StGB) durch das erkennende Gericht. Wo dies ein Kollegialgericht ist, leitet die Vernehmung der Vorsitzende, vgl. § 396 Abs. 3 ZPO.

c) Vernehmung des Zeugen über seine persönlichen Verhältnisse

906 Dieser Teil der Vernehmung gliedert sich in drei Abschnitte: Zunächst erfolgt die **Vernehmung zur Person**, § 395 Abs. 2 Satz 1 ZPO (vgl. Rn. 890), dann folgt ggf. die **Belehrung über ein Zeugnisverweigerungsrecht**, §§ 383 Abs. 1 Nr. 1–3, Abs. 2 ZPO (vgl. Rn. 895 ff.), und schließlich sind erforderlichenfalls **Fragen zur Glaubwürdigkeit** des Zeugen zu stellen, § 395 Abs. 2 Satz 2 ZPO (vgl. Rn. 890). Anlass dazu kann bei besonderen Beziehungen des Zeugen zu einer Partei (z.B. verfeindeter früherer Angestellter, Nachbar) gegeben sein. Auch die Quelle seines Wissens (z.B. Zufallszeuge oder zu Verhandlungen zugezogener Vertrauter) kann von Bedeutung sein. Fragen nach Vorstrafen wegen Meineids sollten nicht stereotyp gestellt werden.

d) Vernehmung des Zeugen zur Sache

907 Der Zeuge ist zu veranlassen, was ihm von dem Gegenstand seiner Vernehmung bekannt ist, **im Zusammenhang** und ohne Einflussnahme der Prozessbeteiligten anzugeben, § 396 Abs. 1 ZPO. Die Vernehmung ist also nicht sogleich mit Fragen zu beginnen.

Gestattet ist dem Zeugen die Benutzung eigener **Notizen** oder sogar die Übergabe eines schriftlichen **Berichts** über die Beweisfrage (RGZ 16, 116), der dann mit ihm durchzusprechen und als Anlage zu Protokoll zu nehmen ist. Die Kernpunkte der Aussage sollten noch einmal ausdrücklich angesprochen und ins Protokoll aufgenommen werden. Vorgefertigte schriftliche Erklärungen sind mit Vorsicht zu behandeln, weil nicht ersichtlich ist, unter welchen Umständen sie verfasst wurden und wer an ihrer Anfertigung mitgewirkt hat.

Protokollierungsbeispiel:

> „Der Zeuge machte zunächst zusammenhängende Angaben zur Sache und erklärte dann, er
> habe als eigene Gedächtnisstütze bereits vor dem Termin selbst seine Angaben schriftlich
> niedergelegt. Das daraufhin vom Zeugen übergebene Schriftstück wurde wörtlich vorgelesen.
> Der Zeuge erklärt: Das soeben vorgelesene, von mir verfasste Schreiben enthält alles, was ich
> zur Sache angeben kann. Ich mache seinen Inhalt zum Gegenstand meiner Zeugenverneh-
> mung. Insbesondere wiederhole ich, dass ...“

Erst im Anschluss an den freien Bericht des Zeugen oder, wenn der Zeuge ins Stocken
gerät, stellt das Gericht **Fragen**, die zur **Aufklärung** und zur **Vervollständigung** der
Aussage und zur Erforschung der Quelle der Kenntnisse des Zeugen dienen, § 396
Abs. 2 ZPO. Der Vorsitzende hat jedem Mitglied des Gerichts auf Verlangen das
Fragerecht einzuräumen, § 396 Abs. 3 ZPO.

e)   **Befragung des Zeugen durch die Parteien**

Auch die **Parteien** haben das Recht, **Fragen** zur Aufklärung der Sache oder zu den   **908**
Verhältnissen der Parteien zu stellen, § 397 Abs. 1 ZPO. Das Gesetz sieht in erster Linie
vor, dass das Gericht die Fragen der Parteien dem Zeugen vorlegt. **Die unmittelbare
Befragung** kann aber auch den Parteien selbst und muss auf Verlangen den Anwälten
gestattet werden, § 397 Abs. 2 ZPO.

In der Praxis erteilt der Vorsitzende zunächst das Fragerecht der beweisführenden
Partei, die den Zeugen benannt hat, danach dem Gegner. Nicht gestattet ist nach der
ZPO die wechselseitige Fragestellung (Kreuzverhör).
Das Gericht muss jedoch die Befragung **überwachen** und **unsachliche**, insbesondere
Suggestiv- oder **Ausforschungsfragen, zurückweisen.** Unzulässig sind auch Fragen, die
mit dem Beweisthema nichts zu tun haben und nur dazu dienen, den unbequemen
Zeugen bloßzustellen.

Bei Streit oder **Zweifel über die Zulässigkeit** einer Frage entscheidet das Gericht durch
unanfechtbaren **Beschluss**, § 397 Abs. 3 ZPO. Es kann zweckmäßig sein, die nicht
zugelassene Frage wörtlich ins Protokoll aufzunehmen, insbesondere bei Vernehmungen vor ersuchtem oder beauftragtem Richter, vgl. § 398 Abs. 2 ZPO.

f)   **Aufnahme der Zeugenaussage ins Protokoll**

Die Aussage des Zeugen ist zu protokollieren, § 160 Abs. 3 Nr. 4 ZPO. Dies erfolgt   **909**
üblicherweise durch **Diktat** des Vorsitzenden in zusammenhängenden Abschnitten
bereits während der Vernehmung. Es sollten möglichst die **eigenen Worte des Zeugen**
protokolliert werden. Es ist streng darauf zu achten, dass durch die Protokollierung
nicht der Sinn der Zeugenaussage entstellt oder verdreht wird.

g)   **Verlesen und Genehmigung des Vernehmungsprotokolls**

Das Protokoll über die Zeugenaussage ist dem Zeugen **vorzulesen**, zur Durchsicht   **910**
vorzulegen oder, im Falle vorläufiger Aufzeichnung, **vorzuspielen**, § 162 Abs. 1 ZPO.
Das **laute Diktieren** ersetzt das Vorlesen, wenn die Beteiligten darauf **verzichten**, § 162
Abs. 2 Satz 2 ZPO. Die **Genehmigung** der Protokollaufzeichung ist im Protokoll
ebenso zu vermerken wie die Feststellung, dass vorgelesen oder vorgespielt („v.u.g.“)
worden ist, § 162 Abs. 2 Satz 3 ZPO. Werden Einwendungen erhoben, so sind auch
diese im Protokoll zu vermerken.

h) Beeidigung des Zeugen

911 Die Beeidigung steht im freien Ermessen des Gerichts, vgl. § 391 ZPO (vgl. Rn. 892 ff.). Die Anordnung der Beeidigung erfolgt durch Beschluss, nachdem den Parteien Gelegenheit gegeben worden ist, sich zur Frage der Beeidigung zu äußern. Sie muss unterbleiben, wenn die Parteien auf Beeidigung verzichten. Grundsätzlich sollte die Beeidigung im Zivilprozess die Ausnahme bleiben.

6. Besondere Formen der Zeugenvernehmung

a) Gegenüberstellung von Zeugen

912 Während die Zeugen regelmäßig einzeln und in **Abwesenheit** der später abzuhörenden Zeugen zu vernehmen sind, § 394 Abs. 1 ZPO, können bei widersprüchlichen Aussagen die Zeugen einander **gegenüber** gestellt werden, § 394 Abs. 2 ZPO.

b) Wiederholte und nachträgliche Vernehmung eines Zeugen

913 Die **erneute Vernehmung** eines Zeugen kann vom Prozessgericht nach seinem Ermessen angeordnet werden, § 398 Abs. 1 ZPO. Zur wiederholten Vernehmung eines Zeugen kommt es etwa, wenn neue Fakten zutage getreten sind, das Gericht sich noch einmal Klarheit über die Glaubwürdigkeit des Zeugen verschaffen will oder sich nachträglich die Notwendigkeit zur Beeidigung oder Gegenüberstellung mit einem anderen Zeugen ergibt. Nach Richterwechsel kann unzulängliche Protokollierung einer früheren Aussage zur erneuten Vernehmung Anlass geben.

Im Fall des § 398 Abs. 2 ZPO kann eine **nachträgliche Vernehmung** erforderlich werden, wenn der kommissarische Richter eine von einer Partei angeregte Frage nicht gestellt hat.

c) Schriftliche Zeugenbefragung

914 Das Gericht kann eine schriftliche Beantwortung der Beweisfrage anordnen, wenn es dies im Hinblick auf den **Inhalt der Beweisfrage** und die **Person des Zeugen** für **ausreichend** hält, § 377 Abs. 3 Satz 1 ZPO. Die Anordnung setzt die Erwartung voraus, dass sich der Zeuge nach Bildungsstand und Ausdrucksfähigkeit sachgemäß erklären kann. Die schriftliche Beantwortung der Beweisfrage ist ungeeignet, wenn es auf den persönlichen Eindruck ankommt und Voreingenommenheit oder persönliches Interesse am Prozessausgang (Ehepartner, Mitarbeiter, Freunde) in Frage kommen können.

Der Zeuge soll auf die **Wahrheitspflicht**, einen etwaigen **Zeugnisverweigerungsgrund** und die Möglichkeit, dass er dennoch zur Vernehmung **geladen** werden kann, hingewiesen werden. Er soll den Angaben zur Sache **Angaben zu seiner Person** voranstellen.

Lehnt der Zeuge die schriftliche Beantwortung ab, kommt er der Aufforderung nicht fristgemäß nach oder ist die persönliche Einvernahme zur weiteren Klärung der Beweisfrage notwendig, kann das Gericht den Zeugen zur Vernehmung in den Termin laden, § 377 Abs. 3 Satz 3 ZPO. Dies muss erfolgen, wenn eine Partei Fragen stellen will oder die Beeidung des Zeugen ansteht.

7. Die Entschädigung der Zeugen

915 Der allgemeinen Verpflichtung, als Zeuge vor Gericht zu erscheinen, entspricht der im Justizvergütungs- und -entschädigungsgesetz (JVEG) geregelte **Anspruch auf Entschädigung**, § 401 ZPO.

a) Entschädigungsberechtigung

Entschädigungsberechtigt ist, wer als Zeuge vom Gericht zu Beweiszwecken **herangezogen** worden ist, § 1 Abs. 1 Nr. 3 JVEG. Dies sind **geladene Zeugen**, auch wenn die Ladung nur als vorbereitende Maßnahme nach § 273 Abs. 2 Nr. 4 ZPO erfolgt ist. Ob die Vernehmung tatsächlich stattgefunden hat oder aus irgendeinem Grunde unterblieben ist, ist für den Entschädigungsanspruch unerheblich. Die von den Parteien **in die Sitzung gestellten Zeugen** sind nur entschädigungsberechtigt, wenn sie vom Gericht tatsächlich vernommen worden sind.

b) Das Maß der Entschädigung

aa) Verdienstausfall, Nachteile bei Haushaltsführung, Zeitversäumnis. Zeugen werden **916** für ihren **Verdienstausfall** während der zur Befolgung der Ladung **erforderlichen Zeit** entschädigt. Erstattet werden je versäumter Stunde Arbeitszeit höchstens **17 €**, gemessen am **regelmäßigen Bruttoverdienst**, wobei die letzte, bereits begonnene Stunde voll gerechnet wird, §§ 19 Abs. 2, 22 Satz 1 JVEG. Zeugen, die nicht erwerbstätig sind und einen **Haushalt** für mehrere Personen führen, erhalten je Stunde **12 €**, § 21 Satz 1 JVEG. Sind weder Verdienstausfall noch Haushaltsführungsnachteile eingetreten, erhält der Zeuge eine Entschädigung für **Zeitversäumnis** von 3 € je Stunde.

bb) Notwendige Fahrtkosten. Der Zeuge kann die notwendigen Fahrtkosten zum Termin ersetzt verlangen, §§ 19, 5 JVEG. Erstattungsfähig sind die tatsächlich angefallenen Kosten des **öffentlichen Verkehrsmittels** bis zur Höhe entsprechender Kosten der ersten Wagenklasse der Bahn (ggf. nebst Reservierungskosten) oder bei **PKW-Benutzung 0, 25 €** pro Kilometer (nebst Parkgebühren), § 5 Abs. 2 JVEG.

cc) Aufwandsentschädigung. Schließlich können noch Übernachtungskosten und für **917** die Abwesenheitszeit ein **Tagegeld** bezahlt werden, das sich an § 4 Abs. 5 des EStG orientiert, § 6 JVEG. Sonstige Aufwendungen, etwa für Begleitpersonen oder Kopien werden nach § 7 JVEG entschädigt.

dd) Festsetzung der Zeugenentschädigung. Entschädigung wird nur auf Verlangen des Zeugen, nicht von Amts wegen gewährt; der Entschädigungsanspruch erlischt drei Monate nach Beendigung der Vernehmung, § 2 Abs. 1 JVEG. Vorschuss ist möglich, § 3 JVEG. Die Berechnung der Entschädigung erfolgt zunächst durch den Urkundsbeamten, auf Antrag wird jedoch die Entschädigung richterlich festgesetzt, § 4 Abs. 1 JVEG. Gegen die richterliche Festsetzung ist **Beschwerde** bei einem Beschwerdewert über 200 € oder nach Zulassung möglich, 4 Abs. 3 ff. JVEG.

IV. Der Sachverständigenbeweis

1. Begriff

a) Definition

Im Gegensatz zum Zeugen, der über eigene Wahrnehmungen aussagen soll, ohne diese **918** zu bewerten, hat der Sachverständige die Aufgabe, die dem Gericht vorliegenden **Tatsachen** in Anwendung seines **besonderen Fachwissens** zu **werten** und aus ihnen **Schlussfolgerungen** zu ziehen.

Beispiele:
- Feststellung der Todesursache eines Menschen (medizinischer Sachverständiger);
- Beurteilung des Unfallhergangs zwischen zwei Kraftfahrzeugen (Kfz-Sachverständiger);
- Feststellung der Urheberschaft eines bestimmten Schriftstücks (Schriftsachverständiger).

Als Sachverständiger wird i.d.R. eine **natürliche Person** bestellt. Auch bei Befassung eines **wissenschaftliches Instituts** sollte der Auftrag an ein namentlich benanntes Institutsmitglied erteilt und die Person des Gutachters nicht der Bestimmung durch den Instituts- oder Behördenleiter überlassen werden. Nur ausnahmsweise kommt eine **Fachbehörde** für einen Gutachtenauftrag in Frage (z.B.: Gutachterausschuss einer Gemeinde zur Begutachtung von Grundstücksverkehrswerten, vgl. BGH NJW 1974, 701; Anwaltskammer zur Begutachtung von Anwaltshonoraren, vgl. §§ 3a Abs. 2, 14 Abs. 2 RVG: zwingend bei Streit über Vergütungsvereinbarungen und Rahmengebühren).

b) Abgrenzungen

919 Vom gerichtlich bestellten Sachverständigen ist einerseits der **Schiedsrichter** des schiedsgerichtlichen Verfahrens nach §§ 1025 ff. ZPO (vgl. Rn. 3 ff.), andererseits der **Schiedsgutachter** zu unterscheiden. Letzterer wird üblicherweise außergerichtlich von den Parteien gemeinsam mit der Ermittlung von Tatsachen beauftragt. Der Inhalt des erstatteten Gutachtens ist für die Parteien und das Gericht bindend (BGH NJW 2001, 3777). Schließlich kann durch eine Partei ein außergerichtlich einseitig eingeholtes Gutachten eines **Privatgutachters** in den Prozess eingeführt werden, hierbei handelt es sich jedoch um Urkundenbeweis.

2. Stellung des Sachverständigen

a) Gehilfe des Richters

920 Der Sachverständige ist **Gehilfe des Richters,** über dessen Zuziehung dieser selbst entscheidet: Der Richter kann auch ohne Beweisantrag einer Partei **von Amts wegen** einen Sachverständigen zuziehen, § 144 ZPO. Der Beweisantritt einer Partei durch Antrag auf Einholung eines Sachverständigengutachtens und **Bezeichnung der zu begutachtenden Punkte**, § 403 ZPO, ist daher eher **als Anregung** an das Gericht zu verstehen. Bei hinreichender eigener Sachkunde kann das Gericht einen solchen Antrag daher unbeachtet lassen.

b) Auswahl und Beauftragung, Auftragsannahme

921 aa) **Auswahl.** Die Auswahl des Sachverständigen erfolgt durch das **Prozessgericht,** § 404 Abs. 1 Satz 1 ZPO. Eine vorherige **Anhörung** der Parteien über den zu beauftragenden Sachverständigen ist nicht vorgeschrieben (BGHZ 131, 80). Das Gericht kann auch die Parteien gezielt auffordern, geeignete Personen als Sachverständige vorzuschlagen, § 404 Abs. 3 ZPO. **Einigen sich die Parteien** auf eine bestimmte Person, so **muss** das Gericht diese Person als Sachverständigen ernennen, § 404 Abs. 4 ZPO, kann aber daneben noch einen weiteren Sachverständigen von Amts wegen beauftragen. Die Auswahl darf auch einem mit der Beweisaufnahme betrauten kommissarischen Richter überlassen werden, § 405 ZPO. Sind für gewisse Arten von Gutachten Sachverständige **öffentlich bestellt,** so sollen andere Personen nur gewählt werden, wenn besondere Umstände dies erfordern, § 404 Abs. 2 ZPO.

922 bb) **Pflicht zur Gutachtenerstattung.** Öffentlich bestellte Sachverständige, Gewerbetreibende und öffentlich bestellte Lizenzträger wie Ärzte, Lehrer oder Professoren sind zur Gutachtenerstattung **verpflichtet,** § 407 Abs. 1 ZPO. Die Industrie- und Handelskammern und die Handwerkskammern führen – im Internet abrufbare – Verzeichnisse über öffentlich bestellte und vereidigte (ö.b.u.v.) Sachverständige aus ihrem Interessensvertretungsbereich. Für medizinische Gutachten muss auf Ärzte mit besonderer Fachkunde zurückgegriffen werden.

cc) Ernennung. Die Ernennung des Sachverständigen erfolgt durch den **Beweisbeschluss** oder einen ihn ergänzenden **Beschluss**. Schon aus Kostengründen ist es wichtig, den Gutachterauftrag möglichst genau zu beschreiben und abzugrenzen.

dd) Auftragsprüfung. Dem ernannten Sachverständigen werden Beweisbeschluss und **923** ggf. Akten übersandt. Er hat dann unverzüglich zu **prüfen**, ob der Auftrag in sein **Fachgebiet** fällt und ohne Hinzuziehung weiterer Sachverständiger erledigt werden kann, § 407a Abs. 1 ZPO. Hat der Sachverständige **Zweifel** an Inhalt und Umfang des Auftrages, muss er unverzüglich eine **Klärung** durch das Gericht herbeiführen, § 407a Abs. 3 Satz 1 ZPO. Er darf den Auftrag nicht auf einen anderen Sachverständigen übertragen, § 407a Abs. 2 ZPO. Von der Notwendigkeit, weitere Sachverständige hinzuzuziehen, hat er das Gericht unverzüglich zu verständigen. Benötigt er zur Erstattung des Gutachtens **Hilfspersonen** zur Mitarbeit, muss er diese dem Gericht benennen und den Umfang ihrer Tätigkeit angeben; dies betrifft nicht Hilfsdienste untergeordneter Bedeutung, § 407a Abs. 2 ZPO.

Wenn er erkennt, dass voraussichtlich, gemessen am Streitgegenstand, **unverhältnismäßig hohe Kosten** entstehen werden oder der angeforderte Kostenvorschuss erheblich überschritten werden wird, so hat er auch darauf **hinzuweisen**, § 407a Abs. 3 Satz 2 ZPO. Dies bedeutet aber nicht, dass das Gericht wirtschaftlich unsinnige Beweisaufnahmen nicht durchführen dürfte oder müsste. Vielmehr liegt dies in der Entscheidungsbefugnis der Parteien: Dispositionsgrundsatz!

Auf seine Pflichten bei Auftragserteilung muss der Sachverständige vom Gericht **hingewiesen** werden, § 407a Abs. 5 ZPO.

c)   Ausschluss, Ablehnung und Gutachtenverweigerungsrecht

aa) Ausschluss und Ablehnung. Der Sachverständige soll **unparteiisch** sein, er kann **924** daher wie ein Richter **ausgeschlossen** sein oder wegen Besorgnis der Befangenheit **abgelehnt** werden, § 406 ZPO.

Beispiele:
–   Verwandtschaft, Freundschaft, Geschäftspartnerschaft (OLG München MDR 1998, 858; OLG Celle OLGR 1996, 46), Konkurrenzverhältnis zu einer Partei (OLG Koblenz OLGR 2001, 14);
–   vorgerichtliche Erstattung eines entgeltlichen Privatgutachtens für eine Partei (vgl. BGH NJW 1972, 1134);
–   Mitfahren im PKW einer Partei zum Ortstermin;
–   Unterlassen der Benachrichtigung einer Partei vom Besichtigungstermin (OLG Saarbrücken MDR 2007, 1279);
–   Unangemessene Reaktion gegenüber Partei (KG MDR 2008, 528);
–   Verwendung von einseitigem, streitigem Parteivortrag als Gutachtensgrundlage (OLG München NJW 1992, 1569; OLG Nürnberg VersR 2001, 391).

Das Ablehnungsgesuch muss **vor** der Vernehmung des Sachverständigen bei Gericht angebracht werden, spätestens binnen **zwei Wochen nach Zustellung des Ernennungsbeschlusses**. Später ist die Ablehnung nur zulässig, wenn glaubhaft gemacht wird, dass sie nicht früher erfolgen konnte, § 406 Abs. 2 ZPO. Der Ablehnungsgrund muss **glaubhaft** gemacht werden, eidesstattliche Versicherung ist unstatthaft, § 406 Abs. 3 ZPO.

Die Entscheidung des Gerichts ergeht durch **Beschluss**, § 406 Abs. 4 ZPO. Sie ist unanfechtbar, wenn die Ablehnung für begründet erklärt wird. Bei Zurückweisung des Ablehnungsgesuchs ist **sofortige Beschwerde** möglich, § 406 Abs. 5 ZPO. Dagegen ist die Rechtsbeschwerde gegeben, wenn sie zugelassen wurde, § 574 ZPO.

Bei erfolgreicher Ablehnung ist ein bereits erstattetes Gutachten **unverwertbar**. Es muss ein neues Gutachten eingeholt werden. Ist die Unverwertbarkeit – infolge Befangenheit

– durch grobes Verschulden oder bewußte Pflichtwidrigkeit des Sachverständigen herbeigeführt worden, verliert er auch seinen Entschädigungsanspruch.

925 bb) **Gutachtenverweigerungsrecht.** Der Sachverständige kann aus persönlichen oder sachlichen Gründen ein Gutachtenverweigerungsrecht haben. Die Weigerungsgründe entsprechen denen bei Zeugen, § 408 ZPO.

3. Gerichtliche Leitung der Tätigkeit des Sachverständigen

a) Pflichten des Gerichts

926 Aus der Gehilfenfunktion des Sachverständigen folgt, dass das Gericht **die Tätigkeit** des Sachverständigen leitet; es kann ihm auch für **Art und Umfang** seiner Tätigkeit **Weisungen** erteilen, § 404 a Abs. 1 ZPO. Soweit erforderlich soll das Gericht den Sachverständigen schon **vor** Abfassung der Beweisfrage hören, ihn, ggf. telefonisch, in seine Aufgabe **einweisen** und den **Auftrag erläutern**, § 404 a Abs. 2 ZPO. Formen der Gutachtenerstattung sind:
- **Mündliches Gutachten** zu Protokoll im Termin, vgl. § 160 Abs. 3 Nr. 4 ZPO. Diese Form der Gutachtenerstattung wird in der Praxis häufig für Verkehrsunfallrekonstruktionen gewählt. Nachdem der Sachverständige bereits vor dem Termin Akteneinsicht genommen und im Termin die Zeugenaussagen gehört hat, erstattet er zu richterlichem Protokoll sein mündliches Gutachten.
- **Schriftliche Begutachtung**, § 411 Abs. 1 ZPO. Der Sachverständige hat das Gutachten schriftlich abzufassen, zu unterschreiben und bei der Geschäftsstelle des Gerichts abzuliefern. Diese Form ist der Regelfall. Hier kann der Sachverständige – ggf. nach einem Ortstermin – die Antwort auf die Beweisfrage anhand von Fachliteratur fundiert ausarbeiten.
- **Mündliche Erläuterung des schriftlich erstatteten Gutachtens** im Termin, § 411 Abs. 3 ZPO. Dies empfiehlt sich bei verbleibenden Zweifeln oder Unklarheiten und ist oft geeignet, eine gütliche Einigung der im Termin persönlich anwesenden Parteien vorzubereiten. Auf Ergänzungen des Sachverständigen müssen die Parteien jedoch noch Stellung nehmen können (BGH NJW 2001, 2796).

Das Gericht bestimmt auch wegen des Grundsatzes der Unmittelbarkeit die **Anknüpfungstatsachen** für das Gutachten, § 404 a Abs. 3 ZPO, soweit nicht auch schon deren Feststellung besondere Sachkunde erfordert (z.B. Vergleichsmieten, BVerfG NJW 1997, 1909). In diesem Fall muss das Gericht den Umfang bestimmen, in dem der Sachverständige die **Beweisfrage aufklären** soll, insbesondere selbst die Anknüpfungstatsachen, etwa durch Abhaltung eines Ortstermins zur Einnahme des Augenscheins, ermitteln soll.

Beispiel:
Die Feststellung des Auseinandersetzungsguthabens eines Gesellschafters einer Rechtsanwalts-GbR setzt die Abgrenzung der eingegangenen Gebühren, die Zuordnung der Mandate zu den einzelnen Gesellschaftern und die Durchsicht der Buchhaltungsunterlagen voraus, bevor das behauptete Guthaben sachverständig überprüft werden kann.

In diesem Zusammenhang ist auch der **Kontakt** zwischen dem Sachverständigen und den Parteien zu regeln, § 404 a Abs. 4 ZPO. Etwaige Weisungen an den Sachverständigen sind den Parteien – wegen des Anspruchs auf rechtliches Gehör – mitzuteilen, § 404 a Abs. 5 ZPO.

b) Säumige Gutachtenerstattung

927 Säumige Gutachtenerstattung ist – oft als Folge der Überlastung der öffentlich bestellten Sachverständigen – häufig Ursache für lange Prozessdauer. Dem kann das Gericht dadurch begegnen, dass es dem Sachverständigen für die Erstattung des Gutachtens eine **Frist** setzt, § 411 Abs. 1 ZPO. Nach Fristablauf kann zur Erzwingung der Gutachtenvorlage gegen den Sachverständigen ein **Ordnungsgeld** verhängt werden, welches zuvor unter Setzung einer Nachfrist anzudrohen ist, § 411 Abs. 2 ZPO. Üblicherweise hat das Gericht jedoch zuvor beim Sachverständigen den Grund der Verzögerung zu erfragen. Erfolgt hierauf keine oder keine ausreichende Antwort, sollte erst zur Fristsetzung übergegangen werden. Wird das Gutachten nach mehrmaliger Fristsetzung nicht vorgelegt, muss von einem Fall der **Gutachtenverweigerung** ausgegangen werden. Die liegt auch vor, wenn ein Sachverständiger unentschuldigt zum Termin **nicht erscheint** oder **Akten** oder Unterlagen **zurückbehält**, § 409 Abs. 1 ZPO. Dem Sachverständigen können in diesem Fall die durch die Weigerung verursachten **Kosten** auferlegt und gegen ihn ein Ordnungsgeld verhängt werden. Als wichtigste weitere Maßnahme ist der **Gutachtenauftrag zu entziehen** und einem anderen Sachverständigen – ggf. nach Änderung des Beweisbeschlusses gemäß § 360 Abs. 1 Satz 2 ZPO – zu erteilen.

c) Beeidigung

Die Beeidigung des Sachverständigen steht im **Ermessen** des Gerichts (BGH NJW 1998, **928** 3355) und erfolgt vor oder nach Erstattung des Gutachtens, § 410 Abs. 1 Satz 1 ZPO. Die Eidesnorm geht dahin, dass der Sachverständige das von ihm geforderte Gutachten **unparteiisch** und **nach bestem Wissen und Gewissen** erstatten werde bzw. erstattet habe, § 410 Abs. 1 Satz 2 ZPO. Der **allgemein beeidigte** Sachverständige braucht nicht bei jedem Gutachten erneut beeidigt zu werden, sondern kann sich auf diesen Eid berufen: „Öffentlich bestellter und vereidigter Sachverständiger für ...“, 410 Abs. 2 ZPO.

d) Ergänzung des Gutachtens und neues Gutachten

Der Gutachtenauftrag endet mit Erstattung des Gutachtens. Zum Gutachten können **929** die **Parteien** Stellung nehmen, § 285 ZPO. Dann sind die Einwendungen der Parteien gegen das Gutachten durch eine **Stellungnahme** des Sachverständigen zu erledigen, ggf. ist ein mündlicher Erörterungstermins mit dem Sachverständigen durchzuführen.

Das Gutachten unterliegt der **freien Beweiswürdigung** durch das **Gericht**, § 286 ZPO (vgl. Rn. 969 ff.). Erscheint das Gutachten dem Gericht als ungenügend, so kann es anordnen, dass das Gutachten **ergänzt** oder dass ein **weiteres Gutachten** desselben oder eines anderen Sachverständigen eingeholt wird, § 412 ZPO.

4. Der sachverständige Zeuge

Der sachverständige Zeuge ist **Zeuge** eines Vorganges oder einer Tatsache. Er kann **930** jedoch wegen seines besonderen Fachwissens zugleich das Beobachtete sachkundig werten. Auf den sachverständigen Zeugen finden die Vorschriften über den Zeugenbeweis – auch hinsichtlich der Entschädigung – Anwendung, § 414 ZPO.

> **Beispiel:**
> Der Arzt, der den Unfall beobachtet und erste Hilfe geleistet hat, vermag den Unfallhergang zu schildern und zugleich sachkundige Angaben über die Art der Verletzungen zu machen.

5. Die Entschädigung des Sachverständigen

a) Leistungsentschädigung

Grundlage der Entschädigung des Sachverständigen sind die Regelungen des JVEG. **931** Der Sachverständige wird anders als der Zeuge nicht für seinen Verdienstausfall, sondern für seine **Leistung** entschädigt, §§ 8, 9 JVEG. Die Vergütung richtet sich:

- nach der für die Gutachtenerstattung **erforderlichen Zeitdauer** in Stunden. Dazu gehören die Zeit für Aktenstudium, Besichtigungen und erforderliche Rücksprachen, aber auch Reise- und Wartezeiten; die letzte überschrittene halbe Stunde wird voll gerechnet, § 4 Abs. 2 JVEG;
- nach der Zuordnung des Fachgebietes zu einer **Honorargruppe** von 1 bis 10 bzw. M 1 bis M 3, § 9 JVEG, Anlage 1. Je nach Einordnung beträgt der Stundensatz entsprechend der Tabelle in § 9 Abs. 1 JVEG zwischen 50 und 95 €. Kann die Leistung keinem gesetzlich genannten Sachgebiet zugeordnet werden, so ist sie nach billigem Ermessen einer bestehenden Honorargruppe zuzuordnen; § 9 Abs. 1 Satz 2 JVEG;
- für **besondere Leistungen** wie Leichenschau und Obduktion, Abstammungsgutachten oder Blutentnahmen nach den pauschalen Entschädigungssätzen in Anlage 2 zu § 10 JVEG.

b) Vereinbarte Entschädigung

932 Häufig werden die gesetzlichen Gebühren von den Sachverständigen als nicht auskömmlich angesehen. Sie beantragen daher zumeist höhere als die gesetzlichen Stundensätze. Haben sich **beide Parteien** dem Gericht gegenüber mit einer bestimmten Sachverständigenentschädigung **einverstanden** erklärt, so ist diese Vergütung zu gewähren, § 13 Abs. 1 JVEG. Die Erklärung auch schon **einer Partei** genügt, wenn das **Gericht** der vom Sachverständigen geforderten Entschädigung **zustimmt**. Diese Zustimmung soll jedoch nur erfolgen, wenn die gesetzlichen Stundensätze um nicht mehr als 50 % überschritten werden, § 13 Abs. 2 ZSEG.

c) Notwendige Fahrtkosten

Nach §§ 8 Abs. 1 Nr. 2, 5 Abs. 2 Nr. 2 JVEG erhält der Sachverständige für Fahrtaufwand Kostenersatz in Höhe der tatsächlich entstandenen Kosten öffentlicher Verkehrsmittel bis zur Höhe entsprechender Kosten einer Bahnfahrkarte erster Klasse, bei Benutzung eines PKW 0,30 € je gefahrenem Kilometer nebst Parkentgelten.

d) Besondere Aufwendungen

933 Selbstverständlich stehen ihm auch Aufwandsentschädigung (Tagegeld, Übernachtungskosten), § 8 Abs. 1 Nr. 3 JVEG, und Ersatz für **sonstige Aufwendungen** (Kopien, Auslagen etc.), § 7 JVEG, bzw. **besondere Aufwendungen** nach § 12 JVEG zu. Dabei handelt es sich um Vorbereitungskosten, Kosten für Lichtbilder, Schreibgebühren für das Gutachten oder Honorare für Hilfskräfte.

e) Abrechnung

Die Berechnung der Vergütung erfolgt auf Basis einer **Rechnung** des Sachverständigen an das Gericht, der jedoch in der Praxis regelmäßig eine **richterliche Festsetzung** des angemessenen Stundensatzes und der angemessenen Stundenzahl anregt, § 4 JVEG.

V. Die Parteivernehmung

934 Häufig können die Parteien selbst über prozesserhebliche Vorgänge aus eigenem Erleben und aus eigener Wahrnehmung Angaben machen. Dieses eigene Wissen der Partei wird regelmäßig in den Schriftsätzen und im mündlichen Vortrag im Termin zum Ausdruck kommen (**Parteivortrag**). Es kann darüber hinaus aber auch als Beweismittel Beachtung finden (**Parteivernehmung**).

1. Der Parteivortrag

Der Parteivortrag ist durch den Beibringungsgrundsatz veranlasst. Nur was eine Partei vorträgt, darf Entscheidungsgrundlage werden. Die **Anhörung** der nach § 141 ZPO geladenen Partei ist jedoch keine Beweisaufnahme, sondern dient der **Klarstellung des Sachvortrags**. Sie erfolgt auch stets nur durch das Prozessgericht, nicht durch einen beauftragten oder ersuchten Richter.

2. Die Parteivernehmung

a) Begriff und Bedeutung

Die Parteivernehmung ist ein Beweismittel, ihre Durchführung ist echte **Beweisauf-** **935** **nahme**. Zwar werden Parteianhörung nach § 141 ZPO und Parteivernehmung oftmals inhaltlich identische Aussagen ergeben, dennoch ist die Parteivernehmung gewichtiger, weil ihr eine Beeidung der Aussage nachfolgen kann.

Die Parteivernehmung ist jedoch nur ein **subsidiäres Beweismittel**: Sie ist auf **Antrag** regelmäßig nur zulässig, wenn andere Beweismittel nicht ausreichen oder nicht vorgebracht sind, § 445 ZPO, oder **von Amts wegen**, wenn eine gewisse Wahrscheinlichkeit für die Richtigkeit der zu beweisenden Tatsachen besteht, ohne dass das Gericht bereits überzeugt ist, § 448 ZPO.

b) Vernehmungsfähige Parteien

Vernehmungsfähig ist die **prozessfähige Partei** (Kläger, Beklagter). Bei **Prozessun-** **936** **fähigen**, etwa Kindern oder juristische Personen, ist der gesetzliche Vertreter als Partei zu vernehmen, § 455 Abs. 1 Satz 1 ZPO. Bei mehreren gesetzlichen Vertretern bestimmt das Gericht, ob alle oder nur einzelne zu vernehmen sind, §§ 455 Abs. 1 Satz 2, 449 ZPO. Allerdings können **Minderjährige ab Vollendung des 16. Lebensjahres** über Tatsachen, die in ihren eigenen Handlungen bestehen oder Gegenstand ihrer Wahrnehmungen gewesen sind, selbst vernommen werden, wenn das Gericht dies für angemessen erachtet, § 455 Abs. 2 ZPO. Wer nicht als Partei zu vernehmen ist, kommt als Zeuge in Betracht (vgl. Rn. 884).

3. Voraussetzungen der Parteivernehmung

a) Parteivernehmung auf Antrag

aa) Vernehmung des Gegners. Die Parteivernehmung erfolgt grundsätzlich auf **Antrag:** **937** Die **beweisbelastete Partei** kann zum Beweis der bestrittenen Tatsache die Parteivernehmung des Gegners beantragen, § 445 Abs. 1 ZPO. Dies setzt voraus, dass sie den ihr obliegenden Beweis mit **anderen Beweismitteln nicht vollständig geführt** hat oder andere Beweismittel **nicht vorgebracht** hat.

Das Gericht hat demnach vor der Anordnung der Parteivernehmung zunächst die **Beweislast** zu prüfen. Darüber hinaus müssen alle **anderen Beweismöglichkeiten ausgeschöpft** sein, ohne dass die benützten Beweismittel bereits Beweis erbracht haben. Die Parteivernehmung ist aber auch zulässig, wenn gar keine anderen Beweismittel zur Verfügung gestanden haben (BGH NJW 1960, 1950).

> **Beispiel:**
> Die Klägerin verlangt Rückzahlung eines Darlehens, die Beklagte bestreitet, das Darlehen erhalten zu haben. Eine Quittung oder Zeugen existieren nicht. Die Klägerin kann zum Beweis der Darlehenshingabe die Vernehmung der Beklagten beantragen.

Die Parteivernehmung erfolgt durch Vernehmung des **Gegners**, nicht des Beweisführers. Von – nahe liegender – unzulässiger Ausforschung ist jedoch erst auszugehen, wenn willkürlich Behauptungen aufgestellt werden oder Tatsachen ins Blaue hinein in die

Kenntnis des Gegners gestellt werden (BGH NJW-RR 1991, 891). Sie ist unzulässig, wenn bereits das **Gegenteil** der Behauptung des Beweisführers **erwiesen** ist, § 445 Abs. 2 ZPO. In diesem Fall mutet das Gesetz dem Gegner keine Aussage zu, die den eigenen Beweiserfolg vernichten soll.

938 bb) **Vernehmung des Beweisführers.** Eine Vernehmung der beweisbelasteten Partei **selbst** ist auf **Antrag** nur möglich, wenn die andere Partei damit **einverstanden** ist, § 447 ZPO, was in der Praxis kaum einmal der Fall sein wird.

b) **Parteivernehmung von Amts wegen**

939 Reicht das Ergebnis der Verhandlungen und einer etwaigen Beweisaufnahme **nicht aus,** um den Richter von Wahrheit oder Unwahrheit einer Tatsache zu überzeugen, spricht aber eine gewisse **Wahrscheinlichkeit** dafür oder dagegen, kann er **von Amts wegen** die Vernehmung einer oder beider Parteien anordnen, § 448 ZPO.
Die Anordnung erfolgt ohne Rücksicht auf die Beweislast, nicht aber, wenn sich lediglich Behauptungen ohne jegliche Beweisgrundlage gegenüberstehen. Die von Amts wegen angeordnete Parteivernehmung darf nicht dem Beweisbelasteten die „Beweisnot" abnehmen. Vielmehr müssen **alle** angebotenen erheblichen **Beweise erhoben** worden sein (BGH VersR 1984, 666) und muss beim Gericht ein „non liquet" hinsichtlich der Überzeugung von der Wahrheit einer Tatsache vorliegen. Andererseits muss eine **gewisse Wahrscheinlichkeit,** also „mehr dafür als dagegen", für die Richtigkeit der streitigen Behauptung sprechen (BGH NJW 1989, 3223; 1990, 1722; 2002, 2249). Die Parteivernehmung kann dann ein Mittel zur Erlangung letzter Klarheit sein und zur Überzeugung des Gerichts führen.

4. **Die Anordnung der Parteivernehmung**

940 Die Parteivernehmung erfordert stets einen **förmlichen Beweisbeschluss** mit den in § 359 ZPO genannten Angaben, auch wenn die Vernehmung einer im Termin anwesenden Partei beschlossen wird, § 450 Abs. 1 ZPO. Eine vereinfachte Beweisanordnung (etwa: „Der Kläger ist als Partei zu vernehmen") ist nicht möglich. Dadurch sollen Parteianhörung und echte Beweisaufnahme durch Parteivernehmung eindeutig gegeneinander abgegrenzt werden. Die vernehmende Partei ist **persönlich,** d.h. nicht über ihren Anwalt, unter Mitteilung des Beweisbeschlusses formlos **zu laden,** § 450 Abs. 1 Satz 2, 3 ZPO.
Werden nach Erlass des Beweisbeschlusses, aber vor Durchführung der Parteivernehmung neue Beweismittel vorgebracht, kann das Gericht die Ausführung des Beschlusses **aussetzen** und die neuen Beweise erheben. Ist danach der Beweis erbracht, darf die Parteivernehmung nicht mehr durchgeführt werden, § 450 Abs. 2 ZPO.

5. **Durchführung der Parteivernehmung**

941 Die Durchführung der Parteivernehmung erfolgt nach den Bestimmungen über die **Zeugenvernehmung,** § 451 ZPO.

Wahrheitsermahnung und Hinweis auf mögliche Beeidigung, § 395 Abs. 1 ZPO; Vernehmung zur Person, § 395 Abs. 2 Satz 1 ZPO; Vernehmung zur Sache, § 396 ZPO; Fragerecht, § 397 ZPO; wiederholte Vernehmung, § 398 ZPO.

Die **Beeidigung** der vernommenen Partei steht im pflichtgemäßen Ermessen des Gerichts. Se ist geboten, wenn das Gericht **nach der unbeeidigten Aussage** von der Wahrheit oder Unwahrheit der zu erweisenden Tatsache **nicht überzeugt** ist, § 452 Abs. 1 Satz 1 ZPO. Bei widersprechenden Aussagen beider Parteien über dieselbe Tatsache darf nur **eine Partei,** i.d.R. der Gegner der beweisbelasteten Partei, beeidigt werden, § 452 Abs. 1 Satz 2 ZPO. Keine Beeidigung darf bei **Verzicht des Gegners** darauf und bei einer rechtskräftig wegen wissentlichen Eidesdelikts **verurteilten** Partei erfolgen, § 452 Abs. 3, 4 ZPO.

6. Beweiswürdigung

a) Würdigung der Parteiaussagen in der Parteivernehmung

Das Gericht hat die **Aussage** der Partei nach § 286 ZPO **frei zu würdigen**, § 453 Abs. 1 **942** ZPO. Dies betrifft auch die äußeren Umstände der Aussage.

b) Würdigung der Weigerung einer Parteivernehmung

Eine **Verpflichtung** der Partei, nach Anordnung der Parteivernehmung zu erscheinen, oder auszusagen oder die Aussage zu beeiden, **besteht nicht**, §§ 453 Abs. 2, 454 ZPO (vgl. aber § 141 Abs. 3 ZPO). Die **Weigerung**, sich vernehmen zu lassen, das Ausbleiben im Termin, die Aussageverweigerung und die Eidesverweigerung unterliegen jedoch der **freien Würdigung** durch das Gericht, §§ 453 Abs. 2, 446 ZPO. Bleibt die zu vernehmende Partei im anberaumten Vernehmungstermin aus, so verhandelt das Gericht – mit der Möglichkeit eines Versäumnisurteiles gegen den Säumigen – zur Hauptsache, § 454 Abs. 2 ZPO.

VI. Vernehmungslehre

1. Bedeutung

Vor der **Rechtsanwendung** steht für den Richter die **Tatsachenfeststellung**. Beide **943** Aufgaben haben für die „Wahrheitsfindung" gleichen Rang. Die Wahrheit ergibt sich im Zivilprozess entweder auf Grund übereinstimmenden Parteivortrags (Geständnis, Nichtbestreiten) als Auswirkung des Beibringungsgrundsatzes oder als Ergebnis einer Beweisaufnahme. Diese wiederum besteht regelmäßig aus der Vernehmung von Zeugen, Sachverständigen und Parteien. Ob hierbei die Wahrheit zutage tritt, hängt entscheidend von der Vernehmungskunst des Richters ab.

2. Grundregeln

Folgende Grundregeln dienen dem Ziel der Gewinnung einer brauchbaren Aus- **944** sage.

a) Anpassung

Der Richter soll den Kontakt zur Aussageperson suchen, sich auf dessen geistiges Niveau einstellen und auch dessen Sprachgewohnheiten akzeptieren. Dazu muss sich der Richter von der für Laien schwer verständlichen Juristensprache lösen, erforderlichenfalls das Tempo seiner Sprechweise verlangsamen, einfache Fragesätze formulieren und auch Verständnis für den Vernommenen in seiner ungewohnten Situation vor Gericht zeigen. Er muss Geduld haben, die Vernehmungsperson reden lassen sowie Freundlichkeit und Rücksichtnahme üben. Besonderes „Entgegenkommen" brauchen zu vernehmende Kinder.

b) Selbstbeherrschung

Der Richter soll sich nicht durch eine gereizte Prozessatmosphäre beeinflussen lassen **945** und selbst möglichst **gelassen, ruhig** und **ausgleichend** wirken.

c)   **Besonnene Fragetechnik**

946   Die Vernehmungsperson soll zwar zunächst ihr Wissen zum Gegenstand der Vernehmung im Zusammenhang angeben, § 396 Abs. 1 ZPO, regelmäßig aber erfolgt die notwendige Vervollständigung der Aussage erst auf Grund weiterer Fragen, § 396 Abs. 2 ZPO. Die **Fragestellung** muss **offen** sein. Sie soll nicht bereits die Erwartung einer bestimmten Antwort erkennbar machen. Auch soll niemals mehr als **eine** Frage gleichzeitig gestellt werden. Durch Sondierungsfragen soll dann die Vernehmungsthematik konkretisiert werden.

Suggestivfragen („War es nicht so, dass…?") sind unbedingt zu vermeiden. Sie können nur dann zur Wahrheitsermittlung eingesetzt werden, wenn etwa der Richter begleitende Tatumstände schon kennt und den Zeugen so auf den Weg der Wahrheit zurückholen will. Dem gleichen Zweck dient auch der **Vorhalt**.

Wichtig ist es, den Zeugen zu veranlassen, dass er die **Quelle** seines Wissens kenntlich macht. Denn nicht selten erzählen Zeugen als angeblich eigene Wahrnehmung das, was sie durch Dritte erfahren haben oder sie geben bloße Werturteile ab. Bei unsicheren oder zurückhaltenden Aussagen kann ein Hinweis geboten sein, dass auch das Verschweigen von Tatsachen eine falsche „Aussage" sein kann.

Gegenüber **Fragen der Parteien** und ihrer **Anwälte** erwächst gelegentlich dem vernehmenden Richter die Aufgabe, den Zeugen vor unberechtigten Angriffen zu schützen, etwa wenn Suggestivfragen gestellt werden oder sein Ansehen beeinträchtigt werden soll, um ihn unglaubwürdig erscheinen zu lassen.

d)   **Gewissenhafte Niederschrift**

947   Die Aussagen der vernommenen Beweispersonen müssen **protokolliert** werden, § 160 Abs. 3 Nr. 4 ZPO. Dies geschieht zwangsläufig verkürzt und komprimiert. Dadurch gehen oft wichtige Momente für die gewissenhafte Beweiswürdigung verloren, insbesondere wenn die Beweisaufnahme nicht vor dem Prozessrichter selbst, sondern vor dem ersuchten oder beauftragten Richter stattgefunden hat. Dieser Nachteil sollte dadurch verringert werden, dass die Niederschrift möglichst **nahe am Wortlaut der Aussage** bleibt, auch sprachliche Eigenheiten und erkennbare Gefühlsregungen der Auskunftsperson wiedergibt und so **deren Individualität** wahrt. Der vernehmende Richter sollte insbesondere vermeiden, die Aussage zu sehr in seinen eigenen Denk- und Sprachbereich oder gar ins „Juristische" zu übersetzen.

4. Kapitel   **Das Beweisergebnis**

Hat das Gericht die Beweise erhoben, muss es im Wege der Beweiswürdigung erwägen,   **948**
ob der Beweis durch Erreichen des erforderlichen Beweismaßes als geführt anzusehen
ist. Dabei ist die Qualität der einzelnen Beweismittel sehr unterschiedlich. Auch eine
Beweisvereitelung ist zu würdigen. Ist das Gericht nach Beweiswürdigung von der
Wahrheit einer Tatsachenbehauptung nicht überzeugt, so hat es nach Beweislast zu
entscheiden.

I.   Die freie Beweiswürdigung

1.   Beweisregeln

Die Ergebnisse der Beweiserhebung müssen erst auf ihren Wahrheitsgehalt hin geprüft   **949**
und gewürdigt werden, bevor sie sich auf das Prozessgeschehen auswirken. Im „gemeinen Prozess" gab es strenge Beweisregeln: „Durch zweier Zeugen Mund wird
allerwegs die Wahrheit kund (Goethe, Faust, 1. Teil, 3013 f.)". Im modernen Prozessrecht gelten nur noch **wenige förmliche Beweisregeln**, die vorschreiben, unter welchen
Voraussetzungen eine Tatsache der Urteilsfindung zugrundegelegt werden muss, vgl.
§ 286 Abs. 2 ZPO.

Beispiele:
–	§ 165 ZPO:	Beweis für die Förmlichkeiten der Verhandlung kann nur durch das Protokoll geführt werden, etwa ob der Prozessvergleich genehmigt wurde;
–	§ 174 Abs. 4 ZPO:	Zustellungsnachweis an Anwalt wird durch das mit Datum und Unterschrift versehene Empfangsbekenntnis geführt;
–	§ 182 ZPO:	Zustellungsnachweis an Partei durch Zustellungsurkunde;
–	§ 183 Abs. 4 ZPO:	Zustellungsnachweis im Ausland durch Rückschein, Behördenzeugnis;
–	§ 195 Abs. 2 ZPO:	Zustellungsnachweis von Anwalt zu Anwalt durch Empfangsbekenntnis;
–	§ 314 ZPO:	Beweis für mündliches Parteivorbringen liefert der Urteilstatbestand;
–	§ 415 ff. ZPO:	Beweiskraft öffentlicher und privater Urkunden.

2.   Freie Beweiswürdigung

Wo keine Beweisregel existiert, gilt der **Grundsatz der freien Beweiswürdigung**: Das   **950**
Gericht hat unter **Berücksichtigung des gesamten Inhalts der Verhandlung** und des
Ergebnisses einer Beweisaufnahme nach freier **Überzeugung** zu entscheiden, ob eine
Tatsachenbehauptung für **wahr** oder für **nicht wahr** zu erachten sei, § 286 Abs. 1
ZPO.

3.   Beweismaß

a)   Persönliche Gewissheit

Eine tatsächliche Behauptung ist bewiesen, wenn das Gericht unter Würdigung des   **951**
gesamten Inhalts der Verhandlungen und der Beweisergebnisse von ihrer Wahrheit
überzeugt ist. **Überzeugung** erfordert dabei nicht absolute, von jeglichem Zweifel freie
Gewissheit. Andererseits reicht es nicht, dass der Richter die Tatsache nur für **wahrscheinlich** hält. Erforderlich ist ein **für das praktische Leben brauchbarer Grad von**

Gewissheit, der vernünftigen Zweifeln Schweigen gebietet, ohne sie völlig auszuschließen (BGH NJW-RR 1992, 1338; 1994, 567; NJW 1993, 935 ff.).

b)   Beweismaßreduzierung

952 In bestimmten Fällen lassen Gesetz und Rechtsprechung weniger als die Gewissheit des Richters genügen. Als Beispiele können gelten:

aa) Glaubhaftmachung. Wo Glaubhaftmachung nach § 294 ZPO zugelassen ist, genügt die – an die konkreten Umstände angepasste – Einschätzung einer **überwiegenden Wahrscheinlichkeit** anstelle der vollen Überzeugung (BGH NJW 1996, 1682; MDR 2007, 670).

bb) Anscheinsbeweis. Gewohnheitsrechtlich anerkannt und teilweise gesetzlich normiert (z.B. § 292 a ZPO) ist die Lehre vom Beweis des ersten Anscheins („**prima-facie-Beweis**"). Bei – unstreitigem oder bewiesenem – **feststehendem typischen Geschehensablauf** darf nach der Lebenserfahrung von einer **Ursache** auf eine bestimmte typischerweise eintretende **Folge** oder umgekehrt geschlossen werden (BGH NJW 1991, 230). Der Anscheinsbeweis wird daher oft im Bereich des **Ursachenzusammenhanges** herangezogen. Er kann durch den vereinfachten **Gegenbeweis** erschüttert werden, wenn ein atypischer Geschehensablauf **ernsthaft möglich** ist (BGH NJW 1991, 230).

> **Beispiel:**
> Vor einer Verkehrsampelanlage kommt es zu einem „Auffahrunfall" zwischen zwei vor der Ampelanlage haltenden Fahrzeugen. Hier spricht der Anscheinsbeweis dafür, dass das hintere Fahrzeug auf das vordere aufgefahren ist und nicht umgekehrt. Dieser Ursachenzusammenhang gilt nicht, wenn der Fahrer des hinteren Fahrzeugs beweist, dass die Rückwärtsgangleuchte des vorderen Kfz bei der Kollision gebrannt hat.

953 **cc) Äußeres Bild.** Im Bereich der Diebstahlsversicherung lässt die Rechtsprechung bei Inanspruchnahme des Versicherers die Darlegung des „äußeren Bildes" eines Kfz-Diebstahls oder Einbruchsdiebstahls genügen (BGH NJW 1991, 2493; Grenzen: BGH NJW 2007, 372), weil vom geschädigten Anspruchsteller nicht erwartet werden kann, dass er den Vorgang der Entwendung substantiiert schildert und beweist.

954 **dd) Schadensschätzung nach § 287 ZPO.** Schließlich ermöglicht die Schadensschätzung nach § 287 ZPO in Fällen, in denen ein Schadens**eintritt** schwer beweisbar und die **Höhe** des Schadens kaum bezifferbar sind, ein Abrücken vom Vollbeweis. Wo die Klage mangels Nachweis von Schadenseintritt und konkreter Schadenshöhe abgewiesen werden müsste, entscheidet das Gericht nach **freier Überzeugung**. Allerdings muss der Beweisführer **Anknüpfungstatsachen** und Anhaltspunkte für die Schadensschätzung liefern, weil die Schadensschätzung sonst „in der Luft hängen" würde (vgl. BGH NJW 1987, 909; MDR 2000, 883). Das Gericht kann insoweit sogar nach seinem **Ermessen** von beantragten Beweiserhebungen absehen und die **beweispflichtige Partei** über den Schaden **vernehmen**, § 287 Abs. 1 Satz 2, 3 ZPO.

> **Beispiel:**
> Bäcker Knack hat infolge der Sperrung des Zugangsweges zu seiner Bäckerei durch eine Baustelle seines Nachbarn Frech über drei Monate erhebliche Umsatzeinbußen. Muss er den Vollbeweis für Schaden und Schadenshöhe führen, hätte er darzulegen und zu beweisen, welcher Kunde wann welche Backware zu welchem Preis gekauft hätte und dies infolge der Zugangsbehinderung nicht getan hat. Der Richter müsste davon überzeugt sein, wollte er den Schadensersatz zusprechen. Dieser Nachweis kann jedoch nicht gelingen. Beweist der Bäcker die Zugangsbehinderung über drei Monate, liefert er durchschnittliche Umsatzzahlen aus den Vormonaten und weist er nach, bei welchen Backwaren der Umsatz in welchem Maße

zurückgegangen ist, so kann der Richter nach freiem Ermessen den Eintritt und die Höhe des Schadens, ggf. einen Mindestschaden, schätzen, ohne dass es darauf ankäme, dass die Schätzung mit der wahren Situation übereinstimmt (BGH NJW 1992, 997).

Für die Frage, ob ein schadensersatzbegründendes Ereignis eingetreten und durch eine Partei herbeigeführt worden ist (**haftungsbegründende Kausalität**), bedarf es des vollen Beweises (BGH MDR 2005, 922; NJW 2004, 777).

> **Beispiele:**
> – Frage, ob der Beklagte den Schneeball, der den Kläger am Auge verletzt hat, geworfen hat;
> – Frage, ob der beklagte Arzt bei der Operation einen Kunstfehler begangen hat.

Ist jedoch bei unstreitiger oder erwiesener Schädigungshandlung streitig, **ob** ein Schaden entstanden ist, ob die schadensstiftende Handlung dafür **ursächlich** war und auf welche **Höhe** sich der Schaden beläuft (**haftungsausfüllende Kausalität**) entscheidet das Gericht hierüber unter Würdigung aller Umstände **nach freier Überzeugung**, § 287 ZPO. Bei besonderen Schwierigkeiten des Schadensnachweises muss das Gericht einen **Mindestschaden** zusprechen (BGH NJW-RR 2005, 3384).

> **Beispiel:**
> Die Höhe des durch den Schneeballwurf oder die Operation eingetretenen Schadens.

Bei **anderen vermögensrechtlichen Streitigkeiten** gilt § 287 ZPO gleichfalls, wenn die Parteien über die Höhe einer Forderung streiten und die vollständige Aufklärung mit unverhältnismäßigen Schwierigkeiten verbunden ist, § 287 Abs. 2 ZPO.

> **Beispiele:**
> Höhe von Vertragsstrafen, Bereicherungen oder Einkünften für Unterhaltsbemessung.

II. Die Verwertung des Zeugenbeweises

1. Qualität und Verwertbarkeit beim Zeugenbeweis

Das in der Praxis am häufigsten vorkommende Beweismittel, der Zeuge, ist keineswegs **955** das zuverlässigste – das Gegenteil ist der Fall. Der Zeugenbeweis wird an Überzeugungskraft von der Urkunde weit übertroffen und steht auch hinter Augenschein und Sachverständigengutachten. Er ist allenfalls der Parteivernehmung vorzuziehen. Es lohnt sich daher besonders, sich mit dem Zustandekommen einer Zeugenaussage eingehend zu beschäftigen.

a) Erwartungen und Realität

Es gibt kaum einen Rechtsstreit, bei dem nicht zum Beweis streitiger Tatsachen Zeugen angeboten würden. An dieses Beweismittel werden große Erwartungen geknüpft. Dabei wird unbewusst davon ausgegangen, dass der Zeuge seine Aufmerksamkeit wie eine in Position gebrachte Filmkamera voll auf das interessierende Geschehen gerichtet hatte, seine Eindrücke unverrückbar wie auf einem belichteten Film im Gedächtnis gespeichert hat und jederzeit bei Bedarf originalgetreu wie mit einem Wiedergabegerät abspielen kann. Bei solchem Funktionieren wäre der Zeugenbeweis tatsächlich von beträchtlichem Nutzen für die Wahrheitsermittlung im Prozess.

In Wirklichkeit sind aber Wahrnehmung, Gedächtnisspeicherung und Wiedergabe beim Zeugen von erheblichen **Fehlerquellen** beeinflußt, die aus der Schwäche und Unvollkommenheit der menschlichen Natur herrühren und **Qualität** und **Verwertbarkeit** von Zeugenaussagen nachhaltig betreffen. Auch gibt es Fälle, in denen ein Zeuge aus den verschiedensten Beweggründen **bewusst unwahre** Angaben macht. Beide

Möglichkeiten, Irrtum und Lüge, muss der Richter bei der Wertung einer Zeugenaussage in Rechnung stellen.

b)   Glaubwürdigkeitskriterien

956   Die häufig anzutreffende Grundeinstellung von Parteien, Anwälten und Richtern,
einem Zeugen müsse geglaubt werden, wenn er nicht der Lüge überführt oder ihm
ein Irrtum nachgewiesen werden könne, hält einer kritischen Überprüfung nicht stand.
Vielmehr ist erforderlich, dass eine Aussage hinreichend viele „Realitätskriterien"
(Wahrheitsanzeichen) aufweisen muss, um als glaubhaft gelten zu können. Es darf
auch gerade dem prozessual „konstruierten Zeugen" (Zedent der eingeklagten Forderung) oder dem wirtschaftlich unmittelbar betroffenen Zeugen (Provisionsvertreter
beim Streit über das Zustandekommen eines Vertrages) kein Glaubwürdigkeitsvor-
sprung im Verhältnis zur Gegenpartei eingeräumt werden. Falls nicht eindeutige Feststellungen für die Wahrheit oder für die Unwahrheit einer Äußerung getroffen werden
können, ist in solchen Fällen allenfalls eine Entscheidung nach Beweislastregeln geboten. Man muss daher die möglichen Fehlerquellen beim Zeugenbeweis kennen.

2.   Unbewusste Fehlerquellen beim Zeugenbeweis (Irrtum)

a)   Die Wahrnehmung

957   Die **Wahrnehmung** ist das Ergebnis einer Wechselwirkung: Der Wahrnehmungsgegen-
stand wirkt auf die wahrnehmende Person ein und deren Befindlichkeit wirkt auf das
wahrgenommene Objekt zurück. Die Wahrnehmung betrifft auch stets nur Bruchteile
der den Menschen umgebenden Wirklichkeit. Welche das sind, hängt von vielerlei
Umständen ab.

aa) Intensität. Wahrnehmung kann nur erfolgen, wenn die eintreffenden Reize hinreichend intensiv wirken, insbesondere durch Veränderung, Kontrast oder Neuartigkeit
die Empfindungen ansprechen. Bei ständig aufleuchtender Lichtreklame oder der
Blinkampel wird diese Erkenntnis nutzbar gemacht. Vorgänge, die sich nicht oder
kaum von der Umgebung abheben, bleiben häufig unbeachtet („bei Nacht sind alle
Katzen grau"). Der **Zeitbedarf** für Wahrnehmungsvorgänge bewirkt eine Unzuver-
lässigkeit der Zeugenbeobachtung, wenn es sich um schnell ablaufende Ereignisse
handelt wie bei Verkehrsunfällen und Schlägereien.

958   **bb) Subjektivität.** Jede Wahrnehmung ist subjektiv beeinflusst. Die Auswahl des Beob-
achtungsgegenstandes wird **vom Interesse** des Wahrnehmenden, die Wahrnehmungs-
qualität von seiner **körperlichen, geistigen** und **seelischen Verfassung gesteuert.** Die
zwangsläufig bruchstückhaften Beobachtungen werden **subjektiv interpretiert,** entsprechend der vorhandenen Lebenserfahrung ergänzt und zu einem „sinnvollen Ganzen"
ausgefüllt. So werden nahe liegende Schlussfolgerungen schon mitgedacht und als
angebliche Wahrnehmungen empfunden. Unfallzeugen haben oft nur die Endstellung
der Fahrzeuge gesehen, fühlen sich aber gleichwohl in der Lage, den Unfallhergang zu
schildern. Die Intensität der Beobachtung hängt von der **ständig wechselnden Konzentration** ab. Der Mensch kann von einem Vorgang „gefesselt" oder durch gedankliche
anderweitige Beschäftigung abgelenkt sein. Wenn deshalb ein Zeuge, der anwesend
war, nichts gesehen und nichts gehört hat, so beweist das noch lange nicht, dass der
behauptete Vorgang nicht doch stattgefunden hat.

b)   Gedächtnisspeicherung

959   **aa) Die Speicherung im Gedächtnis.** Die von den Sinnesorganen aufgenommenen
Informationen werden **mit unterschiedlicher Nachhaltigkeit** im Gedächtnis gespeichert.

Die meisten Wahrnehmungen verbleiben nur kurz im Gedächtnis und gehen danach für immer verloren („Kurzzeitgedächtnis"), weil sie nicht mehr gebraucht und somit auch nicht mehr abgefragt werden. Dies gilt etwa für die ständige Beobachtung der augenblicklichen Verkehrsverhältnisse durch den Pkw-Fahrer. Andere markante Informationen werden im Gedächtnis verfestigt („Langzeitgedächtnis"), weil sie der betreffenden Person über den Augenblick hinaus „bemerkenswert" erscheinen oder ihr seelisches Empfinden betreffen. Dies gilt beim Verkehrsteilnehmer für überstandene prekäre Verkehrssituationen, die er dann auch weitererzählt, oder das gezielt gespeicherte Kennzeichen am Pkw des Verkehrsrowdies oder den durch ersten Schneefall verursachten erheblich verspäteten Dienstantritt.

bb) Erinnerungsfehler. Die im Gedächtnis gespeicherten Eindrücke verblassen zunehmend mit dem Zeitablauf. Das **Vergessen** betrifft aber nicht alle Informationen eines Wahrnehmungsbereiches gleichmäßig. Vielmehr können einzelne Details noch deutlich im Gedächtnis vorhanden sein, während andere stark abklingen oder verloren gehen. Andererseits wird die Erinnerung auch „angereichert" durch Bruchstücke aus ähnlichen Erlebnissen.

cc) Verfälschung des Gedächtnisinhalts. Der Mensch strebt stets nach seelischer Ausgeglichenheit und **positiver Selbstbewertung.** Dies wirkt sich auf den Gedächtnisinhalt aus: Unangenehme und das Gemütsleben störende Eindrücke werden abgemildert oder ganz verdrängt, es wird „das Beste daraus gemacht". Die den Eigenwert steigernden Erlebnisse werden auf- und ausgebaut. Diese Korrekturen werden zwar vom Verstand gesteuert, vollziehen sich aber ganz überwiegend im Unterbewußten und können daher bei einer späteren Wiedergabe des Erinnerungsbildes nicht mehr ausgeschieden werden.

960

c)   Die Wiedergabe des Erinnerungsbildes (Aussage) und seine Niederschrift

aa) Sprachliche Wiedergabe. Bei der Aussage ist der Zeuge gehalten, das im Gedächtnis vorhandene Bild mit dem Mittel der Sprache so wiederzugeben, dass die Vernehmenden den erfragten Vorgang zu erkennen vermögen. Es liegt auf der Hand, dass hierbei erneut die **Gefahr der Verfälschung** entsteht. Nicht alle Menschen beherrschen das Medium der Sprache gleich souverän. Viele denken in einfachen Kategorien und reden ebenso undifferenziert, ganz abgesehen von Verständigungsschwierigkeiten ausländischer Zeugen. Schließlich begrenzen auch die ungewohnte Atmosphäre des Gerichtssaales, die Anwesenheit der Prozessbeteiligten oder auch viele Zuhörer die Fähigkeit zu konzentrierter Aussageleistung.

961

bb) Richterliche Niederschrift. Die Zeugenaussage wird dem **Richter** gegenüber erklärt, der sie regelmäßig **durch Diktat** auf Tonträger **fixiert.** Abgesehen von unbemerkten **Hör-** und **Verständnisfehlern,** die zuweilen in der unterschiedlichen Sprech- und Denkweise von Zeuge und Richter begründet liegen, kommen Verfälschungen auch dadurch zustande, dass der Richter zu **gedrängter Zusammenfassung** genötigt ist und den geschilderten Sachverhalt unbemerkt bereits in juristische Kategorien einzureihen versucht ist. Auch das gebotene Vorlesen und Genehmigen der fixierten Aussage durch den Zeugen (§§ 160 Abs. 3 Nr. 4, 162 Abs. 1 ZPO) ist selten geeignet, Unrichtigkeiten noch aufzudecken, wenn es der Zeuge an der erforderlichen Aufmerksamkeit fehlen läßt oder – infolge falsch verstandener Autorität des Richters – den erkannten Fehler im Aussageprotokoll ungerügt läßt.

962

3. Die bewusste Falschaussage (Lüge)

a) Beweggründe

963 Es gibt viele Beweggründe für einen Zeugen, vor Gericht bewusst die Unwahrheit zu sagen: Falsch verstandene „Hilfe" für eine in Beweisnot befindliche Person, insbesondere, wenn die falsche Aussage lediglich anonymen Institutionen (Staat, Versicherungsgesellschaft, Bank) schadet und zu der „hilfsbedürftigen" Person enge Bindungen bestehen, eigener **Vorteil, Vermeiden von Peinlichkeiten** für den Zeugen, **Geltungs-** oder **Vergeltungsbedürfnis** gegenüber einer anderen Person. Besonders leicht geht die Lüge über den Mund, wenn der Zeuge nach Motiven oder subjektiven Empfindungen gefragt wird, die rückwirkend besonders schwer überprüfbar sind. Dazu gehört auch die Frage, ob man über einen bestimmten Vorgang überhaupt etwas wisse. Hier werden die Gefahr, bei Verneinung der Unwahrheit überführt zu werden, und der Unrechtsgehalt der Lüge leicht als gering erachtet.

b) Die Aufdeckung der Lüge

964 Der Richter ist der Lüge nicht hilflos ausgeliefert, denn es ist bei genauer Kenntnis der psychologischen Situation eines lügenden Zeugen durchaus möglich, ihn zu überführen. Hemmungen und die Gefahr der Entdeckung veranlassen den Zeugen zu besonderen Verhaltensweisen, die bei gewissenhafter Analyse die Unwahrheit seiner Angaben signalisieren.

aa) Verhaltensauffälligkeiten. Der bewusst lügende Zeuge empfindet i.d.R. ein – mehr oder weniger stark ausgeprägtes – körperliches **Unwohlsein.** Gegen die bewußte Falschaussage wehrt sich sein Körper: Manche Zeugen vermeiden auffällig den **Blickkontakt** zur Vernehmungsperson und wenden die Augen zu Boden, weil sie dem Gegenüber bei ihrer Lüge „nicht in die Augen sehen" können. Andere erleiden **Schweißausbrüche** oder zeigen eine verkrampfte **Körperhaltung,** etwa durch ineinander verschlungene Arme oder krampfhaftes Festhalten am Tisch. Diese **körpersprachlichen Signale** sind erste Indizien für eine Lüge.

965 **bb) Auffälligkeiten in der Aussage.** Die wissentlich unwahre Aussage ist häufig auch an ihrer **Struktur** erkennbar: Sie ist meist **unklar, blass und strukturbrüchig** und insbesondere **im Aussagekern mager,** weil das fehlende Erlebnis durch Phantasie künstlich ersetzt werden muss. Es erfordert eine vielfältige Begabung, eine selbst erfundene Geschichte genau so zu erzählen, wie über ein wirkliches Erlebnis berichtet wird. Deshalb ist es für den Lügner besonders schwer, die unbefangene Natürlichkeit, Lebensnähe und Einfühlung darzustellen, die eine wahre Aussage gewöhnlich kennzeichnet. Bender (Bender, Nack, Treuer, Tatsachenfeststellung vor Gericht: Glaubwürdigkeits- und Beweislehre, Vernehmungslehre. Ein Leitfaden für die Praxis, 2007) hat Kriterien erarbeitet, die erfahrungsgemäß die Wahrhaftigkeit einer Aussage indizieren („Realitätskriterien") und Umstände aufgezeigt, die eher für eine erlogene Sachverhaltsdarstellung sprechen („Lügensignale").

Bei einer **wahrheitsgemäßen Aussage** können erfahrungsgemäß folgende **Realitätskriterien** beobachtet werden:

– **Detailkriterium:** Die Aussage ist farbig, lebendig, wirklichkeitsnah, konkret;
– **Individualitätskriterium:** Sie ist nach Inhalt und Sprachverwendung vom individuellen Charakter der Auskunftsperson bestimmt;
– **Verflechtungskriterium:** Sie lässt sich in anderweitig bewiesene, begleitende Umstände zwanglos einpassen;
– **Strukturgleichheitskriterium:** Sie bleibt sich während der ganzen Vernehmung und auch im Verhältnis zu früheren Aussagen hinsichtlich Sprachfluss, Satzbau und Lebendigkeit der Schilderung treu;

– **Nichtsteuerungskriterium:** Sie ist nicht auffallend auf ein Aussageziel hin gesteuert;
– **Homogenitätskriterium:** Sie stimmt in ihren Details insgesamt zusammen;
– **Konstanzkriterium:** Bei wiederholter Vernehmung bleibt der zentrale Handlungskern gleich, auch wenn Nebenumstände wegbleiben oder zusätzlich geboten werden;
– **Lückenfüllungskriterium:** Spätere Ergänzungen einer Aussage, die sich in das Gesamtbild homogen einfügen, sind kein Indiz für eine unwahre Aussage, sondern damit zu erklären, dass nicht alle im Gedächtnis gespeicherten Informationen zu jedem beliebigen Zeitpunkt abrufbar sind. Sie sind deshalb eher ein Glaubwürdigkeitsmerkmal.

Den Verdacht **unwahrer Aussagen** signalisieren demgegenüber folgende **Lügensignale:**   **966**
– **Zurückhaltungssignal:** Angebliches Fehlen von Wahrnehmungen zur zentral interessanten Begebenheit, während belanglose Nebenpunkte detailliert geboten werden;
– **Unterwürfigkeitssignal:** Übertrieben unterwürfiges Verhalten, um dem Richter zu schmeicheln und ihn dadurch gegenüber der dürftigen und unglaubwürdigen Aussage unkritischer zu machen;
– **Freud'sches Signal:** Fehlleistungen bei der Wortwahl, unangemessene Wendungen, Versprecher, die davon herrühren, dass reales Wissen um die Begebenheit und Aussage divergieren;
– **Bestimmtheitssignal:** Überbetonte Beteuerung der Wahrheit und der Sicherheit der Erinnerung mit oft übertriebener Genauigkeit bei Mitteilung von Daten, Zahlen, Namen u. dgl.;
– **Dreistigkeitssignal:** Freches oder überhebliches Benehmen mit Gegenangriffen und Vorwegverteidigung gegen noch gar nicht erhobene Vorwürfe;
– **Begründungssignal:** Weitschweifige und wenig plausible Begründungen für Vorgänge, anstatt über die Fakten selbst klar und direkt auszusagen;
– **Kargheitssignal:** Verengung und Verarmung der Aussage im Kern der Sache durch farblose und allgemein gehaltene Schilderung;
– **Zielsignal:** Konsequente Ausrichtung und Beschränkung der Aussage auf das Beweisthema.

Geschickte Vernehmungsführung und differenzierte, gewissenhafte Anwendung solcher Erfahrungssätze durch Aussageanalyse vermag manche unwahre Aussage zu demaskieren.

cc) **Aufdeckung des Komplotts.** Oft werden von mehreren Zeugen weithin übereinstimmende Aussagen gemacht, was als Merkmal besonderer Zuverlässigkeit gewertet   **967**
wird. Davor ist zu warnen. Es kann sich nämlich dabei um ein einstudiertes „Komplott" handeln, um das gewünschte Prozessergebnis zu erzielen. Durch detaillierte Fragestellung bei der Einzelvernehmung, § 394 ZPO, können leicht Unstimmigkeiten in den verschiedenen Aussagen provoziert und das Komplott aufgedeckt werden. Dabei helfen sog. „Situationsfragen", auf die Beteiligten nicht vorbereitet sind. Das sind eigentlich nicht zum Beweisthema gehörende Fragen, die die Zeugen aber wissen müssten, z.B. Umgebung des behaupteten Tatorts, Ereignisse, die sich am Rande der Tat abgespielt haben, Tageszeit, Uhrzeit oder Wetter.

c)   **Lüge durch Selbstsuggestion**

Ein besonderes Problem bietet das Erkennen objektiv unwahrer Angaben, wenn ein   **968**
Zeuge infolge ständiger gedanklicher Wiederholung schließlich selbst an seine „Lüge" glaubt oder vermeintlich zwingende Folgerungen auf Grund eigener Überzeugung als Fakten darbietet. Insbesondere wenn der Zeuge selbst betroffen ist, neigt er insoweit zur Selbstsuggestion, als er die eigene Rolle positiv darstellen möchte. Dies erreicht er durch Manipulation der Tatsachen, an die er schließlich selbst glaubt. Es handelt sich dabei für die Glaubwürdigkeitslehre um einen Bereich, der zwischen Irrtum und Lüge anzusiedeln ist.

III. Die Würdigung des Sachverständigenbeweises

1. Freie Beweiswürdigung

969 Der Richter ist in der **Bewertung** des Sachverständigengutachtens **frei**. Er hat es kritisch zu prüfen. Auch wenn ihm dabei mangels eigener Sachkunde Grenzen gesetzt sind, hat er doch den Beweiswert des Gutachtens in eigener Verantwortung zu bestimmen. Man muss deshalb vom gerichtlichen Sachverständigen verlangen, dass er sein Gutachten verständlich und auch für Laien nachvollziehbar abfasst.

2. Erörterungstermin

970 Besondere Bedeutung hat die Möglichkeit, den Sachverständigen zur **Erläuterung** seines Gutachtens in den Termin zu laden, § 411 Abs. 3 ZPO. Davon ist rege Gebrauch zu machen, weil **nachgefragt** und um die **Erläuterung** unverständlicher Fachbegriffe gebeten werden kann und sich meist erst dort die notwendige Klarheit oder die tatsächliche Unklarheit scheinbar eindeutig beantworteter Beweisfragen ergibt. Auf Antrag einer Partei ist das Gericht zur Abhaltung eines Erörterungstermins sogar verpflichtet (BGH NJW-RR 2001, 1431; auch im selbstständigen Beweisverfahren: BGH MDR 2007, 1091).

3. Neues Gutachten

971 Bei verbleibenden Zweifeln hat der Richter nur die Möglichkeit, nach seinem Ermessen ein **weiteres Gutachten** einzuholen, § 412 Abs. 1 ZPO. Dazu wird es insbesondere kommen müssen, wenn sich – insbesondere bei einem Erörterungstermin mit den Parteien – die mangelnde Kompetenz des Sachverständigen ergibt, wenn er die tatsächlichen Voraussetzungen für das Gutachten verkannt hat, wenn seine Schlussfolgerungen widersprüchlich sind oder ein anderer Sachverständiger überlegene Forschungsmittel zur Verfügung hat.

IV. Die Beweisvereitelung

1. Ausgangslage

972 Bei der Beweisführung ist eine Partei zuweilen auf die Hilfe des Gegners angewiesen.

Beispiele:
– Nur der Gegner kennt Name und Anschrift des Zeugen.
– Das Grundstück des Gegners muss betreten werden, um den Augenschein einnehmen oder das Gutachten erstatten zu können.
– Der Gesundheitszustand des Gegners muss durch eine zumutbare medizinische Untersuchung festgestellt werden.
– Der Bankangestellte oder Notar darf wegen der bestehenden Verschwiegenheitspflicht nur mit Aussagegenehmigung aussagen.

Es liegt nahe, dass sich keine Partei gerne der anderen ans Messer liefern, sondern durch Ablehnung der erforderlichen Mitwirkung diese in ihrer Beweisnot belassen möchte. Eine solche **Beweisvereitelung** widerspricht jedoch dem Gebot einer fairen Prozessführung und kann nicht gestattet werden. Verweigert der Gegner in zu missbilligender Weise seine gebotene Mithilfe, so ist auch dieser Umstand im Rahmen der **Beweiswürdigung** beachtlich.

2. Voraussetzungen und Folgen

Das Gesetz sanktioniert die gerichtlich angeordnete **Nichtvorlage einer Urkunde** durch den Gegner mit der Unterstellung des behaupteten Urkundeninhalts als wahr, § 427 ZPO. Die absichtliche **Beseitigung einer Urkunde** durch den Gegner hat die Fiktion der Bewiesenheit der behaupteten Beschaffenheit und des Inhalts der Urkunde zur Folge, § 444 ZPO.

973

Diese Grundsätze sind auch auf andere Beweismittel **entsprechend anwendbar**, wenn der Gegner des Beweisführers **arglistig** oder auch nur **fahrlässig** die **Beweisführung vereitelt** (BGH NJW-RR 1996, 1534). Dabei ist auf die Umstände des Einzelfalles abzustellen.

> Beispiel:
> Die Verwendung des ABS-Bremssystems beim PKW läßt keine Bremsspuren erkennen. Dies kann im Prozess dazu führen, dass die Art der Beteiligung des Fahrers am Unfallgeschehen nicht aufgeklärt werden kann. Gleichwohl wird man die Verwendung des ABS-Bremssystems nicht als Beweisvereitelung mit Auswirkungen auf Beweislast oder Beweismaß ansehen dürfen.

Von relevanter Beweisvereitelung ist bei zu **missbilligendem Verhalten** auszugehen, ohne dass dafür **verständliche Gründe** angeführt werden könnten (BGH NJW 2008, 982).

> Beispiele:
> – Beklagter gibt die ihm allein bekannte Adresse des Unfallzeugen nicht bekannt (BGH NJW 2008, 984).
> – Partei entbindet den Notar ohne plausiblen Grund nicht von der Verschwiegenheitspflicht (OLG München NJW-RR 1987, 1021) oder versagt ohne nachvollziehbaren Grund die Erteilung einer Aussagegenehmigung (BGH NJW-RR 1996, 1534).
> – Partei verwehrt dem Gegner den Zutritt zum in Augenschein zu nehmenden Garten, § 357 ZPO.
> – Partei entzieht sich im Abstammungsprozess der Entnahme einer Blutprobe für ein Blutgruppengutachten (BGH NJW 1986, 2371).
> – Beklagter entsorgt das schadhafte Bauteil (BGH NJW 2006, 434).
> – Partei verweigert eine Schriftprobe zur Einholung eines Schriftsachverständigengutachtens (OLG Braunschweig OLGR 2000, 245).

Der Richter hat das gesamte beweisvereitelnde **Verhalten frei zu würdigen** und danach zu erkennen, was dem Beweisführer noch an Beweisführung zugemutet werden kann. Dabei spielt auch der Grad des zu missbilligenden Verhaltens des Gegners eine Rolle: Der vereitelte Beweis kann als geführt angesehen werden, etwa bei arglistiger Beseitigung des Beweismittels, dem Gegner des Beweisführers kann die Beweislast aufgebürdet oder es können lediglich geringere Anforderungen an die Beweisführung gestellt werden.

V. Entscheidung nach der Beweislast

Bleibt nach Erhebung und Würdigung aller Beweise die Beweisfrage offen, weil das Gericht von der Wahrheit der behaupteten Tatsache nicht überzeugt werden konnte, so darf das Gericht eine Entscheidung nicht etwa ablehnen. Vielmehr gereicht dann die Ungewissheit („non liquet") derjenigen Partei zum Nachteil, die die tatsächlichen Voraussetzungen der ihr günstigen streitentscheidenen Norm nicht beweisen konnte. Das Gericht muss dann unter Anwendung von **Beweislastregeln** entscheiden (vgl. Rn. 814 ff.).

974

4. Teil   Die Beendigung des zivilprozessualen Verfahrens

1. Kapitel   Prozessbeendigung ohne Urteil

975   Im Rahmen der Dispositionsfreiheit haben es die Parteien in der Hand, den Rechtsstreit vorzeitig zu beenden, ohne dass es zu einer Entscheidung in der Hauptsache kommt. Dies kann durch **Prozessvergleich, Klagerücknahme, übereinstimmende Erledigungserklärung** oder durch tatsächliches **Ruhenlassen** geschehen.

I.   Der Prozessvergleich

1.   Begriff und Rechtsnatur

976   Der **Vergleich** ist ein Rechtsgeschäft nach § 779 BGB. Er ist ein Vertrag, durch den der Streit oder die Ungewissheit über ein Rechtsverhältnis unter den Parteien im Wege gegenseitigen Nachgebens beseitigt wird (**materielle Rechtsnatur**). Der **Prozessvergleich** ist ein Vergleich, der während eines gerichtlichen Verfahrens zwischen den Parteien oder einer Partei und einem Dritten vor einem Gericht oder einer Gütestelle zur Beendigung des Verfahrens abgeschlossen wird. Der Vergleichsabschluss ist zugleich **Prozesshandlung** und führt zu einem **Vollstreckungstitel**, § 794 Abs. 1 Nr. 1 ZPO (**prozessuale Rechtsnatur**). Der Prozessvergleich hat somit eine **Doppelnatur** (BGH MDR 2006, 284).

2.   Voraussetzungen des Prozessvergleichs

a)   Materiellrechtliche Voraussetzungen

977   aa) **Streitbeilegung durch gegenseitiges Nachgeben.** Nach der Legaldefinition des § 779 Abs. 1 BGB liegt nur dann ein Vergleich vor, wenn hierdurch der Streit oder die Ungewissheit der Parteien über ein Rechtsverhältnis im Wege gegenseitigen Nachgebens beseitigt wird. Das Erfordernis der Streitbeilegung durch gegenseitiges Nachgeben besteht auch für den Prozessvergleich. Es genügt jedoch schon ein geringfügiges Nachgeben eines Vergleichspartners, auch wenn der andere erheblich nachgibt.

> **Beispiele:**
> – Der Kläger verzichtet auf einen Teil der Zinsen oder Kosten.
> – Der Kläger bewilligt dem Beklagten Ratenzahlung.

Ein **gegenseitiges** Nachgeben dürfte dagegen nicht vorliegen, wenn der Kläger die Klage zurücknimmt, die Kosten trägt und der Beklagte zustimmt; umgekehrt liegt auch kein Vergleich vor, wenn der Beklagte kostenpflichtig die Klage anerkennt.

978   bb) **Allgemeine Vorschriften.** Für das Zustandekommen des Prozessvergleichs gelten die materiellrechtlichen Vorschriften über den **Vertragsabschluss** nach §§ 145 ff. BGB und die Vorschriften über die **Wirksamkeit** von Verträgen. Der Prozessvergleich kann daher beispielsweise auch unter einer Bedingung als „widerruflicher Vergleich" abgeschlossen werden (vgl. Rn. 967).

b)   Prozessuale Voraussetzungen

979   aa) **Gerichtliches Verfahren.** Der Abschluss eines Prozessvergleichs ist ein prozessrechtlicher Vorgang und setzt deshalb die Anhängigkeit eines gerichtlichen Verfahrens voraus. Es muss sich aber nicht um ein **Klageverfahren** handeln, wenngleich das die Regel ist. Auch in **anderen gerichtlichen Verfahren** kann ein Prozessvergleich geschlossen werden:

Beispiele:
- Arrestverfahren (BGH MDR 1991, 1199);
- Prozesskostenhilfeverfahren, vgl. § 118 Abs. 1 Satz 3 ZPO;
- Kostenfestsetzungsverfahren;
- Verfahren der Zwangsvollstreckung;
- selbstständiges Beweisverfahren, vgl. § 492 Abs. 3, HS 2 ZPO;
- **nicht:** im Mahnverfahren vor Abgabe an das Streitgericht.

bb) Vor deutschem Gericht. Der Prozessvergleich muss nach § 794 Abs. 1 Nr. 1 ZPO **980** vor einem deutschen Gericht abgeschlossen sein. Das ist neben dem **Prozessgericht** auch der **beauftragte** oder **ersuchte Richter.** Zur Protokollierung eines Prozessvergleiches ist auch der Rechtspfleger in seinem Aufgabenbereich befugt. Der Vergleich setzt **nicht** voraus, dass die **Rechtswegzuständigkeit** bzw. die **örtliche und sachliche Zuständigkeit** des befassten Gerichts vorliegt. Diese Sachurteilsvoraussetzungen müssen ja nur im Falle einer Sachentscheidung gegeben sein, wozu es beim Prozessvergleich gerade nicht kommt.

cc) Prozessparteien bzw. Dritter. Einen Prozess können nur die daran beteiligten **Par-** **981** **teien** einverständlich erledigen. Möglich ist der Vergleich aber auch zwischen einer **Partei** und nur **einem** gegnerischen **Streitgenossen.** Wenn die Parteien den Vergleich abschließen, kann auch ein am Verfahren nicht beteiligter **Dritter** (z.B. ein Zeuge) den Vergleich mit abschließen. Der Vergleich wirkt dann als Vollstreckungstitel auch für und gegen den Dritten, wenn dieser dem Rechtsstreit **zum Zwecke des Vergleichs- abschlusses beitritt** und im Vergleich als Gläubiger oder Schuldner aufgeführt ist. Dies ist im Protokoll etwa so zu vermerken:

> „Der Zeuge N.N. erklärt: Ich trete dem Rechtsstreit zum Zwecke des Vergleichsabschlusses bei. Die Parteien und N.N. schließen folgenden Vergleich: ...“

dd) Postulationsfähigkeit. Der Abschluss eines Prozessvergleichs ist Prozesshandlung, **982** weshalb alle Prozesshandlungsvoraussetzungen vorliegen müssen. Im Anwaltsprozess benötigt jedoch der einem Vergleichsabschluss **beitretende Dritte keinen Rechtsanwalt,** da § 78 ZPO nur den Anwaltszwang für Parteien regelt, der Dritte hier aber nicht Partei, sondern nur „Vergleichsbeteiligter“ wird (BGH NJW 1983, 1433). Der Postulationsfähigkeit bedarf es auch nicht bei einem Vergleich vor dem beauftragten oder ersuchten Richter, §§ 78 Abs. 5, 361, 362 ZPO.

ee) Formerfordernisse. Die ZPO sieht zwei Arten des Vergleichsabschlusses vor. Ent- **983** weder wird der Vergleich in der mündlichen Verhandlung zu **Protokoll** genommen oder die Parteien schließen einen **schriftlichen Vergleich:**
- Wird der Vergleich in der mündlichen Verhandlung geschlossen, so muss er in das **Sitzungsprotokoll,** § 160 Abs. 3 Nr. 1 ZPO oder in eine **Protokollanlage,** § 160 Abs. 5 ZPO, aufgenommen und den Beteiligten **vorgelesen** oder zur Durchsicht vorgelegt **und genehmigt** werden, § 162 ZPO. Wird das Protokoll auf Band **diktiert,** wird die vorläufige Aufzeichnung **vorgespielt und genehmigt.** Dann ist im Protokoll nach dem Text des Vergleichs der Vermerk „**v.u.g.**“ (vorgelesen/ vorgespielt und genehmigt) aufzunehmen.
  Eine Unterschrift der Beteiligten ist nicht erforderlich, das Protokoll muss aber vom Vorsitzenden und vom Urkundsbeamten unterschrieben sein, § 163 ZPO. Der

ordnungsgemäß protokollierte Prozessvergleich erfüllt das Formerfordernis der **notariellen Beurkundung** des materiellen Rechts, § 127 a BGB.

– Außerhalb der mündlichen Verhandlung kommt ein Prozessvergleich wirksam zustande, wenn **die Parteien** dem Gericht einen gemeinsamen **schriftlichen Vergleich** vorschlagen oder einen **schriftlichen Vergleichsvorschlag des Gerichts** diesem gegenüber durch **Schriftsatz annehmen,** § 278 Abs. 6 Satz 1 ZPO. Das Gericht stellt in beiden Fällen das Zustandekommen und den Inhalt des Vergleichs durch **Beschluss** fest, § 278 Abs. 6 Satz 2 ZPO.

3. Die Wirkungen des Prozessvergleichs

a) Materiellrechtliche Wirkungen

984 **aa) Verpflichtungsgeschäfte.** Der Prozessvergleich schafft für die Leistungspflichten der Parteien eine **neue Rechtsgrundlage,** nämlich den Vergleichsvertrag, § 779 BGB. Im anhängigen oder einem späteren Rechtsstreit könnten, sofern überhaupt ein Rechtsschutzinteresse anzunehmen wäre, nur noch diese Ansprüche aus dem Vergleich, aber nicht mehr jene aus dem ursprünglichen Rechtsverhältnis geltend gemacht werden.

bb) Verfügungsgeschäfte. Häufig enthält der Prozessvergleich neben dem Verpflichtungsgeschäft auch bereits das Verfügungsgeschäft: Abtretung einer Forderung, Vornahme einer Einigung, Verzichtserklärung oder Abgabe einer sonstigen Willenserklärung. Einen Sonderfall bildet die **Auflassung.** Sie kann bei der Grundstücksübertragung nach dem Wortlaut des § 925 Abs. 1 Satz 3 BGB ausdrücklich im gerichtlichen Vergleich und damit vor Gericht als „zuständiger Stelle" erklärt werden. Allerdings erfordert § 925 Abs. 1 BGB die „gleichzeitige Anwesenheit beider Teile", weshalb der Vergleichsabschluss nach § 278 Abs. 6 ZPO diesem Formerfordernis nicht gerecht wird (OLG Düsseldorf NJW-RR 2006, 1609). Auch ist eine Auflassung unter einer **Bedingung unwirksam,** § 925 Abs. 2 BGB, weshalb die in einem widerruflichen Vergleich enthaltene Auflassung unwirksam ist (BGH MittBayNot 1987, 245).

b) Prozessrechtliche Wirkungen

985 **aa) Prozessbeendigung.** Mit dem wirksamen Vergleich wird der **Prozess unmittelbar beendet,** damit endet auch die **Rechtshängigkeit** der Streitsache. War bis zum Vergleichsabschluss im Rechtsstreit bereits eine noch nicht rechtskräftige **Entscheidung** ergangen, etwa ein Versäumnisurteil, so wird sie entsprechend § 269 Abs. 3 Satz 1, HS 2 ZPO ohne weiteres **unwirksam.**

986 **bb) Vollstreckungstitel.** Sowohl der im richterlichen **Protokoll** enthaltene als auch der durch **Beschluss** gemäß § 278 Abs. 6 festgestellte Prozessvergleich ist Vollstreckungstitel, soweit er einen vollstreckungsfähigen Inhalt hat, § 794 Abs. 1 Nr. 1 ZPO. Bei zweifelhaftem Inhalt unterliegt der Vergleich den Grundsätzen der **Auslegung** (BGH NJW 1993, 1995). Dabei darf jedoch nicht auf andere Umstände zurückgegriffen werden als auf den Sinn, der sich aus dem Wortlaut des Vergleichstextes ergibt (vgl. OLG Stuttgart RPfleger 1997, 446). Besondere Gefahren lauern hier bei unklaren Erledigungsklauseln (vgl. BGH NJW-RR 1995, 1201).

987 **cc) Keine Rechtskraft.** Ein Prozessvergleich ist kein Urteil, sondern Parteihandeln. Er kann deshalb nicht rechtskräftig werden. Besteht die im Prozessvergleich übernommene Verpflichtung in der Abgabe einer Willenserklärung, so ist es zweckmäßig, diese Erklärung im Vergleich selbst schon abzugeben, weil die bloße Verpflichtung zur Erklärung erst umständlich nach § 888 ZPO durch Zwangsgeld bzw. Zwangshaft vollstreckt werden müsste (OLG Frankfurt JurBüro 2008, 104). Die Fiktion des § 894

Abs. 1 Satz 1 ZPO, wonach eine Erklärung mit Rechtskraft des Urteils als abgegeben gilt, kann bei einem Prozessvergleich mangels Rechtskraft nicht eintreten.

4. Die Aufgabe des Gerichts beim Prozessvergleich

a) Hinwirken auf gütliche Einigung

Der Richter soll in **jedem Stadium** des Verfahrens auf eine **vergleichsweise Erledigung** **988** des Rechtsstreits bedacht sein, § 278 Abs. 1 ZPO. Sinnvoll sind solche Bemühungen jedoch nur bei Vorliegen einer gewissen „Vergleichsreife" des Rechtsstreits, nämlich nach hinreichender Erörterung des Sach- und Streitstandes, eventuell auch erst nach durchgeführter Beweisaufnahme.

Bei der Empfehlung eines Vergleichs kann auf folgende **Vorteile** hingewiesen werden:

– Kostenersparnis: nur 1 Verfahrensgebühr, keine weitere Instanz bzw. Beweisaufnahme;
– Zeitersparnis: rasche Prozesserledigung, keine weiteren Termine;
– zügiger Geldfluss: „schnelles Geld ist gutes Geld";
– Fortsetzung der durch den Prozess unterbrochenen Geschäftsverbindung;
– Erhaltung des Nachbarschaftsfriedens.

Das Gericht sollte jedoch nicht um jeden Preis auf einen Vergleich drängen, sondern bei Vergleichsgesprächen Takt und Vorsicht walten lassen, ein Feilschen um einen Vergleich und Drohungen für den Fall der Ablehnung unterlassen.

> **Beispiel:**
> Der Vorsitzende kündigt für den Fall, dass er sich nicht vergleiche, ein zu Lasten des Beklagten schon vorbereitetes Urteil an.

b) Förderung einer gütlichen Einigung durch prozessuale Maßnahmen

Das Gericht kann durch folgende **Maßnahmen** eine gütliche Einigung zwischen den **989** Parteien fördern:

aa) Anordnung des persönlichen Erscheinens. Das Gericht soll zum Zwecke der Güteverhandlung sowie für weitere Güteversuche das **persönliche Erscheinen der Parteien** anordnen, § 278 Abs. 3 ZPO. Es ist offenkundig, dass es viel häufiger zu einem Vergleichsabschluss kommt, wenn die Parteien selbst im Termin anwesend sind, als wenn sie nur durch einen Prozessbevollmächtigten vertreten werden. Das Erscheinen kann durch Ordnungsgeld erzwungen werden, wie die Verweisung in § 278 Abs. 3 Satz 2 ZPO auf § 141 Abs. 3 ZPO zeigt.

bb) Gerichtlicher Vergleichsvorschlag. Das Gericht soll nicht nur in der mündlichen **990** Verhandlung, sondern auch durch **schriftlichen Vergleichsvorschlag** auf eine gütliche Beilegung des Rechtsstreits hinwirken. Dabei ist vorteilhaft, wenn es den Vorschlag begründet und erläuternd ausführt, aufgrund welcher tatsächlichen und rechtlichen Erwägungen es hierzu kommt. Dass es dabei seine Ansicht über die Prozesschancen für den Zeitpunkt des Vergleichsvorschlags offen legt, kann im Hinblick auf § 139 ZPO nur erwünscht sein.

c) Formulierung des Vergleichstextes

Der Richter hat nicht nur für die Beachtung der prozessualen **Formvorschriften** **991** (Protokoll, §§ 160 Abs. 3 Nr. 1, 162 ZPO) zu sorgen, sondern ist auch für den **Inhalt** des Vergleichs **verantwortlich**. Üblicherweise formuliert er den Vergleich in enger Abstimmung mit den Parteien.

Beispiele:

– Der Richter hat darauf zu achten, dass der Vergleich nicht gegen ein gesetzliches Verbot verstößt, dass er keinen sittenwidrigen Inhalt hat, dass künftige Auslegungsstreitigkeiten vermieden werden und dass er ggf. einen vollstreckungsfähigen Inhalt hat.
– Zur Klarstellung der Rechtslage bei Vergleichsabschluss nach einem Versäumnisurteil empfiehlt es sich, die Rechtsfolge des § 269 Abs. 3 Satz 1 ZPO ausdrücklich in den Vergleich aufzunehmen, etwa dahin gehend, dass der Kläger auf seine Rechte aus dem Versäumnisurteil verzichte.
– Die Formulierung der Erledigungsklausel muss mit Bedacht gewählt sein, damit nicht unabsichtlich über die streitgegenständlichen Ansprüche hinaus weitere Ansprüche zwischen den Parteien, an die keiner gedacht hat, erledigt sind.

Selbstverständlich ist es auch möglich, außerhalb des Streitgegenstands bestehende Rechtsangelegenheiten zwischen den Parteien in den Vergleich mit einzubeziehen, um insoweit einen zukünftigen weiteren Rechtsstreit gleich mit zu erledigen.

Beispiel:
Zwischen den Parteien ist ein Rechtsstreit über die offenen Monatsmieten für Januar bis März rechtshängig. Der Beklagte macht Mietminderung wegen Mängeln geltend. Finden die Parteien einen Vergleich, so bietet es sich an, diesen auch auf die zwischenzeitlich offenen Mieten für die Folgemonate zu erstrecken und die bevorstehende Räumungsklage durch eine einvernehmliche Beendigung des Mietverhältnisses auf den Ablauf eines Folgemonats zu regeln.

In diesem Fall hat der Vergleich einen **Mehrwert**. Das Gericht hat den Mehrwert des Vergleiches durch Beschluss festzusetzen. Der Mehrwert hat Bedeutung für das Gebührenrecht: An **Gerichtskosten** entsteht ¼ **Gebühr** aus dem **Mehrwert**, § 3 Abs. 2 GKG, GKG-KV 1900. **Die anwaltliche Einigungsgebühr** erwächst aus dem **vollen Wert des Vergleichs**, RVG-VV 1000.

5. Besondere Varianten bei Prozessvergleichen

a) Der Ratenzahlungsvergleich

992 aa) **Grundsatz.** Häufig erklärt sich der Beklagte zur sofortigen Bezahlung des vollen Vergleichsbetrags außerstande. Der Gläubiger wird oftmals geneigt sein, dem Schuldner Ratenzahlungen in der Erwartung einzuräumen, dass dieser die Raten auch einhält, während eine Zwangsvollstreckung aus einem Urteil wegen des Gesamtbetrags oft vergeblich durchgeführt werden müsste.
Bei der Formulierung empfiehlt es sich, klarzustellen, dass die Raten zum genannten Datum beim Gläubiger (Eingang beim Prozessbevollmächtigten reicht aus, OLG Dresden MDR 2000, 1306) eingegangen sein müssen, weil sonst die rechtzeitige Leistungshandlung genügt (OLG Nürnberg MDR 2000, 800).

Vergleich
1. Der Beklagte verpflichtet sich, an den Kläger 4.000,– € in monatlichen Raten zu jeweils 400,– €, jeweils spätestens am 3. eines Monats beim Kläger eingehend, ab September 2009 und dann in jedem Folgemonat, zu bezahlen.

---

993 bb) **Verfallklausel.** Bleiben die Raten jedoch aus, so wäre es für den Gläubiger lästig, wegen jeder unpünktlich bezahlten Rate einzeln die Zwangsvollstreckung aus dem Vergleich einleiten zu müssen. Es empfiehlt sich daher die Vereinbarung einer Verfallklausel für den Fall des Zahlungsrückstands. Die Formulierung „Zahlungsverzug" sollte vermieden werden, weil sie die Prüfung der weiteren Voraussetzungen des § 286 BGB beinhaltet. Diese Verfallklausel kann mit einer eigenen **Verzinsungsklausel** versehen werden.

> 2. Kommt der Beklagte mit einer Rate ganz oder teilweise länger als 10 Tage in Zahlungsrückstand, so ist der gesamte, zu diesem Zeitpunkt noch offene Restbetrag sofort zur Zahlung fällig und mit 5 Prozentpunkten über dem Basiszinssatz zu verzinsen.

cc) Teilverzicht. Möglich ist auch, dass der Kläger dem Beklagten für den Fall pünkt- **994** licher Ratenzahlung einen Nachlass von der Zahlungssumme einräumt. Dadurch hat der Schuldner besonderen Anreiz, die Raten genau einzuhalten.

> 3. Hat der Beklagte unter pünktlicher Einhaltung der Ratenzahlungsverpflichtung nach Ziff. 2 dieses Vergleichs 2.800,– € bezahlt, so verzichtet der Kläger auf den noch offenen Restbetrag.

b) Die Erledigungsklausel

Mit Abschluss des Vergleiches – abgesehen von einem Teilvergleich – ist der Rechts- **995** streit beendet, die Rechtshängigkeit entfällt und die streitbefangenen Ansprüche sind durch den Vergleich erledigt. Es ist üblich, diese Rechtsfolge im Prozessvergleich zur Klarstellung in einer **Erledigungsklausel** auszusprechen.

> 4. Damit sind alle streitgegenständlichen Ansprüche erledigt.

Zur Vermeidung weiterer Streitigkeiten, die sich aus dem Rechtsverhältnis, das zum Prozess geführt hat, noch ergeben könnten, kann die Erledigungsklausel auch auf diese **außerprozessualen Ansprüche** erstreckt werden. Wenn damit auch wirklich sämtliche zwischen den Parteien bestehenden Rechtsansprüche erledigt sein sollen, empfiehlt sich der Hinweis, dass sich die Erledigung auf alle Ansprüche beziehen soll, gleich aus welchem Rechtsgrund sie bestehen oder bestehen könnten.

> 5. Damit sind sämtliche Ansprüche zwischen den Parteien, gleich aus welchem Rechtsgrund, erledigt.

Diese Formel sollte jedoch nicht schematisch verwendet werden, weil sonst vielleicht unbedacht Rechtspositionen einer Partei nachteilig betroffen sein könnten, über die gar kein Streit besteht. Die Erledigungsklausel sollte deshalb erst nach ausdrücklicher Erörterung ihrer Bedeutung mit den Parteien empfohlen oder jedenfalls auf die streitbefangenen Ansprüche beschränkt werden.

Beispiel:
In einem Rechtsstreit über die Vergütung eines Bauunternehmers könnten mit obiger Klausel versehentlich etwaige Mängelansprüche des Bauherrn beseitigt werden.

c) Der widerrufliche Vergleich

aa) Bedingter Vergleichsabschluss. Die Wirksamkeit des Prozessvergleiches kann **996** davon abhängig gemacht werden, dass innerhalb eines im Vergleich zu bestimmenden Zeitraums kein Widerruf erfolgt. Damit vereinbaren die Parteien das Unterbleiben eines Widerrufs innerhalb der vereinbarten Frist als **aufschiebende Bedienung** für die Wirksamkeit des Prozessvergleichs (BGH NJW 1984, 312). Der Vergleich hat also erst

Bestand, wenn die Widerrufsfrist abgelaufen ist, ohne dass eine Partei widerrufen hat. Erst jetzt kann auch aus dem Vergleich vollstreckt werden (BGHZ 88,346).

> 6. Der Kläger (der Beklagte/beide Parteien) ist (sind) berechtigt, den Vergleich durch Anwaltsschriftsatz gegenüber dem Gericht bis spätestens 15.10.2009 zu widerrufen.

997   **bb) Widerrufsempfänger.** Der Prozessvergleich ist sowohl materiellrechtlicher Vertrag als auch Prozesshandlung, weshalb die Widerrufserklärung sowohl dem Vertragspartner als auch dem Gericht gegenüber erklärt werden kann (BGH MDR 2006, 284). Die Parteien können den Empfänger eines Widerrufsschriftsatzes aber frei bestimmen (BGH NJW 1980, 1753). In der gerichtlichen Praxis hat sich der Widerruf gegenüber dem Gericht durchgesetzt, welches das Widerrufsschreiben dem Prozessgegner zur Kenntnis bringt. Ist Widerruf gegenüber dem Gericht vereinbart, bleibt der Widerruf, der nur gegenüber der Partei erfolgt, ohne Wirkung (BAG NJW 1998, 2844).

998   **cc) Form.** Grundsätzlich ist der Widerruf formfrei möglich, regelmäßig wird jedoch schriftsätzliche Form vereinbart. Diese Form muss dann für den Widerruf auch eingehalten werden (OLG Hamm NJW 1992, 1705). Im Anwaltsprozess unterliegt auch der Widerruf als Prozesshandlung dem Anwaltszwang.

999   **dd) Frist.** Die Frist ergibt sich aus dem Vergleich selbst. Sie beginnt ab dem Tag der Vergleichsprotokollierung zu laufen. Für ihre Berechnung gelten §§ 187 ff. BGB. Sinnvollerweise ist beim Vergleichsabschluss darauf zu achten, dass das Fristende nicht auf ein Wochenende fällt, sonst gilt § 193 BGB (BGH MDR 1979, 49). Die Frist ist gewahrt, wenn der Widerruf dem Widerrufsempfänger fristgemäß zugegangen ist. Die Fristwahrung durch Telefax ist möglich.
Die Parteien können eine **Fristverlängerung und -verkürzung** für den Widerruf ohne Mitwirkung des Gerichts **vereinbaren** (OLG Karlsruhe MDR 2005, 1368). Das Gericht hingegen kann die im Vergleich vereinbarte Frist nicht verlängern. Auch gibt es gegen die Versäumung der Widerrufsfrist keine Wiedereinsetzung in den vorigen Stand (BGH NJW 1995, 521).

1000   **ee) Widerrufsfolgen.** Erfolgt fristgemäß ein Widerruf, so gilt der Vergleich als **nicht geschlossen**. Es entsteht keine Einigungsgebühr. Zur Vermeidung eines weiteren Verhandlungstermins nach etwaigem Vergleichswiderruf wird häufig bereits bei Vergleichsabschluss für den Fall des Widerrufs **vorsorglich das Einverständnis der Parteien** mit einer Entscheidung im **schriftlichen Verfahren** gemäß § 128 Abs. 2 ZPO erklärt.

6.   Die Kostenregelung bei Prozessvergleich

a)   Vereinbarung im Vergleich

1001   Über die Verpflichtung zur Kostentragung kann ebenso wie über die Hauptsache eine Regelung zwischen den Parteien ausgehandelt und zum **Vergleichsinhalt** gemacht werden. Diese Vereinbarung geht auch einer – ggf. rechtskräftigen – Kostenentscheidung vor (OLG Koblenz MDR 1987, 852). Im Zweifel soll diese Vereinbarung aber nur die erstattungsfähigen notwendigen Kosten erfassen (OLG Hamm MDR 1982, 855).

b)   Gesetzliche Regelung

1002   Fehlt es an jeglicher Parteivereinbarung über die Tragung der Prozesskosten, so gilt § 98 ZPO. Danach sind die **Kosten des Vergleichs** als **gegeneinander aufgehoben** anzusehen,

§ 98 Satz 1 ZPO. Wird der gesamte Rechtsstreit durch den Vergleich erledigt, so gilt die Kostenaufhebung auch für die übrigen **Kosten des Rechtsstreits**, soweit über diese nicht bereits rechtskräftig entschieden worden ist, § 98 Satz 2 ZPO. **Kostenaufhebung** bedeutet, dass jede Partei ihre eigenen Kosten trägt, also etwa die Kosten ihres Anwalts, daneben aber die Hälfte der Gerichtskosten zu übernehmen hat.

c) Gerichtliche Kostenentscheidung

Schließen die Parteien den Vergleich ausdrücklich unter Außerachtlassung der Kosten nur über die Hauptsache (sog. **negative Kostenregelung**) und überlassen die Kostenentscheidung unter Ausschluss des § 98 ZPO dem Gericht, so kann dieses nach § 91a ZPO durch **Beschluss über die Kosten** entscheiden (BGH NJW 2007, 835). Denn in dem Vergleichsabschluss liegt eine Erledigung des Rechtsstreits in der Hauptsache. Die gerichtliche Kostenentscheidung ergeht dann unter Berücksichtigung des bisherigen Sach- und Streitstandes nach billigem Ermessen. Hierbei sind die Erfolgsaussichten der Klage im Zeitpunkt des Vergleichsschlusses zu bewerten (OLG München MDR 1990, 344). Die im Vergleich enthaltenen Anregungen zur Kostenverteilung sind zu berücksichtigen (BGH NJW 2007, 835). Im Übrigen ist der Inhalt des Vergleichs i.d.R. nicht ausschlaggebend für die Kostenentscheidung (vgl. OLG Stuttgart NJW-RR 1999, 148). Sie unterliegt der sofortigen Beschwerde, vgl. § 91a Abs. 2 ZPO. **1003**

7. Die Unwirksamkeit des Prozessvergleiches und ihre Geltendmachung

Ein Prozessvergleich kann an prozessualen Mängeln leiden oder aus Gründen des materiellen Rechts nichtig oder anfechtbar sein. Da der Prozessvergleich keine gerichtliche Entscheidung, sondern ein Vertrag ist, entfällt die Möglichkeit, mit prozessualen Rechtsmitteln dagegen vorzugehen. Deshalb muss gegebenenfalls der bisherige Prozess fortgeführt werden. Die Geltendmachung prozessualer Fehlerhaftigkeit oder materieller Unwirksamkeit eines im gerichtlichen Verfahren abgeschlossenen Vergleichs folgt eigenen Regeln: **1004**

a) Unwirksamkeit aus prozessualen Gründen

Ein Prozessvergleich kann aus **prozessualen Gründen** unwirksam sein, etwa wenn **formelle Voraussetzungen** beim Abschluss des Vergleiches nicht eingehalten wurden. **1005**

> **Beispiele:**
> – Verstoß gegen die Protokollierungspflicht (vgl. BGH NJW 1984, 1465);
> – fehlendes Vorlesen und Genehmigen (vgl. OLG Köln FamRZ 1984, 1048);
> – fehlende Mitwirkung eines Rechtsanwalts beim Landgericht.

Ist der Vergleich in prozessualer Hinsicht unwirksam, **entfällt** die **prozessbeendigende Wirkung** ohne weiteres und der Rechtsstreit ist fortzusetzen. Dabei ist jedoch zu beachten, dass der Vergleich i.d.R. trotz des Formmangels nach dem mutmaßlichen Parteiwillen **materiellrechtlich gültig** sein wird (BGH NJW 1985, 1962; BVerwG NJW 1994, 2306).

b) Ursprüngliche Unwirksamkeit aus materiellrechtlichen Gründen

Der Prozessvergleich kann aber auch aus Gründen des **materiellen Rechts** nichtig sein oder angefochten werden. **1006**

> **Beispiele:**
> – Nichtigkeit wegen Verstoßes gegen ein Gesetz oder die guten Sitten, §§ 134, 138 BGB;
> – Anfechtung wegen erheblichen Irrtums, Täuschung oder Drohung, § 142 BGB;
> – Fehlen der Vollmacht des Prozessbevollmächtigten, § 179 BGB; vgl. § 83 ZPO.

Die materiellrechtliche Nichtigkeit hat ohne weiteres auch die **Unwirksamkeit des prozessualen Teils** des Vergleichs zur Folge (BGH NJW 1985, 1962; OLG Köln VersR 1997, 619).

c) Fortsetzung des Rechtsstreits

1007 aa) Streit über Vergleichswirksamkeit. Wird gegen den Vergleich ein **materieller Nichtigkeitsgrund** vorgebracht, ist der nicht beendete ursprüngliche Prozess durch Terminsbestimmung **fortzuführen** und zu entscheiden (BGH NJW 1999, 2903). Mangels Beendigung des Rechtsstreits stünde einem neuen Prozess die anderweitige Rechtshängigkeit entgegen. Auch würde einer Klage auf Feststellung der Unwirksamkeit des Vergleichs das Rechtsschutzbedürfnis fehlen (Zöller, § 794 Rn. 15 a).

Die Fortsetzung des alten Rechtsstreits erfolgt auf **Antrag der Partei.** Der Antrag ist Prozesshandlung und unterliegt ggf. dem Anwaltszwang. Fehlt eine Prozesshandlungsvoraussetzung, so ist der Antrag als unzulässig abzuweisen (BGHZ 86, 184). Ist eine Partei der Ansicht, sie sei bei Vergleichsabschluss von der Gegenseite arglistig getäuscht worden, kann die **Anfechtungserklärung gegenüber dem Vergleichsgegner** auch im Schriftsatz an das Gericht enthalten sein, der ja in Abschrift dem Gegner zugehen muss, § 270 ZPO. Damit wäre der materiell-rechtliche Vergleich rückwirkend vernichtet, wenn der Anfechtungsgrund tatsächlich vorliegt.

1008 bb) **Entscheidung des Gerichts.** Das Gericht hat die Wirksamkeit des Prozessvergleichs zu prüfen und entweder im (verneinenden) **Zwischenurteil** (BGHZ 47, 132) oder in den Entscheidungsgründen des Endurteils darüber zu befinden. Bejaht es im Falle der Fortführung **durch den Kläger** die Unwirksamkeit des Prozessvergleichs, so entscheidet es über die ursprüngliche Klage. Wird dagegen der Prozessvergleich mangels Anfechtungsgrundes für wirksam angesehen, so ist der Prozess beendet worden. Die weitergeführte Klage ist als **unzulässig abzuweisen.** Bei Fortführung **durch den Beklagten** wird das Gericht im Urteil die **Beendigung** des Rechtsstreits **feststellen** oder über die ursprüngliche Klage entscheiden.

1009 cc) **Zwangsvollstreckung aus dem angefochtenen Vergleich.** Während der Weiterführung des Rechtsstreits kann zwar aus dem Prozessvergleich noch weiterhin die Zwangsvollstreckung betrieben werden. Es kommt jedoch in analoger Anwendung der §§ 707, 719, 769 ZPO die **einstweilige Einstellung der Zwangsvollstreckung** in Betracht.

d) Nachträgliche Unwirksamkeit aus materiellrechtlichen Gründen

1010 Die Geltendmachung der **materiellrechtlichen Unwirksamkeit** wegen **Rücktritts** vom Vergleich, **vertraglicher Aufhebung** oder **Wegfalls der Geschäftsgrundlage** (BGH NJW 1986, 1348) erfordert dagegen einen **neuen Prozess.** In diesen Fällen wurde der frühere Rechtsstreit durch den zunächst wirksamen Prozessvergleich tatsächlich beendet. Die Einwendung nachträglich eingetretener Unwirksamkeit des Vergleichs ist deshalb im Wege der Vollstreckungsgegenklage geltend zu machen, §§ 794 Abs. 1 Nr. 1, 795, 767 ZPO.

8. Der außergerichtliche Vergleich

1011 Ein außergerichtlicher Vergleich hat auf den Rechtsstreit **keinen unmittelbaren Einfluss.** Jedoch können die Parteien dann ihre Anträge im Rechtsstreit gemäß ihren Rechten aus dem Vergleich stellen. Die hierdurch veranlassten geänderten Anträge gelten gemäß § 264 Nr. 3 ZPO nicht als Klageänderung. Die Parteien haben auch die Möglichkeit, den außergerichtlichen Vergleich zu **gerichtlichem Protokoll** zu erklären und ihn so zum gerichtlichen Vergleich zu machen, insbesondere wenn das Verfahren nach § 278

Abs. 6 ZPO gewählt wird. Schließlich können sie nach außergerichtlichem Vergleich den Rechtsstreit in der **Hauptsache für erledigt** erklären und Kostenentscheidung nach § 91 a ZPO beantragen. Nur im Falle der gerichtlichen Protokollierung oder bei Beschluss nach § 278 Abs. 6 ZPO entsteht jedoch hinsichtlich des Vergleichsinhalts ein Vollstreckungstitel, § 794 Abs. 1 Nr. 1 ZPO.

II. Die Klagerücknahme

1. Begriff und Bedeutung

a) Begriff

Die Klagerücknahme ist das Gegenstück zur Klageerhebung. Sie ist der Widerruf des **1012** Rechtsschutzbegehrens und bedeutet den **Verzicht auf Verhandlung und Entscheidung im gegenwärtigen Rechtsstreit**. Sie bedeutet aber nicht den Verzicht auf den behaupteten materiellrechtlichen Anspruch. Deshalb ist eine erneute Klageerhebung über diesen Anspruch jederzeit möglich. Die Vorschriften über Klagerücknahme gemäß § 269 ZPO gelten entsprechend für die Rücknahme sonstiger Verfahrensanträge, über die mündlich verhandelt werden kann (vgl. OLG Köln NJW 1973, 2071).

b) Abgrenzungen

aa) Klageverzicht. Während die Klagerücknahme den materiellrechtlichen Anspruch **1013** unberührt lässt, bedeutet der Klageverzicht die endgültige Zurücknahme der aufgestellten Rechtsbehauptung, weswegen auf Antrag der Anspruch durch klageabweisendes Verzichtsurteil aberkannt werden kann, § 306 ZPO (vgl. Rn. 682). Einer erneuten Klage steht dann die materielle Rechtskraft entgegen.

bb) Verpflichtung zur Klagerücknahme. Eine Verpflichtung zur Klagerücknahme kann **1014** durch einen – auch im Anwaltsprozess formlosen – Prozessvertrag der Parteien übernommen werden. Hierdurch allein wird der Prozess aber noch nicht beendet. Der Beklagte kann sich jedoch einredeweise darauf berufen, die gleichwohl fortgeführte Klage wird dann unzulässig und ist durch Prozessurteil abzuweisen (BGH NJW-RR 1989, 802).

cc) Erledigungserklärung. Von der Klagerücknahme ist auch die **Erledigung der** **1015** **Hauptsache durch den Kläger** zu unterscheiden. Hier fällt der Klagegrund durch ein erledigendes Ereignis weg. Stimmt der Beklagte einer Erledigungserklärung des Klägers zu, so beschränkt sich das Rechtsschutzbegehren auf die angefallenen Prozesskosten. Das Gericht trifft nur noch eine Kostenentscheidung nach billigem Ermessen, § 91 a ZPO.
Schließt sich der Beklagte der Erledigungserklärung nicht an, so wird der Prozess in der Hauptsache fortgeführt. Gegenstand der Entscheidung ist dann die Frage, ob tatsächlich eine Erledigung der ursprünglich zulässigen und begründeten Klage nach Rechtshängigkeit eingetreten ist. Die Kostenentscheidung ist dann im Urteil nach § 91 ZPO zu treffen.

dd) Klageänderung. Während die Klagerücknahme das Prozessrechtsverhältnis been- **1016** det, wird bei der Klageänderung lediglich das Rechtsschutzbegehren ausgewechselt. Dennoch ist auf die teilweise Ermäßigung der Haupt- oder Nebenforderung nach § 264 Nr. 2 ZPO und den Parteiwechsel (BGH NJW 2003, 2172) die Vorschrift des § 269 ZPO entsprechend anwendbar (vgl. Rn. 317).

c)   Zeitpunkt

1017   Die Klagerücknahme ist möglich, solange die **Rechtshängigkeit** einer Klage vorliegt, also bis zum Eintritt der **Rechtskraft** einer Entscheidung, somit bis zum Ablauf der Rechtsmittelfrist (BGH MDR 1995, 952). Der Kläger kann sie aber auch schon im Stadium der **Anhängigkeit**, d.h. vor Zustellung an den Beklagten zurücknehmen, § 269 Abs. 3 Satz 3 ZPO.

2.   **Erklärung der Klagerücknahme**

a)   Wesen

1018   Die Erklärung der Klagerücknahme ist eine einseitige **Prozesserklärung**, die als solche **bedingungsfeindlich, unwiderruflich** (Saarbrücken OLGR 2000, 176; a.A. Stuttgart OLGR 1998, 440) und **nicht anfechtbar** ist. Als Prozesshandlung muss sie **ausdrücklich** und **unzweifelhaft** sein (BGH NJW-RR 1996, 885). Sie liegt i.d.R auch in einer Klagebeschränkung nach § 264 Nr. 2 ZPO. Keine Klagerücknahmen sind die Erledigung der Hauptsache, die Rücknahme des PKH-Antrags bei rechtshängiger Klage, die Beschränkung des Rechtsmittels auf einen Teil der Klage (BGH WM 1989, 1354) und die Rücknahme des Antrags auf Durchführung des streitigen Verfahrens nach Mahnverfahren, § 696 Abs. 4 ZPO.

b)   Empfänger

1019   Die Klagerücknahme ist an das **Prozessgericht** zu richten, bei dem die Streitsache rechtshängig ist, § 269 Abs. 2 Satz 1 ZPO. Dies kann entweder durch **Schriftsatz** oder durch **Erklärung in der mündlichen Verhandlung** geschehen, die zu Protokoll zu nehmen ist, § 269 Abs. 2 Satz 2 ZPO. Der Schriftsatz ist dem Beklagten zuzustellen, wenn seine Einwilligung zur Klagerücknahme erforderlich ist, § 269 Abs. 2 Satz 3 ZPO. Im Übrigen genügt formlose Übersendung.

c)   Form

1020   Die Klagerücknahme ist **Prozesshandlung**, weshalb sie im Anwaltsprozess dem **Anwaltszwang** nach § 78 ZPO unterliegt. Ausnahmsweise ist die Rücknahme der Klage nach Verweisung vom Amtsgericht an das Landgericht auch durch den anwaltlich nicht vertretenen Kläger möglich (OLG Koblenz NJW-RR 2000, 1370).

3.   **Einwilligung des Beklagten**

a)   Erforderlichkeit

1021   Hat der **Beklagte mündlich zur Hauptsache verhandelt**, so kann die Klage nur noch mit dessen **Einwilligung** zurückgenommen werden, § 269 Abs. 1 ZPO. **Kein streitiges Verhandeln** ist die Teilnahme des Beklagten an der **Güteverhandlung** nach § 278 Abs. 2 ZPO (BGH NJW 1987, 3263). Auch die Erörterung des **Sach- und Streitstandes** vor Antragstellung, vgl. § 137 ZPO, die **Rüge** fehlender Sachurteilsvoraussetzungen und der demgemäß gestellte Antrag auf Klageabweisung als unzulässig ist noch kein Verhandeln zur Hauptsache. Auch ein bloßer **Antrag auf Erlass eines Versäumnisurteils** gegen den Kläger nach § 330 ZPO macht eine Einwilligung des Beklagten zur Klagerücknahme des Klägers nach dessen Einspruch nicht erforderlich (BGHZ 4, 328). Im **Eilverfahren** nach §§ 916, 935 ZPO ist auch nach Beginn der mündlichen Verhandlung die Einwilligung nicht erforderlich (BGH NJW-RR 1993, 1470).

b) Form, Frist und Verweigerung

Die Einwilligung ist als **Prozesserklärung** schriftsätzlich oder in der mündlichen Ver- **1022**
handlung zu Protokoll mitzuteilen. Wird die Klagerücknahme schriftsätzlich erklärt, so
gilt die Einwilligung des Beklagten **als erteilt**, wenn er **nicht binnen einer Notfrist von
2 Wochen** nach Zugang der zugestellten Rücknahme **widerspricht**, sofern er auf diese
Fiktion hingewiesen worden ist, § 269 Abs. 2 Satz 4 ZPO. In einem nach Klagerücknahme gestellten Klageabweisungsantrag liegt die Verweigerung der Einwilligung. In
diesem Fall ist der Rechtsstreit fortzusetzen und das Gericht entscheidet über den
Klageantrag.

4. Folgen der Klagerücknahme

a) Wegfall der Rechtshängigkeit

Der Rechtsstreit ist als nicht anhängig geworden anzusehen, die Rechtshängigkeit **1023**
entfällt rückwirkend, § 269 Abs. 3 Satz 1, HS 1 ZPO. Der Klageanspruch kann jederzeit neu anhängig gemacht werden. Eine erhobene Widerklage bleibt aber rechtshängig.
Die mit dem Eintritt der Rechtshängigkeit verbundenen materiell-rechtlichen Wirkungen nach § 262 ZPO wie Fristwahrung oder Verjährungshemmung entfallen.

b) Wirkungslosigkeit von Entscheidungen

Ein bereits ergangenes, aber noch **nicht rechtskräftig gewordenes Urteil** wird ohne **1024**
weiteres **wirkungslos**, § 269 Abs. 3 Satz 1, HS 2 ZPO. Nach Eintritt der Rechtskraft
des Urteils ist Klagerücknahme nicht mehr möglich, ebenfalls nicht nach übereinstimmender Erledigungserklärung (OLG Bamberg NJW-RR 1997, 1365) und nach Prozessvergleich (OLG Stuttgart NJW-RR 1987, 128).

c) Kostentragungspflicht

Nach § 269 Abs. 3 ZPO ist hinsichtlich der Kostentragungspflicht einerseits zwischen **1025**
verschiedenen zeitlichen Varianten der Klagerücknahme, andererseits nach dem Zeitpunkt und Inhalt des Wegfalls des Klageanlasses zu unterscheiden.

aa) Klagerücknahme nach Rechtshängigkeit.
– Grundsätzlich hat der **Kläger** die gesamten **Kosten des Rechtsstreits** zu tragen, **1026**
  § 269 Abs. 3 Satz 2, HS 1 ZPO. Dies gilt nicht, soweit bereits anderweitig rechtskräftig über sie erkannt ist oder die Kosten dem Beklagten aus einem anderen
  Grund aufzuerlegen sind, § 269 Abs. 3 Satz 2, HS 2 ZPO, wie z.B. die Säumniskosten nach § 344 ZPO (BGH NJW 2004, 2309).
– Bei **teilweiser Klagerücknahme** hat der Kläger die auf den zurückgenommenen Teil
  entfallenden Kosten zu tragen. Jedoch wird über die Kosten dann nicht vorab durch
  Beschluss, sondern wegen des Grundsatzes der Einheitlichkeit der Kostenentscheidung erst im Endurteil entschieden.
– Ist die Klagerücknahme im **Vergleich** enthalten, so geht sie der gesetzlichen Regelung in § 269 Abs. 3 Satz 2 ZPO vor (BGH NJW 2004, 1251).

bb) Klagerücknahme vor Rechtshängigkeit.
– **Unterbleibende Zustellung.** Nimmt der Kläger eine Klage nach Anhängigkeit, aber **1027**
  noch vor Klagezustellung an den Gegner mit Schriftsatz an das Gericht zurück, so
  ist eine Gerichtsgebühr angefallen (KV-GKG 1211 Nr. 1), die vom Kläger nach
  allgemeinem Grundsatz zu tragen ist. Ist die förmliche Zustellung der Klage noch
  nicht verfügt, so unterbleibt sie. Mangels Prozessrechtsverhältnis erfolgt dann auch

kein Kostenbeschluss (OLG Nürnberg NJW-RR 2000, 1453) und der Beklagte hat keinen Kostenerstattungsanspruch.

– **Wegfall des Klageanlasses.** Ist hingegen der **Klageanlass** für den Kläger **noch vor Rechtshängigkeit weggefallen** und nimmt er die Klage deshalb **zurück**, so entscheidet das Gericht auf **Antrag** über die Kosten unter Rücksicht auf den **bisherigen Sach- und Streitstand** nach **billigem Ermessen** und kann die Kosten dem Beklagten ganz oder teilweise auferlegen, insbesondere wenn er mit seiner Leistung in Verzug war. Die Klage braucht hierzu nicht mehr zugestellt werden, § 269 Abs. 3 Satz 2, letzter HS ZPO.

1028 cc) **Feststellung der Wirkungen durch Beschluss.** Die Wirkungen der Klagerücknahme treten kraft Gesetzes ein, ohne dass es darüber eines gerichtlichen Ausspruchs bedürfte. Auf **Antrag** sind jedoch die Rechtsfolgen der Klagerücknahme „Wegfall der Rechtshängigkeit, Wirkungslosigkeit der Entscheidungen, Kostentragungspflicht" durch Beschluss auszusprechen:

> Beschluss
> 1. Der Rechtsstreit ist als nicht anhängig gewesen anzusehen.
> 2. Die Kosten des Rechtsstreits trägt der Kläger.
> 3. Das Urteil des AG Stuttgart vom 12.10.2009 ist wirkungslos.

Ist die Klage vollständig zurückgenommen worden, ergeht in der Praxis regelmäßig nur ein Kostenbeschluss:

> Beschluss
> Nach Klagerücknahme werden dem Kläger die Kosten des Rechtsstreits auferlegt, § 269 Abs. 3 Satz 2 ZPO.

Ist über einen Teil der Kosten durch Urteil zu entscheiden, gilt dies auch für den auf die Rücknahme entfallenen Kostenanteil (BGH NJW-RR 1999, 1741):

> Urteil
> Von den Kosten des Rechtsstreits tragen der Kläger 1/3, der Beklagte 2/3.
> Entscheidungsgründe:
> Die Kostenentscheidung beruht auf §§ 91, 269 Abs. 3 Satz 2 ZPO. Nachdem der Kläger am Ende der Beweisaufnahme die Klage i.H.v. 5.000,– € zurückgenommen hat, sind ihm insoweit die Kosten aufzuerlegen. Wegen der restlichen Klagesumme i.H.v. 10.000,– € hat der Kläger voll obsiegt, weshalb insoweit der Beklagte die Kosten zu tragen hat...

Gegen den Beschluss nach § 269 Abs. 4 ZPO ist die **sofortige Beschwerde** statthaft, wenn der Streitwert der Hauptsache 600,– € übersteigt, § 269 Abs. 5 Satz 1 ZPO. Sie wird jedoch unzulässig, sobald der Kostenfestsetzungsbeschluss nach § 104 ZPO rechtskräftig geworden ist, § 269 Abs. 5 Satz 2 ZPO.

d) Einrede mangelnder Kostenerstattung

1029 Erhebt der Kläger die zurückgenommene Klage erneut, so steht dem Beklagten die prozesshindernde **Einrede der mangelnden Erstattung der Kosten des Vorprozesses,** § 269 Abs. 6 ZPO zu. Er kann bis zur Erstattung seiner Kosten aus dem Vorprozess die Einlassung zur Hauptsache verweigern. Werden ihm die Kosten nicht erstattet, ist die neue Klage als unzulässig abzuweisen.

III. Erledigung des Rechtsstreits in der Hauptsache

1. Problemlage

Wird im Laufe des Prozesses das **klägerische Begehren** durch irgendein Ereignis **gegen-** **1030** standslos, etwa weil der Klagebetrag bezahlt wird, oder wird das **Klageziel** endgültig **nicht mehr erreichbar**, etwa weil das herausverlangte Kfz Totalschaden erleidet, so müsste die weitergeführte Klage als unbegründet abgewiesen werden. Der Kläger könnte zwar die Klage zurücknehmen oder auf den prozessualen Anspruch verzichten, in allen Fällen würden ihm aber die **Kosten** des Rechtsstreits auferlegt, §§ 91, 269 Abs. 3 Satz 2, 306 ZPO, obwohl seine Klage vielleicht bis zum Eintritt der Erledigung zulässig und begründet war. Dieses Ergebnis kann durch Erledigungserklärung vermieden werden. Wie diese Erklärung des Klägers zu behandeln ist, hängt vom Verhalten des Beklagten ab:
– Schließt er sich der Erledigungserklärung nicht an, sondern beantragt weiterhin Klageabweisung (**einseitige Erledigungserklärung**), entscheidet das Gericht durch Urteil darüber, ob sich die Hauptsache **tatsächlich erledigt** hat, wobei die Kostenentscheidung dann aus § 91 ZPO folgt.
– Schließt sich der Beklagte der Erledigungserklärung an (**übereinstimmende Erledigungserklärung**), so wird dem Gericht die Hauptsache zur Entscheidung entzogen und es hat **nur** noch über die **Kosten** des Rechtsstreits nach billigem Ermessen zu **entscheiden**, § 91 a ZPO.

2. Die einseitige Erledigungserklärung des Klägers

a) Begriff

Schließt sich der Beklagte einer vom Kläger vorgebrachten Erledigungserklärung nicht **1031** an, so bleibt die Hauptsachenerledigung **einseitig**. § 91 a ZPO kann keine Anwendung finden. Durch seinen aufrechterhaltenen **Klageabweisungsantrag** wehrt sich der Beklagte dagegen, dass das vom Kläger genannte Ereignis das Klägerbegehren und damit den Rechtsstreit erledigt habe; er hält vielmehr die Klage von Anfang an und auch jetzt noch für unzulässig oder unbegründet. Die einseitige Erledigung der Hauptsache durch den Beklagten ist wirkungslos, wenn sich der Kläger nicht anschließt.

b) Hauptsache

Die Hauptsache, auf deren Erledigung abzustellen ist, ist die vom Kläger **begehrte** **1032** **Rechtsfolge**. Hierzu zählen auch Nebenforderungen wie Zinsen und Kosten, nicht aber die Kosten des Rechtsstreits selbst. In der Rechtsmittelinstanz kann nicht nur die Hauptsache, sondern auch das **Rechtsmittel** selbst für erledigt erklärt werden (BGH NJW 2007, 2993). Eine „Hauptsache" existiert jedoch erst, wenn der Rechtsstreit im Zeitpunkt des Eintritts der Erledigung schon **rechtshängig**, die Klage also zugestellt war, §§ 261 Abs. 1, 253 Abs. 1 ZPO. Eine bereits vor Klagezustellung beim Kläger eingegangene Zahlung kann den erst **danach** existent werdenden Rechtsstreit über diese Zahlung in der Hauptsache **begrifflich nicht erledigen** (h.M., vgl. BGH NJW 1982, 1599). Nach § 269 Abs. 3 Satz 3 ZPO besteht aber die Möglichkeit, den Wegfall des Klageanlasses **vor** Rechtshängigkeit im Hinblick auf die angefallenen Kosten sachgerecht zwischen den Parteien zum Ausgleich zu bringen. Der „Wegfall des Klageanlasses" darf jedoch nicht mit der „Erledigung der Hauptsache" gleichgesetzt werden (vgl. Rn. 1027, 1038).

c) Erledigungsereignis

Die Hauptsache kann sich nur **erledigen**, wenn das gegen den Beklagten gerichtete **1033** Begehren **im Zeitpunkt des Erledigungsereignisses zulässig und begründet** war. Das erledigende Ereignis muss also nachträglich zu einer Unzulässigkeit oder Unbegründetheit der Klage führen (BGH NJW 2003, 3134). Eine Erledigung der Hauptsache liegt also **nicht** vor, wenn die Klage bereits **vor** Eintritt der Erledigungstatsache unzulässig (BGH NJW 1996, 2730) oder unbegründet (BGH NJW 1997, 3242) war.

Echte erledigende Ereignisse sind beispielsweise:
- der Beklagte zahlt auf die begründete Forderung oder rechnet wirksam gegen sie auf;
- der beklagte Mieter zieht wegen Beendigung des Mietvertrages aus der Wohnung aus;
- die Parteien vergleichen sich außergerichtlich über den Streitgegenstand;
- das herausverlangte Kfz erleidet einen Totalschaden.

Keine echte Erledigung liegt vor:
- ein Dritter gibt den vom Beklagten als vermeintlichen Besitzer herausverlangten Gegenstand an den Kläger heraus;
- der Beklagte bezahlt den verlangten Betrag lediglich zur Abwendung der Zwangsvollstreckung (OLG Saarbrücken NJW-RR 1998, 1068);
- der Beklagte bezahlt unter Vorbehalt (BGH NJW 1994, 943).

d) Erledigungserklärung

1034   **aa) Prozesshandlung.** Die Erledigungserklärung ist Prozesshandlung, für die die **Prozesshandlungsvoraussetzungen** gegeben sein müssen. Es muss eine positive, mindestens im Wege der **Auslegung** erkennbare Erklärung gegenüber dem Gericht vorliegen. In einer Erledigungserklärung ist jedoch keine Klagerücknahme, kein Klageverzicht und keine Rechtsmittelrücknahme zu sehen, weil der Erklärende die mit diesen Prozesserklärungen verbundene Kostenlast gerade nicht tragen will. Wird die Erledigungserklärung **vor Rechtshängigkeit** abgegeben, wird sie nicht vor Klagezustellung wirksam. Eine Abgabe der Erklärung unter **innerprozessualer Bedingung** ist möglich (vgl. OLG Düsseldorf NJW-RR 1998, 776), solange die Bedingung nicht in der Entscheidung über einen Hauptantrag besteht, z.B. nur bei Zulässigkeit der Berufung oder für den Fall des Vergleichwiderrufes (OLG Frankfurt MDR 1978, 499).

1035   **bb) Antragsänderung.** Der einseitige Erledigungsantrag ist ein Antrag an das Gericht, den Rechtsstreit ganz oder teilweise ohne Entscheidung in der Hauptsache zu beenden, und tritt an die Stelle des bisherigen Sachantrages. Er bewirkt daher eine zulässige **Klageänderung** i.S.d. § 264 Nr. 2 ZPO dahin, dass das Gericht die Erledigung des Rechtsstreits **feststellen** möge (h.M., sog. Klageänderungstheorie: BGH NJW 2002, 442). Der Kläger erhebt somit nunmehr eine **Feststellungsklage** gemäß § 256 Abs. 1 ZPO, für die im Hinblick auf die andernfalls drohende Kostenlast auch ein **Interesse an alsbaldiger Feststellung** besteht. Die Erledigungserklärung ist widerruflich, solange sich der Gegner ihr noch nicht angeschlossen hat (BGH a.a.O.).

e) Entscheidung des Gerichts

1036   Das Gericht hat nunmehr über diesen Feststellungsantrag in der Hauptsache zu entscheiden, ob die Erledigung festzustellen ist (BGH NJW 1999, 2516, st. Rspr.). Es hat dabei die Zulässigkeit und Begründetheit der Klageforderung im Zeitpunkt der Erledigung und den Eintritt der Erledigung nach Rechtshängigkeit zu prüfen, um feststellen zu können, ob tatsächlich eine Erledigung eingetreten ist. Dazu angebotene Beweise sind selbstverständlich noch zu erheben.

> **Beispiel:**
> Gastwirt Gyros klagt gegen den Handelsvertreter Kebab auf Herausgabe eines diesem angeblich während eines Aufenthalts in seiner Gaststätte leihweise überlassenen Adressbuchs. Im Beweisaufnahmetermin übergibt unvermittelt der Zeuge Pizzo, der damals zur Vertreterkolonne des Kebab gehört hatte, das umstrittene Adressbuch dem Kläger. Dieser erklärt daraufhin den Rechtsstreit in der Hauptsache für erledigt.

Widerspricht der Beklagte Kebab der Erledigungserklärung des Klägers Gyros und beantragt er weiterhin Klageabweisung, weil der Kläger das Adressbuch nicht ihm, sondern dem Zeugen Pizzo ausgeliehen habe, und damit gegen ihn, den Beklagten, zu keinem Zeitpunkt ein Herausgabeanspruch bestanden habe und besteht der Kläger weiterhin darauf, dass er dem Beklagten und nicht dem Zeugen das Buch geliehen, die Rückgabe des Adressbuches also seinen im Prozess gegen den Beklagten anhängigen Herausgabeanspruch erledigt habe, und hält er seine Erledigungserklärung aufrecht, so hat das Gericht über den darin liegenden Feststellungsantrag der Erledigung zu entscheiden. Es muss dazu ggf. Beweise über den Entleihvorgang und die Rückgabe erheben.

Die Entscheidung des Gerichts über diesen **Erledigungsfeststellungsantrag** erfolgt durch streitiges Endurteil:

– Fehlt es an einer Prozessvoraussetzung, wird die Klage als **unzulässig abgewiesen**, ohne dass über die Erledigung selbst zu entscheiden wäre.

– Ist die Hauptsache tatsächlich nicht erledigt, weil die Klage nicht schlüssig oder aus anderem Grunde nicht begründet war, so ist der Feststellungsantrag als **unbegründet abzuweisen**.

Beispiel:
Stellt sich heraus, dass der Beklagte im obigen Fall niemals ein Adressbuch vom Kläger erhalten hatte, war die Herausgabeklage bei Erledigung unbegründet.

– Hat das erledigende Ereignis gar nicht die Hauptsache erledigt, weil es keinen Bezug zum Gegenstand der Klage aufweist, so ist die Feststellungsklage ebenfalls **unbegründet**.

Beispiel:
Ergibt die Beweisaufnahme, dass das zurückgegebene Adressbuch gar nicht dasjenige des Klägers war, sondern sein eigenes noch vom Beklagten geschuldet wird, so ist keine Erledigung der Hauptsache eingetreten. In diesem Fall sollte der Kläger neben dem Feststellungsantrag hilfsweise noch seinen ursprünglichen Antrag auf Verurteilung des Beklagten zur Herausgabe stellen.

– Ist die Hauptsache tatsächlich durch ein **nach Rechtshängigkeit eingetretenes Ereignis** erledigt worden und ergibt sich, dass die für erledigt erklärte Klage bis zu dem erledigenden Ereignis zulässig und begründet war, dann ist antragsgemäß die **Erledigung des Rechtsstreits in der Hauptsache festzustellen**. Die **Kostenentscheidung** dieses Endurteils beruht in diesem Fall auf § 91 ZPO und nicht auf § 91a ZPO. Der Tenor lautet dann:

> 1. Es wird festgestellt, dass der Rechtsstreit ist in der Hauptsache erledigt ist.
> 2. Der Beklagte trägt die Kosten des Rechtsstreits.
> 3. Das Urteil ist … vorläufig vollstreckbar.

f) Streitwert

Umstritten ist, welcher Streitwert der Klage nach einseitiger Erledigungserklärung der **1037** Hauptsache beizumessen ist. Nach herrschender und richtiger Ansicht beschränkt sich das Interesse des Klägers auf das **Kosteninteresse**, d.h. der Streitwert richtet sich nach den bisher angefallenen Gerichts- und Parteikosten (BGH WuM 2008, 35; vgl. Übersicht bei Zöller § 3 Rn. 16).

g) Hauptsachenerledigung vor Rechtshängigkeit

Vor Klagezustellung besteht kein Prozessrechtsverhältnis, weshalb sich nach h.M. in **1038** der Phase zwischen Anhängigkeit und Rechtshängigkeit einer Klage mangels Existenz

einer „Hauptsache" diese noch nicht erledigen kann (BGH NJW 1982, 1599). Abzustellen ist insoweit auf den Zeitpunkt des „erledigenden Ereignisses" und nicht auf den
Zeitpunkt der Abgabe der Erledigungserklärung.

Beispiel:
Der eingeklagte Geldbetrag geht zwischen Klageeinreichung und Klagezustellung seitens des
Beklagten beim Kläger ein. Die „Erledigung" liegt also vor dem Zeitpunkt, in dem durch
Klagezustellung eine Hauptsache erst begründet wird. Die Zahlung konnte daher die Haupt-
sache nicht erledigen.

Erklärt der Kläger in diesem Fall einseitig für erledigt, wäre mangels Rechtsstreits im
Zeitpunkt der Erledigung die Feststellungsklage abzuweisen. Die Erledigungserklärung
ist hier deshalb ggf. als **Klagerücknahme** auszulegen und über die Kosten unter
Berücksichtigung des bisherigen Sach- und Streitstandes nach billigem Ermessen durch
Beschluss nach § 269 Abs. 3 Satz 3 ZPO zu entscheiden.

3.   Die übereinstimmende Erledigungserklärung

a)   Bedeutung

1039   Wird die Hauptsache beiderseits für erledigt erklärt, so ist der Rechtsstreit insoweit
beendet, ohne dass es noch einer Hauptsacheentscheidung des Gerichts bedürfte. Das
Gericht darf und kann nur noch über die Kosten des Rechtsstreits nach den Grundsätzen des § 91a Abs. 1 ZPO entscheiden.

b)   Anwendungsbereich des § 91a ZPO

1040   Die Regelung findet neben dem allgemeinen Klageverfahren auch in allen kontradik-
torischen Verfahren der ZPO Anwendung, so im Arrest- und einstweiligen Verfügungsverfahren, im Kostenfestsetzungs- und im Zwangsvollstreckungsverfahren. Für das
Mahnverfahren ist die Anwendbarkeit umstritten (vgl. Zöller, § 91a Rn. 58 „Mahnverfahren").

c)   Abgabe der Erklärungen

1041   Eine übereinstimmende Erledigungserklärung kann **ausdrücklich** und **wörtlich** erfolgen, wobei unerheblich ist, welche der Parteien zuerst die Erklärung abgibt. Sie kann
auch **schlüssig** erfolgen (BGH NJW-RR 1995, 1090), insbesondere darin gesehen
werden, dass beide Parteien nur noch **Kostenanträge** stellen (OLG Köln NJW-RR
1998, 143). **Schweigen** des Beklagten genügt jedoch nur, wenn er innerhalb der Notfrist
von 2 Wochen seit der Zustellung der Erledigungserklärung des Klägers nicht widerspricht, sofern er zuvor auf diese Folge **hingewiesen** wurde, § 91a Abs. 1 Satz 2
ZPO.

d)   Form

1042   Die Erledigungserklärungen können in der mündlichen Verhandlung oder durch Einreichung eines Schriftsatzes oder zu Protokoll der Geschäftsstelle abgegeben werden,
§ 91a Abs. 1, HS 1 ZPO. Die Erklärung unterliegt im Anwaltsprozess keinem Anwaltszwang, § 78 Abs. 5 ZPO, auch wenn sie in der mündlichen Verhandlung abgegeben
wird (h.M., vgl. Zöller, § 91a Rn. 10).

e)   Folgen

1043   **aa) Beendigung des Rechtsstreits in der Hauptsache.** Die übereinstimmende Erledigungserklärung **bindet** das **Gericht** und **beendet** den Rechtsstreit in der **Hauptsache**

selbst dann, wenn im Sinne der obigen Ausführungen eine Hauptsachenerledigung gar nicht eingetreten ist (BGHZ 83, 14). Dies ist eine Folge des **Dispositionsgrundsatzes**. Die **Rechtshängigkeit der Hauptsache endet**. Nur im Hinblick auf die Kosten bleibt das Verfahren anhängig (BGH NJW 1989, 2886). Das bedeutet, dass das Gericht **unberücksichtigt** lassen muss, dass noch gar **keine Hauptsache** vorlag, wenn die Erledigung **vor Rechtshängigkeit** der Klage eingetreten ist.

> **Beispiel:**
> Auch wenn keine Hauptsache vorlag, weil der eingeklagte Geldbetrag schon vor Klagezustellung dem Kläger zugegangen ist, ist der Rechtsstreit in der Hauptsache übereinstimmend erledigt.

Ferner hat das Gericht das Vorliegen einer **echten Erledigung nicht zu prüfen**; es kann also die Frage, ob die Klage zum Zeitpunkt der Erledigung zulässig und begründet war, offen lassen.

> **Beispiel:**
> Erklärt der Beklagte Kebab ebenfalls den Rechtsstreit in der Hauptsache für erledigt, so hat das Gericht nur noch gemäß § 91a ZPO über die Kosten zu entscheiden, selbst wenn es der Meinung sein sollte, dass eine Erledigung des Rechtsstreits gar nicht eingetreten sei, weil Pizzo und nicht Kebab der Entleiher des Adressbuches war, sodass die Klage von vornherein unbegründet war.

bb) Wirkungslosigkeit ergangener Entscheidungen. Etwa schon ergangene **Entscheidungen** können nicht mehr rechtskräftig werden, sondern werden entsprechend § 269 Abs. 3 Satz 1 ZPO **wirkungslos**, z.B. ein Versäumnisurteil, gegen das Einspruch eingelegt worden war. **1044**

f) Gerichtlicher Kostenbeschluss

Die **Kostenentscheidung** nach § 91a ZPO ergeht ohne Antrag **von Amts wegen**, vgl. § 308 Abs. 2 ZPO (h.M., BGH NJW-RR 1997, 510). Das Gericht entscheidet über die Kostentragungspflicht der Parteien nach **billigem Ermessen unter Berücksichtigung des bisherigen Sach- und Streitstandes**, § 91a Abs. 1 ZPO. Die Entscheidung erfolgt durch **Beschluss**, ggf. nach freigestellter mündlicher Verhandlung, § 128 Abs. 3 ZPO. Er ist zu begründen. **1045**

aa) Berücksichtigung des bisherigen Sach- und Streitstandes. Das Gericht hat seine Entscheidung am bisherigen Sach- und Streitstand zu orientieren. Daraus ergibt sich, dass nach der Erledigungserklärung eine **Beweisaufnahme nicht mehr zulässig** ist (OLG Karlsruhe NJW-RR 1990, 978), allenfalls können noch neue Urkunden oder Akten verwertet werden (vgl. BGHZ 13,145; 21, 300; OLG Düsseldorf MDR 1993, 1120). **1046**
Das Gericht hat also die **Erfolgsaussichten der Klage** zu beurteilen. Es hat dabei eine **Prognose über den** ohne erledigendes Ereignis **zu erwartenden Prozessausgang** zu treffen (BGH NJW 2007, 3249) und hierzu die allgemeinen **Kostengrundsätze** nach §§ 91 ff. ZPO zugrunde zu legen: Ist die Klageabweisung wahrscheinlich, trägt der Kläger in Anwendung des Rechtsgedankens des § 91 Abs. 1 ZPO die Kosten. Bei zu erwartendem nur teilweisem Obsiegen des Klägers hinsichtlich einzelner Teile ist eine Kostenquote entsprechend § 92 Abs. 1 ZPO zu bilden. Ist der Streitstand bei schlüssiger Klage und erheblichen Einwendungen noch völlig ungeklärt und die Erfolgsaussichten der Klage vom Ausgang einer nicht mehr durchzuführenden Beweisaufnahme abhängig, wird es zweckmäßig sein, die Kosten gegeneinander aufzuheben. Haben die Parteien bei offenem Prozessausgang außergerichtlich einen Vergleich geschlossen, ohne die Kosten zu regeln, kann nach dem Gedanken des § 98 ZPO ebenfalls Kostenaufhebung in Frage kommen.

Die Beurteilung nach **überwiegender Wahrscheinlichkeit** reicht dafür aus (BGH NJW 1994, 256; OLG Stuttgart MDR 1997, 1138; München OLGR 1999, 281). Dabei ist vom unstreitigen **Tatsachenvortrag** der Parteien auszugehen, es sind die im Zeitpunkt der Erledigung bereits erhobenen **Beweise** zu würdigen und **Rechtsfragen** wenigstens **summarisch** zu klären (BGH BB 2000, 482; BVerfG NJW 1993, 1061).

Beispiele:
– Ist die Klage unbegründet, weil **unschlüssig**, sind dem Kläger die Kosten aufzuerlegen.
– Bei Unzuständigkeit des angerufenen Gerichts wird ein fiktive Verweisung nach § 281 ZPO zugrunde gelegt; es erfolgt also nicht grundsätzlich eine Kostenentscheidung zulasten des Klägers, weil derzeit die Sachurteilsvoraussetzung „**Zuständigkeit**" fehlt (vgl. OLG Brandenburg NJW-RR 1996, 955; OLG Stuttgart MDR 1989, 1000).

1047 bb) **Billiges Ermessen.** Das Gesetz räumt dem Gericht ausdrücklich einen Ermessensspielraum ein. Es kann deshalb auch bewerten, ob der Beklagte **Klageveranlassung** gegeben hat (BGH WRP 2004, 350), ob die Klageerhebung **willkürlich** war (OLG Hamm 1993, 1320), ob die Erledigungserklärung **verspätet** abgegeben worden ist (OLG Düsseldorf NJW-RR 1997, 1567) oder ob ein materiellrechtlicher **Kostenerstattungsanspruch** besteht (BGH NJW 2002, 680).

1048 cc) **Teilerledigung.** Bei übereinstimmender Teilerledigungserklärung kann jedoch kein gesonderter Beschluss nach § 91 a ZPO ergehen, weil über die Kosten eines Rechtsstreits nur **einheitlich** entschieden werden kann. In der Endentscheidung ist jedoch bezüglich des erledigten Teils die Kostenentscheidung unter Anwendung des § 91 a ZPO zu treffen.

1049 dd) **Streitwert.** Der Streitwert beschränkt sich ab dem Zeitpunkt, zu dem beide Parteien ihre Erledigungserklärung abgegeben haben, auf die **bislang entstandenen Kosten** des Rechtsstreits. Bei nur teilweiser Hauptsacheerledigung soll der Streitwert durch die restliche Hauptforderung bestimmt werden, ohne dass dazu die Kosten des erledigten Teils zu addieren sind (BGH NJW-RR 1995, 1089).

1050 ee) **Rechtsmittel.** Die Kostenentscheidung unterliegt der **sofortigen Beschwerde**, § 91 a Abs. 2 Satz 1 ZPO. Ein Rechtsmittel ist jedoch nicht gegeben, wenn der Streitwert der Hauptsache 600,– € nicht übersteigt, §§ 91 a Abs. 2 Satz 2, 511 Abs. 2 ZPO. Jedenfalls muss aber ein Beschwerdewert im **Kostenpunkt von 200,– €** überschritten werden, § 567 Abs. 2 ZPO (Einzelheiten bei Zöller, § 91 a Rn. 27). Ist die Kostenentscheidung nach § 91 a ZPO über einen erledigten Teil in einem im Übrigen streitigen Endurteil enthalten, unterliegt die Kostenentscheidung insoweit auch in diesem Fall der sofortigen Beschwerde.

Muster für Kostenbeschluss nach § 91 a ZPO

1051
Beschluss vom 2.10.2009
Die Kosten des Rechtsstreits werden gegeneinander aufgehoben.
Gründe:
Die Parteien haben den Rechtsstreit übereinstimmend in der Hauptsache für erledigt erklärt, nachdem die Beklagte aus den Räumlichkeiten ausgezogen ist. Deshalb war nach § 91 a Abs. 1 ZPO unter Berücksichtigung des bisherigen Sach- und Streitstandes nach billigem Ermessen über die Kosten zu entscheiden. Dies führte zur Kostenaufhebung.
Die Beklagte hat einen Räumungsanspruch der Klägerin in Abrede gestellt, weil sie die vorgebrachten wichtigen Gründe für eine fristlose Kündigung gemäß § 543 Abs. 1, 2 Nr. 2 BGB bestreitet. Ob ein wichtiger Grund vorliegt, wäre von der Durchführung einer Beweisaufnahme abhängig...

IV. Ruhen des Verfahrens und Weglegen der Akten

1. Ruhen des Verfahrens

Das Ruhen des Verfahrens ist ein durch **Nichtbetreiben** seitens der Parteien bedingter **1052** tatsächlicher **Stillstand** des Verfahrens (vgl. Rn. 597).

a) Anordnung

Die **Anordnung des Ruhens** (vgl. Rn. 598) erfolgt **1053**
- **auf Antrag** gemäß § 251 ZPO, wenn beide Parteien es beantragen und die Anordnung zweckmäßig erscheint, etwa wegen Vergleichsverhandlungen. Dann hat das Gericht durch Beschluss das Ruhen des Verfahrens anzuordnen.
- **von Amts wegen** gemäß § 251a Abs. 3 ZPO bei Säumnis beider Parteien. Das Gericht kann hier das Ruhen des Verfahrens anordnen.

b) Beendigung

Das **Gericht** von sich aus oder die **Parteien** auf Antrag können das Verfahren zu **1054** gegebener Zeit **fortführen**, wenn die Gründe der Anordnung entfallen sind. Die Rechtssache behält das ursprüngliche Aktenzeichen.

Beispiele:
- Wenn Ruhen des Verfahrens angeordnet war, um eine in anderer Sache bevorstehende einschlägige Beweisaufnahme abzuwarten, kann nach Durchführung dieser Beweisaufnahme das Verfahren fortgeführt werden.
- Sind die Vergleichsverhandlungen gescheitert, ruft der Kläger das Verfahren wieder an.

2. Weglegen der Akten

Kommt es nach Anordnung des Ruhens des Verfahrens nicht mehr zu einer Fort- **1055** führung des Verfahrens, etwa weil die Parteien daran kein Interesse mehr haben, so gilt die Angelegenheit **nach Ablauf von 6 Monaten** seit Anordnung des Ruhens als erledigt. Nach Abrechnung der Gerichtskosten, die meist durch die erbrachten Vorschüsse beglichen sind, werden die **Akten weggelegt**, § 7 Abs. 2 AktO. Wird der Rechtsstreit wieder aufgenommen, so werden die Akten mit **neuem Aktenzeichen** erneut dem zuständigen Referat oder der zuständigen Kammer zugeleitet.

2. Kapitel   **Die gerichtliche Entscheidungen**

I. Arten gerichtlicher Entscheidungen

1. Urteile

1056 Das Gericht entscheidet durch Urteile, Beschlüsse oder Verfügungen. Urteile ergehen i.d.R. am Ende der Instanz nach notwendiger **mündlicher Verhandlung**, § 128 Abs. 1, 2 ZPO. Sie werden vom erkennenden Gericht erlassen. Folgende **Urteilsarten** werden unterschieden:
– nach dem **Inhalt des Rechtsschutzbegehrens:**
  – **Leistungsurteile** („…wird verurteilt, … zu zahlen"),
  – **Feststellungsurteile** („… es wird festgestellt, dass … ") und
  – **Gestaltungsurteile** („Die Ehe ist geschieden");
– nach der **Rechtskraftwirkung:**
  – **Prozessurteile** („Die Klage wird abgewiesen", weil unzulässig) und
  – **Sachurteile** („..wird verurteilt, … zu zahlen");
– nach der **Art ihres Zustandekommens:**
  – **streitige Urteile als Anerkenntnisurteile**, § 307 ZPO, **Verzichtsurteile**, § 306 ZPO, **Urteile nach Lage der Akten**, §§ 331a, 251a Abs. 2 ZPO,
  – **Endurteile**, § 300 ZPO, und
  – **Versäumnisurteile** infolge Säumnis einer Partei, §§ 330, 331 ZPO;
– nach dem **Stadium ihres Erlasses** und ihrer Bedeutung:
  – **Endurteile als Teilurteil** (über einen Teil des Rechtsschutzbegehrens, § 301 ZPO), als **Vollendurteil** (über das gesamte Rechtsschutzbegehren, § 300 ZPO) oder als **Schlussurteil** (über den noch offenen Rest eines im Übrigen bereits abgehandelten Rechtsschutzbegehrens, § 300 ZPO),
  – **Zwischenurteile**, §§ 280, 303 ZPO,
  – **Grundurteile**, § 304 ZPO („Der Anspruch besteht dem Grunde nach") und
  – **Vorbehaltsurteile**, denen das Nachverfahren folgen kann, §§ 302, 599 ZPO.

2. Beschlüsse

a) Prozessabschließende Beschlüsse

1057 In besonderen Fällen werden **prozessabschließende** Entscheidungen des Gerichts durch **Beschluss** erlassen, etwa wenn nach Klagerücknahme oder Erledigung des Rechtsstreits in der Hauptsache gemäß §§ 269 Abs. 4, 91a ZPO nur noch über die **Kosten** zu entscheiden ist, § 128 Abs. 3 ZPO.

b) Prozessleitende Beschlüsse

1058 Beschlüsse ergehen auch als **prozessleitende** Anordnungen des Prozessgerichts wie Einzelrichterübertragung bzw. Kammerübernahme, §§ 348, 348a ZPO, Beweiserhebung, § 358 ZPO, Entscheidungen über PKH, § 127 ZPO, und Richterablehnung, § 46 ZPO. Sie ergehen **ohne** oder aufgrund **mündlicher Verhandlung, soweit** diese **nicht** vorgeschrieben ist, § 128 Abs. 4 ZPO, etwa auf Antrag bei Berichtigung des Tatbestands, § 320 Abs. 3 ZPO, oder bei Aufhebung eines Schiedsspruches, § 1063 Abs. 2 ZPO.

c) Verkündung und Zustellung

1059 Soweit die Beschlüsse aufgrund mündlicher Verhandlung ergehen, müssen sie **verkündet** werden, § 329 Abs. 1 ZPO. Nichtverkündete Beschlüsse können **formlos mitgeteilt**

werden, sofern sie keine **Terminsbestimmung** enthalten oder keine **Frist** in Lauf setzen, sonst sind sie **zuzustellen**, § 329 Abs. 2 ZPO. Ist gegen die – verkündeten oder nicht verkündeten – Beschlüsse **sofortige Beschwerde** oder die Erinnerung nach § 573 Abs. 1 ZPO gegeben oder bilden sie einen Vollstreckungstitel, so sind sie ebenfalls zuzustellen, § 329 Abs. 3 ZPO.

3. Richterliche Verfügungen

Schließlich können **prozessleitende Anordnungen** des Gerichts wie Terminsbestim- **1060** mung, § 216 Abs. 2 ZPO, Abkürzung von Zwischenfristen, § 226 ZPO, oder vor- bereitende Maßnahmen, § 273 ZPO, auch als **Verfügung** erlassen werden, sofern kein Beschluss vorgeschrieben ist. Die Vorschriften für die Beschlüsse gelten auch für Verfügungen, allerdings sind sie nicht zu verkünden, § 329 Abs. 1 ZPO, und regel- mäßig unanfechtbar.

II. Das Urteil

1. Urteilsentschluss

Der **Urteilsentschluss** wird vom erkennenden Gericht – beim Kollegialgericht nach **1061** geheimer **Beratung und Abstimmung** gemäß §§ 192 ff. GVG (vgl. Rn. 371) – gefasst. Die **Grundsätze der Mündlichkeit und Unmittelbarkeit** gebieten, dass nur diejenigen Richter entscheiden, die an der Verhandlung teilgenommen haben, § 309 ZPO. Aus- nahmen hiervon bestehen bei Entscheidung im schriftlichen Verfahren, bei Entschei- dung nach Lage der Akten und bei der Verkündung. Leise Beratung im Sitzungssaal über einfache Zwischenentscheidungen, etwa über die Kostenentscheidung nach Kla- gerücknahme, ist zulässig und üblich.

2. Besondere Arten von Urteilen

a) Das Endurteil

Das Endurteil ist die häufigste Urteilsart. Es beendet die Instanz und ergeht, wenn der **1062** Rechtsstreit im vollen Umfang zur **Entscheidung reif** ist, § 300 Abs. 1 ZPO. Entschei- dungsreife liegt vor, wenn nach ausreichendem Parteivorbringen der Sachverhalt auf- geklärt ist, alle angebotenen Beweise erhoben sind und ggf. weiteres Vorbringen nach §§ 296 ff. ZPO zurückzuweisen ist. Ein Endurteil in der Form des **Schlussurteils** liegt auch vor, wenn über Teile der Klage bereits anderweitig entschieden ist oder mit dem verbliebenen Rest endgültig entschieden wird.

> **Beispiel:**
> „Teilversäumnis- und Schlussurteil", wenn über den einen Teil der Klage durch echtes Versäumnisurteil entschieden wird, bzgl. der unschlüssigen Zuvielforderung die Klage jedoch durch unechtes Versäumnisurteil endgültig abgewiesen wird.

Sind mehrere Prozesse zum Zwecke gleichzeitiger Verhandlung und Entscheidung **verbunden**, weil die Ansprüche in rechtlichem Zusammenhang stehen, § 147 ZPO, und ist nur einer von ihnen zur Entscheidung reif, so kann insoweit Endurteil ergehen, § 300 Abs. 2 ZPO.

b) Das Teilurteil

aa) Zulässigkeit. Liegt Entscheidungsreife nur bei **einem von mehreren** geltend **1063** gemachten **Ansprüchen** oder bei einem **Teil eines solchen Anspruchs** vor oder ist bei erhobener **Widerklage** nur diese oder nur die Klage entscheidungsreif, so kann das

Gericht Teilurteil erlassen, § 301 Abs. 1 ZPO. Voraussetzung ist, dass der abzu-urteilende Teil selbstständig, entscheidungsreif und von der Entscheidung über den Rest unabhängig ist. Das Teilurteil ist **unzulässig**, wenn die **Gefahr sich widersprechender Entscheidungen** besteht (BGH NJW 2007, 157).

Beispiele für zulässige Teilurteile:
- Teilurteil gegen einen von mehreren einfachen Streitgenossen;
- Teilurteil über feststehenden Mindestschaden und Beweiserhebung über die Höhe des übersteigenden Schadens (BGH NJW 1996, 1478);
- Teilurteil über Teil eines einheitlichen Anspruchs, wenn zugleich ein Grundurteil über restlichen Anspruch ergeht, § 301 Abs. 1 Satz 2 ZPO.

Beispiele für unzulässige Teilurteile:
- Teilurteil über den Hilfsantrag bei offenem Hauptantrag;
- Teilurteil über Feststellungsantrag bei offenem Zahlungsantrag aus identischem Geschehen (BGH NJW 2001, 155);
- Teilurteil gegen einen von mehreren notwendigen Streitgenossen bei zwingend einheitlicher Entscheidung (BGH ZIP 1999, 580);
- Teilurteil über Klage, die von derselben Vorfrage wie die Widerklage abhängt (BGH MDR 2005, 46).

1064 bb) **Ermessen.** Das Gesetz ordnet zwar bei Entscheidungsreife ein Teilurteil an („hat zu erlassen"), § 301 Abs. 1 ZPO. Sein Erlass steht aber im nicht nachprüfbaren Ermessen des Gerichts, § 301 Abs. 2 ZPO.

1065 cc) **Kostenentscheidung.** Das Teilurteil kann in besonderen Fällen eine vom Rest unabhängige **Teilkostenentscheidung** haben, etwa beim Teilurteil gegen einen einfachen Streitgenossen hinsichtlich dessen außergerichtlicher Kosten (BGH NJW-RR 2001, 642), im Übrigen muss die Kostenentscheidung dem Schlussurteil vorbehalten bleiben.

c) Das Vorbehaltsurteil bei Aufrechnung

1066 aa) **Anwendungsbereich.** Ist die **Klageforderung entscheidungsreif,** kann vorbehaltlich einer Entscheidung über die noch ungeklärte **Aufrechnungsforderung** auch ohne besonderen Antrag des Klägers über die Klageforderung ein **Vorbehaltsurteil** ergehen, § 302 Abs. 1 ZPO. So kann die Prozessverschleppung durch Vorbringen fragwürdiger Gegenansprüche verhindert werden.

1067 bb) **Voraussetzungen.** Die Verurteilung unter Vorbehalt setzt eine **Leistungsklage** voraus. Nicht erforderlich ist, dass die Aufrechnungsforderung mit der Klageforderung in rechtlichem Zusammenhang steht. Sie darf aber **nicht** ebenfalls **entscheidungsreif** sein, sonst hat ein Endurteil zu ergehen.

1068 cc) **Entscheidung.** Der Erlass eines Vorbehaltsurteils steht grundsätzlich im nicht nachprüfbaren **Ermessen** des Gerichts (BGH NJW 2006, 698). Der Tenor enthält nach allgemeinen Regeln die **Entscheidung** über **Kosten** und vorläufige **Vollstreckbarkeit.** Wird das Urteil im Nachverfahren jedoch abgeändert und hatte der Kläger vollstreckt, so kann dem Beklagten ein **Schadensersatzanspruch** zustehen, § 302 Abs. 4 Satz 3 ZPO. Das Vorbehaltsurteil ist wie ein Endurteil mit der Berufung **anfechtbar,** §§ 302 Abs. 3, 511 ZPO.

Muster für Vorbehaltsurteil

1069

Vorbehaltsurteil

1. Der Beklagte wird verurteilt, an den Kläger 5.200,– € nebst Zinsen in Höhe von 5 Prozentpunkten über dem Basiszinssatz seit 10.10.2009 zu bezahlen.
2. Der Beklagte trägt die Kosten des Rechtsstreits.
3. Das Urteil ist vorläufig vollstreckbar.
4. Das Urteil ergeht unter Vorbehalt der Entscheidung über die vom Beklagten zur Aufrechnung gestellte Forderung i.H.v. 5.200,– € wegen eines dem Kläger gewährten Darlehens vom 29.10.2008.

dd) Nachverfahren. Das Nachverfahren über die Aufrechnungsforderung wird zügig **1070** **von Amts wegen** durch Terminsbestimmung eingeleitet. Der Rechtsstreit bleibt unter gleichem Aktenzeichen **anhängig**, § 302 Abs. 4 Satz 1 ZPO. Das Nachverfahren wird durch **Endurteil** abgeschlossen. Soweit die Aufrechnungsforderung begründet ist, ist das **Vorbehaltsurteil aufzuheben**, die **Klage abzuweisen** und über die **Kosten neu** zu entscheiden, § 302 Abs. 4 Satz 2 ZPO.

Muster für Vorbehaltsurteil, das ein Endurteil aufhebt

Endurteil

1. Das Vorbehaltsurteil vom 2.10.2009 wird aufgehoben.
2. Die Klage wird abgewiesen.
3. Der Kläger trägt die Kosten des Rechtsstreits.
4. Das Urteil ist vorläufig vollstreckbar.

Ergibt das Nachverfahren die **Unbegründetheit der Aufrechnungsforderung**, so wird das Vorbehaltsurteil für **vorbehaltlos erklärt**.

Muster für Vorbehaltsurteil, das ein Endurteil aufrecht erhält

Endurteil

1. Das Vorbehaltsurteil vom 3.9.2009 wird für vorbehaltlos erklärt.
2. Der Beklagte trägt die Kosten des Nachverfahrens.
3. Das Urteil ist hinsichtlich Ziff. 2 vorläufig vollstreckbar.

d) Das Vorbehaltsurteil im Urkundenprozess

Auch im Urkundenprozess, bei dem Tatsachen i.d.R. **durch Urkunden zu beweisen** **1071** sind, § 595 Abs. 2 ZPO, kann Vorbehaltsurteil ergehen, wenn der Beklagte der Klage widersprochen hat und seine Einwendungen nicht mit Urkunden beweisen kann. Für diesen Fall wird ihm auf **Antrag** im Vorbehaltsurteil die Ausführung seiner Rechte im Nachverfahren vorbehalten, § 599 Abs. 1 ZPO. Im Nachverfahren entscheidet das Gericht dann über die Aufhebung oder Vorbehaltloserklärung des Vorbehaltsurteils, § 600 ZPO.

e) Das Zwischenurteil

Bei Zwischenurteilen sind solche wegen **Zwischenstreit** über prozessuale Fragen nach **1072** § 303 ZPO von denen über die **Zulässigkeit der Klage** nach § 280 ZPO bzw. über den **Grund des Anspruchs** nach § 304 ZPO zu unterscheiden.

aa) Zwischenurteil nach § 303 ZPO. Bei Streit über die Zulässigkeit eines Rechtsmittels, die Begründetheit der Wiedereinsetzung in den vorigen Stand oder die Unwirksamkeit eines Prozessvergleichs (die Wirksamkeit wird im Endurteil festgestellt, BGH NJW 1996, 3345) kann das Gericht nach freiem Ermessen durch Zwischenurteil entscheiden, § 303 ZPO. Unzulässig ist ein Zwischenurteil über materielle Rechtfragen, etwa die Aktivlegitimation des Klägers (BGHZ 8, 383). Das Gericht bleibt an seine Entscheidung im Zwischenurteil gebunden. Das Zwischenurteil ist nicht isoliert anfechtbar, es muss mit dem späteren Endurteil angefochten werden (BGHZ 124, 207).

1073 **bb) Zwischenurteil nach § 280 ZPO.** Nach abgesonderter Verhandlung kann bei Streit über die **Zulässigkeit** der Klage ein Zwischenurteil ergehen, wenn die Klage zulässig ist, § 280 Abs. 1 ZPO. Dieses Zwischenurteil ist i.d.R. **selbstständig** wie ein Endurteil durch Berufung **anfechtbar**, § 280 Abs. 2 Satz 1 ZPO. Über die Zulässigkeit des Rechtswegs kann vorab durch Beschluss nach § 17a Abs. 3, 4 GVG entschieden werden.

f) Das Grundurteil

aa) Zulässigkeit. Ein Grundurteil nach § 304 Abs. 1 ZPO ist nur bei Ansprüchen zulässig, die direkt oder indirekt (z.B. Duldung der Zwangsvollstreckung) auf **Leistung vertretbarer, summenmäßig bestimmter Sachen** gerichtet sind, zumeist also bei Zahlungsklagen (BGH NJW 2000, 1572). Weitere Voraussetzungen sind, dass **Grund und Betrag** der Leistung **streitig** sind und dass der Streit über den **Anspruchsgrund** positiv **entscheidungsreif** ist. Dazu ist erforderlich, dass der Anspruch mit hoher Wahrscheinlichkeit **zumindest in irgendeiner Höhe** besteht (BGH NJW-RR 2005, 1008). Ist der Streit über die Höhe ebenfalls entscheidungsreif, darf kein Grundurteil ergehen.

1074 **bb) Anspruchsgrund.** Soll eine Klage als dem Grunde nach gerechtfertigt angesehen werden, müssen die **Zulässigkeit** sowie **alle anspruchsbegründenden Tatsachen** bejaht werden können (BGH NJW 2001, 225). Ein Grundurteil darf auch nicht nur einzelne Elemente der Begründetheit feststellen (BGH NJW-RR 1994, 319). Außerdem muss das Gericht alle gegen den Anspruch im vollen Umfang gerichteten **Einwendungen** als unberechtigt festgestellt haben. Die Verjährung darf nicht eingetreten sein, eine Mitverantwortlichkeit des Klägers an der Schadensentstehung darf nicht zum Haftungsausschluss führen (BGH NJW 1999, 2440); eine Aufrechnung muss als unbegründet erkannt sein, sofern sie die Klageforderung gänzlich erfassen kann (BGH NJW 2005, 1935).

1075 **cc) Erlass des Grundurteils.** Das Gericht entscheidet nach freiem Ermessen, ob es ein Grundurteil erlässt (BGH NJW-RR 2003, 68). Der Tenor lautet etwa:

> 1. Der Anspruch des Klägers auf materiellen Schadensersatz aus dem Unfallereignis vom 3.1.2009 ist dem Grunde nach gerechtfertigt.
> 2. Der Beklagte schuldet dem Kläger dem Grunde nach ein angemessenes Schmerzensgeld unter Berücksichtigung des Mithaftungsanteils des Klägers von 30 %.

Das Grundurteil enthält **keine Kostenentscheidung** und keine Entscheidung über die **Vollstreckbarkeit**.

1076 **dd) Bindung und Rechtsmittel.** Das Gericht ist in allen Instanzen an das zulässigerweise ergangene Grundurteil gebunden (BGH NJW 2004, 2526). Einwendungen gegen den Anspruchsgrund können im weiteren Betragsverfahren nicht mehr geltend gemacht werden, wenn sie bereits im Verfahren über den Grund hätten vorgebracht werden können (BGH WM 1982, 1280).

3. Form und Inhalt von Urteilen

a) Urteilskopf

Jedes Urteil ergeht „**Im Namen des Volkes**", § 311 Abs. 1 ZPO. Es enthält im Rubrum **1077**
neben Aktenzeichen und Verkündungsdatum die Namen der Parteien mit vollständiger
zustellungsfähiger Anschrift, ggf. deren gesetzliche Vertreter, deren Prozessbevollmächtigte mit zustellungsfähiger Anschrift, das Gericht, die an der Entscheidung mitwirkenden Richter und den Tag der letzten mündlichen Verhandlung, auf die die Entscheidung
ergeht, § 313 Abs. 1 Nr. 1, 2, 3 ZPO:

---

11 O 311/09

Urteil
Im Namen des Volkes

In Sachen
Max Leicht, Platzgasse 10, 89073 Ulm   – Kläger –
Proz.bev.: RA Dr. Scharf, Olgastr. 112, 89073 Ulm

gegen
Fritz Schwer, Bahnhofstr. 5, 89073 Ulm   – Beklagter –
Proz.bev.: RA Dr. Bitter, Heimstr. 3, 89073 Ulm

wegen Schmerzensgeld.

Die 4. Zivilkammer des Landgerichts Ulm hat auf die mündliche Verhandlung vom
2.10.2009 durch

Richter am Landgericht Rechtle
– als Einzelrichter–
für Recht erkannt:

---

b) Tenor

Die Urteilsformel (**Tenor**) spricht in Ziffer 1 die eigentliche Entscheidung in der Haupt- **1078**
sache aus. Es folgt die Kostenentscheidung, sodann die Entscheidung über die Vollstreckbarkeit des Urteils:

---

1. Der Beklagte wird verurteilt, an den Kläger 4.000,– € nebst Zinsen in Höhe von
   8 Prozentpunkten über dem Basiszinssatz seit 10.1.2009 zu bezahlen.
   Im Übrigen wird die Klage abgewiesen.
2. Von den Kosten des Rechtsstreits tragen der Kläger 1/3, der Beklagte 2/3.
3. Das Urteil ist für den Kläger gegen Sicherheitsleistung in Höhe von 110 % des jeweils zu
   vollstreckenden Betrags, für den Beklagten ohne Sicherheitsleistung vorläufig vollstreckbar.

---

c) Tatbestand

aa) Inhalt. Darauf folgt der Tatbestand, § 313 Abs. 1 Nr. 5 ZPO. Hier sollen die **1079**
erhobenen Ansprüche und die dazu vorgebrachten **Angriffs- und Verteidigungsmittel**
unter Hervorhebung der Anträge nur mit wesentlichem Inhalt **knapp dargestellt**
werden. Wegen der Einzelheiten des Sach- und Streitstandes soll auf Schriftsätze und
andere Unterlagen verwiesen werden, § 313 Abs. 2 ZPO (vgl. Rn. 1313). Der Tatbestand liefert Beweis für das mündliche Parteivorbringen, § 314 Satz 1 ZPO.

bb) Entfallen des Tatbestandes. Der Tatbestand kann **entfallen**, wenn ein **Rechtsmittel** **1080**
gegen das Urteil unzweifelhaft **nicht zulässig** ist, § 313a Abs. 1 ZPO. Das ist der Fall,

wenn eine Berufung oder Revision überhaupt nicht oder mangels Erreichens der Berufungssumme gemäß § 511 Abs. 2 Nr. 1 ZPO oder mangels Zulassung der Berufung oder Revision gemäß §§ 511 Abs. 2 Nr. 2, 543 ZPO nicht zulässig ist, keine Beschwerde, insbesondere die Nichtzulassungsbeschwerde gemäß § 544 ZPO (beachte § 26 Nr. 8 EGZPO!), gegeben ist und keine Ausnahme nach § 313a Abs. 4 ZPO vorliegt.

Wird ein Urteil am Ende des Verhandlungstermins verkündet („**Stuhlurteil**"), so kann der Tatbestand ebenfalls entfallen, wenn die Parteien auf ein Rechtsmittel gegen das Urteil binnen einer Woche nach Schluss der mündlichen Verhandlung **verzichten**, § 313a Abs. 2, 3 ZPO. Auch beim **Versäumnis-, Anerkenntnis-** und **Verzichtsurteil** kann der Tatbestand entfallen, § 313b Abs. 1 ZPO (vgl. Rn. 609).

1081 cc) **Tatbestandsberichtigung.** Der Tatbestand kann in einem besonderen Verfahren berichtigt werden, wenn er in seinen tatsächlichen Feststellungen Unrichtigkeiten, Auslassungen, Dunkelheiten oder Widersprüche enthält, die auf irriger Willensbildung beruhen, § 320 Abs. 1 ZPO. Die Berichtigung darf jedoch nicht zur Änderung der Entscheidung selbst führen, vgl. § 320 Abs. 5 ZPO (RGZ 122, 334). Die Bedeutung der Tatbestandsberichtigung ergibt sich vor allem daraus, dass das auf die tatsächlichen Feststellungen im Tatbestand des erstinstanzlichen Urteils Bezug nehmende Berufungsurteil wiederum Entscheidungsgrundlage der Revision ist, §§ 559 Abs. 1, 540, 314 ZPO.

Ausgenommen von der Tatbestandsberichtigung nach § 320 ZPO sind jedoch Unrichtigkeiten in Form von Schreibfehlern u.ä., die bereits nach § 319 ZPO berichtigt werden können. Soweit die Auslassungen im Übergehen eines geltend gemachten Anspruchs bestehen, ist eine Ergänzung nach § 321 ZPO angezeigt.

Die Tatbestandsberichtigung setzt einen schriftsätzlichen **Antrag binnen 2 Wochen** seit Zustellung des vollständig abgefassten Urteils voraus, § 320 Abs. 2 ZPO. Auf den Antrag hin ist **Verhandlungstermin** vor dem erkennenden Gericht zu bestimmen oder ins schriftliche Verfahren nach § 128 Abs. 2 ZPO zu wechseln. Das Gericht entscheidet über den Berichtigungsantrag **ohne Beweisaufnahme** durch nicht anfechtbaren **Beschluss**. Wird dem Antrag stattgegeben, so wird die **Berichtigung auf dem Urteil** und den Ausfertigungen vermerkt, § 320 Abs. 4 ZPO.

d) Entscheidungsgründe

1082 aa) **Inhalt.** Die Entscheidungsgründe, § 313 Abs. 1 Nr. 6 ZPO, enthalten in kurzer Zusammenfassung die in tatsächlicher und rechtlicher Hinsicht entscheidungserheblichen **Erwägungen des Gerichts**, § 313 Abs. 3 ZPO. **Unterschrieben** wird das Urteil von den Richtern, die bei der Entscheidung mitgewirkt haben. Für einen nach dem Urteilsentschluss an der Unterschriftsleistung verhinderten Richter unterschreibt nach § 315 Abs. 1 ZPO der Vorsitzende mit Verhinderungsvermerk, der Tatsache und Grund der Verhinderung enthalten muss, (BGH VersR 1984, 586):

Adam	Eva	Adam
Vors. Richter am LG	Richterin am LG	Vors. Richter am LG
		für den wegen Versetzung
		an der Unterschrift
		verhinderten Richter Schlange

1083 bb) **Entfallen der Entscheidungsgründe.** Ist gegen das Urteil ein **Rechtsmittel nicht zulässig**, können neben dem Tatbestand auch die Entscheidungsgründe entfallen, wenn die **Parteien** darauf **verzichten**, § 313a Abs. 1, 3 ZPO. Gleiches gilt bei Rechtsmittelverzicht gegen ein Stuhlurteil, § 313a Abs. 2, 3 ZPO. Schließlich bedürfen auch **Versäumnis-, Anerkenntnis-** und **Verzichtsurteil** keiner Entscheidungsgründe, § 313b Abs. 1 ZPO.

4. Die Kostenentscheidung

a) System des Kostenrechts

Die richterliche **Kostengrundentscheidung** ist die Grundlage für die Verteilung der in **1084** einem Rechtsstreit angefallenen **Kosten** zwischen den Parteien und beantwortet die Frage, wer für die Gerichtskosten **Kostenschuldner** des Staats ist. Die Kostenentscheidung orientiert sich am Obsiegen bzw. Unterliegen der Parteien im Rechtsstreit. Auf ihrer Basis entsteht durch das **Kostenfestsetzungsverfahren** ein prozessualer **Kostenerstattungsanspruch** der einen gegen die andere Partei.
In **Familiensachen** und in den **Angelegenheiten der freiwilligen Gerichtsbarkeit** finden die Kostenvorschriften der §§ 91 ff. ZPO **keine Anwendung** mehr. Das am 1.1.2009 in Kraft getretene FamFG sieht vielmehr die Kostenentscheidung nach billigem Ermessen vor, § 81 FamFG.

aa) Kosten des Rechtsstreits. Die Kosten des Rechtsstreits i.S.d. § 91 Abs. 1 ZPO sind die Aufwendungen der Parteien für die Prozessführung. Hierunter fallen die **Gerichtskosten** sowie die **außergerichtlichen Kosten der Parteien.**
– **Gerichtskosten.** Gerichtskosten werden nach dem GKG erhoben und bestehen vor allem aus **Gebühren** für die Inanspruchnahme der Rechtspflegeorgane. Die **Höhe** einer Gebühr orientiert sich i.d.R. am Streitwert des geltend gemachten Anspruchs, §§ 3 Abs. 1, 34 GKG. Die **Anzahl** der zu entrichtenden Gebühren bestimmt sich nach dem **Kostenverzeichnis** in Anlage 1 zu § 3 Abs. 2 GKG (vgl. Rn. 35). Daneben zählen **Auslagen** der Gerichte für bestimmte Tätigkeiten zu den Gerichtskosten. Das sind insbesondere Kosten für Zustellungen, Ausfertigungen und Abschriften oder nach dem JVEG an Zeugen und Sachverständige verauslagte Entschädigungen. Sie ergeben sich aus den Nummern 9000 ff. der Anlage 1 zu § 3 Abs. 2 GKG.
– **Außergerichtliche Kosten.** Das sind vor allem die **Rechtsanwaltskosten** der Parteien nach **RVG** und Ausgaben für sonstige Beistände, **Gerichtsvollzieherkosten** nach dem GvKostG und die eigenen **Parteikosten**, etwa für die Anreise zum Verhandlungstermin.

bb) Kostenschuldner. Für die Frage, wer die **Gerichtskosten** schuldet, existieren ver- **1085** schiedene Anknüpfungspunkte. **Kostenschuldner des Staates** ist
– der **Antragsteller** gemäß § 22 GKG, der das Verfahren der Instanz beantragt hat, also der Kläger, Berufungskläger oder Antragsteller. Die Gebührenzahlung hat i.d.R. im Wege des Vorschusses zu erfolgen, § 12 GKG. Bezüglich Auslagen ist derjenige vorschusspflichtig, der die mit Auslagen verbundene Handlung beantragt, etwa einen Beweisantrag gestellt hat, § 17 GKG;
– der **Entscheidungsschuldner** gemäß § 29 Nr. 1 GKG, dem durch gerichtliche Entscheidung die Kosten des Verfahrens auferlegt sind;
– der **Übernahmeschuldner** gemäß § 29 Nr. 2 GKG, der die Kosten, etwa im Vergleich, übernommen hat;
– der **Haftungsschuldner** gemäß § 29 Nr. 3 GKG, der für die Kostenschuld eines anderen haftet, und
– der **Vollstreckungsschuldner** gemäß § 29 Nr. 4 GKG für notwendige Kosten einer Zwangsvollstreckung.
Mehrere Kostenschuldner haften als Gesamtschuldner, § 31 Abs. 1 GKG. In einem Rechtsstreit können sich daher folgende Möglichkeiten ergeben:
– Bei **Klageabweisung** hat die Staatskasse nur **einen Kostenschuldner**, weil der Schuldner nach § 22 GKG (Kläger) und derjenige nach § 29 Nr. 1 GKG (Prozessverlierer/Kläger) identisch sind.
– Bei **Erfolg der Klage** hat sie dagegen **zwei Kostenschuldner**, nämlich denjenigen nach § 22 GKG (Kläger) und den nach § 29 Nr. 1 GKG (Prozessverlierer/Beklag-

ter). Es soll jedoch erst der Unterlegene herangezogen werden, § 31 Abs. 2 GKG.

Beispiel:
Es ist also möglich, dass der Kläger nach einer für ihn erfolgreichen Verfahrensbeendigung vom Gericht noch eine Kostenrechnung erhält und bezahlen muss, obwohl die Kosten des Rechtsstreits in der **Kostengrundentscheidung** dem Beklagten auferlegt worden sind, nämlich dann, wenn beim unterlegenen Beklagten nichts zu holen ist. Selbstverständlich kann er dann die von ihm bezahlten Gerichtskosten nach § 104 ZPO gegen den unterlegenen Beklagten **festsetzen** lassen und versuchen, von ihm **Kostenerstattung** zu erlangen.

1086   cc) **Nichterhebung von Gebühren wegen unrichtiger Sachbehandlung.** Zu beachten ist, dass gerichtliche Gebühren und Auslagen, die bei richtiger Sachbehandlung nicht entstanden wären, vom Kostenschuldner nicht erhoben werden, § 21 GKG. Hierüber entscheidet das Gericht durch Beschluss. Allerdings kommen insoweit nur **offensichtliche Verstöße** gegen klare gesetzliche Bestimmungen oder **offenkundige Versehen** in Betracht. Bloß unzweckmäßiges Handeln des Gerichts ist nicht ausreichend.

Beispiel:
Eine Zeugenvernehmung muss wiederholt werden, weil bei Gericht das Tonband mit der Vernehmung gelöscht wurde, bevor es in das Protokoll übertragen war. Die zusätzlich entstehenden Zeugenkosten werden nicht erhoben.

1087   dd) **Die Kostengrundentscheidung.** In der Kostenentscheidung des Urteils wird nur darüber befunden, wer die **gerichtlichen und außergerichtlichen Kosten** des Rechtsstreits im Verhältnis **zwischen den Parteien** dem **Grunde** nach zu tragen hat. Grundsätzlich trägt die Kosten, wer im Rechtsstreit **unterlegen** ist, § 91 Abs. 1 ZPO. Bei teilweisem Obsiegen und Unterliegen werden die Kosten verhältnismäßig geteilt, § 92 ZPO. Für besondere prozessuale Gestaltungen existieren in §§ 92 Abs. 2, 93 ff. ZPO von diesem Grundsatz abweichende Kostenvorschriften. Über die Verpflichtung, Prozesskosten zu tragen, ist stets auch ohne Parteiantrag **von Amts wegen** zu entscheiden, § 308 Abs. 2 ZPO. Die meist trotzdem gestellten Kostenanträge bleiben daher im Tatbestand unerwähnt.

1088   ee) **Der Kostenerstattungsanspruch.** Über die **Höhe** der zu tragenden Kosten und damit auch über die Erstattungsfähigkeit von Kosten wird erst im besonderen **Kostenfestsetzungsverfahren** durch den Rechtspfleger entschieden, vgl. §§ 103 ff. ZPO, § 21 RPflG. Auf Grundlage der Kostengrundentscheidung im Urteil gemäß §§ 91 ff. ZPO und eines **Kostenfestsetzungsantrages** der Partei gemäß § 103 Abs. 2 ZPO bestimmt der Rechtspfleger den Betrag, den eine Partei der anderen für Gerichtskosten und außergerichtliche Kosten nach Abschluss einer gerichtlichen Instanz erstattet verlangen kann. Welche Kosten des Rechtsstreits erstattungsfähig sind, ergibt sich aus § 91 ZPO. Dieser **prozessuale Kostenerstattungsanspruch** kann nur im Kostenfestsetzungsverfahren verfolgt werden. Einer gesonderten Klage würde das Rechtsschutzbedürfnis fehlen. Der **Kostenfestsetzungsbeschluss (KfB)** stellt den prozessualen Kostenerstattungsanspruch fest. Er ist zugleich Vollstreckungstitel, § 794 Nr. 2 ZPO.
Der **materiellrechtliche Kostenerstattungsanspruch** ergibt sich als vertraglicher Schadensersatz- oder Aufwendungsersatzanspruch aus dem materiellen Recht. Er kann gesondert prozessual verfolgt, nicht aber im Verfahren nach §§ 103 ff. ZPO festgesetzt werden (OLG Koblenz NJW-RR 2002, 719).

b)   Grundsätze der Kostengrundentscheidung

1089   aa) **Grundsatz.** Grundlage der Kostenentscheidung sind §§ 91 ff. ZPO mit dem Grundsatz: Der Unterlegene trägt die Kosten des Rechtsstreits, § 91 Abs. 1 Satz 1 ZPO. Dabei ist es gleichgültig, ob die Partei unfreiwillig entgegen ihren Anträgen, freiwillig infolge Anerkenntnisses oder nur wegen einer Aufrechnung unterliegt.

bb) Teilweises Unterliegen. Bei teilweisem Obsiegen bzw. Unterliegen einer Partei sind die Kosten verhältnismäßig zu teilen, § 92 Abs. 1 ZPO. **1090**

> Beispiel:
> Die Klage über 12.000,– € hat nur in Höhe von 8.000,– € Erfolg. Die Kosten werden daher dem Beklagten, der zu 8/12 = 2/3 unterlegen ist, in Höhe dieser Quote auferlegt. Dem entspricht eine Unterliegensquote des Klägers von 4/12 = 1/3.

Unterliegen die Parteien ungefähr jeweils zur Hälfte, so kann das Gericht die Kosten **gegeneinander aufheben**, d.h., dass jede Partei ihre außergerichtlichen Kosten selbst und die Gerichtskosten zur Hälfte trägt, § 92 Abs. 1 ZPO.

> Beispiel:
> Die Klage über 12.000,– € hat in Höhe von 6.500,– € Erfolg, im Übrigen wird sie abgewiesen. Anstatt einer Kostenquote von 5,5/12 (Kläger) zu 6,5/12 (Beklagter) können die Kosten gegeneinander aufgehoben werden.

cc) Geringfügiges Unterliegen. Unterliegt eine Partei **nur geringfügig**, so kann sie von der Kostentragungslast sogar ganz verschont werden, sofern **1091**

– die **Zuvielforderung verhältnismäßig geringfügig** war (was in der Praxis bei Unterliegen von weniger als 10 % der Klagesumme angenommen wird) **und keine** oder **nur geringfügig höhere Kosten** veranlasst hat, also höchstens ein Gebührensprung in den Kostentabellen verursacht wurde, der wiederum unter 10 % liegt, § 92 Abs. 2 Nr. 1 ZPO, oder

– der Forderungsbetrag von der Festsetzung durch **richterliches Ermessen**, von der Ermittlung durch **Sachverständige** oder von gegenseitiger **Berechnung** abhängig war, § 92 Abs. 2 Nr. 2 ZPO.

> Beispiel:
> Der Kläger begehrt angemessenes Schmerzensgeld in der Größenordnung von 10.000,– €. Das Gericht verurteilt den Beklagten voll kostenpflichtig zu 8.000,– € (nicht mehr als 20 % Abweichung; OLG Düsseldorf NJW-RR 1995, 955).

dd) Sofortiges Anerkenntnis. Hat der Beklagte durch sein Verhalten keinen Anlass zur Erhebung der Klage gegeben, fallen die Kosten des Rechtsstreits dem Kläger zur Last, wenn der Beklagte den Anspruch sofort anerkennt (vgl. Rn. 677), § 93 ZPO. **1092**

ee) Kosten in Ehesachen. In Ehesachen werden die Kosten grundsätzlich gegeneinander aufgehoben, §§ 150, 132 FamFG. **1093**

ff) Kosten bei mehr als zwei Parteien. Besteht eine Parteiseite aus mehreren Personen, haften sie als Unterliegende für die Kosten nach **Kopfteilen**, § 100 Abs. 1 ZPO, es sei denn, sie werden als **Gesamtschuldner** verurteilt. Dann haften sie auch **für die Kosten** gesamtschuldnerisch, § 100 Abs. 4 ZPO. Sind sie aber am Rechtsstreit erheblich **unterschiedlich beteiligt oder** macht ein Streitgenosse **besondere Angriffs- oder Verteidigungsmittel** geltend, so ist dies bei der Kostenentscheidung angemessen zu berücksichtigen, § 100 Abs. 2 und 3 ZPO. **1094**

> Beispiele:
> – Beklagte A und B werden in Höhe von 8.000,– € gesamtschuldnerisch verklagt und verurteilt, Beklagter A darüber hinaus in Höhe von weiteren 4.000,– € alleine: Die Kosten des Rechtsstreits tragen A und B als Gesamtschuldner zu 2/3, im Übrigen trägt sie der Beklagte A alleine.
> – Beklagter A anerkennt, Beklagter B bestreitet trotz aufwändiger Beweiserhebung ohne Erfolg: B trägt alleine die Kosten der streitigen Verhandlung und die ausscheidbaren Kosten, die durch die Beweiserhebung entstanden sind.

Dagegen ist der Fall, dass **einzelne Streitgenossen obsiegen, andere unterliegen**, im Gesetz nicht geregelt. Nach der sog. **Baumbach'schen Formel** (Baumbach-Lauterbach, § 100 Rn. 52) sind die §§ 91, 92 ZPO kombiniert durch Quotenbildung anzuwenden: Während der Sieger von allen Kosten freizustellen ist, werden im Übrigen die **Gerichtskosten** und die **außergerichtlichen Kosten** jeweils getrennt behandelt. Praktisch werden für die Gerichtskosten alle Forderungen zu einem fiktiven „Gesamtstreitwert" addiert und für jeden der Beteiligten dann der Anteil seines Unterliegens daran errechnet. Bezüglich der außergerichtlichen Kosten werden die Unterliegensquoten aber nur (!) an der jeweiligen Beteiligung des Einzelnen am Prozessrechtsverhältnis untersucht.

> **Beispiel:**
> Kläger klagt gegen Beklagte Ziff. 1 und 2 als Gesamtschuldner 10.000,- € ein. Beklagter Ziff. 1 wird in voller Höhe verurteilt, gegen Beklagten Ziff. 2 wird die Klage abgewiesen:
> – **Gerichtskosten:** Fiktiver Gesamtstreitwert: 2 x 10.000,- € = 20.000,- €. Kläger unterliegt über 10.000,- € von diesen 20.000,- €, Beklagter Ziff. 1 unterliegt ebenfalls mit 10.000,- € von diesen 20.000,- €; Beklagter Ziff. 2 unterliegt überhaupt nicht: Die Gerichtskosten tragen Kläger und Beklagte Ziff. 1 je zur Hälfte.
> – **Außergerichtliche Kosten des Klägers:** Unterliegensverhältnisse entsprechen beim Kläger immer der Berechnung bei Gerichtskosten, also 50:50: Die außergerichtlichen Kosten des Klägers tragen Kläger und Beklagter Ziff. 1 je zur Hälfte.
> – **Außergerichtliche Kosten des Beklagten Ziff. 1:** Unterliegensverhältnis 10.000,- € von 10.000,- € (!) = 100 %: Beklagter Ziff. 1 trägt seine außergerichtlichen Kosten selbst.
> – **Außergerichtliche Kosten des Beklagten Ziff. 2:** Unterliegensverhältnis 0,- € von 10.000,- € (!) = 0 %: Kläger trägt die außergerichtlichen Kosten des Beklagten Ziff. 2.

c) Ausnahmen vom Grundsatz

1095 Nach dem Grundsatz der **Einheitlichkeit der Kostenentscheidung** umfasst diese grundsätzlich alle Prozesskosten des Gerichts und beider Parteien eines Rechtsstreits, egal durch welche Partei und durch welche Prozesshandlung sie veranlasst wurden und worauf sie beruhen. Einzelne Kostenteile werden nicht ausgeschieden. Von diesem Grundsatz macht das Gesetz in Einzelfällen eine Ausnahme, indem es die Kosten einzelner Prozessabschnitte oder Prozesshandlungen gesondert von den übrigen Prozesskosten einer Partei auferlegt, sog. **Kostentrennung**. Darunter fallen beispielsweise folgende Regelungen:
- **§ 94 ZPO:** Kosten, die dadurch entstehen, dass der Kläger den **Übergang eines Anspruchs** auf ihn vor Klageerhebung dem Beklagten nicht mitgeteilt und dadurch dessen Bestreiten veranlasst hat, hat der Kläger zu tragen.
- **§ 97 Abs. 1 ZPO:** Kosten eines **erfolglosen Rechtsmittels** fallen der Partei zur Last, welche es eingelegt hat.
- **§ 238 Abs. 4 ZPO:** Kosten einer **Wiedereinsetzung in den vorigen Stand** trägt der Antragsteller, soweit nicht der Gegner unbegründet widersprochen hatte.
- **§ 269 Abs. 3 Satz 2 ZPO:** Im Umfang der **Klagerücknahme** fallen die Kosten dem Kläger zur Last, sofern nicht der Ausnahmefall des § 269 Abs. 3 Satz 3 ZPO vorliegt.
- **§ 281 Abs. 3 Satz 2 ZPO: Verweisungskosten**, also durch die Anrufung des unzuständigen Gerichts verursachte Mehrkosten, trägt stets der Kläger, auch wenn er den Prozess gewinnt.
- **§ 344 ZPO:** Kosten eines in gesetzlicher Weise ergangenen **Versäumnisurteils** oder Vollstreckungsbescheids trägt stets der Säumige, auch wenn er nach Einspruch in der Hauptsache obsiegt. § 344 ZPO gilt nicht bei Verwerfung des Einspruchs und bei Aufrechterhaltung eines Versäumnisurteils.

5. Die Entscheidung über die Vollstreckbarkeit

a) Bedeutung

Die „vorläufige" Zwangsvollstreckung aus einem noch nicht rechtskräftigen Urteil soll **1096**
verhindern, dass Rechtsmittel allein deshalb eingelegt werden, um noch einige Zeit der
bevorstehenden Zwangsvollstreckung zu entgehen. Die gebotene Konsequenz dieser
frühen Vollstreckungsmöglichkeit ist die Schadensersatzpflicht wegen der Nachteile,
die durch die vorzeitige Vollstreckung bei späterer Aufhebung des Vollstreckungstitels
eintreten, § 717 Abs. 2 ZPO.

b) Die Regelung der Vollstreckbarkeit

Die Zwangsvollstreckung findet aus **Endurteilen** nach § 704 ZPO statt, soweit diese **1097**
einen **vollstreckbaren Inhalt** haben und entweder **rechtskräftig** oder **für vorläufig
vollstreckbar erklärt** sind, § 704 Abs. 1 ZPO.

aa) Formelle Rechtskraft. Die formelle Rechtskraft gemäß § 705 ZPO mit der Folge
der Unanfechtbarkeit der Entscheidung tritt mit **Verkündung** des Urteils ein, wenn ein
Rechtsmittel nicht stattfindet, oder mit **Ablauf der Rechtsmittel- oder Einspruchsfrist**,
wenn der gegebene Rechtsbehelf nicht eingelegt worden ist.

bb) Vorläufige Vollstreckbarerklärung. Über die vorläufige Vollstreckbarkeit eines **1098**
Urteils, das nicht mit Verkündung oder Zustellung rechtskräftig wird, ist stets von
Amts wegen, also auch ohne Antrag der Parteien zu entscheiden. Dies gilt wegen der
darin enthaltenen Kostenverurteilung auch für klageabweisende Urteile, Feststellungsurteile, Urteile auf Abgabe einer Willenserklärung gemäß § 894 ZPO sowie für
Berufungsurteile der Oberlandesgerichte, auch wenn die Revisionssumme nicht erreicht
ist.

c) Die Vollstreckbarerklärung ohne Sicherheitsleistung

aa) Einzelfälle. Urteile sind **gegen** eine der Höhe nach zu bestimmende **Sicherheit** für **1099**
vorläufig vollstreckbar zu erklären, § 709 ZPO, sofern nicht eine Ausnahme nach
§ 708 ZPO vorliegt. Bei den in § 708 Nr. 1–11 ZPO genannten Urteilen ist aus
unterschiedlichen Gründen keine **Sicherheitsleistung** vorgeschrieben:

– **Nr. 1, 2, 3, 4** und **6**: Wer **anerkennt** oder **verzichtet**, wer **säumig** oder auf Grund
  einer **Urkunde zahlungspflichtig** ist oder wer **unzulässigen Einspruch** gegen eine
  Säumnisentscheidung einlegt oder **unberechtigt** einen **Arrest** bzw. eine **einstweilige
  Verfügung** begehrt, erscheint nicht so schutzwürdig, als dass die Vollstreckung aus
  einem gegen ihn ergehenden Urteil von einer Sicherheitsleistung des Gegners
  abhängig gemacht werden müsste.
– **Nr. 5, 7, 8 und 9**: Vorbehaltlos erklärte Vorbehaltsurteile, Wohnraummieten,
  Unterhalts- bzw. Rentensachen und Besitzeinräumung rechtfertigen gewöhnlich
  wegen der **Dringlichkeit** der Forderungsdurchsetzung den Verzicht auf die Sicherheitsleistung des Vollstreckenden.
– **Nr. 10**: Die hohe Richtigkeitsgewähr einer **OLG-Entscheidung** in vermögensrechtlichen Streitigkeiten macht die Sicherheitsleistung überflüssig.
– **Nr. 11**: Hier ist der verhältnismäßig niedrige **Wert des Gegenstands der Verurteilung** in der **Hauptsache** von nicht mehr als 1.250,– € oder **nur** wegen der **Kosten**
  von höchstens 1.500,– € für die Regelung maßgebend.

bb) Abwendungsbefugnis. In den Fällen des § 708 Nr. 4–11 ZPO ist dem **Schuldner** **1100**
jedoch von Amts wegen die **Befugnis** einzuräumen, die Vollstreckung des Gläubigers

durch Leistung einer Sicherheit oder Hinterlegung von Geld **abzuwenden**, § 711 Satz 1 ZPO. Dabei muss er die Sicherheit für den gesamten aus dem Urteil vollstreckbaren Betrag leisten. Das Gericht kann bei der Bemessung der Höhe der Sicherheit statt eines ausgerechneten Betrages auch einen **Prozentsatz des vollstreckbaren Geldbetrages** angeben, §§ 711 Satz 2, 709 Satz 2 ZPO. Der **Gläubiger** kann dann nur noch vollstrecken, wenn er vor seiner Vollstreckung Sicherheit leistet, § 711 Satz 1 HS 2 ZPO. Allerdings muss er insoweit nur Sicherheit für den (Teil-) Betrag leisten, in den er tatsächlich vollstreckt, vgl. § 709 Satz 2 ZPO (vgl. Rn. 1102):

Das Urteil ist vorläufig vollstreckbar.
Der Beklagte kann die Zwangsvollstreckung durch Sicherheitsleistung von 3.000,– € (**oder:** in Höhe von 110 % des aufgrund des Urteils vollstreckbaren Betrages) abwenden, wenn nicht der Kläger zuvor Sicherheit in gleicher Höhe (**oder:** in Höhe von 110 % des jeweils zu vollstreckenden Betrages) leistet.

---

d) Die Vollstreckbarerklärung gegen Sicherheitsleistung

1101   aa) **Regel.** Bei allen **anderen Urteilen** muss die vorläufige Vollstreckbarkeit von einer **Sicherheitsleistung** des Vollstreckungsgläubigers abhängig gemacht werden, § 709 Satz 1 ZPO. Nur wenn der Gläubiger die Sicherheit nicht oder nur unter erheblichen Schwierigkeiten leisten kann, ist das Urteil **auf Antrag** auch ohne Sicherheitsleistung für vorläufig vollstreckbar zu erklären, wenn die Aussetzung der Vollstreckung dem Gläubiger einen schwer zu ersetzenden oder schwer abzusehenden Nachteil bringen würde oder sonst unbillig wäre, § 710 Abs. 1 ZPO. Dies kommt jedoch in der Praxis selten vor.

1102   bb) **Höhe der Sicherheit.** Die Höhe der Sicherheit kann im Urteil **betragsmäßig bestimmt** werden, § 709 Satz 1 ZPO. Sie bestimmt sich nach dem Betrag, der dem Unterlegenen als Schaden infolge der möglicherweise voreiligen Zwangsvollstreckung droht, vgl. § 717 Abs. 2 ZPO. Er umfasst nicht nur die vollstreckbare Hauptforderung, sondern auch die Nebenforderungen in Form von Zinsen und Prozesskosten. Das Gericht muss den Betrag wenigstens überschlägig berechnen und bei den Zinsen auch berücksichtigen, dass sie bis zur Erlangung der Hauptforderung weiterlaufen (wohl 3–6 Monate über den Urteilszeitpunkt hinaus).
Nach § 709 Satz 2 ZPO ist es jedoch bei **Geldforderungen** auch ausreichend, wenn das Gericht die Höhe der Sicherheitsleistung in einem **bestimmten Verhältnis** zur Höhe des jeweils zu vollstreckenden Betrages angibt. Für das Gericht entfällt damit die Rechenarbeit, während der Kostenbeamte den als Sicherheit zu leistenden Betrag dann im Zeitpunkt der Vollstreckung errechnet. Damit orientiert sich die Sicherheitsleistung des Gläubigers an dem von ihm zu vollstreckenden Betrag, der auch nur ein Teilbetrag aus dem Urteil sein kann. Um den Schuldner gegen Schäden zu sichern, die durch Zinsverluste bei ungerechtfertigter Vollstreckung entstehen, wird in der Praxis ein **Prozentsatz von 110 %** des zu vollstreckenden Betrages, bestehend aus Hauptforderung, Zinsen und Kosten, festgesetzt.

> **Beispiel:**
> „Das Urteil ist gegen Sicherheitsleistung in Höhe von 2.350,– € vorläufig vollstreckbar" oder „Das Urteil ist gegen Sicherheitsleistung in Höhe von 110 % des jeweils zu vollstreckenden Betrages vorläufig vollstreckbar".

1103   cc) **Art der Sicherheit.** Die Art der Sicherheitsleistung kann vom Gericht nach freiem Ermessen bestimmt werden, § 108 Abs. 1 Satz 1 ZPO. Üblicherweise erfolgt jedoch keine besondere Bestimmung, dann kann die Sicherheitsleistung durch eine schriftliche, unwiderrufliche, unbedingte und unbefristete **Bürgschaft** eines nach dem KWG zugelassenen inländischen Kreditinstituts (Bank, Sparkasse, Kreditgenossenschaft) gestellt werden. Daneben ist die **Hinterlegung** von Geld oder mündelsicheren Wertpapieren i.S. d. § 234 BGB zugelassen, § 108 Abs. 1 Satz 2 ZPO.

dd) Sicherungsvollstreckung. Aus einem **nur** gegen Sicherheitsleistung vorläufig voll- **1104** streckbaren, auf Geldleistung lautenden Urteil darf der Gläubiger auch eine Sicherungs- vollstreckung betreiben, § 720 a Abs. 1 ZPO. Er kann bewegliches Vermögen **pfänden** bzw. die Eintragung einer Sicherungshypothek erwirken, jedoch vor Leistung der Sicherheit **nicht verwerten**. Der Schuldner hat wiederum eine Abwendungsmöglichkeit, § 720 a Abs. 3 ZPO.

ee) Schutzantrag des Schuldners. Würde die Vollstreckung dem Schuldner einen nicht **1105** zu ersetzenden Nachteil bringen, muss ihm das Gericht auf Antrag ohne Rücksicht auf eine Sicherheitsleistung des Gläubigers gestatten, die Vollstreckung durch Sicherheits- leistung oder Hinterlegung abzuwenden, § 712 Abs. 1 ZPO. Der Gläubiger darf dann zunächst nicht mehr vollstrecken.

e) Die Vollstreckbarerklärung bei teilweisem Obsiegen und Unterliegen

Häufig obsiegen und unterliegen beide Parteien in einem Rechtsstreit teilweise. In **1106** diesen Fällen ist die Frage der vorläufigen Vollstreckbarkeit und der Sicherheitsleistung für jede Partei anhand des konkret durch sie beim Gegner zu vollstreckenden Betrages getrennt zu entscheiden.

> **Beispiel:**
> Der Kläger obsiegt bei einer Klage über 2.000,– € zu 80 %, verliert zu 20 % und hat entsprechend 20 % der Kosten zu tragen. Der Kläger kann demnach beim Beklagten 1.600,– € und 80 % der von ihm bezahlten Gerichtskosten und 80 % seiner Anwaltskosten vollstre- cken. Die Frage der Sicherheitsleistung bestimmt sich daher für ihn nach § 709 ZPO. Der Beklagte kann lediglich 20 % seiner Anwaltskosten vollstrecken. Nach § 708 Nr. 11 ZPO ist demnach keine Sicherheit zu leisten, allerdings ist eine Abwendungsbefugnis nach § 711 ZPO einzuräumen.

Die Entscheidung über die Vollstreckbarkeit kann also lauten:

> Das Urteil ist für den Kläger gegen Sicherheitsleistung in Höhe von 110 % des jeweils zu vollstreckenden Betrages, für den Beklagten ohne Sicherheitsleistung vorläufig vollstreck- bar.
> Der Kläger kann die Vollstreckung gegen Sicherheitsleistung in Höhe von 110 % des aufgrund des Urteils für den Beklagten vollstreckbaren Betrages abwenden, wenn nicht der Beklagte zuvor Sicherheit in Höhe von 110 % des jeweils zu vollstreckenden Betrages leistet.

6. Die Urteilsverkündung

a) Begriff und Bedeutung

Das Urteil muss verlautbart werden, erst dadurch wird es existent. Dies geschieht durch **1107** **Verkündung.** Sie erfolgt selten sogleich im **Verhandlungstermin** als „Stuhlurteil", sondern üblicherweise im besonders angesetzten **Verkündungstermin**, § 310 Abs. 1 Satz 1 ZPO. Er soll möglichst **innerhalb von 3 Wochen** nach Schluss der mündlichen Verhandlung stattfinden. Eine Ausnahme ist zugelassen, wenn wichtige Gründe, ins- besondere Umfang oder Schwierigkeit, eine verlängerte Frist erfordern, § 310 Abs. 1 Satz 2 ZPO. In der Praxis ist die Verlegung des Verkündungstermins nach § 227 ZPO häufig anzutreffen, allerdings muss ein wichtiger Grund angegeben werden.

b) Durchführung der Verkündung

1108 Die Verkündung des Urteils erfolgt im Falle des Stuhlurteils durch das erkennende Gericht, im Verkündungstermin auch durch den **Vorsitzenden** alleine, § 311 Abs. 4 ZPO. Die Verkündung beinhaltet die Verlesung der Urteilsformel, d.h. des Tenors, § 311 Abs. 2 Satz 1 ZPO. Die Entscheidungsgründe können ebenfalls vorgelesen werden, i.d.R. wird aber nur ihr wesentlicher Inhalt bekannt gegeben, § 311 Abs. 3 ZPO. Die Parteien müssen im Verkündungstermin **nicht anwesend** sein, § 312 Abs. 1 ZPO. Sie sind es üblicherweise auch nicht, sodass die Verkündung durch stillschweigende Bezugnahme auf die Urteilsformel ersetzt wird, § 311 Abs. 2 Satz 2 ZPO. Der Verkünder erstellt dann lediglich ein Protokoll über den Verkündungstermin.

Bei **Stuhlurteilen** muss nur der zu verkündende **Tenor schriftlich** abgefasst sein, sofern nicht ein Versäumnis-, Anerkenntnis- und Verzichturteil oder ein Urteil vorliegt, das die Folgen der Klagerücknahme feststellt, § 311 Abs. 2 Satz 3 ZPO. Wird das Urteil hingegen in einem **Verkündungstermin verkündet**, so muss es **vollständig** abgefasst sein, § 310 Abs. 2 ZPO. Die Verletzung des § 310 Abs. 2 ZPO führt jedoch nicht zur Unwirksamkeit des verkündeten Urteils (BGH NJW 1999, 143). Spätestens jedoch 5 Monate nach Verkündung muss den Parteien die vollständige Begründung zugestellt sein (BGH MDR 2004, 1194), insoweit besteht für die Parteien auch eine verlängerte Rechtsmittelfrist, §§ 517, 548 ZPO.

c) Zustellung statt Verkündung

1109 Anerkenntnis- und Versäumnisurteile im schriftlichen Vorverfahren nach §§ 307, 331 Abs. 3 ZPO und Urteile, die den Einspruch gegen ein Versäumnisurteil als unzulässig verwerfen, § 341 Abs. 2 ZPO, werden anstelle der Verkündung **zugestellt**, § 310 Abs. 3 ZPO, und erst mit Zustellung an **beide** Parteien **existent** (BGH NJW 1996, 1970).

7. Bindung des Gerichts an seine Entscheidung

1110 Das **Gericht** ist an seine Entscheidung in dem von ihm erlassenen End- oder Zwischenurteil **gebunden**, § 318 ZPO. Darin liegt die Gefahr bei sofort verkündeten Stuhlurteilen. Auch bei nachfolgender besserer Einsicht darf es seine eigene Entscheidung selbst nicht mehr aufheben oder abändern. Ein über eine Zulässigkeitsfrage ergangenes Zwischenurteil gemäß § 280 Abs. 2 ZPO ist im nachfolgenden Endurteil zu beachten.

8. Ausfertigung und Zustellung des verkündeten Urteils

1111 Der **Urkundsbeamte** der Geschäftsstelle stellt – i.d.R. durch Kopie oder weiteren Computerausdruck – die **Ausfertigungen** und Auszüge der Urteile her, unterschreibt sie und versieht sie mit dem Gerichtssiegel, § 317 Abs. 4 ZPO. Das **Original** des Urteils verbleibt immer in der Gerichtsakte. Die Zustellung der Ausfertigung des verkündeten Urteils an die Parteien, im Falle des Versäumnisurteils nur an die unterliegende Partei, erfolgt von Amts wegen, § 317 Abs. 1 Satz 1 ZPO. Mit der **Zustellung** beginnt die **Rechtsmittelfrist** zu laufen, §§ 517, 548 ZPO. Um den Fristbeginn, etwa wegen laufender Vergleichsverhandlungen, zu verzögern, können die Parteien übereinstimmend die Hinausschiebung der Zustellung bis zu fünf Monaten nach Verkündung beantragen, § 317 Abs. 1 Satz 3 ZPO. Die Zustellung ist neben „Titel" und „Vollstreckungsklausel" die dritte Voraussetzung für den Beginn der **Zwangsvollstreckung**, § 750 Abs. 1 ZPO. Da sich die **Zustellungsurkunde** mit dem Nachweis und dem Datum der Zustellung in den Akten des Gerichts befindet, wird auf Antrag von der Geschäftsstelle auch eine Bescheinigung über den Zustellungszeitpunkt ausgestellt, § 169 Abs. 1 ZPO.

9. Urteilsberichtigung

a) Anwendungsbereich

Sind im Urteil **Schreibfehler, Rechenfehler** oder ähnliche **offenbare Unrichtigkeiten** **1112** enthalten, so können diese auf Antrag oder von Amts wegen berichtigt werden, § 319 Abs. 1 ZPO. Offensichtlich sind Unrichtigkeiten jedoch nur, wenn sie sich für einen Außenstehenden aus dem Zusammenhang des Urteils oder aus Vorgängen bei Erlass und Verkündung ohne weiteres ergeben (BGH NJW-RR 2001, 61).

> **Beispiele:**
> Ein in den Gründen entschiedener Anspruch wird im Tenor vergessen (BGH NJW-RR 1991, 1278); die mitwirkenden Richter sind falsch bezeichnet (BGH NJW 2003, 3057).

Im Interesse der Prozessökonomie ist § 319 ZPO weit auszulegen, allerdings verbietet sich eine Anwendung auf **Prozessvergleiche.** Hier kommt nur die **Protokollberichtigung** gemäß § 164 ZPO in Betracht (BGH NJW-RR 2005, 214).

b) Durchführung der Berichtigung

Die Berichtigung erfolgt durch Beschluss, der ohne mündliche Verhandlung ergehen **1113** kann und keine besonderen Kosten verursacht. Soweit sie in Rechte der Parteien eingreift, ist vorherige Anhörung erforderlich. Die Berichtigung wird auf dem Urteil und den Ausfertigungen **vermerkt**, § 319 Abs. 2 ZPO. Gegen den Berichtigungsbeschluss findet **sofortige Beschwerde** statt, die Zurückweisung einer beantragten Berichtigung ist **unanfechtbar**, § 319 Abs. 3 ZPO.

10. Urteilsergänzung

a) Anwendungsbereich

Schließlich kann auch eine **Entscheidungslücke im Tenor** des Urteils ergänzt werden. **1114** Die Urteilsergänzung ist jedoch nur zulässig, wenn über einen im Tatbestand erhobenen **Haupt- oder Nebenanspruch** oder der Kostenpunkt **versehentlich nicht entschieden** worden ist, also weder Ausführungen im Tenor noch in den Entscheidungsgründen enthalten sind, § 321 Abs. 1 ZPO. Ist lediglich der Ausspruch im Tenor vergessen worden, in den Entscheidungsgründen jedoch eine Behandlung erfolgt, so ist Berichtigung nach § 319 ZPO geboten.

Ist ein Ausspruch im Tenor vorhanden, aber im Tatbestand vergessen, so ist Tatbestandsberichtigung nach § 320 ZPO angezeigt. Hat das Gericht absichtlich nicht entschieden, nur Anspruchsgrundlagen übergangen oder Angriffs- und Verteidigungsmittel übersehen, so ist nur ein Rechtsmittel gegen das Urteil statthaft (BGH NJW 2006, 1351).

b) Durchführung

Die Urteilsergänzung setzt einen **Antrag** voraus, der **binnen 2 Wochen** seit Zustellung **1115** des Urteils eingegangen sein muss, § 321 Abs. 2 ZPO. Die Entscheidung ergeht aufgrund **mündlicher Verhandlung** oder im schriftlichen Verfahren, § 128 Abs. 2 ZPO, durch ergänzendes **Teilurteil**, § 321 Abs. 3 ZPO.

III. Urteilswirkungen

1. Die formelle Rechtskraft

1116 Die Urteilswirkungen der materiellen Rechtskraft basieren auf dem Eintritt der formellen Rechtskraft. Formelle Rechtskraft tritt ein, wenn ein Urteil **nicht** oder **nicht mehr anfechtbar** ist. Dies kann sofort mit Urteilserlass der Fall sein, wenn ein Rechtsmittel im Gesetz nicht vorgesehen ist. Ansonsten tritt formelle Rechtskraft mit **Ablauf der Rechtsmittelfrist** ein, beim Versäumnisurteil am Ende der **Einspruchsfrist**, § 705 Satz 1 ZPO. Der Eintritt der Rechtskraft wird durch Einlegung des Rechtsmittels oder des Einspruchs **gehemmt**, § 705 Satz 2 ZPO. Die Rüge nach § 321a ZPO hat keine die Rechtskraft hemmende Wirkung.

2. Die materielle Rechtskraft

a) Begriff und Bedeutung

1117 **Materielle Rechtskraft** bedeutet, dass der Streit endgültig abgeschlossen ist und **nicht** in einem zweiten Prozess **über denselben Streitgegenstand anders entschieden** werden kann, das Urteil also für Gericht und Parteien endgültig verbindlich ist.

b) Rechtskraftfähigkeit

1118 Der materiellen Rechtskraft fähig sind alle endgültigen Entscheidungen deutscher Gerichte, soweit sie eine Rechtslage feststellen. Das sind vor allem **Endurteile** in Form von **Leistungs-, Feststellungs-** oder **Gestaltungsurteilen**, auch soweit sie als **klageabweisende Urteile** einen Anspruch aberkennen. Nicht streitige Urteile wie **Versäumnis-** (BGH NJW 2003, 1044), **Anerkenntnis-** oder **Verzichtsurteile** erwachsen ebenfalls in materielle Rechtskraft. Auch klageabweisende **Prozessurteile** (BGH NJW 1985, 2535) oder den Einspruch bzw. Rechtsmittel verwerfende Urteile sind hinsichtlich der entschiedenen Prozessfrage der materiellen Rechtskraft fähig (BGH NJW 1991, 1116), **Zwischenurteile** jedoch nur insoweit, also sie im Verhältnis zu Dritten endgültig entscheiden.

1119 Auch **Beschlüsse**, die der formellen Rechtskraft fähig sind und eine materiell rechtskraftfähige Entscheidung enthalten, erwachsen in Rechtskraft (BGH NJW 2004, 1805), etwa Beschlüsse über Kostenfestsetzung, Verwerfung und Zurückweisung, §§ 522, 552 ZPO (BGH NJW-RR 2007, 767), und über Ablehnung der Wiedereinsetzung, ebenso der **Vollstreckungsbescheid** (BGH NJW 2005, 2991). **Nicht in Rechtskraft** erwachsen Vorbehalts- und Grundurteile, aufhebende und zurückverweisende Berufungs- oder Revisionsurteile, Zwischenurteile zwischen den Parteien und der **Prozessvergleich** (BGH MDR 1985, 923).

c) Wirkungen nach den Rechtskrafttheorien

1120 Die Wirkung der Rechtskraft steht fest. Umstritten ist jedoch, wie sie erreicht wird. Für die Praxis ist der Streit bedeutungslos (Übersicht bei Zöller, vor § 322 Rn. 14). Die herrschende prozessuale Theorie (BGHZ 3, 86) lässt bei richtigem oder falschem Urteil die materielle Rechtslage unberührt. Es kann jedoch kein Richter mehr zukünftig anders entscheiden, als es das rechtskräftige Urteil ausgesprochen hat. Dieses Ergebnis wird dadurch erreicht, dass der rechtskräftig entschiedene Streitgegenstand in identischer Form nicht erneut vor Gericht gebracht werden kann: „ne bis in idem" (BGH NJW 2004, 1252). Die entgegenstehende Rechtskraft ist negative Sachurteilsvoraussetzung, die erneute Klage ist unzulässig (BGH NJW 2008, 1227). Ist die rechtskräftig entschiedene Rechtsfrage in einem weiteren Prozess **Vorfrage** für die neue Entscheidung, so ist das Gericht an die Vorentscheidung gebunden (BGH NJW 2003, 3058).

> **Beispiel:**
> Ist in einem Mietprozess wegen Räumung rechtskräftig festgestellt, dass zwischen A und B bis 30.6.2009 ein Mietrechtsverhältnis bestand, so kann in einem nachfolgenden Prozess über offene Mietzinsforderungen die Gültigkeit des Mietvertrages bis 30.6.2009 nicht noch einmal in Frage gestellt werden. Der Richter ist an die rechtskräftige Feststellung im Vorprozess gebunden.

d) Der objektive Umfang der Rechtskraft

aa) Erhobener Anspruch. Die Rechtskraft umfasst nur die Entscheidung über den **1121** „erhobenen Anspruch", also den **Streitgegenstand**, über den im Tenor entschieden worden ist, § 322 Abs. 1 ZPO. Rechtskräftig wird die Feststellung über Bestehen oder Nichtbestehen der mit der Klage bzw. Widerklage geltend gemachten Rechtsfolge auf der Grundlage des Tatsachenvortrags der Parteien. Auszugehen ist dabei vom **Ausspruch in der Urteilsformel**, der in Rechtskraft erwächst. Zu dessen Auslegung können **Tatbestand, Entscheidungsgründe** und **Parteivortrag** herangezogen werden (BGH NJW 2008, 2716). Diese erwachsen jedoch ebenso wie Rechtsfragen, präjudizielle Rechtsverhältnisse und Vorfragen, Einwendungen, Einreden oder Gegenrechte selbst **nicht** in Rechtskraft.

> **Beispiel:**
> Mieter M hat den auf 10 Jahre unkündbar geschlossenen Mietvertrag wegen des zunehmenden Verkehrslärms vorzeitig „aus wichtigem Grund" gekündigt und ist am 31.12.2008 ausgezogen. Vermieter V stellt die Wirksamkeit der Kündigung in Abrede und verlangt mit der Klage die Miete für Januar 2009. Das Gericht verneint einen wichtigen Grund, stellt in den Entscheidungsgründen das Fortbestehen des Mietverhältnisses fest und verurteilt den M zur Zahlung der Miete für Januar.
> Klagt V später auch noch die Februarmiete 2009 in einem neuen Prozess ein, so steht in diesem Prozess der Fortbestand des Mietverhältnisses nicht rechtskräftig fest, weil darüber nicht im Tenor des früheren Urteils entschieden worden ist. Es könnte also im zweiten Prozess die Rechtslage hinsichtlich des Mietverhältnisses anders gesehen werden und ein abweisendes Urteil ergehen. Die nur in den Gründen enthaltene Erkenntnis über den Fortbestand des Mietverhältnisses bindet den späteren Richter nicht!

Beim klageabweisenden Urteil erstreckt sich die Rechtskraft auch auf den Abweisungsgrund. Sie **erledigt** somit **alle materiellrechtlichen Anspruchsgrundlagen**, unter die der vorgetragene Sachverhalt zu subsumieren war, auch wenn das Gericht sie nicht geprüft hat (BGH NJW 2000, 3492).

bb) Aufrechnung. Hat der Beklagte die Aufrechnung mit einer Gegenforderung geltend **1122** gemacht, so ist die Entscheidung über die Aufrechnungsforderung der Rechtskraft fähig, § 322 Abs. 2 ZPO. Die Rechtskraftwirkung **erstreckt sich auf die Aufrechnungsforderung** insoweit, als das Gericht über sie entschieden hat, höchstens jedoch bis zur Höhe der Klageforderung. Dies erfolgt in 3 Fällen:

- Klage ist unbegründet wegen **begründeter Aufrechnungsforderung** (BGH NJW 2002, 900);
- Klage ist wegen **unbegründeter Aufrechnungsforderung** begründet (BGH NJW 1994, 1538);
- Klage ist begründet, weil die Aufrechnung aus prozessualen Gründen scheitert, insbesondere wegen verspätet vorgebrachter und deshalb **zurückgewiesener Aufrechnungsforderung** (BGH NJW-RR 1991, 972).

Ist die Aufrechnung hingegen **unzulässig**, etwa wegen eines Aufrechnungsverbotes, hat die Entscheidung keine Rechtskraftwirkung. An einer rechtskraftfähigen Entscheidung fehlt es auch dann, wenn das Gericht die Zulässigkeit der Aufrechnung offen lässt (BGH NJW 1994, 1538).

e)   Der subjektive Bereich der Rechtskraft

1123   Das rechtskräftige Urteil wirkt **zwischen den Parteien,** die am Rechtsstreit beteiligt waren. Nur ausnahmsweise erstreckt es sich auch auf andere Personen, nämlich auf **Rechtsnachfolger** der Parteien, die nach Rechtshängigkeit diese Position erlangt haben, etwa der Erbe, der Zessionar oder der neue Eigentümer der streitbefangenen Sache, vgl. § 325 ZPO.

3.   Rechtskrafterweiterung durch Zwischenfeststellungsklage

1124   Die Rechtskraftwirkung eines Urteils erstreckt sich **nur** auf die **Urteilsformel,** nicht auch auf vorgreifliche Rechtsverhältnisse, weshalb diese in einem späteren Prozess abweichend beurteilt werden können.

> **Beispiel:**
> Käufer klagt auf Lieferung. Umstritten ist in dem Prozess, ob der Kaufvertrag zwischen den Parteien zustande gekommen ist und somit ein Kaufrechtsverhältnis besteht. Wird dies vom Gericht bejaht und demgemäß der Verkäufer zur Lieferung verurteilt, so kann das Kaufrechtsverhältnis in einem späteren Rechtsstreit um Schadensersatz wegen Pflichtverletzung zwischen denselben Parteien wieder in Frage gestellt und vom Gericht anders beurteilt werden, weil diese vorgreifliche Rechtsfrage im ersten Rechtsstreit nicht rechtskräftig entschieden worden ist. Die dortige Rechtskraft betrifft nur die Lieferpflicht. Es ist also möglich, dass im zweiten Prozess die Klage abgewiesen wird, weil das Gericht nunmehr, etwa wegen neuer zwingender Beweise, zu der Überzeugung gelangt, ein Kaufvertrag sei gar nicht zustande gekommen.

Dem kann der Kläger dadurch begegnen, dass er durch **Zwischenfeststellungsklage** gemäß § 256 Abs. 2 ZPO auch einen **rechtskräftigen Ausspruch über ein vorgreifliches Rechtsverhältnis** herbeiführt. Durch das **Zwischenfeststellungsurteil** wird dann erreicht, dass diesbezüglich in künftigen Rechtsstreitigkeiten nicht mehr anders entschieden werden darf. Die gleiche Möglichkeit hat auch der Beklagte, indem er **Zwischenfeststellungswiderklage** dahingehend erhebt, dass ein Rechtsverhältnis **nicht** bestehe.

> **Beispiel:**
> Es wird festgestellt, dass am 2.10.2009 zwischen den Parteien ein Kaufvertrag über eine Schleifmaschine S 73 zum Preis von 2.500,– € zustande gekommen ist.

Die vorgreifliche Entscheidung, die in den Gründen ohnedies zu erörtern ist, muss dann neben der Hauptentscheidung (z.B. Lieferung einer Maschine) ebenfalls im Tenor ausgesprochen werden und wird damit rechtskraftfähig. Das Gericht muss hierbei keine zusätzliche Entscheidung fällen, weshalb auch **kein besonderes rechtliches Feststellungsinteresse** verlangt wird. Es wird bei der Zwischenfeststellungsklage durch die **Vorgreiflichkeit** des festzustellenden Rechtsverhältnisses ersetzt. Dazu genügt die Möglichkeit, dass das Rechtsverhältnis über den Streitgegenstand hinaus zwischen den Parteien oder einer Partei und einem Dritten noch Bedeutung haben kann (BGH WM 1997, 2403).

IV.   Durchbrechung der Rechtskraft

1125   Die Rechtskraft dient der **Rechtssicherheit.** Der Streit soll einem verlässlichen Ende zugeführt werden. Deshalb darf ein rechtskräftig erledigter Prozess nicht erneut vor Gericht gebracht werden, auch wenn er falsch entschieden sein sollte. Eine **Durchbrechung** dieses Grundsatzes wird vom Gesetz **nur in sehr engen Grenzen** gestattet.

1. Die Abänderungsklage

a) Ausgangslage

Die Verurteilung zu künftig fällig werdenden wiederkehrenden Leistungen, wie etwa Unterhaltsleistungen, bedarf einer Prognose hinsichtlich der künftigen Entwicklung der maßgebenden Umstände. Diese Entwicklung kann aber dazu führen, dass in der Folgezeit eine andere Entscheidung geboten erscheint: Der Unterhaltsbedarf des Berechtigten oder die Leistungsfähigkeit des Verpflichteten können sich ändern oder ganz wegfallen. Hier könnte die Berufung auf die früher getroffene rechtskräftige Entscheidung ungerecht sein. Deshalb lässt das Gesetz bei nachträglicher wesentlicher Änderung der für die Verurteilung maßgebenden Umstände hinsichtlich Grund, Höhe und Dauer eine **Durchbrechung der Rechtskraft** im Wege der **Abänderungsklage** zu, § 323 Abs. 1 ZPO.

b) Voraussetzungen

Nach § 323 ZPO setzt die Zulässigkeit der Abänderungsklage voraus: **1126**
– allgemeine Sachurteilsvoraussetzungen;
– Titel auf **künftig fällig werdende wiederkehrende Leistungen**, § 258 ZPO;
– **identischer** Streitgegenstand;
– Behauptung einer bereits eingetretenen **wesentlichen Änderung** der für die Verurteilung maßgebenden **Umstände** wie Erhöhung der Lebenshaltungskosten, des Einkommens oder des Lebensbedarfs;
– Behauptung des Eintritts der **Veränderung nach Schluss der mündlichen Verhandlung** über den gestellten Sachantrag, § 323 Abs. 2 ZPO.
Die Änderung des Urteils erfolgt nur **für die Zeit nach Klageerhebung**, also ab Klagezustellung, § 323 Abs. 3 Satz 1 ZPO, auch wenn ein PKH-Verfahren vorausgeht (OLG Zweibrücken MDR 2008, 392). Ausnahmen hiervon bestehen für Klagen auf Erhöhung von Unterhaltsansprüchen, § 238 FamFG.
Eine Korrektur des Urteils ist nur insoweit möglich, als sich die genannten **Umstände verändert** haben, wobei auch eine Änderung der Rechtslage (BGH MDR 2005, 413) oder einer gefestigten Rechtsprechung (BGH NJW 2007, 1961) in Betracht kommt. Andere Feststellungen und Beurteilungen des Urteils, und mögen sie noch so falsch sein, bleiben Grundlage auch für das Abänderungsurteil.

c) Andere Titel

Unter den genannten Voraussetzungen sind entsprechend auch **andere Schuldtitel,**   **1127** nämlich der Prozessvergleich und vollstreckbare Urkunden **abänderbar,** §§ 323 Abs. 4, 794 Nr. 1, 5 ZPO. In diesen Fällen steht jedoch mangels Rechtskraft keine Rechtskraftdurchbrechung in Frage. Die Vorschriften des § 323 Abs. 2 und 3 Satz 1 ZPO gelten deshalb hier nicht. Vielmehr erfolgt eine Anpassung nach den Grundsätzen der Veränderung der Geschäftsgrundlage, §§ 242, 313 BGB (BGH FamRZ 2003, 304; Köln OLGR 2005, 340). Für Unterhaltsansprüche gilt § 239 FamFG.

2. Die Wiederaufnahme des Verfahrens

Durch die **Wiederaufnahme des Verfahrens** gemäß §§ 578 ff. ZPO erfolgt die Beseiti-   **1128** gung eines rechtskräftigen Urteils in einem neuen Verfahren. Es gibt zwei Arten der Wiederaufnahme.
Nichtigkeitsklage bei schweren Verfahrensmängeln, § 579 Abs. 1 ZPO:
– Nr. 1:   nicht vorschriftsmäßige Besetzung des Gerichts,
– Nr. 2:   Mitwirkung eines ausgeschlossenen Richters,

– Nr. 3:   Mitwirkung des wegen Besorgnis der Befangenheit abgelehnten Richters,
– Nr. 4:   nicht vorschriftsmäßige Vertretung einer Partei, ohne dass die Prozessführung von ihr genehmigt worden wäre.

Restitutionsklage bei Urteilen, für die eine strafbare Handlung ursächlich ist oder bei denen die Urteilsgrundlage beseitigt oder ergänzt wird, § 580 ZPO:
– Nr. 1–3:   Verfälschung des Urteils durch beeidete Falschaussage des Gegners, verfälschte Urkunde oder strafbare unwahre Zeugenaussage oder Sachverständigenbegutachtung,
– Nr. 4:   Urteilserschleichung durch Straftat,
– Nr. 5:   Mitwirkung eines im Hinblick auf den Rechtsstreit einer strafbaren Amtspflicht schuldigen Richters,
– Nr. 6:   rechtskräftige Aufhebung eines Urteils, das Grundlage des angefochtenen Urteils war,
– Nr. 7 a, b: Auffinden eines in der Sache früher erlassenen Urteils oder einer der Partei bisher unverschuldet unbekannten Urkunde, die eine günstigere Entscheidung herbeigeführt hätte,
– Nr. 8:   vom Europäischen Gerichtshof festgestellte Verletzung der Konvention zum Schutz der Menschenrechte, auf der das Urteil beruht.

Soweit Straftaten Voraussetzung eines Restitutionsgrundes sind, ist i.d.R. eine entsprechende Verurteilung erforderlich, § 581 ZPO. Im Übrigen kommt die Restitutionsklage nur zum Zuge, wenn der Restitutionsgrund nicht in einem Rechtsmittelverfahren hätte geltend gemacht werden können, § 582 ZPO.

Ausschließlich **zuständig** für diese Klage ist das jeweils erkennende Gericht erster Instanz, unter besonderen Voraussetzungen das Berufungsgericht oder das Revisionsgericht, § 584 ZPO. Die Zulässigkeit setzt die Einhaltung der **Klagefrist von 1 Monat** seit Kenntnis des Anfechtungsgrundes voraus, nach Ablauf von 5 Jahren seit Rechtskraft des Urteils sind die Klagen i.d.R. unstatthaft, § 586 ZPO.

3.   Die Wiedereinsetzung in den vorigen Stand

1129   Die mit Ablauf der Rechtsmittelfrist oder der Einspruchsfrist eingetretene Rechtskraft kann durch Gewährung von **Wiedereinsetzung in den vorigen Stand** überwunden werden, wenn die Fristversäumung unverschuldet erfolgt ist, §§ 233 ff. ZPO. Das Rechtsmittel bzw. der Einspruch werden dann wieder als zulässig behandelt (vgl. Rn. 658).

4.   Rechtskraftdurchbrechung über § 826 BGB

a)   Anwendungsbereich

1130   Die Rechtsprechung lässt in engen Grenzen eine **Durchbrechung der Rechtskraft** eines Urteils durch eine Klage aus § 826 BGB zu, wenn es mit dem **Gerechtigkeitsgedanken schlechthin unvereinbar** wäre, dass der Titelgläubiger seine formelle Rechtsstellung unter Missachtung der materiellen Rechtslage zulasten des Schuldners ausnutzt (st. Rspr., BGH NJW 2005, 2994). Konkret geht es dabei um die Fälle der **Erschleichung eines Urteils** durch Irreführung des Gerichts im Wege des Verfahrensmissbrauchs oder der Verfahrensmanipulation sowie um **Ausnutzung** eines nicht erschlichenen falschen Urteils in **sittenwidriger Weise**. Die Rechtskraftdurchbrechung beruht also letztlich auf dem Gedanken von **Treu und Glauben**.

b) Voraussetzungen

aa) Objektive Unrichtigkeit. Es muss ein nach materieller Rechtslage objektiv **unrich-** **1131**
tiger rechtskräftiger Titel vorliegen. Allerdings darf die Unrichtigkeit nicht auf nachlässige Prozessführung des Unterlegenen zurückzuführen sein (BGH NJW 1998,
2818).

bb) Kenntnis. Dieser materiellen Unrichtigkeit des Vollstreckungstitels muss sich der **1132**
Titelgläubiger bewusst sein. Es genügt, wenn ihm diese Kenntnis nach Rechtskraft
durch das jetzt zur Entscheidung berufene Gericht vermittelt wird (BGHZ 103,
47).

cc) Weitere Umstände. Hinzukommen müssen weitere Umstände, die die **Vollstre-** **1133**
ckung aus dem Titel als **missbräuchlich** erscheinen lassen (vgl. BGH NJW 1996, 658).
Ein besonderer Anwendungsbereich liegt in der bewussten Geltendmachung von unberechtigten Forderungen im Wege des Mahnverfahrens aus **sittenwidrigen Verbraucher-**
darlehen, § 491 BGB, **sittenwidrigen Ehegattenbürgschaften,** § 771 BGB, oder von
nicht einklagbaren Honoraren aus **Partnerschaftsvermittlung,** § 656 BGB.

c) Rechtsfolgen

Die Schadensersatzklage nach § 826 BGB geht bei Leistungsurteilen auf **Unterlassung** **1134**
der Zwangsvollstreckung und **Herausgabe des Titels** (BGH NJW 1983, 2317), im
Übrigen auf **Ersatz** des verursachten **Schadens**, stellt also den Bestand des Urteils
eigentlich nicht in Frage, sondern beseitigt seine Wirkungen.

5. Teil   **Eilverfahren**

1. Kapitel   **Arrest und einstweilige Verfügung**

I. Vorläufiger Rechtsschutz

1135   Im Zivilprozess verfolgt der Kläger das Ziel, eine Verurteilung des Beklagten zu erlangen, um dann erforderlichenfalls den titulierten Anspruch im Wege der Zwangsvollstreckung durchzusetzen. Dieser Weg ist meist zeitaufwändig. In dringenden Fällen kommt der Kläger mit der Vollstreckung zu spät, wenn zwischenzeitlich Umstände eingetreten sind, die eine Realisierung des Anspruchs verhindern oder erschweren, etwa wenn der Schuldner in Vermögensverfall geraten ist. Das Gesetz bietet deshalb auch **vorläufigen Rechtsschutz** zur **Sicherung künftiger Zwangsvollstreckung** durch **Arrest** und **einstweilige Verfügung**.

Diese Verfahren begnügen sich im Interesse der beschleunigten Durchführung einerseits mit einer nur **summarischen Prüfung** des Sachverhalts (Glaubhaftmachung statt voller Beweisführung), ermöglichen andererseits aber in der Zwangsvollstreckung statt voller Befriedigung auch nur die **vorläufige Sicherung** des Gläubigers.

> **Beispiele:**
> Bei einem Geldanspruch erreicht der Gläubiger nur die Pfändung, nicht aber auch die Verwertung; bei einem Herausgabeanspruch ist lediglich die Wegnahme einer Sache durch den Gerichtsvollzieher zulässig, nicht aber deren Aushändigung an den Gläubiger.

Obwohl Arrest und einstweilige Verfügung im 8. Buch der ZPO (Zwangsvollstreckung) geregelt sind, handelt es sich dabei um **reine Erkenntnisverfahren**: Der beantragte einstweilige Rechtsschutz wird angeordnet oder abgelehnt. Lediglich die sich erforderlichenfalls anschließende Vollziehung von Arrest und einstweiliger Verfügung ist ein Vorgang der Zwangsvollstreckung.

II. Der Arrest

1. Gegenstand des Arrests

1136   Der Arrest ist vorgesehen, wenn die **künftige Zwangsvollstreckung** in das Vermögen **wegen Geldforderungen gesichert** werden soll, § 916 Abs. 1 ZPO. Die Sicherung **anderer** als Geldansprüche (z.B. Herausgabe, Unterlassung, Vornahme einer Handlung) erfolgt durch einstweilige Verfügung gemäß §§ 935, 940 ZPO.

Streitgegenstand ist beim Arrest nicht die zu sichernde Forderung, sondern der **Anspruch auf vorläufige Sicherung des gefährdeten Rechts**. Hierauf erstreckt sich auch nur die Rechtskraft der Entscheidung. Der Rechtsstreit über die Hauptsache selbst wird durch die Arrestentscheidung nicht präjudiziert; er wird weder überflüssig, wenn der Arrest angeordnet worden ist, noch wenn er abgelehnt worden ist.

2. Arten des Arrests

Je nach beabsichtigter Sicherungsmaßnahme unterscheidet man den dinglichen Arrest vom persönlichen Arrest.

a) Dinglicher Arrest

1137   Die Anordnung des **dinglichen** Arrests ermöglicht eine sichernde Zwangsvollstreckung in das **bewegliche** und **unbewegliche Vermögen** des Schuldners.

Beispiel:
Die vom Schuldner zum Transport ins Ausland verladenen Vermögensgegenstände werden gepfändet.

b) Persönlicher Arrest

Beim **persönlichen** Arrest wird der **Schuldner selbst** „arretiert", weil nur so das **1138** Beiseiteschaffen des Vermögens verhindert werden kann. Diese Möglichkeit des Zugriffs gegen die Person des Schuldners ist nur **subsidiär** als letzte Möglichkeit der Anspruchssicherung vorgesehen, § 918 ZPO. Sie führt zu Beschränkungen der persönlichen Freiheit durch Wegnahme des Passes, Auferlegung einer Meldepflicht oder Verhaftung des Schuldners.

Beispiel:
Der Verbleib der pfändbaren Vermögensgegenstände des Schuldners ist unklar, lediglich der Gläubiger kennt den Ort und kann sie beiseite schaffen (OLG Karlsruhe NJW-RR 1997, 459).

3. Voraussetzungen für die Arrestanordnung

Im Arrestgesuch des Gläubigers müssen Arrestanspruch und Arrestgrund dargelegt **1139** sein. Besteht die zu sichernde Forderung (Arrestanspruch) nicht oder fehlt es an der Dringlichkeit (Arrestgrund), so ist der Antrag als **unbegründet** abzuweisen (das Vorliegen eines Arrestgrundes ist keine besondere Sachurteilsvoraussetzung, h.M.).

a) Arrestanspruch

Ein Arrestanspruch liegt vor, wenn dem Gläubiger eine **Geldforderung** oder ein **Anspruch, der in eine Geldforderung übergehen kann**, zusteht, § 916 Abs. 1 ZPO.

Beispiele:
- Vertraglicher Zahlungsanspruch, auch ohne erbrachte Gegenleistung (RGZ 54, 162);
- künftiger Zahlungsanspruch, wenn Anspruch schon bestimmbar ist (h.M., vgl. Zöller-Vollkommer § 916 Rn. 8 m.w.N.);
- Anspruch auf künftigen Unterhalt (OLG Karlsruhe NJW-RR 1997, 451).

b) Arrestgrund

Der Arrestgrund beschreibt die Umstände, aus denen sich die **Dringlichkeit** einer **1140** gerichtlichen Sicherungsmaßnahme ableitet.

aa) Dinglicher Arrest. Von einem Arrestgrund bei dinglichem Arrest spricht man, wenn aufgrund besonderer Umstände die **Besorgnis** besteht, dass **ohne Verhängung des Arrests die Vollstreckung** des späteren **Urteils** in der Hauptsache **vereitelt** oder **wesentlich erschwert** werden würde, § 917 Abs. 1 ZPO. Durch den Arrest darf die Situation des Gläubigers **nicht verbessert** werden, sondern es soll lediglich eine **Verschlechterung verhindert** werden. Unverändert schlechte Vermögenslage des Schuldners oder Konkurrenz anderer Gläubiger bieten **keinen** ausreichenden Arrestgrund (BGH NJW 2007, 2487). Der Arrest soll vor **unlauterem** Verhalten des Schuldners schützen, aber nicht dem Gläubiger einen Vorsprung vor anderen Gläubigern sichern.

Beispiele:
- Konkrete Anhaltspunkte für beabsichtigte oder tatsächliche Veräußerung von erheblichen Vermögenswerten (OLG Düsseldorf NJW-RR 1994, 454; OLG Karlsruhe NJW 1997, 1018), z.B. des einzigen Grundstücks (OLG Dresden NJW-RR 2007, 659);
- Verschwendungssucht, häufige Spielbankbesuche bei schlechter Vermögenslage;
- Verschleuderung von Vermögensgegenständen, Abtretung aller zukünftigen Forderungen;
- häufiger Wohnungswechsel, Aufgabe des Wohnsitzes, Wegzug ins Ausland (OLG Düsseldorf a.a.O.; OLG Stuttgart NJW-RR 1996, 775);

- u.U. gegen Gläubigervermögen gerichtete Straftat bei Wiederholungsgefahr (str.: BGH WM 1983, 614; OLG Köln MDR 2008, 232; OLG Dresden MDR 1998, 795).

Als weiterer Arrestgrund ist die Notwendigkeit anzusehen, ein späteres (inländisches) Hauptsachenurteil **im Ausland vollstrecken** zu müssen, wenn die **Gegenseitigkeit nicht verbürgt** ist, § 917 Abs. 2 ZPO. Bei Vollstreckung in Vertragsstaaten des EuGVVO oder der Luganer Übereinkunft fehlt es daher i.d.R. an einem Arrestgrund.

Allgemein liegt **kein** Arrestgrund vor, wenn der Gläubiger anderweitig **dinglich gesichert** ist (Eigentumsvorbehalt, Sicherungsübereignung, Pfandrecht) oder bereits im Besitz eines vorläufig ohne Sicherheitsleistung **vollstreckbaren Titels** ist (vgl. BGH NJW 2007, 2487; OLG Düsseldorf NJW 2006, 480).

1141   **bb) Persönlicher Arrest.** Für den persönlichen Arrest ist ein Arrestgrund nur gegeben, wenn der Schuldner pfändbares Vermögen hat und verhindert werden soll, dass er es beiseite schafft und **Sicherung nicht auf andere Weise zu erreichen** ist, § 918 ZPO. Der persönliche Arrest ist also gegenüber dem dinglichen **subsidiär**.

Beispiele:
- Schuldner hat sein Vermögen versteckt, verweigert Angaben über den Verbleib und es ist zu befürchten, dass er es beiseite schafft (OLG Karlsruhe NJW-RR 1997, 450);
- Schuldner entzieht sich der Ladung zur Abgabe der eidesstattlichen Versicherung (OLG München NJW-RR 1988, 382).

4.   Der Arrestprozess

1142   Das Eilverfahren kommt durch ein Arrestgesuch beim zuständigen Arrestgericht in Gang und endet vorläufig mit einer gerichtlichen Entscheidung, gegen die jedoch Rechtsbehelfe eröffnet sind.

a)   Zuständiges Arrestgericht

Zulässigkeitsvoraussetzungen für den Arrestprozess sind das **Bestehen des Rechtswegs** der ordentlichen streitigen Gerichtsbarkeit und die **sachliche und örtliche Zuständigkeit** des angegangenen Gerichts. Beide Voraussetzungen richten sich in erster Linie nach den Verhältnissen der Hauptsache:

1143   **aa) Hauptsachegericht.** Arrestgericht ist das Gericht, bei dem der **Hauptsacheprozess** schon anhängig ist oder anhängig gemacht werden könnte, § 919, 1. Alt. ZPO. Dies ist wegen § 802 ZPO eine **ausschließliche** Zuständigkeit.

Ist die Hauptsache noch **nicht anhängig**, ist jedes deutsche Gericht zuständig, vor dem die Hauptsache nach **allgemeinen Zuständigkeitsvorschriften** eingeklagt werden könnte. Das **Familiengericht** ist Arrestgericht, wenn die Hauptsache Familiensache ist (BGH NJW 1980, 191). Ist sie **anhängig**, kommt es darauf an, wo sie gerade **schwebt**, d.h. auch das unzuständige, derzeit mit der Hauptsache befasste Gericht ist für den Arrest zuständig (LG Frankfurt NJW 1990, 652; OLG Hamburg MDR 1981, 1027). Grundsätzlich ist Hauptsachegericht das **Gericht des ersten Rechtszuges**, es sei denn die Hauptsache ist in der Berufung, so ist dieses das Hauptsachegericht, § 943 Abs. 1 ZPO. Ist ein **Mahnverfahren** anhängig, so ist das den Mahnbescheid erlassende Amtsgericht bis zur Abgabe an das Streitgericht zuständig.

Regelmäßig ist nach dem Geschäftsverteilungsplan des Gerichts der Richter für das Eilverfahren zuständig, bei dem die Hauptsache anhängig ist und umgekehrt.

1144   **bb) Belegenheitsgericht.** Daneben besteht wahlweise, § 35 ZPO, eine Zuständigkeit des Amtsgerichts, in dessen Bezirk der mit Arrest zu belegende **Gegenstand** oder die in ihrer persönlichen Freiheit zu beschränkende **Person** sich **befinden**, und zwar ohne Rücksicht auf den Streitwert, § 919, 2. Alt. ZPO.

Der mit Arrest zu belegende Gegenstand kann auch eine **Forderung** des Arrestgegners gegen einen Dritten sein. In diesem Fall kann der Arrest bei dem Amtsgericht am Wohnsitz des Drittschuldners beantragt werden, vgl. § 23 Satz 2 ZPO.

Wird der Arrest vom Amtsgericht, in dessen Bezirk sich ein mit Arrest zu belegender Gegenstand befindet, erlassen, kann aus diesem Arrest auch **in andere** und **an anderen Orten** befindliche Vermögenswerte des Arrestgegners vollstreckt werden.

b) Das Arrestgesuch

aa) Inhalt. Das Arrestgesuch ist auf **Anordnung des dinglichen** oder **persönlichen Arrests** gegen das Vermögen oder die Person des Schuldners gerichtet. Es muss die Bezeichnung des **Arrestanspruchs** (dem Grunde nach) unter Angabe des Geldbetrages oder Geldwertes (der Höhe nach) enthalten. Darüber hinaus ist der **Arrestgrund** zu bezeichnen. **1145**

Die Höhe der verlangten Geldsumme gibt dem Gericht einen Anhaltspunkt für die Höhe des zur Abwendung der Vollziehung festzusetzenden Hinterlegungsbetrages, vgl. § 923 ZPO.

Für das Gesuch selbst besteht auch beim Landgericht **kein Anwaltszwang**, es kann zu Protokoll der Geschäftsstelle erklärt werden, §§ 920 Abs. 3, 78 Abs. 3 ZPO. Falls es jedoch im weiteren Verfahren zu einer mündlichen Verhandlung kommt, ist beim Landgericht Anwaltsmitwirkung erforderlich.

bb) Glaubhaftmachung. Im Gesuch sind Arrestanspruch und Arrestgrund **glaubhaft** zu machen, §§ 920 Abs. 2, 294 ZPO (vgl. Rn. 813). Damit genügt zur Beweisführung ein – im Vergleich zum Klageverfahren – geringerer Grad von Wahrscheinlichkeit. Zugelassen sind einerseits Beweismittel, die sonst nicht ausreichen würden (eidesstattliche Versicherung, Privatgutachten), andererseits nur „präsente Beweismittel" (in einem Termin anwesende Zeugen oder Sachverständige). **1146**

Die Benennung eines **Zeugen** im Arrestgesuch ist daher ungeeignet. Üblich ist im Rahmen der Glaubhaftmachung die **eidesstattliche Versicherung**, an die gewisse Anforderungen zu stellen sind: Der Erklärende hat die glaubhaft zu machenden Tatsachen in seiner Versicherung selbst darzustellen. Sie darf sich **nicht** in der Bezugnahme auf den Anwaltsschriftsatz erschöpfen („Der Schriftsatz des RA ... entspricht den Tatsachen"; BGH NJW 1996, 1682) oder Vorgänge schildern, die nur vom Hörensagen bekannt sind (BGH NJW 2004, 3492).

Nach seinem Ermessen kann das Gericht den Arrest auch **ohne** genügende Glaubhaftmachung erlassen, hat dann aber den **Erlass** des Arrests (!) wegen der dem Gegner drohenden Nachteile von einer vorherigen **Sicherheitsleistung** abhängig zu machen, § 921 Abs. 1 Satz 1 ZPO.

cc) Wirkungen. Mit Einreichung des Antrags wird der Sicherungsanspruch **rechtshängig**, nicht jedoch die Hauptsache (unterschiedliche Streitgegenstände). Unter den Voraussetzungen der §§ 204 Abs. 1 Nr. 9 BGB, 167 ZPO, tritt mit Anhängigkeit der Eilmaßnahme materiellrechtlich **Hemmung der Verjährung** ein. **1147**

c) Die Entscheidung des Gerichts

Die **Entscheidung über das Arrestgesuch** ergeht nach freiem Ermessen des Gerichts entweder ohne mündliche Verhandlung durch **Beschluss** oder auf Grund einer mündlichen Verhandlung durch **Urteil**, § 922 Abs. 1 Satz 1 ZPO. **1148**

aa) Beschluss. Bei klarer Sach- und Rechtslage wird das Gericht sogleich ohne mündliche Verhandlung durch Beschluss über den Antrag entscheiden:

– **Anordnung des Arrests.** Eine vorherige Zustellung des Arrestgesuchs an den Gegner unterbleibt in diesem Fall. Er kann sich später mit dem Rechtsbehelf des **Widerspruchs** nach § 924 ZPO gegen die Arrestanordnung wehren und rechtliches Gehör verschaffen. Wird der Arrest antragsgemäß erlassen, benötigt der Beschluss **keine Begründung**, sofern er nicht im Ausland vollzogen werden soll, § 922 Abs. 1 Satz 2 ZPO. Der Arrestbeschluss ist dem **Antragsteller** – wegen der einmonatigen Vollziehungsfrist des § 929 Abs. 2 ZPO – **zuzustellen**, § 329 Abs. 2 Satz 2 ZPO. Er kann dann den Beschluss zusammen mit der Antragsschrift dem Gegner **im Parteibetrieb** zustellen lassen, § 922 Abs. 2 ZPO.

– **Ablehnung des Arrests.** Weder Antrag noch Beschluss werden dem Gegner mitgeteilt, § 922 Abs. 3 ZPO. Der Beschluss ist zu **begründen**. Dem Antragsteller steht dagegen – auch am Landgericht ohne Anwalt (h.M.) – **sofortige Beschwerde** zu, § 567 Abs. 1 Nr. 2 ZPO. Hilft das Beschwerdegericht nicht ab, so ist eine Rechtsbeschwerde möglich (§§ 574 Abs. 1 Satz 2, 542 Abs. 2 Satz 1 ZPO).

1149   **bb) Urteil.** Das Gericht führt eine mündliche Verhandlung durch, wenn eine Anhörung des Gegners erforderlich erscheint, um Klarheit über die Sach- und Rechtslage zu erlangen. Dabei muss die **Einlassungsfrist** nach § 274 Abs. 3 ZPO im Arrestverfahren **nicht** eingehalten werden, weil das Arrestgesuch keine Klageschrift ist, es ist lediglich die – auf Antrag auf einen Tag abkürzbare, §§ 226 ZPO – **Ladungsfrist** nach § 217 ZPO zu beachten. Die Entscheidung ergeht bei Anordnung oder Verwerfung durch **Endurteil**, § 922 Abs. 1 Satz 1, 1. Alt. ZPO, möglich ist auch ein Versäumnisurteil. Das Urteil ist beiden Parteien zuzustellen, gegen das Endurteil ist das Rechtsmittel der **Berufung** gegeben. Oftmals gelingt es im Termin, die Angelegenheit, meist auch die Hauptsache, durch Prozessvergleich zu erledigen.

1150   **cc) Inhalt der Arrestanordnung.** Die Arrestanordnung muss **Art** des Arrests sowie **Grund** und **Höhe** der Forderung enthalten. Sie bedeutet eine Verurteilung des Gegners, wenn auch nicht zur Leistung, wohl aber zur **Sicherung** des Antragstellers. Die daraus mögliche Vollstreckung in das Vermögen des Schuldners darf daher auch **nicht zur Befriedigung** des Gläubigers führen. Die Anordnung des Arrests nur in bestimmte Vermögensgegenstände schließt die Vollziehung in andere Vermögenswerte des Schuldners nicht aus.

Wie gesehen kann die **Arrestanordnung selbst** (!) – bei nicht ausreichender, aber auch bei ausreichender Glaubhaftmachung – von einer vorherigen **Sicherheitsleistung** des Gläubigers abhängig gemacht werden, § 921 Satz 1, 2 ZPO. Sinnvoller ist es jedoch, die **Vollziehung** des Arrests unter den Vorbehalt einer die dem Gegner drohenden Nachteile abdeckenden Sicherheitsleistung zu stellen (KG WRP 1995, 24).

In dem Arrestbefehl ist i.S. einer Abwendungsbefugnis ein Geldbetrag festzustellen, durch dessen Hinterlegung die Vollziehung des Arrestes gehemmt und der Schuldner zum Antrag auf Aufhebung des vollzogenen Arrestes berechtigt wird („**Lösungssumme**"), § 923 ZPO.

1151   Die Entscheidung enthält schließlich eine **Kostenentscheidung** nach §§ 91 ff. ZPO.

---

1. Zur Sicherung der Zwangsvollstreckung wegen einer dem Antragsteller gegen den Antragsgegner zustehenden Forderung aus Gebrauchtwagenkauf in Höhe von 1620,– € sowie der auf 150,– € veranschlagten Kosten wird der dingliche Arrest in das Vermögen des Schuldners angeordnet.
2. Durch Hinterlegung von 1770,– € wird die Vollziehung des Arrests gehemmt und der Schuldner zu dem Antrag auf Aufhebung des vollzogenen Arrests berechtigt.
3. Der Antragsgegner hat die Kosten des Verfahrens zu tragen.

---

5. Rechtsbehelfe des Antragsgegners gegen die Arrestanordnung

Der Antragsgegner kann sich durch Widerspruch gegen den Arrestbeschluss, Berufung **1152**
gegen das Arresturteil, Antrag auf Anordnung der Klageerhebung und Antrag auf
Aufhebung der Arrestanordnung wegen veränderter Umstände wehren.

a) Widerspruch

Der Antragsgegner kann **Widerspruch** gegen den ohne mündliche Verhandlung erlassenen **Arrestbeschluss** einlegen, § 924 Abs. 1 ZPO. Der Widerspruch unterliegt vor
dem Landgericht dem **Anwaltszwang** (OLG Hamm WRP 1992, 724), vor dem Amtsgericht der **Schriftform** oder ist zu Protokoll der Geschäftsstelle zu erklären, § 924
Abs. 2 Satz 3 ZPO. Er ist zu **begründen**, § 924 Abs. 2 Satz 1 ZPO. Er ist **nicht
fristgebunden**, unterliegt aber den Grundsätzen der **Verwirkung** (KG GRUR 1985,
237; OLG Celle GRUR 1980, 945); neben Zeitablauf ist regelmäßig ein Umstands-
moment erforderlich, wonach der Gläubiger auf das Ausbleiben des Widerspruchs
vertrauen durfte (OLG Saarbrücken NJW-RR 1989, 1513). Die Vollziehung des
Arrests wird durch den Widerspruch **nicht gehemmt**, § 924 Abs. 3 ZPO, es kann
jedoch auf Antrag die **einstweilige Einstellung der Zwangsvollstreckung** entsprechend
§ 707 ZPO angeordnet werden, § 924 Abs. 3 Satz 2 ZPO.

Das Gericht bestimmt nach Widerspruch von Amts wegen **Termin zur mündlichen
Verhandlung**, § 924 Abs. 2 Satz 2 ZPO. Das zu erlassende **Endurteil** entscheidet –
ähnlich einem Urteil nach Einspruch gegen ein Versäumnisurteil – über die **Rechtmäßigkeit des Arrestbefehls**, es kann den Arrest ganz oder teilweise bestätigen, abändern, aufheben oder jeweils von einer Sicherheitsleistung abhängig machen, § 925
Abs. 1, 2 ZPO:

---

1. Der Arrestbefehl des Landgerichts Stuttgart vom ... wird bestätigt (oder: aufrechterhalten).
2. Der Antragsgegner trägt auch die weiteren Kosten des Verfahrens.

---

oder

---

1. Der Arrestbefehl des Landgerichts Stuttgart vom ... wird aufgehoben und der Arrestan-
   trag zurückgewiesen.
2. Der Antragsteller trägt die Kosten des Verfahrens.
3. Das Urteil ist vorläufig vollstreckbar (vgl. § 708 Nr. 6 ZPO).

---

b) Antrag auf Anordnung der Klageerhebung

aa) Anordnungsverfahren. Der Antragsgegner kann beim Arrestgericht die Anordnung **1153**
beantragen, dass der Antragsteller **binnen** einer zu bestimmenden **Frist Klage in der
Hauptsache zu erheben** habe, § 926 Abs. 1 ZPO, falls diese noch nicht anhängig ist
und nicht das Rechtsschutzbedürfnis fehlt, etwa weil der Hauptanspruch bereits erfüllt
oder die Geltungsdauer des Arrests abgelaufen ist. Die Anordnung ergeht – nicht
zwingend nach Gewährung rechtlichen Gehörs – ohne mündliche Verhandlung durch
Beschluss des **Rechtspflegers**, § 20 Nr. 14 RPflG.

bb) Aufhebungsverfahren. Leistet der Antragsteller dieser Anordnung keine Folge, so
ist auf Antrag des Antragsgegners ein Aufhebungsverfahren – mit umgekehrten Par-
teirollen – einzuleiten. Das Gericht hat Verhandlungstermin zu bestimmen und bei
Zulässigkeit und Begründetheit des Aufhebungsantrags durch **Endurteil** die Aufhebung
des Arrests auszusprechen, § 926 Abs. 2 ZPO.

c)   Antrag auf Aufhebung des Arrests wegen veränderter Umstände

1154   Schließlich kann der Schuldner beantragen, den Arrest **wegen veränderter Umstände aufzuheben**, § 927 Abs. 1 ZPO. Solche liegen insbesondere nach Erledigung des Arrest**grundes**, bei Erlöschen oder rechtskräftiger Aberkennung des Arrest**anspruchs** oder nach Erbieten des Schuldners zur **Sicherheitsleistung** vor. Wiederum ergeht die Entscheidung des Arrestgerichts bzw. des Gerichts, bei dem die Hauptsache anhängig ist, nach mündlicher Verhandlung durch **Endurteil**, § 927 Abs. 2 ZPO.

6.   **Die Arrestvollziehung**

Für die **Zwangsvollstreckung aus dem Arrestbefehl** gelten die allgemeinen Vorschriften mit folgenden Besonderheiten:

a)   Vollziehbarkeit

1155   Der Arrestbefehl ist ohne weiteres vollziehbar. **Nicht erforderlich** sind **vorläufige Vollstreckbarerklärung** (anders bei Ablehnung oder Aufhebung eines Arrestes durch Urteil, § 708 Nr. 6 ZPO) und **Vollstreckungsklausel**. Diese ist aber nötig, sofern die Vollziehung für einen anderen als den im Arrestbefehl bezeichneten Gläubiger oder gegen einen anderen als den bezeichneten Schuldner, also jeweils den Rechtsnachfolger, erfolgen soll, § 929 Abs. 1 ZPO.

b)   Vollziehungsmöglichkeiten

1156   Zweckentsprechend darf die Vollziehung des Arrests nur zur **Sicherung**, nicht zur Befriedigung führen. So wird die Vollziehung des Arrestes bewirkt durch:
– **Pfändung einer beweglichen Sache** durch den Gerichtsvollzieher, § 930 Abs. 1 Satz 1 ZPO, nicht aber deren Versteigerung; bei Gefahr beträchtlichen Wertverlusts oder unverhältnismäßigen Kosten der Aufbewahrung kann ausnahmsweise die Versteigerung der gepfändeten Sache erfolgen und ihr Erlös hinterlegt werden, §§ 930 Abs. 3, 828 ZPO; gepfändetes Geld wird hinterlegt, § 930 Abs. 2 ZPO.
– **Pfändung einer Forderung**, nicht aber deren Überweisung; ausschließlich zuständig ist in Abweichung von § 828 ZPO (Amtsgericht am Sitz des Schuldners) das Arrestgericht, § 930 Abs. 1 Satz 3 ZPO; da dieses für die Forderungspfändung auch Vollstreckungsgericht ist, kann auf Antrag mit dem Arrestbefehl auch zugleich ein **Pfändungsbeschluss** nach § 829 ZPO ergehen; ergeht er später, ist der Rechtspfleger beim Arrestgericht zuständig, § 20 Nr. 16 RPflG.
– Eintragung einer **Sicherungshypothek** bei Grundstücken, § 932 ZPO.
Erlangt der Antragsteller wegen des durch Arrest gesicherten Geldanspruchs später einen **Vollstreckungstitel** (Urteil, Vollstreckungsbescheid), so **verwandelt** sich das Arrestpfandrecht ohne Weiteres und unter Wahrung des Ranges in ein **Vollstreckungspfandrecht** (BGHZ 118, 165), das dann auch die Verwertung ermöglicht.

c)   Vollziehungsfrist

1157   Die Vollziehung muss binnen einer Frist von **einem Monat** ab **Verkündung** des Arresturteils oder **Zustellung** des Arrestbeschlusses an den Antragsteller erfolgen, § 929 Abs. 2 ZPO. Diese Frist ist unverzichtbar und vom Vollstreckungsorgan **von Amts wegen** zu beachten (OLG Zweibrücken MDR 1998, 123). Ob die Frist bei Bestätigung des nicht vollzogenen Arrests nach Widerspruch oder Berufung **neu zu laufen** beginnt, ist streitig (so: OLG Zweibrücken NJW-RR 2002, 1657; OLG Düsseldorf NJW-RR 2000, 68). Bei Vollziehung des Arrestbefehls **vor** dessen Zustellung an den **Schuldner** muss diese Zustellung binnen einer Woche nachfolgen, sonst ist die Vollstreckung unwirksam (BGH NJW 1999, 3493), § 929 Abs. 3 ZPO.

7. Aufhebung der Arrestvollziehung und Schadensersatzpflicht

Bei Hinterlegung der im Arrest genannten Lösungssumme gemäß § 923 ZPO werden **1158** die in **Vollzug** des Arrests **getroffenen Maßnahmen** durch Beschluss des Vollstreckungsgerichts aufgehoben (Rechtspfleger, § 20 Nr. 15 RPflG), § 934 Abs. 1, 3 ZPO.
War die Arrestanordnung etwa wegen fehlenden Arrestanspruchs oder -grunds von Anfang an **ungerechtfertigt** oder wird der Arrest nach § 926 Abs. 2 ZPO (ausbleibende Klageerhebung innerhalb Frist) **aufgehoben**, steht dem Schuldner ein **Ersatzanspruch** wegen des ihm aus dem Arrestvollzug oder aus der zur Abwendung erbrachter Sicherheitsleistung entstandenen Schadens zu, § 945 ZPO. Dies ist ein Fall verschuldensunabhängiger Gefährdungshaftung (vgl. § 717 Abs. 2 ZPO).

III. Einstweilige Verfügung

1. Gegenstand der einstweiligen Verfügung

Die einstweilige Verfügung dient der **Sicherung der Zwangsvollstreckung** wegen sog. **1159** **Individualansprüche**, also anderer Ansprüche als Geldforderungen. Arrest und einstweilige Verfügung schließen sich aus: Entweder ist ein Anspruch auf Geld gerichtet, dann ist er durch Arrest zu sichern, oder es liegt ein andersartiger Anspruch vor, dann ist die einstweilige Verfügung die richtige Maßnahme.

Auch wenn der Gläubiger einer Geldforderung auf einen bestimmten Gegenstand (wertvolles Möbelstück, Guthaben auf einem Bankkonto) abzielt, so muss er einen Arrest beantragen, um dann diesen Gegenstand pfänden zu lassen.

2. Arten und Voraussetzungen der einstweiligen Verfügung

Bei der einstweilige Verfügung sind drei Varianten zu unterscheiden: Die Sicherungs- **1160** verfügung, die Regelungsverfügung und die Leistungsverfügung.

a) Sicherungsverfügung

Die Sicherungsverfügung dient der Sicherung eines Individualanspruchs. Ihr Erlass setzt wie beim Arrest das Bestehen eines **Verfügungsanspruches** und eines **Verfügungsgrundes** voraus.

aa) Verfügungsanspruch. Individualansprüche sind nicht auf Geldzahlung gerichtet. **1161**

Beispiele:
Anspruch auf Herausgabe einer Sache; Nacherfüllung; Unterlassung einer Ehrverletzung (Abwehranspruch); Bestellung, Änderung oder Übertragung eines Recht; nicht aber die Abgabe einer Willenserklärung (OLG Hamburg NJW-RR 1991, 382, str.).

bb) Verfügungsgrund. Ein Verfügungsgrund ist gegeben, wenn zu besorgen ist, dass **1162** durch eine **Veränderung** des bestehenden Zustandes die **Verwirklichung des Rechts** des Antragstellers **vereitelt** oder **wesentlich erschwert** werden könnte, § 935 ZPO. Es müssen also Umstände vorliegen, die aus objektiver Sicht die Gefährdung der Verwirklichung des Anspruchs befürchten lassen.

Beispiele:
Veräußerung, Belastung, Verarbeitung der herauszugebenden Sache; wesentlicher Wertverlust durch Benutzung (OLG Brandenburg MDR 2001,1185); bevorstehender Rechtseingriff, etwa Verletzung von Autorenrechten durch angekündigte Fernsehausstrahlung.

b) Regelungsverfügung

1163 Einstweilige Anordnungen sind auch zum Zwecke der **Regelung eines einstweiligen Zustandes** zur vorläufigen Sicherung des Rechtsfriedens in Bezug auf ein **streitiges Rechtsverhältnis** zulässig, sofern eine Regelung aus bestimmten Gründen **notwendig** erscheint, § 940 ZPO.

aa) Verfügungsanspruch. Unter den Anwendungsbereich der Regelungsverfügung fällt nicht in erster Linie ein einzelner Anspruch, sondern eine **streitige Rechtsbeziehung,** insbesondere bei länger **dauernden** Rechtsverhältnissen aus absoluten Rechten.

Beispiele:
Regelung von Streitfällen im Nachbarschaftsverhältnis; streitige Benutzungsregelungen bei Miteigentum oder Wohnungseigentum; Rechte und Pflichten innerhalb einer Erbengemeinschaft oder einer Gesellschaft.

1164 **bb) Verfügungsgrund.** Ein Verfügungsgrund liegt vor, wenn die Notwendigkeit einer Regelung zur **Abwendung wesentlicher Nachteile,** zur **Verhinderung drohender Gewalt** oder aus anderen Gründen besteht, § 440 ZPO.

Beispiel:
Der Miteigentümer einer Wohnungsgemeinschaft beansprucht einen Raum mit den Waschmaschinen aller Bewohner im UG für sich, weil er in seinem Teileigentum stehe, und schließt den Raum ab.

Die Dringlichkeit fehlt, wenn der Antragsteller bei bestehendem Regelungsbedürfnis längere Zeit (i.d.R. ein bis zwei Monate) **untätig geblieben** ist, (OLG Hamburg MDR 2008, 861; OLG Saarbrücken MDR 2008, 335) oder im Verfahren verzögernd agiert.

c) Leistungsverfügung

1165 Schließlich ist wegen eines **Verfügungsanspruchs,** der sich **auch** auf eine Geldleistung beziehen kann, noch die Leistungsverfügung anerkannt, die über die Sicherung des Gläubigers hinaus ausnahmsweise eine **sofortige Befriedigung** des Gläubigers in **bestimmten Fällen** zulässt, weil mit dem Abwarten eines ordentlichen Hauptverfahrens **irreparable Schäden** eintreten würden (z.B. OLG Frankfurt MDR 2004, 1019), § 940 ZPO analog. An diesen glaubhaft zu machenden **Verfügungsgrund** sind strenge Anforderungen zu stellen.

Ausnahmsweise ist eine **Befriedigung** im Eilverfahren für wenige **Ansprüche gesetzlich** vorgesehen.

Beispiele:
Zahlung von **Unterhalt** für das nichteheliche Kind und **Entbindungskosten und Unterhalt** für die Mutter des nichtehelichen Kindes durch einstweilige Anordnung, §§ 247 FamFG, 1615 l BGB.

In Anlehnung an diese gesetzliche Regelung lässt die **Rechtsprechung** auch sonst ausnahmsweise eine vorläufige Verurteilung zur **Abwendung von Dauerschäden** zu.

Beispiele:
Abschlagszahlungen auf periodisch **wiederkehrende Unterhalts-, Lohn- oder Gehaltsansprüche** bis zu sechs Monaten (OLG Karlsruhe FamRZ 1995, 1424); **Unterlassungsanspruch** in Wettbewerbssachen (vgl. § 12 Abs. 2 UWG); Versorgungsunterbrechung bei **Energielieferung** (LG Rostock ZIP 2007, 2379).

In besonderen Fällen wird auch eine einstweilige Verfügung zur Zahlung von einmaligen Geldleistungen zugelassen, um eine **dringende Notlage zu beseitigen:**

Beispiel:
Einmalzahlungen als **Heilungskosten bzw. Kurkosten** nach Unfällen zur Abwendung ernster Dauerschäden (OLG Köln MDR 1959, 398).

3. Das Verfahren der einstweiligen Verfügung

Grundsätzlich finden die **Bestimmungen für das Arrestverfahren** Anwendung, § 936 **1166** ZPO. Im Übrigen gelten folgende Besonderheiten:

a) Zuständiges Verfügungsgericht

aa) Hauptsachegericht. Regelmäßig ist das **Gericht der Hauptsache** für den Erlass der einstweiligen Verfügung zuständig, § 937 Abs. 1 ZPO. Beim Kollegialgericht kann in dringenden Fällen der **Vorsitzende** allein entscheiden, § 944 ZPO.

bb) Gericht der belegenen Sache. Anders als beim Arrest ist das **Amtsgericht**, in dessen **1167** Bezirk sich der **Streitgegenstand befindet**, nur in **dringenden Fällen** für den Erlass der Verfügung zuständig, § 942 Abs. 1 ZPO. Die einstweilige Verfügung ergeht dort als Beschluss, § 942 Abs. 4 ZPO. Darin ist eine **Frist** zu bestimmen, innerhalb der der Gläubiger beim **Hauptsachegericht** eine **Entscheidung über die Rechtmäßigkeit** der Verfügung zu beantragen hat, § 942 Abs. 1 ZPO. Nach fruchtlosem Fristablauf hat das Amtsgericht die Verfügung aufzuheben, § 942 Abs. 3 ZPO.

Für eine einstweilige Verfügung wegen **Vormerkung** oder **Widerspruch** gegen die Richtigkeit des Grundbuchs ist auch das **Amtsgericht der belegenen Sache** zuständig, **ohne** dass es insoweit einer **Dringlichkeit** bedürfte. In diesem Fall erfolgt Fristbestimmung zur Entscheidung über die Rechtmäßigkeit beim Gericht der Hauptsache nur **auf Antrag** des Schuldners, § 942 Abs. 2 ZPO.

b) Das Verfügungsgesuch

Der Verfügungsantrag setzt auch hier **Glaubhaftmachung** von Verfügungsanspruch **1168** und -grund voraus. Lediglich in den genannten Fällen der Vormerkung (§ 885 Abs. 1 BGB) und des Widerspruchs gegen die Richtigkeit des Grundbuchs (§ 899 Abs. 2 BGB) braucht eine Gefährdung nicht glaubhaft gemacht zu werden.

c) Die Entscheidung des Gerichts

aa) Mündliche Verhandlung. Eine **mündliche Verhandlung** ist regelmäßig erforderlich, **1169** § 937 Abs. 2 ZPO. Die Entscheidung ergeht durch **Urteil**. Nur in **dringenden** Fällen, wenn eine Verhandlung nicht abgewartet werden kann oder weil der Zweck der einstweiligen Verfügung den Überraschungseffekt erfordert (OLG Karlsruhe NJW-RR 1987, 1206), oder wenn der **Antrag zurückzuweisen** ist, kann **ohne mündliche Verhandlung** durch **Beschluss** entschieden werden.

Bei der Eilzuständigkeit des Amtsgerichts ist die freigestellte mündliche Verhandlung die Ausnahme. Die Entscheidung dieses Gerichts ergeht aber stets – auch nach mündlicher Verhandlung – durch **Beschluss**, es ist also kein Versäumnisurteil möglich, § 942 Abs. 4 ZPO.

bb) Inhalt der einstweiligen Verfügung. Das Gericht bestimmt nach freiem Ermessen, **1170** welche **Anordnungen** zur Erreichung des Zwecks erforderlich sind, § 938 ZPO. Dieses Ermessen darf aber nur im Rahmen des Antrags ausgeübt werden, § 308 ZPO. Als **Maßnahmen** sind geeignet, § 938 Abs. 2 ZPO:
- **Sequestration**, also Verwahrung und Verwaltung von Sachen durch einen Dritten, z.B. Gerichtsvollzieher;
- **Gebot und Verbot von Handlungen**, z.B. Verbot der Veräußerung, der Belastung oder Verpfändung von Grundstücken, einstweiliges Verbot von Wettbewerbshandlungen;

- Eintragung einer **Vormerkung** oder eines **Widerspruchs** im Grundbuch;
- **einstweilige Regelung** der Benutzung von Sachen oder Regelung der Geschäftsführungsbefugnis.

Wegen ihres vorläufigen Charakters (Ausnahme: Leistungsverfügung) dürfen die Maßnahmen möglichst keine endgültigen Verhältnisse schaffen. Die **Räumung von Wohnraum** darf durch einstweilige Verfügung nur wegen verbotener Eigenmacht oder bei konkreter Gefahr für Leib und Leben angeordnet werden, § 940 a ZPO.

Eine **Lösungssumme** entsprechend § 923 ZPO wird in der einstweiligen Verfügung **nicht** festgesetzt, nur unter besonderen Umständen kann die Aufhebung der einstweiligen Verfügung gegen Sicherheitsleistung gestattet werden, § 939 ZPO.

Beispiel für einstweilige Verfügung

> 1. Dem Antragsgegner wird im Wege der einstweiligen Verfügung bei Meidung eines Ordnungsgeldes von 50.000,– € für den Fall der Zuwiderhandlung verboten, folgende Äußerungen gegenüber Dritten aufrechtzuerhalten oder zu wiederholen:
>   „Die Antragstellerin steht kurz vor dem Ruin".
>   „Die Antragstellerin beabsichtigt ihre gewerbliche Tätigkeit einzustellen".
> 2. Der Antragsgegner trägt die Kosten des Verfahrens.

4. Aufhebung der einstweiligen Verfügung

1171 Die Aufhebung der einstweiligen Verfügung erfolgt auf **Antrag des Schuldners** durch **Endurteil** in folgenden Fällen:
- Nach **Widerspruch**, wenn Verfügungsgrund oder Verfügungsanspruch nicht bestehen, §§ 924, 925, 936 ZPO;
- bei **Versäumung der Frist zur Klageerhebung**, §§ 926, 936 ZPO;
- wegen **veränderter Umstände**, wenn Verfügungsanspruch oder Verfügungsgrund nachträglich entfallen, §§ 927, 936 ZPO.

Die Aufhebung erfolgt durch **Beschluss des Amtsgerichts** von Amts wegen:
- wegen **Versäumung der Frist** zur Beantragung des Rechtfertigungsverfahrens vor dem Hauptsachegericht, § 942 Abs. 3 ZPO.

5. Vollziehung der einstweiligen Verfügung

1172 Die Vollziehung der einstweiligen Verfügung erfolgt im Wesentlichen nach den Bestimmungen über den Arrestvollzug. Die **Vollziehungsfristen** gelten entsprechend, §§ 929 Abs. 2, 3, 936 ZPO. Eine **Schadensersatzpflicht** folgt aus § 945 ZPO, wenn sich die einstweilige Verfügung als von vornherein ungerechtfertigt herausstellt.

6. Die Schutzschrift

1173 Die Schutzschrift ist ein **vorbeugendes Verteidigungsmittel** gegen einen erwarteten Antrag auf Erlass einer einstweiligen Verfügung. Sie ist im Gesetz nicht geregelt, aber vor allem in **Wettbewerbssachen,** auch in Familiensachen, von erheblicher praktischer Bedeutung.
Wer aufgrund von Aufforderungen oder Abmahnungsschreiben den Antrag auf Erlass einer gegen ihn gerichteten einstweiligen Verfügung befürchten muss, kann bei dem voraussichtlich mit dem Antrag befassten Gericht einen Schriftsatz einreichen, durch den er bereits **vorweg eine Stellungnahme zu dem erwarteten Antrag** abgibt. Er kann auch seine eigene Sachverhaltsdarstellung bereits glaubhaft machen und dadurch die Entscheidung beeinflussen, insbesondere erreichen, dass das Gericht

- möglicherweise von einer **sofortigen Anordnung** der einstweiligen Verfügung **absieht**, §§ 936, 921 Abs. 1 ZPO;
- keinen dringenden Fall annimmt und **Termin zur mündlichen Verhandlung** bestimmt, §§ 936, 922 Abs. 1, 937 Abs. 2 ZPO;
- bei seiner Entscheidung die **Ausführungen** des Antragsgegners **berücksichtigt** (BGH NJW 2003, 1257).

Die **Kosten** der Einreichung einer Schutzschrift sind sogar **erstattungsfähig**, wenn ein Antrag auf Erlass einer einstweiligen Verfügung bei Gericht eingeht (BGH a.a.O., NJW-RR 2008, 1093).

2. Kapitel   Das selbstständige Beweisverfahren

I. Zweck

1. Drohender Verlust eines Beweismittels

1174 In einem Rechtsstreit muss jede Partei die ihr günstigen Tatsachen vortragen und – sofern sie vom Gegner bestritten werden – auch beweisen.

Beispiele:
Beweis des verkehrswidrigen Verhaltens des Gegners durch Unfallzeugen, des Umfanges der Beschädigung am Fahrzeug durch Sachverständigen, der Art der Beschilderung an der Unfallstelle durch richterlichen Augenschein.

Es besteht die Gefahr, dass geeignete Beweismittel im Verlaufe der Zeit verloren gehen, ehe sie im Prozess benutzt werden können.

Beispiele:
Der Unfallzeuge befindet sich in Lebensgefahr, das beschädigte Fahrzeug wird repariert, die Verkehrsregelung an der Unfallstelle wird geändert.

Wem der **Verlust** oder die **erschwerte Benutzbarkeit eines Beweismittels** Rechtsnachteile bringt, kann durch Einleitung eines „selbstständigen Beweisverfahrens" diese Beweise vorab „gerichtlich" sichern lassen, um sie später in einem **anhängigen** oder noch **bevorstehenden Rechtsstreit** verwenden zu können. Auch ohne Gefahr eines Beweismittelverlustes ist das Beweisverfahren statthaft, wenn der **Gegner zustimmt**. Die Beweiserhebung erfolgt durch **richterlichen Augenschein, Vernehmung von Zeugen** oder **Sachverständigenbegutachtung**, § 485 Abs. 1 ZPO.

2. Rechtliches Interesse an Sachverständigenbegutachtung

1175 Das Beweisverfahren ist jedoch auch aus anderen Gründen zulässig: Ist ein Rechtsstreit **nicht anhängig**, kann eine Partei die schriftliche Begutachtung durch einen **Sachverständigen** beantragen, wenn sie ein **rechtliches Interesse** daran hat, dass der **Zustand** einer Person oder Sache, die **Ursache** eines Personen- oder Sachschadens bzw. Mangels sowie der **Aufwand** für eine Schadens- oder Mangelbeseitigung festgestellt wird, § 485 Abs. 2 Satz 1 Nr. 1–3 ZPO. Dabei ist ein rechtliches Interesse an der Begutachtung anzunehmen, wenn die Begutachtung der **Prozessvermeidung** dienen kann, § 485 Abs. 2 Satz 2 ZPO.

II. Verfahren

1. Zuständiges Gericht

a) Anhängiger Rechtsstreit

1176 Ist im Fall des drohenden Beweisverlustes nach § 485 Abs. 1 ZPO ein **Hauptsacherechtsstreit** schon **anhängig**, nicht notwendig rechtshängig (OLG Frankfurt NJW 1965, 306), so ist das **Prozessgericht** auch für das selbstständige Beweisverfahren örtlich und sachlich zuständig, § 486 Abs. 1 ZPO.

b) Kein anhängiger Rechtsstreit

1177 **Vor Anhängigkeit** eines Rechtsstreits in den Fällen des § 485 Abs. 1, 2 ZPO ist das Gericht zuständig, das nach dem Vortrag des Antragstellers zur Entscheidung in einem **Hauptsacherechtsstreit** berufen wäre, § 486 Abs. 2 Satz 1 ZPO. Bei Wahlgerichtsständen kann der Antragsteller aussuchen. Ist der Antragsteller in einem nachfolgenden Prozess Beklagter, kann er sich jetzt auf eine etwaige Unzuständigkeit des von ihm im Beweisverfahren ausgesuchten Gerichts nicht berufen, § 486 Abs. 2 Satz 2 ZPO. Als Kläger darf er aber ein anderes Gericht mit dem Hauptsacheprozess befassen (OLG Celle NJW 2000, 1738).

Beispiel:
Der Antragsteller leitet ein Beweisverfahren wegen Baumängeln beim zuständigen Amtsgericht ein. Den Streitwert beziffert er mit 4.000,– €. Ergibt das Sachverständigengutachten einen Mangelbeseitigungsaufwand von 7.000,– € kann er als Kläger ohne weiteres beim Landgericht Hauptsacheklage auf Mangelbeseitigung erheben.

c) Eilzuständigkeit des Amtsgerichts

Bei **akut drohendem Verlust** eines Beweismittels gemäß § 485 Abs. 1, 2. Alt. ZPO ist **1178** auch das **Amtsgericht** zuständig, in dessen Bezirk sich die **Beweisperson aufhält** oder sich das **Beweisobjekt befindet**, § 486 Abs. 3 ZPO. Der Antragsteller hat die **Wahl**, ob er das Hauptsachegericht befasst oder das sachnahe Amtsgericht. Die Eilzuständigkeit des Amtsgerichts **endet** aber in jedem Fall, wenn das Hauptsachegericht die **Beiziehung der Beweisverfahrensakten anordnet**, egal in welchem Stadium sich das Beweisverfahren befindet (BGH MDR 2005, 45).

2. Antrag

a) Inhaltliche Angaben

Für den Antrag auf Beweissicherung besteht auch am Landgericht **kein Anwaltszwang**, **1179** §§ 486 Abs. 4, 78 Abs. 3 ZPO. Der notwendige **Inhalt** des Antrags ergibt sich aus § 487 ZPO:
– Bezeichnung des **Gegners**, Nr. 1;

Ist ein Gegner **nicht bekannt**, so ist der Antrag nur zulässig, wenn der Beweisführer glaubhaft macht, dass er unverschuldet außerstande sei, den Gegner zu bezeichnen, § 494 Abs. 1 ZPO. Das ist denkbar bei Schäden, deren Verursacher nicht bekannt ist. Wegen einer Vertreterbestellung für den unbekannten Gegner vgl. § 494 Abs. 2 ZPO.
Die **verjährungshemmende Wirkung** des Beweissicherungsantrages, § 204 Nr. 7 BGB, tritt nur ein, wenn ein Gegner bezeichnet worden ist. Sind mehrere Gegner – etwa bei Baumängeln (Architekt, verschiedene Bauhandwerker) – denkbar, so sind sie der materiellrechtlichen Wirkung wegen alle zu bezeichnen (vgl. OLG Frankfurt BauR 1995, 275). Da **Streitverkündung** im Beweisverfahren zulässig ist (BGH MDR 1997, 390), sind wegen der Verjährungshemmung auch die Streitverkündeten zu bezeichnen.

– Bezeichnung der **Tatsachen, über die Beweis erhoben werden soll, Nr. 2**;

Der Antragsteller unterliegt bei der Bezeichnung der **Beweistatsachen** grundsätzlich einer **Substantiierungspflicht**. Allerdings fehlt es oft an der nötigen Sachkunde, soweit es um Mangelursachen oder um Beseitigungsmaßnahmen und deren Kosten geht. Das Gericht darf daher **keine zu strengen Anforderungen** stellen (Darstellung des Fehlerbilds: OLG Köln MDR 2000, 226; BauR 2002, 1120), weshalb auch die Behauptung, die Bauausführung verstoße gegen anerkannte Regeln der Technik, ausreichend ist (vgl. OLG München BauR 1994, 275). Im Bereich der Kosten muss die Angabe geschätzter Größenordnungen ausreichen. **Rechtsfragen** sind der Beweissicherung **nicht** zugänglich!

Beispiel für Antrag im selbstständigen Beweisverfahren

Es ist Beweis zu erheben über folgende Beweisfragen:
1. Das Dach ist im Nordwesten undicht.
2. Die Trittschalldämmung im 1.OG überschreitet die anerkannten Grenzwerte.

---

3. Die Ursache für die Schimmelbildung im 2.OG liegt in falschem Lüftungsverhalten.
4. Die Kosten für die Dachreparatur betragen min. 5.000,– €, für die Beseitigung der Trittschallmängel 10.000,– € und für die Beseitigung der Schimmelfolgen 2.000,– €.

- **Benennung der Zeugen** bzw. **Bezeichnung der übrigen Beweismittel, Nr. 3;**

Zeugen sind **namentlich** zu benennen; bei **Sachverständigenbegutachtung** ist nur dieses Beweismittel anzugeben. Die **Auswahl** des Sachverständigen erfolgt i.d.R. **durch das Gericht,** § 404 Abs. 1 ZPO (OLG Brandenburg OLGR 95, 34). Es steht den Parteien aber frei, sich auf einen Sachverständigen zu einigen, § 404 Abs. 4 ZPO.

1180 – **Glaubhaftmachung der Tatsachen,** die die **Zulässigkeit** des Beweisverfahrens und die **Zuständigkeit** des Gerichts begründen sollen, **Nr. 4.**

Glaubhaft zu machende Tatsachen bei **§ 485 Abs. 1 ZPO:**
- **Zustimmung des Gegners** oder
- **drohender Beweismittelverlust** oder Beweismittelerschwernis,
- **Rechtsschutzinteresse** des Antragstellers an Beweissicherung (OLG Hamm NJW-RR 1998, 933), aus dem sich ergibt, weshalb der Antragsteller auf das gefährdete Beweismittel angewiesen ist (z.B. anhängiger oder drohender Rechtsstreit),
- ggf. Bezeichnung des **anhängigen Verfahrens,** § 486 Abs. 1 ZPO,
- ggf. Beschreibung des **betroffenen Anspruchs** und seines **Wertes** zur Bestimmung des **Hauptsachegerichts,** § 486 Abs. 2 ZPO.

Glaubhaft zu machende Tatsachen bei **§ 485 Abs. 2 ZPO:**
- Zu begutachtender **Zustand** der Person oder Sache,
- mutmaßliche **Ursache** eines Schadens oder Mangels,
- mutmaßlicher **Schadensbeseitigungsaufwand,**
- Beschreibung des **betroffenen Anspruchs** und seines **Wertes** zur Bestimmung des **Hauptsachegerichts,** § 486 Abs. 2 ZPO.

Glaubhaft zu machende Tatsache bei **§ 486 Abs. 3 ZPO:**
- **Dringende Gefahr,** die der Anrufung des Hauptsachegerichts entgegensteht.

Die **Glaubhaftmachung** kann durch **eidesstattliche Erklärung** oder durch Vorlage von **Urkunden** erfolgen, § 294 ZPO, aus denen sich die genannten Tatsachen zur freien Würdigung durch das Gericht ergeben.

b) Rechtliches Interesse nach § 485 Abs. 2 ZPO

1181 Soweit außerhalb eines Rechtsstreits Zustand, Ursache und Kosten eines Schadens oder Mangels begutachtet werden sollen, ist das Beweisverfahren nur statthaft, wenn der Antragsteller ein **rechtliches Interesse** an der Begutachtung hat. Als **Beispiel** für das rechtliche Interesse des Antragstellers nennt § 485 Abs. 2 Satz 2 ZPO die Möglichkeit, einen **Rechtsstreit vermeiden** zu können. Der Begriff des rechtlichen Interesses ist nach einhelliger Ansicht **weit auszulegen** (u.a. BGH NJW 2004, 3488; OLG Stuttgart MDR 2005, 347). Das Beweisverfahren ist daher auch zulässig, wenn der Gegner eine gütliche Einigung von vornherein ablehnt (u.a. OLG Koblenz MDR 2005, 888), einen Anspruch bestreitet oder die Einrede der Verjährung erhebt.

3. Entscheidung über den Antrag

a) Beschlussverfahren

1182 aa) **Anhörung des Gegners.** Die Entscheidung über den Antrag ergeht i.d.R. nach Gewährung **rechtlichen Gehörs** (OLG Karlsruhe MDR 1982, 1026). Der Gegner kann sich zu den Beweisthemen äußern, der Beweiserhebung zustimmen oder – auf seine Kosten (OLG Köln OLGR 94, 232) – seinerseits Beweisthemen formulieren.

bb) Beschluss. Die Entscheidung ergeht – nach freigestellter mündlicher Verhandlung, § 128 Abs. 4 ZPO – zwingend durch Beschluss, §§ 490 Abs. 1 ZPO. Er ist inhaltlich ein Beweisbeschluss nach § 359 ZPO. Soweit der Beschluss antragsgemäß erlassen wird bedarf er keiner Begründung. **1183**

Beispiel für Beweissicherungsbeschluss

Zum Zwecke der Beweissicherung ist Beweis zu erheben
über die Behauptungen des ASt. ... bzgl. der vom AGg. ... erbrachten Dachdeckerarbeiten am Neubau des ASt. in Esslingen, Weinbergstr. 111:
1. Das Dach ist an der Nordwestseite undicht;
2. Die Unterspannbahn ist entgegen den Regeln der Technik angebracht;
3. Die Kosten für die Mängelbeseitigung nach 1 und 2 belaufen sich auf mehr als 8.000,– € durch Einholung eines schriftlichen Sachverständigengutachtens eines Sachverständigen für das Dachdeckerhandwerk.

Als Sachverständiger soll bestellt werden: Heinz Latte, Biberschwanzweg 5, 70199 Stuttgart, ö.b.u.v. Sachverständiger für das Dachdeckerhandwerk.
Dem Sachverständigen wird aufgegeben, das Dach am Neubau des ASt. nach vorheriger Benachrichtigung der Parteien zu besichtigen und ein schriftliches Gutachten zu erstatten.
Die Auftragserteilung an den Sachverständigen ist davon abhängig, dass der ASt. binnen zwei Wochen einen Auslagenvorschuss von 700,– € bei der Landesoberkasse einbezahlt.

Der **zurückweisende Beschluss** – etwa weil das Gericht unzuständig ist, kein Verlust des Beweismittels droht oder Glaubhaftmachung fehlt – ist zu **begründen**.
Der Beschluss ist dem Gegner mit Antrag und **Ladung** zum Beweisaufnahmetermin **förmlich zuzustellen**, § 491 ZPO. Ist ein solcher Termin nicht nötig, kann formlose Übersendung erfolgen, wovon jedoch wegen der Frist wahrenden Wirkung des Beweisverfahrens und der späteren Verwertbarkeit des Ergebnisses abgesehen werden sollte.

b) Rechtsmittel

Gegen den das Beweisverfahren **anordnenden** Beschluss gibt es – wie auch gegen einen Beweisbeschluss oder gegen die Ablehnung einer erneuten Begutachtung, § 412 ZPO (OLG Koblenz NJW 2007, 18), – **kein Rechtsmittel**. Der **ablehnende** Beschluss ist mit der **sofortigen Beschwerde**, § 567 Abs. 1 Nr. 2 ZPO, weitergehend mit der Rechtsbeschwerde, § 574 ZPO, anfechtbar. **1184**

4. Beweisaufnahme und Benutzung im Prozess

a) Durchführung der Beweisaufnahme

Für die Beweisaufnahme gelten die **allgemeinen Regeln**, § 492 Abs. 1 ZPO: Zeugenvernehmung, §§ 373 ff. ZPO, Einholung eines Sachverständigengutachtens, §§ 402 ff. ZPO, oder Einnahme des Augenscheins, §§ 371 ff. ZPO. **1185**

Zu Beweisaufnahmeterminen soll der **Gegner** unter Zustellung von Beschluss und Antrag **geladen** werden, § 491 ZPO. Das **Protokoll** einer Zeugenvernehmung oder eines Augenscheins wird den Parteien zugeleitet und bei Gericht aufbewahrt. Die Parteien erhalten **Abschriften** eines schriftlichen Sachverständigengutachtens. Ist eine

Einigung zu erwarten, kann das Gericht die Parteien zu einer **mündlichen Erörterung** laden; ein Vergleich ist zu protokollieren, § 492 Abs. 2, 3 ZPO.

b) Verwertung des Beweisergebnisses

1186 Das Beweisergebnis steht **jeder Partei** zur Benützung im Prozess **zur Verfügung**. Beruft sich dort eine Partei auf Tatsachen, die durch ein Beweisverfahren erhoben worden sind, so stehen diese – antizipierten – Beweiserhebungen einer **Beweisaufnahme vor dem Prozessgericht gleich**, § 493 Abs. 1 ZPO.

Ein Wiederholung der Beweisaufnahme kommt nur in Betracht, wenn die Beweiserhebung im Beweisverfahren fehlerhaft war, die Beweisfrage unzutreffend gestellt oder beantwortet worden ist, der Grundsatz der Beweisunmittelbarkeit einen Eindruck des erkennenden Gerichts erfordert, der Sachverständige abgelehnt wurde oder eine Vereidigung nachzuholen ist.

Wegen des Grundsatzes des **rechtlichen Gehörs** kann das Beweisergebnis des Beweisverfahrens aber nur dann im Hauptsacheprozess benutzt werden, wenn der Gegner am Beweisverfahren **angemessen beteiligt** wurde, d.h. zu einem Termin auch **rechtzeitig geladen** war, § 493 Abs. 2 ZPO. Andernfalls kann der Gegner ohne durch das Ergebnis des Beweisverfahrens gehindert zu sein, selbstständig Beweis antreten. Aber auch für den Antragsteller folgt daraus **kein Beweisverwertungsverbot**, er kann das Beweisergebnis urkundlich in den Prozess einführen.

5. Kosten des Beweisverfahrens

a) Gerichtskosten

1187 Der Beweisbeschluss enthält – außer der Anforderung des erforderlichen Auslagenvorschusses – keine Kostenregelung. Die für das Verfahren entstehende **1,0 Gerichtsgebühr**, Anl. 1 Nr. 1610 GKG, hat der **Antragsteller** zu bezahlen, § 22 GKG.

b) Verfahrenskosten als Teil der Prozesskosten

aa) Anhängiger Prozess. Ist ein Rechtsstreit bereits anhängig, sind **sämtliche Kosten** des Beweisverfahrens als Prozesskosten anzusehen, soweit sie zur zweckentsprechenden Rechtsverfolgung oder -verteidigung notwendig waren, § 91 Abs. 1 ZPO.

1188 **bb) Nachfolgender Prozess.** Gleiches gilt, wenn dem Beweisverfahren ein Hauptsacheprozess **nachfolgt**. Der Antragsgegner muss daher bei Erfolgsaussicht in der Hauptsache den Antragsteller zur Klageerhebung veranlassen, will er seine im Beweisverfahren angefallenen Kosten erhalten.

Das Gericht setzt **auf Antrag des Antragsgegners** dem Antragsteller eine **Frist für die Klageerhebung** in der Hauptsache, § 494a Abs. 1 ZPO:

– **Erhebt** der Antragsteller – unter Heranziehung des Beweisergebnisses aus dem Beweisverfahren – **Hauptsacheklage**, ergeht in diesem Verfahren eine Kostenentscheidung unter Einbeziehung der Kosten des Beweisverfahrens.

– Wird der Anordnung **keine Folge geleistet**, so werden auf Antrag die dem Gegner im Beweisverfahren entstandenen Kosten durch Beschluss, der der sofortigen Beschwerde unterliegt, dem **Antragsteller** auferlegt, § 494a Abs. 2 ZPO.

6. Teil   Rechtsmittel und Rechtsbehelfe

1. Kapitel   Rechtsmittel und Rechtsbehelfe im Allgemeinen

I.   Bedeutung und Arten

Die Möglichkeit, gerichtliche Entscheidungen anzufechten, erhöht die Chance, zu **1189** richtigen Entscheidungen** und zu einer **einheitlichen Rechtsprechung** zu gelangen. Sie verzögert und verteuert aber auch den Rechtsschutz. Ein Ausgleich dieser widersprechenden Interessen wird dadurch gesucht, dass **nicht jede Entscheidung einer Nachprüfung zugänglich** gemacht wird: Schranken sind **Beschwerdesummen, Zulassung** des Rechtsmittels und **Beschränkung des Instanzenzugs.** Die Anfechtung einer Entscheidung kann durch Einlegung eines **Rechtsmittels** erfolgen. Dies führt zur Nachprüfung durch ein höheres Gericht (**Abwälzungswirkung, Devolutiveffekt**) und zur Aufschiebung des Eintritts der formellen Rechtskraft (**Hemmungswirkung, Suspensiveffekt**). Solche Rechtsmittel sind die **Berufung, Revision** und **Beschwerde** als sofortige Beschwerde oder Rechtsbeschwerde.

Diese Rechtsmittel der ZPO finden in **Familiensachen** und in den **Angelegenheiten der** **1190** **freiwilligen Gerichtsbarkeit keine Anwendung** mehr. Das am 1.1.2009 in Kraft getretene FamFG kennt nur noch die Beschwerde nach §§ 58 ff. FamFG und die Rechtsbeschwerde nach §§ 70 ff. FamFG.

Keine Rechtsmittel, aber **Rechtsbehelfe** sind das **Abhilfeverfahren wegen Verletzung** **1191** rechtlichen Gehörs, § 321 a ZPO, der **Einspruch** nach § 338 ZPO, die **Nichtigkeits- und Restitutionsklage** gemäß §§ 578 ff. ZPO und die **Erinnerung** nach §§ 573, 766 ZPO. Hier führt die Anfechtung nicht zu einer Nachprüfung in höherer Instanz.

II.   Umfang der Nachprüfung

1.   Prüfungsumfang allgemein

Die **Nachprüfung** erstreckt sich entweder ausschließlich auf die **Rechtsanwendung** **1192** ohne erneute Überprüfung des Sachverhalts wie bei Revision, §§ 545 ff. ZPO, und Rechtsbeschwerde, § 576 ZPO, oder auf die Entscheidung in **tatsächlicher und rechtlicher Hinsicht** wie bei sofortiger Beschwerde, § 571 Abs. 2 ZPO, und – eingeschränkt – bei Berufung, §§ 513, 529 ZPO.

2.   Tatsachengrundlage in Berufung, Revision und Beschwerde

a)   Berufung

aa) **Grundsatz: Bindung an erstinstanzliche Feststellungen.** Die Berufungsinstanz ist **1193** keine „zweite Tatsacheninstanz", sondern ein Instrument der **Fehlerkontrolle.** Das Berufungsgericht hat seiner Entscheidung daher grundsätzlich die vom Gericht des ersten Rechtszuges festgestellten Tatsachen zugrunde zu legen, § 529 Abs. 1 Nr. 1, HS 1 ZPO.

bb) **Ausnahme: Konkrete Anhaltspunkte für Fehler.** Lediglich das Vorliegen konkreter **1194** Anhaltspunkte für **Zweifel an der Richtigkeit oder Vollständigkeit der entscheidungserheblichen Feststellungen** durch das Erstgericht gebietet eine **erneute Feststellung** von Tatsachen, § 529 Abs. 1 Nr. 1, HS 2 ZPO. Nur dann darf das Berufungsgericht **erneut** oder **ergänzend** Tatsachen durch **Beweisaufnahme** feststellen. Der Rechtsmittelführer ist deshalb auch verpflichtet, bereits in seiner Berufungsbegründung solche konkreten Anhaltspunkte zu bezeichnen, § 520 Abs. 3 Satz 2 Nr. 3 ZPO. Er muss die **Rechtsfehler der erstinstanzlichen Feststellungen** in der Weise darlegen, dass der Erstrichter einen Beweisantrag übergangen, die Beweiserhebung unzutreffend durchgeführt oder bei der Beweiswürdigung durch Zugrundelegung eines falschen Beweismaßes, durch unvollständige Berücksichtigung aller Umstände oder Verstoß gegen Erfahrungssätze oder Regeln der Logik Fehler begangen hat.

1195 cc) **Neuer Tatsachenvortrag.** Neben der Möglichkeit der Ergänzung oder Korrektur erstinstanzlicher Tatsachenfeststellungen stellt sich die Frage, ob und in welchem Umfang das Berufungsgericht **neu vorgebrachte Tatsachen** der Parteien seiner Entscheidung zugrunde legen darf. Auch insoweit können sich dann von der ersten Instanz abweichende Tatsachenfeststellungen ergeben. Zusammenfassend (vgl. Rn. 790) gilt Folgendes: Neue Tatsachen können nur vorgebracht werden, wenn sie **nicht** bereits **in erster Instanz zu Recht präkludiert** worden sind, § 531 Abs. 1 ZPO. Darüber hinaus sind nur solche Tatsachen in der Berufung berücksichtigungsfähig, die nach §§ 520, 521 Abs. 2 ZPO in der Berufungsinstanz **rechtzeitig vorgebracht** worden sind, andernfalls sind sie zu präkludieren, § 530 ZPO.

Unter diesen Voraussetzungen ist neuer Tatsachenvortrag der Parteien nur dann zuzulassen, wenn er einen **in erster Instanz vom Gericht übersehenen** oder für **unerheblich gehaltenen Gesichtspunkt** betrifft, wenn er **infolge eines Verfahrensmangels der ersten Instanz nicht geltend gemacht** wurde oder im ersten Rechtszug **ohne Nachlässigkeit der Partei noch gar nicht geltend gemacht** werden konnte, § 531 Abs. 2 ZPO.

b) Revision

1196 aa) **Prozessstoff.** In der Revisionsinstanz bilden das aus dem **Berufungsurteil** oder aus dem **Sitzungsprotokoll** ersichtliche Parteivorbringen, § 559 Abs. 1 ZPO, sowie die **Feststellungen** des Berufungsgerichts über Wahrheit oder Unwahrheit einer tatsächlichen Behauptung die Grundlage für die zu überprüfende Rechtsanwendung, es sei denn, es ist in Bezug auf die Feststellung ein zulässiger und begründeter Revisionsangriff erhoben, § 559 Abs. 2 ZPO. Solche Tatsachen sind in der Revisionsbegründung anzugeben, § 551 Abs. 3 Nr. 2 b ZPO.

bb) **Neue Tatsachen.** Neues Vorbringen darf in der Revisionsinstanz grundsätzlich nicht berücksichtigt werden. **Ausnahmen** gelten für Tatsachen, die die Zulässigkeit der Revision selbst oder des Verfahrens betreffen und für Tatsachen, die zur Begründung einer Verfahrensrüge rechtzeitig vorgetragen sind. Materiell-rechtlich bedeutsame Tatsachen, die erst nach der letzten mündlichen Verhandlung in der Berufungsinstanz eingetreten sind, dürfen im Revisionsverfahren beachtet werden, wenn sie unstreitig oder ohnehin von Amts wegen zu beachten sind und schützenswerte Belange der Gegenpartei nicht entgegenstehen (st. Rspr., BGH MDR 2002, 409).

c) Beschwerde

1197 Eine Beschränkung des Tatsachenvorbringens findet bei der **sofortigen Beschwerde** nicht statt. Die Beschwerdeinstanz bleibt **vollständige Tatsacheninstanz**, § 571 Abs. 2 ZPO. Für die Rechtsbeschwerde gelten die Regelungen der Revision.

III. Allgemeine Zulässigkeitsvoraussetzungen

Das Rechtsmittelgericht darf in der Sache nur entscheiden, wenn die **Zulässigkeit des**   **1198**
Rechtsmittels gegeben ist. Andernfalls ist das Rechtsmittel als unzulässig zu verwerfen.
Zulässigkeitsvoraussetzungen sind **Statthaftigkeit, Beschwer, Beschwerdesumme** oder
Zulassung sowie **Form- und Fristwahrung.** Die konkreten Voraussetzungen variieren
bei Berufung, Revision und Beschwerde erheblich.

1. Statthaftigkeit

Statthaft ist ein Rechtsmittel, wenn es gegen eine Entscheidung dieser Art überhaupt
vorgesehen ist, d.h. stattfindet:
– **Berufung:** gegen **Endurteile im ersten Rechtszug,** § 511 Abs. 1 ZPO.
– **Revision:** gegen **Endurteile** der **Berufungsinstanz** nach Maßgabe der §§ 542 ff.
  ZPO, § 542 Abs. 1 ZPO, sofern keine Ausnahme nach § 542 Abs. 2 ZPO vor-
  liegt.
– **Sprungrevision:** gegen **Endurteile im ersten Rechtszug,** die ohne Zulassung der
  Berufung unterliegen, unter den weiteren Voraussetzungen des § 566 ZPO, § 566
  Abs. 1 Satz 1 ZPO.
– **Sofortige Beschwerde:** gegen **Entscheidungen der Amts- und Landgerichte** im
  1. Rechtszug, wenn dies im Gesetz **ausdrücklich bestimmt** ist oder es sich um
  eine Entscheidung handelt, die eine mündliche Verhandlung nicht erfordert und
  durch die ein das **Verfahren betreffendes Gesuch zurückgewiesen** worden ist, § 567
  Abs. 1 ZPO.
– **Rechtsbeschwerde:** gegen **Beschlüsse,** wenn dies im Gesetz **ausdrücklich bestimmt**
  ist oder **Zulassung** (vgl. Rn. 1208) erfolgt ist, § 574 Abs. 1 ZPO.

2. Beschwer

a) Begriff

Nur wer durch die angegriffene Entscheidung beschwert, d.h. gegenüber seinem Antrag   **1199**
durch die Entscheidung **benachteiligt** ist, und wer diese Beschwer mit dem Rechtsmittel
beseitigen will (BGH NJW-RR 1988, 959), kann ein Rechtsmittel einlegen. Die
Beschwer kann definiert werden als das **besondere Rechtsschutzinteresse** für ein
Rechtsmittel.

aa) Kläger. Er ist nur dann beschwert, wenn die angefochtene Entscheidung von
seinem in der unteren Instanz gestellten Antrag abweicht, sog. **formelle Beschwer**
(BGH NJW 2002, 212), d.h., wenn er mit seiner Klage ganz oder teilweise abgewiesen
worden ist („quantitatives oder qualitatives Minus").

bb) Beklagter. Bei ihm ist auf die **materielle Beschwer** abzustellen. Er ist bei jedem für   **1200**
ihn nachteiligen rechtskraftfähigen Inhalt der Entscheidung beschwert, und zwar ohne
Rücksicht auf die Vollstreckungsfähigkeit des Urteils und auf die in der unteren Instanz
von ihm gestellten Anträge. Er ist daher in jedem Falle seiner Verurteilung, ggf. auch
durch Anerkenntnisurteil (BGH NJW 1955, 545; OLG Koblenz NJW-RR 1993, 462),
beschwert.

b) Rechtsmittelziel

Die Klageerweiterung in der Berufungsinstanz setzt eine zulässige Berufung voraus.   **1201**
Eine solche liegt nur vor, wenn der Berufungskläger noch bei Schluss der mündlichen
Verhandlung die aus dem erstinstanzlichen Urteil folgende Beschwer **beseitigen** will.

Eine Berufung des Klägers ist danach unzulässig, wenn sie den in erster Instanz erhobenen Klageanspruch nicht wenigstens teilweise weiterverfolgt, sondern lediglich im Wege der Klageerweiterung einen neuen, bislang nicht geltend gemachten Anspruch zur Entscheidung stellt. Die bloße Erweiterung oder Änderung der Klage in zweiter Instanz kann nicht alleiniges Ziel des Rechtsmittels sein (st. Rspr., BGH FamRZ 2006, 402).

c)   **Einzelfälle**

1202   Der **Kläger** ist beschwert, wenn
– bei uneingeschränktem Antrag der Beklagte nur **Zug-um-Zug** verurteilt ist;
– bei Antrag auf Feststellung der Erledigung der Hauptsache **Klageabweisung** erfolgt;
– beim **unbezifferten Klageantrag** (z.B. Schmerzensgeld) das Urteil hinter der angegebenen Größenordnung zurückbleibt (BGH NJW 2002, 3769).
Keine Beschwer des Klägers ist gegeben, wenn
– eine günstige Entscheidung **anders begründet** worden ist, als er es erstrebt hat (vgl. BGH NJW 1994, 2697);
– der Beklagte bei unbeziffertem Schmerzensgeldantrag nur zum Mindestbetrag verurteilt wurde (BGH NJW 1999, 1339).
Der **Beklagte** ist beschwert, wenn
– die Klage als **unzulässig** statt als unbegründet abgewiesen wurde (BGHZ 28, 349), nicht aber umgekehrt;
– er gegen eine unbestrittene Gegenforderung aufrechnet, aber nur in Höhe des Betrages, zu dessen Zahlung er verurteilt ist (BGH FamRZ 2004, 1714);
– die Klage nicht endgültig, sondern nur als „zur Zeit" **unbegründet** abgewiesen ist (BGH NJW 2000, 2988).

3.   **Beschwerdesumme oder Zulassung**

1203   Der Gesetzgeber macht den Zugang zum Rechtsmittelgericht teilweise von einer **Beschwerdesumme**, teilweise von einer **Zulassung** des Rechtsmittels abhängig.

a)   **Berufung**

Die Zulässigkeit der Berufung ergibt sich entweder aus dem Erreichen der Berufungssumme oder aus der Zulassung:

1204   aa) **Berufungssumme.** Die Berufung ist nach dem Grundsatz des § 511 Abs. 2 Nr. 1 ZPO nur zulässig, wenn der **Wert des Beschwerdegegenstandes** den Betrag von 600,– € **übersteigt.** Damit wären Urteile, die bei keiner der Parteien diesen Wert der Beschwer erreichen, nicht berufungsfähig.

1205   bb) **Zulassung.** In diesen Fällen muss jedoch das Gericht des ersten Rechtszuges im Urteil die **Berufung zulassen,** wenn die Rechtssache **grundsätzliche Bedeutung** hat, die **Fortbildung des Rechts** oder die **Sicherung einer einheitlichen Rechtsprechung** eine Entscheidung des Berufungsgerichts erfordert, § 511 Abs. 2 Nr. 2, Abs. 4 ZPO.
– **Grundsätzliche Bedeutung:** Eine für den Rechtsstreit entscheidungserhebliche Rechtsfrage ist bisher höchst- bzw. obergerichtlich ungeklärt, aber klärungsbedürftig und -fähig und berührt das abstrakte Interesse der Allgemeinheit an einheitlicher Entwicklung des Rechts.
– **Fortbildung des Rechts:** Eine wichtige Rechtsfrage wird in der Literatur streitig erörtert oder soll erneut zur Entscheidung unterbreitet werden.
– **Sicherung einheitlicher Rechtsprechung:** Gerichte erster Instanz wollen voneinander oder von der Rechtsprechung eines OLG oder des BGH abweichen.

Lässt das Erstgericht die Berufung nicht zu, weil es die grundsätzliche Bedeutung der Rechtssache unter diesen Aspekten verneint, so ist dagegen **keine** Nichtzulassungsbeschwerde gegeben. Das Urteil ist **unanfechtbar**. Lässt das Erstgericht die Berufung hingegen zu, so ist das **Berufungsgericht** daran **gebunden**, § 511 Abs. 4 Satz 2 ZPO.

b) Revision

Anders als die Berufung ist die Revision nicht vom Erreichen einer Revisionssumme **1206** abhängig, sondern nur über die **Zulassung** durch das Berufungsgericht bzw. über eine erfolgreiche **Nichtzulassungsbeschwerde** beim Revisionsgericht erreichbar. Auch die Sprungrevision bedarf der **Zulassung**.

aa) Zulassung. Die Revision ist grundsätzlich nur über Zulassung erreichbar. Dabei wird sie entweder durch das **Berufungsgericht** im Urteil zugelassen oder auf eine begründete Nichtzulassungsbeschwerde hin durch das **Revisionsgericht** selbst, § 543 Abs. 1 ZPO. Sie ist zuzulassen, wenn die Rechtssache **grundsätzliche Bedeutung** hat, die **Rechtsfortbildung** oder die **Sicherung einer einheitlichen Rechtsprechung** eine Entscheidung des Revisionsgerichts erfordert, § 543 Abs. 2 Satz 1 ZPO. Hierbei gelten die für die Berufungszulassung genannten Kriterien entsprechend. An die Zulassung durch das Berufungsgericht ist das Revisionsgericht gebunden, § 543 Abs. 2 Satz 2 ZPO. Die Nichtzulassung der Revision durch das Berufungsgericht unterliegt der **Nichtzulassungsbeschwerde**, § 544 ZPO. Nach § 26 Nr. 8 EGZPO gilt dies bis zum 31.12.2011 nur mit der Maßgabe, dass der Wert der Beschwer **20.000,– €** übersteigt, sofern nicht das Berufungsgericht die Berufung als unzulässig verworfen hat.

bb) Sprungrevision. Unter **Übergehung der Berufungsinstanz** findet Sprungrevision **1207** statt, wenn das Revisionsgericht die Sprungrevision **zulässt** und der Gegner in die Übergehung der Berufungsinstanz **einwilligt**, § 566 Abs. 1 ZPO. Sie ist nur zuzulassen, wenn die Rechtssache **grundsätzliche Bedeutung** hat, die **Rechtsfortbildung** oder die **Sicherung einer einheitlichen Rechtsprechung** eine Entscheidung des Revisionsgerichts erfordert, § 566 Abs. 4 ZPO.

c) Beschwerde

Die Beschwerde gegen Beschlüsse, aber auch gegen Zwischenurteile (z.B. gemäß §§ 142 **1208** Abs. 2 Satz 2, 144 Abs. 2 Satz 2, 387 ZPO), findet als sofortige Beschwerde, § 567 ZPO, oder als Rechtsbeschwerde, § 574 ZPO, statt. In beiden Fällen kann die Zulässigkeit auf eine entsprechende gesetzliche Bestimmung zurückgehen. Die sofortige Beschwerde erfordert in bestimmten Fällen jedoch noch das Erreichen einer **Beschwerdesumme**, die Rechtsbeschwerde kann aber auch durch **Zulassung** eröffnet werden:

aa) Sofortige Beschwerde. Gegen **Beschlüsse** über eine **Kostentragungspflicht**, etwa nach § 104 ZPO, ist sie zulässig, wenn der **Wert des Beschwerdegegenstands mehr als 200,– €** beträgt, § 567 Abs. 2 ZPO. Bei Kostengrundentscheidungen nach §§ 91 a Abs. 2, 99 Abs. 2 und 269 Abs. 3 ZPO ist es darüber hinaus erforderlich, dass auch in der Hauptsache ein Rechtsmittel gegeben wäre.

bb) Rechtsbeschwerde. Ist ihre Zulässigkeit nicht ausdrücklich im Gesetz bestimmt, **1209** § 574 Abs. 1 Nr. 1 ZPO, so kann sie auch durch das Beschwerdegericht, das Berufungsgericht oder das OLG im ersten Rechtszug **zugelassen** werden, § 574 Abs. 1 Nr. 2 ZPO. In beiden (!) Fällen ist erforderlich, dass die Rechtssache **grundsätzliche Bedeutung** hat oder die Rechtsfortbildung oder die Sicherung einer einheitlichen Rechtsprechung eine Entscheidung des Rechtsbeschwerdegerichts erfordert, § 574 Abs. 2 und 3 Satz 1 ZPO.

4. Formerfordernisse

1210   Die Einlegung der Rechtsmittel hat in besonderer Form zu erfolgen, nämlich durch Einreichung einer **Rechtsmittelschrift**, §§ 519, 549, 569 Abs. 2, 575 Abs. 1 ZPO. Hiervon ist die Rechtsmittelbegründungschrift zu unterscheiden (vgl. Rn. 1242, 1253, 1263, 1320).

a) Berufungsschrift

1211   Die Berufungsschrift ist ein **bestimmender Schriftsatz**. Sie muss die **Bezeichnung des angefochtenen Urteils** und die **Erklärung** enthalten, dass gegen dieses Urteil **Berufung** eingelegt werde, § 519 Abs. 2 ZPO. Gleichzeitig soll eine Ausfertigung oder beglaubigte Abschrift dieses Urteils eingereicht werden, § 519 Abs. 3 ZPO. Es gelten die allgemeinen Vorschriften über vorbereitende Schriftsätze, §§ 519 Abs. 4, 129 ZPO. Erforderlich ist daher die Bezeichnung der **Parteien** und deren **Parteirolle** (BGH NJW-RR 2006, 284), die **eigenhändige Unterschrift** eines zugelassenen **Rechtsanwalts**, bei Übermittlung durch ein Telefax die Wiedergabe der Unterschrift in der Kopie, § 130 Nr. 6 ZPO. Die Berufungsschrift ist beim **Berufungsgericht** einzureichen, § 519 Abs. 1 ZPO.

b) Revisionsschrift

1212   Die Revision wird durch Einreichung der Revisionsschrift beim **BGH** eingelegt. Sie muss ebenfalls die **Bezeichnung** des angefochtenen Urteils und die **Erklärung** enthalten, dass gegen dieses Urteil Revision eingelegt werde, § 549 Abs. 1 ZPO. Im Übrigen gelten die allgemeinen Vorschriften wie für die Berufungsschrift. Bei der **Nichtzulassungsbeschwerde** ist eine Beschwerdeschrift beim BGH einzureichen, mit der eine Ausfertigung oder beglaubigte Abschrift des Urteils, gegen das Revision eingelegt wird, vorgelegt werden soll, § 544 Abs. 1 Satz 3 ZPO.

c) Beschwerdeschrift

1213   aa) Die **sofortige Beschwerde** erfordert die Einreichung einer Beschwerdeschrift beim **Gericht**, welches die angefochtene Entscheidung **erlassen hat**, oder beim **Beschwerdegericht**, § 569 Abs. 1 Satz 1, Abs. 2 Satz 1 ZPO. Sie hat gleichfalls die angefochtene Entscheidung zu bezeichnen und muss die Einlegung der Beschwerde deutlich machen, § 569 Abs. 2 Satz 2 ZPO. Sie kann aber **auch zu Protokoll der Geschäftsstelle** eingelegt werden, wenn der Rechtsstreit im ersten Rechtszug **kein Anwaltsprozess** ist, die Beschwerde die **Prozesskostenhilfe** betrifft oder von einem Zeugen, Sachverständigen oder **Dritten** erhoben wird, § 569 Abs. 3 ZPO.
bb) Die **Rechtsbeschwerde** wird durch Einreichung einer Beschwerdeschrift beim **Rechtsbeschwerdegericht** erhoben, § 575 Abs. 1 Satz 1 ZPO. Neben der Bezeichnung der angefochtenen Entscheidung und der Erklärung, dass Rechtsbeschwerde eingelegt wird, soll eine Ausfertigung oder Abschrift der Entscheidung beigelegt werden, § 575 Abs. 1 Satz 2, 3 ZPO.

5. Rechtsmittelfristen

1214   Das Rechtsmittel kann nur innerhalb einer bestimmten Frist eingelegt werden. Die Rechtsmittelfristen sind nicht abkürzbare **Notfristen**, bei Versäumung gibt es ggf. Wiedereinsetzung in den vorigen Stand, §§ 224 Abs. 1, 233 ZPO.

a) Berufungsfrist

1215   Sie beträgt **einen Monat ab Zustellung** des in vollständiger Form abgefassten Urteils. Ist nicht oder nicht wirksam zugestellt, beginnt die Berufungsfrist **spätestens 5 Monate**

nach **Verkündung** des Urteils gemäß § 517 ZPO. Dies gilt auch bei fehlerhafter Verkündung (BGH NJW 1999, 143). Wird innerhalb der Berufungsfrist ein Urteil nach § 321 ZPO durch nachträgliche Entscheidung ergänzt, beginnt die Berufungsfrist für das erste Urteil **und** das Ergänzungsurteil erst mit Zustellung des Ergänzungsurteils, § 518 ZPO.

b) Revisionsfrist

Die Regelung des § 517 ZPO für die Berufungsfrist gilt für die Revisionsfrist in gleicher **1216** Weise, also 1 Monat ab Zustellung des Berufungsurteils, spätester Beginn jedoch 5 Monate seit Verkündung, § 548 ZPO. Sie gilt auch für die Einlegung der Sprungrevision, §§ 566 Abs. 2 Satz 2, 548 ZPO.

Auch die **Nichtzulassungsbeschwerde** kann nur binnen 1 Monats seit Zustellung des Urteils, spätestens aber bis zum Ablauf von 6 Monaten nach der Verkündung des Urteils eingelegt werden, § 544 Abs. 1 Satz 2 ZPO.

c) Frist für sofortige Beschwerde

Die Frist für die Einlegung einer sofortigen Beschwerde beträgt **2 Wochen ab Zustel-** **1217** **lung** der anzufechtenden Entscheidung, sie beginnt spätestens aber mit Ablauf von 5 Monaten nach Verkündung der Entscheidung, § 569 Abs. 1 Satz 1, 2 ZPO. Bei sofortiger Beschwerde des Antragstellers gegen ablehnende **PKH-Entscheidungen** beträgt die Notfrist **1 Monat** seit **Zustellung** des Beschlusses, § 127 Abs. 2 Satz 3 ZPO. Für die Staatskasse beginnt diese Frist von 1 Monat mit der **Bekanntgabe** der PKH-Bewilligung, § 127 Abs. 3 Satz 3 ZPO und ist nur bis zu 3 Monaten ab Verkündung bzw. Übermittlung an die Geschäftsstelle statthaft, § 127 Abs. 3 Satz 4, 5 ZPO.

d) Frist für Rechtsbeschwerde

Die Rechtsbeschwerde ist **binnen 1 Monats nach Zustellung** des Beschlusses einzu- **1218** legen, § 575 Abs. 1 Satz 1 ZPO.

IV. Instanzenzug bei Anfechtung von Urteilen

1. Rechtsmittelgerichte bei Entscheidungen des Amtsgerichts

a) Landgericht

Für Berufungen und Beschwerden gegen **Entscheidungen** der **Amtsgerichte** ist das **1219** **Landgericht** zuständig, soweit nicht ausnahmsweise eine Zuständigkeit des Oberlandesgerichts (**OLG**) gegeben ist, § 72 GVG.

b) Oberlandesgericht

Eine Zuständigkeit des **OLG** besteht für Rechtsmittel gegen Entscheidungen der **Amts-** **1220** **gerichte** in zwei Fällen der Beschwerde gegen:
– Entscheidungen der **Familiengerichte**, § 119 Abs. 1 Nr. 1 a GVG;
– Entscheidungen in Angelegenheiten der freiwilligen Gerichtsbarkeit mit Ausnahme der Freiheitsentziehungssachen und der von den Betreuungsgerichten entschiedenen Sachen, § 119 Abs. 1 Nr. 1 b GVG.

c)   Bundesgerichtshof

1221   Wird gegen ein Urteil des Amtsgerichts **Sprungrevision** nach § 566 ZPO oder Sprungs-
rechtsbeschwerde nach § 75 FamFG eingelegt, so ist der Bundesgerichtshof zuständig,
§ 133 GVG.

2.   Rechtsmittelgerichte bei Entscheidungen des Landgerichts

a)   Oberlandesgericht

1222   Für **Berufungen** und **Beschwerden** gegen Entscheidungen der **Landgerichte** ist das **OLG**
zuständig, § 119 Abs. 1 Nr. 2 GVG.

b)   Bundesgerichtshof

1223   Für die **Sprungrevision** gegen ein erstinstanzliches **landgerichtliches Urteil** ist wiederum
der **BGH** zuständig, § 133 GVG. Soweit das Landgericht als **Beschwerdegericht** über
Beschlüsse des Amtsgerichts oder als **Berufungsgericht** durch Beschluss entscheidet, ist
für eine dagegen gerichtete **Rechtsbeschwerde** auch der **BGH** zuständig, § 133
GVG.

3.   Rechtsmittelgericht bei Entscheidungen des Oberlandesgerichts

1224   Für die **Revision** gegen Berufungsentscheidungen des Landgerichts und des OLG und
die **Rechtsbeschwerde** gegen Beschwerdeentscheidungen des OLG sowie für Erstrechts-
mittel gegen Beschlüsse des OLG in erster Instanz (z.B. in Fällen des § 1062 Abs. 1
ZPO) ist der **BGH** zuständig, § 133 GVG.

V.   Begründetheit des Rechtsmittels

1225   Das Rechtsmittelgericht darf erst nach Feststellung der Zulässigkeit des Rechtsmittels
prüfen, ob die angefochtene Entscheidung richtig oder unrichtig ist. Dabei muss es **im
Rahmen des Antrags des Rechtsmittelklägers** entscheiden, §§ 528, 557 Abs. 1 ZPO. Es
darf nicht mehr und nichts anderes zusprechen als der Rechtsmittelkläger beantragt
hat. Es darf auch die angefochtene Entscheidung **nicht zum Nachteil des Rechtsmittelklägers abändern**, sofern der Gegner nicht seinerseits ein Rechtsmittel eingelegt hat,
sog. **Verbot der „reformatio in peius".**

VI.   Die Anschließung

1226   Will oder kann eine Partei nicht **selbstständig ein Rechtsmittel gegen die auch ihn
beschwerende Entscheidung** einlegen, so ermöglicht ihm das Gesetz, sich dem eingelegten Rechtsmittel des Gegners **unselbstständig anzuschließen**, §§ 524, 554, 567
Abs. 3, 574 Abs. 4 ZPO. Damit kann auch der Gegner eine **volle Überprüfung** der
angefochtenen Entscheidung und deren **Abänderung auch zu seinen Gunsten** und zu
Lasten des Hauptrechtsmittelführers erreichen. Die Anschließung ist aber nicht selbst
Rechtsmittel, sondern nur ein Antrag innerhalb des fremden Rechtsmittels und kann
sich deshalb nicht gegen einen am Verfahren bisher nicht beteiligten Dritte richten
(BGH NJW-RR 2000, 1114).
Die Anschließung erfolgt – außer bei der sofortigen Beschwerde – durch Einreichung
einer **begründeten Anschlussschrift** beim Rechtsmittelgericht, das ist Zulässigkeits-
voraussetzung, §§ 524 Abs. 3, 554 Abs. 3, 574 Abs. 4 Satz 2 ZPO. Sie ist auch nach

Ablauf eigener Rechtsmittelfrist, nach Verzicht auf das Rechtsmittel oder bei Nichtzulassung des Rechtsmittels noch möglich. Sie ist aber **binnen 1 Monats** nach Zustellung der **Revisions- bzw. Rechtsbeschwerdebegründung** des Gegners, §§ 554 Abs. 2 Satz 2, 574 Abs. 4 Satz 1 ZPO, bzw. bis zum Ablauf der gesetzten Berufungserwiderungsfrist, § 524 Abs. 2 Satz 2 ZPO, einzulegen, während bei der sofortigen Beschwerde keine Frist besteht, § 567 Abs. 3 Satz 1 ZPO.

Die Anschließung **verliert ihre Wirkung,** wenn die Berufung bzw. Revision des Hauptrechtsmittelführers **zurückgenommen, verworfen** oder durch Beschluss zurückgewiesen wird, §§ 524 Abs. 4, 554 Abs. 4 ZPO, oder wenn die sofortige Beschwerde oder Rechtsbeschwerde zurückgenommen oder als unzulässig verworfen wird, §§ 574 Abs. 4 Satz 3, 567 Abs. 3 Satz 2 ZPO. Will der Rechtsmittelgegner dies vermeiden, muss er rechtzeitig ein eigenes Rechtsmittel einlegen.

VII. Verzicht und Rücknahme bei Rechtsmitteln

1. Rechtsmittelverzicht

Der Verzicht auf ein Rechtsmittel ist unwiderrufliche und unanfechtbare **Prozesshandlung** (BGH FamRZ 1994, 300). Die Wirksamkeit des Verzichts auf ein Rechtsmittel ist nicht davon abhängig, dass der Gegner den Verzicht angenommen hat, §§ 515, 565 ZPO. Durch Verzicht – vor oder nach Einlegung des Rechtsmittels – wird das **Rechtsmittel unzulässig;** es ist als unzulässig zu verwerfen, falls es dennoch eingelegt wird. **1227**

2. Rechtsmittelrücknahme

Die Rücknahme einer eingelegten Berufung oder Revision ist ebenfalls **Prozesshandlung** und daher dem Gericht gegenüber in **mündlicher Verhandlung** oder durch Einreichung eines **Schriftsatzes** zu erklären, §§ 516 Abs. 2, 565 ZPO. Sie ist bis zur **Verkündung des Berufungs- bzw. Revisionsurteils** möglich, §§ 516 Abs. 1, 565 ZPO. Die Einwilligung des Gegners ist im Gegensatz zur Klagerücknahme, § 269 Abs. 1 ZPO, nicht erforderlich. **1228**

Die Rücknahme hat den **Verlust des eingelegten Rechtsmittels** zur Folge, §§ 516 Abs. 3 Satz 1, 565 ZPO. Solange jedoch kein Verzicht vorliegt und die Rechtsmittelfrist noch läuft, kann erneut Berufung oder Revision eingelegt werden (BGH NJW 1994, 737). Die durch das Rechtsmittel entstandenen Kosten gehen zulasten des Zurücknehmenden. Diese **Wirkungen** sind durch Beschluss **von Amts wegen** auszusprechen, §§ 516 Abs. 3 Satz 2, 565 ZPO.

2. Kapitel   Die einzelnen Rechtsmittel

I. Die Berufung

1. Wesen und Anwendungsbereich

1229   Die Berufung ist das Rechtsmittel gegen **Endurteile erster Instanz**, § 511 Abs. 1 ZPO. Sie ist nur zulässig, wenn der vom Berufungskläger glaubhaft zu machende **Beschwerdegegenstand 600,– €** übersteigt oder die Berufung vom Erstgericht wegen grundsätzlicher Bedeutung **zugelassen** worden ist, § 511 Abs. 2–4 ZPO. Keine Berufung findet gegen (echte) Versäumnisurteile statt, § 514 Abs. 1 ZPO. Gegen ein „**zweites Versäumnisurteil**", § 345 ZPO, ist jedoch Berufung zulässig, die aber nur darauf gestützt werden kann, dass ein Fall der Versäumung nicht vorgelegen habe, § 514 Abs. 2 Satz 1 ZPO. Es bedarf hier weder einer bestimmten Berufungssumme noch der Zulassung, §§ 514 Abs. 2 Satz 2, 511 Abs. 2 ZPO (vgl. Rn. 1204).

2. Berufungsbegründung

a) Weitere Zulässigkeitsvoraussetzung

1230   Der Berufungskläger muss die Berufung **begründen**, § 520 Abs. 1 ZPO. Das Vorliegen einer form- und fristgerechten Berufungsbegründung ist Zulässigkeitsvoraussetzung des Rechtsmittels. Sie kann in der **Berufungsschrift** oder in einem **gesonderten bestimmenden Schriftsatz** erfolgen, § 520 Abs. 3 Satz 1 ZPO. Die allgemeinen Vorschriften über vorbereitende Schriftsätze sind auf die Berufungsbegründung entsprechend anzuwenden, § 520 Abs. 5 ZPO.

b) Berufungsbegründungsfrist

1231   aa) **Gesetzliche Frist.** Die Berufungsbegründungsfrist beträgt **2 Monate** ab Zustellung des in vollständiger Form abgefassten Urteils. Im Falle unterbliebener oder unwirksamer Zustellung beginnt die Frist spätestens 5 Monate nach Verkündung des Urteils, § 520 Abs. 2 ZPO. In diesem Fall können also zwischen Urteilsverkündung und Eingang der Berufungsbegründung 7 Monate liegen.

1232   bb) **Fristverlängerung.** Auf **Antrag** kann die Begründungsfrist vom Vorsitzenden des Berufungsgerichts **verlängert** werden. **Willigt der Gegner ein**, kann die Fristverlängerung 1 Monat übersteigen. Willigt er **nicht** ein, so kann der Vorsitzende die Frist dennoch um **bis zu 1 Monat** verlängern, wenn der Rechtsstreit durch die Verlängerung **nicht verzögert** wird oder der Antragsteller **erhebliche Gründe** darlegt, § 520 Abs. 2 Satz 2, 3 ZPO. Erhebliche Gründe sind anwaltliche Arbeitsüberlastung, Urlaub des Anwalts oder der Partei (BGH NJW-RR 2000, 799), Mandatserteilung kurz vor Fristablauf, Vergleichsverhandlungen oder notwendige Rücksprache mit der Partei, die nicht kurzfristig erfolgen kann (BGH NJW 2001, 3552). Über den Verlängerungsantrag wird durch **Verfügung** (BGH NJW-RR 1990, 68) entschieden. Der Antrag unterliegt dem Anwaltszwang, er muss vor Ablauf der Begründungsfrist gestellt werden. Auf verspätet eingehenden Antrag kann keine Fristverlängerung gewährt werden, weil bereits Rechtskraft eingetreten ist (BGH NJW 1992, 842).

c) Notwendiger Inhalt der Berufungsbegründungsschrift

1233   Die Berufungsbegründung muss nach § 520 Abs. 3 ZPO vier Angaben enthalten:
– **Nr. 1: Berufungsanträge.** Der Berufungskläger muss angeben, inwieweit das Urteil angefochten wird und welche Abänderungen beantragt werden. Nur hieraus ergibt

sich der Prüfungsumfang des Berufungsgerichts, § 528 ZPO. Teilanfechtung ist möglich. Werden die Anträge nicht fristgemäß eingereicht, ist die Berufung insgesamt unzulässig.

– **Nr. 2: Rechtsverletzung.** Der Berufungskläger muss die Umstände angeben, aus denen sich die Rechtsverletzung und deren Erheblichkeit für die angefochtene Entscheidung ergeben. Die Rechtsverletzung kann ein Verfahrensfehler oder die unrichtige Anwendung materiellen Rechts sein.

– **Nr. 3: Unrichtige Tatsachenfeststellungen.** Erforderlich ist die Bezeichnung konkreter Anhaltspunkte, die Zweifel an der Richtigkeit oder Vollständigkeit der Tatsachenfeststellung im angefochtenen Urteil begründen und deshalb eine erneute Feststellung gebieten, § 529 Abs. 1 Nr. 1 ZPO (vgl. Rn. 1194).

– **Nr. 4: Neues Vorbringen.** Der Berufungskläger muss neue Angriffs- und Verteidigungsmittel mit deren Zulassungsgrund und den zugrunde liegenden Tatsachen bereits hier vorbringen, will er deren Berücksichtigung nach § 529 Abs. 1 Nr. 2 aufgrund Zulassung nach § 531 Abs. 2 ZPO (vgl. Rn. 1195) erreichen.

3. Zulässigkeitsprüfung und Verwerfung

Die Entscheidung über die Begründetheit der Berufung setzt ihre Zulässigkeit voraus, weshalb das Berufungsgericht sie zunächst prüft, § 522 Abs. 1 Satz 1 ZPO. Die Zulässigkeitsprüfung erstreckt sich von Amts wegen auf die Zuständigkeit des angerufenen Gerichts, die Statthaftigkeit der Berufung, die Einlegung durch den Berechtigten, die Beschwer, das Erreichen der Berufungssumme oder die Zulassung und auf Frist und Form der Berufungsschrift und der Begründung. Erweist sich die Berufung als **zulässig,** so kann dies vorab durch Beschluss oder nach mündlicher Verhandlung durch Zwischenurteil, andernfalls in den Gründen des Endurteils festgestellt werden. Andernfalls wird sie **als unzulässig verworfen,** § 522 Abs. 1 Satz 2 ZPO. Die **Verwerfung** erfolgt ohne mündliche Verhandlung durch **Beschluss,** sonst durch Endurteil, § 522 Abs. 1 Satz 3 ZPO.

1234

4. Vorabprüfung und Zurückweisung

Ist die Berufung zulässig, in der Sache aber **ohne Erfolg,** so kann das Berufungsgericht die Berufung nach § 522 Abs. 2 ZPO ohne mündliche Verhandlung unter folgenden Voraussetzungen **unverzüglich zurückweisen:**

1235

– **Nr. 1:** Die Berufung hat **keine Erfolgsaussicht;** sie muss nicht offensichtlich sein (OLG Celle NJW 2002, 2800).

– **Nr. 2:** Die Rechtssache hat **keine grundsätzliche Bedeutung.** Obwohl das Erstgericht die Zulassung der Berufung auf die grundsätzliche Bedeutung der Rechtssache stützt und das Berufungsgericht an diese Zulassung gebunden ist, § 511 Abs. 4 ZPO, darf das Berufungsgericht die grundsätzliche Bedeutung der Rechtssache abweichend beurteilen.

– **Nr. 3: Rechtsfortbildung** oder **Sicherung einheitlicher Rechtsprechung** erfordern eine Entscheidung des Berufungsgerichts **nicht.** Auch insoweit darf sich das Berufungsgericht eine eigene, ggf. abweichende Überzeugung bilden.

Zu beachten ist, dass die Kammer- bzw. Senatsentscheidung **einstimmig** erfolgen muss, § 522 Abs. 2 Satz 1 ZPO. Vor Zurückweisung sind die Parteien auf diese Absicht **hinzuweisen,** dem Berufungsführer ist unter Fristsetzung Gelegenheit zur Stellungnahme zu geben, § 522 Abs. 2 Satz 2 ZPO. Sind die Zurückweisungsgründe nicht bereits in dem Hinweis enthalten, ist der Zurückweisungsbeschluss zu **begründen,** § 522 Abs. 2 Satz 3 ZPO. Er ist **unanfechtbar,** § 522 Abs. 3 ZPO.

5.   Fortgang des Verfahrens

a)   Einzelrichter oder Kammer bzw. Senat

1236   Wird die Berufung weder verworfen noch im Vorprüfungsverfahren nach § 522 ZPO zurückgewiesen, entscheidet das Berufungsgericht über die Übertragung des Rechtsstreits auf den Einzelrichter (vgl. Rn. 378), § 523 Abs. 1 ZPO. Grundsätzlich ist der gesamte **Spruchkörper** des Berufungsgerichts zur Entscheidung in der Sache berufen. Nach § 526 Abs. 1 ZPO **kann** die Zivilkammer oder der Zivilsenat jedoch die Sache einem seiner Mitglieder als **Einzelrichter zur Entscheidung** übertragen, wenn kumulativ vier Voraussetzungen vorliegen:
- **Nr. 1:** Die angefochtene Entscheidung wurde **vom Einzelrichter erlassen**, dazu rechnet auch der Amtsrichter,
- **Nr. 2:** die Sache weist **keine besonderen Schwierigkeiten** tatsächlicher oder rechtlicher Art auf,
- **Nr. 3:** sie hat **keine** grundsätzliche Bedeutung und
- **Nr. 4:** es wurde **nicht** bereits vor dem Gremium **zur Hauptsache verhandelt**.

Vom entscheidenden Einzelrichter ist der **vorbereitende Einzelrichter** zu unterscheiden, der bereits gewisse Entscheidungsbefugnisse hat, § 527 ZPO.

b)   Terminsbestimmung

1237   Nach Klärung der Einzelrichterfrage wird unverzüglich **Termin zur Berufungsverhandlung bestimmt**, § 523 Abs. 2 ZPO.

6.   Entscheidung in der Sache

a)   Prüfungsumfang und Berufungsurteil

1238   Im Rahmen der **Berufungsanträge**, § 528 Abs. 1 ZPO, auf Grundlage des nach §§ 529 ff. ZPO vorgegebenen **Prüfungsumfangs** (vgl. Rn. 1193), entscheidet das Berufungsgericht über die Berufung nach mündlicher Verhandlung. Das **Berufungsurteil** enthält nach § 540 Abs. 1 ZPO anstelle von Tatbestand und Entscheidungsgründen die **Bezugnahme auf die tatsächlichen Feststellungen im angefochtenen Urteil** mit Darstellung etwaiger Änderungen oder Ergänzungen und eine **kurze Begründung** für die Abänderung, Aufhebung oder Bestätigung der Entscheidung.

b)   Entscheidungsmöglichkeiten

1239   aa) **Erfolglose Berufung.** Im Tenor des Urteils wird die unzulässige Berufung **verworfen**, die unbegründete Berufung wird **zurückgewiesen**. Die Kostenentscheidung erfolgt nach § 97 ZPO.

1240   bb) **Abänderung, Aufhebung oder Zurückverweisung.** Ist die Berufung zulässig und begründet, enthält die Entscheidungsformel zwei Aussprüche:
- **Aufhebung oder Abänderung der Entscheidung der Vorinstanz.** Soweit die angefochtene Entscheidung unrichtig ist, ist sie aufzuheben; soweit sich die Unrichtigkeit auf einen Teil beschränkt, ist die Entscheidung abzuändern.
- **Eigene Sachentscheidung oder Zurückverweisung.** Nach dem **Grundsatz des** § 538 Abs. 1 ZPO hat das Berufungsgericht nach Erhebung der notwendigen Beweise die Sache **selbst zu entscheiden.** Lediglich bei Vorliegen einer in § 538 Abs. 2 Nr. 1–7 ZPO abschließend aufgezählten **Fallgruppe** darf das Berufungsgericht die Sache unter Aufhebung des Urteils und des Verfahrens **an das Gericht des ersten Rechtszuges** zurückverweisen, soweit die **weitere Verhandlung erforderlich** ist und eine

Partei die Zurückverweisung **beantragt**, § 538 Abs. 2 ZPO. Nur bei angefochtenem Teilurteil, § 301 ZPO, kann auch ohne Parteiantrag zurückverwiesen werden.

II. Die Revision

1. Wesen und Anwendungsbereich

Die Revision ist das Rechtsmittel gegen die **Endurteile der Berufungsinstanz,** § 542 **1241** Abs. 1 ZPO, sofern sie durch das Berufungsgericht oder auf Nichtzulassungsbeschwerde hin durch das Revisionsgericht zugelassen ist, § 543 ZPO (vgl. Rn. 1206).

2. Revisionsbegründung

a) Zulässigkeitsvoraussetzung

Auch für die Revision ist die rechtzeitige Vorlage einer **Revisionsbegründungsschrift** **1242** Zulässigkeitsvoraussetzung, § 551 Abs. 1, 2 Satz 1 ZPO. Es gelten die allgemeinen Vorschriften.

b) Revisionsbegründungsfrist

Die gesetzliche Frist zur Revisionsbegründung beträgt **2 Monate ab Zustellung** des in **1243** vollständiger Form abgefassten Berufungsteils; die Frist beginnt jedoch spätestens 5 Monate nach dessen Verkündung, § 551 Abs. 2 Satz 2, 3 ZPO. Auf Antrag kann der Vorsitzende mit Einwilligung des Gegners die Frist verlängern, ohne dessen Einwilligung bis zu **2 Monate**, wenn nach seiner freien Überzeugung keine Verzögerung eintritt oder erhebliche Gründe dargelegt werden. Im Falle der Verzögerung der Aktenvorlage an den Revisionskläger kommt eine weitere Verlängerung um 2 Monate nach Übersendung der Akten in Betracht, § 551 Abs. 2 Satz 5, 6 ZPO.

c) Notwendiger Inhalt

Der notwendige Inhalt der Revisionsbegründung folgt aus § 551 Abs. 3 ZPO: **1244**
- **Nr. 1: Revisionsanträge.** Der Revisionskläger hat zu erklären, inwieweit das Berufungsurteil angefochten und dessen Aufhebung beantragt werde. Diese Anträge bilden den Entscheidungsrahmen des Gerichts, § 557 Abs. 1 ZPO.
- **Nr. 2: Revisionsgründe.** Der Revisionskläger hat die Umstände bestimmt zu bezeichnen, aus denen sich die behauptete Rechtsverletzung ergibt; soweit eine Verfahrensverletzung behauptet wird, sind die Tatsachen zu bezeichnen, die den Verfahrensmangel ergeben. Die Revision kann nur darauf gestützt werden, dass die Entscheidung auf der **Verletzung einer Rechtsnorm des Bundes- oder Landesrechts** beruht, nicht jedoch auf die Unzuständigkeit des erstinstanzlichen Gerichts, § 545 Abs. 1, 2 ZPO. Bei Zulassung der Revision aufgrund Nichtzulassungsbeschwerde kann zur Revisionsbegründung auf die Beschwerdebegründung Bezug genommen werden, § 551 Abs. 3 Satz 2 ZPO.

3. Zulässigkeitsprüfung und Verwerfung

Das Revisionsgericht hat von Amts wegen die Statthaftigkeit der Revision, die Ein- **1245** haltung von Form und Fristen sowie das Vorliegen einer ordnungsgemäßen Revisionsbegründung zu prüfen. Fehlt es an einer Zulässigkeitsvoraussetzung, so ist die Revision als **unzulässig zu verwerfen,** § 552 Abs. 1 ZPO. Die Verwerfung kann als Beschluss ergehen, § 552 Abs. 1 ZPO.

4. Entscheidung in der Sache

a) Prüfungsumfang

1246 Die **Revisionsanträge** bilden den Rahmen für die revisionsrechtliche Prüfung, § 557 Abs. 1 ZPO. Grundlage der Revisionsprüfung ist das aus dem Berufungsurteil oder Sitzungsprotokoll ersichtliche Parteivorbringen und die zur Begründung von Verfahrensrügen vorgetragenen Tatsachen, § 559 Abs. 1 ZPO. Neben dem Berufungsurteil unterliegen der Beurteilung des Revisionsgerichts auch die noch nicht unanfechtbar gewordenen Entscheidungen, die dem Endurteil vorausgegangen sind, § 557 Abs. 2 ZPO. Nach der Prüfung der Zulässigkeit der Revision ergibt sich folgende **Prüfungsreihenfolge** des Revisionsgerichts:
Zulässigkeit des bisherigen Verfahrens, d.h. **Zulässigkeit der Berufung** (BGH NJW 2001, 226) und das **Berufungsurteils**, z.B. unzulässiges Grundurteil (BGH NJW 2000, 664), Verstoß gegen das Verschlechterungsverbot, widersprüchliches Berufungsurteil (BGH NJW-RR 2001, 1351), Vorliegen der unverzichtbaren **Sachurteilsvoraussetzungen**, § 557 Abs. 3 Satz 2 ZPO, Prüfung der **Verfahrensrügen** und der **Rechtsanwendung** (Revisionsgründe), wobei das Revisionsgericht an die **erhobenen Revisionsrügen nicht gebunden** ist, § 557 Abs. 3 Satz 1 ZPO.

b) Revisionsgründe

1247 Eine revisible **Rechtsverletzung** liegt vor, wenn eine **Rechtsnorm** des Bundes- oder Landesrechts, auf der die **angefochtene Entscheidung beruht, nicht oder nicht richtig angewandt** worden ist, §§ 545 Abs. 1, 546 ZPO. Bei bestimmten Rechtsverletzungen des § 547 ZPO (**absolute Revisionsgründe**), wird die **Ursächlichkeit** der Gesetzesverletzung für das Urteil **unwiderleglich vermutet.**

c) Entscheidungsmöglichkeiten

1248 aa) **Erfolglose Revision.** Ist die Revision unbegründet, so ist sie durch Urteil **zurückzuweisen.** Dies kann der Fall sein, wenn sie auf Verletzung nicht revisiblen Rechts i.S.d. § 545 Abs. 1 ZPO gestützt wird, die gerügte Rechtsverletzung nicht besteht, wenn das Urteil nicht auf der Rechtsverletzung beruht oder zwar eine Rechtsverletzung besteht, auf der das Urteil auch beruht, dieses aber aus anderen Gründen als richtig anzusehen ist, § 561 ZPO.

1249 bb) **Aufhebung.** Wird die Revision für begründet erachtet, ist das angefochtene **Urteil aufzuheben,** bei Verfahrensmängeln ggf. auch das **Verfahren,** soweit es durch den Mangel betroffen wird, § 562 ZPO.

1250 cc) **Zurückverweisung oder eigene Sachentscheidung.** Nach dem **Grundsatz** des § 563 Abs. 1 ZPO hat das Revisionsgericht die Rechtssache an das Berufungsgericht **zurückzuverweisen.** Das Berufungsgericht hat dann unter **Berücksichtigung der rechtlichen Beurteilung** des BGH erneut zu entscheiden, § 563 Abs. 1, 2 ZPO. Liegt lediglich ein **Subsumtionsfehler** vor und ist die Sache **entscheidungsreif,** muss das Revisionsgericht **selbst in der Sache entscheiden,** § 563 Abs. 3 ZPO. Es kann aber auch in diesem Fall ausnahmsweise zurückverweisen, wenn es nicht revisibles Recht i.S.d. § 545 ZPO anwenden müsste, § 563 Abs. 4 ZPO.

5. Nichtzulassungsbeschwerde

1251 Wird die Revision vom Berufungsgericht nicht zugelassen, kann **Nichtzulassungsbeschwerde (NZB)** zum Revisionsgericht erhoben werden, § 544 Abs. 1 ZPO. Sie ist innerhalb von 2 Monaten seit Zustellung des Berufungsurteils zu **begründen,** sonst innerhalb von 7 Monaten seit Verkündung, § 544 Abs. 2 Satz 1 ZPO. Die Begründung muss die **Zulassungsgründe** des § 543 Abs. 2 ZPO so enthalten, dass der BGH anhand der Beschwerdebegründung und des Berufungsurteils die Zulassungsvoraussetzungen prüfen kann (BGH NJW 2003, 65), und sie muss darüber hinaus auch die Entscheidungserheblichkeit der Rechtsfrage (BGH NJW 2003, 831) und die erstrebte Abänderung durch die Revision (BGH NJW 2002, 2720) ergeben. Die Entscheidung über die NZB ist **unanfechtbar**; wird ihr stattgegeben, ist das Verfahren als Revisionsverfahren fortzusetzen, § 544 Abs. 6 ZPO.

III. Die sofortige Beschwerde

1. Wesen und Anwendungsbereich

Die sofortige Beschwerde ist das **Rechtsmittel** zur Anfechtung von **Entscheidungen der Amts- und Landgerichte im ersten Rechtszug,** gegen die sie gesetzlich zugelassen ist, § 567 Abs. 1 Nr. 1 ZPO, oder wenn es sich um eine **Entscheidung ohne Mündlichkeitszwang** handelt, die ein das **Verfahren betreffendes Gesuch zurückweist,** § 567 Abs. 1 Nr. 2 ZPO. **1252**

> Beispiele:
> – Kostenbeschluss nach Hauptsachenerledigung, § 91 a Abs. 2 ZPO,
> – Kostenentscheidung im Anerkenntnisurteil, § 99 Abs. 2 ZPO,
> – Zurückgewiesener Prozesskostenhilfeantrag, § 127 Abs. 2 ZPO,
> – Kostenfestsetzungsbeschluss des Rechtspflegers, § 104 Abs. 3 ZPO,
> – Versagung der Bewilligung öffentlicher Zustellung, § 186 ZPO,
> – Ablehnung oder Unterlassung einer beantragten Terminsbestimmung, § 216 ZPO.

2. Beschwerdebegründung

Anders als bei Berufung und Revision ist die Begründung der Beschwerde keine Zulässigkeitsvoraussetzung, dennoch **soll** sie **begründet** werden, § 571 Abs. 1 ZPO. Nachdem eine Beschränkung des Tatsachenvorbringens nicht stattfindet, kann die Beschwerde auch auf **neue Angriffs- und Verteidigungsmittel** gestützt werden. Kein Beschwerdegrund ist jedoch die Rüge der Unzuständigkeit des erstinstanzlichen Gerichts, § 571 Abs. 2 Satz 2 ZPO. Auch können der Vorsitzende oder das Beschwerdegericht für das neue Vorbringen eine **Frist setzen** und bei Verzögerungsgefahr oder nicht genügender Entschuldigung der Verspätung den Vortrag **präkludieren**, § 571 Abs. 3 ZPO. **1253**

3. Wirkung der Beschwerde

Die sofortige Beschwerde hat **keine aufschiebende Wirkung**, es sei denn, sie richtet sich gegen die Festsetzung eines Ordnungs- oder Zwangsmittels, § 570 Abs. 1 ZPO. Es kann jedoch das Untergericht bis zur Vorlage, § 570 Abs. 2 ZPO, danach das Beschwerdegericht durch Beschluss nach freiem Ermessen die **Aussetzung des Vollzugs** anordnen, § 570 Abs. 3 ZPO. **1254**

4. Abhilfeverfahren

Nach § 572 Abs. 1 Satz 1 ZPO muss das die angefochtene Entscheidung erlassende Gericht der Beschwerde **abhelfen**, wenn es sie **für begründet hält**, solange die Entscheidung noch nicht formell rechtskräftig geworden ist. Beharrt es auf seiner Entscheidung, muss es die Beschwerde **unverzüglich** dem Beschwerdegericht **vorlegen**. Bei sofortiger Beschwerde gegen ein Zwischenurteil, z.B. § 387 Abs. 3 ZPO, oder gegen die **1255**

Nebenentscheidung eines Endurteils, z.B. § 99 Abs. 2 ZPO, ist wegen § 318 ZPO keine Abhilfe möglich, § 572 Abs. 1 Satz 2 ZPO. **Abhilfe** und **Nichtabhilfe** ergehen durch **Beschluss** (OLG Stuttgart MDR 2003, 110). Enthält die Beschwerde neues Vorbringen, so ist der Nichtabhilfe- bzw. Vorlagebeschluss kurz zu begründen (OLG Celle FamRZ 2006,1689).

5. Entscheidung durch das Beschwerdegericht

a) Einzelrichter

1256 Das Beschwerdegericht entscheidet durch eines seiner Mitglieder **originär** als **Einzelrichter,** wenn die angefochtene Entscheidung **vom Einzelrichter oder Rechtspfleger erlassen** wurde, § 568 Abs. 1 Satz 1 ZPO. Bei besonderen Schwierigkeiten tatsächlicher oder rechtlicher Art oder bei grundsätzlicher Bedeutung kann er die Sache auf das Gremium übertragen, § 568 Abs. 1 Satz 2 ZPO.

b) Verwerfung

1257 Das Beschwerdegericht prüft von Amts wegen, ob die Beschwerde **statthaft** und in gesetzlicher **Form** und **Frist** eingelegt ist. Im Falle eines solchen **Mangels** ist die sie durch Beschluss als unzulässig zu **verwerfen,** § 572 Abs. 2, 4 ZPO.

c) Zurückweisung

1258 Ist die Beschwerde unbegründet, wird sie kostenpflichtig durch Beschluss **zurückgewiesen,** §§ 572 Abs. 4, 97 Abs. 1 ZPO.

d) Abhilfe

1259 Hält das Beschwerdegericht die Beschwerde für begründet, so **entscheidet** es bei Entscheidungsreife **selbst.** Andernfalls **verweist** es die Sache an das Untergericht **zurück,** das bei erneuter Entscheidung die rechtliche Beurteilung des Beschwerdegerichts **zu berücksichtigen hat,** § 572 Abs. 3 ZPO.

6. Die Erinnerung

a) Rechtsbehelf

1260 Die Erinnerung ist ein **Rechtsbehelf,** der zur Nachprüfung einer Entscheidung **im selben Rechtszug durch dasselbe Gericht** führt. Ihr fehlt also der Devolutiveffekt. Erst gegen die im ersten Rechtszug ergangene Entscheidung des Gerichts über die Erinnerung findet die **sofortige Beschwerde** statt, § 573 Abs. 2 ZPO.

b) Fälle der Erinnerung

1261 Erinnerung ist möglich gegen Entscheidungen des ersuchten oder beauftragten Richters und des Urkundsbeamten, § 573 Abs. 1 ZPO, ferner in der Zwangsvollstreckung, § 766 ZPO. Gegen Entscheidungen des Rechtspflegers findet sie nur statt, soweit nach allgemeinen verfahrensrechtlichen Vorschriften ein Rechtsmittel nicht gegeben ist, § 11 Abs. 2 RPflG (vgl. Rn. 392).

IV. Die Rechtsbeschwerde

1. Wesen und Anwendungsbereich

Die Rechtsbeschwerde ist zulässig gegen **Beschlüsse der Beschwerde-, Berufungs- oder Oberlandesgerichte**, sofern sie im Gesetz **ausdrücklich bestimmt** ist und grundsätzliche Bedeutung der Sache, Rechtsfortbildung oder Einheitlichkeit der Rechtsprechung eine Entscheidung des Beschwerdegerichts erfordern; aus **denselben drei Gründen** kann sie im anzufechtenden Beschluss auch **zugelassen** werden, § 574 Abs. 1–3 ZPO. **1262**

2. Rechtsbeschwerdebegründung

a) Zulässigkeitsvoraussetzung

Wie bei Berufung und Revision ist neben den allgemeinen **Zulässigkeitsvoraussetzungen** für die Zulässigkeit eine **Begründung** erforderlich. Sie ist binnen **1 Monats** seit Zustellung der Entscheidung beim Beschwerdegericht vorzulegen, § 575 Abs. 2 Satz 1, 2 ZPO. Damit laufen die Fristen zur Einlegung und Begründung der Rechtsbeschwerde parallel. Die Begründungsfrist kann jedoch **verlängert** werden, §§ 575 Abs. 2 Satz 3, 551 Abs. 2 Satz 5, 6 ZPO. **1263**

b) Notwendiger Inhalt

Die Begründung muss nach § 575 Abs. 3 ZPO enthalten: **1264**
- **Nr. 1: Rechtsbeschwerdeantrag.** Das ist die Erklärung, inwieweit die Entscheidung angefochten und deren Aufhebung beantragt wird;
- **Nr. 2: Darlegung der Zulässigkeitsvoraussetzungen.** Sofern die Rechtsbeschwerde durch Gesetz vorgesehen ist, bedarf es der Darlegung, inwieweit ein besonderer Grund i.S.d. § 574 Abs. 2 ZPO vorliegt;
- **Nr. 3: Rechtsbeschwerdegründe.** Es sind die Umstände, aus denen sich die Rechtsverletzung ergibt, bestimmt zu bezeichnen, darüber hinaus sind bei behaupteter Verfahrensverletzung die Tatsachen zu bezeichnen, die den Mangel ergeben.

3. Zulässigkeitsprüfung und Verwerfung

Das Rechtsbeschwerdegericht prüft von Amts wegen die Zulässigkeitsvoraussetzungen der Rechtsbeschwerde und **verwirft** sie im Falle eines Mangels als **unzulässig**, § 577 Abs. 1 ZPO. **1265**

4. Entscheidung in der Sache

Das Rechtsbeschwerdegericht entscheidet im Rahmen der gestellten **Anträge**, wobei es an die geltend gemachten **Rechtsbeschwerdegründe nicht gebunden** ist, § 577 Abs. 2 Satz 1, 2 ZPO. Die Entscheidung ergeht durch Beschluss, § 577 Abs. 6 ZPO. Ist die Rechtsbeschwerde **unbegründet**, so ist sie **zurückzuweisen**, auch wenn zwar eine Rechtsverletzung vorliegt, die Entscheidung aber aus anderen Gründen richtig ist, § 577 Abs. 3 ZPO. Wird die Rechtsbeschwerde für **begründet** erachtet, ist die angefochtene **Entscheidung**, ggf. auch das Verfahren, **aufzuheben** und die Rechtssache zur erneuten Entscheidung unter Zugrundelegung der rechtlichen Beurteilung des Beschwerdegerichts **zurückzuverweisen**, § 577 Abs. 4 ZPO. Bei **Subsumtionsfehlern** und **Entscheidungsreife** muss das Rechtsbeschwerdegericht grundsätzlich **selbst in der Sache entscheiden**, § 577 Abs. 5 ZPO. **1266**

7. Teil   Anleitung zur Bearbeitung zivilrechtlicher Aktenstücke

1. Kapitel   Einführung in die richterliche Arbeitsmethode

I. Abgrenzung der Arbeitsweise an der Universität und in der Praxis

1. Arbeitsweise an der Hochschule

1267   Ziel juristischer Tätigkeit ist die Falllösung. Im Rahmen der universitären Ausbildung steht die sachgemäße **Anwendung des materiellen Rechts** auf einen **vorgegebenen Sachverhalt** im Vordergrund, wobei verschiedene nahe liegende rechtliche Beurteilungen auf ihre Einschlägigkeit zu prüfen sind (**Rechtsgutachten**). Wie diese „liquiden" Sachverhalte gefunden werden, braucht den Studierenden nicht zu interessieren.

2. Arbeitsweise in der Praxis

1268   Demgegenüber ist in der **anwaltlichen** wie **richterlichen** Praxis die Aufgabe vorrangig, den für die Rechtsprüfung maßgeblichen **Sachverhalt** zu **ermitteln**. Hierfür stehen als Ausgangsmaterial die oft unklaren widersprüchlichen und einseitig gefärbten Vorträge der Parteien und zuweilen fragwürdige Beweisergebnisse zur Verfügung. Um hieraus den für die Rechtsanwendung maßgeblichen Sachverhalt zu erarbeiten, bedarf es eines logisch-systematischen Vorgehens. Erst nach Feststellung des ermittelten End-Sachverhalts beginnt auch in der Rechtspraxis die **materiellrechtliche Rechtsanwendung**.

II. Rechtsanwendung in der richterlichen Praxis

1269   Die Rechtsanwendung in der richterlichen Praxis hat zwei Erscheinungsformen, nämlich das **Gutachten** und das **Urteil**.

1. Das Gutachten

Ausgangspunkt Lösungssuche: Das Gutachten **sucht**, welche von **mehreren denkbaren Rechtsfolgen** auf den Sachverhalt anwendbar sind. Das Gutachten wird vom Richter stichwortartig zur eigenen Gedankenstütze fixiert oder mündlich in einer Beratung vorgetragen. Aber auch wo es nicht nach außen in Erscheinung tritt, z.B. bei den Erwägungen des Einzelrichters, wird es jedenfalls **gedanklich** erstattet. Bei der Beratung im Gremium wird dem **Gutachten** eine Zusammenfassung des maßgeblichen Tatsachenmaterials vorangestellt, sodass auch die aktenunkundigen Beisitzer die **Entscheidungsgrundlagen** kennen. Man nennt diesen Teil den **Bericht**, vorgetragen vom „Berichterstatter".

2. Das Urteil

1270   **Ausgangspunkt Ergebnis.** Das **Urteil** spricht die durch gutachtliche Abwägung **gefundene Entscheidung** aus und liefert dafür die **Begründung**. Es wird stets schriftlich gestaltet und tritt durch Verkündung nach außen in Erscheinung.

III. Die Etappen der richterlichen Arbeitsweise

1. Verlauf beim Kollegialgericht

a) Gutachtenphase

Die Etappen der richterlichen Arbeitsweise treten beim **Kollegialgericht** besonders **1271**
deutlich in Erscheinung:
– **Aktenbearbeitung.** Die Aktenbearbeitung obliegt dort – nach den Regeln der
  Geschäftsverteilung – einem Mitglied der Zivilkammer oder des Zivilsenats, dem
  Berichterstatter (BE). Die Vorgehensweise bei der Aktenbearbeitung folgt einem
  bestimmten Schema – der **Relationstechnik.**
– **Bericht.** Der BE hat in der Beratung, die der mündlichen Verhandlung vorangeht
  („**Vorberatung**"), nach entsprechenden Vorarbeiten den übrigen Richtern mündlich
  einen (Sach-)**Bericht** über den Akteninhalt zu geben. In diesem Bericht wird der
  Akteninhalt sortiert nach unstreitigem Vorbringen beider Parteien, streitigem Klä-
  gervorbringen und streitigem Beklagtenvorbringen.
– **Entscheidungsvorschlag.** Den folgenden gutachtlichen Äußerungen stellt der BE
  einen Entscheidungsvorschlag voran, damit die Zuhörer bereits wissen, worauf sie
  bei den Rechtsausführungen achten müssen.
– **Gutachten.** Daran schließt sich sein **Gutachten** an, dem oftmals gründliche Recher-
  che in Kommentaren und obergerichtlichen Entscheidungen vorauszugehen
  hat.
– **Abstimmung.** Nach Durchführung der mündlichen Verhandlung erfolgt die
  Schlussberatung, in welcher die weiteren Erkenntnisse der mündlichen Verhandlung und/oder Beweisaufnahme nochmals diskutiert werden. Danach wird **über den**
  Entscheidungsvorschlag abgestimmt, §§ 192 bis197 GVG. Das von der Mehr-
  heit getragene Beratungs- und Abstimmungsergebnis ist die **Entscheidung des**
  Gerichts.

b) Urteilsphase

Die gerichtliche Entscheidung wird vom BE im **Urteilstenor** formuliert, das Parteivor- **1272**
bringen im **Tatbestand** entsprechend dem Bericht beurkundet und die Entscheidung in
den **Entscheidungsgründen** rechtlich ausgeführt und begründet, auch wenn er etwa in
der Beratung überstimmt worden ist und nun gegen seine Überzeugung begründen
muss.

2. Verlauf beim Einzelrichter

a) Gutachtenphase

Auch der Einzelrichter erarbeitet sich die Tatsachengrundlagen aus den Akten und **1273**
skizziert den Lösungsweg in einem notierten oder **gedanklichen Gutachten.** Zwar
finden keine förmliche Erörterung und Abstimmung mit anderen Richtern statt, aber
im Verhandlungstermin wird auch der Einzelrichter im Rahmen der **Einführung in den**
Sach- und Streitstand einen „Bericht" geben und den Parteien seine gutachterlichen
Überlegungen sowie deren Ergebnis mitteilen und Gelegenheit zur Stellungnahme
gewähren.

b) Urteilsphase

Die Urteilsphase entspricht derjenigen beim Kollegialgericht. **1274**

3. Parallelität und Unterschiede der Entscheidungsstadien

Es bestehen erkennbare **Parallelen** zwischen

Gutachtenphase	und	Urteilsphase
Entscheidungsvorschlag	→	Urteilstenor
Bericht	→	Tatbestand
Gutachten	→	Entscheidungsgründe

Begrifflich sind jedoch wichtige **Unterschiede** zu vermerken:

Gutachtenphase	und	Urteilsphase
Entscheidungsvorschlag	→	Urteilstenor

enthält die persönliche Ansicht des BE/Einzelrichters und ist jederzeit noch *abänderbar*;

formuliert die Entscheidung des Gerichts mit *verbindlichem* Wortlaut;

Bericht	→	**Tatbestand**

dient der *Information* der Kammer durch den BE;

beurkundet das Parteivorbringen *verbindlich*;

Gutachten	→	**Entscheidungsgründe**

sucht die Entscheidung durch die Erörterung aller denkbaren Anspruchsgrundlagen; bringt die Auffassung des BE zum Ausdruck.

begründen die vom Gericht getroffene Entscheidung durch Darstellung der tragenden Gesichtspunkte.

In der Praxis kann der **Bericht** zur Anfertigung des **Tatbestandes** herangezogen werden, das **Gutachten** dient als Vorlage zur Anfertigung der **Entscheidungsgründe**, der **Entscheidungsvorschlag** wird – sofern er Bestand hat – in den **Tenor** umformuliert.

IV. Der Aktenvortrag

1275 Dieser richterlichen Arbeitsmethode trägt der im Rahmen der Zweiten juristischen Staatsprüfung in einigen Bundesländern abzuhaltende **Aktenvortrag** Rechnung. Nachfolgend werden einige Richtlinien zur Anfertigung eines Aktenvortrages vorgestellt.

1. Allgemeines

Der Kandidat soll im Aktenvortrag zeigen, dass er fähig ist, in freier Rede den Akteninhalt auf den wesentlichen Sachverhalt zu reduzieren, die gebotene Entscheidung daraus abzuleiten und diese klar und überzeugend zu begründen.

Der Aktenvortrag besteht aus einem kurzen Bericht, einem Entscheidungsvorschlag und einer knappen gutachtlichen Begründung. Der Aktenvortrag soll 15 Minuten nicht überschreiten. Er ist frei zu halten, dabei dürfen keine ausgearbeiteten Manuskripte verwendet werden, allenfalls sind stichwortartige Vermerke auf einer DIN A4 Seite zugelassen.

Der Aktenvortrag ist vom Standpunkt des Richters aus zu halten, der den Zuhörern eine unbekannte Rechtssache vorträgt. Der Zuhörer soll in die Lage versetzt werden, die wesentlichen Gesichtspunkte des Falles aufzunehmen und sich aufgrund des Vortrages ein selbstständiges Urteil in der Sache bilden zu können.

2. Bericht

1276 Die Angabe der **Personalien** ist auf den Namen und den Wohnsitz/Sitz zu beschränken. Der Zuhörer muss dann in anschaulicher Weise in den Rechtsstreit eingeführt werden.

Es empfiehlt sich, das **Klagebegehren** in einem einleitenden Satz kurz mitzuteilen, damit der Zuhörer die folgenden Angaben sogleich richtig „einordnen" kann.

Es ist nicht Aufgabe des BE, das gesamte **Vorbringen der Parteien** lückenlos zusammenzustellen. Für die Falllösung irrelevante Tatsachen sind entbehrlich. Tatsachen, auf die sich eine Partei beruft und die der BE für nicht durchgreifend hält, dürfen aber nicht unterschlagen werden. Bei umfangreichem tatsächlichem Vorbringen zu einzelnen Punkten kann es sich empfehlen, nur **Grundzüge** zu umreißen und auf Einzelheiten erst im Gutachten einzugehen. Kommt es ausnahmsweise auf ein **Datum** an, so ist dies durch einen umschreibenden Zusatz hervorzuheben (z.B. „am 3.4., also am Tag vor der Insolvenzeröffnung"), i.d.R. können jedoch genaue Datumsangaben vom Zuhörer nicht aufgenommen werden und sollten deshalb entfallen.

Entscheidungsrelevante **Vertragsklauseln** sind, besonders wenn um deren Auslegung gestritten wird, im Wortlaut zu zitieren und nicht nur „sinngemäß" vorzutragen.

Über **Rechtsausführungen** der Parteien ist nur insoweit zu berichten, als es zum Verständnis der Sache nötig ist. Eine rechtliche Würdigung des Vortragenden ist im Sachbericht absolut zu vermeiden. Es ist auf **sprachliche Neutralität** zu achten. Rechtsbegriffe dürfen auch nicht etwa in der Weise vorkommen, dass eine Mittelsperson als „Vertreter" bezeichnet wird, um dann im Gutachten zu prüfen, ob sie Bote oder Vertreter ist.

Parteianträge sind im Rahmen des Berichts (Aufbau wie Tatbestand: Unstreitiger Vortrag, streitiger Klägervortrag, *Anträge*, streitiger Beklagtenvortrag) wiederzugeben, nicht aber soweit über Kosten oder Vollstreckbarkeit von Amts wegen zu entscheiden ist.

Die langatmige Schilderung eines Beweisbeschlusses und die Feststellung, welche Zeugen mit welchem Ergebnis vernommen wurden, sind i.d.R. entbehrlich. Es genügt, die Tatsache der **Beweisaufnahme** und das Beweisthema mitzuteilen.

3. Gutachten

Dem Gutachten ist ein kurzer Hinweis auf den **Entscheidungsvorschlag**, voranzustellen. **1277**
Bei Vorbereitung des Vortrags ist der Sachverhalt gründlich zu durchdenken und unter den in Betracht kommenden rechtlichen Gesichtspunkten eingehend zu prüfen. Es ist aber nicht Aufgabe des Vortragenden, den Zuhörer mit sämtlichen Überlegungen zu konfrontieren. Beim Vortrag kommt es darauf an, im Gutachten die **Kernfragen** der rechtlichen Beurteilung zügig herauszuarbeiten und mitzuteilen. Zweifelsfragen sind hervorzuheben. Gibt der Fall Anlass zur Gegenüberstellung verschiedener Rechtsansichten, so sind sie aufzugreifen, nicht aber, wenn es sich um ausgetragene Streitfragen handelt. Immer ist dabei zu beachten, dass höchstens 10 Minuten für diesen Teil des Vortrages zur Verfügung stehen.

Die Prüfung von **Zulässigkeitsvoraussetzungen** einer Klage ist nur erforderlich, wenn bedeutsame Zweifelsfragen bestehen oder die Parteien hierüber streiten. Bestehen keine Zulässigkeitsprobleme genügt der Hinweis, gegen die Zulässigkeit der Klage bestünden keine Bedenken. Ist ein Zulässigkeitsproblem vorhanden, so darf dessen Beseitigung unterstellt werden und muss der Prozessstoff in einem Hilfsgutachten erörtert werden.

Ist die Klage unproblematisch schlüssig oder kommt es auf eine Beweisaufnahme an, ist eine besondere **Schlüssigkeitsprüfung** verfehlt. Das Verständnis des Zuhörers leidet darunter, auch wird der Vortrag dann meist zu lang und unübersichtlich. Die Aufgliederung des Prozessstoffes in „Stationen" (Verfahrensstation, Klägerstation, Beklagtenstation, Beweisstation) eignet sich als Denkschema bei der Vorarbeit, jedoch nicht als Gliederung für den fertigen Aktenvortrag.

1278   In eine **Beweiswürdigung** ist erst einzusteigen, wenn deren Erheblichkeit für eine entscheidungsrelevante Tatsache festgestellt ist. Bei ausgedehnten Beweisaufnahmen mit vielen Zeugen ist das Beweisergebnis in Zeugengruppen besser darstellbar, als wenn die Aussage jedes einzelnen Zeugen wiedergegeben wird. Die erwähnten Personen sind in ihrer Beziehung zu den Parteien und zu den Vorgängen zu bezeichnen (z.B. Zeuge Müller, Bau leitender Architekt, und die Ehefrau des Klägers konnten bezeugen....).

Nebenforderungen (Zinsen, Kosten und Vollstreckbarkeit) sind nicht nebensächlich, sondern genauso gründlich zu prüfen wie Hauptforderungen, da sie im Entscheidungsvorschlag ebenfalls zu bescheiden sind.

Findet der Kandidat eine ganz einfache Lösung prozessualer oder materieller Art, auf die bisher in den Akten noch niemand gekommen ist, sollte er diesem Ergebnis grundsätzlich misstrauisch gegenüberstehen, jedenfalls aber ein **Hilfsgutachten** vorbereiten, falls der Prüfungsausschuss seinen Argumenten nicht folgt. Kommt es aus Sicht des Kandidaten auf die Beweisaufnahme aus Rechtsgründen gar nicht an, so muss er damit rechnen, gefragt zu werden, wie von einem abweichenden Standpunkt bei Berücksichtigung der Beweisaufnahme zu entscheiden wäre. Den Sachverhalt in eine dem Kandidaten günstige Richtung im Hinblick auf bestimmte Rechtsnormen oder Lehrmeinungen zu „verbiegen" und mit Unterstellungen zu arbeiten, ist tunlichst zu vermeiden.

Der Vortrag schließt mit dem **Entscheidungsvorschlag,** der sorgfältig zu formulieren ist, er darf deshalb aus den Aufzeichnungen auch vorgelesen werden.

2. Kapitel   **Der Bericht**

I.   Erfassen des Sachverhalts

Das Erfassen des Sachverhaltes erfolgt auf Grund des Parteivortrages. Dieser findet sich **1279**
regelmäßig in den **Schriftsätzen**. Außerdem können in **Verhandlungsprotokollen** Parteierklärungen zum Sachverhalt enthalten sein („mündliche Verhandlung"). Maßgeblich
ist der **Vortrag bei Schluss der letzten mündlichen Verhandlung**: Soweit ursprünglich
abgegebene Erklärungen im Laufe des Rechtsstreits ausdrücklich oder konkludent
durch anderslautende Äußerungen zurückgenommen werden, sind sie nicht mehr zu
berücksichtigen. Schriftsätzliche Erklärungen, die erst nach Schluss der mündlichen
Verhandlung eingehen, finden keine Beachtung, § 296a ZPO, sofern kein Schriftsatzrechts gemäß § 283 ZPO nachgelassen wurde oder eine Wiedereröffnung der mündlichen Verhandlung geboten erscheint, § 156 ZPO.

II.   Stoffordnung

1.   Trennung von streitigem und unstreitigem Parteivortrag

Der vom Bearbeiter erfasste Sachverhalt muss geordnet werden, um sowohl den **1280**
zeitlichen Ablauf des zu beurteilenden Geschehens richtig zu sehen, als auch das
Unstreitige vom Streitigen trennen zu können. Diese **Trennung in streitigen und
unstreitigen Sachvortrag** ist von großer Wichtigkeit, weil hierdurch deutlich werden
muss, welche Teile des Sachverhalts schon festgestellt sind, weil unstreitig, und welcher
Sachvortrag gegebenenfalls erst durch eine Beweiserhebung zur Überzeugung des
Gerichts erwiesen werden muss.
Diese Aufgabe der Stoffordnung kann sich der Bearbeiter dadurch erleichtern, dass er
einen **schematischen Aktenauszug** herstellt.
Es empfiehlt sich, breitformatiges Papier in zwei oder drei Spalten zu unterteilen. In die
erste Spalte, überschrieben mit „**Klägervortrag**" werden untereinander in gehörigem
Abstand die klägerischen Behauptungen – meist nach chronologischem Ablauf der
Geschehnisse – eingetragen. Gleiches geschieht in der zweiten Spalte mit dem „**Be-
klagtenvortrag**", wobei **Darlegungen zum gleichen Thema** in den Spalten **auf gleicher
Zeilenhöhe nebeneinander** eingetragen werden. In die dritte Spalte können „Beweis-
ergebnisse" eingetragen werden.
Eine Anfertigung unter Zuhilfenahme des **Computers** bietet erhebliche Vorteile: Die
Spalten mit vielen Zellen können mittels der Funktion „Tabelle einfügen" leicht
hergestellt werden. Schließlich kann Parteivortrag im Laufe eines Rechtsstreits zu
bestimmten Tatsachen „anschwellen". Ein Einfügen an der richtigen Stelle ist bei einem
Computerdokument leicht möglich, bei handschriftlichem Aktenauszug auf Papier ist
i.d.R. kein Platz mehr vorhanden.
Bei allen Angaben im Aktenauszug sollte die **Blattzahl** aus den Akten vermerkt werden,
um sich die Bearbeitung und das Nachschlagen zu erleichtern.

2.   Unstreitiger Parteivortrag

Durch grünes Unterstreichen oder Farbdruck können übereinstimmende Darstellungen **1281**
beider Parteien als **unstreitig** visualisiert werden. Denn die inhaltlich mit der früheren
Behauptung des Gegners **übereinstimmende Erklärung** ist ein **Geständnis** gemäß
§§ 288 ff. ZPO. Als unstreitig zu kennzeichnen sind auch solche Erklärungen der einen
Partei, **zu denen die Gegenpartei gar keine eigene Darstellung abgegeben hat**. Auch sie
gelten als zugestanden, § 138 Abs. 3 ZPO. Zugestandene Behauptungen brauchen

nicht bewiesen zu werden, um sie der Entscheidung zu Grunde legen zu können. Eine „Erklärung mit Nichtwissen" ist als Bestreiten anzusehen, wenngleich bestimmte Voraussetzungen vorliegen müssen, vgl. § 138 Abs. 4 ZPO.

3. Streitiger Parteivortrag

1282 Rot zu unterstreichen oder durch Fettdruck als **streitig** zu kennzeichnen sind die Behauptungen einer Partei, welche die Gegenpartei **ausdrücklich oder konkludent durch andersartige Darstellung bestreitet.** Soweit es für die Entscheidung auf diese bestrittene Behauptung ankommt, muss sie bewiesen sein, um sie der Entscheidung zu Grunde legen zu können. Es empfiehlt sich daher, bei den bestrittenen Behauptungen in der Stoffsammlung die hierzu angebotenen **Beweismittel** zu vermerken.

4. Muster Stoffordnung

1283

Klägervortrag	Beklagtenvortrag	Beweisergebnisse
RA ...	RA ...	
Zahlung 34.567,– € nebst 11,47 % Zinsen seit 2.3.2009 (S. 3)	Klageabweisung (S. 17)	
Kaufvertrag vom 1.2.2009 (S. 3)	bestr.	Zeuge Schulz
Bestr.	Hilfsweise: Mängel (S. 18,19)	Sachverständiger

III. Vermerke zur Prozessgeschichte

1284 Neben der Sortierung des von den Parteien dargelegten Sachverhalts ist es auch erforderlich, **wesentliche Ereignisse des Prozessverlaufs** festzuhalten, soweit diese auf die zu treffende Entscheidung Einfluss haben. Dies gilt beispielsweise für den Erlass eines **Versäumnisurteiles**, gegen das Einspruch eingelegt worden ist. Diese für den Urteilsfall erheblichen Umstände können nach den Anträgen eingefügt werden oder in einer dritten Spalte notiert werden.

Ähnliches gilt für die **Beweiserhebung** und deren Ergebnis, das am besten in einer dritten Spalte **neben dem zu beweisenden Sachvortrag** festgehalten werden kann oder am Ende des Sachvortrages in die Spalten eingetragen werden kann.

IV. Aufbau und Gestaltung des Berichts

1285 Der **Bericht** des BE zur Information der übrigen Mitglieder des Spruchkörpers ist wie der später zu behandelnde Tatbestand in **streitigen** und **unstreitigen Sachverhalt** zu gliedern (vgl. Rn. 1313 ff.):

Unstreitiger Sachverhalt Streitiger Klägervortrag **Klägerantrag** **Beklagtenantrag** Streitiger Beklagtenvortrag

Bei der Gestaltung ist die **Aufnahmefähigkeit der Zuhörer** zu berücksichtigen. Wichtiges ist besonders, auch rhetorisch, hervorzuheben, Unwichtiges kann unerwähnt bleiben. Eine ermüdende Aufzählung von Daten sollte vermieden werden. Es geltend die für den Aktenvortrag aufgestellten Regeln (vgl. Rn. 1275 ff.).

3. Kapitel   **Das Gutachten**

I. Der Gutachtenstil

1286 Nach dem Bericht erfolgt die **rechtliche Würdigung des Sachverhalts** im Gutachten. Es **sucht** die richtige Entscheidung und zeigt die gebotenen Gedankengänge auf. Diese gehen von der **These** aus und führen über die **Erörterung** zum **Ergebnis.** Hierfür ist der **Gutachtenstil** zu verwenden: Die Lösung steht **am Ende** der Überlegungen und wird in jedem Überlegungsschritt hinterfragt („fraglich ist ...", Verwendung des Konjunktivs „könnte"). Beim Urteil hingegen steht das Ergebnis **am Anfang** und wird nachfolgend begründet. Im Gutachten ist ein Urteilsstil unbedingt zu vermeiden.

> Beispiel für Gutachtenstil:
> – **These:**   Ein Schadensersatzanspruch **könnte** aus **§ 823 Abs. 1 BGB** begründet sein.
> – **Erörterung:** Dazu **wäre** erforderlich, dass der **Beklagte** ein dort genanntes **Rechtsgut** des **Klägers** verletzt **hätte:** Als **Rechtsgut** kommt das **Eigentum** des Klägers am Kraftfahrzeug in Betracht. Tatsächlich hat der **Beklagte** ein Fahrzeug **beschädigt,** indem er... **Fraglich** ist jedoch, ob es das Fahrzeug des **Klägers** war. Das Fahrzeug war zwar dem Kläger übereignet worden, jedoch ist die Übereignung angefochten worden. **Fraglich** ist, ob die Anfechtung wirksam war. Dazu **müssten** ein Anfechtungsgrund und eine Anfechtungserklärung vorliegen. ... Die Beschädigung **müsste rechtswidrig** gewesen sein. ... Schließlich **müsste** der Beklagte **vorsätzlich** oder **fahrlässig** gehandelt haben. Vorsatz liegt vor, **wenn** ...
> – **Ergebnis:**   Ein Anspruch aus unerlaubter Handlung nach § 823 Abs. 1 BGB ist gegeben.
>
> Beispiel für Urteilsstil:
> – **Ergebnis:**   Dem Kläger **steht** nach § 823 Abs. 1 BGB gegenüber dem Beklagten ein Anspruch auf Schadensersatz **zu.**
> – **Gründe:**   Der Beklagte hat am 13.12.2009 das Fahrzeug des Klägers beschädigt und **damit** eine **Eigentumsverletzung begangen.** Das Fahrzeug gehörte auch tatsächlich dem **Kläger**... Diese Tat war **rechtswidrig,** ein Rechtfertigungsgrund ist nicht ersichtlich. **Da** der Beklagte eine Wut auf den Kläger hatte, steht außer Zweifel, dass die Tat auch **vorsätzlich** erfolgt ist.

Das Gutachten wird vom Richter oft nur gedanklich erarbeitet, eine kurze schriftliche Fixierung ist aber empfehlenswert. Darauf kann bei rechtlichen Hinweisen, bei der Einführung in den Sach- und Streitstand und bei der Abfassung des schriftlichen Urteils zurückgegriffen werden.

Nachfolgend sind die im Gutachten zu durchlaufenden **Bearbeitungsschritte** dargestellt.

II. Prüfung der Sachurteilsvoraussetzungen und Prozesshindernisse

1. Die unzulässige Klage

1287 Fehlt eine **Sachurteilsvoraussetzung** oder liegt ein vom Beklagten geltend gemachtes **Prozesshindernis** vor, so ist das Gericht nicht befugt, über den vom Kläger erhobenen Anspruch „in der Sache" zu entscheiden. In diesem Falle ist die Klage im Wege des **Prozessurteils** als **unzulässig** abzuweisen.

2. Die wichtigsten Sachurteilsvoraussetzungen

Die Sachurteilsvoraussetzungen gliedern sich in persönliche und sachliche, letztere **1288** unterteilt in allgemeine und besondere, auch gibt es verzichtbare Sachurteilsvoraussetzungen.

a) Persönliche Sachurteilsvoraussetzungen

Zu den persönlichen Sachurteilsvoraussetzungen zählen
- **Parteifähigkeit,** § 50 ZPO,
- **Prozessfähigkeit** bzw. **ordnungsgemäße gesetzliche Vertretung** §§ 51 ff. ZPO,
- **Prozessführungsbefugnis.**

b) Sachliche Sachurteilsvoraussetzungen

Als **allgemeine** sachliche Sachurteilsvoraussetzungen sind anzusehen **1289**
- **ordnungsgemäße Klageerhebung,** §§ 253 Abs. 2, 496 ZPO,
- Bestehen **deutscher Gerichtsbarkeit** über den Beklagten, §§ 18–20 GVG,
- **Zulässigkeit des Rechtswegs,** § 13 GVG,
- **internationale örtliche** und **sachliche Zuständigkeit,** §§ 12–40 ZPO, 23, 71 f., 119, 133 GVG,
- Vorliegen eines **Rechtsschutzbedürfnisses,**
- keine anderweitige **Rechtshängigkeit,**
- kein Eintritt der **Rechtskraft.**

Besondere Sachurteilsvoraussetzungen sind etwa
- **Feststellungsinteresse** bei der Feststellungsklage nach § 256 ZPO,
- **Urkundenbeweisbarkeit** im Urkundenprozess nach § 592 ZPO.

c) Verzichtbare Sachurteilsvoraussetzungen

Nur auf Rüge des Beklagten werden geprüft **1290**
- das Bestehen einer **Schiedsgerichtsvereinbarung,** § 1032 ZPO,
- **mangelnde Sicherheitsleistung** für die entstehenden Prozesskosten, wenn Angehörige bestimmter fremder Staaten als Kläger auftreten, § 110 ZPO,
- **mangelnde Erstattung früherer Prozesskosten,** wenn dieselbe Klage bereits erhoben war und wieder zurückgenommen worden ist, § 269 Abs. 6 ZPO.

Es wäre falsch, in jedem Rechtsstreit sämtliche Sachurteilsvoraussetzungen gutachtlich abzuhandeln. Für gewöhnlich liegen sie vor. Deshalb sind sie im Gutachten nur zu erörtern, wenn besonderer Anlass besteht, etwa weil sie fehlen, Bedenken bestehen oder weil ihr Fehlen, wenn auch zu Unrecht, gerügt worden ist.

Sind **zuständigkeits-** und **anspruchsbegründende** Tatsachen **identisch,** so ist die Zuständigkeit gegeben, wenn die anspruchsbegründenden Tatsachen vom Kläger schlüssig vorgetragen sind.

> **Beispiel:**
> K behauptet von B in Stuttgart **verletzt** worden zu sein und klagt Schadensersatz beim Amtsgericht Stuttgart ein, § 32 ZPO. B **bestreitet** jegliche Körperverletzung des K in Stuttgart und an jedem anderen Ort und rügt daher auch die **Unzuständigkeit** des angerufenen Gerichts, in dessen Bezirk er nicht wohnt. Er trägt vor, mangels unerlaubter Handlung in Stuttgart bestehe hier kein Gerichtsstand der unerlaubten Handlung. Wird im Prozess tatsächlich eine unerlaubte Handlung des B nicht erwiesen, ist die Klage als **unbegründet,** nicht als unzulässig, abzuweisen.

III. Die Schlüssigkeitsprüfung

1291 Kommt es nicht bereits wegen Fehlens einer Sachurteilsvoraussetzung zur Klageabweisung als unzulässig, so ist die Schlüssigkeit des Parteivortrages zu prüfen.
Grundlage der Schlüssigkeitsprüfung ist stets nur der **reine Tatsachenvortrag der jeweiligen Partei** ohne Rücksicht darauf, wie der Gegner dazu Stellung nimmt (zugesteht oder bestreitet), und ob die vorgetragenen Tatsachen bewiesen sind oder nicht.

1. Schlüssigkeitsprüfung des Klägervortrages

a) Begriff

Bei der **Schlüssigkeitsprüfung** geht es um die Frage, ob der Klägervortrag, also die **Klagebegründung**, für sich betrachtet das Klagebegehren, also den **Klageantrag**, durch eine **gesetzliche Vorschrift** rechtfertigt.

b) Durchführung der Schlüssigkeitsprüfung

1292 Die Schlüssigkeitsprüfung vollzieht sich in folgenden Stufen:

aa) Anspruchsgrundlage. Auffinden eines für den Klageanspruch **einschlägigen Rechtssatzes**, also einer Anspruchsgrundlage.

Dazu muss zunächst das begehrte **Rechtsschutzziel** des Klägers untersucht werden. Nur der Rechtssatz ist als Anspruchsgrundlage geeignet, der die begehrte **Rechtsfolge** auch **vorsieht**. Das Auffinden der möglichen Anspruchsgrundlage erfolgt daher anhand ihrer Rechtsfolge („Schadensersatz", „Herausgabe", „Nacherfüllung" etc.). Es können auch mehrere Rechtssätze in Frage kommen, etwa eine vertragliche Schadensersatzanspruchsgrundlage nach § 280 Abs. 1 BGB und eine solche aus unerlaubter Handlung nach § 823 Abs. 1 BGB und eine solche aus Gefährdungshaftung nach § 7 StVG. All diesen ist jedoch gemeinsam, dass sie als Rechtsfolge den begehrten Schadensersatz vorsehen.

1293 **bb) Subsumtion.** Untersuchung des Klägervortrages, ob er die **Tatbestandsmerkmale** des als einschlägig erkannten Rechtssatzes erfüllt.
Jetzt ist der Tatsachenvortrag des Klägers unter die Tatbestandsvoraussetzungen der möglichen Anspruchsgrundlage zu **subsumieren**. Sind alle Anspruchsvoraussetzungen vorgetragen, ist die Klage schlüssig, fehlt auch nur ein notwendiges Tatbestandsmerkmal im Klägervortrag, ist die Klage unschlüssig.

> **Beispiel:**
> Der Kläger trägt vor, der Hund des Beklagten habe ihn gebissen, die ärztliche Wundversorgung habe ihn 50,– € gekostet; auch habe er heftige Schmerzen erlitten. Er beantragt Verurteilung des Beklagten zur Zahlung von 100,– €. Das klägerische Begehren rechtfertigt sich aus §§ 833, 823, 253 Abs. 2 BGB und der klägerische Vortrag erfüllt die Tatbestandsmerkmale dieser Bestimmungen. Also ist der Klägervortrag schlüssig, selbst dann, wenn etwa der Beklagte dagegen vorbringen sollte, er habe gar keinen Hund.

Der Schlüssigkeitsprüfung unterliegt auch der dem Kläger **ungünstige Klägervortrag**.

> **Beispiel:**
> Erwähnt der Kläger im o.g. Fall auch, dass er den Hund zuvor gereizt hat, ist das hieraus zu entnehmende Mitverschulden des Klägers nach § 254 BGB zu seinem Nachteil zu berücksichtigen. Die Klage ist dann, wenn der Kläger sein eigenes Mitverschulden nicht bereits selbst bei der Höhe seines Klageantrags berücksichtigt hatte, teilweise unschlüssig.

Auch geltend gemachte **Nebenansprüche** wie Zinsen oder außergerichtliche Mahnkosten sind in die Schlüssigkeitsprüfung einzubeziehen.

> **Beispiel:**
> Kläger beantragt, dass der verlangte Betrag mit 13 % zu verzinsen sei, ohne mitzuteilen, dass dieser Zinssatz vereinbart sei, er selbst zu solchem Zinssatz Bankkredit in Anspruch nehme, den er durch rechtzeitige Leistung seitens des Beklagten hätte abdecken können oder Verzug eingetreten sei, der einen Verzugszins nach § 288 BGB rechtfertigt. Gemäß §§ 291, 246 BGB ist dann nur ein Zinssatz von 4 % schlüssig dargetan.

c) Verwertung des Ergebnisses der Schlüssigkeitsprüfung

Erweist sich der Klägervortrag als **schlüssig**, ist damit noch nicht festgestellt, dass die **1294** Klage darüber hinaus auch begründet ist. Dies ergibt sich erst nach Einbeziehung des Beklagtenvortrags in die Überlegungen.

Ist der Tatsachenvortrag **unschlüssig**, weil sich keine Anspruchsgrundlage finden lässt, deren all ihre Tatbestandsvoraussetzungen vorgetragen wären, so ist die Klage ist **als unbegründet abzuweisen**, wobei es völlig gleichgültig ist, ob der Beklagte den vom Kläger vorgetragenen – unschlüssigen – Sachverhalt zugesteht oder nicht.

> **Beispiel:**
> Kläger trägt vor, er habe dem Beklagten unverlangt ein Buch zugesandt, mit der Aufforderung, es binnen 10 Tagen zurückzusenden oder den Kaufpreis von 50,– € zu bezahlen. Nachdem keine Rücksendung erfolgt sei, soll der Beklagten zur Zahlung von 50,– € verurteilt werden. Da es keine gesetzliche Bestimmung gibt, wonach der Empfänger eines unverlangt zugesandten Buches einen Kaufpreis zu bezahlen hätte, ist der Klägervortrag unschlüssig.

Ausnahme: Anerkennt der Beklagte den erhobenen – unschlüssigen – Anspruch, muss Anerkenntnisurteil ergehen, § 307 ZPO, weil hier keine Schlüssigkeitsprüfung stattfindet.

2. Prüfung der Erheblichkeit des Beklagtenvortrags

a) Begriff

Nur wenn die Schlüssigkeit des klägerischen Vorbringens zu bejahen ist, besteht im **1295** Gutachten Anlass, auf das **Verteidigungsverhalten des Beklagten** einzugehen. Was für den Klägervortrag die „Schlüssigkeit" ist, nennt man für die Einwendungen des Beklagten „Erheblichkeit". Der Beklagte kann verschiedene Verteidigungsstrategien führen:

b) Rechtsausführungen

Macht der Beklagte, **ohne auf Tatsachen einzugehen** und ohne die Zulässigkeit der Klage **1296** anzugreifen, reine Rechtsausführungen, mit denen er den erhobenen Anspruch mangels schlüssiger Darstellung in Abrede stellt, so können diese dem Richter Anregungen für die ohnedies anzustellende Schlüssigkeitsprüfung des Klägervortrags geben.

c) Erheblichkeitsprüfung

Die Erheblichkeitsprüfung bezüglich der vom Beklagten **behaupteten Tatsachen** gleicht **1297** der Schlüssigkeitsprüfung. Es geht um die Frage, ob die vom Beklagten vorgetragenen Tatsachen die Anwendung eines dem Beklagten günstigen Rechtssatzes rechtfertigen.

aa) Bloßes Bestreiten. Das bloße Bestreiten von **Tatsachen** ist erheblich, wenn bei Fehlen der bestrittenen Klägerbehauptung der Klägervortrag unschlüssig würde.

> **Beispiel:**
> Schadensersatzklage wegen Bisses durch den Langhaardackel des Beklagten.
> – Der Beklagte bestreitet, einen Hund zu haben: **Beachtliches** – erhebliches – **Bestreiten**.

- Der Beklagte bestreitet, dass sein Hund ein Langhaardackel sei: **Unbeachtliches** – unerhebliches – Bestreiten.

1298 bb) **Einreden erheben.** Der Beklagte kann den Klägervortrag unbestritten lassen, seinerseits aber Tatsachen vorbringen, die bei Anwendung einschlägiger Rechtssätze geeignet sind, den Anspruch des Klägers zu Fall zu bringen. Es handelt sich hierbei um

- **rechtshindernde Einwendungen,** also Tatsachen, die den Anspruch des Klägers wegen besonderer Umstände schon gar **nicht zur Entstehung** kommen lassen;

  Beispiel:
  Kläger trägt vor, die Parteien hätten sich vertraglich darüber geeinigt, dass .... Beklagter wendet ein, trotz der getroffenen Einigung sei für den Kläger ein Anspruch nicht entstanden, weil er **geschäftsunfähig** gewesen sei oder der Vertrag **gegen die guten Sitten** verstoßen habe.

- **rechtsvernichtende Einwendungen,** also Tatsachen, die den entstandenen Anspruch des Klägers **nachträglich wieder beseitigt** haben, z.B. Erfüllung, Erlass, Aufrechnung;

- **rechtshemmende Einreden,** also Tatsachen, die gegenüber dem schlüssig dargelegten Anspruch des Klägers ein **Leistungsverweigerungsrecht** des Beklagten begründen, z.B. Einrede der Verjährung, des nicht erfüllten Vertrages, der (nachträglichen) Stundung.

I.d.R. wird sich der Beklagte nicht auf eine Verteidigungsstrategie beschränken, sondern Rechtsausführungen machen, Tatsachen bestreiten und auch Einwendungen erheben.

d) Verwertung des Ergebnisses der Erheblichkeitsprüfung

1299 Sind die Rechtsausführungen des Beklagten **unzutreffend,** Bestreiten und Einwendungen **unerheblich,** so ist die schlüssig dargelegte Klage des Klägers **begründet.** Der Beklagte ist dann ohne weiteres gemäß dem Klageantrag zu verurteilen.

IV. Die Tatsachenfeststellung

1300 Nunmehr ist zu untersuchen, inwieweit die **bedeutsamen Tatsachen** zur Überzeugung des Gerichts **feststehen,** das heißt, ob die Tatbestandsmerkmale der als einschlägig erkannten Rechtssätze nicht nur schlüssig vorgetragen, sondern auch **tatsächlich erfüllt** sind. Dieser Bereich des Gutachtens wird auch als **Beweisstation** bezeichnet.

1. Ohne Beweiserhebung feststehende Tatsachen

Tatsachen stehen fest, wenn sie aufgrund gesetzlicher Bestimmung **keines Beweises bedürfen:** Vom Gegner **zugestandene Tatsachen,** § 288 Abs. 1 ZPO, vom Gegner **nicht bestrittene Tatsachen,** die deshalb als zugestanden gelten, §§ 138 Abs. 3, 288 ZPO, und **offenkundige Tatsachen,** § 291 ZPO.

2. Tatsachenfeststellung

1301 Über die bestrittenen tatsächlichen Behauptungen des Klägers, die zur Schlüssigkeit der Klage erforderlich sind, ist eine **Beweisaufnahme erforderlich.**

a) Anordnung der Beweiserhebung

Sind Beweise zum Zeitpunkt des Gutachtens noch **nicht erhoben**, so hat das Gutachten in seinem Entscheidungsvorschlag die **Beweiserhebung** vorzusehen.

b) Tatsachenfeststellung durch Beweiswürdigung

Sind Beweise **bereits erhoben**, etwa im Zeitpunkt der Urteilsberatung, so sind die **1302** erhobenen **Beweise zu würdigen** und die Tatsachen als wahr oder unwahr festzustellen.
Beweisbedürftige, also zulässig und wirksam bestrittene Tatsachen stehen fest, wenn die erhobenen Beweise das Gericht überzeugt haben („erwiesene Tatsachen"). Die Überzeugungsbildung unterliegt dem Grundsatz der **freien Beweiswürdigung**, der besagt, dass für die Feststellung einer Tatsache als wahr allein die Überzeugung des Richters maßgeblich ist, **§ 286 Abs. 1 ZPO**. Überzeugung erfordert keine absolute Gewissheit, vielmehr genügt ein so hoher Grad an **Wahrscheinlichkeit**, dass **vernünftige Zweifel schweigen**. Bei der Überzeugungsbildung ist insbesondere auch die **allgemeine Lebenserfahrung** („für das praktische Leben brauchbarer Grad an Wahrscheinlichkeit") mit einzubeziehen.
In manchen Fällen sieht das Gesetz **Beweiserleichterungen** vor, manchmal darf der Richter seine Überzeugung aus „typischen Geschehensabläufen" ableiten (**Anscheinsbeweis**), in bestimmten Verfahren genügt ein geringerer Grad an Wahrscheinlichkeit (**Glaubhaftmachung § 294 ZPO**) und bei Schadensentstehung und Schadenshöhe kann der Richter u.U. sogar nur schätzen (**Schadensschätzung § 287 ZPO**).
Grundlage der Überzeugungsbildung ist der gesamte **Inhalt der Verhandlungen** und das Ergebnis einer **Beweisaufnahme**, mit der sich der Richter **intensiv auseinander zu setzen** hat. Dabei sind auch die Beobachtungsgabe und die kritische Urteilsfähigkeit eines Zeugen, seine Beziehungen zu den Beteiligten und sein etwaiges Eigeninteresse am Prozessausgang angemessen zu werten. Die **Gründe** für die gewonnene Überzeugung sind im Gutachten darzustellen. Formelhafte Wendungen wie „nach den glaubhaften Aussagen des Zeugen Z." oder „durch die Aussagen des Zeugen Z. ist erwiesen, dass ..." genügen nicht.

3. Entscheidung nach der Beweislast

Sind alle entscheidungserheblichen Umstände zugestanden, unbestritten oder erwiesen, **1303** so stellt sich die Frage nach der **Beweislast** überhaupt nicht. Bleibt dagegen nach Erschöpfung und Würdigung aller Beweismittel eine für die Entscheidung wesentliche Tatsachenbehauptung **ungeklärt**, so darf das Gericht die Entscheidung nicht etwa ablehnen. Vielmehr gereicht dann die Ungewissheit („non liquet") derjenigen Partei zum Nachteil, die die tatsächlichen Voraussetzungen **der ihr günstigen Norm** nicht beweisen konnte.

V. Entscheidungsvorschlag

1. Begriff

Die gutachtliche Bearbeitung des Aktenstücks muss zu einem **Entscheidungsvorschlag** **1304** führen. Dieser ist schriftlich in für die Verkündung geeignetem Wortlaut zu formulieren.
Als Ergebnis des Gutachtens können vorgeschlagen werden:
- ein **Urteil**, wenn alle erheblichen Beweise eingeholt sind und der Rechtsstreit entscheidungsreif ist; dann ist der Tenor des Urteils wiederzugeben;

– ein **Beweisbeschluss,** wenn hinsichtlich streitiger Behauptungen zulässige und schlüssige Beweisangebote unerledigt sind, von deren Ergebnis die Entscheidung des Rechtsstreits abhängt;

– ein **Aufklärungsbeschluss,** wenn gemäß § 139 ZPO Anlass besteht, fehlende Erklärungen und Beweisangebote anzuregen oder auf einen bisher nicht bedachten rechtlichen Gesichtspunkt hinzuweisen.

Die Aufklärung muss allerdings nach § 139 Abs. 4 ZPO „so früh wie möglich" noch vor dem Verhandlungstermin erfolgen. Mehrfache Aufklärungsbeschlüsse sind ein Zeichen unkonzentrierter Prozessleitung durch das Gericht.

Im Falle eines Beweis- oder Aufklärungsbeschlusses sollte in einen **Hilfsgutachten** eine gutachtliche Stellungnahme angefügt werden, in der die rechtlichen Konsequenzen möglicher Beweisergebnisse oder nachgeholter Erklärungen abgehandelt werden.

2. Der Beweisbeschluss als Entscheidungsvorschlag

1305 Der nach § 358 ZPO erforderliche **Beweisbeschluss** ist die gerichtliche Anordnung von Beweiserhebungen hinsichtlich bestimmter entscheidungserheblicher streitiger Tatsachen. Als sog. **vorterminlicher** Beweisbeschluss kann er auch schon vor der mündlichen Verhandlungen erlassen werden, § 358 a ZPO.

Der Beweisbeschluss muss nach § 359 ZPO enthalten: **Bezeichnung der streitigen Tatsachen** (es ist nicht erforderlich, den genauen Wortlaut der zu beweisenden Parteibehauptung anzuführen, es genügt eine sinngemäße Zusammenfassung), **Bezeichnung der Beweismittel** (Zeuge, Sachverständiger jeweils mit genauer Anschrift, zu vernehmende Partei) und **Bezeichnung des Beweisführers.**

Dem Beweisführer kann im Beschluss der erforderliche **Auslagenvorschuss** auferlegt werden, § 379 ZPO. Der Beweistermin vor dem Prozessgericht dient zugleich der Fortsetzung der mündlichen Verhandlung, § 370 Abs. 1 ZPO. Wird die Beweisaufnahme vor einem kommissarischen Richter notwendig, so ist dies im Beweisbeschluss anzuordnen, § 370 Abs. 2 ZPO.

3. Der Urteilstenor (Urteilsformel) als Entscheidungsvorschlag

a) Begriff

1306 Der **Urteilstenor** spricht endgültig aus, ob der Klageanspruch besteht oder ob die Klage abgewiesen wird. Er erwächst in Rechtskraft, grenzt die Zwangsvollstreckungsmöglichkeit ab und muss daher kurz, klar und bestimmt sein.

Falsch: „Der Klage wird stattgegeben".
Richtig: „Der Beklagte wird verurteilt, an den Kläger 3.000,– € zu bezahlen".

Der Urteilstenor muss umfassen: Entscheidung zur Hauptsache, Kostenentscheidung und Entscheidung über die Vollstreckbarkeit.

b) Die Entscheidung zur Hauptsache

1307 Die Entscheidung zur Hauptsache muss die **Parteianträge erschöpfen.** Wird auch nur ein kleiner Teil des klägerischen Antrags **nicht zuerkannt,** etwa nur 4 % statt der verlangten 5 % Zinsen, ist **insoweit** auf **Klageabweisung** zu erkennen:

„Wegen weitergehender Zinsen wird die Klage abgewiesen" oder „Im Übrigen wird die Klage abgewiesen".

Die Entscheidung darf **nicht über Anträge** der Parteien **hinausgehen,** § 308 Abs. 1 ZPO.

Beispiele:
– Keine Verurteilung zum vollen Schuldbetrag, wenn nur ein Teilbetrag eingeklagt ist,

- keine Verurteilung zur Zinszahlung, wenn diese begründet wären, aber nicht beantragt sind.

c) Die Kostenentscheidung

Die von Amts wegen ergehende Kostenentscheidung spricht aus, wer die **Gerichts-** **1308** **kosten**, die **gerichtlichen Auslagen** und die **Rechtsanwaltskosten** der Parteien zu tragen hat. Nach dem Grundsatz der §§ 91 ff. ZPO hat jede Partei die Kosten insoweit zu tragen, als sie **unterlegen** ist. Es gilt der Grundsatz der **einheitlichen Kostenentschei-** **dung**, der in wenigen Fällen gesetzlich angeordneter **Kostentrennung** durchbrochen wird, etwa in §§ 238 Abs. 4, 269 Abs. 3 Satz 2, 281 Abs. 3 Satz 2, 344 ZPO. Dort werden die Kosten einzelner Prozessabschnitte oder Prozesshandlungen einer Partei gesondert auferlegt.

d) Die Entscheidung über die vorläufige Vollstreckbarkeit des Urteils

Schließlich muss der Entscheidungsvorschlag auch eine Entscheidung über die Voll- **1309** streckbarkeit des beabsichtigten Urteils enthalten. Dabei ist von den Sonderfällen des § 708 **Nr. 1–11 ZPO** auszugehen, bei deren Vorliegen **ohne Sicherheitsleistung** vollstreckt werden kann (teilweise nur gegen **Abwendungsbefugnis**, § 711 ZPO). Im Übrigen steht die vorläufige Vollstreckbarkeit nach § 709 ZPO unter der Voraussetzung einer **Sicherheitsleistung** des Vollstreckungsgläubigers. Die Höhe bemisst sich nach dem dem Schuldner bei Aufhebung des Vollstreckungstitels nach Einspruch oder in höherer Instanz entstehenden Schaden, vgl. § 717 Abs. 2 ZPO.

Beispiel für einen Entscheidungsvorschlag

Ich schlage vor, ein Endurteil zu erlassen mit folgendem Tenor:
1. Der Beklagte wird verurteilt, an den Kläger 1.600,– € nebst 12 % Zinsen hieraus seit 10.10.2009 zu bezahlen. Im Übrigen wird die Klage abgewiesen.
2. Von den Kosten des Rechtsstreits trägt der Beklagte 4/5, der Kläger 1/5.
3. Das Urteil ist für den Kläger gegen Sicherheitsleistung in Höhe von 2.200,– €, für den Beklagten ohne Sicherheitsleistung vorläufig vollstreckbar. Der Kläger kann die Vollstreckung gegen Sicherheitsleistung in Höhe von 100,– € abwenden, wenn nicht der Beklagte zuvor Sicherheit in gleicher Höhe leistet.

4. Kapitel   Das Zivilurteil

I.   Form und Verkündung des Urteils

1310   Das Urteil ergeht **im Namen des Volkes**, § 311 Abs. 1 ZPO, aufgrund **mündlicher Verhandlung**, § 128 Abs. 1 ZPO, bei ausdrücklichem Einverständnis beider Parteien nach § 128 Abs. 2 ZPO ausnahmsweise auch ohne mündliche Verhandlung. Entscheidungsgrundlage ist in diesem Fall der gesamte Akteninhalt.

Es wird durch **Vorlesen** der **Urteilsformel** verkündet, § 311 Abs. 2 Satz 1 ZPO. Das geschieht selten im Anschluss an die mündliche Verhandlung, sondern regelmäßig in einem **Verkündungstermin**, der nicht mehr als drei Wochen später angesetzt werden soll, § 310 Abs. 1 ZPO. Die Vorlesung der Urteilsformel kann durch **Bezugnahme** ersetzt werden, wenn von den Parteien niemand erschienen ist, § 311 Abs. 2 Satz 2 ZPO.

Die Urteilsformel muss bei der Verkündung **schriftlich** vorliegen, nicht aber bei Versäumnis- und Anerkenntnisurteilen, § 311 Abs. 2 Satz 3 ZPO. Ergeht solches im schriftlichen Verfahren, wird die Verkündung durch die **Zustellung** ersetzt, § 310 Abs. 3 ZPO.

II.   Rubrum und Tenor des Zivilurteils

1.   Der Urteilskopf

1311   Im **Urteilskopf**, genannt Rubrum, müssen die **Parteien** nebst Anschriften möglichst genau bezeichnet sein. Unrichtigkeiten der Klageschrift sind vorher klar zu stellen. Erforderlich sind die Kennzeichnung einer Partei kraft Amtes, korrekte Firmenbezeichnungen sowie die Benennung von gesetzlichen Vertretern und **Prozessbevollmächtigten**. Auch das **Gericht** und die bei der Entscheidung **mitwirkenden Richter** müssen angegeben sein. Diese haben das Urteil zu unterschreiben, § 315 Abs. 1 ZPO.

2.   Der Urteilstenor

1312   Die **Urteilsformel**, genannt Tenor, ist als eigentlicher Entscheidungsausspruch besonders sorgfältig zu formulieren, weil sie den Umfang von Zwangsvollstreckung und materieller Rechtskraft bestimmt. Gleiches gilt für **Nebenforderungen** und **Nebenentscheidungen** wie Kostenentscheidung und Entscheidung über die vorläufige Vollstreckbarkeit.

III.   Der Tatbestand

1.   Bedeutung und Inhalt

a)   Bedeutung des Tatbestandes

1313   Der Tatbestand ist die gedrängte Darstellung des **Sachstandes**, also des unstreitigen Sachvortrages der Parteien, und des **Streitstandes**, also des streitig gebliebenen Vortrags. Er beurkundet und **beweist** das **Parteivorbringen**, § 314 ZPO.

b)   Tatbestand als Tatsachensammlung

Da der Tatbestand den **Tatsachenstoff** wiedergeben soll, sind **Rechtsausführungen** grundsätzlich **fehl am Platz**. Wo jedoch im Prozess Rechtsfragen zu klären sind, ist es zum Verständnis der Streitsache unumgänglich, auch die **gegensätzlichen Rechtsstandpunkte** beim jeweiligen Parteivortrag im Tatbestand kurz aufzuzeigen.

Maßgeblicher Zeitpunkt für den Sach- und Streitstand ist der **Schluss der letzten mündlichen Verhandlung**, ggf. unter Einschluss nachgelassener Schriftsätze. Ein anfänglicher Vortrag, von dem die Partei bei Schluss der letzten mündlichen Verhandlung erkennbar Abstand genommen hat, gehört nicht mehr in den Tatbestand, es sei denn, das Gericht will aus dem Wechsel des Parteivortrages Schlüsse für die Entscheidung ziehen.

c) Farblosigkeit des Tatbestandes

Im Tatbestand sollen die erhobenen Ansprüche und die dazu vorgebrachten **Angriffs- und Verteidigungsmittel** unter Hervorhebung der gestellten **Anträge** nur ihrem wesentlichen Inhalt nach **knapp** dargestellt werden, § 313 Abs. 2 Satz 1 ZPO. Weitgehend soll **Verweisung auf Schriftsätze**, Protokolle und andere Unterlagen erfolgen, um den Tatbestand zu entlasten, § 313 Abs. 2 Satz 2 ZPO.

Der Tatbestand muss objektiv und **neutral** dargestellt werden. Die Tatsachen sind so wiederzugeben, wie die Parteien sie vortragen. Eine würdigende Darstellung, auch unterschwellig durch Gebrauch bestimmter Wendungen, ist zu vermeiden. Es gilt das Gebot der „Farblosigkeit des Tatbestandes".

1314

2. Der Aufbau des Tatbestandes

In der Praxis hat sich der Aufbau des Tatbestandes nach dem Schema „unstreitiger Sachverhalt" – „streitiger Klägervortrag" – „Klägerantrag" – „Beklagtenantrag" – „streitiger Beklagtenvortrag" – „Bezugnahmen" – „Prozessgeschichte" bewährt. Um den Rechtsfall nach diesem Schema aufbereiten zu können, empfiehlt sich schon frühzeitig die Anlage eines „Aktenspiegels", also einer Stoffordnung im Rahmen des Berichts.

1315

a) Der unstreitige Sachverhalt

In jedem Rechtsstreit sind gewisse **Grundtatsachen unstreitig.**

> **Beispiele:**
> Zeitpunkt und Ort eines rechtserheblichen Vorganges; die historische Entwicklung eines Kontaktes; gewisse tatsächliche oder rechtliche Beziehungen zwischen den Parteien.

Sie ergeben den Hintergrund des Prozesses und machen das Streitgeschehen verständlich. Sie sind deshalb am Anfang des Tatbestandes möglichst in **historischer, logischer Reihenfolge** darzustellen. Im Interesse einer flüssigen Schilderung empfiehlt sich die Zeitform des **Imperfekts.**

Wird eine streitige Behauptung einer Partei durch Beweisaufnahme zur Überzeugung des Gerichts geklärt, so ist sie deshalb allein nicht unstreitig geworden und ist im Tatbestand beim streitigen Vortrag anzusprechen.

Es empfiehlt sich zum besseren Verständnis des Lesers, dem unstreitigen Sachverhalt den **Prozessgegenstand voranzustellen**, auch er ist ja unstreitig.

> „Die Parteien streiten um die Wirksamkeit eines Mietvertrages und die Bezahlung von Mietzins für die Monate März bis Mai 2010".
> „Der Kläger begehrt Ersatz eines ihm durch einen Verkehrsunfall entstandenen Schadens."

b)   Der einseitige, streitig gebliebene Vortrag des Klägers

1316   Der streitig gebliebene Tatsachenvortrag des Klägers folgt in der Darstellung des Tatbestandes räumlich abgesetzt dem unbestrittenen Sachverhalt. Er wird in **abhängiger Rede** (Konjunktiv) dargestellt. Die aufgestellten Behauptungen sind logisch zu ordnen.

> „Der Kläger trägt vor, er **habe** ..., später **sei** er ..., daher **stehe** ihm ein Anspruch ...“

Erledigte Beweisangebote brauchen nicht aufgeführt zu werden. Dagegen sind nicht erledigte Beweisangebote zu erwähnen. In den Entscheidungsgründen ist dann abzuhandeln, weshalb die Beweise nicht erhoben worden sind (z.B. Ausforschungsbeweisantrag).

c)   Antrag des Klägers

1317   Am Ende des Klägervortrages wird der **Sachantrag** des Klägers mit Haupt- und Nebenforderungen wörtlich aufgeführt. Sprachliche Verbesserungen sind zwar zulässig, sollten aber behutsam vorgenommen werden, damit der Inhalt des Antrags nicht verändert wird.

> „Der Kläger stellt den Antrag: Der Beklagte wird verurteilt, an den Kläger ...€ nebst ...% Zinsen seit ... zu bezahlen“.

Der Antrag sollte aus Gründen der optischen Hervorhebung des Begehrens im Text des Tatbestandes **räumlich abgesetzt, fett gedruckt** oder **seitlich eingerückt** werden.
Festzustellen ist nur der in der letzten mündlichen Verhandlung gestellte Antrag. Ein anders lautender früher gestellter Antrag ist nur zu erwähnen, wenn er für die Entscheidung noch von Bedeutung ist und dem Verständnis des letzten Antrags dient.

Beispiel:
Der Antrag, „das Versäumnisurteil aufrechtzuerhalten“, ist nur verständlich, wenn zuvor geschildert wird, aufgrund welchen früheren Antrags dieses Versäumnisurteil ergangen war.

Nebenanträge (Zinsen, Mahnkosten) dürfen im Antrag nicht übersehen werden. Dagegen sind Anträge zu Prozesskosten und vorläufiger Vollstreckbarkeit im Tatbestand nicht zu erwähnen, weil hierüber von Amts wegen zu entscheiden ist, §§ 308 Abs. 2, 708 f. ZPO.

d)   Antrag des Beklagten

1318   Der Antrag des Beklagten wird dem Klägerantrag unmittelbar angefügt.

> „Der Beklagte beantragt, die Klage abzuweisen.“

Ein etwaiger Vollstreckungsschutzantrag nach § 712 Abs. 1 ZPO ist hier zu erwähnen.

> „Der Beklagte beantragt Klageabweisung, hilfsweise Vollstreckungsschutz.“

e) Der einseitige, streitig gebliebene Vortrag des Beklagten

Der streitig gebliebene Vortrag des Beklagten schließt sich an seinen Antrag an. Vom **1319**
Vorbringen des Beklagten sind zuerst etwaige **Zulässigkeitsrügen** darzustellen.

Beispiele:
Unzuständigkeitsrüge; Prozess hindernde Einrede des Schiedsgerichtsvertrages.

Daraufhin folgen die wesentlichen Ausführungen des Beklagten **zur Sache** gleichfalls in
indirekter Rede. Für die Darstellung des Beklagtenvorbringens gelten im Wesentlichen
dieselben Regeln wie für den Klägervortrag.

f) Replik und Duplik

Es kann notwendig sein, im Anschluss an den Vortrag des Beklagten die Einlassung des **1320**
Klägers hierauf, sog. **Replik**, darzustellen. Unter der **Duplik** versteht man die Stellungnahme des Beklagten auf die Replik des Klägers.

Beispiel:
Beklagter macht Ausführungen, die eine arglistige Täuschung des Klägers bedeuten; der
Kläger stellt daraufhin eine arglistige Täuschung in Abrede. Der Beklagte schildert daraufhin
weitere Details zur Täuschung.

Zum leichteren Verständnis des Sachverhalts sollte eine **gesonderte Darstellung von
Replik und Duplik** im Tatbestand **möglichst vermieden** werden, indem das gesamte
Vorbringen der Parteien einheitlich im streitigen Kläger- oder Beklagtenvortrag
gebracht wird, also die Replik schon in den streitigen Klägervortrag eingearbeitet
wird.

Beispiel:
Soweit der Beklagte den Kaufvertrag angefochten hat, stellt der Kläger eine arglistige Täuschung in Abrede. Er trägt vor, er habe ...

g) Bezugnahmen

Die Darstellung des Parteivortrages soll dadurch abgekürzt werden, dass wegen Einzel- **1321**
heiten auf die im Verlaufe des Rechtsstreits gewechselten **Schriftsätze verwiesen** wird.
Dies ist vom Gesetz ausdrücklich geboten, § 313 Abs. 2 Satz 2 ZPO.

Im **Bericht,** dessen Aufbau dem des Tatbestandes gleicht, ist eine solche Bezugnahme nicht
gestattet, weil den Zuhörern (Kammermitglieder, Prüfungskommission) während des Vortrages
die Akten nicht vorliegen und sie deshalb nur unvollständig informiert würden.

h) Prozessgeschichte

Die Prozessgeschichte umfasst an sich alle im Verlaufe des Rechtsstreits eingetretenen **1322**
Ereignisse.

Beispiele:
Klageeinreichung oder Mahnbescheidsantrag, Terminsbestimmung und Klagezustellung, Verhandlungstermine, Verweisungen, Beweisbeschlüsse und -erhebungen, PKH-Bewilligung oder
-versagung, Vergleichsverhandlungen, VU oder VB.

Diese prozessualen Vorgänge brauchen selbstverständlich **nicht alle** im Tatbestand
aufgezählt zu werden. Einer Erwähnung bedürfen nur diejenigen Vorgänge der Prozessgeschichte, die für die zu treffende Entscheidung noch in irgendeiner Weise **bedeutsam**
sind. Im Tatbestand sind demgemäß zu erwähnen:

aa) Beweisbeschlüsse und Beweisanordnungen. Sie sind ihrem wesentlichen Inhalt
nach anzugeben. Ohne Bedeutung ist das Datum der Anordnung. Erforderlich sind

die Benennung der vernommenen Zeugen und deren nähere Kennzeichnung, soweit dies für die Beweiswürdigung bedeutsam sein kann.

Beispiel:
Das Gericht hat zum Inhalt des Vertrages vom 13.3.2010 Beweis erhoben durch Vernehmung des Zeugen Zentaur, leitender Angestellter im Betrieb des Klägers.

1323 **bb) Das Ergebnis der Beweisaufnahme.** Hier kann eine kurze prägnante Schilderung des Beweisergebnisses erfolgen, soweit dies für die Streitentscheidung von Bedeutung ist. Eine breite Darstellung der Beweisergebnisse im Tatbestand ist nicht geboten, vielmehr wird insoweit auf den Akteninhalt Bezug genommen.

Beispiel:
Es sind über die Frage, ob zwischen den Parteien eine Einigung über ... stattgefunden hat, die Zeugen X, Y und Z vernommen worden. Sie haben hierzu gegensätzliche Aussagen gemacht. Wegen der Ergebnisse der Vernehmungen im Einzelnen wird auf die Niederschrift Blatt ... der Akten Bezug genommen.

1324 **cc) Sonstige Vorgänge der Prozessgeschichte.** Es ist im Einzelfall zu prüfen, welche Vorgänge aus der Prozessgeschichte noch entscheidungserheblich sein können.

Beispiele:
– **Eingangsdatum der Klage** oder des Mahngesuchs, wenn die Hemmung der Verjährung in Frage steht, § 204 Abs. 1 BGB i.V.m. § 167 ZPO;
– **Zeitpunkt der Klagezustellung,** wenn Prozesszinsen („ab Klageerhebung") verlangt werden, §§ 291 BGB, 261 Abs. 1, 253 Abs. 1 ZPO;
– **Verweisung des Rechtsstreits,** wenn dies bei Obsiegen des Klägers für die Kostenentscheidung bedeutsam ist, § 281 Abs. 3 Satz 2 ZPO;
– **Versäumnisurteil** (Vollstreckungsbescheid), weil die Antragstellung und Urteilstenor darauf zu beziehen sind, § 343 ZPO, und dies die Kostenentscheidung berühren kann, § 344 ZPO;
– **Einverständniserklärung der Parteien** nach § 128 Abs. 2 ZPO, weil dadurch eine Entscheidung ohne mündliche Verhandlung ermöglicht wird.

Ohne Einfluss auf die Entscheidung sind Anzahl und Daten der Verhandlungstermine, Einleitung des Rechtsstreits durch Mahngesuch, Aufklärungsbeschlüsse, Vergleichsvorschläge, widerrufener Prozessvergleich, PKH-Bewilligung oder -versagung. Diese Prozessvorgänge bleiben daher im Tatbestand **unerwähnt.** Soweit Ereignisse der Prozessgeschichte in den Tatbestand aufzunehmen sind, sind sie im **Perfekt** darzustellen.

3. Allgemeine Bemerkungen zum Tatbestand

1325 Die vorstehend empfohlene Gliederung des Tatbestandes ist nur allgemeine Richtlinie und wird im Interesse einer verständlichen Darstellung des Prozessstoffes vielfach durchbrochen werden müssen. Da der Tatbestand nebenbei auch eine Art „schriftstellerische Leistung" ist, ist auch persönlicher Darstellungskunst Raum gegeben. Es kann etwa der **natürliche Zusammenhang** von Tatsachen dazu führen, **Einlassungen des Beklagten bereits** bei der **Darstellung des klägerischen Vortrags** – oder umgekehrt – **mitzuerwähnen,** weil sie später stören würden oder schwerer verständlich wären. Auch ein ergangenes **Versäumnisurteil,** das zur Prozessgeschichte gehört, und deshalb nach dem Parteivorbringen im Tatbestand zu erwähnen wäre, ist bereits **vor den Anträgen** darzustellen, weil sonst die Anträge unverständlich wären.

Beispiel:
Wenn sich an das einseitige klägerische Vorbringen der Satz anschließt „Der Kläger beantragt, das Versäumnisurteil vom 10.10.2009 aufrechtzuerhalten", wird für den Leser nicht klar, worüber in dem Rechtsstreit gestritten wird. Empfehlenswerte Formulierung: „Nachdem der Kläger zunächst beantragt hatte, den Beklagten zu Zahlung von 4.321,– € nebst 8 % Zinsen

hieraus seit 3.3.2009 zu verurteilen, war im Verhandlungstermin vom 10.10.2009 gegen den nicht erschienenen Beklagte antragsgemäß Versäumnisurteil ergangen, gegen welches dieser am 20.10.2009 Einspruch eingelegt hat. Der Kläger beantragt nunmehr, das Versäumnisurteil aufrechtzuerhalten ...“

IV. Die Entscheidungsgründe

In den Entscheidungsgründen ist die im Tenor ausgesprochene **Entscheidung zu**   **1326** **begründen.** Sie enthalten eine kurze Zusammenfassung der Erwägungen, auf denen die Entscheidung in tatsächlicher und rechtlicher Hinsicht beruht, § 313 Abs. 3 ZPO. Nur in den in §§ 313a, b ZPO genannten Fällen bedarf es keiner Entscheidungsgründe.

1. Der Stil der Entscheidungsgründe

„Gutachtenstil“ und „Urteilsstil“ der Entscheidungsgründe unterscheiden sich deutlich. Das **Gutachten sucht** die Entscheidung, erörtert das „Für und Wider“ rechtlicher Betrachtungsmöglichkeiten und **endet mit dem Ergebnis.** Die Sprache ist demgemäß abwägend und tastend (Konjunktiv). Da das Gutachten dem Richterkollegium gegenüber zu erstatten ist, können unbedenklich juristische Fachausdrücke verwendet werden.

Beispiel:
Der Anspruch **könnte** aus ungerechtfertigter Bereicherung begründet sein. Voraussetzung hierfür **wäre**, dass ... **Also** ist der Anspruch aus § 812 BGB begründet.

Die **Entscheidungsgründe gehen vom Ergebnis aus** und zeigen auf, **dass** und **weshalb** dieses Ergebnis richtig ist. Zweifel kommen in den Entscheidungen nicht mehr auf. Die sprachliche Darstellung ist daher bestimmt, knapp und überzeugend und, da das Urteil für die Parteien bestimmt ist, möglichst auch für den Laien verständlich. Weitschweifige Ausführungen sind zu vermeiden. Der richtige Stil wird gefunden, wenn man sich vorstellt, dass viele Sätze mit „denn“ anfangen könnten.

Beispiel:
„Die Klage ist zulässig. (Denn) Die Unzuständigkeitsrüge des Beklagten greift nicht durch. (Denn) Zwischen den Parteien ist eine Gerichtsstandsvereinbarung getroffen worden ... Die Klage ist begründet. (Denn) Der Beklagte schuldet dem Kläger 500,–€. (Denn) Die Parteien haben einen Kaufvertrag geschlossen. (Denn) Sie sind sich darüber einig geworden, dass ...“.

Die Begründung des Urteils in den Entscheidungsgründen erfolgt im **Präsens.**

Beispiel:
Die Klage **ist** begründet, **nicht**: Der Klage war stattzugeben.

Nichts sagende Wendungen wie „zweifellos“, „selbstverständlich“, „offenbar“ sind stets entbehrlich. Sie stören die für ein Urteil gebotene sachliche, nüchterne Darstellung.

2. Der Inhalt der Entscheidungsgründe

Der Inhalt der Entscheidungsgründe ist auf das **Wesentliche** zu konzentrieren, ohne   **1327** dass dies aber auf Kosten der Klarheit und Verständlichkeit geht.
Die **Tatsachenfeststellung** beschränkt sich auf diejenigen Fakten, die zur Ausfüllung der angewandten Rechtsnorm vorliegen müssen. **Rechtliche Erörterungen** werden nur angestellt, soweit sie zur Begründung der getroffenen Entscheidung erforderlich sind. Bei mehreren möglichen rechtlichen Begründungen für einen Anspruch sollte man auf

schwache Argumente verzichten, weil dadurch die Überzeugungskraft eines Urteils nicht gewinnt. Etwas anderes gilt für das Gutachten, wo sämtliche rechtlichen Gesichtspunkte zur Sprache kommen sollen. **Unzutreffende Begründungen,** auf die es für die Entscheidung nicht ankommt, sind nicht abzuhandeln.

> **Beispiel:**
> Ist ein Anspruch aus vertraglicher Pflichtverletzung begründet, so braucht daneben nicht dargetan zu werden, dass die Klage aus unerlaubter Handlung nicht begründet wäre.

Allerdings sollte auf **Rechtsausführungen der unterlegenen Partei,** auch soweit diese unzutreffend sind, in den Entscheidungsgründen eingegangen werden. Ungeklärte Fragen können dahingestellt bleiben, wenn sonstige Gründe die Entscheidung tragen.

> **Beispiel:**
> Steht fest, dass **kein** Schaden entstanden ist, so braucht nicht geklärt zu werden, aus welchem Grunde eine Ersatzpflicht an sich in Frage kommen könnte.

Jedoch darf ein prozessuales Problem, das die **Sachurteilsvoraussetzungen** betrifft, nicht offen bleiben, weil die Abweisung der Klage aus **materiellrechtlichen Gründen** außer Zweifel steht (h.M.: vgl. BGH NJW 2000, 3718; NJW 2008, 2027). Nur bei zulässiger Klage darf das Gericht über die Begründetheit entscheiden. Auch darf der **Hauptantrag** nicht unentschieden bleiben, weil dem **Hilfsantrag** entsprochen werden könnte. Erst wenn der Hauptantrag abzuweisen ist, kommt der Hilfsantrag zum Zug.

3.   Der Aufbau der Entscheidungsgründe

a)   Einleitung

1328   Die Entscheidungsgründe sind stets mit dem **Ergebnis** einzuleiten.

> **Beispiele:**
> Die zulässige Klage ist begründet; die Klage ist zulässig, aber unbegründet; die Klage ist unzulässig.

b)   Die Zulässigkeit der Klage

1329   Zunächst sind die Voraussetzungen der Zulässigkeit, also die **Sachurteilsvoraussetzungen,** zu behandeln, da im Falle der Verneinung der Zulässigkeit eine Klageabweisung als unzulässig erfolgt und damit eine Auseinandersetzung mit den Fragen des materiellen Rechts nicht mehr stattfinden darf. Selbstverständlich dürfen nicht in jedem Urteil sämtliche Sachurteilsvoraussetzungen abgehandelt werden, sondern nur solche, deren Fehlen festzustellen ist oder über die im Prozess gestritten worden ist.

> **Beispiele:**
> – **Richtig:** Das Gericht ist für die Entscheidung des Rechtsstreits örtlich unzuständig...
> – **Richtig:** Der Beklagte hat zu Unrecht die fehlende örtliche Zuständigkeit des Gerichts gerügt....
> – **Falsch:** Der Beklagte untersteht der deutschen Gerichtsbarkeit, der Rechtsweg ist zulässig. Auch gegen die Zuständigkeit des Gerichts bestehen keine Bedenken. Beide Parteien sind offensichtlich prozessfähig. Ein Rechtsschutzinteresse muss bejaht werden ...

c)   Die Begründetheit der Klage

1330   aa) **Aufbau.** Bei gegebener Zulässigkeit folgt die materiellrechtliche Begründung für Haupt- und Nebenansprüche, für die Entscheidung über Kosten und vorläufige Vollstreckbarkeit. Dabei beginnt jeder selbstständige Abschnitt nach Feststellung des **Ergebnisses** mit dem anzuwendenden **Rechtssatz.** Dann wird **ausgeführt,** ob und inwieweit der vorgetragene und festgestellte Sachverhalt diesen angesprochenen Rechtssatz ausfüllt oder nicht.

Beispiele:
– Die Klage ist zulässig. (**Ergebnis**). Die Zuständigkeit des Gerichts ist nach § 29 ZPO gegeben. (**Rechtssatz**). Der Erfüllungsort für die streitige Verpflichtung liegt im Bereich des Landgerichts, weil... (**Begründung**).
– Die Klage ist auch begründet. (**Ergebnis**). Der Kläger hat gegen den Beklagten nach § 433 Abs. 2 ZPO einen Anspruch aus Kaufvertrag. (**Rechtssatz**). Die Parteien haben am 3.3.2009 einen wirksamen Kaufvertrag abgeschlossen... (**Begründung**).
– Der Anspruch des Klägers auf Zinsen ist begründet. (**Ergebnis**). Der Beklagte befindet sich nach § 286 BGB seit 6.6.2009 in Verzug und schuldet dem Kläger nach § 288 BGB Verzugszinsen. (**Rechtssatz**). Am 6.6.2009 ging dem Beklagten eine Mahnung zu ... (**Begründung**).
– Der Beklagte hat die Kosten des Rechtsstreits zu tragen. (**Ergebnis**). Er ist im Rechtsstreit unterlegen, § 91 Abs. 1 ZPO (**Rechtssatz** und **Begründung**).
– Das Urteil ist ohne Sicherheitsleistung vorläufig vollstreckbar. (**Ergebnis**). Der Gegenstand der Verurteilung übersteigt den Betrag von 1.250,– € nicht, § 708 Nr. 11 ZPO (**Rechtssatz** und **Begründung**).

bb) Schlüssigkeit. Erfüllt bereits der vom Kläger vorgetragene Sachverhalt nicht die **1331** Voraussetzungen einer ihm i.S. seines Antrags günstigen Rechtsnorm, ist die Klage unschlüssig. Es empfiehlt sich dann die Wendung:

> Schon nach dem eigenen Vorbringen des Klägers ist die Klage unbegründet.

Die **Kennzeichnung** einer Klage als „schlüssig" oder „unschlüssig" ist in den Entscheidungsgründen zu **vermeiden**, weil dieser Fachausdruck aus dem Bereich der Relationstechnik dem Laien, also den Parteien, nichts sagt.

cc) Tatsachenfeststellung und freie Beweiswürdigung. Sind alle im Rechtsstreit vor- **1332** getragenen tatsächlichen Vorgänge zwischen den Parteien **unstreitig**, beschränken sich die Ausführungen in den Entscheidungsgründen auf die **Subsumtion** dieser Tatsachen unter den anzuwendenden Rechtssatz.
Sind Tatsachenbehauptungen einer Partei, die den ihr günstigen Rechtssatz ausfüllen, vom Gegner **bestritten**, kann der Rechtssatz nur angewandt werden, wenn die erhobenen Beweise das Gericht von der Richtigkeit der bestrittenen Behauptung überzeugt haben.
– **Bedeutung für die Praxis.** Der Weg zur Überzeugungsbildung ist die sog. freie Beweiswürdigung, vgl. § 286 Abs. 1 Satz 1 ZPO. Entsprechend ihrer Bedeutung für die Mehrzahl der Prozesse ist sie mit besonderer Gewissenhaftigkeit durchzuführen und in den Entscheidungsgründen zu behandeln. Die Beweiswürdigung ist eine der schwierigsten Aufgaben des Richters.
– **Überzeugungsbildung.** Er muss sich aus dem gesamten Inhalt der Verhandlung und dem Ergebnis der Beweisaufnahme eine **persönliche Überzeugung** von der Wahrheit oder Unwahrheit der behaupteten Tatsache verschaffen. Der Vorgang der Überzeugungsbildung vollzieht sich weithin in verborgenen Bereichen der menschlichen Persönlichkeit des Richters unter Einbeziehung von Verstand, Lebenserfahrung, Wertungen und Empfindungen. Das macht es besonders schwierig zu beschreiben, wann die Überzeugung von einer Tatsache erlangt ist. Nach der Definition des BGH darf und muss sich der Richter mit einem für das **praktische Leben brauchbaren Grad von persönlicher Gewissheit** begnügen, der den **Zweifeln Schweigen gebietet, ohne sie völlig auszuschließen** (BGH NJW 1993, 935 ff.; NJW-RR 1994, 567).

– **Darstellung der Beweiswürdigung.** Die Beweiswürdigung darf nicht darin bestehen, die bereits im Tatbestand erwähnten Zeugenaussagen schlicht noch einmal anzuführen oder nur das schlichte **Ergebnis** der richterlichen Abwägungen mitzuteilen. Vielmehr ist er gehalten, die **Gründe anzugeben**, die für seine Überzeugung leitend gewesen sind, § 286 Abs. 1 Satz 2 ZPO. Er muss sich also seine Gedankenabläufe zur Wahrheitsfindung bewusst machen und diese offenbaren. Es hat also eine echte **wertende Auseinandersetzung** mit dem Ergebnis der Beweisaufnahme zu erfolgen.

– **Zeugenaussagen.** Bei Zeugenaussagen ist neben Inhalt der Aussage vor allem deren **Beweiswert** unter Beachtung aller Umstände (Verhältnis zur Partei, Alter, Bildungsgrad des Zeugen, äußere und innere Umstände seiner Wahrnehmung, zeitlicher Abstand zum bekundeten Vorgang, eigenes Interesse am Prozessausgang) kritisch zu würdigen. Dabei genügen allgemeine Redensarten, wie etwa „nach den glaubhaften Aussagen des Zeugen X steht fest, dass..." nicht (vgl. BGH MDR 2000, 323). Auch die nicht näher erläuterte Feststellung, der Zeuge X sei glaubwürdig, ist unzureichend. Der Richter muss insbesondere bei sich widersprechenden Zeugenaussagen angeben, weshalb er dem einen Zeugen glaubt und dem anderen nicht. Hierbei sind die in der Glaubwürdigkeitslehre erarbeiteten Kriterien hilfreich (vgl. Bender, Nack, Treuer, Tatsachenfeststellung vor Gericht: Glaubwürdigkeits- und Beweislehre, Vernehmungslehre, 3. Aufl. 2007).

– **Sachverständigengutachten.** Ebenso ist eine kritische und wertende Auseinandersetzung mit den im Urteil verwendeten Sachverständigengutachten erforderlich.

– **Persönlicher Eindruck von den Parteien.** Für die Tatsachenfeststellung ist auch das Verhalten der Parteien selbst relevant. Es muss aber davor gewarnt werden, bei streitigen Tatsachen, für deren Nachweis keine Beweismittel vorliegen, allein nach dem „persönlichen Eindruck" zu einer Überzeugung gelangen zu wollen. Auf solche Weise ist es in aller Regel nicht möglich, die Überzeugung für die Wahrheit oder Unwahrheit einer bestrittenen Behauptung zu erlangen (vgl. BGH NJW 1974, 1248), falls nicht eine förmliche Parteivernehmung gemäß §§ 445 ff. ZPO und deren Würdigung entsprechende Kenntnisse vermittelt haben.

– Die Nebenentscheidungen über Kosten und vorläufige Vollstreckbarkeit sind mit gleicher Sorgfalt zu begründen wie die Entscheidung in der Hauptsache.

V. Unterschriften der Richter

1333 Das Urteil ist von den Richtern, die bei der Entscheidung mitgewirkt haben, zu unterschreiben, § 315 Abs. 1 Satz 1 ZPO.

VI. Aufbau des Zivilurteils in der Übersicht

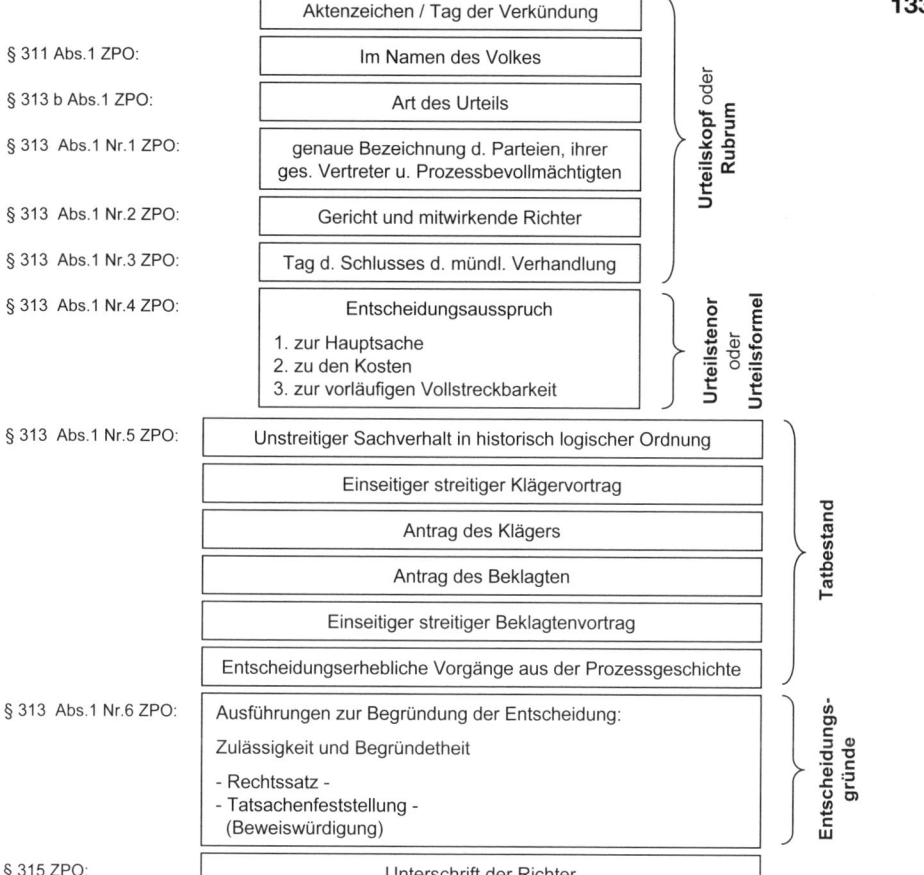

	Aktenzeichen / Tag der Verkündung
§ 311 Abs.1 ZPO:	Im Namen des Volkes
§ 313 b Abs.1 ZPO:	Art des Urteils
§ 313 Abs.1 Nr.1 ZPO:	genaue Bezeichnung d. Parteien, ihrer ges. Vertreter u. Prozessbevollmächtigten
§ 313 Abs.1 Nr.2 ZPO:	Gericht und mitwirkende Richter
§ 313 Abs.1 Nr.3 ZPO:	Tag d. Schlusses d. mündl. Verhandlung

Urteilskopf oder Rubrum

§ 313 Abs.1 Nr.4 ZPO:	Entscheidungsausspruch 1. zur Hauptsache 2. zu den Kosten 3. zur vorläufigen Vollstreckbarkeit

Urteilstenor oder Urteilsformel

§ 313 Abs.1 Nr.5 ZPO:	Unstreitiger Sachverhalt in historisch logischer Ordnung
	Einseitiger streitiger Klägervortrag
	Antrag des Klägers
	Antrag des Beklagten
	Einseitiger streitiger Beklagtenvortrag
	Entscheidungserhebliche Vorgänge aus der Prozessgeschichte

Tatbestand

§ 313 Abs.1 Nr.6 ZPO:	Ausführungen zur Begründung der Entscheidung: Zulässigkeit und Begründetheit - Rechtssatz - - Tatsachenfeststellung - (Beweiswürdigung)
§ 315 ZPO:	Unterschrift der Richter

Entscheidungsgründe

5. Kapitel Checklisten für die richterliche Bearbeitung von Rechtsfällen

I. Checkliste für die Bearbeitung von Prozesskostenhilfegesuchen

1335

Position	Betrag	Summe
1. Einkünfte in Geld oder Geldeswert, § 115 Abs. 1 Satz 1, 2 ZPO		
monatliche Löhne/Gehälter		
Urlaubs-/Weihnachtsgeld, Überstunden, VL-Leistungen, monatlicher Anteil		
Kapitalerträge durchschnittlich monatlich		
monatliche Mieterträge		
monatliche Unterhaltsrente		
monatliche Sozialleistungen (Renten, ALG, Wohngeld)		
monatlicher Sachbezug: Wert		
Naturalbezug: Wert		**Summe a):**
2. Abzüge Steuern, Abgaben, Beiträge und Werbungskosten, §§ 115 Abs. 1 Satz 3 Nr. 1 a ZPO, § 82 Abs. 2 Nr. 1–5 SGB XII		
monatliche Steuern		
monatliche Pflichtbeiträge zur Sozialversicherung und Arbeitsförderung		
monatliche Beiträge zu öffentlichen und privaten Versicherungen (Hausrat, Unfall, Privathaftpflicht, Berufsunfähigkeit etc.) und zur geförderten Altersvorsorge		
monatliche berufsbedingte Ausgaben		
Arbeitsförderungsgelder und Erhöhungsbeiträge des Arbeitsentgelts		**Summe b):**
3. Abzüge Freibetrag Erwerbstätige, § 115 Abs. 1 Satz 3 Nr. 1 b ZPO (derzeit 176 €)		**Summe c):**
4. Abzüge Selbstbehalt, § 115 Abs. 1 Satz 3 Nr. 2 a, b ZPO		
– für die Partei (derzeit 386 €)		
– für Ehegatten oder Lebenspartner (derzeit 386 €)		
– für jede weitere Person, der die Partei Unterhalt aufgrund gesetzlicher Unterhaltspflicht leistet (derzeit 270 €)		**Summe d):**

Position	Betrag	Summe
5. Abzüge Miete, laufende Kosten, § 115 Abs. 1 Satz 3 Nr. 3 ZPO		
bei Mietwohnung – monatlich bezahlter Mietaufwand		
monatlich bezahlter Nebenkostenaufwand (Wasser, Strom, Heizung)		
bei eigenem Haus: – monatliche Zinsen für Anschaffungsdarlehen		
– monatliche Tilgung von Anschaffungsdarlehen		**Summe e):**
6. Abzüge besondere Belastungen, § 115 Abs. 1 Satz 3 Nr. 4 ZPO Mehrbedarfszuschläge, Kurkosten, Zahnersatz ...		
– monatliche Schuldentilgung für berücksichtigungsfähiges Darlehen		
– monatliche Zinsen für berücksichtigungsfähiges Darlehen		**Summe f):**
Ermittlung des einzusetzenden Einkommens, § 115 Abs. 1 Satz 4 ZPO Summe a) abzgl. Summen b)+c)+d)+e)+f)		**Einzusetzendes Einkommen g):**
Ermittlung der Monatsrate, § 115 Abs. 2 ZPO **Einzusetzendes Einkommen ergibt lt. Tabelle:**		**Monatsrate h):**
Ermittlung des einzusetzenden Vermögens, § 115 Abs. 3 ZPO, § 90 SGB XII größere Sparguthaben? teuere Kraftfahrzeuge? Luxusgüter? unbelastete Hausgrundstücke? Bausparguthaben? Bundesschatzbriefe, Wertpapiere? Prozesskostenvorschussanspruch gegen Dritte?		**Summe i):**
Berechnung Einsatz des Einkommens, § 115 Abs. 3 ZPO 4 x Monatsrate h) =		
zzgl. einzusetzendes Vermögen i) =		**Summe j):**
Voraussichtliche Kosten der Prozessführung: 3 Gerichtsgebühren bei Kläger + 2,5 Rechtsanwaltsgebühren netto + Pauschale 20 € + MwSt. =		**Summe k):**
Ist Summe k) **kleiner** als Summe j): **keine Bewilligung von PKH!**		
Ist Summe k) **größer** als Summe j) **verbleibt es bei Monatsrate h)**		

II. Richterliche Tätigkeit vom Klageeingang bis zur Vorbereitung des Termins

1336

Erster Bearbeitungsschritt	Hinweise
Klageeingang: **Überprüfung der eigenen geschäftsplanmäßigen Zuständigkeit für die Rechtssache**	ggf. Abgabe an anderen Spruchkörper des eigenen Gerichts
Vorläufige Streitwertfestsetzung	Bei streitwertabhängiger Unzuständigkeit: Hinweis gemäß § 139 ZPO an Kläger und Anregung eines Verweisungsantrages
Überprüfung der eigenen Gerichtszuständigkeit aufgrund des Klagevortrages	Bei sonstiger sachlicher oder örtlicher Unzuständigkeit nach §§ 12 ff. ZPO: Hinweis gemäß § 139 ZPO an Kläger und Anregung Verweisungsantrag
Wahl der günstigsten Eingangsverfügung – **schriftliches Vorverfahren** – **früher erster Termin** – **freie Verfahrensgestaltung, § 495 a ZPO**	Bei mutmaßlicher Unzuständigkeit oder – z.B. wegen Vermögenslosigkeit – zu erwartendem Versäumnisurteil oder kompliziertem Prozessstoff: *schriftliches Vorverfahren* Bei zu erwartendem Anerkenntnis oder gütlicher Einigung bei mündlicher Erörterung: *früher erster Termin* Bei Verfahren am Amtsgericht bis 600 € freie Verfahrenswahl
Veranlassung der Klagezustellung	Bei Undurchführbarkeit der Zustellung Hinweis an Kläger und Aufforderung zur Anschriftenmitteilung, ggf. öffentliche Zustellung prüfen
Bei frühem erstem Termin: **Terminsbestimmung**	Beachtung der Einlassungs- und Ladungsfristen, Einplanung von ausreichender Verhandlungszeit
Bei schriftlichem Vorverfahren: **Aufforderung zur Verteidigungsanzeige**	Fristsetzung von zwei Wochen
Aufforderung zur Klageerwiderung	Fristsetzung, ggf. mit Hinweisen und Fragen an Kläger oder Beklagten oder an beide
Zweiter Bearbeitungsschritt	
Bei schriftlichem Vorverfahren: **Eingehende Verteidigungsanzeige an Kläger z.K.**	Bei ausbleibender Verteidigungsanzeige: Versäumnisurteil auf Antrag erlassen
Dritter Bearbeitungsschritt	
Eingehende Klageerwiderung an Kläger zur Replik	Bei ausbleibender Klageerwiderung in gesetzter Frist im Falle des schriftlichen Vorverfahrens: Hauptterminbestimmung Bei Widerklage: Zustellung an Kläger und Aufforderung zur Klageerwiderung

Bei schriftlichem Vorverfahren: **Hauptterminsbestimmung**	Beachtung der Einlassungs- und Ladungs-fristen, Einplanung von ausreichender Verhandlungszeit
Anordnung vorbereitender Maßnahmen: **persönliches Erscheinen der Parteien** **Aufforderung zur Ergänzung von** **Parteivorbringen** **Anforderung von Akten oder Auskünften** **Ladung von Zeugen oder** **Sachverständigen**	Nicht bei Unzumutbarkeit Keine Amtsermittlung, nur soweit von Parteien in Bezug genommen, Sachverständige auch v.A.w. Durch Verfügung nach § 273 oder durch vorterminlichen Beweisbeschluss nach § 358 a ZPO
Erteilung rechtlicher Hinweise nach § 139 ZPO	Dokumentieren in der Akte, § 139 Abs. 4 Satz 1 ZPO
Weitere Vorbereitung des Termins: – ggf. Verweisung der Güteverhandlung an beauftragten oder ersuchten Richter, § 278 Abs. 5 Satz 1 ZPO – ggf. Vorschlag einer außergerichtlichen Streitschlichtung, § 278 Abs. 5 Satz 2 ZPO – ggf. schriftlicher Vergleichsvorschlag, § 278 Abs. 6 ZPO	

III. Richterliche Tätigkeit im Termin mit Güteverhandlung, aber ohne Beweisaufnahme

1337

Terminsleitung	Hinweise
Aufruf der Sache vor dem Saal und im Saal	Protokoll: Bei Aufruf der Sache ...
Feststellung der Erschienenen: Parteien, Prozessbevollmächtigte, Zeugen, Sachverständige	Protokoll: ... sind erschienen: ... Zeugen ggf. vorab über Wahrheitspflicht belehren; ggf. vor den Saal bitten
Bei Erscheinen keiner Partei – Anordnung des **Ruhens des Verfahrens**, § 278 Abs. 4 ZPO – **Aktenlageentscheidung** nur nach früherer mündlicher Verhandlung, § 251 a ZPO	
Bei Erscheinen nur einer Partei: – Antrag auf Erlass eine **Versäumnisurteils** durch den Erschienenen – Schlüssigkeitsprüfung – Prüfung der Klagezustellungs- und Ladungsformalien – ggf. Erlass eine Versäumnisurteils – **Aktenlageentscheidung** nur nach früherer mündlicher Verhandlung, § 331 a ZPO	Protokollfeststellung! Protokollfeststellung! Diktat ins Protokoll möglich.

403

Terminsleitung	Hinweise
Bei Erscheinen beider Parteien: **Obligatorische Güteverhandlung,** **§ 278 Abs. 2 ZPO** Ausnahmen: – Einigungsversuch hat außergerichtlich erfolglos stattgefunden – Güteverhandlung erkennbar aussichtslos	 Protokollfeststellung! Protokollfeststellung !
Im Rahmen der Güteverhandlung: – **Einführung in den Sach- und Streitstand** – **Erörterung** unter freier Würdigung aller Umstände – **Fragen** stellen – Parteien persönlich anhören – ggf. Hinweise nach § 139 ZPO – ggf. Vergleichsabschluss	Im Protokoll dokumentieren, § 139 Abs. 4 Satz 1 ZPO Wirksamkeitsvoraussetzungen: Aufnahme ins richterliche Protokoll, außerdem vorlesen/vorspielen und genehmigen lassen (v.u.g.)
Bei erfolgloser Güteverhandlung: Anschluss der mündlichen Verhandlung mit **Antragstellung**	Protokollfeststellung!
ggf. **erneute Erörterung**	
Schließung der Verhandlung durch den Vorsitzenden, § 136 Abs. 4 ZPO	
Verkündung der Entscheidung oder Bekanntgabe des **Verkündungstermins**	Protokollfeststellung!

IV. Richterliche Tätigkeit im Beweisaufnahmetermin

1338

Beweiserhebung	Hinweise
Anlass der Beweiserhebung: – Erledigung eines schon ergangenen **Beweisbeschlusses** – **Anordnung der Beweiserhebung** hinsichtlich präsenter Beweismittel (anwesende Zeugen, Sachverständige)	
Zeugenvernehmung	
Aufruf und **Wahrheitspflichtbelehrung** des zu vernehmenden Zeugen	Vernehmung in Abwesenheit später zu vernehmender Zeugen; Belehrung über Pflicht zur Wahrheit, Möglichkeit der Beeidung und Strafbarkeit einer eidlichen wie uneidlichen Aussage Protokollfeststellung!
Vernehmung zur Person	Vor-, Zuname, Alter, Beruf, Wohnort, Verwandtschaft oder Schwägerschaft zu Parteien, ggf. Vorstrafen wegen Eidesdelikten Protokollfeststellung!

Beweiserhebung	Hinweise
ggf. Belehrung über Zeugnisverweigerungs-recht	
Vernehmung zur Sache	Zeuge zunächst selbst in freier Rede berichten lassen, dann erst gezielte Nachfragen durch Gericht
	Möglichst aussagegetreue Aufnahme der Aussage ins Protokoll
Befragung durch die Parteien	
Verlesung und **Genehmigung** des Protokolls	Verzicht des Vorlesens oder Vorspielens ist möglich und üblich
Entscheidung über die **Beeidigung**, anschließend ggf. Beeidigung des Zeugen	– Erheben von den Plätzen – Vorsprechen der Eidesformel durch Richter – Nachsprechen: Ich schwöre es – mit oder ohne religiöser Beteuerung
Entlassung des Zeugen und Quittieren der Entlasszeit für Zeugenentschädigung	Protokollierung der Entlasszeit vorteilhaft
Sachverständigenanhörung	
Aufruf	
Vernehmung zur Person	
Vernehmung zur Sache	– Liegt bereits ein schriftliches Gutachten vor, so ist der Sachverständige zu offenen Fragen des Gutachtens zu befragen – Liegt kein schriftliches Gutachten vor, kann der Sachverständige nun sein mündliches Gutachten zu Protokoll erstatten – Aufnahme der Aussagen im Protokoll, das Diktat kann gewandten Sachverständigen auch selbst überlassen werden
Befragung durch die Parteien	
Verlesung und **Genehmigung** des Protokolls	Verzicht des Vorlesens oder Vorspielens ist möglich und üblich
Entscheidung über die **Beeidigung**	
Entlassung des Sachverständigen und Quittieren der Entlasszeit für Sachverständigenentschädigung	
Nach Abschluss der Beweisaufnahme: **Erneute Erörterung** des Sach- und Streitstandes und des Ergebnisses der Beweisaufnahme mit den Parteien, Fortsetzung der **Verhandlung** §§ 279 Abs. 3, 285 Abs. 1, 370 Abs. 1 ZPO	

Beweiserhebung	Hinweise
Versuch einer gütlichen Beilegung des Rechtsstreits, § 279 Abs. 1 ZPO	Protokollierung des Vergleiches
Schließung der Verhandlung durch den Vorsitzenden, § 136 Abs. 4 ZPO	
Verkündung der Entscheidung oder Bekanntgabe des Verkündungstermins	Protokollfeststellung!

V.   Die Durchführung des Verkündungstermins

1339

Aufruf der Sache	
Bei Nichterscheinen der Parteien: – Feststellung, dass niemand erschienen ist – Verkündung der Entscheidung unter Bezugnahme	Protokollfeststellung!
Bei Erscheinen einer Partei: – **Feststellung der Erschienenen** – Verkündung der Entscheidung durch **Verlesen des Tenors** und kurzer Erläuterung der Gründe	Protokollfeststellung!

Sachverzeichnis

Die Zahlenangaben beziehen sich auf die Randnummern.

Abänderungsklage 1125 ff.
Abgabe 499
Abhilfeverfahren 1225 ff.
Ablehnung von Richtern 9, 203, 385 ff., 563
– Ablehnungsgründe 385
– Entscheidung 388
– Selbstablehnung 385
– Verfahren 387
– Verlust des Ablehnungsrecht 387
Ablehnung von Schiedsrichtern 9
Abschriften 358, 440, 872
Abstammungsfeststellung 880 ff.
Abwendungsbefugnis 678, 1100, 1309
Aktenauszug 1280
Aktenbeiziehung 541, 871
Aktenlageentscheidung 592 ff., 657, 760
Aktenvortrag 371, 1275 ff.
Aktenzeichen 365
Amtsermittlung 489, 746
Amtsgericht 229, 295, 381, 388, 854, 1167, 1219
– Bagatellverfahren 423
– Zuständigkeit, sachliche 245 ff., 366
Amtshaftung → Staatshaftung
Amtszustellung → Zustellung
Anerkenntnis 19, 573, 669 ff., 722, 734, 805, 1041
– Form 673
– sofortiges 30, 677, 1092
– Umfang der Vollmacht 213, 215
– Unzulässigkeit 672
– Wesen 669
Anerkenntnisurteil 674 ff., 1056, 1080, 1118
– Anerkenntnis-Vorbehaltsurteil 676 f., 680
– Kosten 677
– *Muster* 679, 680
– im schriftlichen Vorverfahren 401, 405, 483
– Vollstreckbarkeit 678
Anfechtung des Prozessvergleichs 1006 f.
Angriffs- und Verteidigungsmittel 753, 777, 1314, 1253
Anhängigkeit 16, 359 f., 397, 1017
– Eilverfahren 363, 1176 f.
– bei Verweisung 509
– Wegfall des Klageanlasses während 364, 1017, 1027, 1038
– Wirkung 360
Anhörung von Parteien 586, 699, 1182
Anknüpfungstatsachen 845, 878, 954
Anlagen 358

Annahmeverweigerung 456
→ Zustellung
Anscheinsbeweis 952
Anschließung 1226
– selbstständige 1226
– unselbstständige 1226
Anspruch 805
– Mahnverfahren 113
– nichtvermögensrechtlicher 246
– vermögensrechtlicher 246
Anspruchsbegründung nach Mahnverfahren
– Aufforderung zur 154, 163
– Ausbleiben der 156, 163
– Form und Inhalt 156
– Fristsetzung 155
Anspruchsgrundlage 1373
Antrag
→ Klageantrag
→ Mahnantrag
Antragstellung → Verhandlungstermin
Anwaltsprozess 195, 199 f., 601, 1213
– Vollmacht 208 ff., 215
Anwaltszwang 9, 195, 197, 199 ff., 483, 517, 673, 755, 1020, 1035, 1145, 1152, 1253
– Ausnahmen 203, 1253
– Einzelfälle 199, 403, 406, 1035
– Familiensachen 199, 204 ff.
– Verstoß 202
– Zwecke 201, 204
Arbeitsgericht 227
Arbeitsgerichtsbarkeit 234, 237, 980
– Verweisung 499, 513 f.
Arrest 203, 1135 ff.
– Arrestanordnung 1139, 1148, 1150
– Arrestanspruch 1139, 1145
– Arrestgerichte 225, 1143 f.
– Arrestgesuch 1145
– Arrestgrund 1140, 1145
– Aufhebung 1153 f., 1158
– dinglicher 1137, 1140
– Kosten 1151
– *Muster* 1151
– persönlicher 1138, 1141
– Rechtsbehelfe 1152 ff.
– Rechtshängigkeit 469, 1147
– Vollziehung 1155 ff.
– Wirkung der Anhängigkeit 363, 1147
Aufenthalt
– Gerichtsstand 265, 270
Aufenthaltsort 270

Aufgebotssachen 254
Aufhebungsantrag
– Schiedsspruch 11
Aufhebungsverfahren
– Arrest 1153 f.
Aufklärungsbeschluss 1304
Aufklärungspflicht, richterliche 740
Auflassung 989
Aufrechnung → Prozessaufrechnung
Aufruf der Sache 692
Aufschiebende Wirkung 1254
Aufwandsentschädigung 917, 933
Augenschein, richterlicher 723, 742, 818,
  845, 859, 876 ff., 1174
– Beweisantritt 820, 877
– Vereitelung 879, 883
Ausfertigung 440
Ausforschungsbeweis 827, 881
Aushang 766
Auskünfte, amtliche 541, 742
Ausländersicherheit 492
Ausländisches Recht 745, 819, 1220
Auslandszustellung 458, 465 f.
  → Zustellung
Ausschließung von Richtern 382 ff., 385
– Ausschließungsgründe 383
– Verfahren 384
Aussetzung 431
Auswärtiges Amt 466
Automatisiertes Mahnverfahren
  → Gerichtliches Mahnverfahren

Bagatellverfahren 423 f.
Baumbach'sche Formel 331, 1094
Bauvertrag 273
Beauftragter Richter 203, 380, 575, 765,
  844 f., 878, 980
Beeidigung 9, 892, 911, 928, 941
– Belehrung über 893
– Durchführung 893 f.
Befangenheit, Besorgnis der 386
  → Ablehnung von Richtern
Befähigung zum Richteramt 171
Beglaubigung 440, 860
Begründetheit der Klage 1330
Beibringungsgrundsatz 17, 489, 541, 736 ff.
Beistand → Rechtsbeistand
Beitritt eines Dritten zum Rechtsstreit 328 ff.
  → Streitverkündung
  → Nebenintervention
Beklagtenvortrag 1319
Beklagtenwechsel → Parteiwechsel
Belegenheitsgericht 1144, 1167
Beratung, geheime 371, 1271
Beratungshilfe 88 ff.
– Honorare und Kosten 89
– Pflicht zur Mandatsübernahme 177
Berechtigungsschein für Beratungshilfe 89
Bericht 1271, 1274, 1276, 1279 ff.
Berichterstatter 368, 371, 1271

Berufshaftpflichtversicherung
– Inkasso 191
  → Rechtsanwalt
Berufung 790 ff., 1149, 1189, 1229 ff.
– Berufungsfrist 1215
– Berufungssumme 1204, 1229
– Kosten 1240
– Tatsachengrundlage 1233, 1193 ff.
– Verwerfung 1234 f.
– Vorabprüfung 1235
– Zulässigkeit 1198, 1234
– Zulassung 1205, 1229
Berufungsantrag 1233, 1238
Berufungsbegründung 1230 ff.
Berufungsbegründungsfrist 1231
Berufungsfrist 1215
Berufungsschrift 1210, 1230
Berufungssumme 1204
Berufungsurteil 1238 ff., 1246
Beschleunigungsgebot
– Prozesskostenhilfeverfahren 78
  → Konzentrationsgrundsatz
Beschlussverfahren 748, 1057 ff.
– Befangenheitsantrag 388
– Mahnverfahren, Zurückweisung 123
– Prozesskostenhilfebewilligung 78 ff.
– Selbstständiges Beweisverfahren 1183
– Streitwert 398
– Verwerfungsbeschluss Einspruch 160
Beschwer 349, 1199 f.
Beschwerde, sofortige 203, 389, 889, 902,
  924, 1028, 1059, 1113, 1148, 1184, 1189,
  1208, 1213, 1252 ff., 1260
– Beschwerdefrist 1217
– Beschwerdesumme → Beschwerdesumme
– Kostenbeschluss Hauptsacheerledigung
  1050
– Protokollberichtigung 732
– Prozesskostenhilfeverfahren 81
– Rechtspflegerentscheidungen 392
– Tatsachengrundlage 1197
– Verwerfung 1257
– Zulässigkeit 1198
– Zulassung 1208
– Zurückweisung Mahnantrag 125
– Zurückweisung Versäumnisurteil 616
Beschwerdebegründung 1253
Beschwerdefrist 1217
Beschwerdegegenstand 1208, 1233
Beschwerdeschrift 1213
Beschwerdesumme 1203, 1208
Bestreiten 495, 739, 804 ff., 810, 1297
– einfaches 806
– substantiiertes 806
– pauschales 806
Betriebsgeheimnis 771
Beurkundung, notarielle 983
Beweisantizipation 828
Beweisantrag 818 ff.
– Ablehnung des 825, 832

– Ausforschungsbeweis 827
– Rücknahme 824
– ungeeigneter 828
– unzulässiger 826
– verspäteter 831
Beweisantritt 738, 819
Beweisarten 811 ff.
Beweisaufnahme 413, 571, 703 ff., 707,
 760 f., 763, 833 ff., 843 ff., 851 ff., 1185,
 1276
– Anordnung 833
– Durchführung 834
Beweisaufnahmetermin 838, 851 f.
– Anordnung *Muster* 840
Beweisbeschluss 549 ff., 703, 851, 1304 f.,
 1322
– Änderung 841
– förmlicher 835, 940
– formloser 833
– Inhalt 837
– *Muster* 840
– vorterminlicher 549 ff., 775, 836, 1305
Beweiserhebungstheorie 520
Beweiserhebungsverbot 826
Beweiserleichterung 816, 1302
Beweisermittlungsantrag 827
Beweisführer 837, 902, 938, 1305
Beweisführung 28, 811 ff.
Beweiskraft 714, 864 ff., 870
Beweislast 572, 814 ff., 974, 1303
Beweislastumkehr 816 f.
Beweismaß 951
– Reduzierung 952
Beweismittel 17, 776, 812 f., 819, 837,
 859 ff., 935, 1179 f., 1282, 1305
– präsente 785, 813, 826, 833
– subsidiäre 935
– unerreichbare 830
Beweisregel 715, 949
Beweisthema 819, 837, 885
Beweisvereitelung 875, 879, 972 ff.
Beweisverfahren, allgemeines 804 ff.
Beweisverfahren, selbstständiges 23, 571,
 970, 1147 ff.
– Antrag 1179
– Durchführung Beweisaufnahme 1185
– Kosten 1187 f.
– *Muster* 1183
– Rechtliches Interesse 1175
– Zulässigkeit 363, 1175
– Zuständigkeit 255, 363, 1176 ff.
Beweisverwertungsverbot 826, 850, 879,
 1186
Beweiswürdigung 743, 942, 948 ff., 972,
 1278, 1302, 1332
– freie 942, 950, 973, 1302
– Vorwegnahme der 828
Bezugnahme 342, 694, 1238, 1310, 1321
BGB-Gesellschaft 307
Bild- und Tonübertragung 762

Bindung an Anträge 344, 695
Bindung an Entscheidung 1110
Bindungslehre 1120
Bindungswirkung bei Verweisung 510
Blutgruppenuntersuchung 880, 882
Botschafter 224
Briefkasten 454
 → Zustellung
Bundesanzeiger 459
Bundesgerichtshof 199, 204, 300, 370,
 1212, 1221 ff.
Bürgschaft 162
Bürogemeinschaft 170

Darlegungslast 814
Devolutiveffekt 628, 1189
Dienstliche Äußerung 387
Diplomat 244
Dispositionsgrundsatz 19, 733 ff., 923, 1043
DNA-Analyse 882
Dokumentationspflicht, gerichtliche 559,
 663
Doppelfunktionalität 228
Doppelnatur des Prozessvergleichs 976
Drittwiderklage → Widerklage
Drittwiderspruchsklage 284
Duplik 1320

Echtheit von Urkunden → Urkunde
EDV-Datenträger 859
Ehegatte 383, 895
Eid → Beeidigung
Eidesformel 893
Eidesgleiche Bekräftigung 894
Eidesnorm 893
Eidesstattliche Versicherung → Versicherung
 an Eides Statt
Eigentumsvorbehalt 1140
Eilverfahren 255, 363, 801, 1021, 1135 ff.,
 1174 ff.
Eilzuständigkeit des Amtsgerichts 1178
Eingangsverfügung, richterliche 397 ff.
 → früher erster Termin
 → schriftliches Vorverfahren
Einheitliche Rechtsprechung 1205 ff.
Einkommen
– Prozesskostenhilfebewilligungsverfahren
 63
Einlassungsfrist → Fristen
Einreden 492, 496, 517, 1029, 1298
– der mangelnden Kostenerstattung 1029
– der Verjährung → Verjährung
Einschreiben 447
Einspruch gegen Versäumnisurteil 628 ff.,
 746
– Einspruchsentscheidung 637
– Einspruchsfrist 635
– Einspruchsprüfung 636
– Einspruchsrücknahme 636
– Einspruchsschrift 631 ff.

- Einspruchstermin 641, 653
- *Muster* Einspruchsverwerfung 639
- Statthaftigkeit 628
Einspruch gegen Vollstreckungsbescheid 15, 144 ff.
- Begriff 144
- Form 146
- Frist 160
- Inhalt 147
- Rücknahme 148
- Verwerfung 160
- Zustellung 159
Einstweilige Einstellung der Zwangsvollstreckung 629, 1009, 1152
- *Muster* 630
Einstweilige Verfügung 1135, 1159 ff.
- Aufhebung 1171
- Leistungsverfügung 1165
- *Muster* 1170
- Regelungsverfügung 1163 f.
- Sicherungsverfügung 1160 ff.
- Verfügungsanspruch 1160 f., 1163, 1165
- Verfügungsgerichte 255
- Verfügungsgesuch 1168
- Verfügungsgrund 1162, 1164 f.
- Vollziehung 1172
- Wirkung der Anhängigkeit 363
Einwendungen → Einreden
Einwilligung 1021
Einzelrichter 354, 366, 369 ff., 388, 765, 1273 ff.
- Anfechtbarkeit 376
- beim Berufungsgericht 378, 846, 1233, 1336
- beim Beschwerdegericht 379, 1256
- Einzelrichterübertragung 374
- obligatorischer 374
- originärer 373
- vorbereitender 378
Elektronische Form 355
Elektronisches Dokument 357, 446, 867, 876
E-Mail 357
Empfangsbekenntnis 445, 464, 860, 863
Endurteil 1149, 1152
Enteignungsentschädigung 235
Entschädigung
- des Sachverständigen → Sachverständigenentschädigung
- des Zeugen → Zeugenentschädigung
Entscheidung 723
- über Kosten → Kostenentscheidung, gerichtliche
  → Urteil
Entscheidungsgründe 1082 f., 1121
  → Urteil
Entscheidungsvorschlag 1271, 1277 f., 1304 ff.
- *Muster* 1309
Erbbiologisches Gutachten 882

Erbe 884
Erbschaft 277
Erfüllungsort 226, 273, 293
Erheblichkeit des Beklagtenvortrags 1297 ff.
Erinnerung 125, 392, 443, 959, 1191, 1260 ff.
Erledigung des Rechtsstreits in der Hauptsache 471, 651, 1015, 1030 ff.
- einseitige 1031 ff.
- Erledigungsereignis 1033
- Erledigungserklärung 19, 203, 1034 f., 1041
- Feststellungsantrag 1035
- Form 1042
- Hauptsache 1032, 1038
- Kosten 1036, 1045 ff.
- Kostenbeschluss *Muster* 1051
- Prozesskostenhilfebewilligungsverfahren 71
- Prozessvergleich 215
- vor Rechtshängigkeit 1038, 1043
- Rechtsmittel 1050
- Säumnis 620
- Streitwert 1049, 1037
- teilweise 1048
- übereinstimmende 573, 734, 1030, 1039 ff., 1119
- *Muster* 1051
Erledigungsklausel 995
Ermessen, gerichtliches 349, 581, 585, 756, 839, 954, 1027, 1064
Erörterung 554
- Termin zur 970
Ersatzzustellung 499, 453
  → Zustellung
Ersuchter Richter 203, 381, 575, 765, 838, 844 f., 853, 878, 980
EuGVVO 226, 273, 275
EU-Mitgliedsstaat 273, 297, 856
Eventualaufrechnung → Prozessaufrechnung
Eventualwiderklage → Widerklage
Exterritorialität 432
Exterritoriale 223 f., 458

Fachanwalt → Rechtsanwalt
Fahrtkosten 916, 932
Faires Verfahren, Gebot des 739
Faksimile 870
Fälligkeit 29
- Anspruch im Mahnverfahren 96
Falschaussage 963
FamFG 21 f., 46, 204 ff., 254, 282, 301, 498, 614, 660, 672, 735, 745, 1165, 1084, 1093, 1190, 1221
Familienangehörige 450
Familiengericht 254, 1143
Familiensachen 22, 745
- Anwaltszwang 199, 204 ff.
- Ausschluss der Öffentlichkeit 769
- Zuständigkeit, örtliche 282

– Zuständigkeit, sachliche   254
Fernsehübertragung   772
Feststellungsklage   351 f.
– Feststellungsinteresse   352
– Feststellungswiderklage, negative   353
– Rechtshängigkeit   470
Filmaufnahmen   826
Finanzgerichtsbarkeit   238
Firma   303, 309
Fiskus
– Gerichtsstand   268
Flucht in die Säumnis   642, 644, 787
Fotografie   859, 876
Fotokopie   876
Fragerecht   554, 584, 740, 907 f.
Fragetechnik   946
Freibeweis   489, 812, 819
Freiwillige Gerichtsbarkeit → Gerichtsbarkeit,
   freiwillige
Fristen   425 ff., 778 ff.
– Einlassungsfrist   414, 425, 613, 1149
– Fristberechnung   428
– Fristverkürzung   427
– Fristverlängerung   780, 1232
– Fristversäumnis   658 f.
– Ladungsfrist   426, 611, 1149
– Notfrist   404, 435, 1022
– Rechtsmittelfristen   1214 ff., 1231
Fristsetzung   31, 560, 774 f.
Fristwahrung
– bei Monierung Mahnantrag   124
– Rückwirkung   124, 360
– Rücknahme Mahnantrag   124
– Zurückweisung Mahnantrag   124
– Zustellung Mahnbescheid   124
Früher erster Termin   16, 157, 410 ff., 479,
   583, 571, 775, 851
– Abgrenzungen   412, 684
– Anerkenntnis   481
– Ladung zum   415
– *Muster*   422
– persönliches Erscheinen zum   416
– vorbereitende Maßnahmen → Vor-
   bereitende Maßnahmen

Gedächtnis   959 ff.
Gefährdungshaftung   275
Gegenbeweis   842, 864 ff.
Gegenstand der Klage → Streitgegenstand
Gegenstandswert   247
Geheimnisschutz   771
Gehörsrüge   803
Gericht
– Bezeichnung im Mahnantrag   112
– ordentliches 241, 366
   → Amtsgericht, Landgericht, Oberlandes-
   gericht, Bundesgerichtshof
Gerichtliches Mahnverfahren   14, 90 ff.,
   1143

– Abgabeverlangen an Streitgericht   150 ff.,
   158, 298
– Anhängigkeit   359
– Anspruch   96, 113
– Anspruchsbegründung → Anspruchs-
   begründung   154 ff.
– Antrag auf Durchführung des Streit-
   verfahrens   116, 149
– automatisiertes Mahnverfahren   90
– Beendigung   153
– Bezeichnung der Parteien   111
– Bezeichnung des Gerichts   112, 115
– Entscheidung   118 ff.
– Europäisches Mahnverfahren   168
– Europäischer Zahlungsbefehl   168
– Gegenleistung, erbrachte   98, 114
– Gerichtskosten   93
– Kosten   35, 93 f.
– Mahnantrag → Mahnantrag
   15, 107 ff.
– Mahnbescheid → Mahnbescheid
   15, 126 ff.
– Mahnverfahrenssperre   97
– Monierung   119 ff.
– Rechtsanwaltskosten   94
– Rechtshängigkeit → Rechtshängigkeit
   153, 467, 474
– Rechtskraft des Vollstreckungsbescheids
   161 f.
– Streitgericht   151
– Verbraucherdarlehen   97, 113, 1133
– Verteidigungsanzeige nach   403
– Verweisung   498
– Vollstreckungsbescheid → Vollstreckungs-
   bescheid 140 ff.
– Vorzüge   14
– Widerspruch → Widerspruch 15, 134 ff.
– Zahlung   133
– Zulässigkeitsvoraussetzungen   95 ff.
– Zuständigkeit Rechtspfleger   391
– Zuständigkeit, ausschließliche   104, 283
– Zuständigkeit, örtliche   102 ff., 283
– Zuständigkeit, sachliche   101, 255
– Zuständigkeitsprüfung   105
– Zuständigkeitsprüfung durch Streitgericht
   152
– Zustellung, öffentliche des Mahnbescheids
   99
Gerichtsbarkeit   487
– deutsche   223
– fehlende   432
– freiwillige   20 ff., 254, 495, 514, 745, 769,
   980
– ordentliche   229
– streitige   21
Gerichtskosten/-gebühren   33 ff., 397,
   1084 ff., 1187
– Anzahl   35
– Auslagen   44
– Höhe   34

– Vorschuss 44, 430
Gerichtsstand
– allgemeiner 264 ff., 1220
– besonderer 264, 269 ff.
– deutscher 225
– dinglicher 279
– Wahlgerichtsstand 278
Gerichtsstandsbestimmung, gerichtliche
299 ff.
Gerichtsstandsvereinbarung → Prorogation
Gerichtstafel 459
Gerichtsvollzieher 395 f., 860
Geschäftsbesorgungsvertrag 36
Geschäftsraum 451
Geschäftsstelle 387, 439
Geschäftsverteilungsplan 367, 373
Gesellschafter als Partei 884
Gesetzlicher Richter 366, 382
Geständnis 671, 722, 738, 745, 805 f., 1281
Gewerbemiete 280
Gewerbliche Schutzrechte 275
Gewissheit 951
Gewohnheitsrecht 745, 819
Glaubhaftmachung 566, 813, 899, 952,
1146, 1168, 1180, 1302
– Ablehnungsgrund 387
– Eilverfahren 1146
– Prozesskostenhilfebewilligungsverfahren
75
– Wiedereinsetzung 665
Glaubwürdigkeit 890, 906
– Kriterien 956
Großer Senat 370
Grund der Klage 340, 342
Grundsätzliche Bedeutung 1205 ff., 1235 f.,
1264
Grundurteil 1056, 1073 ff.
– *Muster* 1075
Gutachten → Rechtsgutachten
Gutachtenverweigerungsrecht 925
Gütestelle
– eingerichtete oder anerkannte 13, 576
Güteverhandlung 18, 412, 574 ff., 775, 990,
1021
– Ablauf 584 ff., 1337
– Ausnahmen 576
– Aussichtslosigkeit 577
– isolierte 575
– obligatorische 574 ff.
Güteversuch 13, 100, 570 ff., 702

Haager Beweisübereinkommen 857
Haager Zivilprozessübereinkommen 857
Handelsregister 289
Handelssachen 260 ff.
Harvard-Methode 12
Hauptantrag 353, 1327
Hauptintervention 328, 339
Hauptprozess
– Gerichtsstand 276

Hauptsachegericht 1143, 1166 f., 1176 f.,
1180
Haupttermin 374, 412, 583, 684 ff., 851
Haustürgeschäfte
– Gerichtsstand 274, 281
Herausgabeanspruch Urkunde 873
Herausgabeklage 347, 874, 1134
Hilfsantrag 353, 469, 1327
Hilfsgutachten 1278, 1304
Hinterlegung 391
Hinweise des Gerichts 775, 799
Hochschullehrer 194
Honorargruppe Sachverständige 931
Honorarvereinbarung, anwaltliche 37

Immunität 223
Individualanspruch 1160 f.
Indizienbeweis 825
Inkasso 186, 191
Insolvenzberater 190
Insolvenzverwalter 190 ff., 266, 884
Internationaler Rechtsverkehr 391
Internet 275
Interventionswirkung 190, 338, 328, 338
Irrtum 957

Jugendamt 204
Jura novit curia 343
Juristische Person
– Gerichtsstand 267
– Mahnverfahren 111
– Parteifähigkeit 307
– Prozessfähigkeit 314
– Prozesskostenhilfeverfahren 61
– Zustellungen 442
Justizbedienstete 439

Kammer für Handelssachen 259 ff., 368,
370, 377, 846
– Antragsgrundsatz 261
– Richter 846
– Verweisung 262, 500
– Zuständigkeit 260
Kapitalmarktinformationen 257, 277
Kaufmann 260, 273, 288
Kausalität 786, 954
Klage auf künftige Leistung 345
Klageabweisung 494, 1318
Klageänderung 340, 475 f., 620, 1016
Klageantrag 344 ff., 1317
– Arten 345 ff.
– Bestimmtheit 344
– bezifferter 348, 352
– sachdienlicher 344
– unbezifferter 349
Klageeingang 357 ff.
Klageentwurf 50
Klageerhebung 16, 487, 734
– Anordnung der 1153, 1171
Klageerweiterung 787

Klageerwiderung 777
- Aufforderung zur 406 ff., 417 ff.
- Frist 407, 419
- Versäumen der Klageerwiderungsfrist 480
Klagefrist 53, 1128
Klagehäufung
- objektive 340
Klagerücknahme 19, 471, 643, 651, 723,
  734, 1012 ff.
- Begriff 1012, 1018
- Einwilligung des Beklagten 1021
- Kosten 1025 ff., 1095
Klägervortrag 1280, 1316
Klägerwechsel → Parteiwechsel
Klageschrift 9
- Form der 355
- Mängel der 433
Klageveranlassung 677, 1047
Klagezustellungsabsicht 51
Körpersprache 964
Kommissarischer Richter 204, 380 f., 407 f.,
  816, 844 f., 851, 894
  → beauftragter Richter
  → ersuchter Richter
Kompetenzkonflikt 299
Komplott 967
Konzentrationsgrundsatz 773 ff.
Kosten 30, 32 ff., 1001 ff.
- Erledigung der Hauptsache 1045 ff.
- Klagerücknahme 1025 ff.
- Prozessvergleich 1001 ff.
- Schutzschrift 1173
Kostenentscheidung, gerichtliche 353, 1065,
  1084 ff., 1187, 1308
- Arrest 1151
- Baumbach'sche Formel 1094
- in Ehesachen 1093
- einheitliche 350, 1095, 1308
- Gesamtschuldner 1094
- Grundsätze 1089 ff.
- nach Verweisung 512
Kostenerstattung
- fehlende nach Klagerücknahme 776
Kostenerstattungsanspruch 1047, 1084,
  1088
Kostenfestsetzung 183, 277, 391, 427, 1084,
  1088
Kostenschuldner 1084 f.
Kostenverzeichnis 35

Ladung 394, 414 f., 602, 611, 886, 1183
Ladungsfrist → Fristen
Landgericht 295, 370, 1222
- Zuständigkeit, sachliche 256, 366, 1219
Lebenspartner 383, 895
Lebenssachverhalt → Grund der Klage
Leistungsklage 345
Leistungsverweigerungsrecht 27, 1298
Lösungssumme 1170
Lugano-Übereinkommen 227

Lüge 963 ff., 968
Lügensignale 965 f.

Mahnantrag 15, 734
- Anhängigkeit 359
- elektronischer Datenaustausch 109
- Form 107
- Fristwahrung 124
- Inhalt 111
- Prüfungsumfang 120
- Rücknahme 117
- Vordruck 108
- Zurückweisung 121 ff.
Mahnbescheid 15, 126 ff.
- Inhalt 127
- Kostenrechnung 128
- Rechtsnatur 126
- Zustellung 129 f.
Mahnung 30
Mahnverfahren → Gerichtliches Mahn-
  verfahren
Mangel 806, 816
Mediation 12, 581
Meistbegünstigungsgrundsatz 167, 628
Miete → Wohnraummiete
Minderjährige 304, 313, 936
Mindestbetrag 349
Mindestschaden 954
Mündliche Verhandlung 1169
- Fortsetzung der 852
- im schiedsrichterlichen Verfahren 9
- Schluss der 431
- im Zivilprozess 18, 747, 749 ff., 777, 798
- → Verhandlungstermin
Mündlichkeitsgrundsatz 18, 747 ff., 1061

Nacheid 893
Nacherfüllung 31
Nachlässigkeit 784, 791
Nachtbriefkasten 357
Nachverfahren 1070
Ne bis in idem 1120
Nebenantrag 353, 1317
Nebenentscheidungen 1312
  → Kosten
  → Vollstreckbarkeit, vorläufige
Nebenforderungen 1278, 1293, 1312
Nebenintervention 328, 335
Neutralitätsgebot 554
Nichtbestreiten → Bestreiten
Nichtigkeitsklage 1128, 1191
Nichtwissen, Erklärung mit 739, 807
Nichtzulassungsbeschwerde 1206, 1212,
  1216, 1251
Niederlassung
- Gerichtsstand 271
Niederlegung 455
Non liquet 814, 939
Notar 194, 860
Notfrist 404, 435, 661, 1022

Oberlandesgericht 11, 300, 370, 1220, 1222
Obligatorische Streitschlichtung → Streit-
schlichtung, obligatorische außergericht-
liche
Öffentlichkeitsgrundsatz 763 ff.
Ordnungsgeld 416, 544, 547, 580, 693, 889,
927
– *Muster* für Beschluss 889
Organ der Rechtspflege 169

Partei 302 ff., 884
– Bezeichnung in der Klageschrift 303 ff.
– Bezeichnung im Mahnantrag 111
– nicht existierende 432
– Parteiänderung 315 ff.
– Parteibegriff, formeller 303
Partei kraft Amtes
– Prozesskostenhilfeverfahren 60
– Prozessstandschaft 323
Parteierweiterung 315
Parteifähigkeit 306 ff., 486
– aktiv 308
– Beginn und Ende 310
– beschränkte 308
– fehlende 309
– passive 308
– unbeschränkte 307
Parteiöffentlichkeit 552, 763, 848 ff.
Parteiprozess 192, 195, 199 f.
– Vollmacht 215
Parteivernehmung 545, 742, 823, 845,
934 ff.
– Anordnung 835, 940
– Antrag auf 823, 937
– Bedeutung 935
– von Amts wegen 939
Parteivortrag 934, 1280 ff.
Parteiwechsel 338
– Beklagtenwechsel 313
– gewillkürter 317 ff.
– Klägerwechsel 318
– kraft Gesetzes 316
Parteizustellung → Zustellung
Partnerschaft 170, 211
Partnerschaftsvermittlung 162, 1133
Patentrecht 234, 258
Perpetuatio fori 152, 242, 251, 474
Persönliches Erscheinen 416, 543 ff., 578 ff.
– Anordnung 543 ff., 741, 775, 838
– zum Güteversuch 542, 578 ff., 989
– Ordnungsgeld 544, 580
– zur Sachaufklärung 543, 775
Pfändung 801, 1156
Post 439
Postbediensteter 860
Postulationsfähigkeit 195 ff., 982
Postzustellungsurkunde 860, 866
Präklusion 493, 776, 781 ff.
– in der Berufungsinstanz 790, 1195
– Verschulden 784

Verspätung 783, 788
– Verzögerung 785
– Voraussetzungen 782 ff.
Presse 896
Pressedelikt 275
Prima Facie Beweis → Anscheinsbeweis
Privaturkunde 822, 860, 868 ff.
Produzentenhaftung 817
Prorogation 286 ff., 604
– in AGB 287, 290
– nach Entstehen der Streitigkeit 293
– bei fehlendem inländischem Gerichtsstand
292
– Nachweis und Vermutung 289
– Prorogation durch Kaufleute 288
– Prorogationsverbot 287
– Schranken 298
– subsidiäre 294
– durch rügelose Verhandlung 295 ff.
Protokoll 694, 712 ff., 866, 878, 907, 909 f.,
947, 983, 986, 1196
– Anlagen 724
– Anträge zu 725
– Berichtigung 729 ff.
– über Beweisaufnahme 1185
– Funktionen 714 ff.
– Genehmigung 727, 963, 983
– Inhalt 720 ff.
– vorläufige Protokollaufzeichnung 716 ff.,
727
– Protokollführer 394, 713
– Unterschrift unter 728
Protokoll der mündlichen Verhandlung
→ Protokoll
Protokoll des Urkundsbeamten → Urkunds-
beamter der Geschäftsstelle
Prozessaufrechnung 407, 516 ff., 1066 ff.,
1122
– Entscheidung über 522, 524
– Eventualaufrechnung 519, 526
– Hilfsaufrechnung 519, 1202
– Kosten 525
– Primäraufrechnung 519
– Prüfungsreihenfolge bei 520
– Rechtskraft 1122
– Rechtsnatur 517
– Streitwert 526
– Vorbehaltsurteil 523, 1066, 1070
Prozessbetrug 739
Prozessbevollmächtigter 1311
– Bestellung zum 208
– Zustellung an 444
Prozesschancen 25 ff., 572
Prozessfähigkeit 311 ff., 486, 746
– fehlende 312
Prozessförderungspflicht 775 ff., 784, 791
Prozessführungsbefugnis 321, 486
Prozessgericht 1019, 1176
Prozessgeschichte 1284, 1322, 1324
Prozesshandlungsvoraussetzung 198

Prozesshindernis 492
– Rechtshängigkeit 473
– Schiedsvereinbarung 7
Prozesskostenhilfe 45 ff., 571, 1213
– Abzüge 64
– Änderungen, nachträgliche 85 ff.
– Antragsprinzip 47 ff.
– Antragssteller 57 ff.
– Beiordnung des Rechtsanwalts 79, 82, 178
– Beschluss 78, 80
– Bewilligungsverfahren 46 ff.
– *Checkliste* 1335
– Datenschutz 56
– Einkommen 63
– Entscheidung 73 ff.
– Erfolgsaussichten der Rechtsverfolgung
  bzw. der Rechtsverteidigung 68 ff.
– Erhebungen 76
– Erledigung der Hauptsache 71
– Erörterungstermin 77
– Erstattungsanspruch 82 f.
– Formulare 47, 52
– Geltungsbereich 46
– Glaubhaftmachung 75
– Klage und Prozesskostenhilfegesuch 51
– Kostenfreiheit 45, 82, 84
– Monatsraten 65 f.
– *Musterbeschlüsse* 80
– Mutwilligkeit 72 f.
– persönliche und wirtschaftliche Ver-
  hältnisse 47, 52, 62 ff.
– Prüfungsmaßstab 70
– Ratenzahlung 45
– rechtliches Gehör 56, 74
– Rechtshängigkeit 468
– Rechtsmittel 81, 1217
– Rechtsschutzversicherung 66
– Stillstand des Verfahrens 53
– Tabelle 65
– Vergleich 77, 189
– Vermögen 66
– Verweisung 501
– vorbereitende Maßnahmen 74 ff.
– Zuständigkeit des Rechtspflegers 391
Prozesskostensicherheit 430, 1073
Prozessleitung 562
Prozessstandschaft 321 ff.
– Eigeninteresse 327
– gesetzliche 322
– gewillkürte 324 ff.
Prozesstaktik 777
Prozessunfähige 442, 936
Prozessurteil 617, 1056, 1118
Prozessvergleich → Vergleich
Prozessvollmacht 208 ff.
– Abstraktion 210
– Beschränkbarkeit 215
– Erlöschen 220
– Erteilung 210 f.
– Form 218

– Generalvollmacht 212
– Nachweis 218 f.
– Prüfung von Amts wegen 218
– Rüge der 218
– Tod der Partei 221
– Tod des Prozessbevollmächtigten 221
– Umfang 212 ff.
– Vollmachtsmangel 219
– Wirkung 216 f.
– Zurechnung von Erklärungen 216
– Zurechnung von Verschulden 217
Prozessvoraussetzungen → Sachurteils-
voraussetzungen
Prozessvorbereitung 24 ff.
Prozesswirtschaftlichkeit 352, 476
Prozesszinsen 472

Ratenzahlungsvergleich 992
Räumung von Wohnraum 1170
Realitätskriterien 956, 965
Rechtfertigungsverfahren 1171
Rechtlicher Hinweis 553 ff., 618
Rechtliches Gehör 9, 56, 73, 119, 375, 618,
692, 798 ff., 1182, 1186, 1191
– Ausnahmen 801
– Begriff 798
– Rechtsbehelf § 321 a ZPO 803, 1191
– Verstoß gegen 802
Rechtliches Interesse 351, 1175, 1181
Rechtsantragsstelle 48, 394
Rechtsanwalt 169 ff., 197, 896
– Ablehnung eines Auftrages 180
– Aufforderung zur Bestellung 408
– Beiordnung 77, 178, 205
– Berufshaftpflichtversicherung 172, 179
– Eigenvertretung 203
– Fachanwalt 174
– im schiedsrichterlichen Verfahren 9
– Kanzleipflicht 175
– Mandatsübernahme 177
– Mandatsvertrag 180, 273
– Organ der Rechtspflege 169
– Parteiverrat 176
– Postulationsfähigkeit → Postulationsfähig-
keit 205
– Residenzpflicht 175
– Simultanzulassung 173
– Singularzulassung 173
– Standespflichten 176
– Vertragspflichten 181
– Verschwiegenheit 176
– Werbung 176
– Zulassung 171 ff.
Rechtsanwaltsgebühren 36 ff., 182 ff.
– Anrechnung von Gebühren 42
– Auslagen 41, 43
– Dokumentenpauschale 41
– Einigungsgebühr 39, 42
– Erfolgshonorar 37
– Festsetzung der Vergütung 184

– Gebührenhöhe 40
– Gebührentabelle 40
– Gebührentatbestände 39
– Gegenstandswert 40, 43
– Geschäftsgebühr 39
– Honorarvereinbarung → Honorar-
  vereinbarung
– Mahnantragsgebühr 94
– Post- und Telekommunikationsdienst-
  entgelte 41
– Prozesskostenhilfebewilligungsverfahren
  77
– Rahmengebühr 39
– Reisekosten 41
– Terminsgebühr 42
– Umsatzsteuer 41, 43
– Verfahrensgebühr 42
Rechtsanwaltsgesellschaften 170, 211
Rechtsanwaltskammer 172
Rechtsanwendung 744, 943, 1268
Rechtsausführungen 1313
Rechtsbehelfe 1191
– gegen Schiedsspruch 11
Rechtsbeistand 193, 197
Rechtsbeschwerde 389, 1189, 1198, 1209,
  1213, 1217, 1222 ff., 1262 ff.
– Verwerfung 1265
Rechtsbeschwerdeantrag 1264
Rechtsbeschwerdebegründung 1263 ff.
Rechtsbeschwerdegrund 1264, 1266
Rechtsdienstleistung 185 ff.
Rechtsdienstleistungsregister 191
Rechtsfortbildung 1205 ff., 1235
Rechtsgutachten 177, 971, 1267, 1269,
  1272 ff., 1286 ff., 1356, 1359, 1366 ff.
– Gutachtenstil 1286
Rechtshängigkeit 16, 243, 349, 467 ff., 487,
  501, 985, 1017, 1023, 1043, 1105
– Bindung nach Wahl des Streitgerichts im
  Mahnverfahren 152
– Eintritt 468 ff.
– Ende 471
– Erledigung der Hauptsache 1030 ff.
– Klagerücknahme 1023, 1026 f.
– Mahnverfahren 153
– bei Prozessaufrechnung 517
– Prozessvergleich 985
– Widerklage 531
– Wirkungen materiellrechtlich 472
– Wirkungen prozessrechtlich 473 ff.
Rechtshilfe 255, 381, 853 ff.
– Ausland 856 ff.
Rechtskonflikte 1
Rechtskraft 161 f., 340, 487, 987, 1017,
  1116 ff., 1251
– formelle 1166
– materielle 161, 344, 1117
– bei Prozessaufrechnung 524
– Rechtskraftdurchbrechung 162, 1125 ff.
– Theorien 1120

Rechtsmittel 1189 ff.
– Anerkenntnisurteil 680
– Fristwahrung 53
– Prozesskostenhilfeverfahren 81
– Prüfungsumfang 1192 ff.
– Rechtswegprüfung 244
– Richterablehnungsbeschluss 398
– Rücknahme 1228
– Selbstständiges Beweisverfahren 1184
– Verzicht 723, 1227
Rechtsnachfolger 1123
Rechtspfleger 379, 390 ff., 1153, 1256
– Kompetenzen 391
– Rechtsmittel gegen Entscheidungen 392,
  1261
– Stellung 390
Rechtsschutzbedürfnis 487, 629, 1180
Rechtsverhältnis 351
Rechtsverletzung 1233, 1247
Rechtsweg 49, 229, 487, 522, 980
– Arbeitsgerichtsbarkeit 237
– Finanzgerichtsbarkeit 238
– ordentlicher 229 ff.
– Sozialgerichtsbarkeit 238
– Verwaltungsgerichtsbarkeit 230, 236
Rechtswegprüfung 239, 244
– Abgrenzung Arbeitsgerichtsbarkeit 240,
  514
– Beschwerdeverfahren 239, 244
– Entscheidungskompetenz 241
– Rechtsmittel 244
– Vorabentscheidung 239, 515
Rechtswegsperre 243
Rechtswegvereinbarung 286
Rechtswegverweisung 499, 513 ff.
– *Muster* 514
Reformatio in peius 1225
Registerzeichen 365
Registratur 365
Reisebüro 271
Reisestreitigkeit 252
Relationstechnik 1271
Replik 408, 420, 1320
Restitutionsklage 1128, 1191
Revision 1189, 1241 ff
– Revisionsfrist 1216
– Tatsachengrundlage 1196
– Verwerfung 1245
– Zulässigkeit 1198
– Zulassung 1206, 1241
Revisionsantrag 1244, 1246
Revisionsbegründung 1242 ff.
Revisionsbegründungsfrist 1243
Revisionsfrist 1216
Revisionsgrund 768, 1244, 1247
Revisionsschrift 1212
Revisionsurteil 1248 ff.
Richter 369 ff., 728, 843, 962
– auf Probe 372 f., 379
  → Beauftragter Richter

→ Einzelrichter
→ Ersuchter Richter
→ Gesetzlicher Richter
Richterwechsel 761, 847
Robe 176
Rügelose Verhandlung 295 ff.
– bei ausschließlicher Zuständigkeit 295
– bei Säumnis 296
Ruhen des Verfahrens 582, 589, 592, 597 ff.,
  1053 f.
Rundfunk- und Fernsehübertragung 772

Sach- und Streitstand 696, 1027, 1046, 1313
Sachantrag 734, 1317
Sachbehandlung, unrichtige 1086
Sachdienlichkeit 318, 475 f.
Sachlegitimation 321, 327
Sachnähe 233
Sachurteil 1056
Sachurteilsvoraussetzungen 198, 222, 321,
  473, 484 ff., 618, 624, 746, 776, 1246,
  1287 ff., 1327
– allgemeine 487, 1289
– Begriff 485
– besondere 488, 1289
– Hinweispflicht, gerichtliche 557, 825, 847
– persönliche 486, 1288
– sachliche 487, 1289
– bei Versäumnisurteil 600, 604
– verzichtbare 7, 484, 492, 779, 793, 1290
– Widerklage 529 ff.
– Zwischenstreit 491
Sachverhalt 804
Sachverständigenbeweis 742, 845, 918 ff.
– Beweisantritt 821
– Gutachtenverweigerung 925
– Würdigung 929, 969 ff.
Sachverständigenentschädigung 44, 931 ff.
Sachverständigengutachten 926, 1174 ff.
– Abrechnung 931 ff.
– Ergänzung 929
– mündliche Erörterung 926
– mündliches 926
– schriftliches 926
Sachverständiger 546, 723, 878, 1175
– Ablehnung des 924
– Ausschluss 924
– Auswahl 921
– Beeidigung 928
– Entschädigung 547, 931 ff.
– Ernennung des 922
– Ladung 546
– öffentlich bestellter 921
– Pflichten 922 ff.
– Säumnis 927
Sachverständiger Zeuge 878, 930
Saldoanerkenntnis 806
Satzungsrecht 745, 819
Säumnis 19, 482, 590 ff.
– des Beklagten 296, 600

– bei Güteverhandlung 590
– des Klägers 296
– beider Parteien 590 f.
– im Verhandlungstermin 591
Schadensersatz 816, 1068, 1134, 1158, 1172
Schadensschätzung 954, 1302
Scheidung 204 f.
Scheinbeklagter 305
Schiedsabrede → Schiedsvereinbarung
Schiedsfähigkeit 5
Schiedsgericht 8
Schiedsgutachterverfahren 4, 581
Schiedsklausel → Schiedsvereinbarung
Schiedsrichter 8 f.
Schiedsrichterliches Verfahren 3 ff.
– Beweiserhebung 9
– Klageschrift 9
– mündliche Verhandlung 9
– Verfahren 9
– Zwangsgewalt 9
Schiedsrichtervertrag 8
Schiedsspruch 10
– Rechtsbehelfe 11
Schiedsvereinbarung 6
– Einrede 492
– Form 6
Schluss der mündlichen Verhandlung 708,
  758
Schlüssigkeit 1291 ff., 1331
– der Klage 25, 605, 625, 1277
– Rüge der Unschlüssigkeit 494
Schriftform 292, 355, 1152
Schriftliches Verfahren 481, 755 ff., 747, 760
– *Muster* für Anordnung 758
Schriftliches Vorverfahren 16, 399 ff., 747,
  775
– Anerkenntnis 483
– *Muster* 409
– Versäumnisurteil 55
– Verteidigungsabsicht → Verteidigungs-
  absicht
– Wechsel zum frühen ersten Termin 481
Schriftsatz, nachgelassener 752 ff.
Schriftsatzrecht 753
Schriftvergleich 862
Schüler 270
Schutzantrag 1105
Schutzschrift 1173
Selbstablehnung 385
Selbstständiges Beweisverfahren → Beweis-
  verfahren, selbstständiges
Selbstsuggestion 968
Sequestration 1170
Serostatistische Zusatzberechnung 882
SGB XII 66
Sicherheitsleistung 629, 1099 ff., 1146, 1309
– Art 1103
– fehlende 776
– Höhe 1102
Sicherungshypothek 1156

Sicherungsvollstreckung 1104
Simultanzulassung → Rechtanwalt
Singularzulassung → Rechtsanwalt
Sittenwidrige Schädigung 1130 ff.
Situationsfragen 967
Sitz 267
Sitzungspolizei 688, 691
Sitzungsprotokoll → Protokoll
Sofortige Beschwerde → Beschwerde, sofortige
Sozialgerichtsbarkeit 238
Sozietät 211
Sprungsrevision 1198, 1207, 1221 ff.
Staatshaftung 235, 257, 263
Steuerberater 194, 896
Stoffordnung 1280
– *Muster* 1283
Strafakten 541
Strafhaft 270
Streitgegenstand 340 ff., 473, 733, 1121, 1136
– zweigliedriger 340
Streitgenossenschaft 328 ff., 884, 601, 981, 1094
– einfache 329, 331
– notwendige 329, 332
– Wirkung 333
Streithelfer → Streitgenossenschaft
Streitschlichtung, obligatorische außergerichtliche 13, 573, 581
Streitverkündung 328, 336 ff., 1179
Streitwert 34, 247 ff., 354
– Einzelfälle 249, 350
– Erledigung der Hauptsache 250, 1037, 1049
– Festsetzung, richterliche 248, 397, 1336
– Gebührenstreitwert 247
– Prozessaufrechnung 526
– Rechtsmittelstreitwert 247
– Streitwertänderung 251
– Streitwertberechnung 248
– Widerklage 250, 529
– Zuständigkeitsstreitwert 247
Strengbeweis 811
Studierender 270
Stufenklage 249, 350, 1021, 1026
Stuhlurteil 709, 1080, 1107 f.
Subjektionstheorie 232
Subjekttheorie 233
Substantiierung 524, 1179
Subsumtion 1293
Subsumtionsfehler 1250, 1266
Suggestivfragen 946
Suspensiveffekt 628, 1189

Täter 275
Tagebuch 826
Tatbestand → Urteil
– Berichtigung 1081
Tatsachen
– allgemeinkundige 808

– Bestreiten 805
– Feststellung 804, 943, 1300 ff., 1327, 1332
– gerichtskundige 809
– neue 1195 f.
– offenkundige 808
– Zugestehen → Geständnis
Teilklage 353 ff.
Teilurteil 374
Telefax 355, 357, 446, 464
Telefongespräch, mitgehörtes 826
Tenor
– *Muster* 1078
→ Urteil
Terminsablauf 1336 ff.
Terminsbestimmung 371, 414 ff., 851, 1152, 1237
Terminsverlegung 775
→ Verhandlungstermin
Testament, notarielles 866
Testamentsvollstrecker 187, 884
Tonaufzeichnung 718
Tonbandaufnahme 826
Tonträger 859, 962
Tragzeitgutachten 882

Überraschungsentscheidung 556, 618
Unerlaubte Handlung
– Begehungsort 275
– gerichtliche Prüfungskompetenz 275
– Gerichtsstand 275
Ungebührliches Verhalten 690
Ungehorsam 689
Unmittelbarkeitsgrundsatz 760 ff., 843 ff., 871, 1061
Unparteilichkeit
– Richter 382
– Schiedsrichter 9
Unterbrechung 431
Unterhalt 282, 1139, 1165
Unterlassungserklärung 31
Unterlassungsklage 346
Unterschrift 869, 1333
Untersuchungsgrundsatz 22, 489, 736, 745 ff.
Untersuchungshaft 270
Urkunde 28, 548, 742, 822, 824, 826, 859, 1180
– im Besitz eines Dritten 874
– im Besitz des Gegners 873
– Beweiskraft formelle und materielle 864 ff., 870
– Echtheit 862, 869
– öffentliche 714, 822, 860 ff.
– private 822, 868 ff.
– Unversehrtheit 863, 869
Urkundenbeweis 845, 859 ff.
– Beweisantritt 822, 872
– Vereitelung 875, 973
– Vorlageanordnung 873 f.

Urkundenprozess 488, 533, 676, 1071
Urkundsbeamter der Geschäftsstelle 393 f.,
  438 f., 860, 1111
– Protokollführung 394, 713, 728
– Prozesshandlungen vor dem 156, 203 f.,
  356 f., 631, 1035, 1152
Urteil 19, 1056 ff., 1061 ff., 1149, 1270,
  1272, 1274, 1304
– Endurteil 350, 523, 1056, 1062, 1070,
  1118, 1149, 1152, 1190
– Entscheidungsgründe 1082 f., 1121, 1272,
  1326 ff.
– Grundurteil 1056, 1073 ff., 1202
– Kostenentscheidung 1084 ff., 1308
– Schlussurteil 1062
– Stuhlurteil 709, 1080
– Teilurteil 350, 1036, 1056
– Unterschriften 1333
– Urteilsformel 709, 1121, 1124, 1306 f.
– Urteilsgründe 709
– Urteilskopf 1077, 1311
– Urteilsstil 1326
– Urteilstatbestand 1079 ff., 1121, 1272,
  1313 ff.
– Urteilstenor 1078, 1272, 1306, 1312
– Urteilsverkündung → Verkündungstermin
– Vorbehaltsurteil 523, 676 f., 1056, 1066,
  1069 ff.
Urteilsberichtigung 1112 f.
– Muster 1113
Urteilsergänzung 1114 f.

Vaterschaftsfeststellung 880 ff.
Veräußerung der Streitsache 322, 478
Verbraucher 6, 274, 281
Verbraucherdarlehen
– Mahnverfahren 97, 162
Verbraucherzentrale 190, 192
Verdienstausfall 916
Vereidigung des Rechtsanwalts 172
  → Beeidigung
Vereinigter großer Senat 370
Verfahrensgrundsätze 733 ff.
Verfahrenshindernis 431 f.
Verfahrensverstoß 802
– Heilung von 795
– Rügeverlust 797, 901
– Rüge von 794
Verfahrensvorschriften
– unverzichtbare 796
– verzichtbare 755
Verfallklausel 992
Verfügung, richterliche 539, 1060
Verfügungsgrundsatz → Dispositions-
  grundsatz
Vergleich
– Anfechtung des 1006 f.
– außergerichtlicher 1011
– vor beauftragtem Richter 207
– Beitritt Dritter 207

– Erledigungsklausel im 995
– Formulierung Vergleichstext 991
– Kostenregelung im 1001
– Mehrwert des 991
– Muster Prozessvergleich 992 ff.
– Prozesskostenhilfebewilligungsverfahren
  77
– Prozessvergleich 19, 207, 471, 573, 587,
  650, 722, 734, 976 ff., 1026
– Ratenzahlungsvergleich 902
– schiedsrichterliches Verfahren 10
– Umfang der Vollmacht 213, 215
– Unwirksamkeit des 1004 ff.
– Verfallklausel 993
– Vergleichsvorschlag, gerichtlicher 571 ff.,
  990
– Widerruf des Prozessvergleichs 587, 665,
  996 ff.
Vergütungsverzeichnis 38
Verhandlungsfähigkeit → Postulations-
  fähigkeit
Verhandlungsgrundsatz → Beibringungs-
  grundsatz
Verhandlungsleitung 687
Verhandlungstermin 410, 536 ff., 575, 603,
  684 ff.
– Ablauf 687 ff.
– Antragstellung 694 ff.
– Aufhebung 565
– Bild- und Tonübertragung 762
– Öffentlichkeit 764 ff.
– Säumnis des Beklagten 601 ff.
– Säumnis des Klägers 623 ff.
– Schluss des 708
– Verlegung 775
– Vertagung 592
– Vorbereitung 536 ff.
Verjährung
– Einrede der 27, 496, 744
– Hemmung 472, 1147, 1179
– Prozesskostenhilfeantrag 53
Verkehrsunfall 275
Verkündungstermin 413, 560, 596, 657,
  713, 723, 754, 758, 1107 ff., 1310
Verlobter 895
Vermögen
– Gerichtsstand des 272
Vernehmungslehre 943 ff.
Versäumnisurteil 53, 600 ff., 646, 734, 745,
  787, 1021, 1056, 1080, 1118
– Antrag auf 354, 607
– gegen Beklagten 600 ff.
– Berufung 656, 1229
– im Beweisaufnahmetermin 903
– echtes 609
– in Ehesachen 614
– Einspruch → Einspruch gegen Versäumnis-
  urteil
– erstes 166, 653
– in Familiensachen 206

- freiwillige Gerichtsbarkeit 14
- gegen den Kläger 622 ff.
- Kostenentscheidung 648, 654, 1095
- *Muster* 610, 625, 655
- Rechtsmittel gegen 167
- Schlüssigkeit 605, 625, 653
- im schriftlichen Vorverfahren 374, 401, 405
- unechtes 165, 405, 617, 624
- Vollstreckbarkeit 649
- Zurückweisung 611 ff.
- zweites 164, 652 ff., 1229
Verschwiegenheit des Anwalts → Rechtsanwalt
Versicherung an Eides Statt 813, 1146
Versicherungsvermittler 194
Verspätung → Präklusion
Vertagung → Verhandlungstermin
Verteidigungsabsicht 157, 163, 403 ff., 482
- Form 403
- Frist 404
Verteidigungsstrategien 26
Vertreter
- gesetzlicher 304, 442
- Mahnverfahren 111
- Parteiprozess 201
- Prozesskostenhilfeverfahren 58
- Rechtsgeschäftlicher 443
- vollmachtloser 219
Verwaltungsbehörde 234, 258
Verwaltungsgericht 234
Verwaltungsgerichtsbarkeit 236
Verwandtschaft 383
Verweisung 222, 359, 487 ff.
- Antrag auf 203, 503
- Bindungswirkung 510
- Entscheidung über 504 ff.
- Kammer für Handelssachen 262, 500
- Kosten 511, 1095
- Mahnverfahren 498
- *Muster* 508
- der Prozesskostenhilfesache 49, 501
- Rechtsfolgen 509
- Rechtsweg 499
- Verfahrensarten 498
- Widerklage 529
Verwirkung 1152
Verzicht 19, 682 f., 722, 734, 805, 1013
- Teilverzicht 994
- Umfang der Vollmacht 213, 215
Verzichtsurteil 683, 1080, 1118
Verzinsungsklausel 993
Verzögerung → Präklusion
Verzögerungsbegriff, absoluter u. relativer
  → Präklusion
Verzug 30, 472
Verzugszinsen 30
Videoverhandlung 762
Videovernehmung 874
Vollmacht 746

- fehlende 776
  → Anwaltsprozess
Vollstreckbarkeit, vorläufige 353, 629, 649, 1098 ff., 1106, 1155, 1309
- *Muster* 1106, 1309
Vollstreckung → Zwangsvollstreckung
Vollstreckungsabwehrklage 284
Vollstreckungsbescheid 15, 140 ff.
- Antrag 140
- Einspruch → Einspruch 144
- Erlass 141
- Inhalt 140
- Rechtsanwaltskosten 141
- Rechtskraft 161
- Rechtskraftdurchbrechung 162, 1133
- Wirkungen 142
- Zustellungen 143
Vollstreckungsgericht 255, 269
Vollstreckungsklausel 1155
Vollstreckungstitel 1140, 1156
- Prozessvergleich 986
Vollziehung Arrest und einstweilige Verfügung 1150, 1155 ff.
Vollzugsaussetzung 1254
Vorbehaltsurteil 374, 523, 676 f., 1056, 1066
- *Muster* 1069 f.
- Nachverfahren 1070
Vorbereitende Maßnahmen 421, 538 ff., 775
Vorgesellschaft 308
Vorläufiger Rechtsschutz → Eilverfahren
Vormerkung 1167, 1170
Vorschuss 430, 547, 838 f., 852, 1305
Vorsitzender 371, 377, 858

Wahlrecht
- Streitgericht nach Mahnverfahren 152
Wahrheitspflicht
- Belehrung über 891, 905, 914
- der Parteien 739
- des Zeugen 891
Wahrscheinlichkeit 813, 939, 951, 1302
Wegfall der Geschäftsgrundlage 1010
Weglegen der Akten 1055
Wettbewerbssachen 1173
Wettbewerbsverstoß 275
Widerklage 249, 374, 488, 527 ff., 787
- Drittwiderklage 532
- Eventualwiderklage 534
- Gerichtsstand 276
- Hilfswiderklage 534
- Kostenentscheidung 535
- Sachurteilsvoraussetzungen 529
- Wesen 527
Widerruf
- Prozessvergleich → Vergleich
- Geständnis 805
Widerspruch gegen Arrest und einstweilige Verfügung 1148, 1152 ff., 1171

Widerspruch gegen Mahnbescheid 15, 134 ff.
– Abgabeverfügung nach 150
– Form 135
– Frist 136
– Rücknahme 149
– Sperrwirkung 137
– Widerspruchsnachricht 138
Widerspruch im Grundbuch 1167, 1170
Wiederaufnahme 711, 1128
Wiedereinsetzung in den vorigen Stand 660 ff., 1229
– Kosten 667, 1095
– *Muster* 665
– praktische Probleme 665
– Rechtsmittel 667
– Verfahren 666
– Wiedereinsetzungsantrag 663
– Wiedereinsetzungsfrist 661, 664
Wiedereröffnung der mündlichen Verhandlung 561, 730
– *Muster* 561
Wiederholungsabsicht 31
Wirtschaftsprüfer 194
Wohnraum → Räumung von Wohnraum
Wohnraummiete
– Zuständigkeit, örtlich 280
– Zuständigkeit, sachlich 252, 263
Wohnsitz 226, 265
Wohnsitzlose 266
Wohnung 450
Wohnungseigentum
– Gerichtsstand 253
– Parteifähigkeit 309
– Verwalter 322
– Verweisung 514
Würde des Gerichts 767

Zedent 884
Zession
– Prozesskostenhilfeverfahren 59
Zeuge 28, 546 f., 723, 824
– Aufruf des 904
– Befragung des 890
– Gegenüberstellung von 912
– Ladung 546, 886
– Nichterscheinen 547, 888 f.
Zeugenbeweis 884 ff.
– Beweisanordnung 834 ff., 840 ff.
– Beweisantritt 820, 885
– Verwertbarkeit 955
Zeugenentschädigung 915 ff.
Zeugenpflichten 886 ff.
Zeugenvernehmung 844, 904 ff., 1174
– Belehrungen 891, 905
– durch kommissarischen Richter 844
– zur Person 890, 906
– Protokollierung 907, 909 f.
– schriftliche 914
– zur Sache 907

– wiederholte 913
Zeugnisverweigerungsrecht 176, 895 ff., 914
– Belehrung über 900, 906
– persönliche Gründe 895 ff.
– sachliche Gründe 898
– Umfang 901
Zivilkammer 369 ff.
Zivilsenat 369 ff.
Zivilurteil → Urteil
Zulässigkeit der Klage 342, 1277, 1319, 1329
– Prüfungsreihenfolge 489, 1329
– Rechtzeitigkeit der Rüge 490, 493
Zurückverweisung 1240, 1250
Zurückweisung von Parteivortrag → Präklusion
Zuständigkeit 222 ff., 487, 1180
– des Amtsgerichts 245 ff.
– ausschließliche 104, 263 f., 279 ff., 285, 291, 297 f., 1143
– funktionelle 285
– internationale 225 ff.
– Mahngericht 101 ff., 255
– örtliche 102, 228, 264 ff., 530, 980
– für Rechtshilfeersuchen 854
– sachliche 101, 245 ff., 529, 980
– als Sachurteilsvoraussetzung 222
– Vereinbarung 286 ff., 604
– Widerklage 276, 529 f.
Zustellung 429 ff., 1310
– Amtszustellung 437 ff.
– Annahmeverweigerung 456
– auf Betreiben der Parteien 437, 461 ff.
– Auslandszustellung 458, 465 f.
– Briefkasten 454
– Definitionen 434
– „demnächst" 362, 435
– des Urteils 1111
– Ersatzzustellung 449, 453
– Klage 6, 429 ff., 1027
– Klagezustellungsabsicht 51
– Mahnbescheid 129 f.
– Neuzustellung Mahnbescheid 129
– Niederlegung 455
– öffentliche 457 ff.
– öffentliche, Mahnbescheid 99
– im Parteibetrieb 396, 1148
– persönliche 449
– Rückwirkung 124, 360
– statt Verkündung 1109
– Vollstreckungsbescheid 143
– von Anwalt zu Anwalt 463
– Zurückweisungsbeschluss im Mahnverfahren 123
– Zustellungsabsicht 436
– Zustellungsadressat 441 ff.
– Zustellungsauftrag 440, 448
– Zustellungsbedarf 435
– Zustellungsmängel 460
– Zustellungsorgane 396, 438

– Zustellungswege 445
Zustellungsurkunde 449, 1111
Zwangsgewalt 9
Zwangsvollstreckung 15, 275, 745, 1135 ff.
– im Ausland 1140
– Gerichtsstand 284
– durch Gerichtsvollzieher 396

– Zuständigkeit des Rechtspflegers 391
Zwischenfeststellungsklage 1124
Zwischenstreit 491, 883, 902
Zwischenurteil 320, 374, 491, 640, 666,
  701, 883, 902, 1008, 1056, 1072 f., 1118
– *Muster* 903

2006. XVI, 155 Seiten. Kart. € 19,80
ISBN 978-3-17-018601-9
Studienbücher

Becker/Schoch/Schneider-Glockzin

Die ZPO in Fällen

Das Werk vermittelt **Rechtsreferendaren und Studenten** der Rechtswissenschaften anhand von **130** kurz und überschaubar gehaltenen **Fällen** die Grundlagen des Zivilprozessrechts und befähigt sie, diese bei der Klausurbearbeitung praktisch umzusetzen. Der Schwerpunkt dieser Fallsammlung liegt auf der Darstellung **typischer Problemkreise** des Zivilprozesses, die **in beiden juristischen Staatsexamina** relevant werden können und bereits in der Vergangenheit in Klausuren und mündlichen Prüfungen wiederholt aufgetreten sind. Die Fallbeispiele wurden vorwiegend der höchstrichterlichen Rechtsprechung entnommen und beschränken sich im Wesentlichen auf prozessuale Fragen. Formulierungsbeispiele geben eine konkrete Hilfestellung für die Klausurlösung, zahlreiche Literaturhinweise erlauben eine vertiefende Beschäftigung mit dem Stoff. Das Werk ermöglicht außerdem eine schnelle und einprägsame Wiederholung kurz vor Prüfungsbeginn.

Die Autoren: Ute Becker ist Richterin am Landgericht Heidelberg; **Dr. Frank Schoch** ist Rechtsanwalt in Heidelberg. **StA Holger Schneider-Glockzin** war langjährig als Zivilrichter, zuletzt beim LG Heidelberg, tätig. Alle drei verfügen über umfassende Erfahrungen in der Referendarsausbildung.

W. Kohlhammer GmbH · 70549 Stuttgart
Tel. 0711/7863 - 7280 · Fax 0711/7863 - 8430 · www.kohlhammer.de

2009. XXII, 220 Seiten. Kart. € 22,–
ISBN 978-3-17-019785-5
Studienbücher

Sanchez-Hermosilla/Schweikart

Die StPO in Fällen

Das Werk vermittelt Rechtsreferendaren und Studenten der Rechtswissenschaften anhand von **ca. 100 kurzen Fällen** die Grundlagen des Strafprozessrechts und befähigt sie, diese bei der **Klausurbearbeitung** und bei der Bewältigung der praktischen **Aufgaben in der Strafstation** umzusetzen. Der Schwerpunkt der Fallsammlung liegt auf der Darstellung typischer Problemkreise des Strafprozessrechts, die einerseits praxisorientiert sind und andererseits in den beiden juristischen Staatsexamina relevant werden können und bereits in der Vergangenheit in Klausuren und mündlichen Prüfungen wiederholt aufgetreten sind. Die Fälle wurden vorwiegend der höchstrichterlichen Rechtsprechung entnommen. Über **50 Übersichten und Schaubilder** veranschaulichen die Strukturen des Strafprozessrechts, **Formulierungsbeispiele** geben eine Hilfestellung für die praktische Fallbearbeitung. Zahlreiche Rechtsprechungs- und Literaturhinweise erlauben eine vertiefende Beschäftigung mit dem Stoff.

Die Autoren: Richter am Landgericht Fernando Sanchez-Hermosilla, Vorsitzender Richter am Landgericht Peter Schweikart. Beide verfügen über langjährige Erfahrungen in der Referendarausbildung.

W. Kohlhammer GmbH · 70549 Stuttgart
Tel. 0711/7863 - 7280 · Fax 0711/7863 - 8430 · www.kohlhammer.de